《콜트》에 쏟아진 찬사

"자신의 이름을 딴 6연발 권총을 발명한 새뮤얼 콜트의 생생한 전기인 짐 라센버거의《콜트》는 연구 조사의 모범을 보여 주는 책이다. …… 콜트는 겨우 47년을 살았지만 그 짧은 생애에 여러 인생을 구겨 넣었다. …… 라센버거만큼 이 독특한 인물에 가까이 다가간 저자는 찾아보기 어렵다. ……《콜트》는 저널리스트의 색채감과 시시콜콜하지만 흥미로운 사실을 포착하는 역사가의 눈으로 19세기 미국의 전형적인 발명가이자 사업가를 그려 낸다."

— 알렉산더 로즈,《월스트리트저널》

"콜트가 저지른 실수는 그가 이룬 업적만큼이나 매혹적이다. …… 라센버거는 맑은 눈과 공정한 시각으로 기계에 관한 진정한 통찰력과 타고난 장사꾼 재질을 결합한 복잡한 인물을 묘사한다. …… 산업화 역사에서 콜트가 차지하는 자리를 부각하는《콜트》는 읽어 볼 만한 가치가 충분한 전기물이다."

— T. J. 스타일스,《뉴욕타임스북리뷰》

"생생하고 균형 잡힌 책. …… 라센버거의 서술은 19세기 전반기 미국의 이야기를 놀라울 정도로 펼쳐 보인다. 가차 없는 야심과 에너지, 기업가 정신, 독창성, 부, 그리고 기만과 사기, 맹목적 애국과 살인이 넘쳐흐른다."

— 매슈 C. 심슨,《워싱턴포스트》

"《콜트》의 탁월한 재주는 총기를 발명한 사람에 관한 이 이야기가 또한 기업가 정신, 미국이 어떻게 오늘날의 나라가 됐는지, 혁신의 어두운 그늘, 그리고 물론 역사가 왜 중요한지에 관한 이야기이기도 하다는 것이다."

— 베서니 매클레인,《스트래티지+비즈니스》

"라센버거는 콜트가 산 시대의 미국 문화를 파노라마처럼 보여 주면서 삼류 시와 콜레라 전염병에서부터 노예제의 정치학과 서부 팽창까지 모든 주제를 다룬다. …… 거의 모든 기술과 마찬가지로 콜트의 리볼버 권총도 사용자를 발견하기 전까지는 인기를 얻지 못했는데, 바로 이 지점에서 라센버거의 설명이 진가를 발휘한다.《콜트》를 통해 …… 우리는 콜트와 그의 사업 방식 이야기가 어떻게 미국의 제국적 야심에 딱 들어맞았는지를 알 수 있다."

— 《LA리뷰오브북스》

"라센버거는 콜트에 관한 학문적 연구를 경탄스럽게 갱신하는 이 흥미로운 전기에서 콜트와 그의 시대를 능수능란하게 소생시킨다. …… 그 결과물은 미국사와 미국의 모든 결함과 미덕에 관심이 있는 독자라면 누구나 읽어야 하는 무척 생생하고 유익한 책이다."

-《북리스트》

"흥겨우면서도 유익한 이 책의 설명은 미국사 덕후들에게 즐거움을 안겨 줄 것이다."

-《퍼블리셔스위클리》

"활력이 넘치는 책. …… 대중사학자이자 언론인인 라센버거의 설명에 따르면, 콜트의 발명품을 통해 경제와 인구라는 두 거대한 힘이 만났다. 수확기나 조면기보다 중요한 이 발명품은 그 모든 살상의 가능성과 더불어 '명백한 운명'과 대륙 정복에 특별한 힘을 부여했다. …… 기술사, 경제사, 사회사, 대중사를 충실하게 뒤섞은 책이다."

-《커커스리뷰》

"전설적인 콜트리볼버는 미국 서부를 폭력적으로 정복하는 과정에서 어마어마한 역할을 했으며, 국가의 정신 속에 여전히 살아 있다. 하지만 그 창조주이자 19세기 미국에서 가장 부유하고 영향력이 컸던 새뮤얼 콜트의 놀라운 이야기는 역사에서 거의 잊혔다. 지은이 짐 라센버거는 독자를 흥분시키면서 사로잡는 이 전기에서 미국 산업계의 거물들 및 미국의 운명을 이끈 주인공들과 샘 콜트를 나란히 하며 그의 정당한 자리를 찾아 준다. 술고래에 굉장한 바람둥이였던 콜트는 정치인들을 매수하고 경쟁자들을 잔인하게 짓밟으면서, 선견지명을 지닌 미국 총기 문화의 창조자로서 자리를 굳혔다. 《콜트》에서 지은이는 콜트의 생애와 그가 일익을 담당한 미국사의 소란스러운 시대를 탁월하게 재현한다."

- 피터 코전스, 《흐느끼는 지구The Earth Is Weeping》와
《셰넌도어 1862Shenandoah 1862》의 저자

"특별한 나라에서 산 특별한 사람에 관한 특별한 이야기. 샘 콜트는 모든 인간을 평등하게 만들지는 못했지만, 짐 라센버거의 《콜트》 덕분에 우리 모두는 과거 역사에 관해 한층 더 많이 알게 되었다. 탄탄한 조사를 바탕으로 유려하게 서술한 역사서다."
– 케빈 베이커, 《창의적인 아메리카America the Ingenious》의 저자

"콜트리볼버만큼 '미국'을 대표하는 건 아무것도 없다. 전설적인 이 6연발 권총은 야구와 애플파이, 이민만큼이나 미국이라는 국가의 직물을 촘촘히 직조한다. 간담을 서늘하게 만드는 이 실화는 자신만만하고 억센 샘 콜트의 이야기에 생명을 불어넣는다. '리볼버맨'은 그의 6연발 권총이 상징하게 된 젊은 공화국과 마찬가지로 모순으로 가득한 인물이었다. 완벽에 가까운 이야기를 선물해 준 짐 라센버거에게 카우보이모자 챙을 잡고 진심이 담긴 감사의 인사를 보낸다."
– 그레고리 크라우치, 《보난자 킹The Bonanza King》의 저자

"괴짜 기업가이자 시대를 대표한 거물인 샘 콜트는 미국사에서 가장 다채로운 인물로 손꼽힌다. 총기 공장의 자금을 대기 위해 대중에게 웃음 가스라는 히트 상품을 판매하는 사람을 어떻게 좋아하지 않을 수 있을까? 라센버거는 광범위한 이 전기에서 이 밖에도 여러 이야기를 자세히 들려준다."
– S. C. 그윈, 《여름 달의 제국Empire of the Summer Moon》과
《공화국 찬가Hymns of the Republic》의 저자

"콜트. 그토록 유명한 이름을 가진 사람 중에 그 생애가 이렇게 베일에 싸인 인물이 또 있을까? 깜짝 놀랄 만한 생애를 살았다는 점을 감안하면 더더욱 어리둥절한 일이다. 하지만 이제 짐 라센버거가 놀랍도록 생생한 전기로 문제를 바로잡는다. 지은이는 역사적으로 가장 중요한 이야기를 들려줄 뿐만 아니라 서스펜스와 놀라운 일화, 상스러운 언어, 배신과 나란히 국가를 뒤바꾼 기술과 자극적인 가십, 그리고 소름 끼치는 내막이 지금도 충격적인 1840년대의 살인 사건 재판 등의 이야기를 한가득 풀어놓는다. 《콜트》는 어느 모로 보나 가치 있는 만큼 재미도 있다."
– 리처드 스노, 《디즈니의 랜드Disney's Land》와 《철의 여명Iron Dawn》의 저자

짐 라센버거

《눈부신 재앙: JFK, 카스트로, 실패로 끝날 수밖에 없었던 미국의 피그스만 침공The Brilliant Disaster: JFK, Castro, and America's Doomed Invasion of Cuba's Bay of Pigs》, 《1908년 미국: 비행의 시작, 북극을 향한 경주, T모델의 발명, 현대 국가의 탄생 America, 1908: The Dawn of Flight, the Race to the Pole, the Invention of the Model T, and the Making of a Modern Nation》,《하이 스틸: 세계 최고의 스카이라인을 세운 대담한 사람들High Steel: The Daring Men Who Built the World's Greatest Skyline》 등의 저서가 있으며, 《뉴욕타임스》,《배니티페어》,《스미스소니언》 등 여러 매체에 기고하고 있다. 워싱턴DC 태생으로 현재 뉴욕시에 산다.

유강은

국제문제 전문 번역가. 옮긴 책으로《미국의 반지성주의》,《AK47》,《전쟁에 반대한다》,《전쟁 대행 주식회사》,《미국민중사》,《가짜 민주주의가 온다》,《팔레스타인 100년 전쟁》 등이 있다.

강준환

2000년대 초 다음 카페 〈건매니아〉를 시작으로 밀리터리 포털 〈건넷〉을 창업했다. 이후 EBS 교육 방송과 다수 채널에서 외국 영화, 다큐멘터리, 드라마를 번역하고 감수했으며, 현재 유튜브 채널 〈건들건들〉의 크루 '환장'으로 활동 중이다. 감수한 책으로《글록》이 있다. 대표적인 외화 번역 작품은 EBS 번역판 〈플래툰(1986)〉, 〈다이하드 1, 2, 3〉, 〈라이언 일병 구하기(1998)〉, 〈블랙호크다운(2001)〉, 〈작전명 발키리(2008)〉, 〈허트로커(2008)〉, 〈팅커 테일러 솔저 스파이(2011)〉, 〈미션임파서블 로그네이션(2015)〉 외 다수가 있다.

콜트

콜트

산업 혁명과 서부 개척 시대를
촉발한 리볼버의 신화

짐 라센버거 지음
유강은 옮김 **강준환** 감수

SAM COLT
AND
THE SIX-SHOOTER
THAT CHANGED
AMERICA

일러두기

• 인용된 작품들 가운데 국내에 출간된 것은 한국어판 제목으로 표기했고, 출간되지 않은 것은 번역한
  뒤 원제목을 함께 적었다.

• 본문 내의 단위는 국제단위계에 따라 변환하였다. 하지만 총의 제원이나 직접 인용의 경우 원서의
  야드파운드법에 따라 표기한 후 미터법으로 변환한 값을 괄호 안에 함께 표기했다.

• 새뮤얼 콜트가 잘못 적은 글자 중 우리말로 옮기기 어려운 경우는 뜻에 맞게 옮겨 적었다.

• 샘, 혹은 새미는 새뮤얼의 애칭이다.

앤에게

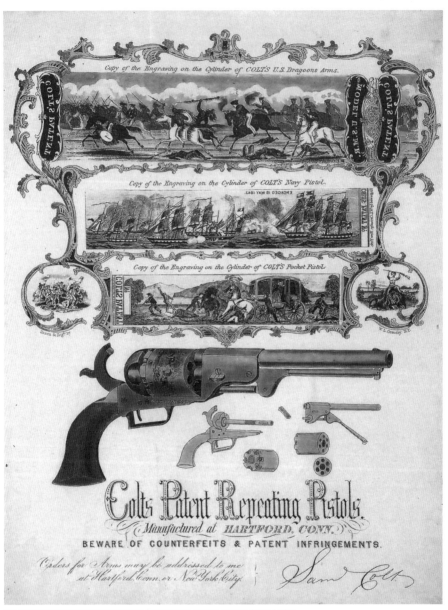

콜트리볼버의 회전식 탄창에 새겨진 1850년대의 특별한 풍경을 활용한 광고.

목차

불쾌한 진실을 음미하는 취향

I

1831년 대서양 한가운데의 어느 지점, 코르보호에 탄 16세 미국 소년 샘 콜트의 머릿속에 비범한 발상이 떠올랐다. 정확히 어디서 그런 발상이 생겼는지는 여전히 의문으로 남아 있다. 코르보호에서 관찰한 배의 외륜이나 양묘기, 즉 선원들이 닻을 감아올리는 데 쓰는 통 모양 크랭크에서 영감을 얻었다는 이야기가 가장 일반적이다. 그가 인도에 있을 때 어떤 발명가가 만든 물건을 보고 아이디어를 훔쳤다고 말하는 이들도 있다. 어느 쪽이든 그럴듯한 이야기다. 콜트는 분명 아이디어를 도용할 만큼 뻔뻔했지만, 혼자서 눈부신 창작품을 고안할 만큼 독창적이기도 했다. 아예 이런 일화 자체가 콜트가 꾸며 낸 것일 수도 있다. 그는 충분히 그럴 만한 인물이기도 했다.

아무튼, 이야기에 따르면 콜트는 유리같이 잔잔한 바다 위에서 조용한 순간을 발견하고 항해에 나서기 전에 아버지의 친구에게서 받은 작은 칼을 꺼냈다. 그러고는 나뭇조각 몇 개를 깎아서 머릿속에 떠오른 모형을 만들었다. 칼질을 끝내고 손에 쥔 물건은 장난감 같은 작은 목제 권총과 비슷했다. 다만 방아쇠 위쪽이 주먹 모양으로 불룩 튀어나온 콜트의 창작품은 1831년에 권총의 모습을 아는 사람이라면 우스꽝스 럽다고 여겼을 것이다. 그가 칼로 깎은 물건은 총이 작동되는 방식의 관념을 확장하 게 된다. 이 과정에서 그는 19세기 초의 손꼽히는 기술적 과제 하나를 해결하거나 적 어도 해결하는 첫걸음을 내딛는 셈이었다. '재장전하지 않고 연발로 발사하는 총을 어떻게 만드는가?'라는 과제였다.

　콜카타에서 돌아오고 20여 년 뒤, 콜트는 자신의 "회전식 총"을 완성해서 판매하 려고 노력하면서 세계가 자신의 아이디어를 따라잡기를 기다리게 된다. 그사이에 그 는 쉴 새 없이 부지런하게, 어느 전기 작가의 말을 빌리자면 "원심적 혼돈" 속에서 살 았다. 콜트는 17세에 순회 쇼맨으로 전국을 돌아다니기 시작하면서 오락을 절실하게 필요로 하는 관객들에게 아산화질소라는 히트 상품을 팔았다(당시 미국은 콜레라에 시달리고 있었다). 18세에는 증기선을 타고 미시시피강과 오하이오강을 거슬러 올라 갔고, 19세에는 운하용 보트를 타고 이리운하를 따라 내려갔다. 21세에 부자가 됐다 가 31세에 가난해졌고, 41세에 다시 부자가 됐다. 비밀 결혼을 했을지도 모르며 조카 라고 부르는 아들이 하나 있었던 건 거의 확실하다. 형인 존은 에드거 앨런 포의 소설 에서 바로 튀어나왔을 법한 악명 높은 살인을 저질렀는데, 실제로는 정반대였다. 그 러니까 포가 그 사건을 바탕으로 소설을 썼다. 존이 뉴욕시에서 교수형 집행을 기다 리는 동안 샘은 수중 전기 케이블로 항구에 있는 선박을 폭파하는 방법을 발명했다. 1849년, 그는 파리 근처에 있는 생클루궁전과 콘스탄티노플에 있는 돌마바흐체궁전 을 방문했다. 1851년에는 실제 궁전은 아니지만 그래도 매혹적인 곳이었던 런던의 크 리스털팰리스를, 1854년에는 상트페테르부르크의 겨울궁전을 찾았다. 1855년에는 코네티컷에 있는 자신의 개인적 제국인 콜츠빌Coltsville 위쪽의 언덕에 암스미어라는 개인 궁전을 지었다. 콜츠빌에는 노동자 주택, 교회 여러 곳, 음악당, 도서관, 학교 여러 곳, 낙농장, 사슴 사냥터, 사계절 꽃과 과일 향이 풍기는 온실, 독일계 직원을 위한 야 외 맥줏집, 그리고 한가운데에 세계 최첨단의 공장이 있었다. 콜트 혼자서 이른바 미 국식 대량 생산 시스템(기계를 이용해서 균일하고 호환 가능한 부품을 만드는 시스템)을 발전시킨 것은 아니지만, 그는 1850년대의 기술 혁명을 이끈 선구자였다. 이 혁명은 1770년대 미국의 정치 혁명만큼이나 세계에 커다란 영향을 미쳤다. 샘 콜트의 생애는 1812년 미영전쟁과 남북전쟁 사이에 벌어진 미국사의 여러 사건과 면모를 아우르는 이야기다. 하지만 미리 경고하건대, 이는 한 총기의 이야기이기도 하다.

이 책에서 제시하는 주요한 명제는 콜트와 그가 만든 리볼버를 고려하지 않고서는 19세기의 미국, 아니 이 문제에 관한 한 21세기의 미국도 이해할 수 없다는 것이다. 한편의 살과 다른 한편의 철의 결합으로 발생한 힘은 동부에서는 유력한 산업 집단이 부상하고, 서부에서는 폭력적인 경계 확장이 이루어지는 미국의 미래 모습을 빚어냈다. 콜트의 리볼버만큼 경제 변화와 인구 변동이라는 이 두 요인이 역동적이고 완벽하게 하나로 수렴된 미국의 물건은 찾아보기 어렵다. 사이러스 매코믹의 수확기, 찰스 굿이어의 황화고무, (콜트가 작지만 중요한 역할을 한) 새뮤얼 모스의 전신電信 등 그 시대의 다른 위대한 혁신들과 비교해 보면, 손으로 가뿐히 드는 몇 킬로그램 무게인 콜트의 총은 경량급 선수다. 하지만 이 총은 그 물건들을 능가하지는 않더라도, 적어도 다가오는 세계를 만드는 데 동일하게 기여했다.

II

콜트리볼버가 얼마나 중요한지를 이해하기에 앞서, 그가 등장하기 전에 총기가 어떠했는지를 알 필요가 있다. 13세기에 등장한 첫 번째 화기는 단순한 원통이나 금속관 (중국인들은 대나무를 사용했을 테지만)에 가연성 가루와 발사체를 채워 넣은 것이었다. 가루에 불이 붙으면 폭발하면서 고압의 질소와 이산화탄소 기체가 분출되어 발사체가 원통에서 튀어나와 날아갔다. 초기의 총기 혁신가들은 화약 제조법을 완성했을 뿐만 아니라 총열과 개머리판에 집중해서 총의 안전성을 높이고, 손에 쉽게 쥐고 조준할 수 있게 만들었다. 뒤이어 혁신가들은 화약을 점화시키는 격발 장치로 관심을 돌렸다. 처음에는 사격자가 총열 뒤쪽에 있는 구멍에 잉걸불을 갖다 댔다. 이후 손가락 레버를 당기면 서펜틴Serpentine 끝의 불붙은 심지가 화약 위에 떨어지는 매치록 Matchlock(화승식 격발 장치)이 개발되었다. 이 레버는 방아쇠로 발전했고, 격발 방식은 휠록Wheellock(바퀴식 격발 장치)을 거쳐 이보다 내구성이 더 높은 플린트록Flintlock(부 싯돌식 격발 장치)으로 발전했다. 둘 다 마찰에서 불꽃이 생기는 방식으로, 불편하게 손으로 불붙은 화승을 대고 있어야 할 필요가 없었다. 콜트가 태어나기 7년 전인 1807년, 스코틀랜드의 성직자 알렉산더 존 포사이스가 퍼커션 캡Percussion cap이라 불리는 중요한 개선을 고안했다. 스프링을 장착한 총의 공이치기로 충격을 받으면 점화하는 뇌홍(풀민산수은)을 캡슐처럼 작은 "알약" 모양으로 만든 것이었다.

"신속한 사격", 즉 총기에서 발사체를 방출하는 빈도를 높이려는 시도는 거의 총기 자체만큼이나 오래전으로 거슬러 올라간다. 많은 방법이 시도되었다. 한 가지 분명한 해법은 총기에 총열을 추가하는 것이었다. 둘, 넷, 심지어 여섯 개 이상의 총열이 다발로 묶이거나, 오르간 파이프처럼 나란히 붙거나, 오리 발가락처럼 부채꼴 모양으로 펼쳐졌다. 레오나르도 다빈치는 총열 열 개를 오리발처럼 펼친 거대한 총을 구상했지만 실제로 만들지는 않은 것으로 보인다. 1718년 제임스 퍼클은 삼각대 위에 총열 하나를 얹고 중심부에 회전식 탄창을 붙인 대형 총을 발명했지만, 이 총은 원형 단계를 넘는 진전을 이루지 못했다. 이후 오랫동안 회전식 실린더를 사용하려는 다른 시도들이 이어졌다. 훗날 콜트는 자신이 리볼버를 발명한 뒤에도 이런 시도를 전혀 알지 못했다고 주장했다. 많은 경쟁자의 말처럼 그가 거짓말을 했을지도 모르지만, 그의 주장이 영 터무니없지는 않다. 이전의 이 모든 총기는 결국 포기되고 잊혔다. 다루기가 어렵고, 지나치게 무겁고, 턱없이 복잡하고, 아주 비실용적이었기 때문이다.

요컨대 19세기 초에 화기가 사용하기 편하고 신뢰성이 높아지긴 했으나, 1830년의 총포는 본질적으로 1430년의 것과 다르지 않았다. 하나의 금속관이나 총열에 가연성 가루와 발사체를 채워 넣고, 발사한 뒤에는 매번 최소한 세 단계를 거쳐야 했다. 화약을 총열에 채우고, 발사체(포탄, 동그란 납탄, 나중에는 총알)를 넣은 다음, 화약에 점화해서 발사체를 방출했다. 가장 숙련된 사수가 제일 좋은 총을 쏘더라도 두 번째 사격에는 최소한 20초, 대개는 30초가량이 걸렸다.

이런 총기는 플린트록 머스킷으로 무장하고 고도로 숙련된 프리드리히 2세의 프로이센군과 같은 거대한 군대가 사용할 때 가장 효과적이었다. 수백 명이나 수천 명이 조직적인 대열을 이루어 동시에 장전해서 발사하는 일제 사격을 하면 기관총 효과가 나타났다. 물론 이 구조에서 결정적으로 중요한 요소는 톱니바퀴의 톱니에 해당하는 병사들이었다. 총기를 주로 전장에서 군대가 사용하는 한, 그리고 사망자와 부상자를 대신할 사람을 공급할 수 있는 한 총기를 더 많이 소유한 쪽이 유리했다.

그리하여 다시 콜트의 총기가 얼마나 중요한 것인지 알게 된다. 단발식 총기가 효과적이지 '않은' 곳이 있다면, 그곳은 바로 남북전쟁 이전의 미국 서부였다. 서부 개척자들은 대개 숫자가 많지 않았는데, 생소한 지형과 분노한 아메리카 원주민과 마주쳤다. '인디언' 전사들이 말을 타고 초원을 내달리면서 2, 3초에 한 발씩 화살을 쏘면, 최고의 무장을 갖춘 미국인(켄터키 소총을 지닌 군인)도 손쉬운 표적이었다. 이 소총은 사격할 때마다 재장전해야 했을 뿐만 아니라, 말에서 내려 사격해야 했다. 총알 한 발을 쏠 때 인디언 전사 한 명이 무려 스무 발의 화살을 쏠 수 있었다. 그것도 꼼짝없이 고정된 불운한 소총수를 향해 시속 48킬로미터로 달리면서.

결국 콜트의 리볼버, 그리고 비슷한 기술을 사용하는 연발식 소총은 인디언과 싸울 때 선택하는 무기가 되었다. 텍사스의 코만치족, 애리조나의 아파치족, 캔자스의 샤이엔족, 북부 평원의 수족, 태평양 연안 북서부의 네즈퍼스족 등이 콜트 총기의 표적이 되었다. 이 총기는 1840년대 말 멕시코전쟁에서 작지만 중요한 역할을 했으며, 1849년 골드러시 때 금 채굴업자들과 함께 캘리포니아로 향하면서 서부 체류민과 정착민들에게 삽과 곡괭이, 부츠만큼이나 필수품이 되었다. 멕시코전쟁은 콜트가 부자가 되는 길에 올라서게 해 주었고, 콜트리볼버는 성경 다음가는 최고의 여행자 보험이었다. 서부 여행을 고려하는 미국인들은 이 총 덕분에 대담해졌다. 조만간 서부는 정착지가 되지만, '어떻게' '언제' 사람들이 정착하는지는 콜트 총기에 큰 덕을 입었다.

1850년 여름 미주리주 인디펜던스의 어느 신문에 승객과 우편물을 캘리포니아로 이송하는 마차 행렬에 동반한 경비대가 묘사되어 있다. 이 기사는 남북전쟁 이전에 리볼버가 어떤 의미였는지를 잘 보여 준다.

마차에 탄 각 경비대원은 콜트의 회전식 소총을 한 자루씩 끈으로 걸고 있다. 엎구리의 권총집에는 콜트의 긴 회전식 피스톨을, 허리띠에는 소형 콜트리볼버 외에 사냥용 칼도 차고 있다. 그러니 공격을 당하면 이 여덟 명은 재장전하느라 멈출 필요 없이

136발을 쏠 태세를 갖춘 것이다! 예전 시대의 무장한 소규모 군대에 맞먹는 셈이다. 야만인을 상대로 공격전이나 방어전을 치르기 위해 단단하게 태세를 갖춘 이 호송대의 용감한 모습을 보면 우편물의 안전이 전혀 걱정되지 않는다.

III

현대인의 귀에 "야만인"을 상대로 한 전투 이야기는 승리보다는 집단 학살과 제국주의에 더 가깝게 들린다. 하지만 텍사스 순찰대가 코만치족에게 처음 콜트 총을 발포한 다음 해인 1845년, "명백한 운명Manifest Destiny"의 시대에 미국인들은 이를 서부 팽창이라는 고귀한 대의를 뒷받침하는 도덕적 언어로 받아들였다. 콜트의 47년 생애동안 미국은 영토가 336만 7000제곱킬로미터 늘었고, 1000만 명이 채 안 되던 인구도 3000만 명으로 증가했다. 이런 성장으로 미국 최고의 제품이 여럿 등장하고 몇 가지 흥미진진한 역사도 생겨났지만, 도덕적인 대가 역시 치러야 했다. 17세기에 청교도적 신정 체제로 탄생해서 18세기에 계몽주의 시대 공화국으로 재탄생한 미국은 19세기 전반기에 명목적으로는 여전히 종교적, 정치적 이상으로 규정되지만 실제로는 순전히 실용적인 목적에 따라 움직이는 나라로 탈바꿈했다. 계몽주의 시대는 편의주의 시대가 되었다. 1835년 알렉시 드 토크빌은 "내가 아는 한 이 나라만큼 돈을 향한 사랑이 인간을 향한 애정을 장악해 버린 나라는 없다."라고 말했다. 21세의 샘 콜트가 새로 만든 총의 특허 출원을 처음 시도한 바로 그해였다.

이 시기 동안 아메리카 원주민을 고향에서 쫓아내기 위한 프로그램이 미국 정부의 공식 정책이 되었고, 노예제가 더욱 굳건하게 자리 잡았으며, 멕시코로부터 129만 5000제곱킬로미터의 영토를 강제로 빼앗았다. 노예 플랜테이션 농장에 더 많은 토지를 공급하는 게 주된 목적이었다. 정부는 잭슨 대통령 시절의 후견 관계가 뷰캐넌 대통령 치하의 노골적인 부패로 발전함에 따라 도덕적으로 더욱 타락하고 정치적으로 한층 분열되었다. 미국인들은 점점 독실해지면서도 또한 더욱 폭력적으로 바뀌었고, 점점 근대인이 되면서도 문명과 멀어졌다. 콜트와 그가 만든 리볼버는 실제로나 상징적으로나 이 모든 발전과 밀접하게 연결되었다. 이 책에서 나는 한 인간과 총기의 이야기를 들려주는 것에 더해서 미국사의 저 어두운 시대의 모습을 있는 그대로 밝혀 보고자 한다. 나타나는 그림이 전적으로 아름답지만은 않을 테니, 본론으로 뛰어들기 전에 1862년 4월 초 샤일로전투에서 싸우면서 48시간 만에 2만 4000명이 쓰러지는 모습을 지켜본 작가 앰브로스 비어스의 충고에 귀를 기울이는 편이 낫겠다. "불쾌한 진실을 음미하는 취향을 키워라."

<h1 style="text-align:center">IV</h1>

샘 콜트는 당대의 미국을 찬미했으며 그 나라를 구현했다. 그는 덩치가 크고, 자기주장이 강하고, 폭식을 즐기고, 상상력이 풍부했으며, 기이한 충동과 에너지를 갖고 있었다. 세계를 뒤바꾼 제품을 발명했을 뿐만 아니라 그 제품을 만들고 판매하는 방식에서도 세계를 뒤바꾼 고전적인 파괴적 혁신가였으며, 토머스 에디슨부터 헨리 포드까지, 토머스 왓슨에서 스티브 잡스까지 그 뒤를 이은 수백 명의 파괴적 혁신가의 원형이 되었다. 친구들은 너그럽고 따뜻하면서도 대담한 그에게 경탄했고, 적들은 거짓말을 일삼고 탐욕스럽다고 헐뜯었다. 그는 이 모든 특징을 지녔으며, 무엇보다도 매사에 가차 없었다. 세계 무대에 올라서던 바로 그 순간 콜트는 허먼 멜빌의 펜을 벗어나 세상에 나온 포경선 선장 에이해브처럼 가차 없이 행동했다. 하지만 에이해브가 거대한 고래 한 마리를 쫓았다면, 콜트는 할 일이 많았다.

콜트 자신에게는 불쾌한 진실이 있었고 상속인들은 이런 진실을 감추려고 했기 때문에 그는 여러 생략된 부분과 함정을 놓아 미래의 전기 작가들을 토끼 굴에 빠뜨렸다. 가령 열여덟 살 때 쓴 일기에서 몇 쪽이 사라졌는데, 뉴올리언스까지 가는 노예선 항해 경험에 관해 알 수 있는 부분이다. 그와 잠자리를 같이한 여자들이 보낸 편지도 전부는 아니지만 대부분 그의 문서고에서 빠져 있다. 그의 형제 중 한 명은 콜트에게 "항구마다 부인"이 있다고 비난했지만, 육체적 관계가 정확히 어떤 성격이었는지는 대부분 추측의 영역에 남아 있다.

입증 가능한 사실과 명백한 허구를 뒤섞으면서 둘을 구별하려는 노력을 거의 기울이지 않는 몇몇 콜트 전기는 이 문제를 푸는 데 도움이 되지 않는다. 콜트에 관한 최고의 저작은 그의 권총을 다룬, 특히 콜트 총기를 비롯한 콜트 제작품의 방대한 컬렉션을 소유한 하트퍼드의 워즈워스아테나움박물관 큐레이터들이 쓴 미술 논문들과 총기 전문가와 미국 산업과 서부의 역사를 연구하는 학자들이 쓴 몇몇 주목할 만한 논문과 책에서 나왔다. 콜트 총기 수집가들은 이 기록에 소중한 정보를 추가하고 있는데, 다만 이런 정보는 총기를 수집하는 사람들의 관심에 편향되기 쉽다. 이런 예외가 있기는 해도 역사학자나 전기 작가들은 지금까지 콜트를 진지하게 다루지 않았다. 우리는 총을 만든 사람들보다는 방아쇠를 당긴 역사적 군인, 무법자, 사이코패스와 함께할 때 더 편안함을 느낀다. 아마 무기를 제조하고 판매하는 일이 무기를 사용하는 일보다 흥미가 떨어지고 무미건조하다고 느껴지기 때문이리라. 샘 콜트의 생애는 적어도 그런 예상을 보기 좋게 깨뜨릴 것이라 장담한다.

* * *

앞서 말한 토끼 굴들을 제쳐 두면, 콜트와 그의 총이 던지는 가장 의미심장한 질문은 그의 시대에서와 마찬가지로 오늘날에도 생생하다. 어찌 보면 콜트 본인도 다연발 총기가 얼마나 정교하고 치명적으로 발전할지 짐작할 수 없었기 때문에 더욱 생생하다. 오늘날의 미국에서 이런 총기가 얼마나 중요한지는 너무도 중대하고 극단적으로 갈리는 질문이라서, 200년 전에 벌어진 사건들을 다루다 보면 필연적이고도 반사적으로 강한 반응이 튀어나오게 마련이다. 하지만 이런 시도가 불가능하지 않기를 바란다. 과거는 우리가 무기를 내려놓고 공통의 유산을 숙고할 수 있는 삶의 한 장소다. 남북전쟁에서 가장 많은 피를 흘린 전투가 벌어지기 직전인 1862년 12월 말 어느 날 저녁에 테네시주 스톤스강에서 북군과 남군이 그랬던 것처럼 말이다. 당시 양쪽은 머스킷과 리볼버를 내려놓고 전장을 가로질러 만나서 함께 〈즐거운 나의 집〉을 불렀다.

이 유명한 노래의 작사가인 존 하워드 페인은 콜트의 친구였는데, 앞으로 여러 흥미로운 사람들과 나란히 그와 만나게 될 것이다. 지금 당장은 이어지는 본문이 좋든 나쁘든 간에 사실을 기반으로 한 저작이며, 1814년부터 1862년까지의 시기에 샘 콜트와 그의 총과 미국에 벌어진 일들을 정직하게 이야기하는 것 말고는 다른 의도가 전혀 없다는 점만 덧붙이고자 한다.

1부
선원 구역

1814~1833년

"그대 항로 표지여! 높이 나부끼는 강력한 수로 안내인이여! 그대는 내가 지금 어디에 있는지 정확히 말해 주지만, 앞으로 내가 어디에 있을지 작은 암시라도 던져 줄수 있는가?"

— 허먼 멜빌, 《모비딕》, 1851

"나는 미국인이다. 나는 코네티컷주 하트퍼드에서 태어나 자랐다. 아무튼 바로 강 건너에 있는 시골이다. 그러니 나는 양키 중의 양키이고 실용적이다. 물론 내 생각에도 감정이 거의 메말라 있다. 다른 말로 하자면 시 따위 모른다."

— 마크 트웨인, 《아서 왕 궁전의 코네티컷 양키》, 1889

로즈힐

1814~1829년

로즈힐에 있는 리디아 H. 시고니의 집.

I

1815년 봄, 23세 교사인 리디아 헌틀리는 코네티컷주 노리치에 있는 집을 떠나 내륙에 있는 하트퍼드라는 작은 도시로 향했다. 아버지가 부유한 과붓집의 정원사로 일해 수입이 변변찮은 집안의 외동딸이었던 헌틀리는 지적이고 매력적이었지만 아직 미혼이었다. 구혼자가 몇 명 있었으나 늙어 가는 부모님에게 애정과 관심을 쏟기 위해 물리친 탓이었다. 원래는 지역 소녀들의 교사이자 무명의 시인, 그리고 무엇보다도 착하고 사랑스러운 딸로 노리치에서 끝까지 살 작정이었으나 그때 대니얼 워즈워스에게서 초청장이 왔다.

워즈워스는 코네티컷에서 내로라하는 부자였고, 한 학자가 말한 것처럼 사실상 하트퍼드의 행동과 취향을 결정하는 사람이었다. 높은 지위에 걸맞게 그는 저축은행, 시각장애인 학교, 박물관 같은 시민 생활이나 박애와 관련된 많은 사업의 후원자이자 기부자였다. 1815년에 그는 여학교를 설립하기를 원했다. 그냥 평범한 학교가 아니라 워즈워스가 직접 "신분과 재능이 엇비슷한" 학생 열다섯 명 정도를 선발하는 특별 사립학교였다. 이런 학교를 운영하려면 특출한 교사가 필요했다. 리디아 헌틀리가 바로 그가 찾아낸 주인공이었다. 그는 하트퍼드로 헌틀리를 불러들였고, 헌틀리는 늙어 가는 부모에게 다짐한 맹세를 뒤로하고 그곳으로 갔다.

리디아 헌틀리가 처음 콜트 가족을 알게 된 것은 그곳 작은 학교에서였다. 콜트의 딸 둘이 그녀가 가르치는 학생이었다. 헌틀리의 기록에 따르면, 언니 마거릿은 1806년생의 명랑한 아이로 "즐거움의 햇빛" 아래 잘 자라고 있었다. 두 살 아래인 세라 앤은 책벌레에 진지한 성격이었지만, 여러 해가 지난 뒤 헌틀리는 "언니 옆에서 서성거리던 세라 앤의 수북한 금발 머리와 파랗고 맑은 눈, 달콤한 미소"를 생생하게 떠올렸다.

헌틀리의 설명 이외에 이 학교에 남은 기록은 1819년에 열한 살이던 세라 앤 콜트가 쓴 공책뿐이다. 공책은 공들여 쓴 글씨 연습과 색채가 풍부한 그림으로 가득하다. 지구 지리("지구라고 불리지만 완벽한 구는 아니다. 동서의 직경이 남북의 직경보다 54킬로미터 길다") 다음에 계절을 설명("회귀선 바깥에서는 4계절이고 …… 안쪽에서는 2계절이다")하고 계속해서 프톨레마이오스 체계를 아름다운 그림으로 묘사한 내용과 덴마크의 천문학자 튀코 브라헤의 이론이 등장한다.

마지막으로, 세라 앤은 태양이 지구 주위를 도는 게 아니라 지구가 태양 주위를 도는 것을 관측함으로써 유럽인들의 우주 이해를 심대하게 뒤흔든 16세기의 천문학자 코페르니쿠스의 혁명적 견해를 설명한다. 세라 앤은 흠잡을 데 없는 필기에서 이렇게 썼다. "이 체계는 태양이 중심에 자리하며 모든 행성이 태양 주위를 돈다고 가정한다."

* * *

1819년 여름, 리디아 헌틀리는 하트퍼드의 부유한 홀아비인 찰스 시고니와 결혼했다. 결혼을 계기로 작은 학교는 끝이 났지만, 이제 리디아 헌틀리 시고니가 된 그녀는 콜트 가족과 더욱 가까워졌다. 남편과 함께 로즈힐Lord's Hill에 있는 소유지로 이사했기 때문이다. 하트퍼드 중심부에서 서쪽으로 펼쳐진 파릇파릇한 언덕 위에 저택들이 모여 있던 이곳은 당시의 어느 신문이 묘사한 것처럼 "도시에서 가장 아름다운 언덕바지"였다. 콜트 부부는 바로 길 건너편에 살았는데 헛간, 과수원, 정원, 목초지로 둘러싸인 저택이었다. 리디아 시고니는 "온갖 색깔과 품종의 장미가 대기에 향을 내뿜는다."라고 새로 이사 온 주변 환경에 관해 썼다. "클레마티스 덩굴이 광장 너머로 풍성한 진청색 가지를 드리우고 있다."

리디아 시고니는 새로 자리 잡은 보금자리의 길 건너편에 사는 젊은 대가족을 즐겨 지켜봤다. 그녀는 마거릿 콜트에 관해 이렇게 썼다. "내 방 창문에서 마거릿이 자기 집의 쾌적한 마당과 그늘진 구석을 가로지르는 모습을 얼마나 자주 보고, 다가오는 손님을 맞이하는 기쁜 목소리를 얼마나 자주 들었던가." 시고니는 두 딸 외에도 콜트 집안의 기운 넘치는 네 아들도 알게 되었고, 존이 아홉 살로 맏이였고, 일곱 살인 크리스토퍼 주니어가 둘째였다. 막내 제임스는 세 살이었다.

시고니의 눈을 사로잡은 아이는 셋째인 새뮤얼, 일명 새미였는데 1819년 여름에 다섯 살이 되었다. 시고니는 종종 로즈힐 주변의 들과 숲을 뛰어다니다가 의붓아들 찰스를 찾아 자기 집 현관까지 오는 동네 사내애들 무리 속에서 아이를 보았다. 시고니가 훗날 쓴 것처럼, 곱슬머리에 제멋대로 날뛰는 새미 콜트는 "곱게 생긴 아이로 쾌활한 성격에 사려 깊은 기질이었다."

이 대가족의 부모는 "우리 중에 가장 잘생긴 부부"였다. 샐리라고 부르는 세라 콜트는 "전형적인 고상한 미녀"로, 존경받는 독립전쟁 참전 군인이자 성공한 대상인인 존 콜드웰 소령의 딸이었다. 크리스토퍼 콜트는 "잘빠진 몸매와 얼굴에 호감 가는 예절을 갖춘 신사"였다. 그는 부잣집 출신은 아니고, 뉴잉글랜드 남부에 뿌리를 둔 집안에 속했다. 1633년 잉글랜드에서 건너온 콜트colt(가끔 'Coult'라고 표기하기도 했다) 가족이 조상이었다. 크리스토퍼의 아버지인 벤저민 콜트는 매사추세츠주 해들리에서 존경받는 농부였다. 크리스토퍼의 삼촌 중 하나인 피터 콜트는 알렉산더 해밀턴과 가까운 지인으로 뉴저지와 코네티컷의 초창기 섬유 제조업자였다. 크리스토퍼의 사촌 몇 명도 출중한 인물로 펜실베이니아 서부 개척자인 주다 콜트, 피터의 아들이자 볼티모어의 부자 집안 딸과 결혼해서 엄청난 부를 쌓고 중요한 친구들을 사귄 로스웰 콜트 등이 있었다.

크리스토퍼와 샐리 콜트 부부.

어느 이야기에 따르면, 젊은 크리스토퍼가 1800년 무렵 하트퍼드에 도착했을 때 가진 돈이 워낙 부족해서 시민들이 그를 쫓아내기로 결정했다고 한다. 뉴잉글랜드 소도시에서는 무일푼의 젊은이가 현관문에 나타나면 종종 길고양이처럼 그렇게 내쫓곤 했다. 크리스토퍼에게 대단한 연줄이 있었던 걸 생각하면 가능성이 희박한 이야기 같은데, 어쨌든 그는 그대로 눌러앉았다. 1802년, 그는 메인스트리트에 가게를 열고 《하트퍼드쿠란트》에 광고를 싣기 시작했다. "그릇, 유리 제품, 도자기, 안경 팝니다." 1805년 샐리와 결혼한 뒤로는 더 넓은 시장으로 가지를 뻗어서 세계 각지에서 와서 코네티컷강을 따라 하트퍼드나 인근의 미들타운까지 올라온 선박들이 싣고 온 탁송 화물을 사들였다. 안티과산 럼주, 바르셀로나산 브랜디, 네덜란드산 진, 중국산 차, 멕시코산 초콜릿, 인도산 인디고 등이었다. 1807년 그는 200톤급 배와 140톤급 쌍돛대 범선을 건조할 수 있는 배 대목木木을 구한다는 구인 광고를 냈다.

새미가 태어나는 1814년에 이르면, 크리스토퍼는 이제 가게 주인이 아니라 국제적 대상인이었다. 부자가 되자 그는 하트퍼드의 다양한 시민 단체 운영진에 합류했다. 1817년에 대니얼 워즈워스가 설립한 코네티컷시청각애인교육훈련수용소 소장을 맡았고, 1819년에는 영농협회 재무 담당자, 그해 말에는 저축협회 이사가 되었다. 크리스토퍼는 사람들한테 존중받았을 뿐만 아니라, 진정으로 애정과 존경을 받으면서 한 친구의 표현처럼 "우리 시민들 사이에서 더 높은 신뢰와 존경"을 누렸다. 그는 또한

"자식들을 아주, 정말 좋아한다."라는 이야기를 들었다.

II

콜트 가족을 알게 될 무렵, 리디아 시고니는 미국에서 손꼽히는 유명 작가로 성장하게 될 문학 경력의 발길을 내딛던 참이었다. 훗날 얻은 별명을 빌리자면 "하트퍼드의 미성의 가수"는 발표한 시만 2,000편이 넘었고, 신문과 잡지에 기고한 수백 편의 논설과 에세이를 포함한 방대한 작품을 남겼으며, 그중 많은 작품이 자신의 이름으로 나온 60여 권의 저서에 수록되었다. 많은 사랑을 받은 시 외에도 시고니는 소녀와 젊은 여성에게 조언하는 책을 다수 펴냈는데, 모든 작품에서 이상적으로 그려진 미국 가정을 소개했다. 딸들은 하나같이 순수하고 상냥했고, 아들들은 모두 성실하고 예의가 발랐으며, 남편은 죄다 고상하고, 시고니의 표현을 빌리자면 부인은 "구름 뒤에 가려진 태양이 모습이 보이지 않아도 주변에 생명과 온기와 안락을 주는 것처럼" 사심 없이 가족에게 헌신했다. 아이러니하게도 시고니의 남편은 그녀가 가정보다 작가로 출세하는 데 관심이 더 많다고 비난했지만, 그녀는 위선적이라기보다는 야심이 컸다. 시고니는 미국인의 삶을 있는 그대로가 아니라 자기가 믿는 이상적인 모습으로 묘사했다. 바로 이런 이유로 그녀의 작품은 큰 인기를 얻었다. 1852년의 작품 선집에서 예측한 바에 따르면, "19세기 전반기에 미국인의 정신과 마음을 형성한 다양한 도덕적, 지적 요인에 관해 설명할 때, 리디아 H. 시고니보다 더 훌륭하게 기릴 이름은 별로 없을 것"이었다.

하지만 이 예측은 잘못된 것으로 드러났다. 오늘날 리디아 시고니는 거의 기억되지 않으며, 기억된다고 해도 주로 끔찍한 시 작품에 놀라워할 뿐이다. 교사로서 시고니는 엄정하고 명징하게 글을 쓸 것을 장려했지만 시인으로서는 달콤한 것들, 그러니까 보름달, 이슬 내린 잔디밭, 소심하게 떨리는 한숨 등을 좋아했다. 시고니의 전기를 쓴 고든 헤이트는 1930년에 그녀의 생애를 서술하면서 한때 그녀가 명성을 누린 이유를 도무지 찾을 수 없다고 털어놓았다.

하지만 시고니의 시가 형편없는 데에는 분명 타당한 이유가 있었다. 미국인의 삶에 거품 같은 막을 씌운 것은 추한 것을 예쁘게, 견딜 수 없는 것을 견딜 수 있게 만들기 위함이었다. 19세기 초 미국의 삶은 굉장히 잔혹했다. 젊은 나라의 경제는 불안정했고, 행운이 삽시간에 뒤집히는 일이 흔했다. 사업이 고갈되고, 투자가 실패하고, 다섯 가구에 하나꼴로 적어도 한 번은 파산했다. 당시의 표현으로는 "곤란해졌다." 부를 유지할 수 있더라도 언제든 쉽게 목숨을 잃었다. 전염병이 기승을 부리면서 나라를 휩쓸었다. 몇십 년 뒤 뉴욕시에서 수행한 19세기 초의 사망률 연구는, 하트퍼드라는 작은 도시에 곧바로 적용할 수는 없더라도 생명이 얼마나 미약했는지를 여실히 보여 준다. 뉴욕시의 보건 조사관은 1815년 평균 30년이던 수명이 1837년에 22년으로 줄었음을 발견했다. 가장 사망자가 많은 층은 40퍼센트가 5세까지 살지 못했던 어린이였으며, 20~40세의 성인들이 사망자의 4분의 1 이상을 차지했다. 어느 가족도 예외가 아니었다. 자녀를 몇 명 잃은 리디아 시고니에게는 그 해답이 시, 그것도 '다작의' 시였다. 마음을 달래는 단어들을 무한정 쏟아 내야 했던 것이다.

III

시고니가 로즈힐로 이사한 직후부터 문제가 시작되었다. 매디슨 대통령과 먼로 대통령 아래서 수년간 번영을 누린 뒤 예상치 못하게 갑자기 닥친 일이었다. 훗날 이 격변에 이름 붙여진 '1819년 공황'은 대체로 신용이 돌연 경색되면서 촉발된 금융 붕괴였다. 많은 미국인이 공황으로 몰락했는데, 크리스토퍼 콜트도 그중 하나였다. 그가 정확히 어떻게 공황에 노출됐는지는 분명하지 않지만, 탁송 화물을 사들이고 선박을 만드는 사람이라면 대체로 빚을 지고 사업을 한다. 나중에 샘은 아버지가 파산했다는 소식을 듣는 어머니의 모습을 보았던 일을 떠올린다. 샘은 거실에 있는 피아노 밑에서 놀고 있었다. 어머니가 두 손을 꼭 움켜쥐면서 소리쳤다. "아이고 불쌍한 아이들을 어쩌나!"

1819년 6월 세라는 딸 메리를 낳았고, 1821년 5월에는 아들 노먼을 낳았다. 한 달 뒤 샘의 일곱 살 생일을 코앞에 둔 6월 중순, 세라가 폐병으로 죽었다. 폐결핵이었다. 크리스토퍼 콜트는 마흔 살의 나이로 빚을 진 데다 엄마 없는 아이 여덟의 아버지가 되었다. 갓난아이 노먼이 1822년 봄에 세상을 떠나자 그 수는 일곱으로 줄었다.

세라 앤의 얼룩덜룩한 공책을 보면 콜트 가족의 신세가 뒤집힌 게 뚜렷하게 보인다. 몇 년 전에 예쁜 꽃을 그리고 코페르니쿠스 천문학을 요약해 놓은 바로 그 공책이다. 이제 열세 살인 세라 앤은 공책을 획 뒤집어서 뒤쪽 밑에서부터 거꾸로 쓰기 시작했다. 일종의 축소판 코페르니쿠스 혁명인 셈이다. 새로 시작하는 속표지에 1821년이라고 날짜가 적혀 있다. 오래전 가을날의 기념품인 조그마한 진홍색 단풍잎이 페이지사이에 납작하게 말라 있다. 분명 세라 앤이 직접 끼워 놓은 것일 테다. 우아한 글씨와 반짝이는 꽃 그림 대신 쪽마다 우울한 시로 채워져 있다. 모두 세라 앤이 단정한 글씨로 베껴 놓은 것이다.

> 나는 명상을 사랑한다, 근처에 아무도 없을 때,
>
> 주목 가지가 흔들리는 곳에서
>
> 바람에 귀 기울이는 것도 사랑한다, 한없이 나지막한 한숨 소리를 내며,
>
> 풀이 무성한 무덤 위를 쓸어 주는 소리에

버나드 바턴이 쓴 〈무덤The Grave〉이라는 시의 도입부다. 다른 시는 〈다정한 어머니의 죽음Death of an Affectionate Mother〉이라는 제목이다. 몇 편은 세라 앤의 선생님이었던 리디아 H. 시고니 부인의 작품으로, 그녀는 이미 죽음을 읊는 서정시에서 일종의 전문적 역량을 키우는 중이었다. 시고니의 시는 특히 죽음을 바라보는 섬세한 시각에서 다른 시들보다 돋보인다. 시고니의 시에 등장하는 인물이 죽을 때면 그녀의 얼굴에는 언제나 부드러운 미소가 스친다. 시고니는 평생 수백 편의 추도 시를 썼는데, 1865년 시고니가 세상을 떠나자 후에 예일대학교 총장이 되는 티머시 드와이트 5세가 "시고니가 자기보다 오래 살 것이라는 두려움에 끊임없이 시달리던" 미국의 유명인사들이 이제 그녀의 추도 시가 자기 주검 위로 내걸릴 위험이 없어져서 개인적으로안도하게 되었다고 농담을 할 정도였다.

* * *

크리스토퍼 콜트는 1823년 3월 재혼했다. 새로 맞은 부인은 하트퍼드 출신의 35세 올리비아 사전트였다. 올리비아와 크리스토퍼 사이에 윌리엄이라는 사내애와 올리브라는 여자애가 생겼기 때문에, 크리스토퍼는 가족의 지위를 유지하기 위해 일하면서 여러 사업체와 계획에 모험적 투자를 했다. 1823년 9월, 그는 코네티컷강증기선회사가 하트퍼드와 뉴욕 노선을 운영하도록 하기 위한 "기금 모금"이라는 이름의 주식 매입을 주변에 권유했다. 1824년에는 적어도 두 차례 소금을 배로 대량 수입해서 판매했다. 가장 진지하게 달려든 모험사업은 유니언제조사라는 섬유 공장으로, 작은아버지인 피터 콜트를 따라 상인에서 제조업자로 나아가려는 시도였다.

이런 시도 가운데 어느 것도 가족이 로즈힐에 계속 살 수 있을 만큼 수익을 내지 못했다. 샘이 아홉 살이던 1824년 초, 크리스토퍼는 신문에 광고를 내어 "신사가 거주하기에 딱 알맞은 상태"의 집과 2헥타르의 과수원과 목초지를 팔았다. 가족은 시내 중심부 근처인 처치스트리트에 있는 집으로 이사했다.

몇몇 설명에 따르면, 콜트 가족은 돈을 아끼기 위해 새미를 하트퍼드에서 강 건너편에 있는 코네티컷주 글래스턴베리에 사는 어느 농장 가족에게 맡겼다. 당연히 총과 관련된 일화들도 있다. 한 일화를 보면, 어린 새미가 나무 아래에 앉아서 할아버지한테 받은 권총을 분해했다가 완벽하게 조립한다. 다른 일화에서는 콜트의 한 친척이 어느 날 오후 코네티컷강을 가로지르는 나무다리 위에 서서 강물에 총을 쏘는 소년을 우연히 목격한다.

이런 빈약한 이야기들을 제외하면 콜트가 소년 시절에 총기를 얼마나 접했는지를 가늠하기는 어렵다. 당시에는 총이 집집마다 흔히 있는 물건이었다. 다만 정확히 얼마나 흔했는지는 오늘날에도 논쟁거리다. 초창기 미국에 산재한 총기의 숫자를 집계하려는 한 시도는 결국 학자가 학문적 사기를 저질렀다는 비난을 받으면서 끝났다. 하지만 미국 가정의 대부분은 아니더라도 많은 집에서 최소한 원시적인 총기를 갖고 있었던 것은 분명하다. 북부보다는 남부와 서부에 훨씬 많았다. 역사학자 리처드 호프스태터가 말한 것처럼, 미국 변경의 역사는 "총기 문화"를 장려했다. 개척자들은 먹거리를 구하고 들짐승과 인디언들의 위협에 맞서 자신을 지키기 위해 총을 필요로 했다. 독립전쟁 또한 총기 소유를 장려하는 계기로 작용했다. 하지만 하트퍼드에서 콜트가 태어날 무렵에는 뉴잉글랜드와 동부 연안 대부분 지역에서 총기의 필요성이 크게 줄어든 상태였다. 총기는 주로 식탁에 고기를 추가하기 위해 들짐승과 조류를 사냥하는 용도로 쓰이거나 오후에 스포츠용으로, 또는 콜트처럼 물고기를 잡는 용도로 사용됐다.

미래에 총기 제조업자가 되는 콜트의 어린 시절에서 가장 의미심장한 요소는 그가 성장한 지역이다. 콜트가 어렸을 때 하트퍼드는 인구가 7,000~8,000명에 불과한 작은 도시였지만 중요한 내륙항이었다. 코네티컷강이 동쪽 측면으로 흐르면서 뉴잉글랜드 북부의 도시들을 롱아일랜드해협과 뉴욕시로 이어 주는 한편, 보스턴 우편 도로가 하트퍼드 남쪽을 통과해 뉴헤이븐과 뉴욕까지 이어졌다. 이처럼 어느 정도 교통의 중심지였던 덕분에 하트퍼드에서는 은행, 해운, 보험 회사들이 등장했다. 코네티컷강 유역이 미국 산업 혁명의 원료와 생산물이 흐르는 중심 동맥이 되었기 때문이다. 강의 상류와 하류 유역에서 섬유, 시계, 도끼, 칼, 총검, 그리고 무엇보다도 총을 생산하는 기업들이 생겨났다.

콜트가 어렸을 때 미국에서 가장 중요한 총기 제조업체는 하트퍼드에서 상류로 48킬로미터 떨어진 매사추세츠주 스프링필드에 있는 연방조병창이었다. 또 다른 연방조병창이 버지니아주 하퍼스페리에 세워졌지만, 정부 자금과 양키 특유의 창의성이 결합한 스프링필드 조병창은 미국에서 가장 중요한 무기 공급업체일 뿐만 아니라 콜트가 어린 시절에 가장 영향력이 큰 공장이었다. 스프링필드에 필적하는 곳은 하트퍼드에서 하류로 32킬로미터 거리인 미들타운에 시미언 노스가 소유한 민간 무기 공장이었다. 엘리 휘트니가 소유한 또 다른 민간 무기 공장은 엄밀하게 따지면 코네티컷강 유역이 아닌 뉴헤이븐에 있었지만 코네티컷주의 산업적 영광과 노하우에 힘을 보탰다. 총기는 여전히 대부분 수작업으로 만들어졌지만, 이 모든 무기 공장과 그보다 규모가 작은 총기 공장과 제작소들은 기계를 사용해서 총기 생산을 더 단순하고 저렴하게 만들고 있었다. 이 과정에서 이 공장들은 19세기에 미국을 뒤바꾸는 산업혁명의 요람으로 자라고 있었다. 코네티컷강 유역은 그 시대의 실리콘밸리로 묘사되곤 하는데, 이런 비유가 입에 발린 말처럼 들릴지 몰라도 하트퍼드의 샘 콜트를 에워싸고 집중된 재능과 기술의 시너지를 제대로 보여 준다.

선원 구역

콜트는 훗날 자기만의 초대형 산업 요람을 만들어 내지만, 그의 어린 시절에서 중요한 사실은 미국의 많은 남자아이처럼 총을 사냥용 무기나 집안의 가보처럼 통상적인 방식으로 접한 게 아니라는 점이다. 콜트는 총을 제작해서 판매하는, 특히 개량해야 하는 제품으로 접했다.

IV

콜트의 생애에서 이 시기는 걸핏하면 슬픈 일이 닥쳤다는 사실 말고는 거의 확실한 게 없다. 콜트 가족의 맏이이자 헌틀리의 학교에서 사랑받는 학생이었던 마거릿이 열아홉의 나이로 세상을 떠났다. 1825년 7월 "구름 한 점 없는 여름날 아침의 이른 빛이 비치는 가운데" 폐결핵의 희생양이 된 것이다. 몇 년 뒤 어느 신문에 실린 진위가 의심스러운 이야기에 따르면, 마거릿은 "의붓어머니와 싸우고 발끈해서 집을 나갔다. 우박과 눈, 비가 엄청나게 쏟아지는 날이었다. …… 그날 지독한 감기에 걸렸는데, 그 때문에 급성 폐결핵에 걸려 죽었다." 마거릿이 죽기 며칠 전에 찾아왔던 리디아 시고니는 너무 감상에 치우치기는 하지만 한결 그럴듯하게 폐결핵의 경과를 설명한다. "몇 달을 앓았는데, 간간이 결핵 기침 소리가 조종처럼 울려 퍼졌다." 하지만 시고니가 묘사하는 마거릿의 마지막 모습은 납득하기 어렵다. "하지만 아이의 순결한 얼굴에는 죽음의 쓴맛이 사라진 미소가 비치고 있었다."

시고니는 마거릿의 장례식에 관한 긴 시를 썼다. 시는 "꽃 같은 얼굴에 반짝거리는 많은 머리를 한" 마거릿의 친구들과 가족과 약혼자가 흐느끼는 가운데 마거릿이 땅속으로 내려가는 무덤가에서 시작된다. 그리고 모든 일이 다 잘될 거라는 확신으로 끝맺는다.

> 냉정한 이성주의자들이여! 확신을 가질지어다.
> 저 새하얀 얼굴과 새카만 머리 타래가
> 흙으로 돌아가고, 잠든 젊은이가 기다리는 곳에서 당신들이 서 있을 때
> 오, 부활하는 아침이여! 심장을 들어 올려라

승리를 거둔 하느님을 찬양하며.

마거릿이 죽고 1년도 안 된 1826년 3월, 세라의 또 다른 딸 메리가 세상을 떠났다. 그리고 1827년에는 다른 상실이 찾아왔다. 콜트 형제들의 맏이인 존이 도망친 것이다. 이번에도 악당으로 지목된 사람은 올리비아였다. 존이 의붓어머니에게 불만을 품고 비난했다는 것이었다. 세월이 지나면서 더욱 골치 아파지는 존과 관련된 수많은 일화의 시작이었다.

1829년 겨울 어느 때, 나라 전체가 앤드루 잭슨의 대통령 당선을 축하하거나 개탄하는 가운데 콜트 가족에게 희소식이 찾아왔다. 크리스토퍼가 매사추세츠주 웨어 Ware에 있는 한 회사에서 공장장 자리를 제안받은 것이다. 꽤 괜찮은 자리인 데다가 지난 10년간 가족을 괴롭힌 재정적 곤란에서 벗어날 수 있는 돌파구였다. 하지만 콜트 가족은 웨어로 이사하기 전에 다시 한번 시련을 견뎌야 했다.

금발에 파란 눈을 한, 소녀 시절에 그토록 예쁜 그림을 그렸고 10대 때는 서글프기 짝이 없는 시를 베껴 썼던 세라 앤은 스물한 살이 되었고, 리디아 시고니를 따라 교육계로 진출한 상태였다. 1823년 유명한 회중교회 목사 라이먼 비처의 딸인 캐서린 비처가 설립한 명문 하트퍼드 여자신학교의 교사 일곱 명 중 하나였다. 또 다른 젊은 신임 교사는 캐서린 비처의 열일곱 살짜리 딸 해리엇이었는데, 그녀는 훗날 《톰 아저씨의 오두막》의 저자로 명성을 떨치게 된다.

1829년 3월 26일, 세라 앤은 비소를 삼켜서 스스로 목숨을 끊었다. 자살한 이유는 분명하지 않다. 리디아 시고니는 세라 앤이 언니의 죽음을 이겨 내지 못했다고 말했다. 형제인 제임스는 책을 너무 많이 읽은 탓으로 돌렸다. 이번에도 역시 꼬투리 잡기 좋은 의붓어머니 올리비아에게 비난의 화살이 향했다. 하지만 가장 단순하게 설명하자면, 콜트 집안에 면면히 흐르는 정서 불안과 딱 잘라 규정하기 어려운 어두운 성향에서 원인을 찾아야 할 것이다. 결국 콜트 자매들은 하나같이 우울과 분노, 의존 상태를 겪게 된다. 끝 모르는 갈증과 설사, 거듭해서 피를 토하는 비소 중독은 리디아 시고니의 재능으로도 감미롭게 묘사되지 못했다. 마거릿은 죽음을 기리는 시를 받았지만, 세라 앤은 받지 못했다.

＊ ＊ ＊

샘 콜트도 결국 시를 받는다. 그의 죽음을 기리는 시는 전쟁이 남부로 휘몰아치던 어느 겨울날 낭독된다. 콜트가 만든 총이 중요한 역할을 하면서 그의 공장이 막대한 수익을 올린 전쟁이다. 시고니가 콜트에게 바친 찬가는 아름다운 정서로 가득해서 ("저 늠름한 형체, 저 고귀한 얼굴을 / 이제 더는 볼 수 없는 건가요?") 그의 무덤에 모인 조문객 몇몇에게는 위안이 됐겠지만 그가 실제로 산 삶과는 아무 관계가 없었다. 사실을 말하자면, 샘 콜트의 삶에는 시가 끼어들 자리가 없었다.

그의 이름은 콜트

1829년 7월 4일~1830년 7월 4일

웨어코티지.

I

콜트 가족은 1829년 초봄의 어느 날 웨어에 도착했다. 크리스토퍼와 올리비아의 어린 두 아이를 포함해 일곱 명이었다. 장남 존은 여전히 없었다. 세라 앤은 얼마 전 하트퍼드의 어머니와 자매들 근처에 묻혔다.

콜트 가족이 도로로 80킬로미터 거리인 하트퍼드에서 곧바로 왔다고 가정한다면, 가족은 이른 아침 역마차를 타고 북쪽으로 매사추세츠주 스프링필드까지 가서 화요일과 목요일마다 매사추세츠 중부를 동쪽으로 가로지르는 정오 역마차로 갈아탔을 것이다. 그리하면 오후 4시 직전에 웨어 교외에 다다른다. 겨울 서리로 단단히 얼거나 봄철 해빙기에 녹아내린 진흙탕 도로, 또는 그 계절에 으레 그러하듯 얼었다 녹았다가 다시 얼어붙은 울퉁불퉁한 바큇자국 위를 열 시간 가까이 달린 끝이었다. 새싹이 트는 코네티컷강 유역과 비교하면, 이미 저녁 어스름이 내린 이 지방은 황량해 보였다. 웨어의 언덕은 아메리카 원주민들이 정기적으로 불을 놓던 곳으로 그나마 남은 나무들도 농부들이 베어 버려서 땅이 달 표면처럼 민숭민숭했다. 그렇더라도 곳곳에 흩어져 있는 거대한 바위들만 없으면 완만한 언덕처럼 보였다. 바위들은 마치 방금 하늘에서 떨어진 듯 금방이라도 굴러 내릴 것처럼 위태로웠다.

콜트 가족의 여정에서 마지막 몇 킬로미터는 보스턴과 뉴욕의 박물관에서 당시에 인기 있었던 역사 연대기의 거대한 파노라마처럼 획획 넘어간다. 아마 '두 장면으로 보는 뉴잉글랜드의 역사'라는 제목이 안성맞춤일 것이다. 먼저 역마차는 1761년에 지 자체로 등록된 초기 마을인 웨어센터를 통과했다. 읍사무소와 회중교회 둘 다 소박한 흰색 판자벽 공회당 안에 자리 잡고 있었다. 공회당 앞에는 중앙 잔디밭이 있는데 이 잔디밭 옆으로 대장간이, 반대편에는 술집이, 근처에는 소박한 소금통형 주택들이 모여 있었다. 독립전쟁 시대에는 그럭저럭 어울려 보였을 법한 마을이었다.

도로를 따라 3킬로미터를 더 가자 새로 생긴 다른 웨어가 나타났다. 아마 눈으로 보기 전에 귀로 먼저 들었을 것이다. 달가닥거리는 말발굽과 마차 바퀴 소리가 끼익 하는 고음 아래 묵직하게 쿵쿵거리는 소리로 뚜렷해졌다. 얼마 뒤 콜트 가족은 프론트스트리트를 따라 동쪽으로 달렸다. 그곳의 건물은 기껏해야 5, 6년 된 것들이었다. 거대한 그리스식 기둥이 세워진 작은 은행, 상점 몇 곳, 약방, 그리고 최근에 거금 만 달러를 들여 지어서 "온욕과 냉욕 완비"를 자랑하는 호텔이 있었다. 웨어강 둑과 만나는 프론트스트리트 끝에는 고동치는 마을의 심장이자 존재 이유, 모든 떠들썩한 소리의 원천이 우뚝 솟아 있었다. 벽돌로 지어진 커다란 섬유 공장은 너비가 거의 90미터에 높이가 15미터였고, 높다란 지붕 위는 돔 모양이었다.

웨어 공장촌은 1820년대 뉴잉글랜드의 단단한 땅에서 우후죽순처럼 생겨나면서 고요하고 황량한 풍경을 산업 중심지로 뒤바꾼 수십 곳의 소도시 가운데 하나였다. 이런 변화에 간접적으로 기여한 인물인 프랜시스 캐벗 로웰은 샘 콜트가 태어난 해인 1814년에 매사추세츠주 월섬에서 자신의 첫 번째 면직 공장을 연 보스턴 사람이었다. 로웰은 1817년에 세상을 떠났지만, 1823년 그의 전 동업자들이 메리맥강 변에 새 공장을 세우고 도시에 그의 이름을 붙여서 그를 기렸다. 로웰 공장의 투자자들은 초창기에 연 17퍼센트의 이익을 거둬서 어느 역사학자의 말처럼 "목화에서 황금을 뽑아냈다."

섬유 공장이 이를테면 버지니아나 오하이오보다 뉴잉글랜드에서 번성한 데에는 여러 가지 타당한 이유가 있었다. 뉴잉글랜드를 19세기로 몰아붙인 저 유명한 양키의 "진취적인" 근면성과 창의성에 일정 공로가 돌아간다. 하지만 공장은 또한 경제적 필요성 때문에 생겨났다. 뉴잉글랜드의 토양은 농업을 시작하기에 그다지 좋지 않은 땅이었고, 여러 세대에 걸친 열악한 영농 기법으로 고갈되어 있다. 양키들이 번성하기를 기대한다면 농업 외에 다른 방향으로 가지를 뻗어야 했다. 뉴잉글랜드를 열악한 농지로 만든 바로 이런 지질학적 특징이 공장을 세우는 데는 딱 알맞았다. 공장을 세우려면 꾸준한 강수량과 급경사가 필요했다. 물과 중력을 결합하는 것이 수력발전의 공식이었기 때문이다. 골짜기가 많은 뉴잉글랜드의 풍경은 이를 공급하는 데 안성맞춤이었다. 먼 서쪽의 거대한 오하이오강 수로는 1킬로미터당 평균 수위 차이가 겨우 24센티미터였고, 남부의 수로는 12~24센티미터였다. 뉴잉글랜드의 강과 천은 평균 2.5~5미터였고, 눈과 비도 많이 와서 1년 내내 물이 가득하고 빠르게 흘렀다.

웨어에서는 수위 차이가 1킬로미터당 50미터로 무척 심했다. 강은 북쪽에서부터 세차게 흐르다가 잇따라 폭포를 이루며 곤두박질치고 급격하게 방향을 바꾸다가 서쪽으로 졸졸 흘러서 마침내 코네티컷강으로 합류했다. 1822년, 보스턴 투자자들이 모여 만든 웨어제조사는 폭포를 공장 부지로 바꾸기 위해 60만 달러라는 거액을 모았다. 우선 폭포에 댐을 만들고 강물의 흐름을 바꿨는데, 도랑을 파고 땅을 고르는 초인적인 사업이었다. 댐 안에 갇힌 강물은 커다란 저수지가 되어 웨어호수라는 이름을 얻었다. 좁은 수로, 일명 '도수로'가 호수에서 물을 빨아들여 빠른 물길로 바뀌었고, 여기서 거대한 목제 수차의 양동이와 만나서 공장에 동력을 공급했다. 도수로와 공장은 1824년에 완공되었고, 1825년에 이르러 웨어 공장촌에는 주철 공장, 기계 공장, 상점, 주택, 신축 교회 등이 자리 잡았다. 웨어의 초창기 역사에서 서술하는 것처럼, "쓸쓸한 황무지"가 "마법에 걸린 것처럼" 번성하는 마을로 변신했다.

사실 이런 평가는 약간 과장됐다. 그곳은 공장 마을이 되기 전에 황무지가 아니었다. 지역 인디언들은 여러 세대에 걸쳐 여기 살거나 찾아와서 둑weir(웨어라는 이름은 여기서 나온 것이다)을 쌓아 물고기를 잡았다. 결국 웨어에도 번영이 찾아오긴 하지만

선원 구역

이때까지는 아직 뚜렷하게 드러나지 않았다. 1829년 초, 웨어제조사는 파산했고 새로운 모험사업체인 햄프셔제조사에 자산을 매각했다. 크리스토퍼 콜트를 불러들여 공장 운영을 맡긴 것은 바로 이 신생 회사였다.

II

역마차는 호텔 앞에서 멈췄다. 보스턴까지 계속 동쪽으로 가는 승객들은 하룻밤을 보내고 다음 날 아침 다시 여정에 나설 것이었다. 콜트 가족은 아마 이륜마차나 사륜마차로 갈아타서 새집까지 계속 갔을 것이다. 프론트스트리트를 따라가다가 오른쪽으로 급하게 꺾어서 좁은 다리로 강을 건너고 언덕을 올라가는 곳이었다. 공장 위쪽 비탈의 가문비나무 그늘에 자리한 웨어코티지라는 이름의 집은 말뚝 울타리로 둘러싸인, 마을에서 제일 예쁜 집으로 소문난 곳이었다.

샘 콜트가 웨어코티지 뒤편 베란다에서 내려다본 마을의 첫인상은 아마 딱히 어떻다고 말하기 힘든 모습이었을 것이다. 분주하게 오가는 인구가 이제 1만 명에 육박하고 온갖 상점과 수많은 항구에서 오는 배들이 가득한 대도시 하트퍼드에서 자란 세속적인 소년이 보기에, 옛 마을과 새 마을 합쳐서 불과 2,000명뿐인 웨어는 보잘것없게 느껴졌을 것이 분명하다. 최근까지도 이곳은 "조악한 토양과 경지마다 숱하게 많은 돌로 유명했을 뿐"이었다. 어느 주민의 말마따나 "너무도 부끄러운" 곳이라 사람들이 거기 산다고 솔직하게 이야기하는 걸 꺼릴 정도였다. 최근에 웨어에서 그나마 보도할 만한 일이라고는, 지난해 여름 토머스 매클렌틱이라는 남자가 마을 상점에서 큰 낫의 손잡이를 밟았다가 튀어 오른 낫에 목을 벤 사건이었다. 한 신문의 표현을 빌리자면, "상처가 깊숙이 나서 경정맥이 완전히 절단되었다."

콜트가 좀 더 흥미를 느낀 쪽은 포다이스 러글스라는 불운한 발명가의 이야기였을 것이다. 작년 겨울에 러글스가 마을 술집에서 새로 특허를 낸 권총을 자랑하던 중에 한 친구가 총을 살펴보려고 건네받았는데, 친구가 실수로 총을 발사해서 러글스의 가슴에 맞았다. 결국 발명가는 자신의 발명품에 목숨을 잃었다.

하지만 콜트에게 웨어의 첫인상이 거친 면사와 불길한 아이러니 말고는 내세울 게 없는 지방 오지라더라도, 그는 또한 방적 공장이 관심을 기울일 만하다는 것을 이해했을 가능성이 크다. 기계에 소질이 있고 미래를 보는 눈을 가진 젊은이였기 때문이다. 섬유 공장은 뉴잉글랜드에서 여전히 새로운 현상이었지만, 19세기의 표현을 빌리자면 목이 부러질 정도로 빠른 속도로 지역의 면모를 뒤바꾸고 있었다. 지형과 비 오는 날씨에 의존하는 초창기 방적 공장은 19세기 초 농경문화에 한 발을 담그고 있었지만, 19세기 말 기계를 개발하는 한편 산업 혁명의 도구를 발명하고 완성하게 되는 젊은이들이 자기 업종을 익히는 연구실이었다. 콜트가 이곳에 가지 않았을 리는 만무하다. 1830년 무렵 방적 공장의 천둥소리 요란한 하부 구조로 내려갔을 때 콜트는 현대 기술의 무상 교육을 받은 셈이었다.

초기 산업 혁명에서 가장 인상적인 사실은 말 그대로 혁명적인 변화가 일어났다는 점이다. 떨어지는 물의 압력을 받아 천천히 돌아가는 물방아의 거대한 목제 바퀴를 시작으로 모든 게 바뀌었다. 이 움직임은 바퀴 축을 통해 비스듬히 놓인 훨씬 작고 빠른 주철 기어까지 이어졌는데, 각각의 톱니가 서로 맞물리며 돌아갔다. 움직임은 톱니들로부터 로드와 샤프트, 벨트로 옮겨 갔다. 그리하여 떨어지는 물의 에너지가 구동 장치를 통해 위에 있는 작업장으로 전달되었고, 강물이 바퀴와 만나고 불과 몇 초 뒤에 이곳에서 마침내 소면기, 연조기, 조방기, 권사기, 정방기로 에너지가 전달되었다. 이 기계들을 거치면서 원면이 방적사로, 방적사가 직물로 바뀌었다. 나중에 에너지가 케이블과 와이어를 통해 전달되기 시작하면 가장 발전한 기술은 인간의 눈에 보이지 않게 된다. 하지만 19세기 초의 에너지 역학은 마치 고장을 수리하기 위해 열어본 거인국 주민의 시계 내부 같은 모습을 하고 있었다. 기계에 소질이 있는 젊은이는 그냥 지켜보는 것만으로도 각 부분이 어떻게 연결돼 있고, 어떻게 켜지고, 어떻게 회전하는지를 통해 많은 걸 배울 수 있었다.

III

새뮤얼의 의붓어머니가 쓴 편지 몇 통과 크리스토퍼 콜트가 방적 공장에서 기록한 (지금은 옛 공장이 있던 자리에서 거리를 따라 내려간 곳에 있는 청년도서관협회의 다락방에

선원 구역

서 먼지를 뒤집어쓰고 있는) 대형 가죽 장부를 제외하면, 콜트 가족이 웨어에서 어떻게 시간을 보냈는지를 말해 주는 기록은 거의 없다. 하지만 세 가지 일화가 콜트 가족의 역사로 남았다. 첫 번째 일화에서 사랑에 빠진 세라 앤은 웨어강 변에 있는, 오늘날까지 '연인의 도약대'라고 알려진 높은 바위에서 강물로 뛰어들어 자살한다. 이 이야기는 진위가 의심스럽다. 세라 앤은 하트퍼드에서 죽었고, 콜트 가족은 그녀가 죽은 다음 봄이 올 때까지 웨어에 도착하지 않았기 때문이다.

두 번째 이야기는 존 콜트가 주인공이다. 두 번째로 가출한 뒤 존은 볼티모어에서 여학교 수학 교사로 일하면서 살다가 펜실베이니아주 윌크스배러로 옮겨 가 운하에서 일했다. 누나 세라 앤이 자살했다는 소식을 접한 존은 상실감에 빠져 방황하다가 해병대에 입대하기로 결심하는데, 1829년 여름에 입대하자마자 군 생활이 자신에게 맞지 않는다는 걸 깨달았다. 군에서 빠져나오려고 했지만 부대에서 놔주려 하지 않자 결국 존은 매사추세츠에서 농사를 짓는 조지 해밀턴이라는 "아버지"가 보낸 짧은 편지를 위조했다. 존은 막냇동생 제임스에게 이 편지를 봉투에 넣어 보내면서 웨어에서 노퍽의 해병대 사령관 앞으로 보내라고 부탁했다. 조지 해밀턴은 편지에서 사령관에게, 콜트 행세를 하지만 실은 자신의 미성년자 아들인 아이를 내보내 달라고 요청한다. 어리석은 아이가 해병대에 들어가려고 이름과 나이를 거짓으로 대면서 부모의 가슴에 못을 박았으니, 사령관께서 어여삐 여기어 당장 아이를 집으로 보내 달라는 것이었다. 꼼꼼하면서도 황당한 이 계략은 효과를 발휘해 존 콜트는 해병대에서 방출되었다. 하지만 자신이 꾸며 낸 자아와 달리 그는 고향에 돌아갈 생각이 없었고, 실제로 돌아가지도 않았다.

역시 1829년 여름에 벌어진 콜트 가족의 세 번째 이야기는 샘이 주인공이다. 무대는 웨어호수, 날짜는 7월 4일이다.

흔히 회자되는 이 이야기에는 비가 내리고 바람이 거셌던 날씨에 관한 언급이 나오지 않는다. 양 캐롤라이나에서부터 뉴잉글랜드에 이르기까지 동부 연안 전체가 흠뻑 젖었다. 노스캐롤라이나주 롤리에서는 주의회의사당거리에서 열릴 예정이던 독립기념일 연주회가 연기되었다. 당시 워싱턴시티였던 워싱턴DC에서는 잭슨 대통령이 비를 맞는 게 싫어서 체서피크와 오하이오운하 구간 개통식 행사를 건너뛰었다. 뉴욕에서도 여러 기념행사와 행진이 취소됐는데, 다만 야외 매점은 문을 열어서 "비보다 럼주를 더 좋아하는" 단골들로 북적였다. 보스턴에서는 윌리엄 로이드 개리슨이라는 젊은 언론인이 차가운 가랑비를 뚫고 파크스트리트교회로 성큼성큼 달려가는 모습이 목격되었다. 이날 교회에서 한 연설은 훗날 노예제 폐지 운동의 강력한 호소로 기억된다. 개리슨의 연설이나 심지어 실내에 머무르기로 한 잭슨의 결정과 비교하면, 그날 콜트가 한 행동은 미국사에서 전혀 기념비적인 일이 아니다. 하지만 그 나름대로 일종의 선언이었다. 그리고 콜트의 어린 시절 다른 몇몇 일화들과 달리, 이 행동은 사실에 기반한 것으로 보인다.

그날에 관해 전해지는 자세한 내용은 빈약하지만, 콜트가 하루를 시작한 웨어코티지에서부터 그날을 거의 마무리한 웨어호수에 이르기까지 그가 따라간 경로를 시작으로 여러 가지를 합리적으로 추측할 수 있다. 공장 위편에 있는 진흙탕 언덕을 내려간 콜트는 다리를 건너서 프론트스트리트를 통해 마을 중심가로 갔을 것이다. 그는 새로 온 아이이고, 방적 공장장의 아들이었기 때문에 마을 사람들은 아마 그가 다가오는 걸 알아챘을 것이다. 몰라보기가 어려운 아이였다. 열다섯 살 생일을 15일 남긴 콜트는 183센티미터에 육박할 정도로 나이에 비해 키가 컸고, 잘생겼다는 평을 받았다. 밝은 갈색 곱슬머리가 모자 밑으로 삐져나왔고, 모자챙 아래로 보이는 눈동자는 선명한 연파랑색이었다. 턱에는 평생 기르게 되는 턱수염 가닥이 이제 막 나오고 있었다. 그는 후에 19세기의 부자가 으레 그러듯이 살이 찌지만, 아직은 호리호리했다. 아마 밝은색 연미복 코트를 입고 비와 진흙을 막으려고 송아지 가죽 부츠를 신었을 것이다. 누군가가 콜트에 관해 쓴 것처럼, 그의 머릿속에는 "세상이 자신의 존재를 알게 하겠다."라는 생각이 꽉 차 있었기 때문에 반짝이는 장신구와 단추 몇 개로 옷차림을 돋보이게 했을 것이다. 이런 액세서리는 흔했고, 샘 콜트는 그런 걸 삼가는 젊은이가 아니었다.

화려하게 자기를 내세우지 않고 평범한 옷을 입었을지라도, 이날에는 눈에 띄었을 것이다. 워낙 커다란 짐을 들고 있었기 때문이다. 검은색 전선을 목에 걸치거나 날렵하게 어깨에 드리우고, 손에는 책가방을 들었을 것이다. 누구든지 그가 이 짐을 들고서 어디로 가는지 알았다. 마을 곳곳에 전단을 붙여서 어떤 일을 할지 광고해 놓은 덕

선원 구역

이었다.

샘 콜트가 웨어호수에서 뗏목을 폭파할 계획임.

그는 공장과 댐을 향해 상류로 올라갔다. 프론트스트리트에는 공장 노동자들이 득실거렸을 게 분명하다. 보통 비가 오면 수력이 양호했지만, 휴일이라 공장이 문을 닫은 날이었다. 그해는 7월 4일이 토요일이었기 때문에 보통 1주일에 6일, 하루에 열두 시간 일하는 노동자들은 정말 보기 드문 즐거움을 만끽하는 중이었다. 보슬비가 내린다고 해서 가라앉을 분위기가 아니었지만, 설령 그렇다 해도 마을 상점에서 가져온 대형 럼주 통 하나면 분위기를 한껏 끌어올릴 수 있었다. 우뚝한 실크해트를 쓴 남자들이 상점 처마 밑에 모여 담배를 피우거나 씹으면서 진창이 된 도로의 바큇자국에 침을 뱉었다. 콜트보다 나이가 조금 많은 여자애들이 프론트스트리트를 돌아다녔다. 웨어 같은 마을에 있는 방적 공장은 소녀와 젊은 여자를 고용해서 몇몇 기계를 조작하는 일을 맡겼는데, 남자보다 급여는 적어도 미혼 여성이 좀처럼 누리기 힘든 독립성을 얻을 수 있는 일이었다. 마음 내키는 때에 자기가 고른 사람하고 거리를 걸어다닐 수 있는 자유도 그중 하나였다. 아마 어디선가 바이올린 연주자가 애국심 가득한 곡조를 연주하고 있었으리라. 사람들은 공교롭게도 둘 다 정확히 3년 전 독립기념일에 세상을 떠난 애덤스와 제퍼슨 대통령에게 건배했고, 신임 대통령 앤드루 잭슨에게도 건배했다. 잭슨 대통령은 한편에서는 한껏 치켜세우고 반대편에서는 워낙 악담을 퍼부은 터라 누군가 그의 이름을 부르면 욕설이 튀어나오고 주먹이 날아왔다고 생각해도 무방하다. 어느 당대 사람은 "제조업 도시 특유의 소동과 뒷소문, 활기와 규칙성"이라는 말로 웨어의 사회적 삶을 묘사했다. 그곳에는 "매일 일하는 직장에 워낙 많은 사람이 모여들어서 좋은 일이든 나쁜 일이든 급속하게 퍼질 수밖에 없었다."

* * *

콜트는 댐을 지나면서 멀리서 천둥 같은 목소리를 들었을 것이다. 호수에서 언덕 위쪽에 있는 동부복음교회 안에서 파슨스 쿡 목사가 술을 일컫는 "불타는 주정"의 위험성에 관해 열렬하게 7월 4일 설교를 하는 중이었다. "우리는 하느님을 섬깁니다!" 쿡이 설교단에서 소리쳤다. "그리스도의 피로 산 그 액체를 그냥 내버려 둔다면, 온 세상이 중립을 악이라고 선언하고 있으니만큼, 나는 천사들이 배은망덕하고 어리석은 여러분을 보고 눈물을 흘릴 거라고 봅니다!"

파슨스 쿡은 유별나게 독실한 공장장이자 부자로, 크리스토퍼 콜트의 전임자 중 하나였던 샘슨 와일더가 새 교회에 앉힌 목사였다. 와일더는 쾌락을 죄악시한 칼뱅주의자였다. 그는 한 무리의 젊은이들이 웨어에 댄스 교실을 만들려다가 댄스 강사와 그의 수제자가 곧바로 감기에 걸려 죽는 것을 보고 통쾌하게 여겼다. 그러면서 하느님께서 춤에 관한 자신의 입장을 분명하게 해 주었다고 믿었다.

와일더와 쿡 같은 칼뱅주의자들에게 춤보다 더 나쁜 것은 음주였다. 그들이 걱정하는 데에는 타당한 이유가 있었다. 19세기 초 미국인들은 엄청난 양의 술을 마셔 댔다. 한 추산에 따르면, 1인당 독주를 연평균 26리터 마셨다고 한다. 웨어 사람들은 전국 평균을 끌어올리기 위해 본분을 다했다. 웨어를 연구한 어느 역사학자는 200여 명의 방적 공장 노동자들이 평일마다 238리터들이 럼주 한 통을 쉽게 비웠다고 추정한다. 웨어에서 목사로 일하는 동안 와일더를 특히 화나게 한 것은 일요일에 놀러 나온 많은 젊은 남녀가 배를 타고 강 상류로 2~3킬로미터 올라가서 "술집에서 흥청망청 놀면서 안식일을 모독한다."라는 사실이었다.

그 술집은 아마 이날 인산인해를 이루었을 것이다. 7월 4일만큼 미국인들이 술을 많이 마시는 날은 없었다. 많은 목사가 이날을 설교단에 올라서 금주 복음을 설교하는 기회로 삼았지만, 파슨스 쿡만큼 알코올 소비를 광범위한 도덕적 위협과 강하게 연결하는 이는 드물었다. 쿡은 산업 혁명이 뉴잉글랜드의 인구 구성과 물리적 풍경뿐만 아니라 도덕적 지형까지 바꿔 놓았다고 믿었다. 역사학자 필립 F. 구라는 이렇게 쓴 바 있다. "쿡을 비롯한 목사들은 불신자를 개심시키기 위해 오하이오의 미개척지나 더 멀리 샌드위치제도까지 여행 가는 대신 이 지역들을 자신들의 선교 현장으로 선택했다. 공장에서 일하는 노동자들이 이단적인 견해와 느슨한 도덕 기준으로 오랜 농경 질서를 위협하고 있었기 때문이다." 웨어 사람들은 길을 잃은 상태였고, 파슨스 쿡이 할 일은 그들을 의로운 길로 인도하는 것이었다.

＊ ＊ ＊

콜트는 호수 가장자리에 멈춰서 짐을 내려놓았다. 느린 물살이 댐으로 흐르고 있었다. 내리는 빗방울이 잔물결을 만들어 냈다. 이 시연을 어떻게 진행했는지 콜트가 전혀 기록을 남기지 않았기 때문에 정확한 재료는 확실하지 않지만, 적어도 세 가지 품목은 챙겼다. 천과 타르로 방수 처리를 하고 아마 중간에 가는 실로 꼬아서 연결했을 긴 구리선, 전하를 발생시키는 도구, 그리고 세 번째 물건은 불꽃을 발생시킬 만큼 정전기를 충분히 저장하는 단순한 라이덴병같이 금속박을 두르고 물을 채워 넣은 유리병과 비슷한 것이었을 공산이 크다.

전기로 물건을 폭파하려고 시도한 것은 콜트가 처음이 아니었다. 일찍이 1751년에 벤저민 프랭클린은 "전기 불꽃"을 이용해서 화약에 불을 붙였다. 수중 폭발물도 새로운 것은 아니었다. 콜트는 분명 데이비드 부슈널이라는 예일대 졸업생의 이야기를 들어 봤을 것이다. 부슈널은 1776년 적 함정에 몰래 접근해서 용골에 통 기뢰를 붙이기 위해 손으로 프로펠러를 돌리는 잠수정을 만들었다. 이 잠수정 '터틀'은 뉴욕항에 있는 영국 함대의 기함에 바짝 다가가는 데 성공했지만 통 기뢰를 붙이지는 못했고, 작전은 실패했다. 기뢰가 일반화되고 수천 킬로미터 떨어진 곳에 있는 조작자가 군용 공중 드론을 조종할 수 있는 21세기의 관점에서 보면, 전기라 불리는 보이지 않는 "유동체"를 가지고 호수 한가운데서 원격으로 폭발물을 터뜨리는 것이 대단해 보이지 않을지도 모른다. 하지만 1829년에 그런 시도는 마술의 영역에 가까웠다. 열네 살짜리 아이가 그런 시도를 한다고 제안한 것은 터무니없는 일이라 놓칠 수 없는 구경거리였다.

당시 스물한 살의 기계 공장 노동자였던 엘리샤 루트는 오랜 세월이 흐른 뒤 그때 기억을 떠올렸다. "샘 콜트라는 어린애가 그날 호수에서 뗏목을 폭파한다는 소문이 시끄러워서 나도 동네의 다른 도제들하고 같이 구경을 하러 갔다." 루트의 말과 콜트 자신의 간단한 설명, 그리고 초기 전기 작가들의 몇 가지 서술 정도가 그날 웨어호수에서 벌어진 일에 관한 유일한 기록이다. 따라서 그 일에 관해 우리가 아는 바는 많지 않다. 하지만 한 가지 타당한 가정을 해 보면, 샘 콜트가 뗏목을 폭파하는 모습을 보려고 모인 군중은 언덕 위에서 파슨스 쿡의 금주 설교를 듣던 군중과 같지 않았다.

많은 이들이 물 탄 럼주를 잔뜩 마셔서 떠들썩한 분위기였다. 사람들은 이제 막 싹을 틔우는 전기 과학에 흥미를 느꼈을 것이다. 아니, 그보다도 사람들은 뭔가 터지는 걸 구경하려고 왔을 것이다.

콜트는 호숫가의 갈대밭에 서 있었다. 뗏목이 바람을 타고 나아갔다. 콜트는 뗏목이 원하는 위치에 도달할 때까지 기다리고는 전깃줄의 끝을 라이덴병에 연결하고, 회로를 닫은 뒤 뗏목 밑에 있는 폭발물에 전류를 보냈다. 쉭 하는 소리가 탁하게 나면서 호수의 물이 부풀어 올랐다. 아마 개들이 짖고, 물새가 하늘로 날아오르고, 기절한 물고기들이 수면 위로 떠올랐을 것이다. 하류 쪽으로 작은 파도가 일어서 댐 위로 찰랑거렸다. 하지만 뗏목은 그대로 떠 있었고, 물살 때문에 약간 속도가 빨라지긴 했지만 멀쩡했다. 다시 엘리샤 루트의 회고를 들어 보자. "폭발이 생기긴 했으나 뗏목이 폭발해서 하늘 높이 날아가지는 않았다."

하늘 높이 솟아오른 것은 갈색 물기둥이었고, 떨어진 물은 대부분 구경꾼들을 덮쳤다. 이미 비를 맞아 젖은 사람들이 흙탕물에 흠뻑 젖었고, 아마 황당하게 몇 모금 먹기도 했을 것이다. 한 설명에 따르면, "분노한 사람들이 복수하겠다면서 샘 주위로 모여들었다." "회초리로 단단히" 매를 맞아야 한다는 것이었다. 사람들이 콜트를 붙잡기 전에 엘리샤 루트가 끼어들었다. "그는 얼굴에 묻은 흙탕물을 닦고 안심이라도 시키듯 미소를 지으며 샘을 안전한 곳으로 데려갔다." 루트는 나중에 인도적인 걱정보다는 "아이가 고안한 폭발물"에 관한 호기심 때문에 콜트를 보호해 주었다고 회고했다. 샘이 어떻게 그렇게 했는지 알고 싶었던 것이다.

<h1 style="text-align:center">IV</h1>

"오늘 네 편지를 받았는데, 제대로 된 항해 지식을 배울 수 있는 곳에 자리를 잡았다니 우리 모두 기쁜 마음이다. 항상 꾸준히 노력하고, 시간을 아껴서 운동과 휴식을 잘 챙기고, 원기와 활력을 새롭게 해서 공부에 매진하기를 바란다."

올리비아 콜트의 편지는 1830년 6월 15일 웨어코티지에서 보낸 것으로 수신인은 매사추세츠주 애머스트에 있는 새뮤얼 콜트였다. 콜트가 웨어호수에서 실험을 한 지근 1년이 지난 때였다. 의붓어머니가 보낸 편지의 어조로 판단하건대, 아마 샘은 웨어에서 가족과 함께 그해를 보내면서 공부를 그만큼 꾸준히 하지 않은 것 같다. 이제 그는 1830년 6월에 서쪽으로 32킬로미터 떨어진 애머스트고등학교에 다니고 있었다.

당시 애머스트고등학교는 뉴잉글랜드 제일의 예비학교로 손꼽히는 곳으로, 애머스트시 역사학자의 말을 빌리자면 "의심의 여지 없이 매사추세츠주에서 가장 뛰어난 교육 기관"이었다. 학교는 샘이 태어난 해인 1814년에 창립됐다. 처음에는 남녀 공학이었지만 샘이 다닐 무렵에는 전교생이 남학생이었고, 그가 떠난 뒤에는 다시 여학생을 받았다. 미래의 졸업생들 가운데는 시인 에밀리 디킨슨도 있었다. 디킨슨 가족은 도로 아래쪽에 살았는데, 그녀는 콜트가 학교에 입학하고 몇 달 뒤에 태어났다. 이미 이곳은 사실상 디킨슨 가족의 세력권이었다. 설립자 중 한 명이 에밀리의 할아버지인 새뮤얼 파울러 디킨슨으로, 그는 훗날 언덕 위에 오늘날 애머스트칼리지라고 불리는 또 다른 학교를 공동 설립한다. 콜트가 학교에 다닌 짧은 시간 동안 90명 정도 되는 전체 학생 가운데 적어도 네 명이 디킨슨 집안 사람이었다.

1814년부터 1861년까지 이어진 애머스트고등학교의 생애가 콜트의 생애와 거의 정확히 겹친다는 것 말고 학교는 그에게 전혀 맞지 않았다. 그는 조용하게 학문을 연마하기에는 지나치게 활동적이었다. 올리비아의 편지에서 드러나듯이, 콜트는 그곳에서 기회만 기다리고 있었다. 1830년 여름에 그에게는 또 다른 야심이 있었다. 그는 바다로 나가고 싶었다. 이제 올리비아가 그에게 소식을 전하는 편지를 보냈다. 가족의 친구인 새뮤얼 로렌스라는 사람이 샘이 배에 탈 자리를 알아보고 있는데, "선장을 만나서 네가 자격만 되면 네 소원을 이뤄 주는 쪽으로 대화를 나눴다."

올리비아는 샘이 애머스트고등학교에서 선장이 되기 위한 준비를 하고 있다는 인상을 받은 것 같았다. 만약 그렇다면, 그는 헛다리를 짚은 셈이었다. 가까운 바다라고 해야 120킬로미터 떨어져 있었다. 학교 소개 책자에서 폭넓은 교과 과정을 홍보하긴 했지만, 항해술과 선박조종술은 들어 있지 않았다. "본교는 엄밀히 말해서 뉴잉글랜드의 여러 대학교에 입학하기 위한 준비 과정인 학문 교육에 거의 전적으로 몰두하는 고전적 기관입니다."

수업은 애머티스트리트에 있는 학교의 "널찍하고 편리한 건물"에서 진행되었다. 건물에는 대형 교실 하나와 "낭독실" 두 개, 주방과 지하실, 위층에 기숙사 방 열여섯 개가 있었다. 많은 학생이 교직원과 동네 주민 집에서 하숙했지만, 콜트는 서른다섯 명 정도의 다른 학생들과 함께 학교에서 생활하면서 두 "전임 교사principal(당시에는 교직원을 이렇게 불렀다)"의 감독을 받았다. "전임 교사들은 예의범절과 정신과 사기를 기르기 위해 학생들과 애정 어린 대화를 하려고 노력한다. 학교는 친절하고 온정적으로 운영되며, 학교 성원이 학교의 합리적인 규제에 기꺼이 따르지 않으면 가차 없이 쫓겨날 것이다."

이런 규제는 간단했다. 규제 준수는 의무 사항이었다. 학생은 오후 9시 이후에는 방에서 나오지 못했고, "불타는 주정"을 마시는 것은 금지됐으며, 무엇보다도 "사냥감이나 표적에 쏘든, 놀이를 위해 어떤 식으로든" 총을 쏘는 것이 금지되었다.

* * *

훗날 올리비아 콜트는 냉담한 의붓어머니라는 달갑지 않은 역할로 그려지지만, 그해 여름 샘에게 보낸 편지에는 아들을 근면하고 독실하게 인도하려는 어머니의 걱정스러운 애정이 담겨 있다. 부드럽게 훈계하는 말을 들어 보자. "새뮤얼 너도 알겠지만, 네가 좋아하는 일을 하고 싶다는 마음을 충족시키려면 모든 일에 너 스스로 나서야 한단다. 항해술을 철저하게 배우면 대양을 항해하는 데 아주 유리할 거란다." 올리비아는 분명 샘이 선을 넘을 위험이 있다고 걱정하지만, 그녀의 어조는 꾸짖기보다는 간절하게 타이르는 것에 가깝다.

이를테면 너는 언덕 위에 서 있단다. 네가 입장을 정해야 하는 시점에 있는 거지. 한편에는 지혜와 미덕의 자리가 있단다. 주변을 둘러보고 그 문으로 들어가거라. 다른 편에는 악덕과 어리석음의 자리가 있으니 그 문으로 들어가면 안 된다. 그곳은 비참과 가난의 자리야. 고개를 돌리고 눈길조차 주지 말거라.

샘은 분명 올리비아의 편지를 소중하게 여겼다. 그가 어린 시절에 보관한 몇 안 되는 문서 가운데 하나다. 그는 또한 올리비아가 1주일 뒤 보낸 짧은 편지도 보관했는데 사전, 자, 우산을 하나씩 담은 소포와 같이 보낸 편지였다. "비가 워낙 많이 오니까 쓸모가 있을 것 같아 보낸다." 이 두 번째 편지를 마무리하기 전에 올리비아는 샘의 아버지가 방금 친구 로렌스 씨하고 차를 마셨다고 언급했다. 로렌스는 콜카타로 가는 배의 주인에게 샘을 추천한 바 있었다. "그분은 열 달 동안 나가는 상황을 좋게 이야기하신다." 콜트의 전기 작가들은 대체로 그가 나쁜 행실 때문에 애머스트고등학교에서 쫓겨난 것으로 가정하지만, 올리비아의 편지를 보면 그가 자퇴를 '원했음'이 분명해진다. 콜트는 그냥 멋지게 학교를 그만두고 싶었다.

1830년 7월 4일 동이 트기 전에 콜트는 학교 교칙 몇 개를 한꺼번에 위반했다. 오후 9시가 훌쩍 넘어서 방에서 나왔고, 불타는 주정을 마셨을 가능성이 농후하다. 다만 화기 금지 규정은 어기지 않았다. 그는 총이 아닌 대포를 쏘았기 때문이다. 대포를 금지하는 내용이 없었던 이유는, 학생이 시내 중심가 근처에서 대포를 쏘는 상황은 아무도 상상조차 못 했기 때문일 것이다.

콜트는 그날 밤 혼자가 아니었다. 함께한 일행 중에는 알폰소 태프트가 있었던 것으로 전해진다. 미래의 전쟁장관이자 미국 법무장관을 역임하고, 윌리엄 하워드 태프트 대통령의 아버지가 되는 인물이다. 실제로 태프트가 같이 움직였는지는 의심스럽다. 1830년 여름이면 그는 이미 졸업해서 예일대학교로 진학했던 것으로 보인다. 또 다른 일행은 로버트 퍼비스였다. 콜트보다 네 살 위인 퍼비스는 출신이 독특한 인상적인 젊은이였다. 부유한 아버지는 백인 기독교도였고, 어머니는 아프리카계 유대인이었다. 많은 혼혈이 그런 것처럼 백인으로 행세하는 대신 퍼비스는 자신의 복잡한 정체성을 끌어안았고, 물려받은 재산을 노예제 폐지 대의를 돕는 데 사용했으며, 계속해서 대단히 탁월하고 진지한 삶을 살았다. 하지만 1830년 그 여름날 밤 그는 어쨌든 샘 콜트에게 휩쓸렸다.

이 이야기의 몇몇 판본 모두에서 대포를 확보하는 작전을 진두지휘한 주모자는 콜트였다. 한 판본에서는 훔친 대포를 사우스해들리에서부터 끌고 왔고, 다른 판본에서는 대포가 지방 정치인이자 독립전쟁 참전 군인인 에버니저 매툰이라는 애머스트 사람의 소유물이었다. 대포를 작동하기 전부터도 그날은 애머스트에서 소란스러운 밤이었다. 한 지역 주민은 후에 "걷잡을 수 없이 무질서한 부랑아들이 포를 쏘고 환호성을 질러서 중심가에 사는 모든 시민의 휴식을 방해하면서" 밤의 평온을 깨뜨렸다고 불만을 토로한다. 이듬해 다시 독립기념일이 다가오는 가운데 J. A. 케리라는 애머스트대학 학생은 1830년 7월 4일은 "지옥의 연대기에서 오랫동안 기록될 것"이라고 썼다. 케리는 특히 "대포 소리"를 떠올리면서 "아래쪽에 있는 동굴들에서 사악한 자들이 박수치며 환호하는 소리가 끊임없이 울려 퍼졌다."라고 적었다.

온종일 비가 내린 1829년 7월 4일과 달리, 이번에는 아름답게 동이 텄다. 하늘은 맑고 달은 거의 가득 찬 보름달이었다. 콜트와 동료들은 긴 언덕 위로 대포를 끌어 올리느라 힘을 썼을 게 분명하다. 벽돌로 된 대학 건물들이 모여 있는 평평한 꼭대기였다. 아마 그들은 잠시 숨을 가다듬으면서 달빛 아래 반짝이는 도시를 바라보았을 것이다. 이윽고 콜트가 성냥을 그어 신관에 불을 붙였다.

대포를 발사한 뒤 콜트와 친구들은 화약을 더 많이 채웠고, 콜트는 계속해서 퍼비스에게 다시 발포하는 법을 보여 주었다. 얼마나 많이 포를 쏘았는지 기록은 남아 있지 않지만, 케리의 설명에 따르면 포격이 벌어진 것 같은 인상을 주기에 충분했다. 우레 같은 대포 소리가 몇 킬로미터 밖까지 울려 퍼지면서 창문이 덜걱거리자 애머스트 사람들은 침대에서 일어났다. 언덕 아래에 있는 에밀리 디킨슨 가족도 자리에서 일어났다.

오랜 세월이 흐른 뒤, 에밀리의 아버지인 에드워드 디킨슨은 콜트의 첫 번째 전기를 쓴 헨리 바너드에게 보낸 편지에서 대포 이야기를 회고했다. 1864년에 쓴 편지다. "선생이 물어본 독립기념일의 주요 사건들은 기억이 생생합니다. 웨어 출신의 콜트라는 거친 젊은이가 우리 고등학교 학생이었는데, 7월 4일 이른 아침에 롯지고등학교의 다른 애들하고 합세해서 칼리지힐에서 대포를 쐈지요. 대학교 직원들이 끼어들어서 소음을 멈추라고 했습니다." 대학 이사였던 존 피스크 교수가 언덕 위로 올라가서 콜트에게 발포를 멈추라고 요구하자 콜트는 "성냥을 그으면서 '피스크 교수님께 한 발'이라고 외치고는 발포"했다.

"교수가 그의 이름을 묻자 이렇게 대꾸했습니다. '그의 이름은 콜트. 반골 기질이 장난 아니죠.'"

디킨슨이 바너드에게 알려 준 것처럼 콜트와 대포 이야기는 오랫동안 애머스트에서 회자되었지만, 전기 작가가 묻기 전까지 디킨슨은 "저 유명한 하트퍼드의 샘 콜트가 그 사건의 주인공"이었다는 사실을 깨닫지 못했다. 어쨌든 디킨슨은 "그는 곧바로 영원히 마을을 떠났습니다."라고 썼다.

코르보호의 항해

1830년 8월 2일~1831년 7월 4일

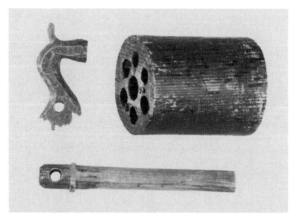

샘 콜트가 콜카타로 가는 항해 중에 조각했다고 하는 목재 견본의 부품.

I

애머스트에서 서둘러 빠져나오고 한 달 뒤, 샘 콜트는 코르보호의 갑판 위에 서 있었다. 보스턴의 아침은 바람 한 점 없이 더웠고, 콜트는 캔버스 천으로 된 바지와 체크무늬 셔츠, 챙 넓은 모자 등 새로 산 선원 복장 차림이었다. 몇 시간 뒤면 대서양을 가로지르고 인도양과 벵골만을 지나 후글리강을 거슬러서 콜카타까지 가는 2만 7000킬로미터 항해에 나설 참이었다. 하지만 우선 타는 듯한 태양과 배의 갑판과 인디아부두에 몰려든 천여 명의 보스턴 사람들을 견뎌야 했다.

군중은 코르보호를 타고 항해에 나서는 선교사 무리에게 작별 인사를 하기 위해 모여 있었다. 선교사들의 출발을 보도하기 위해 통신원을 보낸 어느 침례교 잡지의 말을 빌리자면, 그들은 "이교도들에게 보내는 기독교의 사자使者"가 될 것이었다. 같은 잡지는 인디아부두에서 열린 기념행사가 "고요하고 예절 바르게 진행된 것"을 흡

선원 구역

족하게 언급했다. 콜트와 동료 선원들이 공손하게 침묵하며 지켜보는 가운데 선교사 넷과 그 부인들은 햇빛을 가리기 위해 선장이 갑판에 세운 차양 아래 서 있었다. 선교사들은 한 명 빼고 전부 20대였다. 프린스턴신학교를 졸업한 지 오래되지 않은 장로교도 세 명은 뭄바이가 목적지였고, 네 번째 선교사는 얼마 전에 매사추세츠주 앤도버에서 신학교를 졸업한 침례교도로 미얀마가 최종 목적지였다. 목사 안수식과 축복 예배, 그리고 선교에 동행하려는 신부와 결혼식을 하는 등 분주하게 여름이 지나갔다. 결혼하고 6주가 지난 이가 하나도 없었기 때문에 이 항해는 어떻게 보면 단체 신혼여행이었다. 다만 1830년에 콜카타까지 가는 2만 7000킬로미터의 항해를 묘사하는 데 '신혼여행'이라는 단어는 좀처럼 어울리지는 않는다.

기도가 끝난 뒤 기독교인들은 〈주 믿는 형제들〉을 부르기 시작했다. 장로교 선교사인 윌리엄 하비는 훗날 보스턴항의 잔잔한 수면 위로 "여러 사람의 목소리"가 얼마나 부드럽게 울려 퍼졌는지 기억을 떠올렸다.

> 슬픔과 노고와 고통과
> 죄로부터 자유를 얻으리니
> 완전한 사랑과 우정이 군림하리라
> 언제까지나 영원토록

바다로 나가고 싶어 안달이 난, 뻣뻣한 새 옷을 입고 햇볕에 바짝 익은 열여섯 살 소년에게 영원이란 다름 아닌 6절까지 이어지는 찬송가와 다시 시작되는 기도, 그리고 계속되는 경건한 중얼거림이었다. 따뜻한 공기에서 향신료와 향, 테레빈유, 그리고 겁에 질린 짐승들이 싼 똥 냄새가 풍겼다. 항해 도중에 잡아먹기 위해 배에 밀어 넣은 것들이었다. 갑판 위의 그림자들이 짧아졌고 보스턴 교회의 종소리가 열 번 울렸다.

마침내 찬송과 기도가 끝나자 행운을 비는 군중이 코르보호에서 줄지어 내렸다. 일등항해사가 큰 소리로 지시를 했고, 선원들은 돛대에 오르고 활대에 달라붙어 돛을 폈다. 배가 항구 밖으로 힘없이 흐르면서 여름 안개 속으로 서서히 사라졌다.

선장의 친구 몇이 한 시간쯤 더 타고 있다가 작은 배로 내려서 보스턴으로 돌아갔다. 이 무리 가운데는 크리스토퍼 콜트의 친구로 샘을 코르보호에 오르게 해 준 새뮤얼 로렌스도 있었을 것이다. 로렌스는 출항일인 1830년 8월 2일 오후에 크리스토퍼에게 보낸 편지에서 출항할 때 샘이 기세가 좋더라면서 허세 가득한 이미지를 그려 주었다.

> 내가 마지막으로 샘을 봤을 때 그 애는 방수 외투와 체크무늬 셔츠와 바지 차림으로 맨 앞 중간 돛의 활대에서 돛을 펴고 있었네. 첫 출발로는 아주 좋은 거지. …… 그 애는 사내다운 친구고, 관련된 모든 사람에게 칭찬을 받을 게 분명하네.

코르보호는 코드곶의 구부러진 끝단을 돌아 대서양을 향해 천천히 멀리 나아갔다. 짐칸에는 구리와 밀가루, 테레빈유 농축액이 가득했고, 갑판과 선실에는 작은 방주를 채울 만한 생명체들이 득실거렸다. 염소 한 마리, 개 두 마리, 양 여덟 마리, 오리와 닭 수십 마리, 돼지 스물여덟 마리, 그리고 선교사 넷과 부인 넷, 샘 콜트 한 명을 포함한 인간 스물일곱 명이었다. 아마 콜트는 이미 새 옷을 입고 온 게, 아니, 항해에 나선 것 자체가 엄청난 실수는 아닌지 궁금했으리라.

II

콜트가 코르보호 선상에서 자신의 총을 발명했을 것으로 여겨진다는 사실 말고는 이 항해가 관심을 받은 적은 별로 없다. 무엇보다도 콜트가 항해에 관한 기록을 하나도 남기지 않았고, 그런 기록이 존재한다고 알려진 바도 없기 때문이다. 사실 기록이 존재하기는 하지만 1830년대 이래 그 일부가 감춰졌다. 이 기록을 보면 그해가 콜트의 생애에서 큰 영향을 미친 시기였음이 분명히 드러난다. 비유적으로나 말 그대로나 흉터를 남긴 게 거의 확실하고, 그를 미래로 몰아붙인 시기였다.

콜트가 코르보호에서 겪은 일을 이해하는 데는 전혀 감춰진 적 없는 한 연대기가 유용하다. 리처드 헨리 데이나가 콜트의 항해 4년 뒤에 보스턴에서 출발한 항해를 기록한 고전적 회고록이 그것이다. 열아홉 살의 데이나가 하버드를 휴학하고 떠난 항해

기인《평선원으로 지낸 2년Two Years Before the Mast》은 19세기의 베스트셀러 중 하나였다. 데이나의 경험은 콜트와 완전히 일치하지는 않는다. 그는 혼곶을 돌아 태평양까지 간 반면 콜트는 희망봉을 돌아 인도양으로 나갔고, 돛대가 세 개인 십ship형 범선이 아니라 쌍돛대 범선을 탔다. 하지만 그의 책을 보면 1830년대에 상선에 탄 선원의 삶을 있는 그대로 분명하게 볼 수 있다. 그 책이 몇 년만 일찍 나왔더라면 콜트에게 바다로 나가지 말라는 경고가 됐을 것이다. 데이나는 이렇게 썼다. "선원으로서 최선의 삶은 기껏해야 수많은 나쁜 일에 약간의 좋은 일이 섞여 있고, 많은 고통에 조그만 기쁨이 첨가된 수준이다."

콜트의 항해를 더 자세히 들여다보기 위해서는 그와 동행한 선교사들이 쓴, 오랫동안 묻혔던 편지와 일기들을 봐야 한다. 이 가운데 가장 생생한 것은 윌리엄 허비가 부모님께 보내는 편지체로 쓴 일기에서 서술한 내용이다. 윌리엄스칼리지와 프린스턴의 신학교 졸업생인 허비는 서른두 살로 선교사 중에 제일 나이가 많았고, 예리한 관찰자이자 왕성한 작가였다. 그의 작품은 항해 시대의 선상 생활을 생생하게 보여 줄 뿐만 아니라 열여섯 살 샘 콜트의 인상적인 면모도 얼핏 엿보게 해 준다.

몇몇 전기 작가들은 코르보호 항해를 콜트의 아버지가 애머스트고등학교에서 쫓겨난 아들에게 규율을 불어넣기 위해 벌을 준 것으로 설명했다. 독자를 기진맥진하게 만드는 데이나의 묘사가 1840년에 출간된 뒤 19세기의 몇몇 아버지들은 실제로 바다 항해를 말을 안 듣는 아들을 바로잡기 위한 현명한 방법으로 간주했지만, 샘 콜트의 사정은 특이했다. 자신이 바다로 나가고 싶어 했다. 항해는 '그의' 발상이었다. 후대 미국 젊은 남성들에게 모험이란 미시시피강 너머 서부 야생의 땅으로 가는 것이었지만, 데이나와 허먼 멜빌로 대표되는 콜트 세대에게 바다는 어렴풋한 빛으로 그들을 부르는 광활한 곳이었다. 데이나는 이렇게 썼다. "바다는 마력을 풍긴다. 거의 저항할 수 없는 매력에 끌려 일터와 학교를 떠나온 사내아이들이 항구마다 붐빈다. 갑판과 선내를 어슬렁거리는 소년들의 바다 사랑은 결실을 볼 게 분명하다."

콜트는 코르보호에 승선하기 전에 배에 관해 조금 배웠다. 코네티컷강에 정박한 배를 본 적이 있었고, 아버지하고 몇 번 배에 오르기도 했을 것이다. 안짱다리 선원들이 술병을 들고 상스러운 이야기를 지껄이면서 하트퍼드 거리를 으스대며 걷는 걸 본 적도 있었다. 아마 제임스 페니모어 쿠퍼가 쓴 대양 모험담으로 그 시대 미국 소년들의 상상력에 불을 지른 《도선사The Pilot》와 《레드 로버The Red Rover》도 읽었을 것이다. 하지만 많은 소년이 배와 선원을 존경하고 바다 이야기를 읽었지만 환상을 행동으로 옮기려 하지는 않은데 반해 콜트는 행동에 나섰다.

그는 비교적 편안한 처지에서 바다로 나갔다. 경제적 필요성 때문이 아니라 직접 선택해서 나선 것이었고 베네치아의 왕자에게나 어울리는 사물함도 챙겨 갔다. 새뮤얼 로렌스는 콜트에게 옷을 입히느라 90달러를 썼다. 코르보호에 탄 노련한 선원들이 한 달에 10달러 정도를 받던 시절에 상당히 큰 액수였다. 선원 복장 외에도 로렌스는 콜트에게 나침반, 사분의, 항해력 등을 사 주었는데, 전부 일반 선원에게는 전혀 필요가 없는 물건이었다. 로렌스는 웨어에 계산서를 보내면서 크리스토퍼 콜트에게 "처음 장만할 때는 오랫동안 바꿀 필요가 없는 물건이 필요한 법이다."라고 안심시켰다. 샘이 평생 바다에서 그 비용을 분할 상환했다면 이해가 되는 일이었겠지만, 한 번 항해하는 준비물로는 과다한 것이었다. 나중에 톡톡히 쓸모를 보이는 1달러짜리 잭나이프를 사 준 걸 제외하면, 샘의 부탁을 무턱대고 들어준 로렌스의 호의는 결코 콜트에게 도움이 되지 않았다. 이 때문에 처음부터 콜트는 연약하고 버릇없는 아이로 찍혔다.

뱃사람 흉내를 내려는 콜트의 시도는 어쨌든 실패할 운명이었다. 데이나는 《평선원으로 지낸 2년》에서 이렇게 말했다. "하지만 이런 문제에서 노련한 사람의 눈을 속이기는 불가능하다. 선원은 옷에 특유의 자국이 있고 입는 방법도 달라서 초보는 절대 따라 하지 못한다." 초보는 금방 물집이 잡히는 만질만질한 손바닥과 금세 햇볕에 타는 하얀 피부를 감출 수도 없었다. 오랜 세월 갑판 위를 걸으며 익힌 유능한 선원의 흔들거리는 걸음걸이나, 밧줄을 잡아당기고 기어오르면서 발달한 상체근육도 흉내 내지 못했다. 특히 일등항해사가 큰 소리로 빠르게 외쳐 대는 지시를 실행하는 데 필요한 이해력과 기술을 흉내 낼 수 없었다. 데이나에 의하면 "세상에 선원의 삶에 첫발을 내딛는 풋내기만큼 무기력하고 가여운 존재는 없다."

밧줄을 배우는* 신참 선원의 도전과 나란히 콜트는 세상에서 가장 무정하고 비속한 부류의 사람들 속에서 자기를 다스려야 했다. 선원들은 음주와 욕설, 매춘과 싸움으로 악명을 떨쳤다. 그러나 코르보호는 선교사들이 탄 까닭에 품위와 예절이 장려됐을 것이다. 샘의 아버지와 의붓어머니가 특히 이 항해에 동의한 이유도 아마 우연이 아닐 것이다. 선교사들이 배에 탄 것은 위험한 바다에서 생명을 보장하는 데에도 어느 정도 도움이 될지 몰랐다. 분명 하느님이 이 선량한 배가 피해를 보지 않도록 손을 써 주실 테니까.

* * *

하지만 하느님은 콜트와 선교사들을 뱃멀미에서 구해 주지는 않았다. 바다는 잔잔했지만 위아래로 움직이고, 좌우로 흔들리고, 앞뒤로 휘청이는 배의 움직임 때문에 바다 항해 초심자들은 특별한 지옥을 맛보았다. 윌리엄 허비는 한바탕 앓고 나서 이렇게 끼적였다. "배 속이 완전히 뒤집어졌어요. …… 머리가 어지럽고 걸핏하면 두통이 덮칩니다. 속이 메스껍다가 금세 계속 구토를 해요."

콜트도 선교사들 못지않게 뱃멀미가 심했지만, 그들은 주갑판 밑 선실에서 앓아누울 수 있었던 반면 콜트는 갑판 위에서 일해야 했다. 노련한 선원들은 뱃멀미하는 신참을 동정하지 않고 "게으름을 피우거나sogering"** 빈둥거리는 꼴을 봐주지 않았다. 선원에게 일이란 배가 기울고 아래로 처박히는 가운데 배에 설치된 밧줄을 타고 높이 기어오르는 것을 의미했다. 뱃멀미하는 선원은 절망적인 존재로 밧줄에서 떨어져 바다에 빠지지 않으려고 물집이 잡힌 손으로 밧줄을 움켜쥐는 한편, 배 속의 내용물뿐만 아니라 그나마 인간으로서 가진 존엄성을 지키려고 필사적으로 애썼다. 후에 데이나는 바다에서 맞이한 첫날 밤을 회고했다. 중간 돛대의 돛을 접으러 돛대 위로 올라가면서 "캄캄한 밤을 틈타 바람 반대 방향으로 시원하게 토를 했다." 무엇보다

---

* 말 그대로다(범선 선원들 사이에서 생겨난 'to learn the ropes'라는 표현은 '요령 익히기'라는 뜻으로 자리 잡았다. - 옮긴이). 이 표현은 범선에서 전해져 내려온 것인데, 범선은 주로 수십 가지 밧줄로 제어되어서 각 밧줄의 이름과 사용법을 배워야 했다.
** 이 단어는 'soldiering'에서 파생된 것으로, 직업 선원은 천시를 받았다.

'바람 반대 방향'이 중요했다. 멀미로 고생하는 초심자보다 더 애처로운 존재가 있다면 깜빡하고 바람 방향으로 토해서 토사물을 온통 뒤집어쓰는 사람뿐이었다.

눈치가 빠른 사람은 충분히 알았지만, 항해 초기 며칠 동안은 날씨가 온화하고 상쾌했다. 코드곶을 뒤로한 뒤 코르보호는 멕시코만류를 가로질러 동남쪽으로 나아갔다. 바다가 파래지는가 싶더니 날이 따뜻해졌다. 상어들이 배 옆을 스치고 지나갔다. 한동안 쇠돌고래 떼가 배와 나란히 나아가서 선장이 작살을 한두 번 던졌지만 빗나갔고, 잔잔한 수면 위에 떠 있는 46센티미터짜리 바다거북 한 마리를 발견하자 작은 보트를 내려서 잡아 왔다. 윌리엄 허비는 이렇게 썼다. "바다에 사는 모든 종을 아는 것 같은 요리사가 그놈을 '붉은바다거북'이라고 하더군요. 하루나 이틀 안에 식탁에 올라올 것으로 기대합니다."

처음에 허비는 몸이 너무 안 좋아서 항해를 즐기지 못했고 하물며 거북 스튜에는 입도 대지 못했지만, 몇 주가 지나자 배 속이 진정되었다. 그는 코르보호 선상의 생활을 시시콜콜한 내용까지 기록하기 시작했다. 우선 "크고 널찍한" 34미터 길이의 주 선실이 작은 방으로 나뉘어 선교사 부부들이 프라이버시를 지키면서 쉴 수 있는 배에 관한 설명부터 했다.

그다음으로 허비는 선장에게 관심을 돌렸다. "선장은 너그럽고 양심적이고 아주 훌륭한 사람으로 보입니다. 우리에게 많은 관심과 친절을 베풀어 주거든요." 허비는 또한 화물 관리인, 또는 사업 대리인인 존 제임스 딕스웰에 대해서도 칭찬을 한다. 콜카타에서 상품을 사고파는 일을 담당하기 위해 코르보호에 탄 사람이었다. 딕스웰은 보편구원론 성향이었지만, 허비는 그를 "점잖은 신사"라고 간주했다. 일등항해사 콩던은 "거친 부류의 선원으로, 어떤 형태든 종교에 관해서는 거의 관심이 없는 것 같"았고, 이등항해사 마호니는 아일랜드 가톨릭교인이었다. 요리사는 60세의 체로키 인디언으로 "친절하고 싹싹한 사람"이었다. 사무장은 흑인이었는데 "다소 뚱하고 무뚝뚝"했다.

정규 선원 열 명 중 한 명을 제외하고는 허비가 별로 할 이야기가 없었다. 한 명은 그의 관심을 완전히 사로잡았다. 허비는 배에 탄 어떤 사람보다도 이 가여운 열일곱 살짜리 풋내기 선원에 관해 훨씬 많은 내용을 썼다. 샘 콜트가 열일곱이 아니라 이제 막 열여섯이 되었다는 걸 알았더라면 훨씬 더 동정적이었을지도 모른다.

> 아이의 부모는 매사추세츠주 웨어에 삽니다. 아버지는 그곳에서 공장 감독관이에
> 요. 독실하고 훌륭한 사람이지요. 어린 콜트는 많은 애정을 받고 응석을 부리며 자랐
> 습니다. 그냥 집에서 지내면서 학교에 다니고 쓸모 있는 남자가 될 수 있는 여유가 충
> 분했어요. 그런데 바다 생활을 향한 열정을 품었지요. 그리고 친구들의 충고와 눈물
> 을 무릅쓰고 바다로 나왔답니다.

어려운 상황에 처한 콜트에게 허비가 관심을 가진 이유는 바다에 열망을 품은 자
신의 남동생을 걱정했기 때문이다. "그 애가 콜트와 같은 상황을 1주일만 겪을 수 있
다면 그런 생각을 영원히 포기할 거라고 믿게 됐습니다."

> 그런데 저 불쌍한 친구는 이제 자기가 어리석었다고 쓰라린 후회를 하고 있어요.
> 항해사와 선원들은 무자비하게 아이를 굴립니다. …… 집에 갈 수만 있다면 "낡은 신
> 발까지 전부" 내주려고 할 거예요. 그 애는 미국에 가게 되면 다시는 바다에 나가지
> 않을 거랍니다. 첫번째 항해가 마지막 항해가 되는 거지요.

허비가 볼 때, 여러모로 콜트의 생활은 위태롭고 위험했다. 도덕적으로 배는 "악덕
을 가르치는 완벽한 학교"였으며, 물리적으로 끊임없는 위험에 노출되었기 때문이다.
지시를 받아 "밧줄과 삭구를 타고 100피트(약 30미터)가 넘는 높이를 기어올라서 바
람에 이리저리 흔들리고, 언제든 갑판이나 바다에 떨어질 위험"이 있었다. 무엇보다
도 최악은, 콜트 같은 젊은 선원은 "몸이 아파도 가엾이 여기는 사람이 없고 죽어도
챙겨 줄 사람이 없다."라는 점이었다.

허비의 개인적, 종교적 견해 때문에 걱정이 더 컸을 수도 있지만, 그는 콜트가 맞닥
뜨린 도전과 고난을 과장하지는 않았다. 일요일에 몇 시간 휴식하는 것 말고는 선원
의 노동은 끝이 없었다. 당직을 서는 사이에 네 시간 이상 잠을 잔 적이 없었고, 데이
나가 말하는 것처럼 당직 시간에는 "타르칠, 그리스칠, 기름칠, 니스칠, 페인트칠, 벗기

기, 문지르기 등"을 하며 끊임없이 배를 관리해야 했다. 이런 허드렛일을 하지 않을 때는 열다섯 개쯤 되는 돛을 오르락내리락했다. 허비의 표현에 따르면, "돛의 크기를 줄이고, 감아 걸고, 방향을 바꾸고, 돛을 올려서 출발하고, 잡아당기고, 끌고, 사방으로 올라갔다." 비위가 강해야 하는 건 말할 것도 없고 민첩하고 균형을 잡아야 했다.

콜트에게 가장 번거로운 일은 이 모든 일을 끊임없이 엄격한 감독을 받으며 해야 하고, 절대적인 명령을 내리는 고급 선원의 지휘를 받아야 했다는 것이다. 바다를 달리는 배는 민주주의와는 정반대였다. 최선의 경우는 인자한 독재 체제로서, 모든 권력과 권리가 현명하고 정의로운 선장에게서 나왔다. 최악의 상황은 데이나가 탄 배의 사례처럼 소독재자가 다스리는 감옥이었다. 콜트의 미래를 보면 그가 원칙적으로 계급, 아니 심지어 절대 통치에도 반대하지 않았음을 알 수 있지만, 그는 자기 자신 말고는 어떤 권위에도 굽히려 하지 않았다. 그가 어떤 교의를 표현했다면, 그것은 자기 결정의 복음이었다. 코르보호 항해 14년 뒤에 보낸 편지에서 그는 어린 시절 어머니한테 처음 들은 격언을 되풀이하면서 말했다. "사자의 꼬리가 되느니 이의 머리가 되는 게 낫다. 그런 정서가 내 가슴속 깊이 자리를 잡았고 또한 내 운명을 좌우하는 특징이 되었다."

하지만 코르보호에서는 자신의 운명을 스스로 좌우할 수 없었다. 평선원으로 항해를 하려면 자율성을 희생해야 했다. 자존심은 말할 것도 없었다. 고급 선원과 선교사들은 반쯤 사생활이 보장되는 구역의 푹신한 간이침대에서 잤지만, 선원들은 앞갑판이나 운이 좋으면 해먹에서 잤다. 고급 선원과 승객들은 보스턴에서 실은 돼지와 오리, 닭에 이따금 바다에서 잡은 가다랑어나 참치를 식탁에 잘 차려 먹었지만, 콜트와 동료 선원들은 갑판에 모여서 일반적인 뱃사람이 배급받는 소금에 절인 쇠고기와 비스킷을 뜯어 먹었다.

III

9월에 이르면 고되고 지루한 생활이 무거운 안개처럼 배에 내려앉아 있었다. 주요한 기분 전환이라고 해 봤자 이따금 바다나 공중에서, 또는 양쪽 모두에서 찾아오는 불운한 짐승들뿐이었다. 어느 날은 파도에서 뛰어오른 작은 날치 수백 마리가 "지상에서 겁을 먹고 날아오른 거대한 새 떼"처럼 뱃전에 떨어졌다. 코르보호에는 또한 슴새, 흰바다제비, 그리고 '케리 엄마의 병아리Mother Carey's chicken'라는 이름의 작은 새(바다제비)도 찾아왔다. 얼가니새라고 부르는 커다란 흰 새 몇 마리가 배 위를 날면 선장이 하늘을 향해 머스킷을 쐈는데 퍽 소리를 내며 갑판에 떨어졌다. 선장은 거대한 앨버트로스도 세 마리 맞췄는데 전부 바다에 떨어졌다. 갑판까지 끌어 올려 길이를 재 보니 날개를 편 좌우가 3미터였다. 허비의 말을 들어 보자. "먹지도 못하고 아무짝에도 쓸모가 없는데, 돼지들은 맛있게 먹는 거 같아요." 고기보다는 깃이 더 쓸모가 있었다. 허비는 부모에게 지금 읽는 편지가 깃 하나를 펜으로 삼아서 쓴 것이라고 말했다.

코르보호는 며칠간은 8노트(시속 약 15킬로미터)로 달리다가 가끔 10노트(약 19킬로미터)까지 속도를 냈지만, 다른 날에는 바람이 죽어서 멈춰 버리기도 했다. 빠른 날도 있고 느린 날도 있어서 2만 7000킬로미터를 항해하는 데 145일까지 걸렸다. 평균 하루에 약 190킬로미터, 또는 시속 약 8킬로미터 속도였다.

바람이 너무 없어도 문제지만 너무 심하면 더 좋지 않았다. 지루한 시간이 삽시간에 앞이 보이지 않는 공포로 바뀌었다. 10월 3일 일요일 아프리카 서부 연안의 희망봉 정서쪽에서 그런 일이 있었다. 이때까지 날씨는 대체로 평온했고, 이따금 순간적으로 무해한 돌풍이 불었다. 허비의 설명에 따르면, 여행이 두 달째로 접어든 이때 코르보호는 "바다에서 흔히 목격되는 것처럼 심각한 돌풍"의 경로와 교차했다.

폭풍은 토요일 밤에 파도가 높아지면서 모습을 드러냈다. 밤새도록 심해지다가 오전 3시에 맹위를 떨치는데, 코르보호는 파도에 휩쓸려 크게 요동쳤다. 선실 안에서는 고정해 놓지 않은 물건이 죄다 뒤집혔다. 트렁크, 상자, 의자가 갑판 위를 구르고 술병과 단지가 벽에 부딪혀 박살이 났다. 주 선실 앞에 쌓아 두었던 나무통 수십 개가 풀려서 배가 요동칠 때마다 쇠고기, 돼지고기, 생선, 식초, 건포도가 선실 바닥 여기저기로 굴러다니기 시작했다. 선교사들은 최대한 몸을 피해야 했다.

선원들에 비하면 선교사들은 편안하고 안전했다. 허비는 위쪽에서 소동이 벌어지는 소리를 들을 수 있었다. 몇 번 해치를 열고 위쪽을 살펴본 그는 "장엄하고 두려운 광경"에 압도되었다. 배가 튀어 오르면서 기우뚱하자 선원들은 삭구를 기어오르면서 돛을 내리려고 애를 썼다. 선장과 항해사들은 확성기에 대고 목청이 터져라 명령을 내렸다.

바람이 배 주변에서 윙윙거리고, 삭구 사이로 불길하기 짝이 없는 쌕쌕 소리가 났습니다. 비와 우박이 맹렬하게 쏟아지면서 가련한 선원들을 애처롭게 덮쳤고요. 산더미 같은 파도가 계속 밀려오는 가운데 한때 그 분노에 도전할 듯 보였던 코르보호는 이제 소용돌이에 휘말린 깃털처럼 이리저리 휘청거렸습니다.

갑판에 파도가 덮칠 때마다 콜트나 동료 선원 하나가 가장자리로 밀려났고, 배가 솟아오를 때마다 삭구에서 붕 떴다가 떨어졌다. 이렇게 폭풍이 심하면 바다에 빠질 위험이 너무 컸고, 한번 빠지면 구조될 가망이 없었다.

폭풍은 열두 시간이 넘도록 코르보호를 두들겼고, 그날 오후에 폭풍이 멈추고 구름 사이로 해가 고개를 내밀었을 때 배는 난장판이었다. 화물과 가구가 선실에 널브러졌고 선체에 새로 생긴 틈 사이로 빗물과 바닷물이 파고들어 물과 포도주, 과일 잼이 섞인 발목 높이의 액체가 선실 바닥에 철벅거렸다. 놀랍게도 유일한 부상자는 침례교 선교사인 존스 목사였는데, 쇠로 된 버팀대에 부딪혀서 "몇 시간 동안 정신을 잃었다."

* * *

폭풍이 가라앉고 난 뒤에는 날씨가 좋아졌고, 10월 15일 코르보호는 아프리카의 뿔을 돌아서 인도양에 들어섰다. "내 고향 아메리카의 해안을 씻어 주는 바다여 이제 안녕!" 윌리엄 허비가 일기에 쓴 말이다. "너의 깊은 한복판 위를 다시는 항해하지 못하고 투명한 파란 물을 더는 보지 못하겠지만, 소중한 땅과 부풀어 오른 물결 너머로 더욱 소중한 친구들을 오래오래 기억하리라."

그로부터 5일 뒤인 10월 20일, 허비는 일기에 또 다른 중요한 사건을 기록했다.

선원 구역

오늘 아침 선원 한 명의 절도 혐의가 인정되어 처벌로 생가죽으로 만든 채찍 스물
네 대를 맞게 됐습니다. 건포도와 설탕, 당밀, 젤리 등등을 훔쳤답니다. 그의 짐에서
건포도 8~10파운드(약 3.6~4.5킬로그램), 설탕 12~15파운드(약 5.4~6.8킬로그램), 젤
리가 들어 있던 존스 부인의 항아리가 발견됐습니다.

폭풍 이외에 배 위에서 가장 사람을 불안하게 만드는 것은 채찍질이었는데, 비단
당하는 사람만이 아니라 모든 이들이 그렇게 느꼈다. 《평선원으로 지낸 2년》에서 데
이나는 동료 선원 둘이 채찍질을 당하는 것을 본 느낌을 기록해 두었다. "더 이상 지
켜볼 수 없었다. 혐오스러워 욕지기까지 나고 공포에 사로잡힌 나는 고개를 돌려 난
간에 몸을 기댄 채 바다를 내려다보았다." 그는 몇 년이 지난 뒤에도 '채찍'이라는 단
어를 입에 올리기만 해도 속에서 "억누를 길 없는" 혐오감이 치밀었다.

1830년 무렵이면 채찍질은 이미 논란거리였으며, 데이나의 책에 힘입어 이후 20년
동안 개혁가와 정치인들이 이 관행을 종식할 것을 요구했다. 마침내 1850년 해군 함
정에서 채찍질이 불법이 되었다. 일부 북부인들은 선상에서 이뤄지는 잔인한 채찍질
을 보며 남부 노예제의 악폐를 떠올렸다. 미국에서 합법적, 일상적으로 채찍질을 당
하는 단 두 부류의 인간이 선원과 노예였다. "네놈 분수를 알아야지!" 데이나 배의 선
장은 사소한 위반을 저지른 선원을 채찍으로 때리면서 호통을 쳤다. "네놈을 여기까
지 데려온 걸 보고, 뭘 기대해야 할지 알아야지. …… 너희한테는 감독이 있다고! 그
래, 노예 감독, 검둥이 감독 말이다! 그자가 검둥이 노예가 아니라고 누가 말해 줄지
지켜보자!"

코르보호의 스폴딩 선장은 잔인하거나 노예 감독 같은 인물이 아니었지만, 1830
년에 배에서 음식을 훔치는 것은 중범죄였고 채찍질은 당연한 벌이었다. 데이나가 탔
던 필그림호의 사디스트 선장과 달리, 스폴딩은 직접 채찍질하지 않고 아일랜드인 이
등항해사 마호니에게 처벌을 맡겼다.

채찍질 의식은 보통 모든 선원을 갑판에 소집해서 증인 역할을 하게 했다. 먼저 도
둑의 셔츠를 벗기고 삭구에 묶은 다음 채찍을 때리기 좋게 납작 엎드려 팔다리를 벌
리게 했다. 그러고는 처벌이 시작되었다. 맨등에 채찍을 한 대만 맞아도 고통이 극심

했다. 가죽이 살갗을 파고들어 바로 부풀어 올랐다. 그다음으로 한 대씩 맞을 때마다 고통이 배가되었다. 데이나는 어느 선원이 채찍질을 당하는 모습을 보고 이렇게 말했다. "남자는 극심한 통증을 더 이상 버틸 수 없을 때까지 온몸을 비틀었다." 역시 전직 선원으로 젊은 시절에 채찍질을 당했던 제이콥 헤이즌은 훗날 채찍에 맞는 순간 "쉭하고 나던 소리"를 떠올렸다. 이윽고 "등에 묵직한 충격이 가해져서 숨이 턱 막히고, 쇳물을 몸에 끼얹는 것보다 더 심한 통증이 온몸 구석구석을 파고들었다. 피부가 골수까지 들끓으면서 타는 듯했다."

윌리엄 허비와 윌리엄 램지라는 동료 선교사도 코르보호에서 벌어진 채찍질을 기록했다. 허비는 앞서 일기에서 대단한 공감 능력을 보여 준 바 있지만, 건포도와 설탕을 훔친 것에 대해 채찍질이 공정한 처벌이라고 여긴 듯하다. 따라서 채찍질에 자세한 기록을 남기지 않았다. 램지 또한 일기에 간단하게 묘사를 남겼는데, 그와 함께 많은 동정심을 나타냈다. "진심으로 불쌍한 녀석이다. 애처로운 마음이 들었다. …… 그 사람도 이제 죄가 나쁜 짓이라는 걸 알겠지. 더 나쁜 죄를 저질러서 큰 벌을 받는 일이 없기를 기대한다."

허비와 달리, 램지는 일기에 채찍질을 당한 선원 이름을 적었다. 페이지 위쪽에 휘갈기고는 일기 본문에 다시 적어 둔 그 이름은 콜트였다.

IV

인도양에서 코르보호는 강풍을 두 차례 더 맞고 작은 돌풍도 몇 번 겪었지만, 10월 초의 폭풍 같은 큰 악천후는 다시 닥치지 않았다. 허비의 말처럼, 대체로 느리게 나아가면서 "하염없이 떠 있다가 아래위로 흔들리다가 곤두박질치는 감옥"에 갇힌 듯한 나날이 이어졌다.

콜트에겐 그날들이 고통스럽게 지나간 게 분명하다. 등에 생긴 채찍 자국 때문에 잠을 자기가 어렵고 일하는 것도 견디기 힘들었을 것이다. 선원들은 채찍질에서 최악의 부분은 신체적 고통이 아니라 굴욕감이라는 데 동의했다. 공개적으로 발가벗겨진 채 채찍을 맞으면 자존심이 땅에 떨어졌다. 부당하게 채찍질을 당하는 선원은 엄청난

선원 구역

굴욕감을 느낀다곤 하지만, 코르보호에 탄 누구도 콜트의 채찍질이 부당하다고 여기지 않았을 것이다.

윌리엄 램지는 콜트가 채찍을 맞은 사건에 흥미로운 부록을 덧붙였다. 이틀 뒤 배의 흑인 사무장도 음식을 훔친 게 발각됐다. 그는 열렬하게 무고함을 주장했지만 채찍을 마흔여덟 대 맞았다. 콜트보다 두 배 더 맞은 것이다. "불쌍한 녀석, 그는 큰 소리로 이건 살인, 살인이야, 라고 외쳤지만, 숫자를 다 채울 때까지 아무도 그를 구해 주려 하지 않았다." 콜트와 사무장 둘 다 도둑질을 했던 걸까? 콜트는 어쨌든 유죄가 아니었던 걸까? 다른 사람이 저지른 죄를 뒤집어쓴 것이었을까? 아니면 사무장이 어떤 식으로든 콜트의 죄를 뒤집어쓴 걸까?

스폴딩 선장의 조사 결과를 받아들여 콜트의 죄를 액면 그대로 인정한다면, 이 일화 전체에서 그의 성격에 적어도 두 가지 의문이 제기된다. 둘 다 결정적으로 답을 할수는 없긴 하다. 첫째, 그의 도둑질을 얼마나 중대하게 생각해야 할까? 비참한 열여섯 살짜리 소년이 마음을 달랠 선물을 얻기 위해 어리석지만 용서받을 만한 위반 행위를 했다고 보아야 할까? 아니면 더 큰 도덕적 결함을 암시하는 사건일까? 모든 사실을 알지 못하기 때문에 어린 샘에게 무죄 추정의 원칙을 적용하는 게 최선책일 것이다. 대부분의 법률 체계에서 미성년자의 경범죄 기록을 정리해 주는 것과 같은 이유로 말이다. 우리는 미성년자에게 성인과 똑같은 기준을 적용해서는 안 된다는 것을 안다. 다시 말해 우리는 미성년자를 용서해 주며, 성인으로서 그를 평가하는 데서 미성년자 시절 범죄를 증거로 채택할 수 없다고 본다. 물론 말처럼 행동하는 건 쉽지 않다. 일단 콜트가 도둑질한 것을 안 이상 모르는 셈 칠 수는 없다.

첫 번째 의문이 콜트의 행동이 그의 성격에서 어떤 본질적인 결함을 반영하는 것인지라면, 두 번째 의문은 이 일화가 그에게 어떤 영향을 미쳤는가 하는 것이다. 데이나는 필그림호에서 채찍질을 당한 사람들이 심대한 상처를 입어서 그 후에도 그 기억이 그림자처럼 어른거렸다고 묘사했다. 콜트에게는 그런 일이 없었던 것 같다. 정반대로 그는 이 경험에서 힘을 얻어서 자기 말고는 어느 주인도 섬기지 않기로 결심을 더욱 굳힌 것으로 보인다.

콜트는 채찍질 이야기를 한 번도 언급하지 않았다. 생애의 모든 기록에서 그 내용이 지워졌다. 도둑질해서 채찍을 맞은 그의 이름이 기록된 유일한 문서는 한 선교사가 쓴 일기의 한 페이지인데, 이 일기는 결국 필라델피아의 장로교회 문서고에 보관되었다. 하지만 분명 콜트가 다른 사람과 함께 있는 자리에서 셔츠를 벗는 순간, 등에 희미한 분홍색 줄무늬가 드러났을 것이다. 채찍의 흉터는 오래 남았다.

V

12월 19일 아침, 코르보호의 선원과 승객들은 9월 초에 코드곶를 떠난 뒤 처음으로 육지를 보았다. 코르보호에 탄 침례교 선교사인 존 T. 존스의 말을 빌리자면, 오후 무렵 그들은 망원경으로 "호랑이와 자칼 같은 야생동물만 사는 거대하고 황량한 밀림"을 들여다보았다. 배가 후글리강 어귀로 들어서자 현지 도선사가 배에 올라 나머지 항로를 안내했다.

강을 거슬러 올라가는 속도는 느렸고 강변에 마을들이 줄지어 있었다. 작은 배들이 코르보호에 다가와 허리에 치마를 두른 어부들이 물고기를 사라고 말을 걸었다. 시체들이 보이기 시작했는데, 윌리엄 램지의 기록에 따르면, "부패 정도가 각기 다른" 주검들이 강물에 떠내려왔다. 콜카타에서는 콜레라가 맹위를 떨쳐 매주 1,500명이 죽어 나갔다. 상층 카스트의 주검은 육지에서 타는 걸 볼 수 있도록 장작더미 위에 올려졌지만, 하층 카스트와 카스트에도 속하지 않는 이들은 그냥 독수리와 물고기의 먹이로 강물에 던져졌다.

후글리강 어귀에서 콜카타까지 가는 데 6일이 걸렸다. 코르보호는 1830년 12월 25일에 도착했다. 크리스마스였다.

공개된 적은 없지만, 아마 어딘가 다락에 있는 상자 안에 16세의 샘 콜트가 콜카타의 인상을 설명하면서 가족을 기쁘게 하는 편지가 보관돼 있을지도 모른다. 만약 그가 편지를 썼다면 폭발 일보 직전인 도시의 여러 인상이 빼곡하게 들어 있었을 게 분명하다. 콜카타는 인구가 어마어마하게 많아서 콜트가 방문한 시점의 추산에 따르면 50~90만 명을 헤아렸다. 콜트가 직접 본 가장 큰 도시인 6만 명의 보스턴이나 18만 5000명의 뉴욕을 압도하는 규모였다. 콜카타는 미국의 5대 도시를 합한 것보다도 인구가 많았다. 또한 당시 지구상에서 가장 코스모폴리탄적인 도시인 런던을 예외로 하면 아르메니아인, 포르투갈인, 그리스인, 페르시아인, 아랍인, 중국인뿐만 아니라 인도를 통치하는 영국인 관리들, 벵골인을 주축으로 거기서 살면서 일하는 최대 집단인 인도인까지 모여 있었다. 도시는 극명한 인종적 구분 선을 따라 분할되었다. 찍어 낸 벽돌로 포장된 널찍한 대로와 흰 대리석으로 지어진 위풍당당한 청사 건물, 기독교 교회 등이 두드러지는 "화이트타운"과 비좁은 진흙탕 골목과 대나무 오두막집, 사원과 탑으로 이루어진 "블랙타운"이었다. 뉴잉글랜드 출신의 소년에게는 부와 신분, 종교 신앙의 차이가 두드러졌을 것이다.

가난과 죽음이 지배하는 가운데서도 콜카타는 아름다운 도시였다. 특히 낮 최고기온이 섭씨 27도를 넘지 않고 밤 최저기온도 섭씨 13도 아래로 떨어지지 않는 겨울이 아름다웠다. 뾰족 탑과 돔 위로 몇 주일씩 구름 한 점 없는 날이 이어졌고, 도시 바깥에는 진녹색 논과 타마린드, 카카오, 양귀비밭이 펼쳐졌다. 당대의 어느 설명에 따르면 "구름 한 점 없는 파란 하늘에서 눈부신 햇살이 만물 위로 쏟아졌다."

콜트 같은 기질의 젊은이가 콜카타에서 어떤 경험을 했는지는 상상만 할 수 있을 뿐이다. 선교사들의 눈길을 피해 동료 선원들과 어울리는 가운데 성매매나 아편굴과 같이 선원들 사이에서 콜카타의 명물로 유명한 갖가지 유혹에 노출됐을 가능성이 크다. 누군가 불법적인 일을 배우고 싶다면 콜카타야말로 안성맞춤의 공간이었다.

콜트가 콜카타에서 보낸 7주에 관해 오늘날까지 무기사가들이 궁금해하는 가장 진지한 문제는 거기서 어떤 총기를 보았는가 하는 것이다. 특히 엘리샤 콜리어라는 미국인이 만든 플린트록 권총을 보았는지에 관심이 쏠린다.

1813년, 보스턴의 콜리어는 여섯 개의 약실로 이루어진 회전식 실린더를 갖춘 총을 발명했다. 약실을 하나씩 총열에 맞출 수 있는 일종의 리볼버였다. 그는 영국 정부에 이 총을 여러 정 팔았고, 정부는 인도에 주둔한 부대에 총을 보냈다. 콜트를 깎아내리는 사람들은 후에 그가 콜카타에서 머무르는 동안 영국 군대가 콜리어 권총으로 무장한 것을 보고 리볼버의 발상을 훔쳤다고 주장하게 된다.

콜트가 코르보호에서 나쁜 손버릇을 보인 점을 고려하면, 실제로 콜리어의 발상을 도용했을지도 모른다. 하지만 콜리어 자신은 훗날 특허 심판에서 공이치기를 당기는 순간 실린더가 회전하는 방식, 즉 콜트의 총과 비슷하게 작동하는 총기를 "30~40 정"만 만들었다가 결국 포기했다고 인정했다. 이 총들이 전부 콜카타로 간 것은 아니고 콜리어가 인정하는 것처럼 겨우 "12~20정"이 갔을 텐데, 그중에 몇 정이 1830년에도 사용되고 있었을지 누가 알겠는가. 콜트가 원했다 하더라도 콜카타에서 그 총을 볼 수 있었을지는 분명하지 않다.

＊ ＊ ＊

코르보호는 1831년 2월 18일에 콜카타를 떠났다. 2만 5000달러 상당의 인디고, 소가죽, 염소 가죽, 셸락, 초석 등 보스턴에 돌아가서 판매할 상품을 가득 실은 상태였다. 이번에는 선교사가 한 명도 타지 않았다. 그들은 이교도를 개종시키고 각자의 운명에 따르기 위해 미얀마와 뭄바이로 갔다. 윌리엄 허비는 종종 자신과 부인이 다시는 아메리카를 보지 못할 것이라는 생각에 빠졌는데, 그의 예감은 정확했다. 코르보호가 아직 보스턴으로 항해하는 중에 부인 엘리자베스가 아들을 낳은 뒤 세상을 떴고, 허비 자신도 이듬해 봄에 사망했다.

리볼버 창조 신화에서 중심이 되는 이야기에 따르면, 돌아오는 항해 중 어느 순간 샘 콜트는 나뭇조각 몇 개를 모으고는 새뮤얼 로렌스가 보스턴에서 준 1달러짜리 잭나이프를 꺼냈다. 허드렛일이 끝난 안식일 오후에 설교와 종교 소책자로 괴롭히는 선교사들도 없었다. 조용한 구석을 찾은 콜트는 나무를 조금씩 깎기 시작했다. 전하는 이야기에 따르면 코르보호를 조종하는 외륜이나 선박의 양묘기에서 영감을 얻었다고 하는데, 양묘기 쪽이 더 가능성이 크다.

콜트는 처음에 이 총이 어떻게 머릿속에 떠올랐는지 설명한 적이 없다. 하지만 그처럼 고생한 젊은이가 머릿속에 무기를 떠올리는 것을 상상하기란 어렵지 않다. 잭나이프로 칼질을 할 때마다, 채찍을 휘두른 이들뿐만 아니라 경제적 파탄과 죽음으로 어린 시절을 앗아 간 이름 모를 힘들에 조용히 복수하는 마음이었을 것이다. 죽음과의 경쟁에서 승리하고 덤으로 부까지 안겨 줄 도구를 만드는 것보다 더 좋은 복수의 방법이 뭐가 있겠는가? 아마 집으로 돌아가는 길에 콜트의 머릿속에 그런 생각이 떠올랐을 것이다. 어쩌면 아니었을지도 모른다. 숱하게 많은 성난 젊은이가 아무것도 발명하지 않은 반면, 이 성난 젊은이는 새로운 종류의 총을 발명했다. 그 이유를 추측할 수는 있지만, 그 무엇으로도 명쾌하게 설명할 수는 없다.

* * *

코르보호는 1831년 7월 4일 보스턴항에 들어왔다. 콜트가 육지에 발을 내디딘 순간은 분주한 날이었다. 그날 아침 파크스트리트교회에서는 어린이 합창단이 〈아메리카〉라는 제목의 새 노래를 처음 공연했다. 얼마 지나지 않아 전국 곳곳의 아이들이 익숙하게 흥얼거리게 되는 가사였다("내 조국, 그분의 나라 / 달콤한 자유의 땅 / 나는 그분을 노래하네"). 정오에는 주 의사당에서 행진 대열이 출발해서 퀸시홀까지 떠들썩하게 시내를 돌았다. 조지워싱턴협회가 모여서 독립선언서를 낭독했고, 저녁에는 밴드가 보스턴광장에서 연주했다.

존 애덤스와 토머스 제퍼슨이 거의 동시에 세상을 떠난 지 정확히 5년 뒤인 그날은 또한 5대 대통령 제임스 먼로가 73세의 나이로 서거한 날이었다. 초기 다섯 명의 미국 대통령 중 셋이 국가 창건일에 사망한 것은 많은 미국인이 이미 자기 나라에 대해 가진 믿음, 즉 미국은 신의 축복을 받은 나라라는 사실을 확인해 주는 이례적인 우연의 일치였다. 다른 한편, 독립기념일을 너무 진지하게 받아들이는 사람이 없게 하려고 그날 보스턴에서 가장 인기를 끈 구경거리는 꼬마 숙녀처럼 차려입은 18개월짜리 오랑우탄 암컷이었다. 트레몬트하우스호텔 근처에 온종일 전시된 오랑우탄을 보려면 입장료 25센트를 내야 했다.

아산화질소 여행

1831~1833년

샘 콜트, 1832년 무렵.

I

샘 콜트가 보스턴에 돌아온 날 벌어지지 않은 사건은 미국사에서 가장 악명 높은 노예 반란이었다. 원래 계획대로라면 버지니아주 사우샘프턴카운티의 백인 노예주들을 겨냥한 냇 터너의 공격은 1831년 7월 4일로 정해져 있었다. 몇 달 전 터너는 일식을 보면서 하느님이 영감을 주는 광경으로 받아들이고 거사 날짜를 잡았다. 독립기념일을 공격 날짜로 잡은 것은 노예제를 허용하는 나라에서 자유를 축하한다는 것이 끔찍한 위선임을 강조할 수 있었기 때문이다(20년 뒤 프레더릭 더글러스는 생생한 어조로 물었다. "노예에게 7월 4일이란 무엇입니까?"). 하지만 터너는 7월에 병이 나서 거사에 나설 수 없게 되어 부득이하게 날짜를 미뤘다. 8월 말이 되어서야 터너와 동료들은 그의 말처럼 "죽음의 작업"을 시작했다. 상징적 가치는 놓쳤지만, 피로 그 손해를 메꾸었다. 봉기가 끝날 때까지 50여 명의 백인이 살해되었다.

선원 구역

그로부터 몇 년 뒤, 콜트가 냇 터너의 봉기에 대응해서 총을 발명한 것이라는 이야기가 돌았다. 노예주들에게 속사 총기를 쥐어 줌으로써 복수하려는 노예들에 맞서 자신을 지킬 가능성을 높여 주었다는 논리였다. 물론 바로 그 노예들이 손에 리볼버를 쥐게 되면 백인 사망자가 오히려 더 많아질 것이기 때문에, 노예주로서는 1831년에 만들어진 총기가 대량살상용으로는 열악한 도구였다는 사실이 오히려 다행스러운 일이었다(터너는 머스킷을 몇 정 사용하긴 했지만 도끼와 울타리용 말뚝으로 더 많은 사람을 죽였다). 어쨌든 코르보호의 이야기가 사실이라면, 콜트는 냇 터너에 대응해서 총기를 발명한 게 아니었다. 이미 발명한 상태였기 때문이다.

코르보호 이야기와 냇 터너 이야기 둘 다 콜트 자신의 입에서 나온 게 거의 확실하다는 사실은 초기 시절에서 허구와 사실을 걸러 내는 과제와 관련해 시사점을 준다. 여기에 콜카타에서 그가 콜리어의 총에 영감을 받았다는 미래의 경쟁자들이 퍼뜨린 설이 더해지면, 원래의 이야기가 어처구니없이 흐릿해진다. 하지만 콜트의 이야기들은 각각 도움이 된다. 첫 번째 이야기에서 그는 공감할 만한 대중의 영웅, 즉 잭나이프와 독창성만으로 세상을 뒤바꾼 양키 소년으로 그려진다. 두 번째 이야기는 콜트가 구애하기를 기대한 남부 시장에 호소력을 발휘했다. 십중팔구 어느 이야기도 완전히 참이거나 터무니없는 거짓은 아닐 것이다. 어느 시점에서 콜트는 분명 나뭇조각으로 새로운 총의 모형을 깎았다. 이 모형은 지금 하트퍼드의 워즈워스아테나움박물관에 보존되어 있다. 또 다른 시점에서 그는 반기를 든 노예들에게 연발 총기를 사용할 가능성을 보았다.

* * *

1831년 11월 냇 터너가 버지니아에서 교수형을 당한 무렵, 콜트는 매사추세츠주 웨어에 있는 집으로 돌아왔다. 나무로 깎은 총 모형은 잊어버리지 않았다면 보이지 않는 곳에 챙겨 두었을 것이다. 얼마 전에 열일곱이 된 그는 그해 가을에 실용적인 사업을 배우는 데 전념하기로 마음먹은 것처럼 보였다. 콜트는 햄프셔제조사의 염색표백 부서에 취직해 화학자로서 공장 감독을 책임지는 윌리엄 스미스 밑에서 일했다. 눈금자와 유리병, 증류기 등에 둘러싸이고, 아마 점점 약해지는 가을 햇살에서 최대한 많은 자연광을 얻기 위해 높은 창 옆 자리에서 콜트는 완성품 천을 표백하기 위한 화학 제품을 만들었다. (현재 예일대학교에 보존되어 있는) 옆에 두고 쓰던 노트를 보면 염료와 용액을 만드는 공식이 기록되어 있다. 만년의 조잡한 필체와 대조적으로, 유선 노트에 적힌 글은 철자가 틀린 단어가 많긴 해도 반듯하다('vegetable'이 'vigitable'로, 'colors'가 'colurs'로 적혀 있다). 즉흥적인 철자법의 시대였다 해도 콜트의 철자법은 유독 두드러진다. 양잿물, 탄산소다, 황산소다 제조법도 들어 있다. 10월 28일, 콜트는 "질산소다Nitrate of Soda(질산나트륨)" 조합제를 설명했다. 폭발물에 사용할 수 있지만 흔히 쓰이는 용액인 화학 합성물이었다. "탄산소다 용액을 질산으로 포화시킨 뒤 표면에 얇은 막이 생길 때까지 증발시켜서 아직 따뜻할 때 거른 다음 식히면 질산소다 덩어리를 얻을 수 있음." 11월 12일에는 "석회염소의 각기 다른 표본에서 아염소산염 기체의 차이를 확인하는 방법"을 검토했고, 12월 1일에는 질산을 만드는 지침을 적어 두었다. 꽤 복잡한 수준의 실용 화학이었는데, 콜트는 마음만 맞으면 섬유 산업에서 화학자로서 훌륭한 경력을 쌓을 수 있었다. 하지만 12월 4일 "황화에테르Sulphurick Eoither(에틸에테르) 조합" 제조법을 쓰던 도중에 노트 작성을 멈추었다.

화학을 섬유에 응용하려는 콜트의 시도는 그렇게 끝났다. 좀 더 폭넓게 말하자면, 그것으로 전통적인 직업을 좇으려는 그의 시도는 끝이 났다. 그해 12월의 어느 시점에서 그는 웨어를 떠나 고향인 하트퍼드를 향해 길을 나섰다. 가방에는 나무를 깎아 만든 총기 모형이 들어 있었다.

II

총기 제조업자 앤슨 체이스는 1831년 늦봄이나 여름에 샘 콜트를 만났다고 기억했지만 그가 착각한 게 분명하다. 두 사람은 콜트가 콜카타에서 돌아온 뒤인 가을이나 겨울까지 만날 수 없었다. 체이스가 20년 뒤 설명하는 것처럼, 그는 얼마 전에 매사추세츠주 엔필드에서 하트퍼드로 이사해서 총포상을 열었다. 옛 의사당 건물 근처인 메인스트리트 동편에 가게를 빌렸는데, 지역민들 사이에서는 슈너바드 북쪽 가게라고 알려진 건물이었다. 그의 주요 업무는 총기 수리였지만 시간이 남으면 새 총을 만들었다.

"그 친구는 모형 비슷한 걸 갖고 있었고 연발총 비슷한 걸 완성하려고 시도하는 중이었다." 콜트가 들어서던 날을 떠올리며 체이스는 이렇게 말했다. "구멍을 뚫은 목제 실린더였는데, 그림도 챙겨 왔다." 나중에 콜트가 말하고 이를 검토한 총기 전문가들이 확인한 것처럼, 이 나무 모형은 리볼버가 아니라 페퍼박스Pepperbox였다. 옛날식 후추통과 모양이 비슷해서 이름 붙은 페퍼박스는 여러 개의 총열을 지푸라기 한 줌처럼 다발로 붙여 만든 총이다. 페퍼박스는 훗날 총기 제조업자들이 콜트의 특허를 침해하지 않고도 연발총을 판매하려는 방편으로 인기를 얻었다. 하지만 콜트 자신이 금세 결론지은 것처럼, 총열이 여러 개인 총은 무겁고 부피가 커서 실용적이지 않았다. 가난뱅이의 리볼버라고 불린 데는 이유가 있었다. 그가 다총열 설계를 고려했다는 사실은 코르보호에서 유레카 같은 순간을 맞았다는 영광스러운 신화에 흠집이 되지만, 콜리어의 발상을 슬쩍 훔치지 않았다는 그의 주장을 뒷받침하기도 한다. 이미 리볼버를 본 적이 있다면 왜 페퍼박스에서 시작했겠는가?

그해 12월 콜트는 하루나 이틀 간격으로 슈너바드 북쪽 가게를 찾아가서 체이스와 윌리엄 로라는 조수하고 함께 일했다. 페퍼박스 설계를 금세 포기한 뒤, 세 사람은 곧이어 진정한 리볼버와 흡사한 장치를 만들려고 애썼다. 진정한 리볼버라 하면, 콜트의 말처럼 "약실이 여러 개인 회전식 실린더"가 있고 "총열 하나로 발사하는" 총이었다.

다약실 실린더를 단일 총열과 결합한 것은 탁월한 해결책이었지만, 콜트가 가장 독창적으로 기여한 부분은 이것이 아니다. 그가 돋보이는 점은 실린더를 회전시키는 방식을 알아낸 데 있었다. 약실을 하나씩 회전시키고, 앞의 총열 및 뒤의 공이치기와 완벽하게 들어맞도록 약실을 조정하고, 깔끔하고 안전하게 발사할 수 있도록 약실을 단단하게 잡아 주는 법 등을 고안한 것이다.

콜트는 약실을 회전시키기 위해 래칫이라는 작은 톱니바퀴 장치 같은 원판을 사용했다. 통상적인 톱니바퀴 장치가 수직 톱니를 사용하는 것과 달리, 래칫의 톱니는 한쪽으로 각진 모양이어서 바퀴가 반대 방향으로만 회전할 수 있다. 코르보호 이야기에 따르면 콜트는 양묘기를 연구하면서 배에서 시간을 보냈는데, 양묘기도 래칫을 사용해서 닻을 끌어 올린다. 콜트가 만든 총의 래칫은 양묘기의 래칫에 비하면 초소형이었지만, 어느 정도 같은 방식으로 작동했다. 래칫이 맞물리고 실린더가 돌아가게 하려면 사수는 엄지손가락으로 공이치기를 젖히기만 하면 되었다. 공이치기를 뒤로 젖혀 발사 준비를 하는 동안 멈춤쇠가 래칫과 맞물리면서 실린더를 한 칸 회전시켜 다음 약실이 정렬된다. 동시에 스프링으로 작동하는 실린더 멈춤쇠가 축이 실린더 바깥쪽에 새겨진 홈에 딱 들어맞으면서 공이치기가 다시 당겨질 때까지 실린더를 단단히 붙잡는다.

지금 와서 보면 멈춤쇠를 사용해서 래칫을 미는 것, 그러니까 총을 발사하기 위해 실린더를 회전시키는 것은 아주 기본적인 응용 역학처럼 들린다. 하지만 1831년에는 그야말로 혁명적인 발상이었다.

* * *

1832년 1월 둘째 주에 샘이 하트퍼드에서 앤슨 체이스와 함께 있는 동안 아버지 크리스토퍼 콜트가 웨어에서 노리치에 있는 포경선 선장 애브너 바셋에게 편지를 보냈다. 바셋 선장은 올리비아 콜트의 사촌과 결혼한 집안 친척이었다. 부인의 설명에 따르면 바셋은 "고래에 미친" 인간으로, 혼곳을 돌아 태평양의 사냥 지역으로 향하는 다음 항해 전에 잠깐 집에서 쉬는 중이었다. 크리스토퍼는 선장이 뉴런던에서 출항하는 포경선 한 척에 샘이 일할 자리를 추천해 주기를 기대했다.

크리스토퍼의 편지는 남아 있지 않지만 바셋이 보낸 답장은 남아서 많은 내용을 추론할 수 있다. 우선 샘은 분명 다시 바다로 나가는 것을 생각하고 있었다. 코르보호에서 고생을 하고 망신을 당한 걸 고려하면 놀라운 일이다. 바셋의 편지를 보면 또한 크리스토퍼가 특별히 샘이 항해사로 일할 수 있는지를 문의한 사실이 분명히 드러난다. 아직 열여덟 살이 되려면 6개월이 남았고, 또 이전에 선원으로 일한 경력이 전혀 모범적이지 않았던 점을 고려하면 대담한 요청이었다. 바셋은 크리스토퍼의 요청을 정중하게 바로잡아 주었다. "몇 달 전에 알려만 주면 언제든 자네 아들을 포경선에 승선시킬 수 있고 어떨 때는 바로 탈 수도 있지만, 항해사가 되려면 평선원으로 한 번 항해해야 하네. 항해사는 항해 경험이 좀 있어야 하니까." 바셋은 4월에 뉴런던에서 출항해서 2~3년간 태평양을 항해할 예정인 자기 배에 샘을 선원으로 태우겠다고 제안하면서도 남대서양이나 브라질 연안을 따라 항해하는 더 짧은 여정의 배에 타는 게 더 좋을 것이라고 추천했다. 그러면 샘이 고래잡이 경험을 어느 정도 빠르게 쌓아서 더 긴 항해에 항해사로 지원할 수 있다는 것이었다.

콜트가 바셋 선장의 조언을 따랐더라면 이후의 몇 년이 아주 다르게 펼쳐졌을 것이다. 고래잡이는 근성이 필요한 더러운 일이었고, 상선에 타는 것보다 위험하고 세상에서 가장 가혹한 환경에 맞서야 하는 일이었다. 이례적인 환경이나 부상의 위험을 제쳐 두고라도 고래잡이 항해에 나가면 적어도 2년간은 다른 일을 하지 못했을 것이다. 콜트는 얼마나 진지하게 항해를 생각했을까? 바셋 선장에게 사물함을 보낼 정도로는 진지했다. 아마 항해를 준비했을 것이다. 우리가 콜트가 사물함을 보냈다는 걸 아는 이유는 몇 주 뒤 바셋 선장이 사물함을 돌려보내겠다고 편지를 썼기 때문이다. 콜트는 결국 바다에 나가지 않기로 결심했다.

그 대신 콜트는 워싱턴으로 간 것으로 보인다. 1832년 2월 중순 수도에 도착한 콜트는 총기 모형을 챙겨 왔는데, 특허를 받으려고 기대한 게 분명하다. 이 여행에 관한 유일한 기록은 헨리 레빗 엘스워스가 크리스토퍼 콜트에게 보낸 편지 한 통뿐이다. 콜트 집안의 친구인 엘스워스는 훗날 미국 특허청장으로서 샘에게 중요한 스승이 된다. 1832년에는 아직 특허청장이 아니었지만, 다른 일 때문에 워싱턴에 있었던 게 분명하고 친구의 아들을 돌봐 주겠다고 선뜻 나섰다. "새뮤얼은 지금 여기서 새로운 발명품을 가지고 아주 잘 지내고 있다네." 2월 20일 자로 크리스토퍼에게 보낸 편지다. "과학계 사람들하고 대단한 사람들이 그 물건을 호평하고 있어. 그 애가 기울인 노력이 제대로 보상을 받을 거라고 기대하네."

콜트는 그때의 워싱턴 방문에서 특허를 받지 못했다. 자신이 만든 총을 개량해서 더 꼼꼼하게 신청을 할 수 있을 때까지 특허 신청을 미루라는 조언을 들었을지도 모른다. 어쨌든 그해 겨울에는 아직 야심이 무르익지 않았거나 적어도 만천하에 선언하지는 않았다. 1832년 3월 30일에 아버지 크리스토퍼가 샘에게 보낸 편지를 보면 이런 사실이 드러난다. 아버지로서 기대와 우려를 감동적으로 표현한 이 편지는 아버지 세대가 새로운 길에 나서는 숱하게 많은 아들에게 보내는 일장 연설이다. 연설은 이렇게 시작한다. "너는 이제 다시 행운을 찾아 나서는 길인데, 미래의 네 가능성과 안녕이 노력 여하에 달려 있음을 명심해라. 아들아, 절대 낙담하지 말고 마음을 굳게 먹고 앞으로 나아가라."

네가 어떤 일을 할지는 별로 중요하지 않지만, 항상 정직하고 꾸준하거라. 무슨 일을 하든 간에 출중한 사람이 되겠다는 의지가 있어야 한다. 그러면 풍족한 생활을 하면서 존경도 받을 수 있다. 상점에 취직하든, 바다로 나가든, 어떤 종류의 제조업에 진출하든, 열심히 일하는 습관을 들이는 것이 중요하다. 그리고 여가가 생길 때마다 공부와 진지한 명상에 몰두하고, 언제나 너를 존재하게 해 준 하느님의 섭리를 살피고, 하느님의 지시에 따라 덕과 유용성을 추구하는 길을 걷거라.

자리를 잡으면 편지부터 보내라. 그때까지 아비는 네가 잘 지내는지 이루 말할 수 없이 걱정할 거라는 사실을 명심해라.

III

콜트는 그때나 그 후 오랜 세월 동안 자리를 잡지 않았다. 그 대신 콜카타 항해보다도 훨씬 오래, 심지어 태평양 고래잡이 항해보다도 오래 걸리는 여정에 나섰다. 수천 킬로미터를 돌아다니는 여정에서 미국의 거의 모든 도시와 그 사이의 여러 지역을 다니면서 떠돌이 판매원과 만물 수선인, 순회 치과의사와 한몫 잡는 데 혈안인 주술 치료사, 발 빠른 복권 판매원과 자유롭게 돌아다니는 춤 강사, 방랑 전도사와 떠돌이 초상화가 등 수많은 인간 군상의 거대한 물결에 합류했다. 수많은 직업적 여행자들과 나란히 그저 더 나은 생활을 찾아서 돌아다니는 미국인들이 있었다. 짐을 잔뜩 실은 마차를 타고 막연한 미래를 향해 모험을 떠난 이들이었다. 미국인들은 천성적으로 활동적인 사람들로, 토머스 제퍼슨이 못마땅한 듯이 말한 것처럼 "방랑벽과 도박벽에 푹 젖어 있었"는데, 최근에 도로, 운하, 증기선 항로 등의 기반 시설이 개선되면서 이렇게 돌아다니는 성향이 더욱 자극을 받았다. 당시 미국인들은 21세기 기준에서 보면 여전히 빙하처럼 느리게 이동했지만, 그들 자신의 표현대로 하면 떼를 지어 돌진하고 있었다. 다음 언덕을 넘거나 다음 굽이를 돌면 행운이 자신들을 기다리고 있다고 기대한 그들은 서두르지 않으면 이를 놓칠지 모른다고 불안해했다. "언제나 남보다 먼저 가지 않으면 보상을 빼앗길 것이라는 우려가 있었다." 역사학자 대니얼 부어스틴이 방랑벽에 빠진 당시 미국인들에 관해 한 말이다. "어쩌면 미국은 미래의 땅이었을 테지만, 단기 체류자들에게는 지금이 아니면 손에 넣지 못하는 땅으로 보였다."

콜트가 분명한 기록을 남기지 않은 탓에 우리는 그가 여정에서 정확히 어디를 갔는지 알지 못한다. 하지만 그가 영수증과 신문 광고 등으로 충분한 실마리를 남겼기 때문에 그의 생활만이 아니라 그가 본 미국에 관해서도 그림을 그려 볼 수 있다. 산업과 창의성과 희망으로, 그리고 불안과 걱정과 잔인성으로 가득한 나라에 관해.

콜트의 여행은 아직 열일곱이던 1832년 초에 시작되었다. 첫 번째 전기를 쓴 작가는 그 후에 이어진 일들을 "짤막하고 명랑한 일화"와 "야망을 품은 자가 포섭해야 할 하층민의 표본"이라고 규정한다. 하지만 이 표현을 쓴 저자는 집안의 친구로서, 진실을 별로 진지하게 다루지 않았다. 콜트의 사례에서 "하층민"은 총기 개발 자금을 모으기 위해 아산화질소 가스라는 히트작을 판매한 것이었다. 이 "명랑한 일화"는 3년 가까이 계속되었다.

샘 콜트가 아산화질소를 판매한 최초의 인물은 아니다. 18세기 말 영국의 위대한 화학자 험프리 데이비 경이 친구들과 함께 아산화질소를 들이마시기 시작한 이래 이 "홍분 가스", 또는 더 흔한 이름으로 웃음 가스의 공개 품평회가 여러 차례 열렸다. 콜트는 아마 웨어의 방적 공장에서 일하는 화학자 윌리엄 스미스에게 아산화질소 제조법을 배웠을 것이다. 이 가스는 질산암모늄 결정을 불꽃이나 스토브 위에 놓고 천천히 가열해서 만들었다. 그리고 수도 파이프 같은 물을 채운 통에 통과시켜서 불순물을 거르고 식힌 뒤 주머니에 담는데, 콜트는 가스탱크라고 부르는 단지 모양 장치에 넣었다. 여기 담긴 아산화질소를 나무로 만든 주둥이를 통해 흡입할 수 있었다. 치과 의자에서 웃음 가스를 들이마신 경험이 있는 사람이라면 누구나 알겠지만, 곧바로 기분이 상쾌해지는 효과가 나타날 수 있다. 험프리 데이비는 1800년에 이 가스가 "육체적 고통을 파괴할 수 있"으며 좋은 마취제로 사용 가능하다고 말했지만, 남북전쟁이 끝나고 나서야 그런 용도로 널리 쓰이게 되었고 1830년대의 그 시점에서는 주로 오락용으로 가치가 있었다.

아산화질소는 떠돌이 판매원이 영업하기에 딱 맞는 만병통치약이었다. 제조하는 데 필요한 장비를 운송하는 일이 비교적 편리하다는 점 외에도 이 가스는 과학의 자기 개량적 매력을 혁혁하게 드러낸다. 콜트는 종종 이 매혹적인 구경거리를 진지한 화학 강연으로 시작했다. 이 가스는 또한 스캔들의 조짐을 동반했다. 아산화질소를 흡입한 일부 여자들이 자제력을 잃고 성적으로 자극을 받았다는 말이 돌았다. 소문에 따르면, 위대한 데이비 자신도 가스의 영향을 받은 몇몇 여자에게 "입장을 허락받았다." 이 소문은 사실이 아니었지만 그래도 표 판매가 타격을 받지는 않았을 것이다. 콜트는 초기의 어느 신문 광고에 이렇게 썼다. "품평회를 구경하는 게 걱정되는 숙녀분들은 안심해도 됩니다. …… 품평회에서는 정숙한 사람에게 충격을 줄 수 있는 부적절한 행동이 전혀 일어나지 않습니다." 부적절한 행동이 없다고 잡아떼는 것 자체가 그런 아슬아슬한 가능성이 있음을 암시한다.

콜트는 아마 뉴잉글랜드 곳곳의 작은 행사장에서 여행을 시작해서 도시를 옮겨 다니며 공회당, 호텔 응접실 등을 대여한 뒤 손님을 모으기 위해 전단을 붙이고 광고를 냈을 것이다. 그해 봄에 콜트는 'Colt'를 'Coult'라고 쓰기 시작했다. 그전에도 몇몇 조상이 그렇게 표기했는데, 유럽식에 가깝게 'u'를 추가해서 코스모폴리탄적 출신을 내세우기 위함이었다. 'S. Coult'가 처음 내건 광고는 1832년 초여름 보스턴의 몇몇 신문에 실렸다. "본인은 이달 8일인 내일 저녁 프리메이슨회관 지하 강당에서 흥분 가스인 아산화질소 가스를 흡입할 기회를 보스턴과 인근의 신사, 숙녀 여러분께 정중히 알립니다. 품평회는 7시 45분 정각에 시작됩니다." 광고는 험프리 데이비 경의 연구를 언급함으로써 콜트의 과학적 진실성을 확인해 준 다음, 노래하고 춤을 추는 등 "수많은 환상적인 효능"이 있다고 아산화질소 흡입의 효과를 맛보기로 알려 주었다. "본인은 경험 많은 화학자이기 때문에 불순한 가스를 흡입할지 모른다는 우려를 품을 필요가 없습니다." 콜트는 잠재적 청중을 안심시켰다. "그리고 본인은 과학을 아는 모든 신사분께 제조법을 기꺼이 공개하겠습니다."

IV

보스턴에서 성공적인 몇 주를 보낸 콜트는 뉴욕을 향해 출발했다. 그런데 이보다 더 잘못된 시간을 골라잡을 수는 없었을 것이다. 1830년부터 1831년 겨울 사이 콜카타에서 목격한 바로 그 콜레라 전염병이 그 후 아시아를 휩쓸고 러시아와 폴란드까지 치달은 다음 서유럽으로 전파되었다. 북아메리카가 다음 표적이었고, 인구 20만 명으로 인구 밀도가 높은 미국 최대의 도시 뉴욕은 표적의 한복판이었다.

콜레라는 방글라데시의 맹그로브습지에서 발원해 수백 년간 아시아와 인도에서 유행했지만, 1831년 이전까지 미국에서는 사실상 전혀 알려지지 않았다. 증상은 설사와 극심한 갈증, 근육 경련이며 최소한 감염자의 절반이 사망했다. 콜레라는 놀라울 정도로 빠른 속도로 퍼졌다. 감염자는 아침에는 멀쩡했지만 점심에 구토하기 시작해서 저녁에 사망했다. 코르보호에 탔던 선교사로 콜트의 비참한 생활에 관해 동정심 넘치는 편지를 썼던 윌리엄 허비 목사가 바로 그런 사례였다. 허비는 1832년 3월 인도 서부의 아마드나가르에서 콜레라에 걸렸다. 동료 선교사 한 명이 허비의 부모에게 보낸 편지에서 그의 죽음을 묘사한 것처럼, 오후 2시에는 멀쩡해 보였던 그는 저녁 7시에 "이미 죽음의 표시가 뚜렷한" 얼굴로 침대로 옮겨졌다. 그날 밤 그는 마지막 말을 남기고 숨을 거두었다.

1832년 6월 15일 퀘벡에 콜레라가 상륙했을 때 콜트는 아직 보스턴에 있었다. 콜레라는 프랑스나 아일랜드에서 오는 이민자가 탄 배에서 옮겨진 것이었다. 이후 며칠간 박테리아가 아무 눈치도 채지 못한 숙주들의 소장과 대장 안에서 히치하이킹을 해가며 남쪽으로 이동해서 샘플레인호수와 허드슨강의 운송로를 따라 내려갔다. 뉴욕 시장은 엄격한 검역 조치를 내렸다. 선박들은 도시 480킬로미터 이내에 접근하지 못했고 모든 마차는 도시 외곽 2.4킬로미터 거리에서 멈춰 섰다.

그런데도 콜레라가 덮쳤다. 첫 번째 환자는 6월 26일 뉴욕에서 확인되었다. 7월 2일 월요일까지 아홉 명의 환자가 발생했는데, 여덟 명이 중증이었다. 다음 날인 7월 3일 화요일, 겁에 질린 주민들이 탈출을 시작했다. 《뉴욕이브닝포스트》는 이 광경을 묘사했다. "사방으로 향하는 도로마다 만원인 역마차, 전세 마차, 개인 마차와 말 탄

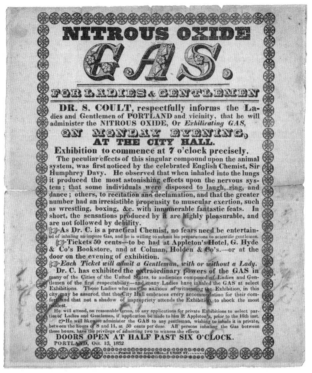

1832년 10월 메인주 포틀랜드에서 열린 콜트 박사의 "강연" 전단. 열여덟 살인 콜트는 이미 외판에 재능을 보이면서 훌륭한 과학적 질문을 순수한 볼거리와 결합하고 있다.

사람들이 모두 공포에 사로잡혀 도시에서 도망치고 있었다. 폼페이나 레조 주민들이 시뻘건 용암이 주택을 덮치는 가운데 소중한 집을 등지고 도망치는 장면 같았다." 탈출한 사람들은 대부분 가능한 만큼 짐을 지고 그냥 걸었다. 일부는 허드슨강 상류에 있는 시골까지 데려다주겠다고 제안한 증기선에 올라탔다.

콜트는 다른 사람들이 도망치던 바로 그때 뉴욕에 도착했다. 7월 4일이나 그 전후로 도착했을 것이다. 모든 선박과 마차가 도시에 들어오는 게 허용되지 않았기 때문에 그는 분명 걸어서 왔을 것이다. 맨해튼 북단과 본토를 연결하는 몇 개 다리 중 하나를 몰래 건넜을 게 분명하다. 그가 어떻게 검역을 뚫고 들어왔는지보다 더 당혹스러운 것은 그가 이 과정에서 무엇을 보유하고 있었는가 하는 점이다. 아마 인도에서

선원 구역

콜레라를 피한 그는 자신에게 면역이 있다고 느낀 것 같다. 또는 그달에 열여덟 살이 될 예정인 젊은이답게 자신은 죽지 않는다는 확신을 품었을 수도 있다. 아니면 그저 돈 벌 기회를 노렸을지도 모른다. 도시에 남아 있는 사람들은 도피와 유흥을 원했고, 당장은 수중에 동전 몇 푼이 있었다.

독립기념일은 폭우가 쏟아졌던 3년 전보다도 훨씬 고요하게 가라앉은 분위기였다. 항상 활력이 넘치던 브로드웨이도 섬뜩할 정도로 잠잠했다. 교회는 기도를 위해 문을 열었지만 자리는 텅 비었다. 이따금 폭죽이 터지는 소리가 들렸다. 전염병이 한창인 가운데서도 사내애들은 늘 그렇듯 사내애들이었다. 콜트가 처음 들른 곳은 아마 파인스트리트 46번지에 있는 《커머셜애드버타이저》 사무실이었을 것이다. 다음 날 신문에 광고를 싣기 위해서였다. 이 광고는 보스턴에서 게재했던 것과 사실상 똑같고 한 가지만 달랐다. 자기 이름에 경칭을 넣어서 이제 'S. Coult 박사'가 된 것이다. 학위나 증명서를 받아서 그런 직함을 넣은 건 아니었다. 애초에 미국에서 그렇게 박사가 된 이는 거의 없었다. 영국 여배우 패니 켐블이 비꼬듯 지적한 것처럼, 미국인들은 그렇게 민주주의를 내세우면서도 "은행가 부인만큼이나 직함에 연연했다."

19세기 뉴욕의 어느 역사 서술에 따르면, 콜트는 브로드웨이에서 프리메이슨회관을 빌렸다. 뉴욕시에서 시청을 제외하면 가장 멋진 건물이었다. 2층에 있는 롱룸은 길이가 27미터에 폭이 거의 5미터나 되는 "고딕풍의 거대한 홀"이었다. 7월 7일 토요일 저녁, 콜트가 무대 위에 섰다. 그가 말한 그대로 인용해 보자.

신사, 숙녀 여러분

잠시만 시간을 내주시면 몇 마디 소개하는 말로 오늘 저녁의 오락을 시작하겠습니다.

그는 모든 쇼를 대화로 시작했는데, 아마 그사이에 질산암모늄을 가열하고 정화해서 가스를 만들었을 것이다. 1772년 조지프 프리스틀리가 처음 발견하고 1799년 험프리 데이비가 실험한 순간에 이르기까지 이 가스의 역사를 짧게 설명하면서 콜트는 관객의 기대감을 잔뜩 부풀렸다.

이 가스는 일부 사람들에게 정말 흥미진진한 효과를 발휘해서 자기도 모르게 근육을 움직이고, 뛰어오르고, 내달리게 만듭니다. 또 자기도 모르게 웃음이 터지고 정신이 고양되며 절묘한 쾌락을 느끼지만 쇠약해지는 후유증은 전혀 없습니다.

통상적인 관행대로 먼저 제가 가스를 들이마셔서 이 가스에 불순물이 하나도 없다는 점, 따라서 아무 걱정 없이 흡입할 수 있다는 점을 보여 드리겠습니다. 오늘 저녁 가스를 흡입하려는 모든 분은 들이마시기 전에, 만에 하나 사고가 일어나지 않도록 칼을 비롯한 모든 무기를 내려놓아 주세요. 물론 그런 사고는 이제껏 한 번도 없었기 때문에 전혀 위험할 게 없습니다.

이때쯤이면 여름 황혼이 내려앉으면서 창문 밖이 어둑해졌다. 홀 바깥이나 안에서 전염병이 퍼지고 있는 현실을 무시할 수는 없었다. 관객들은 브로드웨이 바로 건너편 서쪽에 뉴욕병원이 가까이 있다는 데서 위안을 느꼈을지 모른다. 병원에서는 정원 나무에 새들이 내려앉고 있었다. 하지만 병원에서 바로 직전에 콜레라 환자를 받지 않기로 했다는 사실을 알았다면 그만큼 위안을 받지 못했으리라. 프리메이슨회관 뒤편 동쪽으로 몇백 미터 거리에 파이브포인츠 동네가 있었다. 여름을 거치면서 사망하는 뉴욕 주민 3,500명 가운데 다수가 이 구불구불하고 가난한 동네에서 나오게 된다는 사실은, 편견에 사로잡힌 이들에게 그곳에 사는 가난한 아일랜드계 이민자와 자유 흑인들이 자신들에게 재앙을 가져왔다는 확신을 주었다. 오늘 밤 파이브포인츠 거리는 조용했다. 밤낮으로 거리를 배회하는 돼지들과 돼지를 보고 짖는 떠돌이 개들, 폭죽을 터뜨리는 소년들만 시끄러웠다.

회관 안에서 콜트는 가스를 들이마셨다. 그러자 자기도 흡입하겠다고 나서는 사람들이 줄을 이었다. 몇몇이 가스를 흡입하는 동안 다른 이들은 동료 인간들의 "우스꽝스러운" 행동을 지켜보는 즐거움을 누렸다. 회관에 웃음소리가 가득했다. 이후 몇 주 동안 뉴욕에서 그런 떠들썩한 웃음소리는 들리지 않았다.

＊ ＊ ＊

콜트는 1832년 여름과 가을 내내 북동부 지역에 머물렀다. 그는 뉴욕에서 뉴저지주 뉴어크로 갔다가 곧이어 메인주 포틀랜드와 로드아일랜드주 프로비던스로 옮겨 갔는데, 콜레라 발발보다 한발 앞서거나 뒤처지곤 했다. 연말에는 다시 하트퍼드로 돌아와서 앤슨 체이스에게 자기가 개발한 총기를 개량하는 비용을 치렀다. 체이스에게 받은 64.25달러짜리 영수증 날짜가 1832년 12월 30일로 되어 있다. 다음 날 콜트는 뉴헤이븐에 있었는데, 곧이어 1833년이 되었다.

그해 초겨울, 콜트는 볼티모어에서 가족에게 편지를 보냈다. 편지는 사라지고 없지만 열여섯 살짜리 동생 제임스가 보낸 답장은 남아 있다. 1833년 3월 6일에 제임스가 보낸 답장은 가벼운 내용으로, 고향 집의 생활을 두서없이 설명한다. 아버지 크리스토퍼 콜트는 햄프셔제조사를 그만두었고, 가족은 다시 하트퍼드에 돌아와서 시내 중심부 프로스펙트스트리트에 있는 큰 집을 빌렸다. 아버지의 친구 헨리 엘스워스 씨 소유의 집이다. 제임스와 크리스 주니어는 의붓남매인 윌리엄, 올리브와 함께 집에 산다. 한동안 노리치 출신의 매력적인 젊은 여자 둘이 방문해서 같이 지냈다. 어머니 올리비아의 친척인 피치 양과 스폴딩 양이다. 스폴딩 양은 코르보호의 스폴딩 선장과 아무 관계가 없는 노리치의 유명한 집안 딸이다. 제임스는 그녀가 샘의 애인이라는 사실을 넌지시 암시한다. 형의 "짝지"라는 것이다.

제임스가 보낸 편지에서 주로 다루는 내용은 가족 소식이나 예쁜 여자들에 관한 뒷공론이 아니었다. 샘이 쓴 편지에서 분명하게 밝힌 이야기가 주요 주제였다. "지난 몇 년 동안 형이 연구한 사업에 관해 쓴 편지는 생각했던 것보다 도착하기까지 시간이 걸려서 한결 반갑게 받았어." 제임스가 한 말이다. "편지가 오자마자 어머니가 바로 열어서(아버지는 집에 안 계셨거든) 피치 양과 스폴딩 양에게 큰 소리로 읽어 주셨어. …… 유감스럽지만 나는 그때 외출 중이었어서 어머니가 으레 그렇듯이 퇴짜를 놓았는지, 아니면 자연의 하느님이 바라는 대로 환영했는지 모르겠어. 물론 여자들은 좋게 이야기했지만."

제임스는 샘과 정확히 어떤 내용을 이야기하는 건지 밝히지 않지만, 샘이 만든 총 설명임이 분명하며 이 이야기 때문에 상당한 흥분이 야기되었다. 제임스에 따르면, 형제 중 둘째인 크리스 주니어가 가장 흥분했다. "둘째 형은 형 말이 사실이면 형이 큰 부자가 될 거라면서 정말 기뻐했어. 아침 내내 웃으며 노래를 불렀는데, 거기서 떨어지는 과실의 일부가 언젠가는 자기한테도 이득이 될 거라 생각한 게 분명해."

제임스의 편지는 그 내용만큼이나 담겨 있지 않은 부분 때문에도 흥미롭다. 어디서도 그는 샘의 긴 서부 항해 계획에 관해 언급하지 않는다. 샘이 편지에서 여행 계획을 언급하지 않았음을 알 수 있다. 편지를 쓸 당시에 뚜렷한 여행 계획이 없었거나 어떤 이유로 밝히고 싶지 않았기 때문이다. 어느 쪽이든 간에, 한 번도 가 보지 않았고 아는 사람도 하나 없는 지역으로 막 긴 여행을 나설 참이던 젊은이가 그 사실을 밝히지 않은 것은 흥미롭다.

V

샘은 1831년 가을에 웨어에서 화학 제조법을 기록하려고 처음 쓴 것과 같은 노트를 사용했다. 누나 세라 앤이 예전 학교 공책에 썼던 것처럼, 그도 노트를 뒤집어서 뒤에서부터 새로 쓰기 시작했다. 콜트 본인이 적은 게 분명한 제목 페이지는 크게 훼손돼 있다. 하지만 노트가 보관된 예일대학교 문서보관소의 창문 빛에 비춰 보면 원래의 글을 지우고 덮어쓴 고문서 같은 페이지들에서 1833년에 그가 어디로 갔는지가 드러난다.

> 항해 일지
> 노퍽에서
> 알렉산드리아를 거쳐
> 뉴올리언스까지
> 쌍돛대 범선 에어럴호, 선장 존 스미스

마주 보는 쪽은 1833년 2월 27일 자다. 그러고는 아무것도 없다. 여덟아홉 쪽이 찢긴 흔적이 있을 뿐이다. 이 페이지들은 왜 사라진 걸까? 너무도 세속적인 내용이 시시콜콜하게 적혀 있어서 콜트나 그의 상속자 가운데 하나가 없애 버렸을지 모른다. 아니, 어쩌면 너무 흥미로운 내용이어서 없앴을 가능성도 높다.

선원 구역

내용이 사라지긴 했어도 노퍽에서 뉴올리언스까지 간다는 항해 일지 제목에는 그가 탄 선박의 이름을 시작으로 정보가 가득하다. 콜트는 쌍돛대 범선의 이름을 '에어럴Aeral'이라고 썼지만, 정확한 이름은 '아리엘Ariel'이다. 그해 겨울 워싱턴에서 공표된 안내 광고는 2월 25일에 아리엘호가 뉴올리언스를 향해 출발하는데, 이 "화려한 정기선"에서 객실이나 3등 선실을 이용할 수 있다고 알려 준다. 광고는 "프랭클린앤드암필드로 신청 바람"이라는 문구로 마무리된다.

이 두 이름은 오늘날에는 아무런 의미가 없지만, 당시에는 상당히 큰 의미가 있었다. "알렉산드리아를 거쳐"라는 내용을 보자. 프랭클린앤드암필드사는 미국에서 가장 커다란 노예 매매 사업체였다. 아이작 프랭클린과 존 암필드는 주로 버지니아에서 노예를 들여와서 최남부에 있는 목화와 사탕수수 플랜테이션 농장에 팔아서 큰 수익을 올렸다. 1807년 연방 의회에서 통과된 법안은 미국에서 해외로부터 노예를 수입하는 것을 불법화했지만, 국내 노예 거래는 1830년대에 호황이었고 테네시주 출신 프랭클린과 노스캐롤라이나주 출신 암필드는 자타가 인정하는 대표 주자였다. 두 사람은 당시 워싱턴의 일부였던 알렉산드리아에 있는 건물 단지에서 일을 하면서 미국 남부에서 최대 규모로 손꼽히는 사업체를 운영했는데, 1833년에 프랭클린이 자랑하는 것처럼 "다른 거래업자들을 전부 합친 것보다 더 많은 검둥이"를 판매했다. 회사는 노예를 남부로 실어 나르기 위한 선단을 소유했다. 아리엘호는 그중 하나였다.

놀랍게도, 아리엘호에 콜트와 함께 승선했던 노예 중 열일곱 명의 영수증 쪼가리가 하버드대학교 문서보관소에 남아 있다. 1833년 2월 21일 자로 된 영수증 작성자는 버나드 로라는 사람으로 프랑스계 크리올 노예 거래업자였다. 로는 프랭클린앤드암필드와 하청 계약을 맺어서 10세 이상 노예 한 명당 17달러, 10세 미만은 절반 가격으로 화물 요금을 치렀다. 이 영수증은 왼쪽이 지저분하게 잘려 있어서 많은 이름을 알아보기가 어려운데, 몇 명은 분명하게 보이고 나이는 뚜렷이 알 수 있다. 대부분 아주 어리다. 열일곱 명 가운데 세 명만 콜트보다 나이가 많고 네 명은 10세 미만이다. 나머지 열 명은 대부분 10대 초반이나 중반이다. 열두 살짜리 존, 열다섯 살짜리 벤, 열여섯 살짜리 제임스 등이 있다. 버지니아주에서는 노예가 전부 성이 있었지만, 최남부에서는 성이 없었다. 그들에게는 가족도 없었다. 이 아이들은 전부 부모나 형제를 다시는 보지 못할 가능성이 컸다. 버지니아에서의 삶이 어려웠던 만큼 그들 앞에는 더욱 가혹한 고난이 기다리고 있었다. 소년과 젊은이들은 값을 좋게 쳐주는 루이지애나와 미시시피의 목화밭이나 사탕수수밭으로 갈 운명이었는데, 등골이 휘는 노동을 하며 비참한 생활을 할 터였다. 여자들도 밝은색 피부가 아니면 밭에서 일할 운명이었다. 피부색이 밝으면 "멋쟁이 하녀"가 됐는데, 말 그대로 가내 하녀일 수도 있지만 종종 백인 남자 노예주의 첩을 가리키는 완곡어법이기도 했다.

아리엘호가 남쪽인 뉴올리언스로 가기 전에 알렉산드리아를 향해 북쪽으로 출발할 예정이었던 걸 보면, 프랭클린앤드암필드 본사에서 노예를 싣기로 되어 있었음을 알 수 있다. 선박은 로의 노예들과 나란히 자체 노예들도 싣고 있었다. 아리엘호는 작은 짐칸에 모두 합쳐 100명이 넘는 노예를 가득 채우고 알렉산드리아를 떠나게 된다. 그나마 이 항해에 인간적인 면이 있다면, 회사가 알렉산드리아에서 미시시피강까지 거의 1,600킬로미터에 달하는 거리를 8주에 걸쳐 육상으로 노예를 운송하는 다른 방법인 목과 발에 차꼬를 채워 여러 명씩 사슬로 묶어서 걷게 하는 것보다는 나았다는 것이다.

항해 일지 앞표지에 그려진 삽화를 보면, 콜트가 뉴올리언스까지 가는 항해를 언젠가 자랑스럽게 곱씹을 만한 영웅적인 모험으로 기대했음을 알 수 있다. 그런데 찢어 버린 페이지를 보면 일이 계획대로 풀리지 않았음이 드러난다. 부끄러운 일이 생겨서 찢어 버린 걸까? 한 달 가까이의 노예선 생활을 그가 어떻게 받아들였는지 알 수 없는 것처럼, 우리가 알 도리는 없다. 노예나 노예 거래업자들과 처음으로 밀접하게 접촉한 경험이었고, 깊은 인상을 받았을 게 분명하다. 어떤 인상을 받았는지는 추측만 할 수 있을 뿐이다.

VI

보스턴과 뉴욕, 콜카타 등을 목격한 콜트 같은 세속적인 미국 젊은이도 뉴올리언스를 보고는 깜짝 놀랐을 게 분명하다. 뉴올리언스는 인구 5만 명으로 미국에서 다섯 번째로 큰 도시였지만 해운 교통과 무역 덕분에 뉴욕 다음가는 가장 분주한 항구였다. 부당한 광경에 관한 한 경쟁자가 없는 곳이었다. 어느 작가는 콜트가 방문할 무렵의 뉴올리언스를 "소란스럽고 난잡하기가 그 모든 바벨 중의 바벨이자 온갖 소돔 중의 소돔"이라고 꼬집었다.

도시가 가장 활기 넘치고 매력적인 4월이라 공기에서 꽃향기가 풍겼고, 사람들 숫자도 늘었으며, 갖가지 유혹이 손짓했다. 북쪽 얼음이 녹아 수위가 높아진 물살이 빠르게 흐르자 미시시피강 상류에서 뗏목 수백 척이 도착했다. 오하이오와 인디애나, 켄터키와 미주리 등에서 온 배들에는 여러 산물 중에서도 옥수수와 과일과 위스키가 실려 있었다. 또한 강을 따라 배를 조종해 온 젊은 남자들도 있었다. 이론상 이 친구들은 신고 온 화물을 판매하고 뗏목을 나뭇조각이나 땔감으로 팔아 치운 다음, 가장 가까운 증기선에서 값싼 탑승권을 찾아서 자기들을 환영하는 농장이나 숲, 도시로 곧바로 돌아가기로 되어 있었다. 그런데 실제로는 대부분 한동안 그대로 머물렀다. 도시가 그들의 욕망을 채워 주기 위해 문호를 열었고, 젊은이들은 주머니를 여는 것으로 호의에 보답했다. 술이 넘쳐흐르고, 도박용 룰렛 휠이 정신없이 돌아가고, 매춘부들이 귀에 대고 달콤한 말을 속삭였다.

정말로 부정한 짓을 하려면 세인트루이스스트리트와 샤르트르스트리트 모퉁이에 자리한, 아치 모양 입구와 기와지붕으로 된 2층짜리 벽돌 건물인 휼렛거래소만 한 곳이 없었다. 당대 사람이 말한 것처럼 휼렛거래소는 "뉴올리언스의 영혼"으로, 도시 노예 거래의 중심부였다. 뉴올리언스에 온 방문자가 으레 그러하듯, 콜트도 아마 휼렛거래소 앞에 모인 군중 속에 서서 노예 경매를 한두 차례 지켜봤을 것이다. "구매자들은 말을 사는 사람이 꼼꼼히 살펴보는 것처럼, 치아와 사지를 검사하는 습관이 있다." 휼렛거래소 현장에 있던 어느 영국인이 한 말이다. "관절을 꺾고 돌려 보면서 튼튼하고 유연한지 보는 것이다. 등이나 어깨, 신체의 다른 부분에 심한 채찍질 자국이 있으면, 그 '짐승'은 반항기가 있고 다루기 어렵다고 제외된다."

콜트가 뉴올리언스에서 시간을 보낸 유일한 흔적은 1833년 4월 20일 자로 된 70달러짜리 찢어진 영수증이다. 무엇을 사고 받은 것이든 간에, 이 영수증을 보면 적어도 한 달은 그 도시에 머물렀음을 알 수 있다. 청구서 대금을 치르기 위해 아산화질소 쇼를 했을 텐데, 이를 입증할 기록은 전혀 없다. 우리는 4월 말에 그가 증기선에 타서

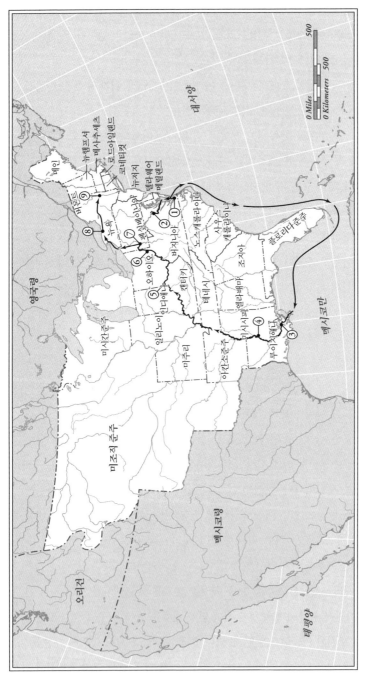

1833년 2월 말, 열여덟 살의 콜드는 ① 노퍽에서 아리엘호에 승선했다. 배는 처음에 포토맥강을 올라가서 ② 알렉산드리아로 향한 뒤 프랭클린앤드암필드사의 노예를 태운 다음 남쪽으로 방향을 틀어 3월 말에 ③ 뉴올리언스에 도착했다. 4월 20일 이후 어느 시점에서 콜드는 증기선을 타고 미시시피강을 거슬러 올라가다가 5월 3일 ④ 아리엘호의 노예들이 인디트나체즈에 모습을 드러냈다. 일리노이주 카이로에서 오하이오강으로 방향을 돌린 그는 1833년 7월 ⑤ 신시내티에 도착했다. 8월 7일 이제 열아홉이 된 콜드는 ⑥ 힐링에서 소를 안 다음 계속 오하이오 북쪽으로 가서 ⑦ 피츠버그로 갔다. 8월 22일이나 그 직후에 피츠버그를 떠난 그는 심중쿵구 육로로 이동해서 펜실베이니아 북서부를 가로질러 이리호로 간 뒤 증기선을 타고 버펄로에 도착했고, 이리운하에서 은하선을 타고 동쪽으로 출발했다. 9월 19일에 ⑧ 도체스터를 통과해서 10월 중순에 ⑨ 올바니에 도착했다.

선원 구역

미시시피강을 거슬러 올라간 것은 안다. 이를 입증하는 증거는 정황뿐이지만 설득력이 있다. 그는 결국 그해 여름에 신시내티에 있었는데, 1833년에 뉴올리언스에서 신시내티까지 가는 유일한 경로는 미시시피강과 오하이오강을 통하는 것뿐이었다.

5월 3일에 콜트가 멀리 미시시피강 동쪽 기슭에 있는 나체즈까지 갔다는 증거도 있다. 그날 현지 신문에 난 광고는 "아산화질소, 일명 웃음 가스의 성질을 잘 모르는 동료 시민들"은 시연을 보러 파커 씨의 호텔로 오라고 권했다. "틀림없이 즐거움을 누릴 수 있고, 많은 이들이 가르침을 받을 것입니다." 신문에는 이 가스를 제공하는 사람의 이름이 나오지 않았지만, '콜트 박사'였을 게 거의 확실하다.

콜트가 도착 직후에 알게 되는 것처럼, 그보다 아리엘호의 노예들이 먼저 나체즈에 와 있었다. 현지 신문들이 "소동"이라고 지칭한 사건에서 도시 주변의 도랑과 얕은 무덤에서 젊은 노예 몇 명의 주검이 발견되었다. 분명 콜레라의 희생자로, 병을 옮겨 온 것을 숨기기 위해 밤을 틈타 서둘러 처리한 결과였다. 《미시시피프리트레이더》편집부는 이 노예들이 최근에 뉴올리언스에서 온 무리의 일부임을 발견하자마자 범인을 지목했다. "지난 몇 년간 판매용 노예를 본 주와 루이지애나로 들여오고, 알렉산드리아로부터 이곳으로 노예 수백 명을 배로 운송한 것은 프랭클린 씨라는 사람으로 보인다. 항해 중에 노예들을 작은 배의 구멍 안에 집어넣었다가 뉴올리언스에 도착하자마자 증기선 갑판 위에 두어서 폭풍 치는 추운 날씨에 그대로 노출시켰는데, 이곳에 도착한 직후 몇 명이 콜레라에 걸려 사망했다." 신문은 "한밤중에 몰래 매장한 것은 프랭클린 씨"라고 결론지었다.

VII

미국 서부에서 증기선을 타고 여행하는 유럽인들에게 가장 흥미롭고 도전적인 부분은 자신들과 동행하는 사람들이었다. 샘 콜트같이 허튼수작에 능한 "진취적인" 양키들부터 바에서 민트줄렙을 홀짝거리는 남부의 세련된 신사들, 뉴올리언스에서 모험과 탈선을 끝내고 집으로 돌아가는 "케인톡Kaintock(켄터키 사람)"에 이르기까지 증기선에 탄 잡다한 미국인들은 유럽인들을 매혹하고, 즐겁게 하고, 불쾌감을 주었다. 증기선 항해는 미국 민주주의를 속성으로 배우는 장이기도 했는데, 많은 유럽인은 결국 고국에 두고 온 귀족정치를 그리워했다. "미국인들의 매너에서 기분 좋은 인상을 받기를 바라는 사람이라면 절대로 미시시피강 증기선에서 여행을 시작하지 말지어다." 영국의 회고록 저술가 패니 트롤럽의 감상이다. "진심으로 단언컨대, 나로서는 착한 돼지들과 같은 셋방에 사는 쪽이 한결 낫다." 트롤럽이 진저리를 치며 혐오한 것은 온갖 계층의 미국 남자들이 끊임없이 담배를 씹으며 누런 침을 뱉는 모습이었다. "영국인의 정서로는 너무 비위에 거슬리는 행동이다." 배에 탄 미국인들의 식사 습관도 트롤럽의 속을 뒤틀리게 했다. "음식을 번개같이 집어서 게걸스럽게 먹는 습관, 낯설고 천박한 표현과 발음, ······ 칼날을 입안에 쑥 집어넣는 끔찍한 나이프 매너." 미국인과 음식 사이에 들어가는 건 위험한 짓이라는 데 모두가 동의했다. 선상에서 하는 식사에 관해 또 다른 영국인은 "삽시간에 테이블이 깨끗이 치워지고 음식을 본 적도 없는 것처럼 접시가 비워졌다."라고 기록했다.

상류로 가는 항해는 속도는 느리지만 한결같았다. 물살을 거스르는 증기선은 평균 속도가 24시간에 160킬로미터에 불과했다. 코르보호가 인도로 가는 속도 정도였다. 하지만 뉴올리언스에서 루이빌까지 9일이 걸린 것은 10년 전에 9개월이 걸린 것에 비하면 상당히 빨라진 속도였다. 당시만 해도 북쪽으로 올라갈 때는 평저선을 장대로 밀고 가는 게 유일한 방법이었다. 1831년 한 서부 안내서는 환호성을 질렀다. "이제 이 지역에서 거리는 문제가 되지 않는다. 증기 덕분에 거리는 거의 사라졌다!"

처음 260킬로미터를 달리는 동안 승객들 눈앞에 강변의 사탕수수밭, 농장주 저택, 빼곡히 늘어선 노예 오두막이 있는 사탕수수 플랜테이션 농장이 펼쳐지다가 농경지가 사라지고 빽빽한 갈참나무와 삼나무숲이 나타났다. 이따금 계절에 늦게 뗏목이 하나씩 내려오거나 인디언 하나가 카누를 타고 노를 저어 강을 건넜다. 간간이 숲이 열리면서 벌목꾼이 작업한 공간이 드러났고, 증기선이 연안에 멈춰서 보일러 연료를 받았다. 배들이 하루에 두세 번씩 이런 공터에 멈춰 서면, 켄터키 사람들은 배에 나무를 싣는 작업을 도와주면서 승선 요금의 일부를 벌었다. 밤이면 벌목꾼들이 크게 화톳불을 피워서 배가 쉽게 찾을 수 있게 했다.

음식과 즐럽이 여행의 지루함을 일부 달래 주었지만, 어느 때고 재앙이 닥칠 가능

선원 구역

성 때문에 승객들은 긴장을 늦추지 못했다. 고압의 증기기관이 뒤틀리는 문제는 여전히 해결되지 않았고, 선박의 보일러가 폭발해서 큰 피해가 생기는 일도 잦았다. 1825년에서 1850년 사이에 최소 150척의 증기선에서 대형 재난이 벌어졌고, 금속 파편과 뜨거운 증기, 익사 등으로 사망한 사람도 최소한 1,400명이었다. "증기선에 타면 위험이 100배가 된다."라고 1832년에 대서양을 건너던 알렉시 드 토크빌은 썼다. "우리가 미국에 머무른 첫 6주 동안 증기선 서른 척이 폭발하거나 침몰했다."

항해에서 가장 흥분되는 부분은 아마 좌현 갑판 쪽으로 이끌린 사람들의 상상 속에서 벌어진 일일 것이다. 분명 콜트도 그곳을 몇 차례 지나면서 난간에 기대어 경이로운 눈으로 강 건너편을 응시했을 것이다. 바로 서쪽은 1833년에 아직 준주였던 아칸소였고, 멀리 상류 쪽은 1821년에 주로 승격된 미주리였다. 그 서쪽은 1833년 당시 대다수 미국인에게 여전히 수수께끼의 공간이었다. 1804년 루이스와 클라크가 바로 전해에 루이지애나 매입으로 손에 넣은 광대한 땅을 답사하고 미주리강과 컬럼비아강을 거쳐 태평양까지 나아갔지만, 그들의 원정은 미시시피강 서쪽 약 520만 제곱킬로미터 땅에서 극히 일부만, 그것도 그들이 걸어간 길 주변만 훑은 것이었다. 다른 백인들과 몇몇 아프리카계 미국인들이 그 후로 더 먼 서쪽까지 과감하게 나아갔지만, 그들은 대부분 아메리카가죽회사나 그 경쟁 회사를 위해 일하는 덫 사냥꾼과 산사람(혼자 산에 살면서 덫과 사냥으로 가죽을 모아서 판매하는 사람. - 옮긴이)들이었다. 그들은 대체로 남들과 어울리지 않았다.

콜트가 증기선을 타고 미시시피강을 거슬러 올라가던 바로 그 순간 그런 사람 몇백 명이 서부의 평원과 산악지대에 흩어져 있었는데, 그중에는 그해 봄에 노던로키산맥 어딘가에서 덫을 놓고 사냥을 하던 미래의 전설적 인물 크리스토퍼 카슨과, 와이오밍에서 해마다 모이는 모피 거래상들의 회합에 가기 위해 미주리주 렉싱턴에서 술통 100개를 실은 배의 출항 준비를 하던 윌리엄 서블렛도 있었다. 그해 여름에 회합이 끝난 뒤 조 워커라는 산사람이 반쯤 굶주린 덫 사냥꾼 한 무리를 모아서 요세미티 가장자리로 갔다. 장대한 계곡을 처음 본 백인들이었다. 역사학자 버나드 디보토가 말한 것처럼, 이 초기 개척자들은 "전설에 나오는 지형"을 돌아다녔다. 완전히 미지의 땅은 아닐지라도, 그들이 통과한 거친 지역(지도 제작자들은 미국대사막Great American

Desert이라는 이름을 붙였다)은 여전히 대다수 미국인에게 실재라기보다는 신화에 가까운 곳이었다. 그들은 산맥 너머 어딘가에 거대한 소금호수가 있다는 정확한 이야기를 들었지만, 호수가 거대한 소용돌이와 함께 가라앉아서 지하 강을 통해 태평양까지 흘러갔다는 부정확한 믿음을 품었다. 또한 배가 다닐 수 있는 부에나벤추라라는 넓은 강이 오대호 서쪽 끝에서 태평양까지 이어지며, 로키산맥은 너무 높아서 넘어갈 수 없다고 믿었다. 로키산맥 너머에 있는 시에라네바다산맥에 관해서는 대다수 미국인이 기껏해야 막연하게만 알았다. 그리고 이 땅에 사는 원주민들에 관해서는 대부분의 미국인이 전혀 알지 못했다. 1833년에 원주민은 25만 명 정도가 살고 있었다.

VIII

콜트가 증기선을 타고 항해했을 때의 짧은 일화 하나가 지금까지 전해진다. 콜트의 몇몇 초기 전기에서 여러 형태로 등장하는데, 공통점이 있다면 콜레라로 쓰러진 승객 한 명을 살펴봐 달라고 호출되었다는 것이다. 콜트Coult 박사는 자신이 의학박사가 아니라고 손사래를 쳤지만 결국 자신의 가스를 시험해 보는 데 동의했다. 아산화질소는 콜레라 치료제로는 소용이 없었지만, 사혈이나 설사제 같은 당시의 다른 의학적 치료법도 대부분 마찬가지였다. 적어도 콜트의 가스는 전혀 해가 없었고, 최소한 아픈 승객이 숨이 끊어지기 전에 잠깐이나마 위안을 주기도 했다.

콜트는 아마 도중에 빅스버그나 멤피스 같은 강변 도시에서 쇼를 진행하려고 내려서 하루나 이틀 밤 동안 현지 주민에게 오락거리를 제공한 뒤 다음 배를 탔을 것이다. 그의 가방에는 앤슨 체이스가 만들어 준 총이 들어 있었고 머릿속에서도 그 생각이 떠나지 않았으며, 이따금 총을 꺼내서 개량할 점을 고안하거나 서투르게 수선하거나 강에서 물고기를 쐈을 것이다. 일리노이주 카이로에서는 동쪽에 있는 오하이오강 어귀로 방향을 돌려 곧이어 루이빌을 지났다. 160킬로미터를 지나 짙푸른 언덕에 둘러싸인 오하이오강 북쪽 강둑에서 신시내티가 모습을 드러냈다.

신시내티는 샘 콜트보다 젊은 도시였지만 불과 10년 만에 인구가 두 배로 늘어서 이미 3만 명에 육박했다. 대학 두 곳과 서점 열 곳, 출판사 한 곳, 수십 개의 교회가 도시의 자랑이었다. 많은 방문자가 도시의 아름다운 입지와 활기찬 문화를 치켜세웠지만, 패니 트롤럽 자신은 의견이 달랐다. 1828년에 신시내티에 온 트롤럽은 도시가 지저분하고 돼지가 우글거리며 황량한 건물과 더 황량한 사람들로 가득하다고 여기면서 "이 서글픈 작은 도시"라고 지칭했다.

트롤럽이 신시내티에 머무른 2년 동안 오아시스와도 같았던 곳은 웨스턴박물관이었다. 이곳은 그림이나 조각 같은 순수예술과 화석, 새 박제 같은 과학 전시물, 그리고 표를 파는 데 도움이 되는 으스스하거나 신기한 온갖 구경거리를 한데 모아 놓은 미국의 많은 오락거리 가운데 하나였다. 웨스턴박물관은 조제프 도르푀유라는 프랑스인이 설립했지만, 일상적인 관리는 하이럼 파워스라는 가난하나 재능 있는 젊은 예술가의 몫이었다. 트롤럽과 파워스는 친구가 되었고 행복한 공동 작업을 시작했다. 《신곡》에 정통한 트롤럽의 지식을 바탕으로 두 사람은 단테의 지옥 편을 공포의 집으로 꾸민 전시를 만들었다.

1833년 여름에 콜트가 신시내티에 도착했을 무렵, 트롤럽은 일찌감치 영국으로 돌아가서 미국인들의 더러운 습관과 우스꽝스러운 행태를 다룬 베스트셀러를 막 펴낸 상태였다. 하지만 하이럼 파워스는 아직 웨스턴박물관에 있었고 콜트와 시연회를 여는 데 합의했다.

세월이 지나 콜트는 총기로, 파워스는 조각으로 부와 세계적 명성을 쌓았을 때 파워스는 그해 여름에 콜트가 연 시연회를 회고했다. "그 낡은 박물관에서 본 당신의 그 가스는 절대 잊지 못할 거요. 덩치 큰 대장장이에게서 가스주머니를 낚아채려던 순간 기둥 주변에 둘러쳐진 밧줄을 보던 당신의 음흉한 눈빛도, 대장장이가 씩씩거리면서 당신의 코트 자락을 잡으려고 하자 당신이 개구리처럼 밧줄 사이를 폴짝 뛰어넘던 모습도."

파워스의 편지에서 드러나듯이, 콜트의 시연회는 엉망진창인 선정적 행사로 바뀌었다. 그가 지나서 온 몇몇 거칠고 황량한 지역에 물든 것 같았다. 동부에서 광고할 때 약속했던 점잖게 과학을 체험한다는 겉치레는 이제 사라지고 없었다. 웨스턴박물관에서 콜트가 보인 행동을 묘사한 한 신문에 따르면, 그는 이제 "특이한 기형의 흑인"에게 가스를 마시게 하면서 관객에게 "특히 흥미진진한" 시연을 선사했다.

콜트는 신시내티에 몇 주 머무른 뒤 다시 오하이오강으로 돌아가서 동쪽으로 계속 갔다. 8월 7일 그는 당시 버지니아주에 속해 있던 휠링에 멈춰 섰다. 8월 중순에 콜트는 피츠버그에 있는 박물관에서 시연회를 열었다. 아마 관객에게 많은 용량의 아산화질소를 주었기 때문일 텐데, 그의 쇼는 두드러지게 무질서가 판을 쳤다. "품평회에서 가스를 들이마신 뒤 이어지는 광경은 이루 말할 수 없다." 한 지역 신문이 보도한 내용이다. "몇몇은 춤을 추며 길길이 뛰었고 다른 몇몇은 소란을 피우며 기막힌 묘기를 부렸지만, 가스를 들이마신 대다수 사람은 굉장히 호전적으로 바뀌었다. 그중 일부는 튼튼한 울타리에 가둬 놓았는데도 가까스로 빠져나와서 관객에게 뛰어들어 사정없이 주먹을 날렸다. 가스를 마시자마자 성난 사자처럼 격분한 한 힘센 친구는 울타리를 훌쩍 뛰어넘어 홀에 있던 모든 사람을 거리로 몰아내서는 두세 명을 흠씬 두들겨 팼다."

피츠버그에 도착하고 한 주 뒤, 콜트는 철 거래상이자 은행장, 시의원인 윌리엄 맥나이트라는 저명인사와 싸웠다. 두 사람 사이에 어떤 말이 오갔는지는 추측만 할 수 있을 뿐이다. 맥나이트는 콜트의 쇼를 못마땅하게 여기면서 중단할 것을 요구했을 것이다. 8월 22일, 콜트는 지역 신문에 안내문을 냈다. "S. 콜트^{Coult} 박사가 고객과 시민 여러분께 정중하게 알립니다. 윌리엄 맥나이트 씨가 품평회를 대단히 불쾌하게 여기는 탓에 추후에 안내가 있을 때까지 품평회를 연기합니다." 콜트는 곧이어 피츠버그를 떠났고 다시는 돌아오지 않았다. 알렉산드리아에서 출발한 이래 물길을 따라 5,800킬로미터를 계속 내달린 여정은 그것으로 끝이 났다.

선원 구역

2부
분투와 사업

1833~1838년

해부학 진열장

1833년 10월 ~1835년 4월

존 피어슨이 만든 초기 콜트리볼버.

"지난주에 콜트 박사의 가스가 보여 준 놀라운 효과를 목격한 때만큼 열망을 목도한 적은 없다. 박물관에는 저녁마다 군중이 넘쳐흘렀다. 워낙 열띤 관심이 나타나자 박사는 거의 매일 저녁 두 차례의 품평회를 열어야 했다."

– 《올버니마이크로스코프》, 1833년 10월 26일.

I

올버니박물관의 소유주인 헨리 미치는 훗날 가스탱크를 들고 나타나서 자신을 콜트 박사라고 소개한 젊은이를 만난 기억을 떠올렸다. 미치는 약속을 하기 전에 박물관에서 아산화질소를 전시하는 게 "과연 적절한지 확신할 수가 없어서" 잠깐 주저했다. 마침내 그는 가스를 소개할 기회를 주는 데 동의했다. 결과는 실망스럽지 않았다. 신시내티와 피츠버그에서 벌어진 폭력적인 기행을 잊은 콜트는 다소 차분하게 행사를

분투와 사업

진행했고, 올버니 관객은 우호적인 반응을 보였다. 쇼는 흥행에 성공했다.

콜트는 피츠버그에서 이리호까지 육로를 통해 북쪽으로 210킬로미터 이동한 다음 이리운하를 따라 동쪽으로 가는 운하선을 타고 580킬로미터를 지루하게 달린 끝에 10월 중순 올버니에 도착했다. 작가 너새니얼 호손은 1835년 운하선에 올라 출발하기 전에 "나는 대운하만 생각하면 시적인 감상에 빠졌다."라며 기대감을 나타냈지만, 현실은 산문에 가까웠다. "음울한 습지와 밋밋한 풍경"을 통과하는 "끊임없는 진흙 웅덩이"였다. 콜트는 운하에서 시간을 가지면서 도중에 있는 도시에 멈춰서 시연회를 열었는데, 올버니에 도착했을 때는 수익금을 사용할 준비가 되어 있었다.

"나는 항상 그 친구를 박사라고 불렀다." 훗날 미치는 콜트와 알게 된 사정을 회고했다. "당시 그 친구는 회전식 총을 하나 갖고 있었는데, 그걸 보니 내가 좀 손을 쓸 수 있겠다는 생각이 들었다." 시연회를 진행하는 동안 콜트는 미치에게 안전하게 총을 보관해 달라고 맡겼다.

콜트는 올버니에서 3주를 보내면서 밤에는 아산화질소 시연회를 열고 낮에는 총을 개량했다. 콜트가 남긴 문서 가운데는 올버니의 총기 제조업자 두 명에게 받은 영수증이 있다. 날짜가 1832년으로 되어 있지만 1833년에 작성된 게 거의 확실하다. 11월 3일 자 영수증은 새뮤얼 깁슨이라는 총기 제조업자가 서명한 것이다. "새뮤얼 콜트 Coult 박사의 연발 권총 전체에 각인을 새겨 주는 비용으로 총 11달러를 받음." 다음으로 11월 5일 자 영수증은 트루앤드데이비스사가 서명한 것으로, 역시 "권총 단조 작업 비용"으로 11달러를 받았다. 위의 두 건 이외에 콜트는 "6연발 샷건" 제작비로 총기 제작자에게 거금 60달러를 지불했다. 모두 합쳐 올버니에서 82달러를 썼다.

헨리 미치는 몇 차례 콜트와 같이 총기 제조업자를 찾아갔다. 그는 콜트가 만든 총 하나를 발사하는 모습을 보았다고 기억했다. 콜트는 미치에게 총기 제조업에 뛰어드는 데 관심이 있는지 물었지만, 미치는 거절했다. 총기를 실제로 전혀 알지 못했기 때문이다. 나중에 설명한 것처럼, 그는 박물관에 박제 전시할 새를 잡으려고 이따금 총을 사용했을 뿐이다. 그는 "새 잡는 걸 아주 좋아했다."

1836년에 총을 개발하는 데 들인 비용을 전부 합산했을 때 콜트는 1833년 11월 올버니에서 지불한 돈부터 더하기 시작했다. 분명 앤슨 체이스가 만든 초기 모델들에 쓴 돈은 기록할 만한 가치가 없다고 생각한 것으로 보인다. 올버니는 몇 가지 이유에서 콜트가 집중적으로 큰 노력을 기울인 곳이었다. 여행하며 큰돈을 쓸 만큼 돈을 모았고, 이 도시에는 그가 필요로 하는 정교한 세부 작업을 할 만한 숙달된 총기 제조업자가 여럿 있었다. 공교롭게도 헨리 미치의 좋은 친구였던 올버니의 발명가 루벤 엘리스의 작업을 접한 것도 또 다른 동기로 작용했을 것이다. 몇 년 전에 엘리스는 뉴욕주에 연발 총기를 몇 정 판 적이 있었다. 그가 만든 총은 "슬라이딩록Sliding lock" 방식으로 작동했다. 화약과 발사체 서너 개를 총에 차례로 채워 넣고, 한꺼번에 발사되지만 않는다면 연속으로 발사하는 방식이었다. 콜트 이전에 연발 총기를 만들려 한 시도들이 대부분 그렇듯이, 엘리스의 총도 표적만큼이나 쏘는 사람에게도 치명적일 가능성이 있었다. 어느 편인가 하면 이 물건은 어떤 연발총을 만들면 안 되는지 교훈을 주었고, 콜트에게는 자신의 회전식 약실이 더 나은 해법이라는 자신감을 주었다. 하지만 또한 다른 발명가들도 경쟁을 벌이고 있으며, 시간을 허투루 보내서는 안 된다는 점을 상기시키는 물건이기도 했다.

* * *

콜트가 어느 총기 제조업자에게 마지막으로 비용을 치른 1833년 11월 5일에 올버니를 떠났다면, 역마차로 가장 빨리 하트퍼드에 도착할 수 있었던 날은 11월 6일이었을 것이다. 이때 왔다면 프로스펙트스트리트에 있는 엘스워스저택에서 가족과 밤을 보냈을 것이다. 다음 날인 11월 7일, 콜트는 메인스트리트에 있는 앤슨 체이스의 가게를 다시 찾았다. 바로 그날 체이스에게 지불한 비용을 기록하기 시작했다.

콜트는 하트퍼드에 계속 머무르면서 그해 말까지 앤슨 체이스, 윌리엄 로와 함께 일했다. 어떤 날에는 콜트와 로가 도시 외곽으로 나가서 총을 시험했다. 이 사격 시험 중에 사고가 생겨서 하마터면 콜트가 손가락 몇 개가 날아갈 뻔했다. 권총이 오작동하며 터진 것이다. 콜트가 만든 총기에 심각한 결함이 있음을 보여 주는 첫 번째 사건이었다. 이 결함은 이후 몇 년간 되풀이해서 콜트를 괴롭히게 된다. 루벤 엘리스가 만든 소총의 겹치기식 장전만큼 위험하진 않지만, 약실이 여러 개인 총은 한 약실에서 발생한 폭발이 가까운 약실까지 유출되어 화약에 불이 붙어 연쇄 폭발이 일어나

분투와 사업

서 총과 쏘는 사람이 산산조각 날 위험이 있었다.

훗날 이 사고를 떠올리면서 체이스는 1832년에 일어났다고 말했지만, 콜트의 문서 기록에 있는 지불 약속 메모를 보면 1833년 말에 생겼음을 알 수 있다. "앞서 언급한 권총을 제대로 공급하면, 본인이 앤슨 체이스에게 손해를 입힌 데 대한 추가 비용과 함께 연발식 권총을 제작한 대가로 …… 그가 요구하는 즉시 총 26달러(또는 그에 상응하는 정도)를 지불하기로 약속함. …… 그가 추가로 문제를 겪은 것에 대해 합당하게 요구하는 비용을 모두 지급하는 데 동의함." "추가"적인 문제란 연쇄 격발 사고에 따른 손해를 배상하는 것이었음이 분명하다.

＊ ＊ ＊

전국적인 기념일은 아니었지만 추수감사절은 1830년대 뉴잉글랜드 지방에서 중요한 명절이었고, 7월 4일이나 크리스마스보다도 더 열렬하게 치러졌다. 지금처럼 당시에도 추수감사절은 고향에 돌아와서 난로 근처의 식탁에 둘러앉아 풍요로운 가을 정찬을 즐기는 날이었다. 닭이나 거위를 흔히 먹기는 했어도 칠면조가 주요리였고, 마지막은 반드시 파이로 마무리했다. 1830년의 어느 시는 "기억이 갈망하는 한숨을 일깨우는 음식 하나는 정말로 유명한 양키식 호박파이"라고 읊었다. 프로스펙트스트리트에 있는 커다란 엘스워스저택은 콜트 가족과 친구들로 가득 찼다. 샘은 민요를 불러서 의붓여동생 올리브를 즐겁게 해 주었다. 옛 연인인 일라이자 스폴딩도 노리치에서 찾아왔다.

콜트가 일라이자에게 한때 어떤 감정을 느꼈든 간에 지금 그가 온정신을 바치는 대상은 총이었다. 추수감사절 이틀 뒤, 그는 "권총과 소총 작업"에 대해 123.85달러를 지불했다고 기록했다. 이로써 총기에 쓴 비용이 총 205.85달러가 되었다. 몇백 년 전의 화폐 가치를 환산하는 것은 부정확하지만, 1833년에 205.85달러의 가치를 파악하는 한 가지 방법으로 숙련된 기능공이 그만큼을 벌려면 하루에 열두 시간씩 100일 넘게 일해야 했다는 사실을 떠올리면 된다. 콜트는 자기 발명품의 결실을 거두는 데 대단히 큰 비용이 들어간다는 것을 깨닫고 있었다.

1834년 초에 콜트는 하트퍼드를 떠났다. 완성된 총 두 자루를 챙겼지만 코르보호에서 칼로 만들었다고 여겨지는 나무 조각과 권총 두 정은 남겨 두었다. 앤슨 체이스는 이것들을 종이에 싸서 상자에 넣어 두었다. 체이스는 후에 자신은 그 총들이 실용적으로 쓸모가 없다고 생각했지만, 최소한 호기심용으로라도 언젠가 이 모형이 가치가 있을 것으로 보았다고 설명했다. "나는 그것들이 대단하다고 보지 않았지만 내가 첫 번째 물건을 만든 사람이니 보관해야겠다고 생각했다."

체이스는 그 직후에 하트퍼드를 떠나 뉴런던으로 이주했다. 오랜 뒤에 뉴욕시에 있는 총포상에서 배가 불룩하니 틀림없이 부자로 보이는 남자가 체이스를 따라 들어올 때까지 그는 콜트를 다시 보지 못했다. 누군가 저 사람이 바로 그 유명한 회전식 권총 발명가인 새뮤얼 콜트라고 속삭였다.

II

콜트는 볼티모어를 사업 기반으로 삼기로 한 이유를 설명한 적이 없다. 하지만 1834년 초에 그 도시로 돌아간 그는 이후 2년 동안 어느 정도 거기서 자리를 잡았다. 8만 5000명에 육박하는 인구가 빠르게 늘어나는 볼티모어는 뉴욕 다음으로 큰 도시가 되면서 장점이 많았다. 코네티컷강 유역처럼 총기 전문가 인력이 풍부하지는 않을지 몰라도 재능 있는 기능공이 많았고, 메인과 조지아 사이의 체서피크만항구에 들어 앉은 입지 덕분에 연안을 따라 여행하는 데 안성맞춤이었다. 콜트는 특허를 획득하고 궁극적으로 정부의 후원을 받기를 기대했기 때문에 워싱턴시 근처인 위치도 중요한 편의로 작용했다. 마지막으로 콜트가 관심을 기울인 점이었을 텐데, 볼티모어는 아버지의 사촌인 로스웰 L. 콜트가 주로 거주하는 도시였다. 그에 대해서는 나중에 더 이야기하기로 한다.

1834년 늦겨울 어느 날, 콜트는 볼티모어의 프랫스트리트에 있는 아서 T. 백스터의 상점에 들어섰다. 콜트는 얼마 전에 버지니아주 윈체스터에서 아산화질소 시연회를 해서 돈이 두둑했고, 작업이 필요한 총을 한 정 품고 있었다. 최근에 부인과 사별해서 어린 두 자녀와 생활하던 백스터는 여러모로 바빠서 가게에서 일하는 서른 살의 총기 제작자 존 피어슨에게 일을 넘긴 상태였다.

피어슨은 잉글랜드 노팅엄셔 출신으로 1832년에 미국으로 와서 곧바로 볼티모어에 정착했다. 만년에 찍은 사진을 보면 커다란 머리와 널찍한 이마, 움푹한 눈, 그리고 가까이에서 날아오는 주먹도 쉽게 피할 수 있을 듯한 뺨이 눈에 들어온다. 오래 뒤 부고 기사에서 설명하는 것처럼, 겉모습과는 반대로 피어슨은 "아주 과묵하고 겸손한 사람"으로, "그를 아는 모든 이에게 사랑과 존경을 받았다." 그는 순전히 기계에 관한 감각과 오랜 시행착오를 통해 진보를 밀어붙이는 많은 일을 했으나 역사에서 널리 기려지지 않은 겸손한 천재들 가운데 하나였다. 콜트는 평생에 걸쳐 그런 사람을 몇 명 알았고 그들에게 많은 빚을 졌다. 하지만 콜트는 피어슨이 그런 사람이었다는 사실을 전혀 인정하지 않았다.

백스터를 중개인으로 삼아 콜트와 피어슨이 처음으로 한 거래에 관한 기록은 콜트의 노트 안쪽 몇 페이지에 적혀 있다. 1831년에 화학 제조법을 적어 두고 1833년 뉴올리언스까지 간 항해 일지를 삭제한 바로 그 노트다. 피어슨은 1834년 2월 중순에 하루에 2달러를 받고 콜트를 위해 일하기 시작했다. 3월 1일, 콜트는 "피어슨 씨의 연발 소총 작업과 같은 총기의 단조 작업 대가로 각각 28달러와 2달러"를 백스터에게 지불했다. 3월 17일에는 피어슨이 12일 이상 작업한 비용으로 25달러를 지불했고, 3월 22일에 또 13달러를 지불했다.

콜트는 2월에 볼티모어에 도착한 이래 총기 작업에 68달러를 썼는데, 이제 자금이 달리기 시작했다. 그는 몇 가지 지시 사항과 곧 돌아오겠다는 약속을 남긴 채 찰스턴 행 정기선에 올랐다.

* * *

콜트를 태우고 남쪽으로 향한 제너럴섬터호는 캐롤라이나의 독립전쟁 영웅인 토머스 섬터의 이름을 딴 배였다. 섬터는 또한 1861년 4월 남북전쟁의 첫 번째 포격을 받는 찰스턴항의 미군 요새에도 이름이 붙게 된다. 하지만 이는 거의 30년 뒤의 일이다. 평화롭다고 보아도 무방한 1834년의 봄날인 그때 찰스턴은 한껏 취해 있었다. "3월이나 4월 야간에 도착하는 …… 사람에게 그곳은 눈으로 보거나 상상한 적도 없는 즐거운 장소 같"았다고 어느 방문자는 말했다. 미국의 많은 지역이 유럽인들 눈에는 자신이 도착하기 1주일 전에 뚝딱 지어진 것처럼 보였던 것과 달리, 찰스턴은 외국인 방문자들에게 역사와 문화가 깊이 스며든 매혹적인 도시로 깊이 각인되었다. 귀족적인 대농장주 계급은 느긋하고 우아한 태도와 품격 있는 예절에서 유럽인에 버금갔다.

도시를 가능케 한 부가 전부 노예들의 노동에서 나온다는 사실을 깨닫기 전까지는 모든 게 대단히 세련돼 보였다. 사우스캐롤라이나의 백인들은 노예제가 도덕적으로 정당할 뿐만 아니라 긍정적인 이익도 있다고 스스로 다짐하는 식으로 이 야만적인 관행을 변명했다. 언변이 좋은 상원의원 존 캘훈 같은 사람들의 말을 빌리자면, 자유는 "자격을 얻어서 받는 보상"이었고, 노예제는 "세계에 자유로운 제도를 세우기 위한 가장 안전하고 튼튼한 토대"를 제공했다. 캘훈의 궤변은 백인들의 양심을 달래줄 수는 있었지만, 그렇다고 해도 사우스캐롤라이나주 인구의 4분의 3에 육박하는 수가 자유를 누릴 자격을 얻으려고 애쓰느니 차라리 1831년 냇 터너가 그랬던 것처럼 지금 당장 자신들의 자유를 주장하기로 할 수 있다는 사실이 바뀌지는 않았다. 이 모든 상황 때문에 퇴폐적이고 허약한 사회가 생겨났다. 영국인 방문객 해리엇 마티노는 찰스턴의 우아한 사교계 입문 무도회에 참석한 뒤 이렇게 말했다. "이런 오락의 겉모습은 세상 그 무엇보다 즐겁지만, 이방인이 그 모든 모습을 통해 드러나는 불안감을 느끼지 않기란 불가능하다."

1834년 봄 찰스턴에 관해 달리 무슨 말을 할 수 있든 간에, 도시는 아산화질소를 즐겼다. 3월 31일에 도착한 콜트는 곧바로 킹스트리트에 있는 세일스의 롱룸에서 품평회를 시작했다. 그는 이제 다시 학문적 겉치레를 걷어 내고 신나고 저속한 오락을 약속했다. 찰스턴 시민들에게 전하는 한 광고는 "전시회를 더욱 흥미진진하게 만들기 위해 카토바족 '인디언 여섯 명'이 가스를 들이마실 것"이라고 예고했다. 카토바족은 한때 사우스캐롤라이나와 노스캐롤라이나 사이의 경계 지대를 통치했다. 그런데 이제 그들은 100명 정도 되는 가난한 부족이었고, 그해 봄에 그중 여섯 명이 샘 콜트 밑에서 일할 기회를 얻었다.

* * *

콜트는 백스터에게 서둘러 볼티모어로 돌아와서 피어슨에게 돈을 지불하겠다고 약속한 바 있었다. 하지만 여러 날이 지나도 콜트는 돌아오지 않았다. 4월 중순, 콜트는 약간의 선금을 보냈지만 이것으로는 충분하지 않았다. 백스터는 이제 자기 돈으로 피어슨에게 비용을 지불하고 있었고, 4월 21일에 콜트에게 쓴 것처럼, "합의한 시간에 돌아오지 않은 데 대해 크게 실망했다."

백스터의 편지가 찰스턴에 도착할 무렵이면, 콜트는 오래전에 떠나고 없었다. 그는 볼티모어로 돌아가는 대신 조지아주 오거스타를 거쳐 서배나로 갔는데, 여기 도착해서야 백스터가 보낸 편지를 받았다. 콜트는 아무런 사과도 하지 않았다. 대신 그는 피어슨의 작업이 진전된 것에 관해 제때 알려 주지 않았다고 백스터에게 잔소리했다. "당신한테서 소식을 듣고 나는 조금도 놀라지 않았습니다. 당신은 내 권총과 소총 작업이 어떻게 진행되고 있는지 전혀 말해 주지 않았습니다. 하지만 사정이 이렇게 됐으니 내가 그 문제에 관해 뭐라고 말한다 해도 도움이 되지 않습니다." 콜트는 자신이 볼티모어에 돌아갈 때까지 총기가 완성됐으면 좋겠다고 말하면서 그사이에 돈을 보내줄 이유가 없다고 했다. "당신이 이 편지를 받고 며칠 안에 볼티모어에 갈 테니까 그렇게 서두를 필요는 없습니다."

콜트는 열아홉 살이었다. 피어슨과 백스터는 둘 다 콜트보다 열 살 이상 나이가 많고 가정이 있는 안정되고 진지한 사람들이었지만, 콜트는 약속대로 돈을 지불하지 않았다. 하지만 그는 계속 작업을 하라고 말하면서 자기가 돌아가기 전에 자기 마음에 들게 작업을 완성하라고 답했다. 나이에 비해 후안무치하지는 않더라도 대단히 자신만만한 성격이었다. 그가 옳았고, 다른 사람들은 틀렸다. 이후 평생 그는 이런 식으로 세상을 마주하게 된다. 이런 태도는 언뜻 보기에 극복할 수 없는 도전을 헤쳐 나가는 데서 가장 커다란 자산이 되지만 또한 가장 값비싼 대가를 치러야 하는 결함이기도 했다.

＊ ＊ ＊

5월 말 콜트는 결국 볼티모어로 돌아와서 피어슨이 한 달 동안 작업한 것에 대해 백스터에게 117달러를 지불했다. 백스터는 약속과 상관없이 자기 마음대로 결정하는 콜트의 습관을 충분히 본 바 있었다. 이 총기 제조업자는 이제 직접, 또는 거의 직접 콜트를 위해 일하게 된다.

다시 도시를 떠나기 전에 콜트는 조지프 E. 워커라는 다채로우면서도 불운한 사람과 친구가 되었다. 콜트의 생애에서 워커가 맡은 역할은 짧지만 극적인, 마치 카메오를 맡은 배우가 장면을 씹어 먹고는 서둘러 무대 옆으로 퇴장하는 모습 같았다.

1834년 겨울, 워커는 캘버트스트리트와 볼티모어스트리트가 만나는 모퉁이에서 박물관을 운영하고 있었다. 1814년에 렘브란트 필이 설립한 이 시설은 필라델피아와 뉴욕에서 필 가문이 소유한 다른 시설은 말할 것도 없고, 신시내티의 웨스턴박물관이나 올버니에서 미치가 운영하는 박물관과 아주 흡사했다. 유명한 필 가문(화가 찰스 윌슨 필과 그의 네 아들인 래피얼, 렘브란트, 티션, 루벤스가 대표적이다. 앞의 세 명은 출중한 그림으로 미국의 유명한 화가가 되었다)이 세운 박물관들은 이런 박물관의 본보기이자 창시자였고, 마침내 1842년에 뉴욕에서 피니어스 테일러 바넘이 문을 연 박물관도 그 후예였다. 워커는 박물관이 아직 필박물관·순수미술갤러리라고 불리던 1831년까지 볼티모어에서 운영을 맡았다. 그 후 박물관이 파산해서 이름이 바뀌어 지금은 그냥 볼티모어박물관이라고 불린다.

19세기 볼티모어의 역사를 정리한 어느 글에 따르면, 워커는 "대중에게 즐거움을 제공하는 지칠 줄 모르는 유능한 여흥 제공자"였다. 그는 당시 미국 박물관들의 통상적인 방침에 따라 미술(회화, 조각)과 자연사(산 동물과 박제 동물)를 복화술사, 마술사, 몸무게가 230킬로그램 나가는 남자(신문 광고의 표현대로 하면 "살아 있는 매머드") 등의 저속한 오락과 뒤섞었다. 이러한 고급과 저급 문화는 5층의 밀랍 누드 인물상에서 서로 만났는데, 인체 부위가 해부학적으로 정확하게 재현돼 있어서 신사와 숙녀들이 얼굴 붉히는 일이 없도록 시간대를 달리해서 입장했다.

워커가 갖은 노력을 기울였음에도 박물관은 파산을 면하기 위해 분투했다. 콜트가 볼티모어로 옮겨 가기 1년 전인 1833년 2월, 위층에서 불이 나서 심각한 피해가 발생했다. 최악의 피해는 불길에 녹아내린 밀랍 웅덩이로 바뀐 "해부학 진열장"이었다. 하지만 워커는 포기하지 않았다. "관리자는 존경하는 시민과 이방인, 친구들에게 언제 오시든 간에 모두에게 만족을 드리기 위해 새로운 전시물을 준비해 두겠다고 알려 드리는 바입니다." 아부와 필사적인 노력이 뒤섞인 연재 광고에서 그가 한 말이다. "더욱 즐겁고 유행을 선도하는 유흥의 장소로 만들기 위해 중단 없이 노력하고 비용을 아끼지 않겠습니다."

이상하게도, 워커는 콜트Coult 박사를 새로운 구경거리로 전면에 내세우지 않았다. 박물관의 광고에서 그의 이름은 전혀 등장하지 않는다. 아마 아산화질소는 가족 박물관에서 내세우기에는 너무 저속하거나 어쩌면 어떤 이유로 신문 광고에서 이 가스를 언급하지 않기로 했을 수 있다. 또는 몇몇 신문에서 콜트Coult 박사를 언급했지만 그 후 이 신문들이 문을 닫거나 사라졌을 수도 있다. 어떤 경우든 간에 두 사람은 절친한 친구가 되었고, 콜트는 워커를 피어슨과의 거래에 끌어들이기로 했다. 콜트가 돈을 벌기 위해 순회 여행을 계속하는 동안 워커는 감독자이자 중개인으로 일하게 된다. 콜트는 워커에게 돈을 보내고, 워커는 피어슨에게 지불하고, 피어슨은 콜트의 총을 만들었다.

III

워커에게 일을 맡긴 콜트는 볼티모어에 내려앉는 뜨거운 공기를 피해 북쪽으로 갔다. 6월 말에 올버니로 돌아가서 헨리 미치의 박물관에서 앙코르 시연회를 연 다음 계속해서 샘플레인호수로 올라갔다. 애디론댁산맥과 그린산맥 사이에 길게 뻗은 깊은 호수였다. 7월 중순에는 몬트리올에 머무르면서 7월 18일 자《몬트리올빈디케이터》에 실린 광고의 표현에 따르면 관객을 "거의 지속적인 환락 상태"에 빠뜨렸다. 다음 날, 콜트는 세인트로렌스강의 흐름을 따라 동쪽 퀘벡시로 이동하는 것으로 스무 번째 생일을 자축했다. 흔히 구사하는 광고는 이제 프랑스어로 바뀌어 "Amusement Scientifique(과학적 즐거움)"을 제공한다고 선언했다. 8월 4일부터 6일까지 퀘벡에서 시연회를 한 뒤 세인트로렌스로 돌아와서 광대한 강어귀를 향해 항해한 콜트는 바다에서 인정사정없이 바람이 불어와서 배가 세인트로렌스만에 며칠 발이 묶여 9월 말이 되어서야 뉴브런즈윅주 세인트존에 상륙했다. 여기서부터 서쪽으로 방향을 돌려 연안을 돌아 세인트앤드루스를 향한 다음 펀디만을 가로질러 다시 동쪽 노바스코샤주 핼리팩스로 갔다. 이때가 10월 말로 이제 날씨가 추웠고, 짙은 안개가 밀려왔다.

"해가 서쪽에서 뜨는 걸 보았다고 말한 양키보다 훨씬 동쪽에 와 있는 게 분명해요." 아버지에게 보낸 편지에서 한 말이다. "그 물고기 나라의 엄청난 안개 때문에 해가 뜨는 걸 전혀 보지 못했거든요."

핼리팩스에서 콜트는 어머니 올리비아의 편지가 와 있는 걸 발견했다. 세인트존에서 샘이 부친 편지의 답장이었다. 올리비아는 하트퍼드의 여러 가지 소식을 보내왔다. 아버지 크리스토퍼가 더치포인트에서 운영하던 공장은 파산했다. 돈이 쪼들려서 가족은 여름 동안 하숙생 몇 명을 받았다. 좋은 소식은 남동생들인 크리스와 제임스가 서배나에서 점원으로 취직해서 버는 돈을 아끼려고 함께 살기로 했다는 것이었다. 오래전 집을 나간 형 존은 이리운하에서 서쪽으로 이동하는 중이라는 소식을 전해 왔다. 그리고 올리비아는 편지를 보낼 때마다 빼먹지 않고 일라이자 스폴딩 양을 언급했다. 그녀는 샘이 마지막으로 봤을 때보다 건강이 좋아졌고 "관심을 보이면서 네 소식을 물었다."

올리비아는 샘의 여행에 관해 더 많은 걸 알고 싶다면서 편지를 마무리했다. "지난 여름에 네 생각을 많이 했단다. 네 또래의 대다수 젊은이만큼 우리나라를 많이 보았을 테지. …… 오래지 않아 진취적인 정신으로 노력을 기울인 보상을 받기를 바란다."

* * *

12월, 콜트는 볼티모어로 돌아왔다. 도착해 보니 일이 엉망진창이었다. 피어슨을 감독하기로 되어 있던 박물관 주인 조지프 워커는 도시를 떠나 버지니아주 리치먼드로 옮겨 간 상태였다. 피어슨은 워커가 지불을 중단한 몇 달 전부터 콜트의 총 작업을 멈추었다. 콜트는 여행하는 동안 세 번에 걸쳐 워커에게 150달러를 보냈는데, 워커는 도저히 흉내 낼 수 없는 방식으로 시간을 끌며 사정을 설명했다.

선생께,

선생이 보낸 편지를 25일에 보자마자 곧바로 답장을 보냅니다. 다짐하건대, 선생이 부탁한 작업이 진행되지 않은 이유는 선생이 75달러를 보낸 뒤 세인트존에 있는 선생에게 보낸 답장에서 말한 것처럼 내 잘못이 아닙니다. 나는 파산 신청서를 내야

분투와 사업

했는데 그에 따른 결과로 박물관에서 쫓겨났기 때문에 피어슨에게 계속 작업을 시킬 수 없었습니다.

워커의 이야기는 해명과 변명이 뒤섞여서 정신없이 들렸다. 결국 피어슨은 콜트가 7월 말에 워커에게 보낸 착수금 50달러만 받았다. 그는 몇 주 일을 하다가 더는 돈이 들어오지 않자 작업을 중단했다. 워커는 이미 파산했기 때문에 자기 돈으로 피어슨에게 지불할 수 없었다. 본인의 설명에 따르면, 워커는 콜트가 돈을 더 보냈을 때 피어슨에게 가서 돈을 지불하려 했지만, 그가 다시 작업하는 것을 거부했다. 이번에도 자기만 곤경에 빠질 것이라고 걱정했기 때문이다. 워커의 설명을 들어 보자. "서너 차례 피어슨을 찾아가고 나서 어쨌든 그가 작업할 생각이 없다는 걸 알고는 돈을 지불하지 않기로 했습니다." 그렇다면 콜트가 보낸 150달러 가운데 처음 보낸 금액만 피어슨에게 간 셈이다. 추가로 14.25달러가 총과 관련된 다른 비용에 쓰였다. "내가 선생한테 85.75달러를 빚진 셈이지요." 워커가 너그럽게 계산했다. "오늘부터 16일 안에 분명히 그 액수를 보내겠습니다."

사실상 워커는 피어슨에게 갈 돈에서 무이자로 대출을 받은 셈이었다. 이런 불편한 진실에 너무 깊이 가라앉기 전에 그는 콜트에게 더 반가울 법한 문제로 관심을 돌렸다. 워커는 이제 리치먼드박물관의 공동 소유주였는데, 콜트가 최대한 이른 시일 안에 그곳에서 시연회를 했으면 좋겠다고 청한 것이다. 콜트에게 입장 수입의 절반을 주고 대관 비용으로는 하루에 5달러만 받겠다는 제안이었다.

콜트가 자기 일을 망쳐 놓은 사람과 다시 손을 잡기를 꺼렸을 것으로 생각할 수도 있겠지만, 돈이 필요했던 그는 제안을 받아들였다. 하지만 볼티모어를 떠나기 전에 피어슨과의 일을 바로잡아야 했다. 그는 분명 피어슨의 능력을 인정했던 터라 그를 잃고 싶지 않았다. 고용주로서 전혀 믿음직스럽지 못하다고 밝혀진 콜트를 위해 피어슨이 계속 작업을 할 이유가 있었을까? 그 이유는 돈이 필요한 피어슨의 사정이 만들어 주었다. 동시에 콜트는 남들이 자기 마음에 드는 대로 일을 하도록 설득하는 재능을 가지고 있었다. 그렇게 하는 게 그들에게 이익이 되는 건 아님이 분명해졌는데도 상관없었다.

피어슨은 백스터의 총포상에서 나와서 오브라이언 씨의 가게에서 소총 작업대를 하나 빌렸다. 그리고 콜트를 위해서만 일을 하기로 합의했다. 이렇게 합의를 보고 조만간 돈을 보내겠다고 약속한 뒤 콜트는 남쪽으로 향했다.

* * *

워커는 리치먼드에서 콜트가 성공할 가능성에 대해 오도하지 않았다. 1835년 1월 중순 리치먼드에 도착한 직후 콜트는 박물관에서 시연회를 하면서 돈을 벌었다. 1월 23일, 그는 피어슨에게 50달러짜리 어음을 보냈다. 동봉한 쪽지에는 지시 사항이 담긴 긴 목록이 있었다. "연발 샷건을 분해하고 결합하는 데 필요한 모든 도구를 만들 것. 총기에 필요한 모든 필수 부속을 확보하면 실력 있는 장식장 제작자를 찾아가서 멋진 케이스를 만들어 달라고 할 것." 피어슨에게 보낸 다른 편지에서는 "소총의 부품을 결합할 때 판단에 최선을 다할 것"을 요구했다.

편지로 의견을 교환하는 것보다 더 나은 방법이 없고, 몇 주씩 시간이 지체됐기 때문에 콜트는 몇 가지 결정을 피어슨의 재량에 맡겨야 했다. 그렇다 하더라도 콜트가 보낸 편지를 보면 총기의 기계학만이 아니라 장식물에 대해서도 직접 꼼꼼하게 챙겼음을 알 수 있다. "깜빡했는데, 개머리판에 장식을 새겼으면 좋겠어요." 한 편지에서 당부한 말이다. "박물관 아래쪽에 있는 장식 새기는 사람이나 다른 실력 있는 사람한테 가지고 가서 콜트라고 새기는데, 한가운데에 내 이름을 'S. Colt P.B.'라고 넣어 주세요." 몇 년간 'Coult'라고 통하던 그는 이제 다시 'Colt'로 성을 바꿨다. 그리고 이제 콜트는 단지 그의 이름만이 아니었다. 그의 브랜드가 될 것이었다.

콜트는 1주일에 6일 일하면 9달러를 지불하겠다고 피어슨에게 약속하면서 편지를 마무리했다. 하루에 열 시간이 아니라 자진해서 열두 시간을 일하면 10달러로 올려 주는 조건이었다.

* * *

1월 말 추위가 뼛속을 파고드는 오후에 피어슨이 볼티모어의 소총 작업대에 앉아서 콜트의 편지를 읽는 모습은 쉽게 상상할 수 있다. 한 문장 한 문장 읽을 때마다 넓은

분투와 사업

이마의 주름이 깊어졌다. 그가 짜증이 난 이유는 콜트가 여러 요구 사항을 내걸었기 때문이 아니다. 그보다는 이런 문제를 하나하나 해결하는 데 얼마나 큰 비용이 든다는 걸 전혀 몰랐기 때문이다. 50달러는 피어슨에게 줄 임금과 재료를 비롯한 여러 비용으로 전혀 충분하지 않았다. 피어슨은 답장을 썼는데, 콜트에게 정확한 정보를 주려는 수많은 시도 가운데 첫 번째였다.

> 선생이 보낸 돈은 지금까지 산 물건의 청구서를 지불하는 데도 모자라는데, 총열과 쇠줄 등을 사고 단조 비용을 비롯한 큰 부분을 차지할 온갖 부품의 값을 치르라고 하는군요. 내 생각에는 우선 나한테 줘야 할 돈을 주고 이 모든 다른 비용을 낼 돈을 선불로 주는 게 타당해 보입니다.

피어슨은 콜트가 급료로 제안한 액수에도 만족하지 못했다.

> 그리고 매일 열 시간씩 일할 테니 4월 1일까지는 주당 9.50달러, 4월 1일부터는 주당 10달러를 받고 싶습니다. 그리고 하루에 열두 시간을 일하면 10달러를 주겠다는 제안은 내 기분을 상하게 하려는 모욕으로 받아들여집니다.

콜트가 답장을 보냈다. "당신 임금에 대해서는 걱정하지 마세요. 내가 잘못하는 일은 없을 테니, 당신 일을 제대로 하면 다 잘될 겁니다."

IV

4월 초 콜트는 버지니아주 린치버그에서 '콜트Coult 박사'라는 이름으로 마지막 시연회를 열었다. 린치버그에서 또한 조지프 워커로부터 마지막 편지를 받았다.

박물관 소유주, 아니 이제 사정이 바뀌어 전 소유주인 워커는 다시 재정적으로 곤란한 처지에 빠졌다. 여러 곳에 투자했다가 300달러 정도를 날렸고, 빚을 갚을 길이 없었다. 결국 그는 리치먼드에서 남의 눈을 피해 조용히 살면서 볼티모어로 달아나려고 준비하고 있었다. 그 도시에서 다시 뉴욕으로 도망칠 생각이었다. 뉴욕에만 가면 채권자들한테 들키지 않고 숨어 살 수 있다고 믿었기 때문이다. 필사적으로 돈이 필요했던 그는 콜트에게 조금이라도 보내 달라고 요청했다. 그의 호소는 의식의 흐름처럼 무질서한 문장으로 흘러나왔다. 100년 뒤 제임스 조이스의 작품에 들어가도 손색이 없는 글이었다.

아, 세상에 그게 가능할까요. 가능 그래 난 할 수 있어. 친구에게 달렸습니다. 모든 일에서, 선생이 저에게 빚진 작은 액수나마 저에게는 신의 선물이지요. 제가 기대하고 믿는 것처럼, 제가 완전히 실패했다 해도 선생께 요청하자니 제 마음에 그림자가 드리웁니다.

워커는 콜트에게 뉴욕에 도착하는 대로 받을 수 있도록 그 도시의 필박물관 주소로 20달러나 30달러를 당장 보내 달라고 간청했다.

비밀로 해 주길 바랍니다. …… 리치먼드에 도착해도 제가 어디에 있거나 무엇을 하는지 알아보지 말고, 볼티모어에서도 제가 그들을 만나서 그들의 요구를 들어줄 준비가 되기 전에 그들이 저를 발견하면 안 됩니다. 제가 큰 빚을 지게 됐고 아무도 저를 도와주지 않고 그들의 법은 너무 가혹하기에 최선의 방도는 사라지는 겁니다. 하느님이 저를 구해 준다면 제가 준비될 때 그들을 만나야지요. …… 저는 거의 제정신이 아닙니다.

콜트가 돈을 보냈는지는 알 수 없다. 워커에게서 다시 편지가 왔다 하더라도 콜트는 그것을 보관하지 않았다. 리치먼드박물관의 공동 소유주가 동업자 관계를 청산한다는 공지를 신문에 냈을 때 그의 이름이 다시 한번 등장하는데, 그 후 그는 종적을 감춘 것으로 보인다.

아마 워커가 히스테리를 부리며 마지막으로 도망친 탓에 콜트는 자신의 궤적에 정신을 집중했을지 모른다. 이제 스무 살이 된 그는 3년 동안 돌아다니며 시연회를 하면서 대부분 하루 벌어 하루 먹고살았고, 거의 하루가 멀게 움직였다. 그해 봄 언젠가 그는 이제 가스통을 내려놓을 때가 되었다고 마음먹었다. 4월 중순에 볼티모어로 돌아간 그는 혼자서 방을 하나 빌리고 두 달치 방세로 8달러를 선불로 냈다. 작동하는 연발식 권총과 샷건 모형이 몇 개 있었다. 그의 계산에 따르면 1833년 가을 이래 이 시제품을 만들기 위해 605.53달러를 지불했다. 상당한 성취를 이루었지만, 야심을 실현하려면 더 많은 돈이 필요했다. 아주 많은 돈이.

다행히도 그는 근처에, 바로 모퉁이만 돌면 돈을 가진 사람이 살고 있다는 사실을 알았다. 그의 성은 콜트였다.

일보 직전

1835년

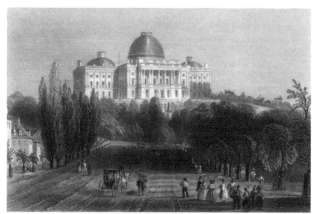

1830년대의 미완의 국회의사당. 별다른 인상을 받지 못한 어느 외국인 방문객의 말을 빌리자면, "군대 없는 장군"처럼 워싱턴시 위로 우뚝 서 있다.

I

5월 첫 번째 토요일, 샘은 볼티모어의 게이스트리트 10번지에 있는 "로스웰 콜트 씨"에게 짧은 편지를 보냈다. 그는 아마 그 전에 볼티모어에서 로스웰 콜트를 만났을 테지만, 이 편지를 보면 아버지의 사촌과 그의 관계가 여전히 형식적이고 소원했음이 분명히 드러난다. 편지를 보면 또한 샘이 전에 자신이 만드는 총을 로스웰에게 언급한 적이 없음을 알 수 있다. "아저씨가 편하신 시간과 장소에서 개인적으로 뵙고 싶습니다. 아저씨가 흥미롭게 여길 만한 몇 가지 사실을 알려 드리고 싶거든요." 같은 날 로스웰로부터 짧은 답장이 왔다. 기꺼이 샘을 맞이하겠다는 내용이었다.

이 순간까지 콜트가 이룬 진전은 대개 그 자신의 육감과 추진력에 의지했다. 하지만 이젠 그의 계보와 출신 배경, 혈육 같은 출생의 행운이 야심을 이루는 데 결정적으로 중요하게 된다.

미국인들은 오랫동안 자수성가한 사람이라는 신화에 의지해서 움직였다. 벤저민 프랭클린은 미천한 집안에서 태어난 장사꾼이 창의성과 고된 노동으로 세속적인 성공을 거둔 본보기로 언제든 치켜세워진다. 하지만 사실 19세기 전반기에 특히 콜트와 같은 젊은 사업가에게는 집안이 엄청나게 중요했다. 오늘날 젊은 사업가라면 주로 탁월한 발상이나 확실한 사업 계획에 힘입어 은행이나 벤처 자본가를 설득해서 자금을 조달받을 수 있다. 하지만 1835년에는 사정이 달랐다. 한 가지 문제는 대부업자가 거의 알지 못하는 사람들에게서 돈을 받을 수 있다고 보증할 방법이 전혀 없었다는 것이다. 법률은 대부업자의 편이었지만, 광대한 지리는 사악한 채무자의 편이었다. 오늘날 채권자들이 채무자를 추적해서 돈을 받아 내는 데 활용하는 기술적, 법적 인프라가 존재하지 않았고, 조지프 워커의 사례처럼 채무 불이행자가 드넓은 나라에서 머나먼 땅으로 종적을 감추는 것을 막아 주는 장치가 거의 없었다. 그리하여 집안이 중요해졌다. 집안은 신뢰를 보장하고 대출을 보증하는 데 도움이 되는 연줄망을 제공했다. 샘의 몇몇 친척이 금세 깨닫게 되는 것처럼 완벽한 보증은 되지 못하더라도, 집안 덕분에 어느 정도는 마음 놓고 돈을 빌려줄 수 있었다.

부자가 된 뒤, 콜트는 종종 자신이 직접 카누의 노를 저어 이 자리까지 왔다고 주장하곤 했다. "직접 카누의 노를 저었다."라는 구절은 그가 걸핏하면 입에 올리는 성공담의 기조가 되었다. 하지만 완전히 정확한 말은 아니었다. 콜트는 자기가 탄 카누의 노를 저었지만, 다른 많은 이들도 같이 노를 저어서 그가 원하는 곳에 데려다주었다. 그중 한 명이 로스웰 콜트다.

로스웰 L. 콜트는 유명한 사촌인 주다와는 다른 종류의 콜트 집안사람이었다. 주다가 난폭한 개척자로서 펜실베이니아 변경에 자신의 이름을 새겼다면, 로스웰은 뉴욕 시로 진출해서 대니얼 웹스터의 장인인 허먼 르로이의 회계사무소에서 경력을 시작하여 세련된 도시인의 이상형이 되었다. 토머스 설리가 그린 젊은 시절 로스웰의 초상화는 신고전주의의 영광으로 가득한 그의 모습을 보여 준다. 뱀처럼 좁은 어깨는 검은색 프록코트에 묻혀 있고, 백조처럼 긴 목은 하얀색 리넨 옷깃에 싸여 있으며, 자두처럼 둥근 머리 위로 헝클어진 머리 가닥이 솟아 있다. 그 한가운데에 자리한 잘생긴 얼굴에는 반쯤 웃는 입술이 약간 들려 있어서 유쾌한 동시에 음흉한 표정이다.

로스웰은 1835년 봄에 55세였고, 이례적으로 엄청난 부자였다. 그는 나름대로 집안의 연줄 덕을 톡톡히 보았다. 아버지 피터는 성공한 제조업자이자 지주였다. 1811년에 결혼한 로스웰은 볼티모어의 어마어마한 부자이자 얼마 전에 사망한 장인 로버트 올리버의 집 근처에 살 곳을 얻었다.

볼티모어가 고향이었을지 몰라도 로스웰의 본심은 뉴욕 사람이었다. 샘이 처음 방문하고 1년 뒤, 로스웰은 부인과 갈라서서 뉴욕으로 돌아가 자기 취향에 걸맞은 방식으로 살았다. 친구들도 많고 다들 유명했는데 뉴욕 시장 필립 혼, 전 대통령 존 퀸시 애덤스, 대니얼 웹스터 등과 친했다. "누구도 그만큼 열정적이고 즐겁게 사회생활을 누리지 못했다." 또 다른 유명한 친구로 뉴욕의 신문 발행인이자 휘그당 지도자였던 설로 위드의 평이다. 로스웰은 탁월한 사교성뿐만 아니라 잔뜩 수집한 질 좋은 마데이라 포도주 덕분에 뉴욕에서 손꼽히는 파티 주최자로 명성을 쌓았다. 위드가 소개한 어느 이야기에 따르면, 유명한 어느 오찬 파티에서 로스웰은 최상급 포도주 열네 병을 내놓았다. 존 퀸시 애덤스는 파티에 온 사람들이 맛만 보고 그중 열한 병을 맞추는 것을 보고 깜짝 놀랐다.

이 모든 이야기를 들으면 로스웰이 그저 인생을 즐기며 산 사람 같겠지만, 그는 또한 영리한 사업가로 위드의 말마따나 "널리 명성을 떨치고, 진취적인 기상이 대단했으며, 누구에게나 존경을 받았다." 하지만 다른 이들은 그만큼 후하게 평가하지 않았다. 콜트 가문의 역사를 기록한 어느 글에 따르면, 로스웰은 "친구와 가족을 이용해서 돈과 지위, 권력을 확보하는 데 능했다."

로스웰의 가장 가깝고 유용한 친구 중에 니컬러스 비들이 있었는데, 그는 미합중국 제2은행의 유능한 총재로서 잭슨 대통령이 그와 그의 은행을 무너뜨리려고 갖은 노력을 기울였음에도 미국에서 가장 유력한 인사로 손꼽혔다. 잭슨은 은행 일반과 특히 "비들의 은행"을 혐오하면서 "권력과 부패의 매머드"라고 비난했다. 잭슨은 과거에 이 은행을 재인가하는 법안에 거부권을 행사하고 연방 예치금을 인출하는 식으로 은행을 무력화했지만, 당시에는 은행에 아직 지불 능력이 있었고 니컬러스 비들에게는 좋은 친구가 있었다.

비들에게 조언과 귀띔을 받은 로스웰은 철도에서부터 운하, 서부 부동산에 이르기까지 광범위한 분야에 자금을 투자했다. 로스웰은 금 항아리마다 손가락을 담갔다. 이따금 금이라고 생각한 것이 황동이기도 했는데, 아무 속박도 받지 않는 투기가 횡행하던 그 시절에는 이런 일이 흔했다. 1835년에 이르러 그의 부인은 마데이라 포도주를 퍼마시는 것이 아니더라도 남편의 모험적 투기사업에 진력이 났다. 결혼생활이 끝장나고 있었고, 부인의 형제들은 그가 빚을 갚지 않았다고 고소했다. 그해 봄에 샘이 알아챈 것처럼, 로스웰은 전체적으로 보아 복잡하고 모순적인 인간이었다. 어떤 이들에게는 "악당이자 사기꾼"이었고, 다른 이들에게는 "콜트 집안에서 가장 위대한 인물"이었다.

샘은 5월의 그 토요일에 로스웰을 만나면서 아마 연발 총 몇 개를 가져와서 실린더가 어떻게 돌아가고 시계처럼 정밀하게 잠기는지 보여 주었을 것이다. 어쩌면 시내 변두리까지 가서 로스웰이 순식간에 연속으로 납탄 10여 발을 발사하는 놀라운 경험을 직접 해 본 다음 아직도 귓전이 울리고 머리카락에서 검은 화약 냄새가 풍기는 상태로 게이스트리트로 전속력으로 달려와서 마데이라 포도주를 한잔 들이켜며 축하했을지 모른다(샘은 오촌 아저씨를 만난 바로 그 무렵에 마데이라 포도주의 맛에 익숙해지기 시작했다). 로스웰은 총기에 관한 전문적 식견은 없었지만 타고난 도박꾼이었고, 충분히 해 볼 만한 투자임을 직감했다. 두 사람이 만나고 1주일 뒤 그는 샘에게 100달러를 빌려주었고, 얼마 뒤에 200달러를 추가로 빌려주었다.

이 초기의 300달러가 결정적인 종잣돈이었다. 하지만 로스웰은 이후 몇 달간 샘이 이 사람 저 사람 만나게 주선해 주는 것으로 더욱 큰 도움을 주었다. 그리고 그보다 중요한 것은 로스웰이 젊은 사업가에게 해 준 격려였다. 샘과 마찬가지로 로스웰도 양심의 가책과 감정이 쾌락과 이윤을 방해하게 내버려 두지 않았다. 아마 이런 이유로 그는 어떻게 보면 도덕적으로 부패했겠지만, 동시에 다른 모든 사람과 달리 샘을 도덕적으로 재단하지 않았다.

II

이제 샘은 또 다른 친척인 더들리 셀던이라는 뉴욕의 변호사에게 관심을 돌렸다. 아버지 크리스토퍼 콜트의 생존한 누나 중에 가장 맏이인 에설린다의 아들 더들리는 샘과 사촌이었지만 나이가 스무 살 많았다. 두 사람은 피와 야심은 공유했지만 그 외에는 공통점이 거의 없었다. 로스웰이 샘을 동물적 냄새로 알아보았다면 셀던은 코를 쥐고서 사촌을 너그럽게 봐 주었다.

콜트가 셀던과 처음 나눈 대화에 관한 기록은 남아 있지 않고, 샘이 1835년 7월 뉴욕을 방문했음을 보여 주는 영수증만 몇 개 있다("일요일 뉴욕 왕복 비용 35.00달러"). 두 사람은 워싱턴스퀘어 근처에 있는 셀던의 집이나 시더스트리트 69번지에 있는 사무실에서 만났을 것이다. 3년 전 샘이 아산화질소 시연회를 연 이래 처음으로 뉴욕을 장기간 방문한 길이었다. 콜레라는 사라졌지만 뉴욕은 이상하게 소란스러운 여름을 겪고 있었다. 무더운 안개가 도시를 뒤덮었고, 공기가 너무 탁해서 도시를 찾은 어느 양키는 공기에 못을 박아 모자를 걸 수 있겠다고 말할 정도였다. 원인은 기상 상태였지만, 독기와 전조를 중시하던 그 시대에 안개는 재난의 징조로 보였다. 걱정할 만한 현실적인 이유도 있었다. 지난해 7월 이례적으로 폭력적인 노예제 폐지 반대 인종 폭동의 파고가 뉴욕을 휩쓸면서 노동 계급 백인들이 흑인을 폭행하고 노예제 폐지에 동조한다고 의심받는 백인까지 괴롭혔다. 1835년 한여름인 지금은 분위기가 다시 바뀌고 있었다.

그해 7월 뉴욕에 퍼진 악의의 일부는 잠깐이지만 가시 돋친 연방 하원의원 임기를 마치고 얼마 전에 도시로 돌아온 더들리 셀던을 겨냥했다. 셀던은 잭슨파의 일원으로 워싱턴에 진출했지만, 잭슨이 비들의 은행을 무너뜨리려는 개혁 운동을 벌이는 데 반대해서 이내 의원직을 사임했다. 친잭슨 성향의 언론, 특히 《뉴욕이브닝포스트》의 윌리엄 레깃은 셀던이 "정치적 허위와 파렴치한 짓"을 저지른 "어리석은 배신자"라고 비난했다. 하지만 뉴욕의 대상인 계층은 독재적 대통령의 어리석은 폭정에 맞서 상식과 건전한 재정 정책을 옹호한 영웅으로 대접하며 그를 환영했다. 1834년 3월, 전 뉴욕 시장 필립 혼은 월스트리트에 있는 상업거래소 앞에 서서 5,000명이 넘는 군중을 이끌고 셀던에게 떠들썩한 환호를 보냈다.

하지만 이제 셀던은 그 모든 일을 뒤로 하고 법률가로 자리를 잡으며 냉철한 사업과 상류사회의 삶에 몰두하고 있었다. 로스웰 콜트와 마찬가지로 그 역시 연줄이 많고 사교적이었다. 로스웰이 혼클럽의 창립 회원이 되는 것처럼, 셸던도 켄트클럽의 창립자가 된다. 당대에 손꼽히는 상류층 남성 사교클럽의 양대 산맥이었다. 하지만 셸던은 로스웰만큼 쾌락주의적인 취향이나 윤리에 무관심한 태도를 지니지 못했다. 그는 융통성이 없고 화를 잘 내는 성격에 어리석은 짓을 봐주지 않았고, 훗날 샘을 전혀 봐주지 않게 된다. 그가 처음에 젊은 사촌과 엮이게 된 것을 보면, 그해 여름에 뉴욕 사람들을 사로잡은 투기 열풍에 면역력이 없었고 또한 남을 설득하는 콜트의 능력에도 면역력이 없었음을 알 수 있다.

훗날 셸던은 콜트와 약속을 한 날을 여러 차례 후회한다. 하지만 콜트 입장에선 셸던 같은 지위와 연줄을 가진 사람의 지지를 받는 것은 대단한 성과였다. 그해 7월 스물한 번째 생일이 다가오는 가운데 그에게는 주머니에 든 돈과 자기 사업에 이름과 돈을 빌려주는 유명한 친척이 적어도 두 명 있었다.

III

콜트가 진전을 이루기 위해서는 한 가지 중요한 단계를 밟아야 했다. 바로 특허를 받는 일이었다. 그가 존 피어슨에게 소총 개머리판에 새기도록 지시한 "S. Colt P.B."의 "P.B."는 "특허 보유자Patent Bearer"의 약자였다. 아직 특허를 받지도 못했는데 너무 앞서 나간 셈이었다. 그는 특허가 없었고, 특허를 따기 전까지는 다른 발명가가 그대로 따라 해서 콜트의 설계를 자기 것이라고 주장할 수 있었다.

마침 때맞춰 세 번째로 중요한 집안의 연줄이 등장했다. 그는 핏줄은 아니지만 오랜 친구였다. 1832년에 워싱턴에서 샘과 동행한 헨리 L. 엘스워스가 그 주인공이다. 최근에 잭슨 대통령 밑에서 미시시피강 서쪽 지역 인디언 행정관으로 일하며 (워싱턴 어빙이 포함된 일행에 속해 같이 다닌) 엘스워스는 수도로 돌아와 특허청장을 맡았다.

특허청장이 될 무렵 헨리 엘스워스는 43세로, 한창 승승장구하는 중이었다. 코네티컷에서 손꼽게 걸출한 집안에서 태어난 그는 처음부터 탁월한 능력을 타고났다. 엘스워스 집안은 워즈워스 집안만큼 부유하지는 못했을지라도 지적 성취는 더욱 뛰어났다. 헨리의 아버지 올리버는 1787년 제헌 회의에서 코네티컷을 대표한 뒤 연방 상원의원을 지냈다. 올리버는 조지 워싱턴이 제일 아끼는 사람이었고, 워싱턴은 대통령 재임 중에 그의 집을 방문하기도 했다. 엘스워스 집안에서 전해 내려오는 이야기에 따르면, 대통령은 어린 헨리와 쌍둥이 형제 윌리엄을 양쪽 무릎에 앉히고 상스러운 노래를 불렀다고 한다. 〈다비의 숫양The Darby Ram〉("숫양을 가진 남자는, 선생님, 아주 부자예요. …… 이 노래를 부르는 꼬마는, 선생님, 거짓말하는 개자식이고요.")이라는 노래였다. 노래를 마친 워싱턴은 올리버 엘스워스를 미국 대법원 수석재판관으로 임명했다.

예일대학교를 졸업한 헨리는 서부로 가서 코네티컷의 서부 보류지(지금의 오하이오주 북동부)에 있는 집안 소유지를 조사하고 이 여행에 관한 책을 썼다. 이후 코네티컷주 리치필드에 태핑 리브스가 세운 미국 최초의 법과대학에서 법을 공부한 다음 에트나보험사 사장 겸 하트퍼드 시장이 되었다. 워싱턴 어빙에 따르면, 엘스워스는 특권과 높은 지위를 누렸음에도 "법률 사무 과정과 정치 생활을 거치면서도 타고난 소박함과 따뜻한 마음을 잃지 않은" 사람이었다.

크리스토퍼 콜트와 헨리 엘스워스의 우정이 어떻게, 언제 시작됐는지는 분명하지 않다. 아마 1823년에 두 사람이 하트퍼드와 뉴욕을 잇는 증기선 노선을 만드는 사업단에 참여하면서 친해진 것 같다. 크리스토퍼는 또한 이제 연방 하원의원이 되었고, 나중에는 코네티컷 주지사가 되는 헨리의 쌍둥이 형제인 윌리엄과 함께 하트퍼드보험사의 이사로 일했었다. 그리고 지난 몇 년간 콜트 가족은 하트퍼드의 프로스펙트 스트리트에 있는 엘스워스의 저택에서 살았다. 하지만 두 집안의 따뜻한 관계를 가장 잘 보여 주는 예는 엘스워스가 샘에게 많은 관심을 기울였다는 사실이다. 그가 특허청장으로 업무를 시작한 날은 1835년 7월 8일이었다. 콜트는 그로부터 채 2주가 되지 않아 워싱턴에 도착했다.

콜트는 펜실베이니아애비뉴와 6번가에 자리한 내셔널호텔에 숙박했다. 소유주인 존 개즈비의 이름을 따서 흔히 개즈비호텔이라고 알려진 이곳은 수도의 엘리트들이 좋아하는 호텔이었다. 잭슨 대통령은 첫 번째 취임식을 앞두고 개즈비에 머물렀고, 상원의원 헨리 클레이는 의회 회기 때마다 여기에 묵었다. 워싱턴에서 성사된 많은 거래가 이 호텔의 연회장에서 시가와 위스키를 나누며 이루어졌다.

특허청은 개즈비호텔에서 몇 블록 떨어진 8번가와 E스트리트에 있는 4층짜리 건물인 블로젯호텔에 있었다. 20년 전에 영국군이 의사당을 불태운 뒤에 잠시 의회가 이 호텔을 사용한 적이 있었다. 희망에 찬 발명가들이 수십 년에 걸쳐 보낸 쓸모없고 잊힌 기계들의 무게 때문에 지금은 낡은 건물이 점점 약해지는 중이었다. 얼마 지나지 않아 블로젯호텔은 명예로운 임무를 다하고 화재로 소실된다. 엘스워스는 이후 특허청을 훨씬 넓은 본부로 이전하고 정부의 위성 기관에서 미국의 진보와 위신의 상징으로 변모시킨다.

엘스워스는 자신이 맡은 업무가 문서에 도장을 찍고 서명을 하는 것보다 훨씬 커다란 책임이 따른다고 생각했다. 그는 미국의 혁신과 기술 문화를 장려하기 위해 그 자리를 맡은 것이었다. 우선 기존의 특허를 분류하는 더 나은 체계를 만들어서 발명가들이 자신의 발명품과 비슷한 이전의 발명을 더 쉽게 찾을 수 있게 했다. 또한 특허 신청 기준을 높이고 승인된 특허를 보호하는 법률을 개선했다. 이렇게 하면 미국의 발명가들이 더욱 창의성을 발휘하는 한편, 바로 눈앞에서 자기가 만든 조면기의 설계를 도둑맞은 엘리 휘트니의 전철을 밟지 않을 것이었다.

특허청을 개선하려고 노력한 덕분에 엘스워스는 19세기 중반 미국에서 폭발적으로 등장한 신기술의 배후를 떠받친 가장 중요한 세력 중 하나가 되었다. 10년에 걸쳐 재임하는 동안 그는 찰스 굿이어, 사이러스 매코믹, 그리고 예일대학교 동창생인 새뮤얼 F. B. 모스 등 미국의 위대한 발명가 1세대를 특허청으로 인도했다. 하지만 엘스워스는 샘 콜트의 기획과 그의 총기를 옹호하는 것으로 첫발을 내디뎠다. 미국 특허제도를 정리한 어느 역사학자가 말한 것처럼, 콜트는 "그의 선견지명을 입증한 전형적인 인물"이 될 터였다.

* * *

엘스워스가 보내 준 소개장을 가지고 콜트는 여름철 워싱턴의 무더위로 뛰어들었다. 미국 수도는 여전히 실제보다는 이론상으로 존재하는 도시였다. 도시를 설계한 피에르 랑팡의 설계도에서 그토록 웅장하고 당당해 보이는 대로는 황량하기 짝이 없었다. 특히 의회가 휴회해서 정치인보다 돼지가 더 많은 7월이면, 대로변에 건물도 거의 없고 오가는 사람도 별로 없었다. 1838년에 워싱턴을 방문한 어느 영국인이 말한 것처럼, 온통 공터로 둘러싸인 수도는 "군대 없는 장군" 같은 인상을 풍겼다.

개즈비호텔 바로 앞에서부터 콜트는 동쪽에 있는 의사당이 아니라 서쪽으로 향했다. 미루나무가 늘어선 널찍한 대로를 따라 반대편 끝에 건물들이 모여 선 곳으로 가는 길이었다. 이 다섯 개 건물에 연방정부의 행정부가 거의 전부 자리하고 있었다. 가운데에는 대통령관President's House('백악관'이라는 용어는 나중에 생겼다)이 있었고, 모퉁이마다 정부의 주요 부처가 들어선 2층짜리 벽돌 건물이 자리했다. 동쪽에는 국무부와 재무부, 서쪽에는 전쟁부와 해군부가 있었다. 7월 어느 날 아침 콜트가 향한 곳은 서쪽에 있는 건물이었다.

"이 소개장을 지닌 코네티컷의 콜트 씨는 성공만 거두면 육군과 해군이 깊은 관심을 가질 만한 새로운 종류의 총기를 발명한 사람입니다." 엘스워스가 소개장에 쓴 말이다. "귀 부서와 연결된 과학에 능통한 신사에게 이 사람의 발명품을 검토하게 맡기면 좋을 것입니다."

콜트는 해군 건물에 총 하나를 검사용으로 남겨 두었다. 다음 날, 한 장교가 해군은 "귀하가 만든 발명품의 가치에 대해 만족스러운 견해를 제시할 능력이 없다."라면서 육군 군수부에 가져가 보라고 조언했다. 군수부는 정부의 무기 조달 대부분을 다루는 부서였다. 콜트는 육군 건물을 방문해 다시 신속한 답변을 받았다. 견본품과 설계도를 제공하는 즉시 장교들이 기꺼이 그의 신형 권총과 소총을 시험해 보겠다는 것이었다.

엘스워스에게 조언을 받은 콜트는 특허를 얻기 위해 대담한 전략을 선택했다. 우선 유럽에서 특허를 받은 다음에 미국에서 신청하기로 한 것이다. 미국 특허를 받기 위해 기다리는 위험이 있긴 했지만, 영국과 프랑스가 이미 미국에서 특허를 받은 발명에 대해 특허 출원을 거부할 위험이 더 컸다. 특히 영국법에서는 전에 특허를 받은 발명은 특허를 받기가 어려웠다. 겉으로 밝히진 않았지만, 콜트는 자기가 없는 동안 경쟁하는 특허 신청이 들어오면 엘스워스가 전부 묵살할 것임을 알고 자신감을 가졌다.

엘스워스는 7월 24일 크리스토퍼 콜트에게 보낸 편지에서 이런 계획을 밝혔다. 유

분투와 사업

럽에서 특허를 받으려면 여비와 수수료를 포함해서 상당한 비용이 든다는 것을 안 엘스워스는 샘에게 특허권 일부를 1,500달러나 2,000달러에 팔라고 제안했다. 그러면서 꽤 많은 액수이긴 하지만 투자자라면 오히려 헐값으로 생각할 것이라고 말했다. "발명의 가치에 관해 말하자면, 만약 특허 획득에 성공하면(그리고 여기 장교들이 시험해 보지 않고도 좋다고 판단하면) 우리 정부는 육군과 해군용으로 10만 달러 이하를 제시하지는 않을 거네. 영국과 프랑스에서도 그 정도 값어치가 나가겠지."

그렇다면 엘스워스의 추산으로 샘의 발명품은 무조건 20만 달러의 가치가 있었다. 1835년에는 어마어마한 액수였다. 엘스워스는 크리스토퍼에게 특허청장이라는 자신의 지위 때문에 샘의 특허에 대한 일정한 지분을 사들이는 게 "양식으로는 아닐지라도 명예로 따지면" 불가능하지만 않으면 자기가 사고 싶다고 말했다.

"새뮤얼이 알아서 잘할 것으로 기대하고, 혹시 무슨 일이 필요하면 그쪽 집안에서 하기를 바라네." 엘스워스에게 이렇게 격려를 받은 콜트는 워싱턴을 떠나 고향 하트퍼드로 발길을 재촉했다. 가장 취약하고 누구의 영향이든 받기 쉬운 상태였다. 엄청난 성공을 목전에 둔 젊은이였으니까.

IV

콜트에게 하트퍼드행은 귀향이라기보다는 다급한 거래의 연속이었다. 엘스워스는 미국 특허를 얻기 전에 유럽으로 먼저 가라고 샘에게 권고했으면서도 분명 그에게 서두르라고 재촉했다. 대서양 양쪽 편에서 연발식 총기를 개발한다는 소문이 자자했고, 하루라도 늦으면 영원히 늦는 셈이었다. 샘은 아버지와 머리를 맞대고 돈을 모으기 위한 계획을 짜냈다.

크리스토퍼 콜트는 로스웰 콜트나 더들리 셀던, 헨리 엘스워스 같은 재정적, 전문적 자원이 없었기 때문에 아들이 성공하는 과정에서 그가 한 역할을 간과하기 쉽다. 하지만 사실 이 시기에 크리스토퍼만큼 샘에게 중요했던 사람은 없다. 크리스토퍼는 샘이 주로 의지하는 조언자였고, 지치지 않고 지지하는 옹호자였으며, 초창기의 손꼽히는 이해 당사자였다. 이 모든 역할 때문에 결국 아버지와 아들의 관계가 복잡하게 얽히게 된다. 하지만 지금 당장으로서는 샘이 아버지에게 크게 의존했다.

계속해서 사업이 어려웠던 탓에 크리스토퍼에게는 샘에게 절실하게 필요한 돈이 없었다. 그는 하트퍼드에서 돈을 모으려고 하다가는 특허를 손에 넣기도 전에 발명품을 너무 많은 사람과 공유할 위험이 있다고 걱정했다. 7월 30일, 샘이 옆에서 지켜보는 가운데 크리스토퍼는 로스웰 콜트에게 편지를 보냈다. "아들 말로는 자네도 그 애의 발명품에 관해 잘 알고, 그 애를 아주 친절하게 도와주려고 한다더군." 이 발명품으로 엄청난 돈을 벌 수 있다는 엘스워스의 확신을 되풀이한 뒤, 크리스토퍼는 편지를 쓰는 용건을 꺼냈다. 샘이 유럽에 가려면 2,000달러가 필요하다는 것이었다. 로스웰이 투자에 대한 보상을 받는 대가로 돈을 댈 수 있었을까? "이런 식으로 불쑥 말을 꺼내는 짓을 용서해 주리라 생각하네. 아들이 잘되기를 바라는 아버지의 걱정하는 마음을 자네도 알 거라고 믿어."

샘은 편지를 가지고 볼티모어로 가서 직접 전달했지만 거절하는 답을 받았거나, 로스웰이 도시에 없었거나, 내키지 않아 했던 것 같다. 샘은 8월 7일 금요일에 하트퍼드에 다시 왔는데, 1835년에는 완전히는 아니더라도 거의 불가능한 속도였다. 샘이 없는 사이에 새로운 자금원이 나타났다. 더들리 셀던의 아버지인 조지프 셀던이 뉴욕주 트로이에서 찾아온 고모 에설린다와 함께 하트퍼드에 있었다. 조지프 셀던은 로스웰 콜트의 기준으로 보자면 부자가 아니었지만, 여윳돈이 있었고 은퇴 시기를 대비해서 투자처를 물색하는 중이었다.

그 금요일에 샘은 아버지와 계약서에 서명했다. 크리스토퍼는 1,000달러를 내고 샘의 특허에서 "생기는 권리와 이익"의 8분의 1을 사들이는 데 합의했다. 크리스토퍼에게 당장 1,000달러가 없었기 때문에 조지프 셀던에게 빌려야 했다. 크리스토퍼의 차용증에 이서한 뒤 조지프는 자기 몫의 8분의 1 특허 지분을 받는 대가로 샘에게 따로 1,000달러를 주었다. 조지프는 이 지분을 아들 더들리와 5대 5로 나눠 가졌다. 샘은 모두 합쳐 특허 가치의 4분의 1을 아버지와 아저씨에게 팔았다. 하지만 이제 2,000달러를 갖고 유럽에 갈 수 있었다.

V

엘스워스가 써 준 소개장뿐만 아니라 여행을 위한 여권이 필요했던 콜트는 그해 여름에 다시 워싱턴으로 향했다. 그가 도착한 때는 평범한 시기가 아니었다. 나라 곳곳에서 폭력 사태가 터져서 노예제 폐지론자와 자유 흑인들이 백인 폭도들에게 공격을 당했다. 소동이 벌어진 직접적인 구실은 미국반노예제협회가 미국 우편 제도를 이용해서 남부에 메시지를 퍼뜨리는 캠페인을 벌인 것이었다. 이 단체는 이미 남부 여러 도시에 노예제 폐지론 팸플릿을 수만 부 보낸 바 있었다. 이런 몇몇 도시에서는 성난 시민들이 팸플릿 배포를 막기 위해 우편물을 가로챘다. 찰스턴에서는 폭도가 우체국에 난입해서 우편 가방을 빼앗아 화톳불에 던져 버렸다. 미시시피에서는 폭도가 노예 반란을 계획하고 있다고 의심되는 흑인 남자 아홉 명과 백인 남자 한 명을 린치했다. 보스턴에서는 윌리엄 로이드 개리슨이 습격을 당해 밧줄에 매달려 거리를 질질 끌려다녔다. 7월의 불쾌한 공기가 8월의 열기로 후덥지근해진 뉴욕에서는 노예제 폐지론자 상인인 아서 태편이 암살 위협을 받고 자유 흑인들의 재산이 파괴되었다. 1835년 7월에서 10월 사이에 전국 각지에서 100건이 넘는 노예제 폐지 반대 폭동이 일어났다. 이 가운데 최악의 사태는 워싱턴에서 벌어졌다.

훗날 스노 폭동Snow Riot이라 알려진 이 사건은 1835년 8월 4일 밤에 아서 보엔이라는 술에 취한 18세 노예가 도끼를 집어 들고 주인의 침실에 들어간 사건 때문에 촉발되었다. 주인은 애나 마리아 손턴이라는 부유한 과부였다. 세상을 떠난 남편 윌리엄 손턴은 국회의사당 설계자였다. 그는 또한 헨리 엘스워스보다 몇 년 전에 특허청장을 지냈다. 하지만 이런 사실은 그해 8월 워싱턴에서 벌어진 사태와 아무 관계가 없었다.

보엔이 도끼로 무슨 짓을 하려고 했는지는 분명히 밝혀지지 않았지만, 그가 해를 입히기 전에 손턴 집안의 노예인 그의 어머니가 그를 막았다. 애나 손턴은 곧바로 젊은이를 용서해 주었지만, 공격을 시도했다는 소문이 새어 나가 보엔이 체포되었다. 즉시 백인 폭도가 도시 전체를 휩쓸면서 보엔을 처형할 것을 요구했다. 그해 여름에 모인 다른 폭도들처럼, 워싱턴 사람들도 흑인들만이 아니라 노예제 폐지를 지지한다고 의심되는 백인들에게까지 분노를 표출했다.

　그해 8월 잭슨이 도시를 비운 사이에 프랜시스 스콧 키가 질서를 회복하는 책임을 맡았다. 오늘날 무엇보다 미국 국가인 〈별이 빛나는 깃발The Star-Spangled Banner〉의 작사가로 기억되는 키는 잭슨이 임명한 연방직인 워싱턴 지역검사였다. 폭도를 진정시키기 위해 키가 구사한 전략은 주로 폭도에 동조하는 것이었다. 그는 최대한 신속하게 아서 보엔을 재판에 회부해서 처형하기로 결정했다.

　8월 11일 콜트가 유럽으로 가는 계획을 준비하려고 워싱턴에 도착했을 때 도시는 사실상 폭도가 다스리고 있었다. 교도소로 난입해서 보엔과 코네티컷의 백인 노예제 폐지론자인 루번 크랜들을 린치하려는 시도가 실패로 돌아가자 폭도는 자유 흑인인 베벌리 스노에게 분노를 돌렸다. 펜실베이니아애비뉴와 개즈비호텔 근처인 6번가 모퉁이에서 인기 있는 식당을 소유한 인물이었다. 스노는 간신히 목숨을 구했지만 폭도는 그의 식당을 때려 부쉈고, 폭동에는 그의 이름이 붙게 되었다.

　헨리 엘스워스는 8월 12일 크리스토퍼 콜트에게 보낸 편지에서 도시의 위협적인 분위기를 포착했다. 편지를 쓴 표면적인 목적은 샘이 진전을 이룬 것에 대해 크리스토퍼에게 알리는 것이었지만, 엘스워스는 창밖에서 설쳐 대는 폭도 때문에 얼마나 당황스러운지 속내를 감추지 못했다. "거리에 사람들이 가득하고 …… 어떤 사람들은 유독 두드러지네." 이런 상황에서 코네티컷의 양키라는 정체가 밝혀지기만 해도 위험할 수 있었다. "폭도의 분노가 끔찍해. 오늘 밤 무사할지 걱정이지만 그래도 희망을 품어야지."

　프랜시스 스콧 키 덕분은 아니었지만, 결국 평화가 찾아왔다. 아서 보엔은 애나 손턴이 잭슨 대통령에게 진정서를 내서 교수형을 면하게 된다. 키는 "악의적이고 사악한 비방을 공표"한 죄로 루번 크랜들을 기소하지만, 이 젊은 노예제 폐지론자는 무죄 방면된다. 콜트가 이 모든 사태를 어떻게 생각했는지는 알 수 없다. 당시의 대다수 북부 백인들과 비슷했다면, 노예제를 좋아하지는 않아도 노예제 폐지론자들은 더욱 싫어했을 것이다. 그는 경제적 혼란이나 소요 없이 노예제 문제가 평화롭게 해결되기를 바랐다. 그런데 새로운 총기의 발명가에게는 그런 소요가 나쁘지만은 않다는 생각이 머리를 스쳤을지도 모른다.

콜트는 유럽으로 떠나기 전에 한 번 더 볼티모어를 찾아갔다. 존 피어슨에게 90.62달러를 지불하고, 자신이 없는 사이에 소요될 임금과 비용으로 50달러짜리 수표 세 장을 써 주었다. 그러고는 배를 타기 위해 뉴욕으로 달려갔다. 헨리 엘스워스는 크리스토퍼 콜트에게 편지를 썼다. "새뮤얼이 안전하게 항해하고 하느님의 너그러운 섭리로 거친 바다를 건넜다가 다시 안전하게 고향으로 돌아오기를 바라네."

화재

1835년 뉴욕 대화재. 잿더미를 딛고 일어선 도시는 불태울 돈이 있는 야심 찬 스물한 살짜리에게 흥미진진한 장소였다.

I

1835년 가을 샘 콜트가 영국 특허를 받기 위해 런던에 머무르는 동안 텍사스라고 불리는 리오그란데강 북부의 멕시코령에서 소규모 전쟁이 발발했다. 사실상 1821년에 멕시코가 에스파냐로부터 독립을 얻어 내고 광대한 북부 영토에 정착하도록 미국인들에게 권유하기 시작한 이래 수년간 긴장이 들끓던 상태였다. 코네티컷 양키 모지스 오스틴의 아들 스티븐 오스틴은 아버지의 손을 잡고 텍사스로 왔다. 오스틴 같은 엠프레사리오empresario(텍사스의 미개척 지역에 이주민을 끌어들이고 관리를 책임지는 대가로 토지를 분배받은 백인을 가리키는 표현. - 옮긴이)들에게 이끌린 이주민들은 처음에는 주로 남부 여러 주에서 조금씩 들어오다가 이내 숫자도 늘어나고 먼 지역에서도 찾아왔다. 멕시코인들은 이기적인 동기로 이 정착민들을 환영했다. 말을 타고 텍사스를 활보하면서 멕시코 깊숙이까지 습격해서 절도와 고문, 강간과 살인을 일삼는 코만치

인디언들에 맞서 방패 역할을 할 집단이 필요했기 때문이다. 미국인들은 인디언들을 바쁘게 만드는 일종의 파리잡이 끈끈이였다. 멕시코인들이 예상하지 못한 것은 코만치족에게 맞설 만큼 용감한 사람들은 정착민으로서도 얌전하게 살지 않는다는 사실이었다. 미국인을 지칭하는 이름이 된 '텍사스인'들은 인디언만큼이나 거칠고 폭력을 일삼았다. 멕시코는 자신의 실수를 뒤늦게 깨닫고 1830년에 미국인의 이민을 막으려 했다. 그 시점이면 미국인 2만 명이 텍사스에 살고 있었다. 그로부터 5년 뒤 그 숫자는 3만 명이 되었다.

1835년 가을에 멕시코 군대가 텍사스의 곤잘러스에서 황동 대포를 회수하려고 했으나, 이는 무력 충돌로 이어졌다. 몇 년 전 멕시코인들은 인디언의 접근을 막도록 미국인 정착민들에게 대포를 빌려주었다. 그리고 이제 대포를 다시 가져가려고 했는데, 텍사스인들은 대포 반환을 거부했을 뿐만 아니라 대포를 회수하러 온 멕시코 파견대를 공격하기까지 했다. 곧이어 1835년 10월 2일에 벌어진 작은 충돌에서 멕시코인 두 명이 죽고 텍사스인 한 명이 말에서 떨어져 부상을 입었다. 이후 벌어진 사태를 촉발하기에 충분한 충돌이었다. 그해가 끝나기 전에 텍사스인들은 멕시코로부터 독립을 선언하고 군대를 모집했다. 테네시 출신의 샘 휴스턴이라는 혈기 왕성한 사람이 이끄는 군대는 텍사스를 위해 싸웠다.

소식이 느리게 전해진 것을 감안하면, 콜트는 당시 이 사태를 전혀 몰랐을 수도 있다. 또한 텍사스에서 벌어지는 사태가 자신에게 어떤 의미를 갖게 될지 알지 못했을 수도 있다. 그걸 알아내려면 거의 10년을 기다려야 했다.

II

콜트는 9월 18일 런던에 도착해서 10월 내내 머물렀다. 로스웰 콜트의 형제로 여행 경험이 풍부한 존 콜트의 조언에 따라 콜트는 존 아이작 호킨스라는 변호사를 고용해서 특허 신청에 도움을 받았다. 시간이 나는 대로 런던을 돌아다니기도 했을 것이다. 주민이 200만에 육박하는 런던은 그 거대한 규모를 거의 파악할 수 없었다. 특히 수백만 개의 석탄 화로에서 나오는 연기 때문에 도시 전체가 자욱해지는 일이 잦았다. 바로 그때 스물세 살의 언론인 찰스 디킨스가 연기 뒤에 펼쳐진 도시의 모습을 펜으로 묘사하고 있었다. 최근에 보즈라는 필명으로 생생한 도시 스케치를 연재하기 시작한 인물이었다. 북적이는 대도시를 끝없이 걸으며 디킨스가 묘사한 런던은 수많은 인간과 냄새나고 더럽고 시끄럽지만 결코 지루하지 않은 온갖 감각이 드러나는 경이로운 현장이었다.

우리는 콜트가 런던에서 어디를 가고 무엇을 했는지 별로 알지 못한다. 그는 런던 방문에 관한 설명을 남기지 않았고, 영국 특허 신청과 관련해서는 676.5달러에 달하는 영수증 몇 개, 존 아이작 호킨스에게 지불한 50달러 수수료 영수증 등이 남아 있을 뿐이다. 이런 총계는 스물한 살의 젊은이가 처음 유럽에 체류하면서 보냈을 흥분된 시간을 무미건조하게 설명할 뿐이다.

적어도 한 전기 작가는 실제로 콜트가 해외에서 보낸 시간을 아주 흥미진진하게 묘사한 바 있다. 윌리엄 B. 에드워즈가 전반적으로 정확하지만 종종 현란하고 때로는 잘 이해할 수 없게 설명한 바에 따르면, 콜트는 1835년 가을 런던에서 특허를 받은 뒤 스코틀랜드 특허를 신청하기 위해 에든버러로 갔다. 콜트는 그곳에서 캐럴라인 헨쇼라는 열여섯 살의 독일 여자와 사랑에 빠졌다. 에드워즈의 묘사에 따르면 "반짝이는 검은 눈동자에 환한 금발의 대단한 미인"이었다. 샘과 캐럴라인은 곧바로 비밀 결혼을 했고, 캐럴라인은 샘과 함께 파리로 가서 그가 프랑스 특허를 받는 동안 도시의 쾌락을 함께 나누었다. "그는 활달한 기질이었고 …… 종종 걷잡을 수 없는 감정에 사로잡혀 일을 저지른 뒤 나중에 냉정하게 되돌아보면서 후회했다." 에드워즈의 설명이다. "어떤 다정한 상황, 어떤 열정적인 정당화가 있었는지는 전혀 알 수 없다."

에드워즈의 이야기는 흥미진진하면서도 콜트의 생애에서 나중에 생기는 일들을 생각할 때 그럴듯하다. 유감스럽게도 에드워즈는 콜트가 스코틀랜드에 잠시 들렀다는 증거를 제시하지 않으며 지금까지 남아 있는 것도 없다. 찾아볼 수 있는 증거를 볼 때, 콜트는 1835년 가을에 스코틀랜드에 가지 않았고, 또한 거기서 결혼하지도 않았다. 그는 11월 3일에 영국 해협을 건너서 혼자 합승 마차를 타고 곧바로 파리로 가기 위해 20달러를 지불했다.

콜트는 파리에 도착하자마자 특대판 가이드북을 샀다. 1830년에 갈리냐니출판사에서 펴낸《새로운 파리 안내서New Paris Guide》17판에는 "모든 공공건물에 관한 자세하고 정확한 설명"과 파리의 역사, 숙소와 포도주 주문하는 법에 관한 조언, "1주일 만에 파리를 구경하기 위한 계획안"이 실려 있었다. 콜트가 가지고 다닌 책자가 지금도 남아 있는데, 속표지에 연필로 이름과 1835년 11월 7일이라는 날짜가 적혀 있다.

특허를 신청하려면 프랑스 특유의 짜증 나는 관료주의 때문에 상당한 시간을 대기해야 했기 때문에 콜트는 파리 안내서를 써먹을 시간이 많았다. 1835년에 그가 마주친 파리의 많은 구경거리는 21세기의 관광객에게도 익숙한 곳들이다. 튀일리정원, 루브르박물관, 뤽상부르궁전, 노트르담성당, 방돔광장, 그리고 "거의 종일 빈둥거리며 보내는" 사람들로 가득한 무수히 많은 카페가 있었다. 하지만 1830년대의 파리는 전반적으로 21세기의 여행자보다는 14세기의 사람이 더 잘 알아보았을 것이다. 콜트가 방문하고 몇십 년 뒤 파리는 나폴레옹 3세의 지휘 아래 도시를 평평하게 고르고 재구상하게 된다. 1835년의 파리는 근대적이기보다는 중세에 가까웠고, 햇빛이나 여행 작가가 뚫고 들어가기 어려운 수많은 좁은 골목이 악취를 풍기는 미로를 형성하고 있었다. 갈리냐니의 편집자들이 할 수 있는 일은 여행자들에게 주의하라고 경고하는 것뿐이었다. "팔레루아얄과 인근 지역에는 지하 소굴이 있는데 이방인이 모험 삼아 들어가려면 매춘부와 소매치기의 꾀임에 걸려들지 않도록 단단히 경계해야 한다."

지갑을 단단히 챙겼는데도 콜트는 120달러 정도를 추가 경비로 쓰고 거의 200달러를 특허 비용으로 지출해야 했다.

＊ ＊ ＊

12월 3일 콜트는 르아브르에서 고향으로 가기 위해 올버니호에 탑승했다. 윌리엄 에드워즈에 따르면 캐럴라인이 그와 동행했으며, 두 사람은 팔짱을 끼고 대서양을 가로질렀다. "34일간의 여정은 샘과 캐럴라인에게 한순간처럼 짧아 보였다. 그들은 비록 젊었지만 인생에 시간이 충분하지 않았다. 하지만 미래가 모두 실현되고 있었고, 샘은 천하를 얻은 듯한 기분이었다." 미래는 실현되고 있었을지 모르지만, 콜트에게는 애석하게도 올버니호 선상에는 캐럴라인이 없었다. 선박의 승객 명단에는 콜트와 다른 다섯 명 승객이 있는데 모두 남자였다.

콜트에게는 겨울 항해의 지루한 시간을 순식간에 지나가게 해 줄 연인이 없었지만, 올버니호에 타고 있다는 사실만으로 그만큼 흥분을 자아내는 동료 승객이 하나 있었다. 그의 이름은 토머스 페넌트 바턴이었다. 올버니호가 돛을 올리기 직전 유럽에서 그린 바턴의 초상화를 보면 익살스러운 표정에 잘록한 허리, 봉긋한 엉덩이의 젊은 남자다. 오늘날 바턴은 애서가들 사이에서 미국 최초의 진지한 셰익스피어 수집가로 유명한데, 콜트를 만났을 당시 바로 얼마 전에 셰익스피어에 흠뻑 빠진 상태였다. 올버니호의 화물 적재장에는 지금은 돈 주고도 살 수 없는 17세기의 2절판 책자가 잔뜩 실려 있었을 것이다. 셰익스피어 희곡의 초창기 판본들이었다. 하지만 이 때문에 콜트가 올버니호에 바턴이 타고 있다는 사실에 흥미를 느낀 건 아니었다. 그가 흥미를 느낀 건 바턴이 미국의 프랑스 주재 대사 대리였기 때문이다. 아니, 잭슨 대통령이 돌연 화를 내며 그를 본국으로 소환한 얼마 전까지 대사 대리였다.

지금은 잊었지만, 바턴을 프랑스에서 소환한 것은 1835년 마지막 몇 달간 대서양 양쪽을 고착시킨 외교 위기에서 최근에 이루어진 가장 중요한 조치였다. 미국과 프랑스는 몇십 년 전 나폴레옹전쟁 시기에 프랑스인들이 미국에 가한 손해 때문에 생긴 배상금 지불을 둘러싸고 분쟁을 겪고 있었다. 잭슨은 프랑스가 배상금 지불을 미루는 것을 미국인에 대한 모욕으로 간주했다. 이런 사소한 언쟁이 개인적 모욕 때문에 몇 차례 결투를 한 적이 있는 잭슨과 모욕감을 느끼는 게 국민적 취미인 프랑스인들 사이의 결투로 불거진 상태였다. 프랑스는 잭슨이 모욕적인 발언을 철회하지 않으면 보상하지 않겠다고 강경하게 나왔고, 잭슨은 프랑스가 보상할 때까지 어떤 발언도 철회하지 않겠다고 으름장을 놓았다. 그러는 사이에 잭슨은 해군이 프랑스 선박을 나포하도록 지시하겠다고 위협했다.

잭슨의 정치적 경쟁자들은 그가 프랑스의 채무 문제를 다루는 태도가 경솔한 처신의 증거라고 말했지만, 지지자들은 '완고한 늙은이Old Hickory(앤드루 잭슨의 별명. ─옮긴이)'의 결단력을 보여 주는 것이라고 치켜세웠다. 콜트는 이런 상황에서 기회의 냄새를 맡았다. 바턴이 소환되기 전에도 의회에서 전쟁 예산을 승인하는 것을 검토한 바 있었다. 이제 바턴이 프랑스에서 서둘러 빠져나오고 대서양 양쪽에서 분위기가 후끈 달아오르는 가운데 군비 확장을 위한 예산 편성이 거의 확실해 보였다. 1836년

분투와 사업

1월 7일 목요일 아침에 뉴욕에 도착했을 때 샘은 기쁜 소식을 가져왔다. 전쟁이 눈앞에 닥쳤다는 것이었다.

III

콜트가 그를 맞이하는 뉴욕의 이례적인 광경을 알아차리지 못한 것은 그가 얼마나 흥분했는지 알 수 있는 척도가 된다. 올버니호에서 내린 콜트는 8월에 떠날 때와는 딴판으로 달라져서 거의 알아볼 수 없는 도시에 들어섰다. 그가 돌아오기 3주 전, 몹시 춥고 바람이 많이 분 1835년 12월 16일 밤에 불이 나서 로어맨해튼의 대부분을 집어삼켰다. 불길이 워낙 환하게 타올라서 멀리 포킵시와 뉴헤이븐에 사는 사람들까지 자기 도시에 불이 났다고 생각할 정도였다. 불길이 잦아들 때까지 불연 소재로 지었다는 상업거래소를 포함해서 건물 700채가 잿더미가 되었고, 피해액은 이리운하를 건설하는 데 지출된 액수의 세 배였다. 콜트가 북쪽 브로드웨이로 올라가며 보니 동쪽으로는 사실상 모든 건물이 사라지고 없었다.

콜트가 이 폐허를 보고 나타낸 반응에서 가장 두드러진 점은 아무런 반응을 보이지 않았다는 것이다. "아브르에서 우편선 올버니호를 타고 오늘 아침 도착했습니다." 그날 오후에 아버지에게 쓴 편지의 구절이다. "기대한 것보다 유럽에서 훨씬 사업 성과가 좋았고(돈이 부족했던 걸 감안하면), 지금은 이 나라에 제 특허 발명품을 소개하기 위한 준비를 마쳤습니다." 새까맣게 탄 건물의 잔해들에 관해서는 일언반구도 없다. 이상한 모습이긴 하지만 어울리지 않는 건 아니다. 때로 콜트는 워낙 시야를 좁혀 집중한 나머지 주변 상황에 대해서는 말 그대로 거의 아무것도 보지 못했다. 그는 야망으로 똘똘 뭉쳐서 미국에 돌아왔고, 모든 관심이 거기에만 쏠렸다. "오늘 저녁 셸던 씨를 찾아가서 조언을 구할까 합니다. …… 가급적 빨리 답장 주세요. 일분일초를 아끼면서 개량하려고 노력하고 있습니다."

콜트는 아버지에게 두 가지 다급한 메시지를 전했다. 첫 번째는 전쟁이 임박했다는 것이고, 두 번째는 돈이 필요하다는 것이었다. 자금이 바닥난 콜트는 프랑스 특허 비용의 절반만 지불할 수 있었고 귀국 탑승료를 내기 위해 올버니호 선장한테 돈을 빌려야 했다. 그는 로스웰 콜트에게 갚아야 하는 300달러와 프랑스 특허권료 잔액 200달러를 포함한 채무와 비용을 열거하면서 아버지에게 당장 1,500달러가 필요하다고 말했다.

콜트는 이듬해 내내 보내는 편지마다 거의 빠짐없이 돈 이야기를 늘어놓았다. 사실 남은 생애 내내 그랬다. 받아야 할 돈이나 갚아야 할 돈, 벌어야 할 돈이나 써야 할 돈, 어쨌든 찾아내야 할 돈에 관해. 돈이 상업의 핵심을 차지하고 상업이 콜트의 삶에서 핵심을 차지한 것을 감안하면 놀랄 일은 아니다. 하지만 이런 언급이 그가 하는 일의 성격과 연관되어 있다면, 어느 정도는 그의 성격과도 관련되어 있었다. 돈을 향한 콜트의 욕망은 만족을 몰랐고, 돈을 틀어쥐고 있지 못하는 그의 무능은 거의 병적일 정도였다.

* * *

뉴욕으로 돌아온 날 저녁, 콜트는 워싱턴스퀘어에 사는 더들리 셀던을 방문했다. 셀던은 화재 때문에 재산 손실이 일부 있긴 했지만 뉴요커들이 대개 그렇듯이 최대한 빠르게 움직이고 있었다.

이제 콜트는 해외 특허를 확보했고, 미국 특허를 신청하기 전에 중요한 문제들을 해결해야 했다. 그중 첫 번째는 자신이 개발한 총을 어떻게 만들 것인가 하는 점이었다. 소규모 상점에서 맞춤형 총기를 제작하는 총기 제작자는 견본과 원형을 만드는 데는 적합하지만, 콜트가 생산하려고 하는 총기를 수백 정, 더 나아가 수천 정 만들기에는 부적절했다. 정부 계약과 판매를 위해 작업 규모를 키우려면 정교한 기계와 이 기계들에 동력을 공급할 물, 기계를 작동할 인력이 필요했다. 막대한 규모의 돈도 필요했다. 법인 기업(주식회사)을 만들어야만 그 정도의 돈을 끌어모을 수 있었다.

오늘날에는 법인 기업이 워낙 흔해서 별로 설명이 필요하지 않지만, 1836년 미국에서는 상대적으로 사기업을 만드는 새로운 방식이었다. 18세기에는 대체로 유료 도로나 운하, 제방 같은 비용이 많이 드는 공익사업의 자금을 조달하기 위해 법인이 만들어졌다. 19세기의 새로운 자본 집약적 산업들은 법인 자금 조달을 민간 부문에 도입했다. 개인 소유나 동업 같은 전통적인 사업 방식이 특히 상인들이나 전문 서비스의 경우에 여전히 생명력이 있고 일반적이었지만, 초기 비용이 많이 드는 산업 혁명 시기에 등장한 새로운 대규모 산업에는 적합하지 않았다. 법인 기업을 통해서만 수많은 개인이 각자 돈을 모아 사업 이윤을 공유하는 한편 단일 주주의 책임을 제한할 수 있었다. 세기말에 법인 기업은 카네기, 모건, 록펠러 같은 재벌의 수중에서 자본주의적 괴수로 발전하게 된다. 재벌들은 막대한 권력과 재원을 갖춰서 정부에도 도전할 정도였다. 하지만 당시에는 법인 기업이 대부분 소수의 주주로 구성되고, 허가를 내준 주의회에 의해 엄격하게 통제를 받았다.

  뉴저지주의 패터슨이라는 소도시에 새로운 법인 기업을 설립하기로 정한 것은 아마 1월 7일이나 그 직후에 콜트가 셸던과 만난 자리였을 것이지만, 어쨌든 일찌감치 계획이 이루어졌고 거의 논의도 하지 않은 것 같다. 사실 논의가 필요하지 않았다. 패터슨이 안성맞춤이었다. 수력이 풍부하고 뉴욕시와 가깝고 무엇보다도 콜트 집안이 소유하고 운영했기 때문이다.

＊ ＊ ＊

콜트는 도착한 바로 그날 셸던에게 여행 경비 50달러를 빌린 다음 뉴욕을 떠났다. 한 시도 시간을 허비하지 않아야 했다. 워싱턴에서 의회가 대프랑스 전쟁 예산을 검토하려고 모일 때 자기 총을 보여 주고 싶었다. 아버지에게 쓴 편지에서 말한 것처럼, 콜트는 총기 주문품을 육군과 해군에 판매할 작정이었다. "특히 전쟁이 벌어질 가능성이 농후하기 때문에 육군과 해군이 연방 차원에서 총을 도입할 게 분명합니다." 하지만 우선 볼티모어로 돌아가서 자기가 자리를 비운 사이에 피어슨이 준비한 원형 모델을 찾아와야 했다.

  날씨가 도와주지 않았다. 1835년부터 1836년에 걸친 겨울은 길고 혹독했다. 동해안의 항구들은 얼음으로 덮여서 수상 여행이 불가능했다. 뉴욕을 떠나는 순간 콜트는 몇 년 만에 동부를 강타한 최악의 겨울 폭풍과 맞닥뜨렸다. 콜트는 이후 며칠간 폭설을 뚫고 느릿느릿 나아갔다. 적어도 여정의 일부 구간은 새로 부설한 철도, 아마 캠던앤드앰보이가 뉴욕에서 필라델피아까지 새로 깐 철로로 이동한 다음 필라델피아·윌밍턴·볼티모어철도로 갈아탔을 것이다. 마침내 콜트는 1월 12일에 아버지에게 편지를 보냈다. "폭설이 너무 쌓여서 길에서 며칠을 보낸 끝에 어젯밤에 도착했습니다."

볼티모어의 일은 어느 정도 기대한 만큼 되어 있었다. 적어도 피어슨이 맡은 일은 진척이 있었다. 피어슨의 조수로 고용한 사람은 "내가 없는 동안 일을 게을리하고 농땡이를 피워서" 그 자리에서 해고했다. 원래 워싱턴에 가져갈 총을 준비하는 데 한 달이 걸릴 것으로 계산했는데, 볼티모어에 온 지 2주도 되지 않은 1월 23일에 콜트는 아버지에게 며칠 안에 뉴욕시로 갈 생각이라고 알렸다.

이 여정은 특히 혹독한 겨울 날씨에 볼티모어에서 뉴욕을 거쳐 워싱턴으로 향하는 계획이었다. 콜트는 이렇게 돌아가야만 한다고 생각했다. 우선 총에 개머리판을 달고 각인을 해야 했다. 볼티모어에서 작업을 할 수도 있었지만 뉴욕 장인의 숙련된 솜씨가 필요했다. 무엇보다도 작업 비용을 지불하기 위해 셀던의 돈이 필요했다. 마지막으로, 사우스캐롤라이나의 연방 상원의원 존 C. 캘훈을 비롯해 워싱턴의 영향력 있는 인사들에게 전달할 소개장 여덟 통을 셀던에게서 가져와야 했다. 이 소개장들과 로스웰 콜트가 써 준 편지 몇 통이 권력자들의 사무실로 들어가는 입장권이 될 터였다.

IV

그해 겨울 콜트가 워싱턴에 간 첫 번째 목적은 미국 특허 신청이었다. 1836년 2월 17일, 콜트는 기본 수수료 30달러와 함께 총기 도면, 부품과 작동 설명서, 피어슨이 만들어 준 원형 모델 하나를 제출했다. 콜트는 계속해서 수많은 라이플, 샷건, 카빈 같은 장총에 회전식 약실을 장착하지만, 피스톨 덕분에 유명해졌기 때문에 첫 번째이자 가장 중요한 특허의 그림에 권총이 새겨진 것은 당연한 일이다.

"본인, 코네티컷주 하트퍼드카운티 하트퍼드의 새뮤얼 콜트는 총기에서 새로운 유용한 개선을 발명했음을 알리는 바임. 이로써 부속 도면과 다음의 내용이 본인이 발명한 상기의 개선을 제작하고 작동하는 방법에 관한 정확하고 완전한 설명임을 밝히는 바임." 전례가 없는 방식을 설명하기란 쉬운 일이 아니었다. 콜트의 신청서에 담긴 언어는 대다수 특허 신청서와 마찬가지로 어리둥절하게 만드는 내용이다. "실린더를 잡아 주는 열쇠는 받침점(b)에 걸려 있음. 래칫을 작동시키는 리프터는 왼쪽 측면

(c)에 있는 공이치기와 연결되어 움직임. 리프터의 암(d)은 왼쪽에 있는 래칫의 톱니 안으로 작동됨. …… ” 2,000단어로 된 신청서 어디에서도 콜트는 자신이 회전식 실린더를 발명했다고 주장하지 않았다. 1831년에 콜리어의 총을 접했는지와 무관하게 1836년 무렵이면 그는 다른 이들이 전이나 후에 회전식 연발 장치를 만들었다는 것을 알았다. 그렇지만 콜트가 작성한 신청서에는 여덟 가지 독창적인 부분에 관한 주장이 들어 있다. 처음 두 개는 총기에 뇌관을 장착한 것과 관련된다. 실린더의 각 약실 뒤쪽에 이른바 니플nipple을 설치하고 그 위로 뇌관을 설치한 것이다.

콜트는 또한 하트퍼드에서 로와 시험 발사를 할 때 일어난 것처럼, 한 약실에서 발사가 이루어질 때 다른 약실에서 폭발이 일어나는 사고를 막기 위해 각 약실을 차단하는 방법을 발견했다고 주장했다. 이 특허 신청서의 3번 항목 주장은 의심스러운 것으로 밝혀지게 되지만, 콜트로서는 미래의 문제였을 뿐이다.

특허 신청서에서 가장 중요한 주장은 5번에서 7번 항목인데, 모두 실린더를 돌리고 잠그는 콜트의 방법과 관련된 것이었다.

5. 실린더와 래칫이 맞물리는 구속 기능 적용.
6. 실린더 잠금과 회전의 원리.
7. 금속판으로 실린더 축과 총열 하부 돌출부를 관통시켜서 총열과 실린더를 결합하는 원리.

헨리 엘스워스가 특허청의 수장인 터라 콜트의 신청이 승인받는 것은 확실했지만, 그래도 형식적인 심사 과정을 거쳐야 했다. 심사가 완료되기를 기다리면서 콜트는 당시에는 아직 개념이 없었지만 훗날 그가 뛰어난 자질을 보이는 활동, 즉 로비를 하며 시간을 "개선"했다. 그는 육군 군수부와 해군이 자신의 총기를 시험해 보도록 설득하기를 기대했다. 콜트가 여전히 믿은 것처럼 전쟁이 다가오는 가운데 군부에서 긍정적인 보고서가 나오면 의회의 예산 승인이라는 황금 수도꼭지가 열릴 터였다.

특허를 신청한 바로 그날 콜트는 17번가에 있는 해군 건물로 갔다. 유럽으로 항해를 떠나기 직전에 한 번 가본 적이 있었지만, 이제는 총기 샘플만이 아니라 로스웰 콜트가 해군장관 말론 디커슨에게 보내는 소개장도 든든하게 갖고 있었다. 말론과 당시 하원의원이자 미래의 뉴저지 주지사인 동생 필레몬 모두 로스웰의 친한 친구였다. 콜트는 또한 더들리 셀던이 써 준 소개장도 갖고 있었다. 하나는 콜트가 2월 18일에 찾아가는 전쟁장관 루이스 캐스 앞으로 된 것이었고, 다른 하나는 2월 19일에 찾아가는 사우스캐롤라이나의 연방 상원의원 존 캘훈 앞으로 된 것이었다. 캘훈은 이후 콜트를 위해 육군 군수부장인 조지 봄퍼드 대령 앞으로 소개장을 써 주었다.

콜트나 주변의 누구나 정부가 그가 만든 총을 채택하지 않을 가능성을 염두에 두지 않는 것 같았다. 크리스토퍼 콜트는 2월 11일에 보낸 편지에서 확신에 차서 말했다. "사촌 셀던에게 소개를 받고 엘스워스 씨에게 친절한 조언을 받는 등 여러모로 도움을 받고 있으니 정부나 육군부, 해군부로부터 필요한 자금을 전부 받을 수 있을 거라 믿어 의심치 않는다." 믿음의 징표로 크리스토퍼는 샘에게 300달러짜리 어음을 보냈다. 여윳돈이 거의 없는 아버지로서는 후한 액수였다.

* * *

하지만 모든 게 계획대로 풀리지는 않았다. 가령 대프랑스전쟁은 어떻게 됐을까? 펜실베이니아애비뉴에서 의사당으로 격렬한 특별 메시지를 보낸 뒤인 2월 22일, 잭슨 대통령은 영국이 분쟁을 중재하기 위해 개입했고 프랑스가 미국에 진 빚을 갚기로 동의했다고 의회에 통고했다. 갑자기 전쟁 이야기가 쑥 들어갔고, 분쟁은 역사의 각주로 서서히 자취를 감췄다.

콜트로서는 실망스러운 일이었겠지만 그의 마음은 이미 새로운 여러 가능성에 맞춰져 있었다. 그중 가장 유망한 가능성은 이후에도 여러 차례 되풀이되는 것처럼 텍사스에서 나타났다. 텍사스인들은 그해 겨울에 한창 독립을 위해 싸우고 있었다. 멕시코 군대에 맞서서 성공을 거두려면 돈과 인력, 총이 필요했다. 텍사스공화국은 이미 세 가지를 모으기 위해 북동부로 대리인을 파견한 상태였다. 크리스토퍼는 아들 샘에게 보낸 편지에서 그런 대리인 중 하나로 코네티컷 출신의 텍사스 신문 발행인인 새뮤얼 화이팅이 워싱턴을 방문할 예정이라고 알려 주었다. "그 사람이 돈이 있으면 아마 너한테 소총과 권총을 텍사스의 자기 앞으로 보내 달라고 얼마를 내려고 할 거다."

1836년 2월 23일, 산타안나 장군이 지휘하는 1,500명 정도의 멕시코 부대가 알라모라는 샌안토니오의 옛 선교 시설을 포위 공격했다. 선교 시설 안에는 미국인 150명이 있었는데, 그중에는 탁월한 사격술로 텍사스 군대를 돕기 위해 얼마 전에 온 변경의 전설 데이비 크로켓과, 자신의 이름을 딴 날이 긴 보위 나이프로 유명한 짐 보위도 있었다. 미국인들은 목숨 바쳐 알라모를 지키겠다고 맹세한 상태였다.

이틀 뒤인 2월 25일, 워싱턴에서 샘 콜트는 "14년간 …… 앞에서 언급한 개량품을 조립, 제작, 사용, 판매하는 온전하고 배타적인 권리와 자유"에 대해 특허를 받았다.

3월 5일, 뉴저지 주의회는 콜트의 연발식 총기 제조를 전문으로 하는 "법인"인 패턴트암스제작사에 설립 허가증을 내주었다. 다음 날인 3월 6일 일요일에 알라모가 산타안나의 군대에 함락되었다. 크로켓과 보위를 포함해서 안에 있던 미국인은 전원 살해되었다.

V

아메리칸호텔은 뉴욕 시티홀파크 건너편의 브로드웨이와 바클리스트리트가 만나는 모퉁이에 자리한 5층 건물이었다. 호텔은 전 시장 필립 혼의 저택과 가까웠는데, 호텔 측은 그해 봄 6만 달러에 그 저택을 사서 공간을 확장했다. 늦봄에는 그때까지 뉴욕에 지어진 가장 거대한 호텔인 객실 309개의 애스터하우스가 아메리칸호텔 한 블록 남쪽에 문을 열었다.

아메리칸호텔이 혼의 저택을 매입하면서 치른 엄청난 가격은 뉴욕이 1835년 대화재에 어떤 반응을 보였는지를 보여 주는 한 지표일 뿐이다. 도시 전체가 무아지경에 빠졌다. 화재로 18세기 도시의 흔적이 대부분 파괴된 뒤, 맨해튼은 근본적인 사실과 이성의 끈을 놓아 버린 것 같았다. 강의 얼음이 갈라지면서 도시는 활력으로 넘쳐 났고, 부동산 가치가 1억 4300만 달러에서 2억 3300만 달러로 급등했다. 보험사들은 파산해 버렸지만, 뉴욕의 다른 모든 이들은 화재를 부자가 되어야 한다는 동기 부여로 받아들이는 것 같았다. 의기양양한 포부로 똘똘 뭉친 스물한 살의 젊은이에게 이

보다 더 좋은 곳은 없었다.

콜트는 아메리칸호텔에서 밤을 보내고 시더스트리트 69번지에 있는 셀던의 사무실에서 낮을 보내면서 법인 기업의 조건을 만들어 나갔다. 콜트는 며칠마다 하트퍼드에 편지를 보내서 아버지에게 상황이 어떤지 보고했다. 어떻게 보면 아들이 아버지에게 성공한 것을 자랑하는 편지였지만 또한 확인과 조언을 구하는 시도이기도 했다. "오늘 편지 한 통을 써서 제작사 이사진에 보낼 계획입니다." 3월 8일 샘이 아버지에게 전한 말이다. "미국에서 제 자금으로 제가 개발한 모든 종류의 총기를 제작할 배타적 권리를 주겠다고 제안했어요." 그 대가로 총기 판매 수익금의 절반을 받을 예정이었고, 콜트는 법인이 설립되고 처음 6개월 동안 한 달에 1,000달러씩 총 6,000달러를 선불로 받았다. "제 발명품의 가치에 비례해서 수확을 거두게 될 겁니다."

패턴트암스제작사의 주식은 1836년 4월 7일에 판매되었다. 셀던은 주당 100달러로 총 23만 달러를 조달하는 것을 목표로 정했다. 로스웰 콜트와 더들리 셀던의 친구들이 곧바로 1,500주를 사들였다. 주식을 산 사람들 가운데는 로스웰이 모시고 일했고 대니얼 웹스터와는 사돈 관계인 유력자 르로이 집안사람들, 뉴욕의 변호사 토머스 에밋, 뉴욕요트클럽 창립자 윌리엄 에드거 등이 있었다. 셀던 본인은 240주로 가장 많은 주식을 샀다. 크리스토퍼 콜트는 50주를 샀다. 회사에 선금을 신청한 샘 또한 50주를 샀는데, 나중에 받는 선금으로 더 많은 주식을 매입하는 옵션이 있었다.

패턴트암스제작사는 법인 기업이었기 때문에 콜트는 어떤 의미로든 소유주가 아니었고 경영을 맡지도 않았다. 셀던이 재무 책임자를 맡아서 돈줄을 쥐고 사실상 경영 책임도 지면서 이사회와 함께 경영하기로 했다. 콜트는 말하자면 사업 추진을 위해 고용된 사람이었다. 회사와 체결한 계약에 따라 그는 "충분한 시간을 할애해서 …… 총기 제작에 필요한 작업을 조직하고 확립하고 가동하는" 데 동의했다.

제조업 경험이 전혀 없는 스물한 살의 젊은이가 백지상태에서 대규모 회사를 세울 수 있다고, 그것도 몇 달 만에 할 수 있다고 기대하는 건 지금 보면 희망 사항에 불과한 것처럼 보인다. 문서에 담기지 않고 검증되지도 않았지만, 샘이 더들리 셀던과 아버지, 그리고 플리니 로턴이라는 사람의 도움을 받아 일을 해 나갈 것이라는 가정이 있었다.

VI

"5월 21일 목요일 아버지와 함께 스프링필드에서 로턴Lorton 씨를 만나서 패턴트암스 제작사에서 함께 일하기로 합의했다." 콜트가 기록한 내용이다. 그해 봄에 지니고 다닌 작은 포켓용 일기에 처음 쓴 글에서 콜트는 흔히 고생한 철자법만이 아니라 몇 가지 실수를 저질렀다. 그가 만난 남자는 Lorton* 씨가 아니라 Lawton 씨였다. 그리고 날짜도 5월 21일이 아니라 4월 21일이었다.

1836년 4월 21일은 미국사에서 샘 휴스턴이 이끄는 800명의 부대가 샌저신토에서 "알라모를 기억하라!"라고 외치면서 1,500명의 멕시코군을 물리친 날로 기억된다. 텍사스의 독립으로 이어지는 길을 닦은 승리였다. 그날은 또한 샘 콜트가 미국 산업을 공부하기 시작한 날이다. 그는 아버지를 만나러 뉴욕에서 하트퍼드까지 증기선을 타고 가는 길에 공부를 시작했다. 샘과 크리스토퍼는 이후 코네티컷강을 따라 북쪽으로 올라가서 매사추세츠주 스프링필드에서 플리니 로턴을 만났다.

이후 5년간 플리니 로턴은 콜트의 삶에서 중요한 인물이 되지만 그에 관해서는 알려진 게 많지 않다. 그는 매사추세츠주 로웰의 공장에서 일하던 젊은 시절에 기계에 대한 전문적 능력을 키웠다. 나중에 웨어로 옮겨 가서 크리스토퍼 콜트 밑에서 햄프셔제조사의 기계 공장 감독 일을 했다. 콜트가 개발한 총을 생산하는 과정을 감독할 적임자로 로턴을 추천한 이가 바로 크리스토퍼였다. 이 첫 번째 만남에서 샘은 총기 모델을 가져와서 로턴이 필요한 내용을 이해할 수 있게 보여 주었다. 로턴은 기계를 잘 알았지만 그의 전문 분야는 섬유 공장에서 실을 만들고 천을 짜는 일이었다. 총을 만들려면 부품 모양에 맞게 금속을 가공하는 기계가 필요했는데, 로턴이 알던 기계

---

* 콜트의 오자를 보면 그의 목소리가 들리는 듯하다. Lawton의 이름을 계속 Lorton으로 쓰고, "entirely"를 "initally"로 쓰는 걸 보면 'r'이 없는 단어에 'r'을 넣고, 있어야 하는 단어에서는 생략한다. 그는 분명 발음대로, 즉 글자를 듣고 발음하는 대로 철자를 적는다. 콜트의 목소리를 알아보기 위해 여기서는 그가 원래 쓴 철자와 구두점을 일부 남겨 놓았지만, 많은 경우에, 특히 뒤로 갈수록 가독성을 위해 오탈자를 바로잡았다. 콜트가 쓴 많은 편지가 발송하기 전에 비서가 옮겨 적으면서 글을 다듬었다는 점을 주목해야 한다. 더욱이 19세기 중반에 개인 간 편지를 교환할 때는 철자법과 구두점을 즉흥적으로 바꿔 쓰는 경우가 많았고, 콜트만 이런 맞춤법 오류를 저지른 것은 아니었다. 대문자 표기가 일정하지 않았고, 물음표를 쓰는 경우도 드물었으며, 문장에서 쉼표와 마침표를 쓰더라도 엄격하게 구분하지 않았다.

와는 종류가 다른 것이었다.

기계를 사용해서 콜트가 개발한 총을 만드는 방법을 공부하기 위해 로턴과 콜트는 총뿐만 아니라 여러 제품을 제작하는 곳으로 갔다. 이 주제에 관해 배우려면 콜트가 태어난 코네티컷강이 뻗어 있는 지역, 그러니까 대략 매사추세츠주 스프링필드와 코네티컷주 미들타운 사이 64킬로미터에 걸친 강 유역보다 좋은 곳은 없었다. 여행을 떠나면서 콜트는 일기에 몇 가지 사실과 인상을 급히 적었다. 간략한 내용이지만 1836년 당시 미국 최첨단 제조업의 현황을 잘 보여 준다.

"에임스 씨네 칼 공장 방문." 4월 22일 콜트가 스프링필드 바로 북쪽에 있는 치커피의 에임스제작사에 관해 적은 내용이다. 각종 칼과 식기류를 제조하는 가족 가게로 시작한 에임스사는 주방용 칼 제조에서 검 단조로 발전하면서 금속 가공 기술에서 말 그대로 첨단을 달리고 있었다.

치커피에서 몇 시간을 보낸 뒤, 콜트와 로턴은 스프링필드로 돌아가서 연방조병창을 방문했다. 콜트가 일기에서 주장하긴 했지만, 그날 처음 방문해서 스프링필드의 "구역 전체"를 돌아보았을 것 같지는 않다. 조병창은 동쪽 강둑에 불규칙하게 퍼져 있는 건물들로 이루어진 단지였다. 콜트에게 이 방문에서 가장 주목할 만한 부분은 조병창 무기 감독관인 엘리저 베이츠와 면담을 한 것이었다. "내 발명품을 보여 주자 그 사람은 US머스킷보다 싼값에 만들 수 있어서 장점이 두드러진다고 생각한다는 의견을 내놓음."

* * *

콜트가 스프링필드를 비롯해 자신이 방문한 조병창들의 산업적 중요성을 온전히 파악했는지는 분명하지 않지만, 그 중요성은 아무리 강조해도 지나치지 않다. 총기 제조업체들은 훗날 '미국식 생산 방식'이라 불리게 되는 방식을 도입하는 데 앞장서고 있었다. 이 생산 방식은 한참 뒤에 조립 라인으로 발전한다. 어떻게 이런 방식이 생겨났는지는 여러 가지 원인으로 설명할 수 있지만 정부, 오로지 정부만이 동일한 제품을 수백, 아니 수천 개 주문할 필요성과 수단을 두루 갖고 있었다는 사실에서 출발한다. 정부가 가령 재봉틀이나 시계 수천 개가 필요했다면 이 산업들에 복합적인 영향을 미쳤을 것이다. 하지만 정부는 재봉을 하거나 시간을 알려 주는 사업이 아니라, 당장에는 전쟁을 하지 않더라도 전쟁을 준비하는 사업을 크게 벌이고 있었다. 그 결과 미국에서 대량 생산된 품목 가운데 총이 첫 번째이자 가장 중요한 자리를 차지했다. 정부가 총기의 주요 구매자였기 때문에 어떤 총을 만들지도 정부가 지시했다. 그리고 총기 제조의 문제점을 해결하는 데 깊은 관심이 있었다.

이런 문제점 중 가장 까다로운 것은 독특한 부품의 문제였다. 오늘날에는 인공적으로 만든 제품의 부품이 같은 제품의 복제품과 동일하기 때문에 호환 가능하다는 가정이 워낙 일반화된 터라 자연법칙처럼 보일 정도다. 현대식 기기가 고장 나면, 파손된 부품을 제거하고 새로운 부품을 쉽게 구해서 기기에 적절하게 맞추면 어느 정도 새것처럼 작동한다. 하지만 과거에도 항상 그랬던 것은 아니다. 수제 도구를 사용하던 시대에는 모든 제품이 하나뿐인 부품들로 이루어진 유일무이한 것이었다. 부품과 제품이 똑같아 보일지 몰라도 크기와 모양이 약간씩 달랐다. 주전자나 냄비, 식탁 같은 단순한 제품은 이런 문제가 별로 중요하지 않았지만 총의 경우에는 대단히 중요했다. 부품이 자주 고장이 났는데, 18세기 머스킷의 부품이 고장 나면 총 자체를 총기 제작자에게 보내서 수리를 받아야 했다. 특히 전쟁이 한창일 때는 불편한 일이었고, 비용도 많이 들었다.

그리하여 부품의 '통일성'을 추구해야 했다. 정확히 똑같지는 않더라도 허용 오차가 작아서 호환 가능한 부품이 필요했다. 이런 노력이 기계의 혁신을 배후에서 이끈 주요한 원동력이었다. 측정기를 가지고 꼼꼼하게 작업하는 대장장이나 총기 제작자 집단은 교체 가능한 부품을 만드는 데 다가설 수 있었다. 하지만 정확히 똑같은 방식으로 동일한 직무를 반복하는 일에는 기계가 인간보다 능했다. 그리고 부수적이지만 중요한 점인데, 기계는 인간보다 더 빠르게 작업을 했기 때문에 값비싼 인건비를 절감해 주었다.

총기 제작에 기계를 도입한 공로는 대체로 엘리 휘트니에게 돌려진다. 아니, 20세기 역사학자들이 휘트니가 자신이 했다고 한 일 가운데 정말로 그가 한 것이 있는지 의심하기 전까지는 그랬다. 오늘날 휘트니는 무엇보다 조면기 발명가로 유명하다. 이 기계 자체가 미국사에 엄청난 영향을 미쳤기에 역사에서는 흔히 휘트니가 생애 대부분을 총을 만드는 데 바쳤다는 사실을 간과한다. 1798년 휘트니는 2년 안에 머스킷 1만 정을 생산하고 그 대가로 13만 4000달러를 받기로 정부와 계약했다. 그는 총을 한 자루도 만들기 전에 총을 제작하는 기계부터 만들 생각이라고 의회에 말했다. "주요하게 생각하는 목표 하나는 제작 작업을 하면서 모든 부품을 비율에 맞게 만드는 기계를 만드는 겁니다. 이 기계만 완성하면 신속, 통일, 정확을 달성하게 됩니다." 휘트니는 6년 시한을 지키지 못했고 결국 자기가 말한 기계도 만들지 못했다. 하지만 이런 이야기만으로도 미래로 나아가는 문을 열어젖혔다.

코네티컷의 총기 제작자인 시미언 노스가 그 문으로 발을 들여놓았다. 노스는 1799년에 미들타운에 있는 한 공장에서 총을 만들기 시작했는데, 그곳에서 조립 라인 생산을 시험했다. "노동자 한 명이 권총의 특정한 부품만 2,000개씩 만들게 하면, 최소한 그가 하는 노동의 4분의 1을 절감할 수 있다." 헨리 포드가 T모델 자동차를 만들기 정확히 100년 전인 1808년에 그가 한 말이다.

한편 스프링필드에서는 두뇌가 명석하고 대단히 혁신적인 토머스 블랜처드가 개머리판을 만들기 위한 형판을 사용하는 선반을 발명했다. 트레이싱휠이 형판을 가로질러 움직이는 동안 커팅휠이 그 동작을 그대로 따르면서 재료 위를 지나가며 원본과 완벽하게 똑같은 모양으로 절단하는 기계였다. 블랜처드의 선반은 정확히 똑같은 모양을 무한정 반복해서 만들 수 있었다.

스프링필드가 언제나 혁신을 선도한 것은 아니지만, 가장 뛰어난 발전을 흡수한 다음 그것을 표준화해서 널리 퍼뜨렸다. 시간이 흐르면서 처음에 스프링필드를 비롯한 조병창에서 고안된 많은 혁신이 다른 제조업체들로 퍼지게 된다. 기계 자체에서부터 기계를 사용하는 방식에 이르기까지 온갖 혁신이 이렇게 퍼졌다. 결국 콜트의 도움을 받아 이 혁신들은 미국의 새로운 산업 혁명으로 이어진다.

* * *

콜트와 로턴은 1836년 봄에 코네티컷강 유역에 있는 공장들을 돌면서 몇 주를 보냈다. 콜트는 따로 시간을 내어 당시 가장 좋은 연철의 산지였던 코네티컷 북서부에 가서 철 공급업자들을 만났고, 5월 16일에 두 사람은 스프링필드에서 다시 만나서 연방조병창을 다시 둘러보았다. 이제 콜트에게는 거대한 공장들을 천천히 돌아보면서 좀 더 가까이서 조사할 시간이 있었다. 우선 철공장으로 가서 수력 풀무로 무연탄을 태워 온도를 높여서 총기용 철을 가열해서 부드럽게 만드는 모습을 보았다. 다음에 들른 곳에는 각각 전용 수차로 동력을 공급받는 열여덟 개의 기계 해머가 있었는데, 분당 600회의 속도로 올라갔다가 떨어지면서 기다란 판금을 두드려서 설계도와 비슷한 모양으로 만들었다. 맨드릴에 판금을 대고 작업을 하면 총열이 만들어졌는데, 한 방문객이 기록한 것처럼, "뗑뗑 철컹철컹하며 귀를 울리는 소리가 끊이지 않았다." 여기서 만들어진 철 부품들은 밀링머신으로 보내져서 더 정확하게 절단된 다음 선반으로 이동해서 부드럽게 다듬어졌다.* 콜트는 다양한 기계에 깊은 인상을 받았고, 자신이 본 현장을 자기 총을 "제작하는 데 아주 유용하게 써먹을 수 있겠다."라고 생각했다.

5월 18일, 콜트와 로턴은 코네티컷강을 따라 미들타운과 시미언 노스의 무기 공장으로 가서 더 "훌륭한 기계들"을 구경했다. 그런 다음 코네티컷강으로 돌아와서 뉴욕행 증기선을 탔다. 이제 자신들의 공장을 지을 때였다.

VII

퍼세이크강에 있는 폭포는 미국의 경이로운 자연의 하나로 여겨졌다. 규모에서는 나이아가라폭포에 미치지 못하지만, 로어맨해튼에서 32킬로미터 거리라 가기가 한결 쉬운 독특한 폭포였다. 크게 떨어지기 전에 거칠고 가파른 물길로 좁아지는 대신 거의 잔잔한 호수처럼 넓어져서 강폭이 85미터까지 됐다가 지표면을 미끄러지면서 부글거리는 물줄기로 23미터 아래로 떨어졌다. 오래전부터 폭포를 찾은 관광객들은 그 광경에 입을 벌리고 감탄했다. 워싱턴과 라파예트는 독립혁명 중에 폭포 근처에서 야

---

* 선반과 밀링 모두 재료를 깎아서 원하는 물건을 만드는 일이지만, 방식이 서로 다르다. 일반적으로 선반은 작업하는 물체가 움직이고(회전하고) 절단 도구가 고정돼 있다. 밀링은 물체가 고정돼 있고 도구가 움직인다. 대공장 제조 과정에서 선반과 밀링머신 모두 똑같은 물건을 반복해서 복제하기 위해 사전에 엄격하게 정해진 움직임을 따른다.

영하면서 폭포 밑 "동굴"을 즐겨 거닐었다. 전하는 말로는 동굴 속 매끄러운 바위에 각자의 이름을 새겼다고 한다(19세기의 역사책에서는 두 사람의 이름이 아직 남아 있다고 주장했다). 건축가 벤저민 러트로브는 1800년 신혼여행 중에 우연히 폭포에 왔다가 이곳이야말로 자연이 만든 "가장 숭고한 풍경"이라 경탄하며 그 자리에 예술원을 만들면 좋겠다는 희망을 밝혔다.

애석하게도, 누군가는 예술원 부지로 본 자리가 다른 사람에게는 산업 단지로 안성맞춤이었다. 낭만주의자들이 자연의 원시적인 힘의 숭고한 표현을 본 곳에서 다른 이들은 다른 힘, 즉 수력만을 보았다. 러트로브가 방문하기 9년 전에 재무장관 알렉산더 해밀턴은 이 폭포를 유용한 제조업체 설립을 위한 협회Society for Establishing Useful Manufactures(S.U.M.)의 부지로 선정한 바 있었다. 토머스 제퍼슨이 미국의 농업 중심 미래상을 제시한 것과 반대로, 해밀턴은 미국의 미래 번영은 산업을 끌어안는 것에 달려 있다고 믿었다. 그리고 퍼세이크강에 있는 이 폭포가 자신의 전망을 실현하기 위한 이상적인 장소라고 생각했다. 해밀턴은 S.U.M.의 헌장을 작성했고, 뉴저지 주지사 윌리엄 패터슨이 헌장에 서명했다. 주지사가 남긴 주된 유산은 그의 서명으로 생겨난 장소에 자신의 이름을 붙였다는 것이다. 패터슨이라는 도시는 그렇게 생겨났다.

1792년, S.U.M.은 폭포 주변의 땅 280헥타르를 매입하고, 워싱턴시 설계를 막 마친 피에르 랑팡에게 도시 설계를 맡겼다. 패터슨은 지형이 아주 달랐지만, 랑팡은 워싱턴과 비슷하게 폭포 근처의 중심점에서 널찍한 대로가 방사형으로 퍼져 나가는 도시를 구상했다. 주요한 특징은 빠르게 흐르는 물을 폭포 위에서 시내로 돌리는 여러 층의 도수로(또는 운하)였다. S.U.M.은 이 도수로를 따라 곳곳에 미래의 공장 부지를 지정하면서 일부를 임대하고 몇 개는 협회가 보유했다.

패터슨을 개발하는 데 많은 인재와 돈이 투입되었음에도 출발은 불확실했다. 랑팡은 계획이 고귀한 만큼이나 실행력은 허술하고 잘난 체하는 사람임이 드러났다. 1793년, 로스웰의 아버지이자 크리스토퍼의 삼촌, 샘의 종조부인 피터 콜트가 패터슨을 구원해 달라는 요청을 받고 이곳으로 왔다. 피터 콜트는 감독관으로서 도수로 체계를 대폭 변경하고, 도수로를 따라 면직 공장 몇 개를 세웠으며, 도시를 전반적으로 개선했다. 하지만 S.U.M.의 구상을 실행할 만한 자본이 부족한 가운데 공장들은 1797

년에 문을 닫았다.

피터 콜트는 패터슨을 떠났지만 이곳을 완전히 잊어버리지는 않았다. 그는 미래가 해밀턴의 구상을 따라잡을 것이라고 믿었고 아들들, 특히 로스웰에게 투자를 독려했다. 로스웰은 아버지의 조언에 귀를 기울여 일찍이 1808년부터 주식을 사들였고 1814년에는 S.U.M.의 대주주이자 패터슨의 총재가 되었다. 성공한 실 제조업자인 동생 존 콜트가 부총재를 맡았고, 새뮤얼이라는 이름의 사촌 또한 제일장로교회의 집사이자 장로로서 중요한 도시 지도자가 되었다. 이는 피터 콜트의 형제인 조지프의 아들일 가능성이 큰데, 1822년에 "독주를 과음하고 부정한 행위"를 한 죄로 교회에서 쫓겨났다.

S.U.M.은 미국 경제와 나란히 부침을 겪었지만, 시간이 흐르면서 공장 조업이 증가해 1836년에 이르면 패터슨은 면직 공장 열일곱 곳, 시계 공장 한 곳, 제철 공장 한 곳, 리넨 공장 한 곳, 그 밖의 다양한 산업이 존재하고 주민은 만 명에 육박하는 번성하는 도시였다. 형제와 사촌 사이인 콜트 가문의 성원들이 S.U.M. 주식의 3분의 2 이상을 장악했다. 공장들이 협회로부터 토지와 도수로 사용권을 임차했기 때문에 공장의 수가 늘수록 로스웰 콜트와 동료 주주들의 수익도 커졌다. 그러니 전적으로 자비심과 친족 관계 때문은 아니었지만, 콜트 집안사람들은 또 다른 친척이 패터슨으로 오는 것을 환영했다.

* * *

5월 19일, 아버지와 폴리니 로턴과 동행한 샘은 더들리 셸던을 만나러 뉴욕에 잠시 들렀다. 네 사람은 페리를 타고 허드슨강을 건너 폴러스훅으로 갔다. 한결 밋밋한 이름인 저지시티로 명칭이 바뀌는 도시였다. 편리하게도 최근에 허드슨강 서편에 철도 노선이 개통해서 하루에 네 번 저지시티에서 출발해 통통거리며 버건힐스를 넘어 서쪽으로 갔다. 그날 오후 패터슨에 도착한 네 사람은 곧바로 콜트의 총기 공장을 세울 부지를 살펴보러 갔다. 퍼세이크강 동쪽 기슭 폭포 바로 아래쪽에 있는 부지였다. 이미 부지에는 버려진 못 공장이 서 있었는데, 존 콜트와 몇몇 동업자들이 소유하던 곳이었다.

이후 며칠 동안 아이디어를 얻기 위해 이웃한 몇몇 공장을 방문한 뒤, 그들은 총기 공장의 설계를 결정했다. 4층 높이에 가로 14미터, 세로 41미터 너비에다가 그 지방에서 나는 적갈색 사암으로 지을 계획이었다. "아버지가 가신 뒤에 예상한 것만큼 큰 진전을 이루고 있습니다." 크리스토퍼가 실크 공장을 관리하러 하트퍼드로 돌아간 5월 말에 샘이 아버지에게 보낸 편지에서 한 말이다. "일꾼 한 무리를 모아서 부지에 있는 낡은 공장을 철거하기 시작했는데, 철거가 끝나는 대로 땅을 고르고 우리 공장의 토대를 닦을 겁니다."

샘은 건설 감독을 로턴에게 맡길 생각이라고 아버지에게 말했다. "그곳에서 사업을 마무리 짓고 제가 가진 기계를 이곳으로 가져오기 위해" 마지막으로 볼티모어에 가야 했다.

VIII

샘 콜트와 존 피어슨의 관계는 아이러니했다. 수십만 달러의 자본, 패터슨에서 올라가고 있는 대규모 공장, 금속을 재료로 총기 수천 정을 만들기 위해 구입하거나 건조해야 하는 기계류, 이 기계들을 가동할 직원 수십 명으로 구성된 패턴트암스제작사가, 당장은 볼티모어의 소총 작업대에서 수공구를 가지고 일하는 총기 제작자 한 명으로 압축되었다. 콜트와 피어슨의 거래는 숙련된 장인이 혼자나 소규모 집단을 이루어 손으로 기구를 만드는 시대에 이루어졌지만, 이제는 인간이 만드는 모든 물건이 사실상 기계로 제조되는 시대가 다가오고 있었다. 피어슨과 콜트의 마무리는 순조롭지 못했다.

콜트는 5월 31일에 볼티모어에 도착했다. 석 달 만에 처음 돌아온 것이었다. 피어슨은 그가 자리를 비운 동안에도 계속 열심히 일을 했지만, 콜트가 돈을 보내지 않거나 얼굴을 비추지 않을 때마다 기분이 좋지 않았다. 1836년 봄에 피어슨이 콜트에게 잇따라 보낸 편지는 애원조에서 격분한 어조에 이르기까지 분위기가 오락가락한다.

"선생, 어제 선생의 편지를 받았습니다." 피어슨이 3월 27일에 쓴 편지다. "편지와 돈을 받는 데 3주를 기다리다니 크게 실망했습니다." 콜트는 돈과 총기 부품을 보내겠다고 약속했지만 둘 다 보내지 않았다. 콜트가 편지를 쓸 때는 대개 피어슨에게 추가 요구 사항을 알려서 그를 당황하게 할 뿐이었다. "선생은 나를 실망시키고도 아무렇지 않게 여기지만 내가 선생을 실망시키면 아주 싫어하지요." 피어슨은 콜트에게 "50달러$$$"를 보내라고 재촉했다. "제발 잊지 마세요."

그 편지를 받고도 콜트가 가만히 있자 피어슨은 다시 편지를 보냈다. "불가피하게 선생한테 편지를 써야 해서 죄송한데, 이제 인내심과 돈이 전부 바닥이 났습니다." 피어슨이 4월에 쓴 편지다. "선생을 실망시키지 않으려고 밤낮으로 일을 했는데, 그 대가로 내가 무엇을 받았습니까? 왜 내가 난처하게 고통을 받아야 하나요."

피어슨이 마지막으로 보낸 편지는 5월 9일 자다. 콜트가 100달러를 보냈지만 이걸로는 피어슨의 급여나 미래 비용은 말할 것도 없고 이미 발생한 비용도 거의 감당하지 못했다. "이런 식으로 돈을 주면 어떻게 계획을 세울 수 있겠습니까?" 그는 콜트에게 총 두 정을 완성했고 추가로 두 정을 작업하는 중이지만, 제대로 보상을 받지 못하면 한 정도 보내지 않겠다고 말했다. "선생이 나를 만족시키고 정당한 비용을 지불하겠다고 생각한다면 나한테도 똑같은 기대를 걸어도 되지만, 그렇게 하기 전에는 하나도 기대하지 마십시오." 피어슨은 다시 한번 콜트의 지긋지긋한 위선을 언급하면서 편지를 마무리했다. "선생은 매사에 지독하게 서두르면서도 당신 직원한테 돈을 주는 일에는 느긋하군요."

콜트가 마침내 볼티모어의 작업장에 들어섰을 때 피어슨이 얼마나 공격적인 태도로 나왔는지는 상상만 할 수 있을 뿐이다. 하지만 마침내 콜트는 피어슨이 만든 총을 손에 넣었고, 돈을 가져왔다. 마지막 영수증이 콜트의 일기에 적혀 있다. 콜트가 1831년 웨어에서 화학 공식을 기록할 때 처음 쓰고 1833년 뉴올리언스행 항해를 기록하면서 다시 편 그 일기장이다.

1836년 6월 4일 볼티모어에서 새뮤얼 콜트에게 총 119.76달러를 수령함. 여러 종류의 연발식 총기를 설계, 구상, 제조한 모든 작업과 6일 저녁까지 한 작업에 대한 대가를 전부 지불하는 것임.

다른 줄에도 6월 4일자로 된 영수증이 있다.

> 추가 서비스와 선의에 대한 퇴직금으로 총 25달러를 수령함.

퇴직금은 2주일 치 임금이 넘는 액수로, 어쩌면 콜트 나름의 뉘우침을 나타내는 표시일 수도 있다. 후한 액수이기는 하지만 피어슨이 응당 받아야 하는 금액에는 한참 못 미쳤다. 콜트를 알고 지낸 2년간 그는 성실하게 작업을 수행하면서 회전식 소총 아홉 정, 회전식 샷건 한 정, 회전식 권총 열여섯 정을 만들었다. 26개월 동안 스물여섯 정을 제작한 셈이다. 그 대가로 자신의 작업을 인정하거나 존중하거나 통상적인 예의도 차리지 않은 고용주를 참고 견뎠다.

존 피어슨은 샘 콜트 덕분에 지상에서 내세를 얻었다. 그의 이름은 콜트를 위해 만든 회전식 총기에 붙여진 덕분에 살아남았다. 하지만 피어슨은 콜트가 자신에게 해 준 것보다 훨씬 많은 일을 콜트에게 해 주었다. 나중에 피어슨의 가족은 콜트가 실제로 피어슨에게 큰 빚을 졌다고 주장한다. 이 총기 제작자가 콜트의 리볼버를 발명한 공로를 인정받아야 한다는 말이다. 이 총의 몇 가지 특징이 피어슨의 것임은 의심의 여지가 없다. 한 번에 몇 주나 몇 달 동안 혼자서 콜트의 지시 사항을 실행한 피어슨은 자기 나름의 기술에 의지해서 제작과 기계학의 문제를 해결했다. 이런 일이 발명에 해당하는 걸까? 현실적으로 보면, 우리가 이름을 기억하는 많은 위대한 발명가들은 우리가 이름을 잊어버린 여러 사람에 의지해서 볼트와 너트를 결합하고 자기 발명품의 결함을 해결했다. 이것이 공정한 일인지 여부와 상관없이.

그날 볼티모어에서 만난 것이 샘 콜트와 존 피어슨의 마지막 회동이었던 것 같다. 콜트는 패터슨으로 돌아갔다. 피어슨은 볼티모어에 1년 더 살다가 서쪽 아칸소주 리틀록으로 이주한 뒤 다시 아칸소주 서부 변경으로 옮겨 갔다. 80세의 나이로 그가 세상을 떠났을 때 《미주리덴탈저널》에는 그를 치켜세우는 부고가 실렸다.

> 피어슨 씨는 새뮤얼 콜트가 자기 이름으로 특허를 내고 독자적으로 부를 쌓은 품목을 발명했다. 피어슨 씨는 무척 조용하고 나서지 않는 사람인 터라 발명품의 권리

를 주장하지 않았고, 가장 친한 지인들을 제외하고는 자신이 그 발명품과 관련이 있다는 사실도 언급한 적이 없다.

총기 제작자의 부고가 치과 잡지에 실린 이유는 그 잡지의 편집인이 존 피어슨의 아들이기 때문이다. 아들은 아버지가 볼티모어 시절에 얼마나 초라한 대접을 받고 제대로 인정받지 못했는지 여전히 신경을 쓴 게 분명하다. 샘 콜트는 존 피어슨을 두 번 다시 생각하지 않았다.

폭발

1836∼1838년

제2용기병연대가 플로리다의 "은신처"에서 세미놀 인디언을 공격하고 있다.

I

얼음에 뒤덮인 긴 겨울이 끝나고 1836년 여름에는 따뜻하고 풍성하고 행복한 날들이 이어졌다. 미국은 어느 때보다도 운이 좋아 보였고, 미국인들도 조국의 미래를 한껏 낙관적으로 보았다. 동부에서는 부동산 가치가 급등했고, 서부에서는 쉽게 돈을 벌 수 있었다. 미시간준주에서는 말 그대로 나무에 돈이 열렸다. 6월에 임야를 1,000달러 주고 사서 7월에 2,000달러에 팔 수 있었다. 토지 가격이 상승함에 따라 상품 가격도 올랐고, 상품 가격과 더불어 노예 가격도 상승했다. 1836년에 아이작 프랭클린은 젊은 남자를 1,500달러에 팔았는데, 1830년에 판 가격의 두 배였다. 1836년 신문 편집인 호러스 그릴리는 이렇게 단언했다. "어느 쪽으로 눈을 돌려도 만인이 번영을 누린다는 흡족한 증거를 발견할 수 있다." 그릴리에게는 예언자 소질이 있었다. 동료 미국인들에게 "서부로 가라, 젊은이여"라고 조언한 것으로 유명하기 때문이다. 하지만 이 경우에는 영 헛다리를 짚은 셈이었다. 번영으로 보였던 것은 만연한 투기로 부풀어 오른 거품이었다. "하지만 누구도 환영을 보지 못했다." 19세기의 어느 정치경제학자는 붕괴하기 전의 시절을 두고 이렇게 썼다. "그때는 꿈이 현실처럼 보였다."

1836년 7월 19일에 스물두 살이 된 콜트에게 그 꿈은, 지속되는 동안은 좋아 보였다. 그는 패터슨과 뉴욕시를 오가면서 퍼세이크강 변에서는 자신의 공장이 서서히 올라가는 것을 지켜보았고, 뉴욕에서는 이제 주머니를 가득 채운 돈을 쓸 방법을 찾았다. 그가 새롭게 탐닉한 일 중 하나는 뉴욕에서 해트필드앤드피어슨이라는 이름의 양복점을 정기적으로 찾는 것이었다. 여기서 등장하는 피어슨은 얼마 전까지 콜트 밑에서 일했던 총기 제작자와 아무 관계가 없는 사람이며, 그 또한 샘 콜트와 거래를 하는 것이 특별한 도전이라는 사실을 금세 깨닫게 된다.

해트필드와 피어슨은 젊은 신사가 브로드웨이 164번지에 있는 자신들의 상점에 들어오는 모습을 본 그 순간에는 기뻤을 것이다. 6월 14일, 콜트는 "골이 지게 짠 일상복 바지"를 8달러 주고 샀다. 나흘 뒤 그는 흰색 바지 두 벌을 각각 7달러에, 평직 바지 한 벌을 6.50달러에, 하얀색 새틴 조끼를 7달러에 주문했다. 여기에 흰색 리넨 재킷 두 벌과 바지 멜빵 하나, 그리고 7월 중순에는 가장 중요한 옷인 "특상품 올리브색 코트" 한 벌을 추가했다. 한 달도 안 되는 시간에 콜트는 양복점에서 거의 90달러어치 옷을 외상으로 샀다.

콜트는 자기가 부자가 될 운명이라고 믿는 젊은이처럼 흥청망청 돈을 썼다. 한동안은 그 운명을 의심할 이유가 없었다. 워싱턴의 유력한 관리들이 그의 총에 관심을 나타냈고, 뉴욕의 부유한 금융가들도 총의 성공을 확신한 나머지 수만 달러를 투자한 상태였다. 패터슨의 공장은 여전히 땅에서 올라가는 중이었지만, 콜트는 이미 확장할 방법을 궁리하고 있었다. 6월에 동생 제임스가 찾아왔을 때 두 사람은 샴페인과 "씨가"를 맛보면서 아직 열아홉 살에 불과한 제임스가 프랑스어를 배워 파리로 가서 그곳에 콜트 무기 공장을 세우는 계획을 짜기 시작했다. 안 될 것도 없지 않겠는가? 콜트의 총은 이미 멀리 떨어진 세계 곳곳에서 진지한 관심을 끌고 있었다. 헨리 엘스워스에 따르면, 리볼버는 특허청을 찾은 미국인과 외국인 사이에서 큰 인기를 끌어 전시된 모델이 "워낙 많은 사람의 손을 타서 닳아 없어질 정도"였다.

가장 꾸준히 관심을 보인 곳은 텍사스였다. A. J. 예이츠라는 사람은 6월에 편지를 보내 텍사스 군대에서 연발식 소총 500정과 리볼버 500정을 사겠다고 제안했다. 총 1,000정이었다. 예이츠는 곧바로 스티븐 오스틴에게 편지를 보내 이 놀라운 새 발명품에 관한 소식을 공유했다. "콜트카빈에 스프링 총검, 권총으로 무장한 기병 100명이면 대단히 강력하고 효율적인 군대가 될 거라 생각합니다. 콜트카빈과 권총은 세 번 장전하는 시간에 30발을 발사할 수 있으니까요."

예이츠가 편지를 쓰고 1주일 뒤, 샘 휴스턴은 산타안나를 물리치고 텍사스를 독립으로 이끌어 총기를 시급하게 확보할 필요가 없게 되었다. 하지만 텍사스는 앞으로 더 많은 무기가 필요하게 되며, 텍사스와 콜트의 공생관계는 이제 막 시작되고 있었다.

II

예이츠의 문의가 환영할 만한 일임은 분명했지만, 곤란한 현실이 드러나는 계기이기도 했다. 간단하게 말해서 콜트에게는 판매할 총이 하나도 없었고 앞으로도 몇 달간은 없을 예정이었다. 총기 공장이 완성될 때까지 총을 생산할 수 없었는데, 콜트가 예이츠에게 보낸 답장에서 인정한 것처럼 공장 건설은 예정보다 적어도 넉 달 정도 늦어지고 있었다. 건설업자들이 필요한 자재를 제때 공급하지 못한 까닭에 "내년 5월에나 지금 접수된 많은 주문을 공급하거나 상당한 양의 신규 주문을 공급할 수 있을" 터였다. 샘플도 구하기가 어려웠다. 샘플이라 하면 존 피어슨이 대부분 수제로 만든 총기를 뜻했는데, 투자자와 구매자들에게 좋은 인상을 주려고 모델로 쓴 탓에 지금은 초라한 기능만 채워 넣고 기계로 제작하는 복제품을 만들기 위한 형판으로 쓰고 있었다. 콜트가 예이츠에게 밝히지 않는 사실은 피어슨의 총을 복제하기 위해 기계를 개조하는 게 그나 다른 사람이 예상한 것보다 훨씬 어려운 일이라는 점이었다.

아버지 크리스토퍼 콜트는 여름이 끝날 무렵 아들 회사의 잠재적인 문제를 처음 알게 되었다. 그는 300달러를 빌려 달라는 아들의 요청에 대한 답장으로 9월 14일에 보낸 편지에서 이런 여러 문제를 넌지시 말했다. 샘이 돈을 빌려야 하는 상황 자체가

분투와 사업

걱정거리였다. 패턴트암스제작사와 계약한 조건에 따라 샘은 선불 6,000달러를 매달 1,000달러씩 분할로 입금 받고 있었다. 존 피어슨 같은 숙련된 장인이 1년에 600달러를 받는 게 적당하던 시절에 부양가족도 없는 젊은이에게 6,000달러는 엄청난 액수였다. 이 돈의 일부는 패턴트암스제작사의 스톡옵션을 사는 데 쓰였지만, 그 일부만으로도 콜트는 어떤 기준에서 보아도 부자였을 것이다. 그의 돈은 어디로 갔던 걸까?

그 답은 여름과 가을 내내 콜트가 계속 쌓아 올린 비용에서 단서를 얻을 수 있다. 가령 아버지가 편지를 보낸 9월 14일 당일에 콜트는 애스터하우스로부터 청구서를 받았다. 6월에 문을 연 이래 애스터하우스는 미국에서 비싸기로 유명한 최고급 호텔의 반열에 올랐는데, 콜트가 뉴욕에서 주거지로 택한 곳이 바로 여기였다. 청구서 항목을 보면 식비 7달러, 돼지 정강이 햄 2달러, 샴페인 1달러 등이었다. 얼음 통에 물한 방울 떨어뜨리는 격이었지만 고급 취향이 싹트고 있었음을 암시하는 부분이다. 한편 콜트는 계속해서 해트필드앤드피어슨에서 청구서를 받았다. 10월 4일에 16달러짜리 "특상품 검은색 바지" 한 벌을, 10월 26일에는 62달러짜리 "최고급 정장" 한벌을, 11월 10일에는 16달러짜리 "고급 바지" 한 벌을 샀다. 콜트가 최고급 정장 값으로 치른 62달러는 존 피어슨이 6주 동안 작업한 대가로 지불한 금액과 맞먹었다.

물론 점잖게 청구서와 영수증을 교환하지 않고도 뉴욕에서 젊은 남자가 돈을 쓸 방법은 숱하게 많았다. 같은 해에 헬렌 주잇이라는 매춘부가 섬뜩하게 살해당하면서 도시 경제의 거대한 속살이 적나라하게 드러났다. 1830년대에 젊은 남자들이 일자리를 찾아 도시로 몰려들었고 젊은 여자들도 밀려왔는데 그중 일부는 고급, 혹은 저급 매춘부로 전락했다. 한 추산에 따르면 뉴욕 여성 가운데 무려 1만 명이 매춘부였다. 분명 과장된 수치겠지만, 많은 뉴요커들은 진짜처럼 느꼈다. 이 여자들을 방문하는 남자들의 숫자는 누구도 감히 추산하지 않았지만, 경제학에 따르면 매춘부보다 고객이 더 많았다. 샘 콜트가 그쪽에 돈을 썼다는 증거는 전혀 없지만, 가지 않았다면 놀랄 일일 것이다. 매춘부를 자주 찾는 것은 1830년대 뉴욕에서 젊은 남자들이 추구하는 "멋진 생활"에서 빠지지 않는 특징이었고, 콜트의 성격상 그가 당대의 다른 젊은 남자들에 비해 도덕관념의 제약을 받았다는 증거는 없다.

콜트가 돈을 어디에 썼든 간에 정말 놀라운 속도로 써서 파산할 지경이었다. 몇 년 뒤 그는 이복동생에게 쓴 편지에서 "나는 지금까지 돈을 쓰레기처럼 경멸했다."라고 말한다. 터무니없는 발언이지만, 그가 돈을 쓰레기처럼 다루었다는 부분만은 사실이다. 언제 돈이 생기든 간에 최대한 빨리 탕진해 버릴 방법을 찾았으니 말이다.

당시 크리스토퍼는 샘의 방탕한 낭비가 아니라 이 때문에 사업에 집중하지 않는 점을 걱정했다. 아들이 총기 공장에 시간을 전부 쏟지 않는다는 사실에 관심이 쏠린 것이다. 샘은 자신이 거둔 성공에 정신이 팔려서 예전처럼 한 가지에 집중하지 못하고 있었는데, 어느 때보다도 지금 정신을 집중해야 했다. 그의 미래뿐만 아니라 지금 당장 많은 사람의 재산이 그의 노력에 달려 있었다. "사랑하는 새뮤얼, 이 사업의 성공에 관심이 있는 너와 모든 이들에게 공통으로 미치는 결과를 생각할 때, 모든 즐거운 일을 밀쳐 두고 네 시간을 전부 쏟아 총기 공장 완성을 진척시키는 데 집중해야 한다." 크리스토퍼가 당부하는 말이다. "일단 잘 진행하여 시장에서 총을 팔아 수익을 실현하면 그때는 조금 즐길 시간이 있을 거다."

III

1836년 가을에 크리스토퍼는 작은 기분 전환을 기도했다. 그는 애디론댁산맥 기슭에 있는 뉴욕의 조그만 휴양 도시인 볼스턴스파에서 막 돌아왔는데, 광천수를 마시고 신선한 산 공기를 들이마시고 온 길이었다. 쉰여섯 살이던 그는 평생을 채울 만큼 많은 슬픔을 겪은 바 있었다. 사업과 돈 때문에 끊임없이 고통을 받았는데 아들들에 대한 걱정 때문에 고통이 더욱 커졌다. 그는 몇 년 전에 샘에게 보낸 편지에서 이렇게 말한 적이 있었다. "다 큰 아들 넷이 모두 자리를 잡고 버젓한 삶을 살 가능성이 충분히 보이는 사업을 하는 걸 본다면, 나 자신의 상황만큼 후회하지 않을 거다."

이제 마침내 가족에게 좋은 일이 생긴 터였다. 아들 하나가 진지하고 부유한 사람들에게 존경과 신뢰를 받았고, 부자가 되는 갈림길에 서 있었다. 분명 아버지로서 자부심을 느끼고 심지어 성공한 아들 덕분에 일정한 경제적 이익도 누릴 자격이 있었다. 그러나 애석하게도, 이제 크리스토퍼도 알듯이 행운과 공정은 서로 아무런 관계가 없다. 볼스턴은 실망스러운 곳이었다. "온천수가 현재 내 건강 상태하고 맞지 않았다." 크리스토퍼는 일찌감치 하트퍼드로 돌아와서 덜거덕거리는 자신의 실크 사업과 샘과 총기 사업에 관한 걱정스러운 소식을 접했다.

아버지와 샘의 관계는 대단히 복잡해진 상태였다. 크리스토퍼는 여전히 아직 성장해야 하고 조언과 애정과 지지, 때로는 질책도 필요한 젊은이의 아버지였다. 하지만 또한 패턴트암스제작사에 상당히 많은 개인적 명예와 재산을 쏟은 주주이기도 했다. 크리스토퍼는 여러모로 샘의 성공에 투자했다. 두 사람이 나눈 편지에서는 형제들과 다른 가족의 소식을 언급하기는 하지만, 계속해서 샘의 사업이 두 사람의 소통에서 으뜸가는 주제가 된다. 크리스토퍼는 그해 가을에 보낸 전형적인 편지에서 "공장 건물은 잘 올라가고 있느냐?"라고 물었다. "언제쯤 소총과 권총을 시장에 내놓을 수 있겠니? 1년에 소총과 권총을 얼마나 많이 만들 것으로 예상하느냐?"

어머니 올리비아 콜트는 이따금 남편이 쓴 편지지에 같이 편지를 썼는데, 마찬가지로 샘과 가족 사이의 새로운 역학관계가 반영되었다. 올리비아는 부인이자 의붓어머니로서 자신의 역할이 밝은 어조를 유지하는 것이라고 믿으면서 "잡다한 집안 이야기"를 늘어놓으며 사업 문제는 남자들에게 맡겼다. 따라서 사업 문제에 관해서는 자기 나름의 방식으로 접근했다. "11월 첫날인 오늘 맑은 아침에 아버지가 쓰고 있던 편지를 보여 주더구나." 샘에게 보낸 짧은 편지에서 한 말이다. "네가 하는 특허 무기와 관련된 중요한 주제는 잘 모르겠다만 그 문제에서 가족으로 관심을 돌려야 한다. 우리는 종종 네가 저녁에 와서 가족의 일원이 되기를 바란다." 샘의 형제와 친구들에 관한 간단한 소식에 이어 어머니는 여느 때처럼 아들의 연애 문제로 주제를 돌린다. "이따금 사업에서 즐거움으로 관심을 돌려서 너희 마을에 사는 숙녀들이나 이미 마음을 빼앗긴 어여쁜 콜트 부인에 대해 얘기해 주렴."

이렇게 수다를 늘어놓으면서 올리비아는 결국 샘의 사업 이야기로 넘어갔다. 이제 그의 사업은 가족의 생활과 떼려야 뗄 수 없게 되었기 때문이다. "이번 주에 셸던 고모한테서 편지를 받았다." 11월 말에 보낸 편지다. "네 사업이 잘돼 가고 있는지 듣고 싶어 하더구나." 더 중요한 문제로, 셸던 고모는 "5,000달러짜리 집을 안심하고 사도 되는지, 그리고 샘이 만드는 총을 믿을 수 있는지" 알고 싶어 했다. 샘의 이복동생 윌리엄에 관한 사소한 일화도 샘이 운영하는 회사의 운명과 관련이 있었다. 윌리엄은 최근 한 친구하고 새 사냥을 나가서 새를 두 마리 잡았는데, 하나는 날개에 맞았다. 사냥 성공에 자신감을 얻은 윌리엄은 자기 총을 사기로 마음먹었는데, 아버지는 형이 만든 총이 시장에 나올 때까지 참고 기다리라고 말했다. 샘의 회사가 생산을 시작할 때까지 윌리엄은 총 없이 견뎌야 했다.

총이 필요한 동생을 실망시키는 것은 나쁜 일이었지만, 일자리가 필요한 다 큰 동생을 실망시키는 것은 더욱 나쁜 일이었다. 이제 스무 살이 된 제임스는 샘에게 보낸 편지에서 여름에 나눈 대화를 상기시켰다. "형하고 연결되는 문제를 정확하게 알고 싶어. 그러니까 형은 내가 월급쟁이가 되기를 바라는지, 아니면 형이 특허권을 일부 내게 줘서 형하고 내가 연결되기를 바라는지 알고 싶어." 제임스는 샘이 유럽 특허 중 하나의 일부를 떼어 주는 게 가장 좋은 해법이라고 생각했다. 제임스는 아버지에게 약간 도움을 받으면 유럽에 무기 공장을 세우고 감독하는 일을 할 수 있을 거라고 자신했다.

제임스는 알지 못했지만, 사실 샘의 총기 사업은 이미 전망이 흐려지고 있었다. 제임스가 편지를 보내기 1주일 전인 1836년 12월에 크리스토퍼 콜트는 더들리 셀던에게서 불안한 소식을 들었다. 그는 곧바로 봉투에 "본인 외 개봉 금지"라고 써서 샘에게 소식을 전했다. 셀던은 패턴트암스제작사의 240주에 대한 분할 납입금을 내기 위해 빚을 졌는데, 다른 몇몇 주주들은 의무를 이행하지 않았다는 것이었다. 그해 가을에 셀던과 패턴트암스제작사가 겪고 있던 돈 문제는 미국에서 펼쳐지기 시작한 전반적인 금융 재앙의 전주곡이었다. 그사이에 회사는 첫 번째 총을 생산하기도 전부터 셀던에게 걱정거리가 되고 있었다. 그는 편지에서 크리스토퍼에게 책임을 돌리지 않았지만, 이후 몇 달간 실제로 책임져야 할 사람이 있다고 의심하기 시작한다.

IV

1836년 겨울에 전쟁이 임박했다는 소식을 가지고 유럽에서 돌아온 콜트는 정부가 자신이 만든 총을 곧 승인하고 구매할 것이라는 확신에 차 있었다. 그런 일은 없었지만, 콜트는 마침내 1837년 겨울에 자기 발명품을 정부에 입증해 보일 기회를 얻었다.

분투와 사업

사실 그것은 시연이라기보다는 경쟁이었다. 다른 몇몇 총기 제조업체도 초청을 받았기 때문이다. 콜트는 1837년 2월 중순에 군수부장인 봄퍼드 대령이 서명한 공식 행사 통지문을 받았다.

콜트는 며칠 뒤 워싱턴에 도착해 지난겨울에 묵었던 내셔널호텔, 일명 개즈비호텔에 체크인을 했다. 그는 포트와인 한 병과 방에 불을 피워 줄 것을 주문하고 추가 지침이 오기를 기다렸다. 2월 25일에 추가 지침이 나왔다. 군수위원회에서 짧은 편지를 보내 콜트에게 다음 날 아침 워싱턴 무기고에 총을 가지고 나오라고 요청했다.

무기고는 의사당 남쪽 포토맥강과 애너코스티아강이 만나는 그린리프포인트(오늘날의 버저드포인트)에 있는 커다란 벽돌 건물이었다. 콜트는 이후 3주 동안 자신의 총과 경쟁자들의 총이 일련의 시험을 거치는 가운데 그곳에서 많은 시간을 보냈다. 시험을 거친 모든 총기가 장총, 즉 라이플과 머스킷이었다. 정확도, 내구성, 반동, 발사 속도 등 열한 개 범주로 판정을 받았다. 언론은 열띤 관심을 보이며 시험을 취재했다. 신문마다 경쟁자들 가운데 특히 좋아하는 총이 있는 것 같았다.

의회가 시험용으로 선정한 네 종의 총기 가운데 두 개가 후장총이었다. 총열 뒤쪽에서 장전하는 후장총은 단발 수동 장전이었지만, 총기에서 중요한 발전이었다. 총구로 장전하는 전장총보다 신속하고 안전하게 장전할 수 있기 때문이다. 이런 후장총 가운데 가장 유명한 것은 메인주 출신의 유명한 발명가 존 H. 홀이 만든 소총이었다. 홀의 총기는 이미 10년간 군에서 사용되고 있었다.* 잉글랜드나 아일랜드 출신의 잘 알려지지 않은 인물인 해킷 남작은 로베르fusil Robert라는 프랑스 총을 가지고 나왔다.

세 번째 후보는 콜트와 그의 투자자들이 가장 관심을 기울인 총이었다. 존 웹스터 코크런이라는 뉴요커가 발명한 이 연발 소총은 회전식 실린더를 사용해서 여러 약실을 하나씩 총열과 정렬시킨다는 점에서 콜트의 총과 비슷했다. 하지만 한 가지 분명한 차이가 있었다. 마차 바퀴처럼, 그리고 콜트의 실린더처럼 수평축 위에서 회전하는 대신 코크런의 실린더는 도공의 물레 또는 더 적절한 예로 룰렛처럼 수직축 위에서 돌아갔다. 코크런은 이런 식으로 콜트의 특허를 침해하는 것을 피했지만, 약실

---

* 홀은 총을 만든 것 외에도 통일되고 호환 가능한 부품을 제조하는 데서 핵심적인 혁신가였다.

이 들어 있는 접시 크기의 원판은 다루기가 너무 골치 아프고 사용하기도 대단히 위험했다. 약실을 총열에 정렬시킬 때마다 다른 약실들은 다른 곳을 보았다. 그리고 가장 큰 문제는 뒤쪽, 그러니까 총을 겨누는 사람을 곧바로 마주 본다는 점이었다. 연발식 총은 '언제나' 연쇄 격발의 위험이 있었다. 콜트의 총기에서도 점점 이 문제가 커지게 된다. 하지만 적어도 콜트의 총은 모든 약실이 '앞'을 향해서 사격자와는 '반대쪽'이었다.

이상한 일이지만, 이렇게 황당한 설계에도 불구하고 코크런의 투자자들이나 군수부는 아예 가망이 없다고 보지 않았다. 코크런은 여러 신문에서 큰 관심을 받았고, 총기 제작 자금으로 30만 달러를 모았다는 이야기가 돌았다. 콜트보다 상당히 많은 액수였다. 특히 군이 코크런을 선호한다는 소문이 돌자 콜트의 투자자들 가운데 일부는 엉뚱한 데 돈을 걸었다고 걱정하는 듯 보였다. "코크런의 친구들이 정부를 상대로 상당한 노력을 기울였고 성공을 확신하고 있다는 만족스러운 소식을 들었다네." 찰스 폰드가 뉴욕에서 콜트에게 보낸 편지의 일부다. 미래의 코네티컷 주지사인 폰드는 콜트 집안의 친구이자 패턴트암스제작사의 투자자였다. "그 친구들이 상당한 정도로 모의를 한 게 분명해."

폰드는 코크런의 계략을 분명하게 언급하지 않았지만, 시험이 진행되는 동안 워싱턴과 뉴욕 전역에서 음모와 권모술수에 관한 소문이 파다하게 퍼졌다. 콜트에게 두 번째로 보낸 편지에서 폰드는 이제 해킷이 유리한 위치에 있다고 발설했다. 폰드는 해킷을 지지하는 게 분명한 조지타운의 한 신문 기사를 동봉하면서 이 신문 편집장의 "___를 걷어차 줘야 한다."라고 말했다. 샘에게 빈칸을 채우게 한 그의 편지를 보면서 우리는 불쾌감을 자아낸 그 편집장이 어떤 글을 썼는지 충분히 추측할 수 있다.

* * *

총기 시험은 마틴 밴뷰런의 취임식 때문에 3월 첫째 주말에 중단되었다. 전 부통령 밴뷰런은 1837년 3월 4일 토요일에 취임 선서를 하고 미국 8대 대통령이 되었다. 콜트도 그 토요일에 의사당의 동쪽 기둥 앞에 모인 2만 명의 군중 속에 있었을지 모른다. 어쨌든 그는 다음 주와 그다음 주에 무기고로 돌아왔다. 무기고에 틈틈이 얼굴을 비

분투와 사업

치는 한편 그는 워싱턴에서 새롭게 알게 된 친구들에게 '기름칠'을 하는 데 많은 시간을 쏟았다. 개즈비호텔에서 콜트에게 내민 청구서에는 포트와인을 비롯한 술값이 빈번하게 등장한다. 콜트가 더들리 셀던에게 청구서를 전달하자 셀던은 그가 흥청망청 돈을 쓴다고 발끈했다. "자네가 청구하는 비용은 아주 부적절해." 셀던의 말이다. "광맥이 끊기지 않는 광산에서 흘러나오는 것처럼 돈을 쓰고 있지 않은가." 콜트가 패턴트암스제작사를 도와줄 수 있는 존경받는 사람들을 끌어들이기 위해 이 돈을 쓴다고 해도 비용이 정당화되지는 않았다. "나는 마데이라 포도주로 자네가 만든 총의 특징을 부각시킬 수 있다고 믿지 않는다고." 셀던은 젊은이의 철자법이 형편없는 것을 포함해서 사촌의 모든 점에 짜증이 났다. 엉망진창인 맞춤법으로 콜트가 쓴 답장을 읽은 셀던은 "사전을 한 권 사라."라고 꾸짖었다.*

V

그해 3월 어느 날, 워싱턴에서 총기 시험이 진행되는 동안 셀던은 사촌 콜트가 헤픈 씀씀이와 서투른 맞춤법보다 한결 극악무도한 범죄를 저지르고 있음을 깨닫기 시작했다. 그는 콜트가 자기를 속였다고 확신하게 되었다.

　기록이 분명하지 않고 시기도 모호하지만, 특정한 사건이나 폭로를 계기로 셀던이 의심을 하게 된 것 같다. 셀던의 의심을 처음 암시한 것은 윌리엄 에드워즈인데, 그는 콜트 전기에서 1837년 3월 3일 뉴욕에서 샘 콜트가 패터슨에 있는 플리니 로턴에게 보낸 편지를 길게 인용한다. 역사적 문서로서 이 편지에는 몇 가지 문제가 있다. 우선 이 편지는 에드워즈가 보관한 코네티컷역사협회의 문서보관소에 없다. 더 정확히 말하자면 예전에는 있었을지도 모르지만 지금은 없다. 다른 문제는 콜트가 1837년 3월 3일에 뉴욕에 없었던 게 거의 확실하다는 것이다. 당시 그는 총기 시험이 한창 진행되

---

* 셀던의 이름도 걸핏하면 맞춤법을 틀렸다. 한번은 영국의 담당 변호사인 존 아이작 호킨스가 콜트가 왜 런던으로부터 재료를 못 받는지 설명하면서 이런 편지를 보냈다. "이 편지를 더들리 셀던 선생님 친전으로 보냅니다. 지난번에 파리에서 온 편지는 선생님 성함이 더들리 셀딩Selding과 더들리 세팅Seting으로 되어 있었고, 두 번째로 아브르우체국 소인이 찍힌 편지는 날짜와 장소도 적혀 있지 않았는데 발신인이 더들리 셀딩으로 돼 있었습니다. 그래서 먼젓번에 쓴 편지를 그 이름 앞으로 보냈답니다."

던 워싱턴에 있었다. 그렇긴 하지만 에드워즈는 분명 어느 시점에 쓰인 어떤 편지를, 그것도 길게 인용하고 있다. 이 편지는 발신일이 잘못되었을지 모르지만 내용은 늦겨울이나 1837년 초봄의 기간에 들어맞는다.

"패턴트암스제작사에 대한 관심이 언전히 직어 버렸다(완전히 식어 버렸다)는 걸 알리려고 편지를 보냅니다. 그 이유는 나보다 잘 알겠지요." 콜트가 쓴 편지다. "그러니 당신은 이 도시의 아메리칸호텔 앞으로 편지를 보내서 나를 위해 증언을 해 줘야 합니다. 더들리 셀던이 패턴트암스제작사와 나의 관계가 끊어졌다고 말하는 걸 들었다고 말입니다. 그 발언은 패터슨에 있는 우리 사무실에서 한 건데, 그가 있던 자리에서 우리가 만든 총이 폭벌(폭발)하는 행운이 생긴 다음 날 저녁이었지요."

마지막 문장에서 콜트는 문제의 핵심에 다가갔다. 분명 셀던은 콜트가 만든 총기 한 정이 연쇄 격발하는 장면을 본 적이 있었다. 콜트가 냉소적으로 말했듯 총이 "폭벌"한 것은 행운과는 거리가 멀었고, 이 폭발은 특히 시기가 좋지 않았다. 콜트가 회사의 신임을 얻어야 하는 바로 그 순간에 벌어진 일이기 때문이다. 이 사고로 셀던은 콜트가 만든 총에 실제로 심각한 문제가 있음을 알게 되었다. 발사되는 약실 옆에 있는 다른 약실에서 "측면 발사", 또는 당시의 표현으로 하자면 "연쇄 발사"가 퍼져 나가는 경향이 있었다. 콜트의 총기에서 연쇄 발사가 생겨도 가령 코크런의 총처럼 사격자가 맞는 일은 거의 없었지만, 연쇄 발사가 자꾸 발생하는 총은 실패할 게 뻔했다.

3월 중순 군수위원회가 휴회하면서 몇 달 뒤에 웨스트포인트에서 총기 시험을 재개하기로 했고, 콜트는 공백기를 이용해서 총기의 문제를 해결하려고 했다. 그는 워싱턴을 떠나기 전에 특허청에 있는 헨리 엘스워스를 찾아가서 대책을 설명하면서 특허권 보호 신청을 냈다. 특허권 보호 신청은 법적 특허 효력은 없었지만, 이의가 제기될 때 우선권을 확인하는 데 도움이 되었다. 콜트의 특허권 보호 신청은 "총기의 개량"에 관한 것이었다. 나중에 엘스워스에게 보낸 편지에서 설명한 것처럼 "발사의 영향을 받지 않게 잘 맞는 각도를 확보하기 위해" 실린더의 입구에 홈을 파면 측면 발사의 문제를 완전히 없애지는 못해도 크게 줄일 수 있었다.

사촌 형과의 관계는 그렇게 쉽게 회복할 수 없었다. 더들리 셀던은 여전히 샘이 총기의 결함에 관해 자신을 속여서 자신과 동료 투자자들에게 상당한 금전적 피해를 입혔다고 확신했다. 1837년 4월 6일, 셀던의 아버지인 조지프가 일흔셋의 나이로 갑자기 세상을 떠났다. 셀던이 아버지의 죽음을 콜트 탓으로 돌릴 수는 없었지만, 셀던 집안이 패턴트암스제작사에 얼마나 많은 모험적 투자를 했는지가 여실히 드러난 계기였다. 조지프 셀던은 거의 더들리만큼이나 그 회사에 많은 돈을 투자한 상태로 주식뿐만 아니라 특허 소유권도 일부 갖고 있었다. 생의 마지막 몇 주 동안 그는 샘에게 편지를 보내 최신 소식을 알려 달라면서 제작이 늦어지는 문제에 대해 우려를 나타냈다. 샘은 제때 답장을 보내지 않은 것 같다.

더들리 셀던은 4월 9일 트로이에 아버지를 묻은 후 다음 날 당일 일정으로 뉴욕에 돌아와서 크리스토퍼 콜트를 만났다. 크리스토퍼는 다른 일 때문에 뉴욕에 와 있었다. 짧은 만남은 유쾌한 자리가 아니었다. 그날 오후에 크리스토퍼는 샘에게 편지를 보냈다. "더들리는 네가 전시한 총기에 기본적 결함이 있다는 걸 네가 알고 있었고, 네가 아닌 다른 사람은 사용할 수 없으며, 네가 해결책을 찾을 때까지 몰래 실린더 끝부분을 '축축하게' 해서 사람들을 속였다고 말하고 있단다." 일부 전기 작가들과 총기 사가들은 이 내용을 실린더 끝부분을 고정했다고 해석한다. 샘이 연쇄 격발이 생기지 않도록 실린더를 조작했다는 의미다. 축축하게 했다는 말은 나중에 흔히 사용하는 방식처럼 약실마다 그리스나 바셀린 같은 것을 바르는 관행을 가리키는 것 같다. 콜트가 어떤 식으로 측면 발사를 억누르거나 통제했든 간에, 셀던이 보기에는 은밀하게 무슨 짓을 한 것이었다.

크리스토퍼는 아들에 대한 이런 비난에 당연히 화가 났다. "네가 이런 점이나 다른 어떤 점에서 회사를 속였다면, 설령 네가 해결책을 찾았다고 하더라도 잘못된 일이다." 다른 한편 그는 이렇게 썼다.

> 만약 한 번에 한 발 이상 발사되지 않도록 실린더의 끝을 축축하게 하는 습관이 있었던 게 사실이 아니라면, 셀던에게 그가 잘못 알고 있는 거라고 알려 주거라. ······ 나는 네가 어떤 식으로든 회사나 셀던을 속이려고 했다고 믿고 싶지 않지만, 오해의 싹은 미리 잘라야 한다고 생각한다.

셸던과 동료 투자자들이 약간이나마 주의를 기울였다면 애를 먹지 않았을 것이라고 지적한다고 해서 사람들을 속인 콜트의 죄가 덜어지는 것은 아니다. 아마 그들도 당시에 만들어진 '모든' 다약실 총기의 아킬레스건이 연쇄 발사 위험에 취약하다는 점이라는 사실을 알아챘을 것이다. 투자자들이 발견하지 못한 것처럼, 콜트 또한 자기가 발명한 총에 잠재적으로 해가 될 수 있는 정보를 널리 알리지 않은 것으로 보인다. 1830년대의 일확천금을 노리는 분위기 속에서 모두 부자가 되고 싶어 안달이 나 있었다. 누구도 그 총에 결함이 있을 수 있음을 인정하고 싶지 않았다.

그런데 갑자기 모든 게 폭발해 버린다.

VI

금융 붕괴는 문자 그대로 극적으로 모습을 드러냈다. 1837년 3월 14일 화요일 이른 아침, 로어맨해튼의 월스트리트와 익스체인지스트리트가 만나는 모퉁이에 있는 커다란 화강암 건물이 무너지면서 월스트리트 아래위로 주변 건물의 토대까지 진동이 전해졌다. 건물이 무너진 원인은 부실 공사로 추정되었지만, 거기에 담긴 더 큰 의미를 외면할 수 없었다. 건물은 로스차일드가의 뉴욕 대행사인 유력한 금융 기업 조지프앤드컴퍼니의 본사였다. 이틀 뒤 회사는 폐업한다고 발표했다.

오늘날 역사학자와 경제학자들은 세계 많은 지역까지 진동을 일으킨 압도적 다중 충돌인 1837년 공황의 원인을 계속해서 파헤치는 중이다. 역사학자 대니얼 워커 하우는 경제 붕괴를 멕시코의 은광 산업, 중국의 아편 무역, 영국의 흉년 등과 연결한다. 세 요인이 모두 결합해서 미국의 신용을 증발시켰기 때문이다. 국내 원인도 있었다. 그 원인은 대부분 니컬러스 비들의 미합중국 제2은행에서 연방 자금을 인출해서 소규모 지방 은행들에 예치하기로 한 잭슨 대통령의 결정으로까지 거슬러 올라간다. 지방 은행들에는 미합중국은행을 보수적으로 만든 대출 관련 제약이 거의 없었고, 일찍이 1836년 5월에 한 신문이 꼬집은 대로 이 은행들의 대출은 "투기 광풍"에 불을 붙였다. 신용이 갑자기 경색되자 광풍은 히스테리로 바뀌었다.

공황은 몇몇 대규모 면화 중개상이 파산한 남부에서 시작되어 북부까지 휩쓸었다.

4월 8일에 이르러 뉴욕의 상업 회사 93곳이 문을 닫았고, 4월 11일이 되자 그 수가 128개가 되었다. 자신들이 갖고 있던 지폐가 휴지장이 된 것을 깨닫고 격앙한 폭도가 은행에 밀려들어 지폐를 이론상 그 가치를 떠받치는 금이나 은으로 바꾸려고 했다. 뉴욕 은행들은 모든 지불을 중단하고 문을 걸어 잠그는 식으로 대응했다. 필라델피아 은행들도 곧이어 선례를 따랐고, 볼티모어 은행들도 뒤를 이었다. 주식 시장이 곤두박질쳤다. 전년도 가을에 에이커(약 4,000제곱미터. - 옮긴이)당 500달러에 육박했던 어퍼맨해튼의 토지가 이제 겨우 50달러에 팔렸다. 1년 전에 서류상으로 부자였던 사람들은 그 가치가 절반으로 떨어진 것을 발견했다. 이는 그나마도 운이 좋은 경우였다. "이 일기는 뉴욕이 일찍이 경험하지 못한 가장 우울한 시기에 시작된다." 전 시장 필립 혼이 4월 25일에 새로 산 일기장 첫 페이지에 쓴 말이다. "6개월 동안 상공을 뒤덮은 구름이 어느 때보다도 어두워지고 있고, 누구도 그 어둠 속에서 한 줄기 희망의 빛도 볼 수 없다."

그나마 패턴트암스제작사는 그런 분위기에서 다소 동떨어져 있었다. 붕괴가 시작되기 전에 셸던이 주식 청약을 진두지휘한 터라 회사 금고에 자본이 두둑했다. 하지만 시장이 경색되자 회사가 공장을 세우고 기계를 제작하기 위해 돈을 빨아들이던 바로 그 시기에 많은 주주가 분할 납부를 할 자금이 모자랐다. 소비자 시장에서 돈이 갑자기 쪼들린 것도 도움이 되지 않았다. 가처분 소득이 감소하면 콜트의 총을 살 고객이 줄어들 게 뻔했다. 다행히도 정부는 여전히 총이 필요했다. 이런 희망을 품고 콜트는 북쪽 웨스트포인트로 갔다.

VII

아마 증기선을 타고 갔을 것이다. 대다수 젊은이가 허드슨강 유역을 거슬러 올라가서 포인트(당시 육군사관학교의 비공식적 명칭)까지 갈 때 그렇게 갔다. 허드슨강은 가장 쉽고 빠른 길이었을 뿐만 아니라 가장 풍경이 그림 같은 경로이기도 했다. 맨해튼 북쪽으로 89킬로미터 거리의 허드슨강 서쪽 강둑에 뱃머리 모양의 암반이 강으로 튀어나와 있는데, 숲으로 된 언덕 사이로 이곳에 군사학교의 소박한 석조 건물들이 우뚝 서 있었다. 배가 부두에 들어갈 준비를 하자 흥분한 10대 소년 몇이 좌현에 서서 참고 견딜 수만 있다면 앞으로 인생의 4년을 보낼 장소를 응시했다. 때는 6월 말로, 새 학기가 시작하고 1학년 입학식이 열리는 시기였다.

부두에서 콜트와 신입생들은 마차에 짐을 올리고 플레인이라고 알려진 캠퍼스 중심부의 65헥타르 규모 고원을 향해 구불구불한 길을 따라갔다. 그들을 반긴 것은 연례 숙영 훈련을 벌이는 특별한 장관이었다. 해마다 여름이면 상급생들은 석조 건물을 비우고 플레인에서 비박을 했다. 언젠가 전장에서 마주하게 될 상황을 모의로 훈련하는 것이었다. 행군과 훈련을 했고, 불을 피워 음식을 만들었고, 천막을 치고 잠을 잤다. 웨스트포인트의 생활은 통제되고 엄격했지만, 여름에는 옷깃을 약간 풀어 헤치고 평상시의 스파르타식 궁핍과 과중한 학업, 가차 없는 규율에서 벗어났다. 사관후보생들은 강에서 수영하거나 인근 언덕을 산책할 수 있었다. 또한 잇따라 열리는 여름 무도회에서 잠깐이나마 젊은 여자들과 어울려 놀 수 있었다.

사관생도들의 이름은 1837년 여름에 콜트에게 아무 의미가 없었지만, 그해 6월 플레인에 있던 생도 중 몇몇은 훗날 유명한 장군이 되어 남북전쟁에서 군대를 이끌고 전투에 나서고 어떤 경우에는 서로 싸우게 된다. 그중에는 미래의 남부연합군 지도자들인 루이지애나 출신의 1838년 졸업생 피에르 귀스타브 투탕 보러가드(남북전쟁에서 최초의 포격인 섬터요새 공격을 지휘하고 불런, 또는 매너서스라 불리는 곳에서 연합군 부대를 이끌고 전투를 벌인다)와 리처드 S. 유얼, 부시로드 존슨도 있었다. 그해 여름에 플레인에 있었던 미래의 북부연방군 사령관들은 헨리 할렉, 윌리엄 로즈크랜스, 존 포프, 조지프 후커, 그리고 스폿실베이니아전투에서 전사한 존 세지윅 등이 있다. 숙영지에 있었을 수 있는 한 후보생은 오하이오 출신의 17세 윌리엄 테쿰세 셔먼(그해 여름에 짧은 휴가를 받았는데 정확히 언제인지는 분명하지 않다)인데, 그는 작년 6월에 증기선을 타고 허드슨강을 올라왔다.

콜트는 플레인 북쪽 끝에 있는 웨스트포인트호텔에 머물렀다. 북쪽으로 강이 눈에 들어오고 남쪽으로 숙영지가 펼쳐진 곳이었다. 그는 분명 패터슨에서 벗어나서 기뻤을 것이다. 그전 몇 주 동안 콜트는 더들리 셀던과 서로 짜증을 내며 편지를 교환했다. 주로 콜트가 웨스트포인트에 몇 정의 총기를 갖고 갈 것인지를 둘러싸고 입씨름을 한 것이다. 셸던은 1년 가까이 회사와 자기 주머니에서 돈이 빠져나가는 모습을 지켜본 터라 당연히 돈이 들어오기 전까지 더 많은 지출을 하는 것을 꺼렸다. "내 생각에 총기 샘플과 숫자는 절대로 앞에서 말한 바를 초과해서는 안 된다고 봐." 4월 14일에 셸던이 편지에서 한 말이다. 콜트가 반박하는 답장을 보내자 셸던은 자신의 행동이 예상치 못했던 지연과 비용을 질책하기 위한 것임을 상기시켰다. "자네가 원래 계획에서 모든 결함을 회사에 제대로 알렸더라면 지금과는 상태가 달랐을 거야."

* * *

새로운 총기 시험은 6월 19일에 진행되었다. 지난봄에 군수위원회는 콜트의 소형 라이플을 시험한 바 있었다. 지금은 회전식 머스킷과 장총을 시험했는데, 관통력을 측정하기 위해 다양한 사거리에서 잘 마른 떡갈나무 판자에 총을 발사했다. 콜트의 총기는 떡갈나무를 3.00인치(약 76밀리미터) 관통했는데, 홀의 소총은 2.2인치(약 56밀리미터) 이하, 코크런의 총은 고작 1.65인치(약 42밀리미터)였다.

여러 정황상 순식간에 경쟁이 콜트에게 유리해졌다. 우선 수수께끼의 인물인 해킷이 모습을 드러내지 않았다. 또는 현장에 나타났는데 어떤 이유에서인지 나가 달라는 요청을 받았다. 총기 시험을 보도한 신문들은 해킷의 부재를 거론하면서도 자세한 이야기는 하지 않았다. 6월 19일 코크런의 총이 연쇄 격발하면서 콜트는 다시 남의 불행에서 이득을 얻었다. 이어진 약실 몇 개가 점화되면서 총기 옆으로 총알이 사방으로 튀어 나가 옆에 있던 사람 하나가 거의 죽을 뻔한 것이다. 코크런의 터렛리볼버turret revolver(코크런이 개발한 수직축 실린더 리볼버의 명칭. 성의 꼭대기에 있는 작은 탑과 비슷한 생김새에서 유래한 이름이다. – 옮긴이)는 그 사고 이후 가망이 없었다. 군수위원회의 보고서에 따르면, "위험한 특성에 관한 공포와 우려가 너무 높아서 인기가 떨어지고, 결국 전쟁 무기로서 거의 무기력"했다. 콜트가 흐뭇한 기분에 빠지기 전에 그의 총기 한 정도 약실 두 개가 동시에 점화되는 연쇄 격발 사고가 났다. 코크런이 겪은 재앙보다는 덜 위험하고 파멸적이었지만, 그래도 불운한 일이었다.

봄에 진행한 시험이 몇 주간 질질 끈 것과 달리, 웨스트포인트에서 진행된 시험은 단 사흘 만에 마무리되었다. 콜트는 자기 총이 승리를 거두었다고 자신했고, 언론도 대부분 그런 견해였다. "구경꾼들은 콜트의 총을 선호한 것으로 보인다."라고《뉴욕쿠리어》는 보도했다. "그는 58초라는 믿을 수 없이 짧은 시간 안에 열여덟 발을 발사했는데, 총알의 정확도와 관통력이 일반 소총만큼 양호한 것으로 입증되었다. 사실 관통력은 더 좋다고 한다." 콜트는 아버지에게 기쁜 소식을 전했다. "웨스트포인트에서 총기 시험이 끝났는데, 제 총이 모든 점에서 다른 경쟁자들을 물리쳤습니다."

공식 보고서는 여름이 끝날 때까지 나오지 않았지만 위원회의 몇몇 성원들은 이미 콜트의 총에 대한 애정을 사적으로 표현했다. 위원회가 콜트에게 총기 제작비용이 얼마나 드는지 문의하는 편지를 보내자 그는 당연히 위원회의 견해가 자신에게 유리하다고 생각했다.

콜트는 낙관적이긴 했지만 자신에게 불리한 의견도 알고 있었음이 분명하다.《뉴욕스타》에 처음 실린 뒤 다른 여러 신문에도 게재된 익명의 칼럼 필자는 이런 견해를 나타냈다.

새로 발명된 이 살상 도구들을 검토해 볼 것을 주문받아 최근에 심사를 마무리한 군수위원회가 그것들 전체를 곧바로 퇴짜 놓은 것은 대체로 이해할 만한 일이다. 주요한 반대는 전장의 열기 속에 존재하는 흥분된 상황에 맞도록 계산되지 않은 복잡한 구조의 도구를 일반 병사에게 쥐여 주어서는 안 된다는 것이다. 전장의 시간은 총기에 관한 수학적 추론을 시작하거나 복잡한 기술이 적용된 물건의 관리에 요구되는 과정을 탐구해야 하는 때가 아니다.

위원회는 7주 가까이 지나서야 의회에 결론을 전달했다. 의회가 규정한 열한 개 분류 항목에서 각 총기에 대한 채점표와 평가를 담은 보고서는 분량이 27쪽에 달했다. 콜트의 총이 많은 항목에서 분명 다른 총들보다 뛰어났고, 보고서는 차분하면서도 긍정적인 어조로 평가를 시작했다.

위원회의 견해에 따르면 여러 장점이 있고 앞의 총기에 대한 일부 반대 의견으로부터 자유로운 콜트의 총은 '특별한' 경우에 아주 유용하게 활용할 수 있다. 즉 방어벽

사이에 생긴 틈새를 막는 고정된 위치에서나, 적군 배에 옮겨 타는 병사를 엄호하거나 전함의 꼭대기에서, 또는 개인적 공격이나 방어용으로 유용하다. 다시 말해 짧은 특수한 상황에서 작전을 할 때, 제한된 시간 동안 특정한 지점에 화력을 집중하는 경우에 바람직하다. 이런 상황이나 비슷한 상황에서는 이 총의 화력 전체를 통제하고 관리하면서 충분히 활용하고 매우 효율적으로 사용할 수 있다.

위원회가 판단한 이 총기의 주된 문제점은 장전하는 데 사용되는 부속품(막대, 드라이버, 기타 도구) 때문에 "전장에서" 사용하기가 어렵다는 점이었다. 이윽고 통렬한 비판이 등장했다.

위원회가 만장일치로 내린 결론을 밝히자면, 복잡한 구조와 병사의 손에서 사고가 발생할 가능성(6월 21일에 실제로 사고가 생겼음), 그리고 본 보고서에서 밝힌 다른 이유들로 볼 때, 이 총은 일반적인 군사용 목적으로는 전혀 적합하지 않다.

결론은 "일반적인 군사용 목적으로는 전혀 적합하지 않다."라는 것이었다. 위원회는 군사용으로 가장 적합한 총기는 이미 사용 중인 총, 즉 일반적인 미군용 머스킷과 홀이 만든 소총이라고 결론지었다.

＊ ＊ ＊

콜트는 이후 줄곧 군수위원회가 새로운 기술을 채택하기에는 너무도 소심하고 좀스러운 "할망구"들이 우글거리는 집단이라고 생각하게 된다. 그의 판단에도 일리가 있었다. 군은 자신들이 아는 전쟁, 즉 과거에 치른 전쟁에 맞지 않는 발전을 당연히 혐오하는 보수적 기질의 사람들이 이끄는 경향이 있었다. 하지만 콜트의 총이 워낙 독특했기 때문에 위원회의 평가도 상당히 타당성이 있었다. 몇 년 뒤 콜트 스스로도 위원회가 자신이 만든 총기가 "복잡하고 일반 병사의 손에서 사고가 날 가능성이 있다고 보고한 것은 아주 정당한 지적이었다."라고 인정하게 된다.

위원회는 "발사 속도" 측정에 재장전 시간도 포함시켰기 때문에 콜트에게 별로 유리할 게 없었다. 온갖 종류의 단발식 장총과 여덟 발을 꽉 채워 완전히 장전한 콜트의 소총을 제한된 조건, 이를테면 1분 동안 시험했더라면 아마 콜트의 총이 일반 발사 속도보다 적어도 서너 배는 빠르다는 사실을 발견했을 것이다. 하지만 위원회는 모든 총을 장전하지 않은 채로 시험을 시작했기 때문에 콜트의 총은 논쟁의 여지없이 불필요하게 상당한 불이익을 받았다. 이후 밝혀진 것처럼, 누구도 장전하지 않은 콜트 총을 가지고 싸움을 시작하지 않았다.

하지만 이번에도 위원회의 시험이 전적으로 불합리한 것은 아니었다. 군대가 몇 분이 아니라 몇 시간 동안 지속적으로 전투를 치르다 보면, 콜트의 총을 포함해서 어떤 총이든 처음에 장전한 총알을 쏘고 나면 여러 번 재장전을 해야 한다. 총알을 퍼붓고 나면 2분 정도(이상적인 상황이라면) 사격을 중지해야 한다. 리볼버는 이솝 우화의 토끼같이 달렸다. 빠르게 달리다가 한참 쉬고 다시 빠르게 달린 것이다. 단발식 미군 표준형 머스킷이나 라이플은 느리지만 꾸준한 거북이었다.

19세기의 군대에는 거북이가 더 잘 맞았다. 그 이유는 일종의 순환 논리다. 군대가 단발식 총기를 중심으로 조직되었기 때문에 단발식 총기가 군대에 가장 잘 맞은 것이다. 여러 세기 동안 군대는 병사들을 연속적인 줄이나 대열로 만들어서 일제 사격을 가했다. 한 열이 발사하면 뒤로 물러나서 재장전을 하는 동안 다음 열이 발사하는 식으로 사실상 병사들의 대열을 연발식 무기로 전환시켰다. 개별 병사는 분당 겨우 두세 발만 쏠 수 있었지만 교대로 사격을 하면 신속하게 고밀도 사격망을 형성할 수 있었다. 16세기 말 네덜란드 귀족인 오라녀 공작 마우리츠 판 나사우는 사격과 재장전을 42개의 행동으로 분해해서 각각에 명칭과 구령을 붙였다. 실제로 보병은 꼼꼼하게 기름칠 한 기계의 부품처럼 행동해야 했고, 대열은 일종의 다총열 기관총이었다.

이런 기계의 문제점은 분해되기가 쉽다는 것이었다. 대열에 속한 병사들은 죽기 쉬웠고, 병사들이 쓰러질 때마다 새 인원으로 대열을 채워야 했다. 콜트가 웨스트포인트를 방문한 무렵에 윌리엄 테쿰세 셔먼이 그곳에서 보낸 편지에서 말한 것처럼, 이를 위해서는 병사들이 기계를 위해 자신의 목숨을 지키려는 의지를 억누르고 모두가 "한 줄을 형성하면서 한 사람처럼 발자국을 통일해야 했다." 수백 년간 병사들이 단발식 총으로 무장하고 대열을 형성한 결과, 전투 방식만이 아니라 전면적인 규율, 자

분투와 사업

기희생, 기계의 자율성에 대한 복종 등 굳건히 확립된 군사 문화까지 만들어진 상태였다.

웨스트포인트 총기 시험 이후 《뉴욕 스타》에 실린 기사에서 말한 것처럼, 19세기 군대의 관점에서 본 콜트 총기의 문제점은 군대의 규율과 문화 자체를 해칠 위험이 있다는 것이었다. 여덟 발을 약실에 채운 보병은 자기의 목숨을 지키기 위해 한꺼번에 난사하기 쉬웠다. 최소한 이런 행동은 탄약 낭비였다. 하지만 이 총은 좀 더 기본적인 수준에서 군대의 규율에 도전했다. 콜트의 총은 개인적이고 임기응변적인 전투에 도움이 됨으로써 군대가 규율을 부과하는 상황 자체와 모순되었다.

따라서 기존의 전쟁에 관한 이해를 바탕으로 군수위원회가 내린 판단은 틀리지 않았다. 연발식 총기는 19세기 군대끼리 벌이는 전투에 적합하지 않았다. 다른 종류의 적을 상대로, 다른 종류의 전투가 벌어질 필요가 있었다.

VIII

패턴트암스제작사는 1837년 가을에 마침내 전면 생산에 들어갔다. 완공된 공장은 멋진 석조 건물로 4층짜리 건물 위에 붙은 돔 지붕 덕분에 훨씬 높아 보였고, 그 위에는 소총 모양의 풍향계가 서 있었다. 훗날 6연발 권총은 콜트의 이름과 연결되지만, 공장에서 생산된 첫 번째 모델은 약실이 여덟 개인 커다란 실린더가 달린 소총이었다. 이 소총을 다수 생산한 뒤 .28구경의 소형 "주머니" 권총을 생산하기 위해 기계를 교체했고, 나중에는 다양한 크기의 라이플과 피스톨에 이어 카빈총, 샷건, 머스킷 등 회전식 실린더를 부착한 각종 총을 만들었다.

그해 가을 어느 날, 대니얼 웹스터와 로스웰 콜트가 이끄는 방문단이 뉴욕에서 총기 공장을 돌아보러 왔다. 일행과 동반한 기자의 말에 따르면 "동료 인간을 죽이는 무기를 만드는 일을 하는 곳"이었다. "하지만 이 시설은 거대하고 분명 관리가 잘되고 있다." 관리가 잘됐을지는 몰라도, 웨스트포인트의 실망스러운 총기 시험과 경제 붕괴 사이에 콜트가 만드는 총기 시장은 사라진 상태였다. 게다가 셸던이 지치지 않고 콜트에게 상기시킨 것처럼, 총기 생산 비용이 회사가 예상했던 것보다 훨씬 많이 드는 것으로 밝혀졌다.

> 자네도 금세 알아채겠지만, 이사진과 주주들이 9월 판매에서 이익을 보기는커녕 오늘까지 한 정도 팔리지 않거나 아직 판매 준비가 되지 않았다는 걸 알고 얼마나 실망이 크겠느냐. …… 내가 제대로 기억하는데, 지출 금액이 전부 합쳐 4만 5000달러가 아니라 이미 7만 달러에 육박했다. 소총 제작 비용은 자네에게 들은 대로 15달러나 20달러가 아니라 …… 총비용으로는 세 배가 넘을 거라고 본다.

셀던은 또한 자신은 회사에 개인 돈을 1만 3000달러 집어넣었고 다른 주주들도 자기 몫을 냈지만, 콜트는 자기 몫의 주식 분할 납입금인 2,000달러 정도를 아직 내지 않았다는 것을 콜트에게 상기시켰다. 콜트가 거짓말을 해서 회사에 "고통과 비용"을 끼친 것을 감안하면 자기 분담금을 내지 않은 것은 특히 엄청난 잘못이었다.

콜트는 비난을 받아들이려 하지 않았다. 그는 셀던이 자신의 기만을 발견한 뒤 설계를 "개량"한 결과 총기 제작이 더 어려워진 게 아니라 쉬워졌으며, 따라서 생산이 지연된 책임은 자신이 아니라 회사에 있다고 주장했다. 실제로 설계가 개선되면서 실린더 제작은 간소화됐지만 콜트는 셀던의 주장, 즉 새로운 설계를 적용하기 위해 우선 기계부터 여러 대 교체해야 했다는 사실은 편리하게 외면했다.

* * *

1837년 가을에 콜트는 뉴욕의 아메리칸협회가 연 박람회에서 "다약실 실린더 소총의 최고 견본"에 부여하는 금메달을 받으면서 일종의 위로상을 받았다. 아메리칸협회는 과학자와 발명가들로 이루어진 유명한 단체였기 때문에 이 상은 진정으로 영광이었다. 하지만 상은 콜트에게 정부 계약을 안겨 주지는 못했다. 역사적으로 볼 때, 금메달의 가장 큰 의미는 《아메리칸협회보》 11월호에 콜트가 수상자임을 알린 기사 형태로 나타났다. 이 기사는 (4장에서 언급한 것처럼) 콜트가 냇 터너의 반란에서 총기의 영감을 얻었음을 암시했다.

콜트 씨는 공교롭게도 버지니아 남부 지방에서 검둥이 노예들이 일으킨 유혈 반란의 현장 가까이에 있었다. 그는 백인 농장주가 우글거리는 노예들에 둘러싸여 얼마나 공포스러운 역경에 마주쳤는지를 생각하면서 깜짝 놀랐다. 아무리 무장하지 않았다 해도 떼거리들과 맞설 때 총 한 발로 어떻게 방어를 할 수 있겠는가? 주인과 그의 가족은 학살당할 게 분명했다. 콜트 씨는 과연 농장주가 평화롭게 살 수 있는 방법이 없을지 생각했다.

냇 터너가 콜트의 사고에서 얼마나 많은 역할을 했는지는 판단하기 어렵지만, 그가 1837년 가을에 이 이야기를 퍼뜨린 동기는 분명하다. 군수 계약의 전망이 어두운 가운데 남부에서 민간인에게 판매할 수 있는 높은 가능성에 주목한 것이다. 지금 당장 이런 식의 냉소를 제쳐 두면, 콜트와《아메리칸협회보》는 실제로 연발식 총기의 진정한 가치를 확인한 상태였다. 군대끼리 벌이는 재래식 전투에서는 그 진가가 발견되지 않았지만 한 사람이 몇 명, 또는 다수와 맞서는 비대칭적인 싸움에서는 분명 효과가 있었다.

* * *

콜트 총의 첫 번째 광고는 1837년 12월 뉴욕 신문들에 등장하기 시작했다. 광고에는 관심 있는 구매자들은 애스터하우스를 찾아 달라는 문구가 있었다. 콜트가 직접 총을 전시하면서 모든 질문에 답을 해 준다는 것이었다.《뉴욕이브닝스타》에 실린 한 기사는 이 총을 극찬했다. 아마 콜트에게 약간의 뒷돈을 받았을 텐데, 당시에는 언론에 은밀하게 돈을 건네는 일이 흔했다. "실린더 두 개, 탄약통, 퍼커션 캡 케이스, 바로 사용할 수 있게 완벽한 순서로 배치된 장비와 함께 마호가니 케이스에 담겨 있는데, 연발식 소총의 엄청난 위력과 상관없이 장인 정신으로 만든 우아하고 아름다운 물건만으로도 세계 어디에서도 그렇게 뛰어난 예술 작품은 본 적이 없다."

콜트는 총을 도매로 100달러, 소매로 125달러에 팔 작정이었다. "이 라이플은 여덟 배 효과적인 데 비해 가격은 아주 약간 비쌉니다." 초기의 광고에서 주장한 내용이다. 실제로는 일반 라이플보다 두 배에서 다섯 배 비싸서 필수품을 살 수 있는 사람도 거의 없던 시대에 굉장히 새로운 사치품이었다.

1837년이 끝나는 것을 보면서 콜트만큼 화가 난 사람은 없었다. 그는 무일푼이었다. 패턴트암스제작사에서 받은 선금은 모두 써 버렸다. 이제 수익에 따라 급여를 받았는데 수익이 전무했고, 더들리 셸던은 없는 돈을 내놓으라며 계속 그를 괴롭혔다. 샘은 아버지에게 도움을 청했지만, 크리스토퍼 역시 재정적 문제를 겪고 있었기 때문에 조언 말고는 해 줄 게 없었다. "하느님 아버지를 굳게 믿으면 네 생각을 인도하고 모든 일에서 너를 도와줄 지혜와 친구를 주실 게다."

IX

1838년 초에 하느님 아버지는 정말로 콜트와 그의 총기 공장에 미소를 보내는 것 같았다. 그해 1월 플로리다에서 패터슨에 편지가 한 통 왔다. 윌리엄 S. 하니라는 육군 중령이 몇 주 전에 보낸 편지였다.

일리노이와 위스콘신에서 블랙호크전쟁에 참전했던 하니는 인디언을 무자비하게 물리친 전사이자 기병소총 연대인 제2용기병연대의 유명한 사령관이었다. 용기병은 말을 타고 다닌다는 점에서 기병과 비슷하지만, 기병과 달리 보통은 도보로 싸웠다. 하니가 지휘하는 용기병은 플로리다에서 세미놀족 인디언을 상대로 몇 년간 싸우고 있었다. 제2차 세미놀전쟁이라고 알려진 싸움이었다. 하니는 아마 지난해 6월에 총기 시험에 참여한 웨스트포인트 졸업생들을 통해 콜트의 총을 접했을 것이다. 그는 용기병용으로 콜트의 연발식 라이플을 몇십 정 구매하도록 플로리다에 있는 미군 병력 전체를 지휘하는 사령관인 토머스 제섭 장군을 설득했다. 하니는 분명 미리 콜트와 접촉해 협의를 해 두었는데, 콜트가 지키지 않은 것으로 보인다. "아직 총을 받지 못해서 크게 실망했다는 이야기를 할 시간도 부족합니다." 하니가 한 말이다. "아직 총을 보내지 않았다면 한시도 지체하지 말고 빨리 보내 주시오. 지금 당장 총이 필요합니다. 그 총이야말로 이 지긋지긋한 전쟁을 끝낼 수 있는 유일한 무기라는 믿음이 더욱 굳어졌습니다."

하니의 요청은 콜트에게 한숨 돌릴 수 있는 기회였다. 용기병에게 총을 팔면 패턴트암스제작사에 시급히 필요한 돈이 들어올 테고, 콜트의 주머니에도 수수료가 들어올 것이었다. 무엇보다도 군용 총기 시장의 문, 뒷문이기는 하지만 그래도 문이 열리고 콜트가 자신의 총을 전장에서 입증할 수 있는 기회였다.

콜트는 플로리다로 직접 총을 들고 갈 준비를 했다. 우선 보증인이 필요했다. 회사가 이제 그를 얼마나 믿지 못하는지를 적나라하게 보여 주듯이, 더들리 셸던이나 패턴트암스제작사의 누구도 콜트에게 그가 만든 총을 믿고 맡기지 않았다. 콜트가 그 총을 어떻게 할지 정확히 어떤 걱정을 했는지는 분명하지 않지만, 어쨌든 위험을 감수하려 하지 않았다. 그들은 누군가 콜트가 돌아오지 않는 경우에 총 값을 전액 지불하겠다고 약속하지 않는 한 그가 라이플을 갖고 패터슨을 떠나게 내버려 두지 않았다. 로스웰 콜트가 샘의 구원자로 나섰는데, 이번이 마지막이 아니었다. 경제가 곤경에 빠지고 소원해진 부인 집안과 소송을 벌이느라 로스웰의 재정 상태도 말이 아니었지만, 그는 샘의 총기 운송에 문제가 생기면 배상을 해 주겠다고 약속했다. 2월 3일, 셸던과 조건을 놓고 마지막으로 입씨름을 한 끝에 콜트는 뉴욕에서 찰스턴행 쌍돛대 범선 선Sun호에 올랐다. 상자 열 개에 넣은 연발식 카빈총(기병용으로 총신이 짧은 라이플) 90정과 퍼커션 캡 2만 5000개도 배에 실었다. 계약 조건에 따르면 3월 31일까지 판매 대금이나 팔리지 않은 총을 가지고 돌아와야 했다.

"배에 오르기 5분 전에 이 모험에 관해 셸던 씨와 약속을 마무리 지었습니다." 선호 선상에서 아버지에게 쓴 편지의 내용이다. 회사의 대리인 자격으로 플로리다(그가 적은 대로 하면 "플로리디")로 가는 길이었다. "일하는 대가로 급여를 받지 못하고, 여러 경비나 라이플의 보험료, 운송료도 회사에서 받지 못해요. …… 이 약속으로 저한테 생기는 이득이 있다면 또 다른 시장을 시험하는 이득과 90달러 이상의 총 값과 모험에 든 경비를 받는 경우에 회사로부터 소액의 선금을 받을 가능성뿐이지요."

* * *

거친 바다에서 "지긋지긋하게 힘든" 열흘을 보낸 끝에 콜트는 2월 13일 찰스턴에 도착했다. 콜트는 거기서 더 남쪽으로 가는 배를 기다리며 며칠을 보내면서 총기를 시연한 다음 세인트오거스틴으로 가는 배를 탔다. 플로리다의 북쪽 연안에 있는 에스파냐의 옛 식민 도시였다. 여기서부터는 인디언강으로 접어들었다.

인디언강은 사실 강이 아니라 플로리다 중부 동쪽 연안에 길게 자리한 사주섬과 내륙 사이에 남북으로 이어진 161킬로미터 길이의 석호였다. 이 작고 잔잔한 수로는 세미놀족과 벌이는 전쟁의 중심부로 곧장 이어졌다.

3월 3일, 콜트는 주피터만으로 들어간 뒤 서쪽으로 선회해서 록사해치강의 넓은 어귀로 들어선 후 5킬로미터를 더 가서 강이 북쪽과 남쪽으로 갈라지는 사이의 지점에 우뚝 서 있는 주피터요새로 갔다. 요새는 세미놀족과 전쟁을 벌이는 최전방에 가까웠다. 태어나서 처음으로 코앞까지 간 전쟁터였다.

후에 미국 서부에서 원주민을 상대로 벌인 무장 교전과 비교하면, 플로리다전투는 미국사에서 거의 잊힌 일화에 가깝다. 지루하게 질질 끈 데다 영화에 나올 법한 멋진 장면, 거대한 초원을 가로지르는 기병대의 돌격이나 화려한 깃털로 장식하고 언덕에서 와하고 내달리는 인디언 전사들, 산 그림자를 휘감아 도는 마차 행렬 같은 것도 거의 없었기 때문일 것이다. 또한 직접 싸운 이들도 자부심을 느끼지 못했다. 많은 이들이 말한 것처럼, 이 싸움은 "영광스럽지 못한 전쟁"이었다. 콜트가 플로리다에 도착했을 때 2년 넘게 계속되던 전투는 이미 참가자들에게 끝이 없어 보였다.

제2차 세미놀전쟁은 1818년 당시 장군이던 앤드루 잭슨이 인디언을 상대로 벌인 교전의 속편이었다. 첫 번째 전쟁은 에스파냐가 플로리다를 미국에 판 1819년에 끝이 났다. 앤드루 잭슨은 대통령이 되어서도 새롭게 충돌을 부추겼다. 1830년 인디언 추방법의 조항에 따라 세미놀족은 남동부 삼림지대의 다른 "문명화된" 부족들(체로키족, 치카소족, 촉토족, 크리크족)과 나란히 미시시피강 서쪽으로 이주하라는 권유를 받았다. 거부하려고 한 모든 부족이 깨달은 것처럼, 거부할 수 없는 권유였다. 남부의 많은 부족들은 이미 자신들 앞에 놓인 운명을 순순히 받아들이고 오클라호마로 이주한 상태였다. 나머지도 곧 '눈물의 여정'에 올라 그 대열에 합류하게 된다. 오클라호마까지 가는 기나긴, 종종 치명적인 여정은 1838년 여름과 가을에 시작된다. 하지만 플로리다의 세미놀족은 남부의 다른 부족들보다 비타협적이었다. 일부는 설득에 넘어가서 땅을 포기하고 다른 인디언들과 오클라호마로 이주하는 데 동의하는 조약에 서명했지만, 오세올라라는 젊은 추장이 이끄는 대규모 집단은 꿈쩍도 하지 않겠다며 버티고 있었다.

미국인들이 공언한 목표가 인디언을 추방하는 것이었다면, 말로 드러내지 않은 필연적인 결과가 있었다. 미국의 전쟁 사령관 제섭 장군은 어느 편지에서 직설적으로 그 사실을 인정했다. "이건 인디언 전쟁이 아니라 검둥이 전쟁입니다."

남부에서 벌어진 모든 인디언 전쟁은 일종의 "검둥이 전쟁"이었다. 조지아와 앨라배마, 미시시피에서 인디언들을 몰아내는 목적은 그렇게 비운 땅에 플랜테이션 농장을 만들어서 노예들이 목화를 따고 사탕수수를 베게 하려는 것이었다. 플로리다에서는 인디언 추방과 노예제의 연관성이 더욱 복잡했다. 미군이 차지하려는 땅은 목화를 재배하기에 적합하지 않았다. 26세의 군의관 제이콥 레트 모트가 평한 것처럼, 사실 그곳은 "역사상 두 민족이 차지하려고 다툼을 벌인 지방 중에 가장 열악한 곳"이었다. 하지만 과거 여러 세대에 걸쳐 에버글레이즈(플로리다 남부의 거대한 습지대. - 옮긴이)는 도망친 노예들의 종착지였다. 주로 조지아에서 온 노예들은 세미놀족 땅으로 도망쳐서 인디언에 섞여 들었다. 일부는 세미놀족에게 노예로 받아들여졌지만, 이 경우에도 어느 정도 부족의 일원으로서 대접을 받았다. 많은 "흑인 세미놀족"이 영향력 있는 지도자와 의원이 되었다. 여러 세대에 걸쳐 이례적인 혼혈 문화가 발전했는데, 한 민족은 도망치려고 하고 다른 민족은 그대로 버티려고 했다. 백인들에게 인디언 전쟁의 통상적인 이유, 원주민을 내쫓고 토지를 경작하는 것은 별 의미가 없었다. 세미놀족의 존재는 다른 이유에서 참을 수 없었다. 탈주 노예들에게 안식처를 제공했기 때문이었다.

제이콥 모트가 말한 것처럼 제2차 세미놀전쟁은 작열하는 태양 아래, 또는 어둠 속 축축한 습지에서 "끈질기게 은신처로 숨어드는" 적을 상대로 한 싸움이었다. "넓게 펼쳐진 늪과 습지, 지표면을 빽빽하게 덮은 해먹과 은신처 때문에 거의 침투하기 어려운 지방이라 세계의 어느 군대도 기동할 수 없었다." 군인들은 사이프러스 늪과 빽빽한 팔메토 숲을 헤치면서 나아가다가 모래 늪과 구름 같은 모기떼와 마주쳤고, 칼날처럼 예리해서 옷과 피부에 상처를 내는 풀 때문에 고생했다. 이 모든 것은 "인디언과 악어, 뱀, 개구리, 온갖 혐오스러운 파충류에게는 완벽한 낙원이었다."

모트와 동료 병사들은 걸핏하면 세미놀족을 파충류와 하나로 뭉뚱거리긴 했지만 인디언의 결의와 용기에 대해서는 떨떠름해하면서도 존경했다. 군대는 세미놀족 전사의 수를 1,400명으로 추산했지만, 실제로는 300명 정도가 9,000명에 육박하는 군대에 맞서 버텼을 것이다. "인디언들의 불굴의 비타협 정신은 모두의 가슴에 경탄을 일으킬 수밖에 없었다."

다른 한편, 많은 관찰자들은 미국이 벌이는 싸움을 실력도 형편없고 도덕적으로도 옹호할 수 없는 것으로 보았다. 초기 단계에서 윈필드 스콧 장군은 세미놀족을 상대로 전통적인 전술을 구사하려 하면서 정글의 길을 따라 병사 두 명씩 나란히 정식 행군 대열로 늪을 통과하게 했다. 스콧은 1835년에 펴낸 군사 교범에서 유럽식 군사 대형을 장려한 바 있었다. 인디언들이 줄을 맞춰 대열을 이룬 채 총에 맞기를 기다리는 식으로 협조했더라면 플로리다에서도 이런 대형이 성공했을 것이다. 하지만 세미놀족은 손바닥 보듯 익숙한 지형을 활용해서 몸을 숨긴 채 화살을 날리고는 숲속으로 사라지는 게릴라 전술을 구사했다. 전투는 대부분 기운 빠지는 각본대로 이루어졌다. 미군 분견대가 인디언을 찾아 황무지를 가로질러 행군했다. 병사들이 굽이를 돌거나 강에 다다르면 갑자기 사방에서 인디언이 포위한 채 와하고 끔찍한 소리를 지르면서 화살과 총알을 퍼부었다. 혼란에 빠진 병사들은 반쯤 몸을 숨기고 빠르게 움직이는 표적에 총을 쏘았다. 그리고 재장전하는 사이에 인디언들이 활이나 손도끼를 휘두르며 달려들어 난도질하고 머리 가죽을 벗겼다. 병사들은 총이 더 많았지만 전술은 인디언들이 뛰어났다.

앤드루 잭슨이 대통령으로서 한 마지막 행동 중 하나는 스콧 장군을 제섭 장군으로 교체한 것이었다. 잭슨은 개인적으로 친한 제섭이 플로리다의 형세를 뒤집을 방도를 찾을 것이라고 믿었다. 사석에서 제섭은 세미놀족과 싸우는 것이 "피와 재물을 무모하게 낭비하는 짓"이라며 혐오감을 나타냈다. 하지만 잭슨은 제섭이 이 전쟁을 끝내기 위해 필요한 일을 할 것이라고 정확히 판단했다. 스콧의 교범에 나오는 대규모 행군이나 각본에 따른 기동 전술은 이제 없을 터였다. 미군은 이제 소모전을 벌이면서 소인원의 신속한 그룹으로 병력을 나눠 소규모 전투와 추격전을 벌이는 인디언의 전술을 차용하고 있었다.

제섭의 방법이 효과를 발휘한 증거로, 미군을 피해 2년간 늪에서 살면서 식량을 기르거나 사냥을 하지 못해 굶주린 세미놀족의 큰 무리가 주피터요새에 들어와서 항복했다. 이제 1.6킬로미터 떨어진 곳에 천막을 친 인디언들은 플로리다에서 계속 살게 해 달라고 간청했다. 무기를 내려놓고 미국인들에게 방해가 되지 않도록 록사해치호수 남쪽에서만 살겠다고 약속한 것이다. 제섭 장군은 동정심이 많은 사람은 아니었지만 실용주의자였고, 인디언들의 제안은 상당히 타당해 보였다. 콜트가 도착하기 3주 전인 2월 12일, 장군은 부관에게 전쟁장관 조엘 로버츠 포인셋에게 보내는 편지를 주면서 워싱턴으로 급파했다. 평화로운 인디언들은 플로리다에 계속 살게 해 주자는 내용의 편지였다. 콜트가 총을 가지고 요새에 나타난 3월 3일에도, 하니가 지휘하는 용기병의 장교 조사단이 콜트의 총을 시험하기 위해 모인 3월 9일에도 워싱턴에서는 여전히 답이 오지 않았다.

* * *

조사단은 장교 세 명으로 구성됐는데, 그중 두 명이 1등 명사수였다. 보고서에 따르면, 장교들은 "마음속에 떠오르는 모든 방식으로" 소총을 시험했다. 우선 90미터 떨어진 "단단한 초록빛 리기다소나무"에 사격을 했다. 여섯 발 중에 두 발이 표적에 맞았는데, 나무껍질과 속을 뚫고 5센티미터를 관통했다. 거리를 두 배로 늘려서 쏘아도 총알이 관통해서 용기병이 사용하는 단발식 카빈총보다 2.5센티미터 깊은 구멍이났다. 장교들은 "콜트의 라이플만큼 (구경에 비례해서) 위력이나 관통력이 좋은 총기는 본 적이 없다."라는 데 만장일치로 동의했다. 정확도에 관해서도 조사단은 콜트의 총이 "최대한 완벽하다."라고 결론지었다.

다음으로 신속성을 시험했다. "리시버", 즉 실린더를 두 개 끼웠다. 라이플의 실린더 하나에 약실이 여덟 개이므로 전부 합쳐 열여섯 발이었다. 한 실린더를 발사하고 두 번째 실린더를 끼운 다음 발사했으며, 계속해서 첫 번째 실린더를 재장전해서 다시 발사했다. 사격을 마친 장교들은 총의 발사 속도가 "기대한 것보다 더 빠르고, 대부분의 경우에 필요한 것보다 훨씬 빠르다."라고 판정했다. 하니 중령이 콜트의 연발식 총기에 기대한 것과 똑같은 결과였고, 플로리다에서 인디언과 싸우는 데 아주 적합하다는 믿음에 부합하는 속도였다.

군의관 모트에 따르면, 콜트의 총에 가장 깊은 인상을 받은 이들은 세미놀족이었다. 많은 인디언이 사격을 구경하러 요새로 왔다. 콜트의 총이 작동하는 것을 목격한 최초의 아메리카 원주민들이었는데, 그들이 보인 반응은 향후에 미국 서부에서 숱하게 펼쳐지는 장면을 미리 보여 주었다. "인디언들은 이 무기의 놀라운 성능을 목격하자 상당히 충격을 받은 모습이었고, 그 총이 '엄청난 약'이라는 만장일치의 결론에 도달했다." 모트의 말이다. "이 라이플의 성능을 목격한 첫날 그들은 그 총이 있는 것을 아는 막사 쪽으로는 접근하려 하지 않았다."

* * *

제섭의 부관이 포인셋 장관의 답장을 가지고 워싱턴에서 돌아온 3월 20일에도 콜트는 여전히 주피터요새에 있었다. 밴뷰런 대통령과 협의 끝에 나온 장관의 지시는 무조건적인 내용이었다. 인디언을 플로리다에 남겨 두어서는 안 된다는 것이었다. 인디언들은 서쪽 오클라호마로 가야 했다. 인디언 사이에 섞여 사는 흑인들은 다시 노예가 되어야 했다.

그날 밤 세미놀족이 춤과 위스키(분명 군대가 제공한 것이었다)를 즐기며 "떠들썩한 놀이"를 즐기는 동안 제섭 장군은 인디언 야영지를 포위하라고 부대에 지시했다. "신주神酒를 잔뜩 마신 인디언들이 거의 정신을 잃은" 새벽에 군대가 진입했다. 이틀 뒤인 3월 22일, 세미놀족의 첫 번째 무리가 배에 태워져 세인트오거스틴으로 운송되었다. 서쪽으로 가는 기나긴 여정의 시작이었다. 으르렁거리며 울부짖는 개는 데리고 갈 수 없었다. 짐승들은 곧바로 총탄에 조용해졌다.

콜트는 요새에서 1주일을 더 보낸 뒤에야 하니, 제섭과 계약서에 서명했다. 라이플 50정에 부속물까지 포함해서 한 정당 125달러에 거래되었다. 콜트가 팔고 싶었던 만큼 많은 숫자는 아니었지만, 미육군은 이제 그의 발명품을 갖게 되었고 그는 6,250달러를 손에 넣었다.

* * *

콜트는 3월 29일에 집을 향해 출발했다. 셸던 및 패턴트암스제작사와 한 계약상 원래

분투와 사업

3월 31일까지 돈이나 총을 가지고 패터슨으로 돌아가야 했다. 더들리 셸던은 숱하게 편지를 보냈는데도 콜트가 답장을 하지 않자 3월 초부터 성을 내고 있었다. 아마 콜트의 잘못은 아니었겠지만(플로리다와 뉴욕을 오가는 우편은 속도가 느렸다) 셸던은 그런 걸 고려할 기분이 아니었다. "내 편지를 받았다는 사실을 인정하기 전까지 모든 연락을 거부하겠네." 콜트가 주피터요새에 도착한 때와 같은 무렵인 3월 초에 셸던이 편지에서 엄포한 내용이다.

3월 31일 콜트는 인디언강을 거슬러 올라가고 있었는데, 패터슨에서 수백 킬로미터 떨어진 거리로 몇 달은 아니더라도 몇 주는 더 걸리는 곳이었다. 4월 6일, 로스웰 콜트가 크리스토퍼 콜트에게 편지를 보냈다. "패턴트암스제작사로부터 편지를 받았는데 1월에 새뮤얼에게 내준 라이플 100정 값으로 9,000달러를 내놓으라고 하네. 3월 31일까지 샘이 반납하거나 대금을 치렀어야 한다더군. …… 이 돈을 선불로 지불하면 나도 막대한 피해를 입으니 아들한테 편지를 보내서 이 문제를 빨리 처리하라고 하게."

로스웰이 다급하게 편지를 보내고서 나흘 뒤, 샘은 여전히 세인트오거스틴 남쪽에 있었다. 그가 탄 배는 인디언강을 통과해서 연안을 따라 북쪽으로 올라가려고 애를 쓰고 있었다. 강한 맞바람에 휘청거리면서 배는 7일 동안 241킬로미터밖에 가지 못했다. 식량과 식수가 바닥이 나자 선장은 모든 인원에게 배급을 실시했다. 콜트는 더 이상 바람이 잦아들기를 기다릴 수 없다고 마음먹었다. 그는 세스 손턴이라는 건강 상태가 좋지 않은 중위를 포함한 다른 승객 두 명과 선원 네 명과 함께 작은 보트에 올라타서 해안 쪽으로 갔다. 팔리지 않은 총 40정은 배에 남겨 놓았지만 6,250달러짜리 어음은 가방에 챙겼다.

해안에서 1.6킬로미터 정도 떨어진 곳에서 선원들이 노를 젓는 가운데 보트가 큰 파도에 휩쓸렸다. 파도가 보트 옆면을 때려 보트가 뒤집히면서 모든 게 물살 속으로 처박혔다. 콜트가 숨을 가다듬고 주변을 둘러보니 멀리 가방이 떠 있었다. 가방은 물살에 밀려갔고 6,250달러짜리 어음도 같이 떠내려 갔다.

3부
연기와 거울

1838~1845년

"고개를 돌려도 도무지 뇌리를 떠나지 않는 얼굴이 있다. 영원토록 귓가에 울려 퍼질 신경질적인 웃음소리가 있다."

― 에드거 앨런 포, 〈길쭉한 상자〉, 1844

술책

1838~1842년

워싱턴스퀘어 동쪽 끝에 있는 유니버시티빌딩. 콜트가 지낸
방은 타워에 가까운 꼭대기 층에 있었다.

I

바다 한가운데에서 콜트가 손을 뻗으면 거의 석벽에 닿을 정도로 방은 교도소 독방
만큼 작았다. 그날처럼 비가 오는 날이면 지붕이 새서 벽이 축축해졌다. 하지만 임대
료가 1년에 30달러로 쌌고, 방이 거리가 내려다보이는 5층인 데다 빛이 잘 들고 공기
가 좋았다. 무엇보다도 뉴욕 유니버시티빌딩 안에 있었다. 6년 전 영국의 옥스퍼드나
케임브리지를 흉내 낸 고딕 양식으로 지어진 건물은 하얀색 대리석으로 된 건물 정
면에 아치형 창문, 그리고 네 귀퉁이에는 총안^{銃眼} 모양을 낸 타워가 있었다. 콜트가
새로 구한 방은 남서쪽 타워의 꼭대기였다.

　유니버시티빌딩의 외관이 흐릿한 과거를 떠올리게 했다면 그 안에 사는 사람들은
주로 미래에 초점을 맞췄다. 작가, 화가, 그리고 무엇보다도 과학자 등 다양한 사람들
이었는데, 몇몇은 뉴욕대학교와 관계가 있었던 반면 콜트 같은 다른 이들은 그냥 광

고에 나오는 대로 "독신 신사를 위해 모든 편리와 휴식"을 제공하는 위층의 아파트를 빌렸을 뿐이다. 1837년, 회화와 조각 교수인 새뮤얼 F. B. 모스가 콜트가 사는 건물 맞은편 동에 있는 방에서 새롭게 만든 전자기 전신을 시연한 바 있었다. 1840년 여름에 모스와 그의 동료인 화학과 교수 존 윌리엄 드레이퍼는 지붕에 올라가서 유리 스튜디오를 만든 다음 미국 최초의 은판 사진 이미지를 만들었다. 모스는 그 후 유니버시티 빌딩에서 나갔지만, 그와 드레이퍼는 여전히 뉴욕대학교에서 학생들을 가르쳤고 둘 다 조만간 콜트의 친구이자 협력자가 된다.

9월 중순 어느 비 내리는 날 오후에 작은 방 안에 있는 콜트를 상상해 보자. 정확히 말하면 1841년 9월 17일 금요일이다. 그는 겨우 이틀 전에 호턴이라는 남자에게서 방을 빌렸다. 콜트는 이후로 계속 시내 호텔을 전전하며 밤을 보내지만, 낮이면 한 친구가 훗날 그의 타워 방을 묘사한 것처럼 "발명과 개량의 사무실"로 일하러 간다. 아직 적응하는 중이라 방이 좀 어지러울 것이다. 가구와 구리선 뭉치, 아연 판, 수은 혼합물과 같은 각종 재료가 벽 한쪽에 몰려 있다. 가파르고 좁은 계단을 지고 올라온 사람들이 그 자리에 놔둔 것이다. 천장 위 구리 지붕에 빗방울이 떨어진다. 바깥 공기는 잿빛에 탁하지만, 이런 날에도 작은 창문으로 도시의 전체적인 경치가 눈에 들어온다. (의붓어머니는 10년 전에 보낸 편지에서 이렇게 말했다. "언덕 위에 오른 것처럼 서서 주변을 둘러보거라.") 북쪽으로는 교회의 높은 지붕 때문에 조금 막혔지만 미래의 도시가 펼쳐진다. 어퍼맨해튼에서는 지금도 들판과 바위투성이 언덕 위로 건물들이 솟아오른다. 남쪽은 빽빽한 대도시인데, 대부분 1835년 대화재 이후에 지어진 건물들이다. 아직 끊임없이 바뀌는 모습으로("숱하게 많은 건물들로 혼란스럽다"), 1842년에 방문한 찰스 디킨스는 그곳을 "여기저기 우뚝 솟은 첨탑이 아래를 지나는 군중을 내려다보고, 또한 이곳저곳에 굼뜬 연기가 구름처럼 피어오른다."라고 묘사한다. 경치가 가장 아름다운 곳은 서쪽으로, 워싱턴스퀘어파크 건너편에 있던 예전 공동묘지가 지난 15년 동안 잔디와 꽃, 가죽나무가 늘어선 빈터로 바뀌었다. 공원 둘레에는 나무 울타리가 쳐져 있고 도시에서 가장 거대한 연립주택이 주변을 에워싸고 있다. 콜트가 이사해 오기 직전에 대학 기숙사에 살았던 헨리 제임스 시니어의 아들인 소설가 헨리 제임스는 훗날 1840년대 초의 워싱턴스퀘어를 "평온하고 우아한 은거 생활에 이상적인 곳"이라고 묘사한다.

하지만 1841년 가을에 샘 콜트가 워싱턴스퀘어로 온 것은 평온하고 우아한 은거 생활을 위해서가 아니었고, 여기서 그런 생활을 발견하지도 않는다. 사실 유니버시티 빌딩에서 보내는 시절은 그전까지 견뎠던 4년보다 훨씬 소란스러운 시기가 된다.

II

콜트가 1838년 봄에 떠난 "플로리다 모험 여행"과 1841년 초가을에 워싱턴스퀘어에 도착한 때 사이의 시기는 재난과 구원, 다시 재난이 반복되는 다사다난하면서도 반복적인 시절이었다. 바다에 내동댕이쳐진 뒤 네 시간 동안 콜트는 세인트오거스틴 근처의 거센 파도를 헤치면서 뒤집힌 보트를 붙잡고 6,250달러가 담긴 가방이 멀어지는 것을 속절없이 지켜보면서 가라앉지 않으려고 기를 썼다. 마침내 콜트를 비롯한 사람들에게 누군가 구조의 밧줄을 던져 주었고, 물에 빠진 사람들은 파도를 넘어 가까스로 해변에 다다랐다. 그때 워낙 힘든 경험을 한 콜트의 동료 승객 세스 손턴 중위는 이미 "플로리다 열병"을 크게 앓고 있었던 터라 살아남을 가망이 없었다.

다음 날, 콜트는 가방을 찾으러 다시 해변으로 왔다. 밀물에 가방이 떠밀려 올 것이라고 확신했기 때문이다. 콜트는 나흘 동안 세인트오거스틴에 머무르면서 해변을 샅샅이 뒤졌지만 가방은 나타나지 않았다.

마침내 1838년 5월 초에 뉴욕에 돌아왔을 때 콜트는 몸이 아프고 지치고 무일푼이었다. 애스터하우스의 방으로 간 그는 자신의 상황을 찬찬히 살폈다. 패턴트암스제작사에 하비 대령에게 판 라이플 50정뿐만 아니라 팔지 못한 40정 값도 치러야 했지만, 대금을 치를 돈이 하나도 없었다. 그의 수중에 있는 거라곤 바다가 6,250달러를 집어삼켰다는 수상쩍은 이야기뿐이었다. "사방에서 문제만 생길 것 같습니다." 애스터하우스의 침대에서 아버지에게 보낸 편지의 일부다. "무엇보다 아버님께서 지금 바로 오셨으면 정말 좋겠습니다. …… 첫 번째 교통편으로 여기 오시지 않으면 제 곤란한 상황이 배가될 겁니다."

전에는 아들을 돕기 위해 바로 달려오곤 했던 아버지 크리스토퍼가 지금은 거절했다. 그 역시 얼마 전에 뉴욕을 다녀간 뒤로 심한 감기를 앓고 있었다. 그 도시에 다시 가는 건 "경솔한" 처사였다.

고향에서 날아온 소식은 암울했을 뿐이다. 샘의 이복여동생 올리브는 그가 플로리다에 있을 때 세상을 떠났고, 크리스토퍼의 실크 사업은 도산하는 중이었다. 또한 뉴욕에 있을 때 크리스토퍼는 "너에 관해 우호적이지 않은 …… 소문을 좀" 들었다. 그중 하나의 출처인 더들리 셸던은 가방을 잃어버렸다는 이야기를 "믿는 것 같지 않았다." 샘이 의지할 수 있는 유일한 사람은 로스웰 콜트뿐이었다. 크리스토퍼는 자신도 충분히 수긍하지 못하는 뉘앙스를 풍기며 "네가 쓴 내용이 진실임을 콜트 선생에게 수긍시킬 수 있을 거라 믿는다."라고 아들에게 조언했다.

그리하여 샘이 뉴욕에 늦게 돌아오면서 대단히 불편한 위치에 서게 됐음에도 다시 구원자로 나선 것은 로스웰이었다. 샘을 대신해서 셸던 및 회사 이사진과 교섭을 한 로스웰은 두세 달 시간을 더 벌 수 있었다.

1838년 6월 말, 콜트는 마침내 정부로부터 6,250달러짜리 어음을 다시 발행받았다. 일종의 증명이 되긴 했지만, 사실상 이 돈은 너무 적었고 너무 늦기도 했다. 총기 판매는 부진했고, 콜트의 개인적 재정 상황은 하루하루 나빠지고 있었다. 이제 단골 양복점인 해트필드앤드피어슨에 300달러가 넘는 빚이 있었다. 찰스턴에서 돈을 빌린 홈스라는 사람에게는 320달러, 세인트오거스틴에 사는 어윈이라는 사람에게도 100달러를 갚아야 했다. 회사와 더들리 셸던에게도 아직 갚지 못한 부채가 있었는데, 콜트의 묘사에 따르면 셸던은 하루하루 "호전적"으로 바뀌어 갔다.

그해 가을, 콜트가 계산해 보니 빚이 총 2,270달러였다. 그중 절반은 다시 1년 동안 상환을 미룰 수 있었지만 나머지 절반은 바로 갚아야 했다. 샘은 다시 로스웰 콜트에게 가서 1,500달러를 더 융통해 달라고 했다. 이번에는 로스웰도 거절했다. "지금 상황으로는 네 소원을 들어줄 여력이 없다고 말할 수밖에 없어서 유감이다." 10월에 애스터하우스로부터 새로운 청구서가 샘에게 날아들었다. 청구 금액이 556달러였다.

* * *

이 시절 콜트의 행동에서 낭비와 변명으로 스스로 파멸하는 젊은 남자의 인상이 풍긴다면, 다른 한편으로는 비범한 결단력과 에너지도 드러난다. 패배를 받아들이지 않는 그의 모습은 때로 거의 망상처럼 보일 지경이다. 웨스트포인트 총기 시험 이후 군에서 부정적인 보고서가 나오면서 사실상 정부와 사업을 할 기회가 날아갔고, 군수부의 봄퍼드 대령은 연발식 총기를 구매할 생각이 없음을 분명히 밝혔다. 그런데도 1838년 말에 콜트는 다시 워싱턴으로 갔다. 1839년 겨울 내내 개즈비를 숙소로 삼아 바람 많은 수도의 대로를 돌아다니면서 도시의 살롱과 술집에서 정부 관리들을 대접했다. "약간 술책을 부리면 주문을 따낼 수 있을 것 같습니다." 더들리 셀던에게 한 말이다. 술책이란 주로 정치인들에게 엄청난 양의 술을 먹인 다음 셀던에게 청구서를 보내는 것이었다. 그해 겨울에 워싱턴에서 받은 영수증을 보면, 콜트가 워싱턴에서 석 달을 지내면서 브랜디와 셰리주 85병 정도에 75달러를 쓴 걸 알 수 있다. 술집 청구서와 직접 구입한 다른 종류의 술은 포함되지 않은 숫자다.

술책은 또한 봄퍼드 대령의 눈을 피해 얼쩡대면서 군 사령관들에게 군수부의 승인을 받거나, 받지 않고 자기 총기를 구매하도록 설득하는 것도 의미했다. 적어도 한 번은 봄퍼드에게 뇌물을 주겠다고 떠본 것도 술책에 포함된다. 셀던은 깜짝 놀랐다. "그런 제안은 어떻게 봐도 망신거리구나." 콜트가 회사의 총기 일부를 담보로 삼아 개인 대출을 받자 셀던은 한결 더 격분했다. "사업의 도덕에 대해 어떻게 생각하는지 모르겠다." 셀던이 콜트에게 쓴 편지의 일부다. "그런데 내가 볼 때는 남의 주머니에 손을 넣는 것보다 그렇게 좋아 보이지 않는구나." 재무 책임자가 젊은 사촌동생에게 느끼는 실망은 이제 거의 극에 달했다. "네가 한 약속은 죄다 허깨비로 밝혀지고 있다."

셀던을 비롯한 이들이 회사에 대한 희망을 잃는 가운데 콜트는 계속 밀어붙였다. 워싱턴 주변의 야외 장소에서 총기 시연회를 열어서 겨울 오후의 사격과 술자리에 군 장교와 정치인들을 초청했다. 그들을 대접해서 술에 취하게 만든 콜트는 손가락이 마비된 장교들을 구워삶아서 자신의 총기를 지지하는 청원서에 서명하게 했다. 어떤 이들은 유난히 서명을 받기가 어려웠다. "그 사람들은 계속 따라다니면서 비위를 맞추었다." 콜트가 끝까지 버티는 사람들을 설득하려고 애쓴 일에 관해 쓴 글이다. "한 명씩 데리고 교외에 있는 경마장까지 몇 마일을 말을 타고 갔는데, 온갖 시도와 저녁 초대 끝에 대부분 내 총기가 특출하다는 걸 설득시키고 청원서에 서명을 받아 냈다."

워싱턴을 떠나 북쪽으로 돌아가기 전날 아침, 콜트는 청원서와 선물인 권총 한 정을 직접 전쟁장관 조엘 로버트 포인셋의 자택까지 가서 전달했다. 사우스캐롤라이나에서 태어나 잉글랜드와 코네티컷에서 자란 장관은 코스모폴리탄이자 기술 진보의 진가를 아는 호기심 많은 사람이었다. 몇 년 뒤, 그는 훗날 스미스소니언협회로 바뀌는 단체의 창립자 중 하나가 된다. 당대의 많은 저명하고 교양 있는 사람들이 그렇듯, 포인셋도 식물학에 매혹되었다. 멕시코 외교 사절로 갔을 때는 붉은 잎 식물을 발견해서 미국으로 가져왔는데, 오늘날 포인세티아라고 불린다.

장관은 콜트가 기다리는 동안 청원서를 읽었다. 콜트가 패턴트암스제작사 이사회에 보고한 바에 따르면, 장관은 퍼커션 캡만 장전한 상태로 총을 몇 차례 쏴본 뒤 "잘 작동하는 걸 보고 크게 흡족해했다." 포인셋은 곧바로 콜트에게 다음 날 자기 집무실에 청원서를 제출하라고 지시하고는 전쟁부에서 주문을 넣을 거라고 분명히 밝혔다.

콜트는 패턴트암스제작사 이사들에게 이 좋은 소식을 전하고 이틀 뒤에 다시 철회하는 편지를 보냈다. 장관에게서 다시 연락이 온 것이었다. 어쨌든 포인셋은 콜트의 총을 주문할 생각이 없었다. 콜트의 적수인 봄퍼드 대령이 총을 구매하지 말라고 설득한 것 같았다.

* * *

콜트는 재빨리 전열을 가다듬고, 워싱턴 관리들에게 판매하기보다는 각 주로 직접 가서 주의원들에게 민병대용으로 자기 총기를 구매하도록 설득했다. '민병대법'이라고 알려진 1808년의 법을 활용한 것이다. 그가 해석한 바에 따르면, 주 민병대는 연방 의회가 책정한 예산에서 자기들 마음에 드는 총기를 살 권리가 있었다. 콜트가 이런 시도에서 끌어들이려고 한 인물 중 한 명이 대니얼 웹스터였는데, 매사추세츠주의 존경받는 연방 상원의원인 그는 당대의 가장 위대한 법률가이기도 했다. 웹스터는 콜트에게 자신의 처가인 르로이 집안이 패턴트암스제작사의 투자자이기 때문에 자신이 이 문제에 관여하면 이해 충돌이 된다는 사실을 상기시켰다. "현재의 법률에 따라 다른 주들이 총기 종류를 선택할 수 있다는 견해를 뒷받침하는 근거를 찾을 수가 없군. 또한 연방 의회에 신청을 해도 그런 취지로 법률을 통과시킬지도 확실하지 않고."

웹스터의 말이 옳았고, 각 주에 직접 총을 팔려는 콜트의 시도는 당장은 아무 성과도 없었다. 콜트가 대니얼 웹스터를 무시하고 더욱 노력을 기울인 걸 보면, 그가 인내심이 많거나 어쩌면 절망적인 상황에 빠져 있었음을 알 수 있다. 그사이에도 빚은 계속 늘어났다. 이제 패터슨의 하숙집 주인인 암스트롱에게 갚아야 할 돈이 160달러였고, 각반 한 켤레와 "송아지 가죽 부츠" 여섯 켤레 값(한 켤레당 6.50달러)으로 제화점에 43.50달러를 줘야 했다. 더들리 셀던에게도 400달러의 빚이 있었는데, 그는 당장 갚지 않으면 고소하겠다고 을러댔다. 셀던은 7월에 보낸 편지에서 이렇게 말했다. "같은 액수를 받아 내려고 뉴저지에서 소송을 걸기는 아주 내키지 않지만, 지체 없이 조치를 취하지 않으면 어쩔 수 없다고 생각하네." 로스웰 콜트에게도 1,000달러를 갚아야 했다. "제때 돈을 갚을 준비를 해 주게." 로스웰이 8월에 쓴 편지다. "요즘 시절이 그래서 나도 채무를 상환하려고 온갖 수단을 강구해야 해." 해트필드앤드피어슨에도 여전히 큰 금액을 지불해야 했고, 애스터하우스에도 소액이지만 빚이 있었다. 심지어 의붓어머니에게도 셔츠 만들어 준 값 14달러를 보내야 했다. "사랑하는 새뮤얼." 올리비아가 보낸 편지의 일부다. "셔츠 만드는 데 든 돈을 보내 주면 정말 고마울 거야."

* * *

정부 관리들에게 술을 사고 빚쟁이를 피하는 틈틈이 콜트는 어쨌든 시간을 내 총기를 개량해서 1839년 8월에 새로운 특허를 신청했다. 그는 총의 몇 가지 문제점을 해결하는 데 상당한 지적 에너지를 쏟아부었다. 무엇보다도 중요한 점으로, 다시 실린더의 설계를 바꿔서 "폭발하는 화약의 에너지를 총열로 잘 내보내도록" 약실 입구의 모양을 잡고 연쇄 격발 가능성을 낮췄다. 또한 격발 사이에 약실을 회전시키는 방법도 단순하게 바꾸고 실린더에 장전이 쉽게 만들었다. 산업사학자 찰스 R. 모리스는 다음과 같이 콜트의 역설을 간결하면서도 함축적으로 요약한다. "샘 콜트의 한쪽 절반은 기세 좋은 이야기꾼과 다른 사람의 돈을 태우는 걸어 다니는 모닥불, 흥청거리는 술꾼이며 다른 반쪽은 참으로 재능 있는 발명가였다."

콜트는 또한 점점 재능 있는 상인으로 변신하면서 타고난 설득 기술과 대량 판매를 내다보는 혜안을 결합시켰다. 그는 총에 자신의 이름을 붙였을 뿐만 아니라 압력

롤러로 실린더에 각인까지 했다. 콜트가 이 각인(한 각인은 역마차 강도 현장으로 남자들이 권총을 들고 대결하는 가운데 몇 명은 다치거나 죽어서 바닥에 쓰러져 있다)을 고르는 광경을 보면, 그가 1840년에 이르러 자기 총의 매력을 제대로 파악했음을 알 수 있다. 이런 각인은 콜트리볼버를 자위 및 대담한 행동과 연결시켰을 뿐만 아니라, 그가 정확히 내다본 것처럼 모조품 리볼버가 홍수처럼 쏟아지는 가운데 진품임을 입증하는 증거가 됐다. 그는 또한 총을 포장하는 일도 게을리하지 않았다. 벨벳 안감을 댄 멋진 마호가니 상자는 비스듬한 뚜껑에 명판도 있었다. 콜트가 나중에 내놓은 훨씬 뛰어난 아이디어는 일부 총기의 상자를 책 모양으로 만드는 것이었다. 일종의 트릭이긴 했지만 이 총의 미래를 의도적으로 암시하는 포장이었다. 한 가짜 책의 책등에는《자위법Law for Self Defense》이라는 제목이 붙었다.《여행자 안내서The Tourists Companion》와《텍사스보통법The Common Law of Texas》이라는 제목도 있었다.

＊ ＊ ＊

1840년 봄, 콜트는 공장이 생산에 들어간 이래 패터슨에서 만든 총기의 숫자를 집계했다. 장총 1,312정과 권총 2,700정으로, 모두 회전식이었다. 권총은 공이치기를 당겨야 감춰진 방아쇠가 잠금장치에서 내려오는 5연발이었다. 모두 싱글액션 방식, 즉 방아쇠를 당기면 격발만 되는 방식이었다. 격발과 동시에 실린더까지 회전하는 더블액션 방식은 후대의 많은 리볼버가 받아들이게 된다. 콜트는 결국 불필요하게 복잡한 드롭다운 방아쇠를 포기하고 리볼버 실린더에 여섯 번째 약실을 추가하지만, 싱글액션 방식이 만들기도 간단하고 다루기도 쉬워서 더 뛰어나다는 믿음은 버리지 않았다.

콜트가 만든 다양한 권총의 주요한 차이는 크기였다. 1840년에 해군 장교들에게 보낸 편지에서 콜트는 권총을 이렇게 묘사했다. "하나는 주머니에, 하나는 혁대에, 세 번째는 권총집에." 오늘날 총기 수집가들은 모델 번호를 기준으로 이 권총들 가운데 가장 작은 .28구경을 No. 1이라고 부른다. 자그마한 크기 때문에 베이비패터슨이라고도 한다. .31구경인 중간 크기, 또는 혁대 권총은 No. 2와 No. 3으로 두 번 생산되었다(No. 4는 계획만 되고 생산되지 않은 것으로 보인다). "권총집용" No. 5는 큼지막한 .36구경이었다. 이 총은 텍사스패터슨이라고 불리게 된다.

텍사스는 이 시기에 여전히 유망한 지역이었다. 콜트는 세계 다른 지역에서는 자신의 총을 선전하기 위해 분투한 반면, 텍사스인들은 설득이 필요 없었다. 그들은 연발식 총이 자신들이 사는 적대적인 땅에 잘 맞는다는 사실을 본능적으로 파악했다. 이상하게도 처음 진지하게 관심을 보인 것은 텍사스 육군이 아니라 해군이었다. 1839년 4월, 텍사스는 멕시코만에 있는 소규모 함대의 승선용 권총으로 No. 5 리볼버 108정을 구매했다. 이 구매로 회사의 결산에 큰 차이가 생길 만큼 충분한 현금이 들어온 것은 아니었지만, 콜트에게는 대단히 중요한 의미가 있는 일이었다.

이따금 콜트의 운이 금방 좋아질 것처럼 보인 때가 있었다. 천사 투자자가 하나 나타났는데, 영국의 산업자본가인 리처드 풀런이 그 주인공이다. 풀런은 영국에서 특허를 사용하는 대가로 연간 무려 800파운드(약 1,000달러. - 옮긴이)를 지불하겠다고 약속했다. "앞에 말한 새뮤얼이 사회에서 신사로서 자신의 지위를 유지하기 위해 개인적 경비를 지출하는 목적으로 요구할 때"라고 "앞에 말한 새뮤얼"이 작성한 것으로 보이는 계약서 초안에 적혀 있다. 하지만 풀런은 콜트에게 600달러짜리 수표를 건넨 뒤 갑자기 겁을 집어먹고 지불을 중단했으며, 돌연 제안을 철회해서 콜트는 다시 원점으로 돌아갔다.

만사가 그런 식이었다. 스프링필드 조병창에 있는, 한쪽 면이 단조된 수력 해머처럼 위로 올라가는가 싶더니 순식간에 떨어졌다. 1840년 늦가을, 육군은 칼라일병영에서 일련의 시험을 수행했다. "우리 총이 얼마나 신속하게 발사되는지 우리 스스로도 놀랐다니까요." 콜트가 어느 편지에서 한 말이다. "여덟 명이 우리 편이 됐습니다. 날도 아주 좋고 그 친구들 손가락이 날래더군요." 하지만 칼라일에서 진행된 시험은 군수부 사람들을 설득하는 데 실패했고, 콜트는 아무 성과도 얻지 못했다.

콜트는 1841년 2월 워싱턴에서 자신의 총을 다시 입증할 기회를 발견했다. 이 일화의 대중적인 버전은 백악관 잔디밭을 무대로 한다. 콜트의 소총 시연이 시작되자 갑자기 터진 총격 소리에 마틴 밴뷰런 대통령의 마차를 끄는 말들이 깜짝 놀랐다. 놀란 말들이 달아나면서 대통령의 마차가 기둥에 부딪혔고, 대통령의 마부가 자리에서 튕겨 나가 백악관 울타리 말뚝에 몸이 박혔다.

　　　　　　　　　　　　　　　　　　　　　　　　연기와 거울

이 설명은 몇 가지 핵심적인 세부 사항에서 오류가 있지만 실제로 벌어진 사건에 바탕을 둔 것이다. 콜트의 총소리에 놀라서 달아난 것은 밴뷰런 대통령의 말이 아니라 전 대통령 존 퀸시 애덤스의 말이었다. 그리고 이 사건은 백악관 잔디밭이 아니라 의사당 앞에서 벌어졌다. 2월 18일 아침, 당시 73세의 하원의원이던 애덤스는 후에 일기에 쓴 것처럼 콜트가 "새로 발명한 살상 도구" 전시회를 구경하러 마차를 타고 도착했다. 콜트의 총이 사격을 시작했을 때 애덤스는 마차에서 내려 안전하게 땅에 서 있었다. 첫 번째 일제 사격에서 애덤스의 말들이 전속력으로 내달리기 시작하자 마차도 그대로 딸려 갔다. 마차는 울타리 기둥에 충돌했고, 애덤스의 마부와 하인이 마차에서 "거꾸로 떨어졌다." 제러미 리어리라는 아일랜드인 마부는 의사당 안에 있는 방으로 옮겨졌는데, 애덤스가 가 보니 "극심한 통증"을 호소했다. 치명상을 입은 상태였다. 한 신문의 설명에 따르면, 마부는 전 대통령에게 "의원님 말하고 마차가 결딴났습니다."라고 변명조로 말했다. "말하고 마차는 신경 쓰지 말게." 애덤스가 대답했다. "자네가 죽어 가고 있으니 자네 영혼을 생각해야 해."

애덤스는 마부를 좋아했던 터라 그의 죽음으로 실의에 빠졌다.* 일기에서 그는 사고를 "하느님의 섭리" 탓으로 돌렸지만, 또한 샘 콜트에게도 비난의 화살을 돌린 것 같다. 그는 나중에 그 복수를 한다.

＊ ＊ ＊

4년을 껄끄럽고 불안하게 버틴 끝에 패턴트암스제작사는 마침내 1841년 봄과 여름에 주저앉았다. 희망 찬 시작만큼이나 추한 종말이었다. 사면초가에 몰린 더들리 셸던은 이제 회계 책임자에서 물러났고, 존 엘러스라는 다른 주주가 그를 대신했다. 처음에 엘러스와 콜트는 회사를 잘 꾸려 나갔지만, 엘러스도 셸던처럼 금세 쪼그라든 수익과 공허한 약속에 진력이 났다. 1841년 3월, 엘러스는 당장 새로운 주문을 확보

---

* 이 사고는 애덤스가 저 유명한 아미스타드호 사건에서 노예선에서 선상 반란을 일으킨 노예들의 변론을 하기 위해 대법원에 나가기 이틀 전에 벌어졌다. 전 대통령은 마부의 죽음에 큰 충격을 받아서 수석 재판관에게 하루나 이틀 더 준비할 시간을 달라고 요청했다. 나중에 그가 말한 것처럼, 반란을 일으킨 노예들을 위해 법정에서 발언을 하려고 일어났을 때에야 우울한 감정이 가시기 시작했다.

하지 못한다면 회사가 망할 거라고 콜트에게 말했다. "내가 할 수 있는 일은 전부 했는데, 우리 주주들은 회사를 지키기 위해 도움을 주려고 하지 않거나 할 수 없는 것 같습니다."

얼마 지나지 않아 엘러스는 셸턴보다도 더욱 심한 적수가 되어 콜트의 주장이나 행동에 사사건건 의심하거나 반대하는 한편 자유분방한 씀씀이를 꾸짖었다. "전에도 말했지만 그렇게 사치를 부려선 안 되고 돈을 벌 때까지 지출을 줄여야 한다고 거듭 말할 수밖에 없군요. 지금 당신은 만사가 순조롭게 풀리면 수익이 얼마나 될지 계산할 뿐이지만 돈을 벌려면 아직 멀었어요." 해군장관 제임스 K. 폴딩이 분명히 밝혀지지 않은 어떤 행동 때문에 "콜트 씨를 끔찍이 싫어한다."라는 걸 알게 된 엘러스는 콜트가 워싱턴에서 벌이는 일이 회사에 도움이 되기보다 오히려 해가 된다고 의심했다. 콜트가 마침내 정부에 카빈총 100정을 팔게 됐다고 보고하자 엘러스는 거의 비웃는 반응을 보였다. "다음 편지에는 주문서를 동봉하기 바랍니다. 우리 이사들한테 사기가 아니라는 걸 보여 줘야 하니까요."

엘러스가 《뉴욕이브닝포스트》를 비롯한 여러 신문에 안내 광고를 내서 콜트 특허권의 4분의 3을 매각한다고 알린 1841년 8월이 중대한 전환점이었다. 공표된 매각 날짜는 1841년 9월 15일이었다. 매각이 통과되면 콜트는 이제 더 이상 자신의 발명품을 가지고 수익을 얻을 수 없었다. 한편 엘러스는 패터슨 공장과 뉴욕 브로드웨이 155번지에 있는 판매 사무소에서 800정이 넘는 총을 빼냈다. 콜트의 채무에 대한 담보로 잡은 게 분명했다. 콜트는 아무나 흉내 낼 수 없는 문체로 직접 안내 광고를 쓰는 식으로 보복하려고 했다.

야반도주

50세 전후에 키 5피트 8인치(약 173센티미터), 머리 윗부분이 맹꽁이자물쇠처럼 동그랗고 뒷머리와 옆머리는 노란색, 둥근 얼굴에 튼튼한 몸집, 천박한 생김새의 존 엘러스라는 똑일인. ……

앞에 말한 사람의 수성쩍은 움직임이나 그가 앞서 말한 재산을 어떻게 처분했는지에 관해 정보를 제공하는 사람에게는 아래에 서명한 사람이 감사를 표할 것임.

콜트는 광고를 신문에 싣지는 않았지만, 9월 2일 뉴저지주 형평법 법원에 엘러스를 상대로 강제 명령을 신청했다. 9월 3일에는 변호사의 조언에 따라 형제 한 명을 통해 패턴트암스제작사 사무실에 법적 통지서를 보냈다. 이에 관한 기록은 현재 콜트 문서에 보관되어 있는, 변호사가 콜트에게 보낸 짧은 편지다. "회사에 보내는 통지서를 동봉했습니다. 형제분이 정확한 내용인지 비교를 하고 하나는 회사에 전달용, 하나는 보관용 사본으로 만들어야 합니다. 그걸 근거로 어떻게 전달했는지 진술서를 써야 하니까요."

변호사가 콜트에게 보낸 편지에는 이 일을 맡은 형제 이름이 적혀 있지 않지만, 그의 정체를 추론할 수 있다. 샘의 동생 제임스는 당시 세인트루이스에서 변호사 일을 하고 있었다. 샘과 크리스 주니어는 돈 문제 때문에 크게 다툰 적이 있어서 서로 연락을 하는 사이가 아니었다. 따라서 그 일을 할 콜트의 형제는 존 한 명뿐이었다.

III

샘 콜트가 워싱턴스퀘어에 새로 구한 방에 들어간 1841년 9월 17일, 부슬비가 내리는 금요일 오후에 존 콜드웰 콜트는 브로드웨이와 체임버스스트리트가 만나는 모퉁이에 있는 2층의 좁은 방 책상 앞에 앉아 있었다. 서른한 살의 존은 마른 몸에 갈색 곱슬머리, 말쑥한 구레나룻이 인상적인 남자였다. 방에는 책상과 탁자, 나무의자 두어 개가 띄엄띄엄 있었다. 책 무더기 몇 개가 발송을 기다리고 있었다. 바닥에 있는 커다란 소나무 상자는 길이가 91센티미터에 너비가 46센티미터였다. 탁자 위에는 반도끼나 쐐기도끼라고 부르는 연장이 놓여 있었다. 철제 머리의 한쪽 면은 망치처럼 날 없는 면이고, 반대쪽에는 예리한 날이 있었다.

악명을 떨치게 되는 인간 치고 존 C. 콜트는 좀처럼 이해하기 힘든 행적을 남겼다. 행적을 추적할 수 있는 빵 부스러기가 없어서가 아니라 너무 많이, 너무 넓게 흩어져 있기 때문이다. 존이 살기 위해 떠난 몇 달간 그에 관해 많은 이야기가 기록되지만(평생 동안 샘에 관해 쓴 글보다 양이 많다), 이 모든 글의 주제에 일관성이 없다. 그는 어디든 가고, 무슨 일이든 했으며, 사람마다 다른 평가를 받았다.

존의 이름은 샘 콜트의 문서 기록에서 거의 등장하지 않으며, 의문이나 소문에 따라붙을 뿐이다. 이렇게 기록이 부재한 것은 그가 살아 있는, 정확히 말해서 추방된 동안에는 골칫거리였고 죽은 뒤에는 상속자와 유언 집행자들이 좋은 뜻에서 그의 이름을 샘의 유산에서 지워 버리려 했기 때문이다. 사실 콜트 집안의 네 형제 가운데 샘과 존이 가장 비슷했다. 둘 다 굉장히 야심이 많고 똑똑하고 활동적인 젊은이였으며, 능력이 되자마자 집을 떠나 살아 있는 한 부지런히 움직였다.

존의 젊은 시절은 다양한 서사로 설명할 수 있지만, 전반적으로 그는 1819년에 가족이 망하기 전까지 장난기 많고 놀기 좋아하는 아이였다. 아마 샘보다 네 살이 많기 때문에 아버지의 파산과 어머니의 죽음에 더 크게 영향을 받았을 것이다. 각각 그가 열 살, 열한 살 때의 일이었다. 그는 아버지가 새 부인을 들인 것에 분개하면서 올리비아가 냉담하고 까다롭게 군다고 보았고, 열여섯 살에 집에서 도망쳐서 올버니로 갔다(1장에서 설명). 해병대에 입대하고 그 결정을 후회한 후(2장에서 설명) 뉴욕시에서 점원으로 1년을 일했고, 버몬트대학교에서 1년 동안 수학을 공부했다. 1831년 샘이 코르보호에서 생활하는 동안 존은 서부로 가서 미시간의 황무지에 직접 통나무집을 지었다. 1833년에 뉴욕시로 돌아와서 비누 제조업자로 성공하려고 애썼고, 그러다가 다시 종적을 감춰 여기저기 돌아다니면서 가족과 거의 연락도 하지 않았다. "존이 어디 사는지 아니? 어디 있다고 소식은 들었었는데." 1834년 12월에 크리스토퍼가 샘에게 던진 질문이다. "내가 듣기로 존은 텍사스로 간 게 아니라 신시내티에 있다는구나." 1836년에 다시 크리스토퍼가 한 말이다.

존의 생애에서 가장 안정되고 돈벌이가 좋았던 시기는 1830년대의 몇 년이다. 당시 그는 오하이오강을 따라 신시내티와 루이빌을 오가면서 지냈다. 루이빌에서 오래 살면서 회계와 글씨 쓰기 교사로 작은 사업을 차리기도 했다. 존은 샘을 흉내 내서 성을 'Coult'로 썼다. "존 콜트 회계사. 부기 강사 겸 글씨 쓰기 교수."

존의 생애에서 굉장한 아이러니 중 하나는 그가 회계에서 진정한 천직을 찾았다는 것이다. 1837년, 그는 《복식 부기의 과학The Science of Double Entry Book-Keeping》이라는 책을 출간했다. 독자들에게 수입과 비용을 기록하고 추적하는 새로운 체계를 소개하는 책이었다. 이 책을 보면 존이, 동생 제임스가 훗날 말한 것처럼 가장 "독보적"이지는 않을지라도 콜트 집안에서 가장 머리 좋은 사람이었음을 알 수 있다. 그는 숫자의 시인을 자처하면서 회계를 세계에 질서를 가져다주고 "의심과 분쟁, 충돌"이 추악해지기 전에 해결해 줄 수 있는 고상한 일로 보았다. 존의 책에서 가장 이상한 점은 실명과 실제 상황을 활용해서 개념을 설명한 부분이다. 패턴트암스제작사의 가공의 수익과 비용이 한 사례로 등장하고 더들리 셀던, 새뮤얼 콜트 같은 이름도 나오는데, 심지어 허구의 부인이 있고 2만 달러에 육박하는 가상의 유산을 받은 존 C. 콜트도 등장한다.

이런 허황된 공상과 더불어 존은 한껏 흥분된 연애에 흠뻑 빠졌다. 유부녀와 놀아나다가 결국 결투로 끝난 일도 있었을 것이다. 프랜시스 앤이라는 검은 머리의 젊은 과부와 연애를 한 건 분명하다. 존은 그녀와 함께 오하이오강 둑을 따라 말을 타고 열정적으로 달리기도 하고 어느 여름밤에는 즉흥적으로 수영을 하기도 했다. 프랜시스 앤은 옷을 벗어 던지고 강물에 뛰어들어 존과 켄터키 강기슭까지 경주를 한 뒤 의기양양한 누드로 일어나서 달빛에 몸을 말렸다. 나중에 1839년 4월 존이 뉴욕으로 떠난 뒤 프랜시스 앤은 아편 과용으로 자살했다.

* * *

존은 책 때문에 뉴욕으로 돌아왔다. 책을 개정해서 더 큰 시장에 팔기 위해서였는데, 또한 출판사를 차릴 생각도 있었다. 존은 동업자와 함께 존 델라필드 주니어가 쓴 《미국 골동품의 기원 탐구An Inquiry into the Origin of the Antiquities of America》라는 책을 사들여 찍어냈다. 존이 이 책을 팔기로 한 이유는 분명하지 않지만, 책이 팔리지 않아서 1,000달러가 넘는 손해를 보았다. 손해 때문에 재정적으로 몰락했을 뿐만 아니라 사기도 떨어진 것 같다.

1841년 이전에 존 콜트의 성격이 어떠했는지의 문제는 언론에서 지겹도록 다뤄지게 된다. 친절과 공감을 보여 주는 유명한 일화들이 있는데, 널리 퍼진 한 이야기에서 소년 시절 존은 동생(샘인지 제임스인지 확인되지 않았다)이 강물에 빠져 죽는 걸 구했고, 다른 이야기에서는 푸주한이 잡으려는 양을 구하려고도 했다. 하지만 성인이 되어 범죄를 저지른 기사도 많이 있다. "가짜 열쇠 뭉치"를 들고 애스터하우스를 살금

살금 돌아다니다가 발각됐는데, 아마 객실에 침입해서 물건을 훔치려고 했을 것이다. 존은 적어도 한 번, 그러니까 1839년에 한 행동 때문에 뉴욕 지역검사의 관심을 끌었다. 법정에 제출된 문서에 따르면, 존은 "절도 범죄를 저지를 목적으로" 나소스트리트에 있는 2층 사무실에 들어갔다. 존의 생애를 동정적으로 기록한 1842년의 설명에서는 이 사건을 "술에 취한 동행들" 탓으로 돌린다. 그들이 "포도주를 마시며 장난으로 꾀는" 바람에 존이 "실수로" 건물에 들어갔다는 것이다. 지역검사는 이 설명에 만족한 것 같았다. 기록에 따르면 샘이 보석금 500달러를 내고 존을 빼냈고, 곧바로 사건은 없던 일이 되었다.

존은 다시 한번 잠깐 뉴욕을 떠나 필라델피아로 가서 6개월 동안 서점을 운영했다. 1841년 1월에 뉴욕으로 돌아왔고, 8월 초에 브로드웨이와 체임버스스트리트가 만나는 북서쪽 모퉁이에 있는 5층짜리 그래나이트빌딩(당시 명칭)에 2층 방 하나를 빌렸다.

* * *

9월의 그 비 내리는 금요일에 존은 그래나이트빌딩을 오래 떠나 있었던 게 분명하다. 에이사 휠러와 처음 작성한 계약서에 따르면, 6주인 임대 기간이 며칠 전에 만료된 상태였다. 하지만 존은 좀 더 말미를 달라고 했고 휠러도 봐주었다. 그날 오후에 존은 책상에 앉아 벽을 보면서 회계 문제를 처리하고 있었다. 바닥에 놓인 소나무 상자에는 발송 예정인 책들이 들어 있었다. 상자를 만드는 데 쓴 쇠글도끼가 탁자 위에 있었다. 날이 차고 습했지만, 방에서는 으레 그렇듯 말똥 냄새와 나무와 석탄 연기, 화장실 냄새가 풍겼다. 당시의 의사들은 도시의 짙은 공기에 위험한 독기, 즉 눈에 보이지 않는 질병의 구름이 끼어 있어서 사람들이 병에 걸린다고 믿었고, 검시관이 매주 발표하는 사망 통계도 그런 의심을 입증하는 듯 보였다. 그날까지 한 주 사망자가 213명이었는데 소아콜레라 스물여덟 명, 폐결핵 스물일곱 명, 부종 열일곱 명, 그리고 익사 다섯 명과 자살 두 명 등이었다. 살인으로 한 명 더 죽어서 그 주의 총 사망자는 214명이 된다.

오후 3시 15분쯤, 새뮤얼 애덤스라는 책 인쇄업자가 그래나이트빌딩에 와서 체임버스스트리트 쪽에 난 문으로 들어왔다. 단단한 몸집에 구레나룻을 기른 애덤스는 심술 맞은 표정이었다. 그래나이트빌딩에 오는 도중에 그를 본 사람들은 그가 무언가에 정신이 팔린 사람처럼 보였다고 기억을 떠올렸다. 우리에게 남은 유일한 설명인 존의 이야기에 따르면, 애덤스는 노크도 없이 존의 사무실에 들어와서 책상 옆 의자에 앉았다. 존은 애덤스가 왜 찾아왔는지 알았다. 자신의 회계 책 신판 인쇄를 애덤스에게 맡겼는데 돈을 치르지 않았던 것이다. 애덤스는 존이 대금을 지불하지 않아서 화가 나 있었다. 존으로서는 애덤스가 합의한 기한까지 인쇄를 마무리하지 못해서 발끈했다. 애덤스는 존 콜트에게 71.15달러를 받아야 한다고 생각한 반면, 존은 그에게 55.80달러만 주면 된다고 본 지점에서 서로의 의견이 갈렸다. 15달러 정도의 차이였다. 존이 애덤스에게 자신의 주장을 입증하는 회계 장부를 보여 주자 인쇄업자는 존이 자기를 속이려 한다고 더욱 크게 확신했다. "거짓말하지 마쇼!" 애덤스가 소리쳤다. 존이 나중에 설명한 것처럼, 뒤이어 "계속 말이 오가다가 결국 주먹이 오가는 지경이 되었다." 애덤스가 존을 벽으로 밀치고 그의 넥타이를 틀어쥐며 목을 졸랐다. 존은 자기방어를 위해 가까운 무기에 손을 뻗었다. 탁자 위에 있던 쇠글도끼였다.

존 콜트의 말을 믿을 수 있다면, 그는 이 순간에 자기 몸을 전혀 제어하지 못했다. 나중에 그는 "당시 이성의 힘을 완전히 상실했다."라고 주장했다. 시간의 속도를 늦춰서 명확하게 볼 수 있었다면, 그 상황이 얼마나 아이러니한지 생각했을지 모른다. 금전적 갈등을 종식키겠다는 책을 쓴 사람이 금전적 갈등 때문에 사람을 죽이려는 참이었다.

옆방에서는 에이사 휠러가 학생 하나를 가르치고 있었다. 큰 소리가 나자 두 사람은 깜짝 놀랐다. 나중에 둘 다 펜싱 칼이 부딪히는 듯한 거칠게 쟁그랑거리는 금속 소리가 났다고 설명했다. 분명 예리한 도끼날이 인간 두개골에 부딪히는 소리였다.

바닥에 쓰러진 애덤스의 머리에서 피가 흘러나왔다. 애덤스는 1, 2분 동안 육중한 숨을 내뱉다가 이내 멈추었다. 존은 넋이 나가 헛구역질을 하면서 체임버스스트리트 쪽 창가에 앉아 있었다. 자신이 한 일에 생각이 미치자 "무시무시한 전율"이 엄습했다. 인쇄업자의 머리에서 피가 너무 많이 흘러나오자 존은 피가 바닥에 스며들어 아래층에 있는 약제상으로 떨어질까 걱정이 되어 수건으로 최대한 피를 닦아 냈다.

존은 어두워질 때까지 애덤스의 시체 옆을 지키면서 지나가는 승합마차 소리에 발소리가 묻힐 때까지 기다렸다. 그리고 살금살금 나와서 문을 잠근 후 잰걸음으로 브로드웨이를 가로질러 시티홀파크로 가서 남쪽으로 방향을 돌려 깜박거리는 가스등 빛에 자신이 보이지 않도록 나무 밑을 통과했다. 그가 간 곳은 시티호텔이었는데, 나중에 회고하기로는 "동생에게 상황을 설명해 주려고" 간 것이었다.

✳ ✳ ✳

샘 콜트가 그 금요일에 뉴욕대학교에 새로 구한 방으로 옮겨 가느라 시간을 보냈다고 가정하면, 아마 그 후에 남쪽에 있는 시티호텔로 갔을 것이다. 그는 예전에 좋아하던 애스터하우스를 외면하고 몇 달 동안 이 호텔을 주거지로 삼았다. 시티호텔의 방값(하루 숙박료 2달러)은 애스터하우스와 같았기 때문에 돈 때문에 옮긴 것은 아니었다. 아마 애스터하우스에 밀린 숙박료가 워낙 많아서 환영을 받지 못했을 것이다.

존이 애덤스의 피를 닦아 낸 뒤 충동적으로 샘을 찾으려고 호텔로 간 것은 인상적인 행동이었다. 이상하게도 누구도, 경찰이나 검사, 신문기자 어느 누구도 다음과 같은 명백한 질문을 던지지 않았다. 존은 왜 샘에게 갔을까? 최소한 존이 그 금요일 저녁에 샘을 어디서 찾아야 하는지를 알 만큼 동생과 계속 연락을 하고 살았다는 걸 알 수 있다. 또한 그가 동생을 절대적으로 믿었다는 게 드러난다. 자기 인생에서 가장 중요한 순간에 의논을 하고 싶은 첫 번째 상대가 샘이었다.

샘은 호텔 1층에 있는 라운지에 남자 둘과 앉아서 눅눅한 저녁에 불이 잘 밝혀진 공간에서 즐거운 대화를 나누고 있었다. 브로드웨이 쪽 창을 통해서나 호텔에 들어서는 순간(샘의 설명이 분명하지 않다) 존이 샘의 눈에 들어왔다. 젖어서 추워 보이고 눈매가 이글거리는 존의 모습을 보면 샘이나 그날 저녁에 그를 본 누구라도 깜짝 놀랐을 게 분명하다. 샘은 자리에서 잠깐 일어나 형에게 갔다. "동생과 몇 마디를 나눴고, 동생이 바쁜 걸 보고 계획을 바꿔서 공원까지 최대한 멀리 돌아왔다." 존이 나중에 회고한 말이다. 둘이 무슨 말을 한 걸까? 존이 자기가 나타난 사정을 설명하려 했을까? 방금 사람을 하나 죽였다고 말했을까?

존은 다시 브로드웨이로 향한 후 한 시간 동안 가스등이 켜진 컴컴한 시티홀파크를 서성거렸다. 치안판사를 찾아가서 자백하는 걸 생각해 봤지만 가족에게 수치를 안기는 것을 견딜 수 없었다. 범죄의 증거를 불태우기 위해 그래나이트빌딩에 "불을 지르는" 걸 생각했지만, 입주자 몇 명이 방에서 자고 있는데 더 이상 사람을 죽이고 싶지 않았다. 마침내 그는 건물로 돌아가서 사무실로 향하는 계단을 올라가, 조용히 문을 열고 들어가서 덧문을 닫고 촛불을 켠 뒤 계산을 하기 시작했다. 새뮤얼 애덤스는 키가 168센티미터였다. 소나무 상자의 길이와 너비는 각각 91센티미터, 46센티미터였다.

존은 이후 한 시간 동안 엽기적인 프로크루스테스(나그네를 집에 초대해 침대에 묶은 후, 침대보다 큰 사람은 머리나 다리를 자르고 작은 사람은 몸을 늘여 죽였다는 그리스 신화 속 악당. - 옮긴이))의 작업에 몰두했다. 상자 안에 차양에서 잘라 낸 천 조각을 댄 다음 밧줄을 이용해서 애덤스의 시체를 묶은 후 죽은 이의 다리를 접어 무릎을 가슴에 힘껏 누르면서 상자 안에 욱여넣었다. 애덤스의 코트도 꾹꾹 밀어 넣었다. 그러고는 아래층에 있는 화장실로 가서 애덤스의 소지품을 버리고, 체임버스스트리트에 있는 펌프에서 물을 한 양동이 떠다가 바닥을 닦았다.

모든 일을 끝낸 존은 그래나이트빌딩을 나와 펄스트리트와 브로드웨이가 만나는 곳에 있는 워싱턴대중목욕탕으로 가서 몸을 씻고 옷을 빨았다. 그러고는 먼로스트리트 42번지에 있는 하숙집으로 걸어갔다.

이 지점에서 이야기가 이상해진다. 방에서 존을 기다리고 있는 것은 캐럴라인 헨쇼라는 독일계의 예쁘장한 젊은 여자였다. 윌리엄 에드워즈가 쓴 전기와 그 후 많은 책에서 반복된 설명에 따르면 열여섯 살에 유럽에서 샘 콜트와 몰래 눈이 맞아 도망친 캐럴라인 헨쇼와 같은 이름이다. 이제 스물두 살 정도가 된 헨쇼는 존 콜트와 함께 살고 있었는데, 임신 7개월이었다.

IV

다음 날 아침 비가 갰다. 하늘은 쾌청했고, 부드럽고 따뜻한 산들바람이 불었다. 그 토요일에 샘 콜트는 뉴저지의 유력한 연방 상원의원인 새뮤얼 L. 사우서드에게 보내는 편지를 썼다. 코네티컷역사협회에 있는 콜트 문서에 보관된 이 편지를 보면, 존 콜트가 살인 사건에서 벗어나려고 애를 쓰던 바로 그 순간에 샘은 놀랄 만한 새로운 모험을 시작하려 하고 있었다. 수중 포대라고 이름 붙인 사업이었다. 이름은 새로울지 몰라도 발상은 새로운 게 아니었다. 수중 포대는 콜트가 12년 전 웨어에 있는 수력용 호수에서 시연한 장치를 좀 복잡하게 발전시킨 것이었다. 연안에서 전하로 격발시키는 수중 기뢰였다. 콜트는 웨어호수에서 시연한 이래 적어도 한 번은 이 발상을 다시 실행했다. 1836년 겨울, 파리에서 미국으로 돌아온 뒤 프랑스와 금방 전쟁이 발발할 것으로 확신했을 때였다. 당시에 설계도를 몇 장 그렸는데("첫 번째 종류"라는 제목을 붙였다), 전쟁 이야기가 흐지부지해지자 치워 버렸다.

이제 1841년에 다시 전쟁 이야기가 돌고 있었다. 이번에는 영국이 상대였다. 캐나다 국경을 둘러싸고 견해차가 커지면서 충돌이 벌어진 것이다. 지금은 이 문제 때문에 대규모 전쟁이 촉발된다는 것을 상상하기 어려울지 몰라도 당시에는 무척 심각하게 여겨졌고, 세계 최대 규모의 해군이 1812년 전쟁의 복수를 위해 미국 해안에 다시 나타날 가능성이 미국인들 앞에 던져졌다. 의회는 해안 방위 예산을 늘려야 한다는 분위기였고, 콜트는 사춘기 때 구상한 설계를 다시 꺼내 들었다.

그때까지 수중 포대를 개발하려는 콜트의 시도는 조짐이 좋았다. 여름 동안 존 타일러 대통령과 만났는데, 그는 콜트의 구상을 조심스럽게 지지했다. 더욱 중요한 점으로, 해군장관과 뉴저지 주지사를 지낸 상원의원 사우서드가 진지한 관심을 보인 바 있었다. 사우서드는 상원의장대행을 맡고 있었는데, 그 덕분에 그해 9월 대통령에 이어 서열 2위였다.* 그는 콜트의 발명품을 승인했을 뿐만 아니라 워낙 마음에 들었기 때문에 그 자금을 대는 회사의 주식을 대량으로 매입할 생각이었다. 의회가 자신의 권고대로 예산을 책정하면 자기도 부자가 될 터였다.

이 예산은 정확히 '어떤' 장비에 책정됐을까? 콜트는 자신의 발명품에 대해 말을

---

* 그해 봄에 윌리엄 해리슨 대통령이 불과 한 달을 재임하고 사망하자 부통령 존 타일러가 대통령직을 승계하면서 부통령 자리가 공석이었다. 당시에 대통령 승계 순위는 대통령, 부통령, 상원의장대행이었는데, 부통령이 공석이 되자 대행이 한 단계 승격한 것이다. 타일러가 어떤 이유로 자리에서 물러나면 사우서드가 미국 대통령이 될 것이었다. 헨리 클레이 같은 타일러의 적수들이 그에게 사임을 강요하려고 한 것을 보면, 이런 가능성이 전혀 없는 건 아니었다.

아꼈기 때문에 오늘날에도 그 무기의 몇 가지 측면은 수수께끼로 남아 있다. 하지만 기본적인 개요를 파악하기는 어렵지 않았다. 콜트가 웨어에서 실험한 기초적 장치와 마찬가지로, 수중 포대도 구성 요소는 크게 세 가지였는데 다만 크기가 훨씬 컸다. 첫 번째는 화약을 채운 방수 기뢰다. 두 번째는 기뢰의 앞뒤를 연결해서 전기를 흐르게 하는 방수 구리선 고리다. 세 번째는 기폭 장치로 쓸 만큼 강력한 전하를 만들어 내는 에너지원이다. 수중 포대submarine battery는 방어시스템이라는 의미에서 포대battery 였지만, 또한 전류의 원천으로서 배터리battery가 포함돼 있었다. 이 모든 것을 결합하면 적함을 날려 버릴 수 있는 시스템이 될 것이었다.

1841년 9월 수중 포대는 여전히 실물로 구현하기 위해 자금이 필요한 하나의 구상이었다. 사우서드를 비롯한 여러 사람의 도움을 받아 콜트는 그 돈을 받게 된다. 그가 이후 몇 년간 그 돈으로 하는 일은 그의 생애만이 아니라 미해군의 역사에서도 기묘하기 짝이 없는 한 장章을 이루게 된다.

＊ ＊ ＊

사우서드 상원의원에게 편지를 쓴 것은 샘 콜트가 9월 18일 토요일에 적극적으로 한 유일한 행동이었지만, 그는 또한 그래나이트빌딩도 방문했을 것이다. 그날 나중에 존 콜트가 이웃과 나눈 대화에서 이 가능성이 암시된다.

살인을 한 다음 날 아침 일찍 존은 새뮤얼 애덤스의 시체를 치우기 위해 체임버스스트리트로 돌아왔다. 존은 애덤스를 욱여넣은 소나무 상자를 밀봉하고 뚜껑에 주소를 적어서 질질 끌어 거리로 내려왔다. 그는 체임버스스트리트에서 마차를 잡아서 상자를 메이던레인 맨 아래쪽에 정박해 있는 뉴올리언스행 선박인 칼라마주호까지 배달해 달라고 부탁했다. 주소에 적힌 대로 하면 뉴올리언스를 거쳐 세인트루이스까지 배송될 예정이었다.

다시 그래나이트빌딩으로 들어온 존은 이웃이자 집주인인 에이사 휠러의 문을 두드렸다. 어색한 짧은 대화에서 존은 휠러에게 몇 가지를 물었는데, 휠러가 혹시 의심을 품고 있는지 확인하려 했던 게 분명하다. 그러고는 그날 아침에 여기서 샘을 본 적이 있는지 휠러에게 물었다. 휠러가 보지 못했다고 대답하자 존은 샘이 거기에 있었고 그와 이야기를 나누려고 한 시간 넘게 기다렸다고 말했다. 존이 왜 휠러에게 동생에 관해 물었는지, 또는 애당초 샘이 왜 휠러를 기다렸는지는 당시에 아무도 의문을 품지 않았고 지금 와서 그 답을 얻을 수도 없다. 하지만 존이 어떤 이유로 휠러에게 거짓말을 한 게 아닌 한, 샘이 그날 아침에 그래나이트빌딩에 갔고 휠러와 뭔가 중요한 이야기를 해야 해서 한 시간 동안 기다리다 간 것으로 보인다.

최소한 존과 휠러의 대화를 보면 그가 그날 아침 동생과 연락을 했음을 알 수 있다. 만약 그렇다면 다시 답을 얻을 수 없더라도 흥미로운 질문이 떠오른다. 존은 새뮤얼 애덤스의 죽음에 관해 샘에게 무슨 이야기를 한 걸까? 샘 콜트는 형이 사람을 죽였다는 걸 알았을까? 사건을 은폐하려는 존의 시도에 샘도 조력했을까?

V

이후 며칠 동안 존은 침착한 모습을 보이려고 최선을 다했다. 에이사 휠러는 존이 방에서 노래하는 소리를 들었고, 그는 휠러와 가벼운 대화를 나누려고 열심이었다. 휠러가 지난주 금요일 오후에 무슨 소리가 나지 않았느냐고 물었을 때, 존은 처음에는 그날 사무실에 있지 않았다고 주장했다가 곧바로 말을 바꿨다. "휠러 씨, 사실대로 이야기하자면, 탁자를 엎어서 잉크병이 깨지는 바람에 책이 다 못쓰게 됐습니다. 방해가 됐다면 미안합니다."

수요일에 휠러는 《이브닝포스트》에서 새뮤얼 애덤스라는 인쇄업자가 실종됐는데 아는 게 있으면 연락 달라는 안내문을 보았다. 단박에 관련성을 알아챈 그는 브로드웨이를 가로질러 시청으로 가서 의심이 드는 내용을 시장에게 직접 신고했다. 시장로버트 H. 모리스는 9월 24일 금요일에 존 콜트를 체포했다. 애덤스가 죽고 1주일 뒤였다.

다음 날, 콜트의 상자를 배달한 마부에게 귀띔을 받은 모리스 시장은 메이던레인 맨 아래쪽에 있는 부두를 찾았다. 존 콜트로서는 유감스럽게도 칼라마주호는 항해가 연기되어 예정된 출항일을 지나 항구에 발이 묶여 있었다. 마침내 바로 그날 오후에 출항할 예정이었지만 아침에는 아직 정박해 있었고, 소나무 상자는 다른 화물들

밑에 깔린 상태이긴 했지만 아직 그 안에 있었다.

사람들이 상자를 찾아서 갑판으로 끌어냈다. 상자를 비틀어 열자 엄청난 악취가 배 위를 덮으면서 무감각한 선원들도 견디지 못해 고개를 돌렸다. 상자 안에서는 새뮤얼 애덤스의 유해가 부패되고 있었다. 싸구려 신문들은 후에 그 장면을 생생하게 묘사한다. 목 뒤쪽에서부터 양쪽 허벅지까지 밧줄로 애덤스를 꽁꽁 묶은 방법, 썩어 문드러지는 살에서 나는 아찔한 냄새, 시체 위를 기어 다니는 작은 구더기, 그리고 "함몰된 뼛조각과, 한때 뇌를 이루었으나 이제는 완전히 바닥에 퍼진 걸쭉한 물질만 남은" 애덤스의 두개골까지.

VI

존 콜트는 새뮤얼 애덤스의 머리를 도끼로 내려침으로써 한 남자의 목숨을 끊고 그 가족과 자기 가족에게 슬픔을 안겨 주었다. 그는 또한 뉴욕의 싸구려 신문들(과 전국의 거의 모든 신문)에 이례적인 선물을 주었다. 존이 체포되고 다음 주 월요일, 전국 각지의 편집장과 발행인들은 뒤에 나오는 단어 '살인'을 적절하게 꾸며 줄 (소름끼치는, 무시무시한, 끔찍한, 충격적인) 수식어를 찾으려고 애를 썼다.

이미 등장한 지 10년이 가까워지고 있던 싸구려 신문은 뉴욕에서 새로운 현상이 아니었고 범죄도 그랬지만, 이 신문들이 범죄를 다루는 방식은 1830년대 말과 1840년대 초에 빠르게 진화하고 있었다. 중요한 점은 범죄를 보도하는 게 아니라 도시 지붕 위에 올라가서 범죄에 관해 비명과 고함을 지르는 것임을 깨달은 것이다. 뉴스가 충격적이고 추악해야 한다는 것은 기정사실이었고, 이를 도덕적인 분노로 포장하는 재능이 기자에게 요구됐다. 《뉴욕헤럴드》의 소유주이자 편집인인 46세의 자신만만한 스코틀랜드인 제임스 고든 베넷은 특히 그런 재능의 소유자였다. 불과 6년 만에 그는 《뉴욕헤럴드》를 미국에서 가장 많이 팔리는 신문으로 바꿔 놓았다.

존 콜트가 새뮤얼 애덤스를 살해하기 전 여름, 《뉴욕헤럴드》는 1836년 헬렌 주잇 살인 사건 이래 뉴욕 최대의 범죄 사건을 다루면서 호색과 분노라는 특별한 처방을 입증한 바 있었다. 이 경우에 메리 로저스라는 젊고 아리따운 "담배 가게 아가씨"의 주검이 뉴저지 근처의 허드슨강 인근에서 물에 뜬 채 발견되었다. 베넷은 로저스의 죽음을 전면적인 도덕적 십자군 운동으로 뒤바꿨다. 《뉴욕헤럴드》는 로저스에게 벌어진 일은 "끔찍한 잔학 행위"라고 선언하면서 "허드슨강 깊숙한 곳으로부터 복수"할 것을 요구했다.

하지만 1841년 9월 중순에 이르자 메리 로저스 이야기는 바닥이 난 상태였다. 이제 아무도 이 살인 사건에 관심을 보이지 않았고, 분명 로저스는 욕정에 가득 찬 강간범의 손에 죽은 게 아니라 낙태 시도가 실패하면서 죽은 것이었다. 그리하여 절묘한 시점에 이 최신 기사가 베넷과 동료 기자들의 무릎에 던져졌다. 인간 백정 짓을 한 악당은 화룡점정이었다.

* * *

9월 27일 월요일 아침, 검정색 옷차림에 창백한 얼굴을 한 존 C. 콜트가 《뉴욕헤럴드》의 묘사처럼 "난폭한 표정"으로 검시 현장에 도착한 뒤, 뉴욕 사람들은 그를 알게 되었다. "균형 잡힌 체격이지만 무척 날씬하다. 키는 5피트 9인치(175센티미터) 정도다. 머리카락은 짙은 갈색 곱슬머리이고, 구레나룻이 넓은 편이다. 쉽사리 읽기 어렵고 악당이나 모사꾼, 음모자의 얼굴에서 흔히 발견되는 갈색 눈동자만 아니라면 언뜻 선량해 보인다."

《뉴욕헤럴드》나 경쟁 신문들은 존에게 무죄 추정이라는 아량을 베풀면서 시간을 낭비하지 않았다. 《뉴욕헤럴드》가 계속해서 자세히 밝힌 존의 면모로 볼 때 그의 인성이 타락했다는 것은 확실했다. 피의자는 "첩"과 같은 침대를 썼는데, 그 여자의 상황이 아주 미묘했기 때문에 설명을 하려면 프랑스어가 필요했다. 《뉴욕헤럴드》는 캐럴라인 헨쇼에 대해 이렇게 보도했다. "그 여자는 존 콜트에게 'enciente(임신한 미혼녀)'였고 'accouchement(해산)' 날짜가 가깝다."

9월 29일 기소장이 낭독되었다. 족쇄와 수갑을 찬 존이 시청 법정에 나왔는데, 그를 직접 보려는 "점잖은 사람들이 인산인해를 이루어 숨이 막힐 지경이었다." 신문들은 이 첫날에는 샘 콜트를 언급하지 않았지만, 그는 분명 법정에 앉아 있었고 그 뒤로도 계속 참관하게 된다. 존 콜트의 변론을 맡은 변호사 세 명의 이름이 불렸다. 존 A.

모릴은 얼마 전에 악명 높은 낙태 시술자인 레스텔 부인을 대변한 적이 있었다. 로버트 에밋은 패턴트암스제작사의 주주로 유명한 변호사였다.

세 번째이자 대표 변호인은 놀랍게도 더들리 셸던이었다. 패턴트암스제작사의 이사직에서 물러난 이래 셸던은 변호사로 개업을 하고 이따금 휘그당 정치에 손을 대고 있었다. 패턴트암스제작사에서 겪은 외종사촌 콜트 형제들에게 넌더리가 났을 것이라고 생각할 수도 있지만, 친척에 대한 충성심 때문이든 개인적인 고집 때문이든 다시 콜트의 재앙에 뛰어들고 있었다.

* * *

존 콜트는 나중에 가족의 평판을 해칠까 걱정해서 범죄를 숨기려고 했다고 주장했다. 그가 체포된 뒤의 언론 보도를 보면 걱정할 이유가 충분했음이 드러난다. 살인 사건 이야기는 뉴욕에서 전국 각지로 퍼져 나갔다. 필라델피아와 보스턴에는 하루 이틀 만에 전해졌고, 1주일 안에 미시시피강 동쪽의 거의 모든 도시에 다다랐다. 이후 13개월간 지역에서든 전국적으로든 보도가 끊임없이 이어졌다. 존은 갑자기 미국에서 가장 악명 높은 인간이 되었고, 거의 모든 기사가 그가 저지른 범죄와 그의 "체통 있는" 집안을 대비시켰다. 살인자의 형제가 특허를 받은 리볼버의 발명가인 새뮤얼 콜트라는 사실을 언급하지 않는 언론도 거의 없었다.

샘을 제외한 콜트 가족은 존이 체포되었다는 소식을 신문을 보고 알았다. 크리스토퍼 콜트는 하트퍼드의 시티호텔 라운지에서 쉬다가 다른 남자가 존에 관한 기사를 큰 소리로 읽는 걸 들었다. 지역 소식통에 따르면, 이 소식을 접하자 "그는 완전히 이성을 잃었고 이 세상에서 누리던 평안과 행복이 모두 무너져 내렸다." 제임스 콜트는 세인트루이스의 한 신문에서 존에 관한 기사를 우연히 보았다. "이 서글픈 순간에 내가 느낀 비통함을 어떻게 표현할 수가 없어." 곧바로 샘에게 보낸 편지의 일부다.

제임스는 형 존이 냉혈한 살인을 저질렀다는 사실을 믿으려 하지 않았다. 형이 설령 애덤스를 죽였더라도 아마 "제정신이 아닌 상태에서" 벌인 일임이 틀림없었다. 제임스는 샘에게 누나 세라 앤이 책을 너무 많이 읽어서 자살한 사실을 상기시켰다. 존이 회계 공부를 하느라 실성한 것 같다는 것이었다. "큰형은 예전부터 늘 무슨 일을 할 때면 미치광이처럼 집중해서 했잖아."

심리학이라는 학문 분야는 1841년에 공식적으로 존재하지 않았지만, 그런 것과 무관하게 언론은 존 콜트의 정신 상태를 거리낌 없이 진단했다. 특파원들은 단서를 찾아서 과거를 들춰 보았다. "그 집안은 아주 훌륭해서 대단히 존경을 받지만 기운이 좋고 폭력적인 정념에 휘둘리는데, 존이 어린 시절에 이런 기질로 유명했다." 문제는 존의 행동이 고유한 성격적 결함에서 나온 것인지 아니면 어린 시절 겪은 사건에서 유래한 것인지 하는 점이었다. 즉 천성이냐 양육이냐의 문제였다. 한 신문은 "그의 과거사는 거칠고 모험적인 행동으로 두드러진다."라고 보도했다. 다른 신문은 그가 "열정적이고 교활하고 복수심이 많은 소년"이었다고 주장했다. 《존 C. 콜트의 진정한 생애The Authentic Life of John C. Colt》라는 제목의 팸플릿은 존의 어린 시절을 좀 더 동정적인 시각에서 묘사했다. 주로 그의 부모에게 비난의 화살을 돌리는 식이었다. 존은 어려서 애정과 동정을 받지 못했다고 저자는 주장했다. 아이를 이렇게 대하면 필연적으로 "마음속에서 방종과 때로는 심지어 음탕한 취향이 자극된다."

순전히 극적으로 과장하기 위해서였는데, 존 콜트와 그가 저지른 끔찍한 행동에 관한 서술과 제임스 고든 베넷이 하루가 멀다 하고 보도하는 내용은 전혀 맞지 않았다. 재판이 가까워지자 베넷과 부하 기자들은 셰익스피어 같은 웅변가가 되었다. 《뉴욕헤럴드》는 법정에 나온 죄수의 외모에 대해 "콜트는 끔찍한 악몽에서 방금 깨어난 사람 같았다."라고 보도했다. 그가 "뱅쿼의 유령을 쏘아보는 맥베스처럼" 희생자의 부인을 노려보는 동안, 새뮤얼 애덤스의 가련한 부인은 살인 사건 이후에 완전히 넋을 잃어서 "혼령이 이끄는 것처럼 걸음을 걸었다." "부인의 이성은 산산조각이 났고, 조만간 고요한 무덤 속에 남편과 나란히 평화롭게 누울 것만 같다."

어마어마한 기대가 쏠린 존 콜트의 재판은 1841년 11월 1일에 시작됐는데, 처음부터 실패작임이 드러났다. 구름 같은 인파가 법정과 주변 지역을 메운 가운데 존이 들어섰다. 초라한 모습의 존은 샘에게 희미한 미소를 보냈다. 뒤이어 더들리 셀던이 일어서서 판사에게 휴정을 요청했다. 핵심 증인이 "해산" 중이어서 참석할 수 없다는 것이었다.

그 직후, 캐럴라인 헨쇼는 사내아이를 낳았다. 이후 몇 년간 사람들은 그녀가 아들에게 이름을 지어 준 사정을 궁금해하게 된다. 그 이름은 새뮤얼이었다.

✳ ✳ ✳

재판이 연기되면서 여유가 생긴 샘은 수중 포대에 관심을 집중할 수 있었다. 존이 수 감돼 있는 게 신경이 쓰였었는데, 지금은 자극제가 되기도 했다. 샘은 회사 주식을 이용해서 존의 변호 비용을 모으기를 기대했다. 샘은 이를 염두에 두고 1841년 11월 첫주에 워싱턴으로 가서 새로 임명된 해군장관 에이벌 업셔를 만나는 자리를 만들려고 했다. 콜트가 업셔에게 "제 발명품의 전체 설계와 비밀"에 관해 브리핑을 한 뒤, 장관은 수중 포대 실험 비용으로 6,000달러를 책정하는 데 동의했다. 콜트가 기대한 5만 달러에는 한참 못 미쳤지만, 그래도 진행하는 데는 충분한 액수였다.

콜트는 11월 말에 뉴욕으로 돌아왔다가 다음 2주 동안 투자자를 찾아 패터슨, 스프링필드, 보스턴 등지를 돌아다녔다. 정부에서 받은 6,000달러 외에도 주식을 주당 50달러에 2,000주를 팔아서 10만 달러를 추가로 조달하기를 기대했다. 12월 중순 그는 수중포대사를 설립하기 위한 합의서 초안을 작성하고 다수의 응모자를 등록한 상태였다. 그중 최대 주주는 250주를 산 새뮤얼 사우서드였다. 로스웰 콜트는 20주만 샀지만 유명한 육군 공병장교 깁스 맥닐 소령은 200주, 조지 휘슬러는 50주를 샀다.* 콜트는 형의 변호사들에게 각각 500달러 상당의 10주씩을 변호 착수금으로 주었다.

VII

1842년 새해 첫날, 31세의 코네티컷 출신 P. T. 바넘이 로어맨해튼 시티홀파크 바로 남쪽에 있는 브로드웨이와 앤스트리트에 박물관을 열었다. P. T. 바넘은 이미 뉴욕에서 "사기 행각"으로 명성과 악명을 떨친 바 있었다. 대중에게 즐거움을 주고 자신은 부

---

* 맥닐과 휘슬러는 웨스트포인트 시절부터 오랜 친구였고, 휘슬러가 맥닐의 누이와 결혼하면서 사돈 관계가 되었다. 휘슬러의 아들은 자라서 화가 제임스 맥닐 휘슬러가 되었고, 맥닐의 누이는 〈휘슬러의 어머니Whistler's Mother〉의 주인공으로 유명해졌다.

존 C. 콜트가 새뮤얼 애덤스를 살해하는 장면을 그린 신문 삽화.

캐럴라인 헨쇼와 아들 새뮤얼 콜드웰 콜트. 혼외자 아들이 태어난 것은 스캔들이 되기에 충분했다. 그보다 더 충격적인 일은 아버지가 아마 존 콜트가 아니라 샘 콜트일 것이라는 뉴스였다.

를 얻기 위한 좋은 의도의 사기였다. 이 가운데 가장 유명한 것은 조이스 헤스 순회 전시였다. 조지 워싱턴의 보모로 일한 161세 먹은 노예라고 선전한 인물이었다. 바넘은 사람들이 믿을 수 없는 일을 믿는 즐거움을 위해 기꺼이 돈을 낸다는 사실을 알았고, 그런 기회를 주어도 나쁠 게 없다고 생각했다.

바넘은 아메리칸뮤지엄 덕분에 금세 부를 쌓고 국제적으로 유명세를 떨친다. 하지만 1842년 초 몇 주 동안 당대의 가장 위대한 쇼맨은 자신이 창조할 수 있는 것보다 더욱 거대하고 기괴한 구경거리에 무대를 빼앗겼다. 바넘은 훗날 자서전에서 이렇게 술회한다. "애덤스가 콜트에게 살해됐을 때 뉴욕은 흥분의 도가니였다."《뉴욕선》이 펴낸 팸플릿에 피해자의 초상화가 실려 있다는 소식이 들리자 바넘은 서둘러 한 부를 샀다. "수많은 사람들이 그랬듯이 나도 그 가련한 남자가 어떻게 생겼는지 보고 싶었다." 팸플릿을 펴자마자 바넘은 그림에 묘사된 둥글납작한 코에 턱선이 예리한 인물을 대번에 알아보았다. 자기 자신이었다. 분명《뉴욕선》은 애덤스의 그림이 없어서 바넘의 오래된 초상화를 사용한 것이었다. "그전이나 그 후와 마찬가지로, 그 순간에도 '사기 행각'이 '쇼'비즈니스의 전유물만은 아니라고 믿었다."

1842년 1월 17일 비 내리는 월요일 아침, 바넘이 그 주의 구경거리인 "인디언 전사들과 여자들"을 광고하는 가운데 뉴욕 시민 수백 명이 살인자의 얼굴이라도 보려고 시청 주변에 운집했다. 존 콜트는 이미 그날 아침에 인도를 받아 법정 안에 들어가 있었다. 시청에 출입하는 기자들은 그가 법정의 난롯가에서 시간을 보내면서 동생 새뮤얼과 잡담을 하고 (아무튼《뉴욕헤럴드》의 보도에 따르면)《뉴욕헤럴드》를 뒤적거리는 모습을 보았다.《뉴욕헤럴드》는 샘이 형이 처한 곤경 때문에 "상당히 영향을 받은" 것 같다고 언급했다.

존 콜트에 관해 아직 결정을 내리지 못한 배심원들을 찾는 데 며칠이 걸렸다.《뉴욕헤럴드》가 콜트 재판에 관한 오후 특별 호외를 냈을 때는 아직 배심원 예비 심문이 진행 중이었다. 1면에는 땅의 요정처럼 작달막한 벌거벗은 몸이 탁자 위에 둥글게 몸을 말고 있는 커다란 그림이 실렸다. 얼굴과 머리가 악귀같이 뒤틀린 모습이었다. "**인쇄업자 새뮤얼 애덤스가 토막 나서 소금에 절여지기 전의 모습**"이라는 헤드라인이 붙어 있었다. 제임스 고든 베넷은 애덤스가 토막 나서 소금에 절여지지 않았다는 것을 잘 알았지만, 그가 추구하는 진짜 묘사는 대중이 존 콜트에게서 보고자 하는 바로 그런 괴물(식인마!)이었다. 기자로서 재판정에 들어간 월트 휘트먼은 이 이야기에서 진짜 괴물은 존 콜트가 아니라 "피에 굶주려 미쳐 날뛰는" 뉴요커 무리라고 지적했다.

1월 20일 목요일, 증언이 시작된 가운데 군중이 시청 입장권을 받으려고 몰리면서 공원까지 사람들로 넘쳐났다. 재판정에 앉은 존은 파란색 비버 코트에 검정색 실크 손수건을 목에 두른 차림이었다. 61세의 아버지 크리스토퍼도 법정에 있었는데, "존경할 만한 호인이자 인자한 모습의 남자는 오래도록 비통하게 운 사람처럼" 보였다. 변호사들이 모두 진술을 하고 나서 존에게 방을 빌려준 글씨 쓰기 교사 에이사 휠러가 증인으로 불려 나왔다. 그는 살인이 벌어진 날의 상황과 이후 존이 보인 이상한 행동을 설명했다. 휠러 다음으로 이웃사람들과 애덤스의 시신이 담긴 상자를 배달한 마부가 증언을 했다. 계속해서 존 콜트가 경솔하면서도 또한 차갑고 계산적인 기질을 보인다고 주장하는 증인이 몇 명 나왔다.

* * *

1월 24일 월요일, 군중은 전주보다 훨씬 많아졌다. 크리스토퍼 콜트는 이제 낙심한 채 하트퍼드로 돌아가서 법정에 나오지 않았다. 검찰은 기소 내용의 결정적인 세부 사항을 변경하는 것으로 그날을 시작했다. 이제 검사는 살인 무기가 반도끼가 아니라 권총이라고 주장했다. 콜트리볼버로 죽였다는 것이었다. 여기서부터 상황이 결정적이고 독특하게 바뀐다. 베넷의 《뉴욕헤럴드》는 다음 날이 마무리되기 전에 이렇게 선언한다. "전반적으로 볼 때 이 재판은 이제껏 알려진 모든 재판 가운데 가장 주목할 만한 특징을 보여 준다."

검찰은 우선 존 콜트가 콜트리볼버를 한 정 갖고 있다는 사실을 밝혔다. 에이사 휠러가 다시 출두해서 살인 사건 며칠 전에 존과 나눈 대화를 설명했다. 존이 자신에게 총을 보여 주었다는 것이다. 휠러가 처음 배심원들에게 설명한 무기의 생김새는 리볼버라기보다는 후추통에 가까웠지만, 이후 기억을 되살려서 법정에서 자신에게 보여준 총과 똑같다고 진술했다. 오후 한창 시간에 총을 쏘았는데 어떻게 아무도 총소리를 듣지 못했는지를 설명하기 위해 검찰은 통상적으로 화약을 가득 채우지 않고 퍼커션 캡만 끼우고 발사했다고 주장했다.

검찰은 1월 25일 화요일 아침 늦게 휴식을 취했고, 변호인단이 발언권을 넘겨받았다. 더들리 셸던이 첫 번째 증인으로 증언대에 세운 사람은 샘 콜트였다.

셸던이 신호를 보내자 콜트는 약실 다섯 개짜리 리볼버에 화약 없이 총알과 캡을 장전했다. 오른손으로 총을 들고 왼손바닥을 총구 바로 앞에 대고는 방아쇠를 당겼다. 찰칵! 계속해서 공이치기를 뒤로 당긴 다음 다시 발사했고, 세 번 더 발사했다. 모두 다섯 발을 손에 직접 쐈고, 전부 손으로 잡았다. 셸던이 콜트에게 4.6미터쯤 떨어진 거리에 펼쳐져 있는 법전에 사격을 해 보라고 했는데, 총알이 명중했지만 움푹 들어간 흔적도 거의 없었다. 이렇게 약한 발사체로 어떻게 사람의 두개골을 관통할 수 있겠는가?

그때까지도 별로 눈길을 주지 않던 구경꾼은 그날 나중에 벌어진 광경에 깜짝 놀랐을 게 분명하다. 그날 아침 애덤스의 두개골에 난 구멍이 리볼버에 의한 게 아님을 입증하기 위해 더들리 셸던은 애덤스의 시신을 파내서 의사들에게 검사를 맡기자고 요청한 바 있다. 셸던은 몸에서 떼어 낸 두개골을 증거로 내놓았다. 제임스 고든 베넷이 《뉴욕헤럴드》에서 불러낸 뱅쿼의 유령까지는 아닐지라도, 애덤스의 두개골은 적어도 요릭의 해골만큼이나 뇌리에서 잊히지 않았다. 아아, 가련한 애덤스. 아직 백골이 되지 않은 그의 머리가 구역질 나는 악취를 풍기며 법정에 불려 나왔다.

변호인은 자신의 주장이 정당함을 보여 주었다. 전문가 증인들은 두개골에 난 구멍이 총에서 발사된 총알 때문에 생긴 게 아니라는 견해를 분명히 밝혔다. 하지만 셸던과 그의 동료들은 애덤스의 두개골을 법정 근처 아무 데나 방치해 둠으로써 전반적인 다툼과 어쩌면 재판 전체에서 패배했다. 그날 내내 중요한 유일한 증언은 죽은 자의 썩어 가는 머리가 침묵으로 내뱉는 발언이었다.

* * *

애덤스의 두개골이 법정에서 나간 뒤, 변호인은 몇몇 친구와 지인의 증언을 내세워 존을 인간적으로 그리려고 애썼다. 그중 한 명은 사이러스 W. 필드라는 젊은 종이 제조업자로, 존과 같이 사업을 한 적이 있었다. 나중에 필드는 새뮤얼 모스와 팀을 이뤄 대서양을 가로지르는 최초의 전신 케이블을 까는 시도에 앞장섰다. 존 콜트와는 아무 관계가 없지만 샘에게 많은 도움을 받은 업적이었다.

그해 겨울 이미 유명했던 또 다른 증인인 존 하워드 페인은 미국에서 가장 사랑받는 노래인 《즐거운 나의 집》의 작사가였다. 페인은 배심원단에게 자신이 존과 몇 년간 친구였으며 그를 "굉장히 높이 평가한다."라고 말했다.

캐럴라인 헨쇼가 법정에 들어서자 구경꾼들은 다시 흥분을 참지 못했다. 새뮤얼 애덤스의 두개골을 제외하면 그녀는 재판에서 최고 인기 스타였고, 신문들은 앞다퉈 뜨거운 관심을 보였다. "헨쇼는 연보랏빛 물방울무늬 리본이 달린 진보랏빛 실크 보닛에 검은색 레이스 베일을 쓰고 있었다."라고 《뉴욕헤럴드》는 보도했다. "스물한 살 정도로 보인다. 단정한 이목구비에 상냥하고 천진해서 거의 아기 같은 표정이다. 무척 아름다운 작은 입술은 흡사 잠자는 아기의 모양새고, 매끈하고 둥근 이마에 연갈색 머리카락, 이마 너머로 보이는 반듯한 가르마, 무척 부드러운 표정의 파란 눈이 인상적이다." 《뉴욕헤럴드》는 또한 그녀의 "지각 기관"에 감탄했다. "그녀는 대단한 감성으로 꾸밈없고 소박하며 분명하고 있는 그대로의 말투로 증언에 임했다."

질문을 받은 캐럴라인은 필라델피아에서 존을 만나 그를 따라 뉴욕으로 와서 같이 살게 되었다고 설명했다. 그를 안 지 15개월째인데, 그가 화를 내는 모습을 본 적이 없었다. "그이는 아주 상냥하고 온화한 사람이고, 언제나 다정하게 대했습니다."

1월 27일 목요일, 변호사 로버트 에밋은 존 콜트가 작성한 장문의 자백서를 낭독함으로써 다시 한번 법정에 충격을 주었다. 겉으로 보기에는 교활한 행동 같았다. 피고인이 반대 심문을 받지 않으면서 사실상 자기 변론을 한 셈이었기 때문이다. 하지만 애덤스의 두개골을 증거로 내놓는 것보다 훨씬 더 분별없는 짓이었던 것 같다. 그 자백서는 배심원들을 애덤스가 살해되던 밤으로 끌어들여 콜트가 죽은 사람을 냉담하고 기괴하게 처분한 사실을 또 한 번 드러냈다. 존 콜트가 지극히 평범한 성질 급한 사람에서 사이코패스로 뒤바뀐 것은 폭력 행위 자체가 아니라 살인 '이후에' 한 짓 때문이었다.

재판은 1월 29일 토요일 오후에 끝났다. 그 후 열두 시간도 채 지나지 않은 일요일 오전 2시 30분에 존과 샘, 변호인들이 법정에 불려 갔다. 존이 자리에 섰고 샘이 옆을 지켰다. 오전 4시 정각 직후에 배심원단이 들어와서 평결문을 낭독했다. 존 C. 콜트는 살인 유죄 판결을 받았다. 기자들에 따르면, 존은 거의 미동도 없이 평결을 받아들였다. 하지만 동생은 "몸속의 심장이 생명을 다하는 것처럼" 보였다.

VIII

3월 초 어느 안개 낀 수요일, 샘 콜트는 이스트강에 있는 증기선에 올라 롱아일랜드 해협을 따라 올라가서 코네티컷주 스토닝턴시로 갔다. 그날 오후에 육군 공병장교 출신으로 콜트의 수중포대사 투자자 중 하나인 윌리엄 깁스 맥닐, 그리고 콜트가 작은 주머니 일기에 "밴더벨트Vanderbelt 대위"라고 쓴 사람과 오찬을 했다. 사실 같이 오찬을 나눈 사람의 이름은 밴더빌트Vanderbilt였고, 그는 보통 대위가 아니라 '제독'이라는 직함으로 알려진 인물이었다.

47세의 코닐리어스 밴더빌트는 이미 미국에서 가장 부유하고 유력한 인물로 손꼽히고 있었다. 그해 봄, 밴더빌트는 막 "스토닝턴"을 사려는 중이었다. 스토닝턴에서 (프로비던스를 경유해) 보스턴으로 이어지는 철도 노선을 부르는 명칭이었다. 밴더빌트와 나눈 오찬에서 흥미로운 점 하나는 자리를 주선한 게 분명한 맥닐이 스토닝턴 노선을 소유하고 운영하는 주체로 매각을 원하지 않는 회사의 수석 기술자였다는 사실이다. 다시 말해, 그는 밴더빌트가 노리는 적대적 인수의 희생양을 위해 일하고 있었다. 몇 달 전 그는 상관들에게 밴더빌트에 관해 이렇게 말했다. "**그 사람**을 적으로 돌리기보다는 우리 편으로 삼는 게 좋습니다." 아마 그 식사 자리는 맥닐이 밴더빌트의 환심을 사려는 노력의 일환이었을 것이다.

콜트가 왜 그 자리에 있었는지에 관해서는 추측만 할 수 있을 뿐이다. 한 가지 가능성은 자신이 새로 만든 회사의 투자자로 밴더빌트를 끌어들이고 싶었고, 맥닐이 투자 권유를 할 수 있게 자리를 마련했다는 것이다. 이 경우라면 밴더빌트는 분명 권유를 거절했다.

스토닝턴에서 오찬을 한 뒤, 콜트는 해안을 따라 내려가 뉴런던으로 갔다. 코네티컷을 방문한 주된 이유는 수중전에 관한 조사를 진척시키는 것이었다. 콜트는 1812

년 전쟁 당시 벌어진 사건을 기억하는 나이 든 주민을 찾고 있었다. 당시 사일러스 클로던 헬시라는 사람이 뉴런던을 봉쇄한 영국 전함을 파괴하기 위한 장비를 만든 바 있었다. 데이비드 부슈널이 만든 잠수정처럼 헬시의 함정도 수면 깊숙이에서 함정에 접근해서 선체에 폭발물을 붙이기 위해 설계된 것이었다. 또한 부슈널의 잠수정과 마찬가지로 헬시의 장비도 성공을 거두지 못했다. 헬시가 안에 탄 채로 롱아일랜드 해협의 바닥에 가라앉은 것으로 보인다.

샘이 연구를 진행하는 동안에도 존은 마음속에서 결코 지워지지 않았다. "밴더벨트"와 만난 일을 기록한 작은 주머니 일기가 뉴욕 법원용 수첩이었기 때문에 일기를 열 때마다 형의 사건이 머릿속에 떠올랐다. 하지만 샘은 코네티컷 해안에서 잠시 초봄을 보낸 이때를 즐긴 게 분명하다. 콜트는 뉴런던에서 애브너 바셋 선장 가족과 함께 지냈다. 10년 전 탈 뻔했던 포경선의 선장이었다. 바셋과 그의 부인, 스무 살짜리 예쁜 딸 루크레시아는 콜트를 환대하면서 같이 뉴런던 주변을 돌아다녔다. 콜트의 일기에는 표면적 관심사인 잠수정이나 폭발물에 관한 내용이 가득하지만, 바셋 양과 그녀의 친구들 이름도 잔뜩 나온다. 3월 4일 금요일, 콜트는 "퍼킨스 양 처치 양 바셋 양"과 함께 트럼볼요새를 방문했다고 기록하면서 "브랜디지 양 카멜리아 퍼킨스 양 패니 퍼킨스 양을 소개받았다."라고 덧붙인다. 다음 날, 그는 "샤플 양, 처치 양, B— 양"과 같이 다른 요새를 방문했다.

일요일에 콜트는 템스강을 거슬러 올라가 멀리 노리치로 여행을 갔다. 리디아 시고니가 태어난 소읍이자 오래전 연인인 일라이자 스폴딩의 고향이었다. 일라이자는 지난해에 세상을 떠났다. 콜트가 그곳에 간 이유는 분명하지 않지만, 날씨가 사나웠는데도 즐겁게 돌아다녔다. (철자법과 구두점은 모두 콜트가 쓴 그대로다.)

하루 종일 안개 낀 날씨. 노리치부두에 감. 성공회 예배 참석. 저녁을 먹고 럼스강 폭포를 거쳐 노리치 구시가까지 걸어감. 시내와 연덕, 다시 시내와 부두를 정처 없이 걷다가 오후 5시에 샤플 부인을 찾아감. 남편(좋은 친구)과 부인의 형제 둘을 소개받음. 차를 마시면서 위스키는 말할 것도 없고 아주 즐거운 저녁을 보냄. 폭우가 쏟아지고 쥐 자루처럼 캄캄한 10시에 호텔로 돌아옴.

다음 날, 콜트는 증기선 편으로 뉴런던으로 돌아오면서 "강변의 풍경이 무척 아름답다."라고 언급했다. 콜트는 바셋 양과 그녀의 친구인 처치 양하고 그날을 보낸 뒤 오후 10시에 뉴욕으로 돌아오는 증기선에 올랐다.

IX

뉴욕에 돌아온 직후, 콜트는 존 윌리엄 드레이퍼 교수에게 짧은 편지를 보냈다. 화학자인 교수는 최근 뉴욕대학교에서 알게 된 사이였다. "모스 교수님을 만난 이래 그분과 화요일 오후 2시 반에 대학 연구실에서 만나기로 약속을 잡았습니다. 선생님도 시간이 되시면 좋겠습니다." 그리하여 존 드레이퍼가 다리를 놓은 가운데 새뮤얼 콜트와 새뮤얼 F. B. 모스는 잠깐이지만 중요한 협력을 시작하게 된다.

당시 뛰어난 초상화가였던 모스는 뉴욕대학교 미술 교수였지만, 이제 더는 미술에 집중하지 않았다. 6년 전, 그는 전기를 이용해서 전선을 통해 메시지를 전달한다는 발상을 연구하기 시작했다. 당시 새로운 분야였던 이른바 전자기 전신을 탐구한 것은 모스만이 아니었지만, 그는 전기를 장거리 통신에 실용적으로 적용하는 데서 남들보다 앞서 나갔다.

모스와 콜트는 이상한 짝이었다. 콜트는 굳은 종교 신앙이 없고 정규 교육도 거의 받지 못한 사람으로, 술을 즐기는 데다가 악명 높은 살인자의 형제였다. 모스는 지적 관심사가 이례적으로 폭넓고 독실한 신앙을 가졌으며, 교양 수준이 높고 술은 입에도 대지 않는 사람이었다. 그는 또한 특히 경멸해 마지않는 가톨릭교인에 대한 편견이 대단히 심했다. 그는 최근에 이민 반대와 가톨릭 반대(당시 뉴욕으로 오는 이민자들은 대부분 아일랜드계 가톨릭이었기 때문에 이 둘은 사실상 동전의 양면이었다)의 공약을 내걸고 이른바 아메리카 토박이 공천 후보로 뉴욕 시장 선거에 출마한 바 있었다. 모스의 패배는 세계의 승리였다. 그는 공포를 부채질하는 정치에서 배제되고 전신을 완성하는 데 전념하게 되었다.

여러 차이에도 불구하고 두 샘은 몇 가지 중요한 특성과 경험을 공유했다. 둘 다 야심으로 똘똘 뭉친 발명가였다. 또한 둘 다 빈털터리에, 자신들이 이룬 성취를 이해하지 못하고 그 가치도 알지 못하는 정부에 신세를 지고 있었다. 또 자신들이 발상을 활용하기 전에 경쟁자들이 가로채지나 않을까 두려워했다. 그리고 1842년 봄에 비록 목표는 달라도 둘 다 사실상 똑같은 문제를 연구하는 중이었다. 콜트의 과제는 폭발물을 터뜨리는 데 사용할 수 있는 대규모 전기 회로를 만드는 것이었다. 모스는 전기 회로를 이용해서 전자기 전신을 위한 신호를 보내고자 했다.

모스는 끊어졌다 이어지는 전류의 방출을 이용 가능한 정보로 전환하는 실용적인 방법을 개발하는 데 많은 노력을 기울였다. 그의 이름이 붙게 되는 모스 부호였다. 하지만 그는 또한 이 신호를 장거리로 보내는 데 필요한 일종의 거대한 전기 회로를 만들어 사용하는 데에도 집착했다. 그가 개발한 기술을 상업적으로 이용하려면, 뉴욕대학교에서 그가 이미 실험한 것처럼 수백 피트(100피트는 약 30미터. - 옮긴이) 거리까지 신호를 보낼 수 있음을 증명하는 것으로는 충분하지 않았다. 도시 사이, 국가 사이, 그리고 때로는 바다를 가로질러 수백 킬로미터까지 보내는 방법을 고안해야 했다.

바로 여기에 콜트가 끼어들었다. 모스는 뉴저지주 프린스턴의 과학자 조지프 헨리에게 보낸 편지에서 이렇게 말했다. "지난 몇 달 동안 새뮤얼 콜트 씨가 수중 포대를 실험할 때 쓴 유선 회로를 활용해 보고 있습니다."

1842년에는 지금처럼 전력망이 깔려 있지 않았기 때문에 전기를 이용하려는 사람은 누구나 직접 만들어 써야 했다. 콜트는 아마 웨어호수에서 기뢰를 점화시키기 위해 간단한 라이덴 병을 사용했을 테지만, 멀리 떨어진 물체를 폭파하려면 강력한 전류가 필요했다. 이런 전류를 만들어 내는 유일한 방법은 갈바니 전지뿐이었다. 1842년에 이르면 이런 전지에 대한 이해도가 비교적 높았다. 아산화질소로 유명한 화학자 험프리 데이비 경이 초기 실험자였고, 이탈리아의 알레산드로 볼타도 유명했다. 미국에서는 모스와 편지로 연락한 조지프 헨리가 갈바니 전지로 중요한 연구를 한 바 있었다.

드레이퍼 교수는 헨리와 긴밀하게 협력한 적이 있어서 콜트나 모스보다 전지에 관해 더 잘 알았다. 그는 아마 콜트가 전지를 만드는 것을 도와주었을 것이다. 콜트가 만든 전지가 어떤 방식이었는지는 정확히 알려진 바가 없다. 하지만 대체로 갈바니

연기와 거울

전지(알레산드로 볼타가 이룬 진보를 기념해서 볼타의 전지라고도 불린다)는 직사각형 모양의 아연판과 구리판을 하나씩 층층이 쌓은 다음 전해질이 풍부한 (소금) 용액에 담가서 금속들끼리의 화학 작용을 촉진시키는 방식이다. 전자가 아연에서 구리로 용액을 통해 움직이면서 전류가 발생한다.

1842년 4월에 방 하나를 추가해서 확장한 워싱턴스퀘어의 연구실에서 콜트는 여러 전기 실험을 진행했다. 어느 날 저녁 드레이퍼는 워싱턴스퀘어를 왔다 갔다 하던 콜트를 만났다. 손으로 눈을 덮은 모습이 어디가 아픈 게 분명했다. 드레이퍼가 괜찮냐고 묻자 콜트는 갈바니 전지를 사용해서 백금 조각을 녹이다가 갑자기 백금에서 강렬한 빛이 나서 눈이 안 좋아졌다고 대답했다. 인공 불빛을 만드는 새로운 방법을 우연히 발견한 뒤 신선한 공기로 눈을 맑게 하려고 공원에 나온 길이었다. 콜트는 마음이 급한 나머지 잠시 숨을 고르면서 이 발견에 어떤 함의가 있는지 생각하지 못했지만, 드레이퍼는 건물 교회당에서 전지로 충전한 백금을 가지고 몇 가지 실험을 했다. 드레이퍼가 환한 빛을 만들어 내자 한 대학생이 나중에 그 실험을 상기한 것처럼 "예상치 못하게 선명하고 밝은 빛"이 교회당에 가득 찼다.

＊ ＊ ＊

콜트는 1842년 5월 24일 첫 번째 수중 포대 시연을 진행했다. 조용한 장소를 찾아서 뉴욕 시내에서 허드슨강을 따라 상류로 몇 킬로미터 올라간 오늘날의 웨스트스트리트 79번지를 현장으로 정했다. 버넘스호텔이 강 위에 서 있었는데 샘은 새뮤얼 모스, 윌리엄 깁스 맥닐, 그리고 새로 사귄 친구인 당시 뉴욕 해군조선소 사령관 매슈 C. 페리 제독 등 초청한 사람들에게 오후 5시까지 호텔로 오라고 권했다. "실험이 성공하면 수고비는 넉넉히 챙겨 드리겠습니다." 다른 손님에게 보낸 짧은 편지에 쓴 말이다. "시간 잊지 말고 꼭 와 주시기 바랍니다."

콜트는 코네티컷주 워터베리에 있는 브라운앤드엘턴이라는 금속 제품 제조회사에서 구리선 수천 피트(1,000피트는 약 305미터. ― 옮긴이)를 사 놓았다. 회사나 다른 누구도 콜트가 이후 몇 년간 요구하는 것처럼 그렇게 긴 구리선을 만들어 달라는 요청을 받은 적이 없었다. 콜트가 첫 번째 시연을 어떻게 진행했는지에 관한 기록은 남아 있지 않지만, 며칠 뒤 그는 브라운앤드엘턴에 편지를 보내 전지를 만들 "아얀판" 250개를 바로 배달해 달라고 요청했다. "가로 4.5인치(약 11센티미터), 세로 12.5인치(약 32센티미터), 두께 8분의 1인치(약 0.32밀리미터) 크기입니다." 긴급하게 주문을 한 것을 보면 콜트가 버넘스호텔에서 사용한 전지에서 충분한 전류가 발생하지 않은 것 같다.

이제 콜트에게는 자기 발명품의 진정한 데뷔를 준비할 시간이 한 달 조금 넘게 남아 있었다. 그가 고른 날짜는 자기 나라뿐만 아니라 13년 전 웨어호수에서 처음 한 실험까지 기리는 날이었다. 7월 4일에 배를 하나 폭파시키겠다고 약속한 것이다.

* * *

뉴욕에서 1842년 독립기념일은 도시로 처음 깨끗한 물이 들어온 날로 기억될 터였다. 구름 낀 여명이 밝아 오는 순간 북쪽의 웨스트체스터카운티에 있는 크로턴강에서 끌어온 9000만 리터의 물이 파이프를 통해 42번가와 5번애비뉴에 있는 거대한 돌담 저수지로 쏟아져 들어왔다. 이리운하 건설 이래 가장 거대한 공학의 업적이 정점에 달하는 순간이었기 때문에 사람들이 사는 도시의 북쪽 끝인 42번가까지 군중이 몰려왔다. 깨끗한 냉수 맛을 보고 높다란 돌담을 따라 산책을 하러 온 것이었다.

뉴욕 시민들은 아침에 저수지에서 발길을 돌려 서둘러 남쪽에 있는 배터리파크로 향했다. 하늘은 쾌청하게 갰다. 온갖 종류의 배들이 항구를 떠다녔다. 군중은 부두로 몰려가서 근처의 지붕 위에 서 있었다. 정오에 총포가 울리기 시작했다. 처음에 거버너즈섬에서 예포 열세 발이 울린 다음 군함 노스캐롤라이나호와 컬럼비아호 등 항구에 있는 해군 함정에서 몇 차례 예포가 울렸다. 하지만 바다에 떠 있는 해군에 아랑곳하지 않고 군중은 낡아 빠진 포함 한 정에 눈길을 집중시켰다. "해적 깃발과 해골"로 장식된 배였다.

정오 직후에 생명이 다한 포함을 묶고 있던 정박 줄이 풀리고 다른 배가 천천히 끌고 나갔다. 잠시 표류하는 듯싶더니 이윽고 배는 '쉬익!' 소리를 내며 솟아오르는 물살과 함께 사라져 버렸다. "배가 산산조각이 났다."라고 《뉴욕이브닝포스트》가 보도했다. "잔해 몇 개는 공중 200~300피트(약 61~91미터) 높이까지 솟아올랐다." 잔해가 뒤섞인 물보라가 쏟아져 내렸다. 군중은 환호성을 보냈다.

바닷물이 잔잔해진 뒤, 군중은 콜트가 모습을 드러내기를 기다렸다. 어떤 이들은 그가 물밑에서 폭발을 일으켰다고 생각하면서 "곧이어 잠수정이나 폭파 장치 같은 걸 타고 물밑에서 모습을 드러낼 것"이라고 기대했다고 《뉴욕헤럴드》는 보도했다. 사실 콜트는 몇백 미터 떨어진 노스캐롤라이나호 갑판 위에 있었고 새뮤얼 모스도 옆에 있었다. 폭발 직전에 그는 회로를 닫아서 "볼타의 전지에 있는 금속판을 접촉시키고" 수백 파운드(100파운드는 약 45킬로그램. - 옮긴이)의 화약이 들어 있던 통까지 수중으로 수백 미터 떨어진 곳으로 전류를 보냈다. 《뉴욕트리뷴》의 보도에 따르면, "결과는 대성공"이었다.

* * *

존은 1월 이래 줄곧 그랬듯이 툼스Tombs(무덤)에 있는 감방에서 7월 4일을 보냈다. 이 감옥의 본래 명칭은 사법회관구치소였지만, 4년 전에 완공된 순간부터 거의 곧바로 사람들은 툼스라고 부르기 시작했다. 오래되고 불길한 겉모습 때문이었다. 이미 낡아 빠지고 춥고 어둡고 축축해 보이는 감옥은 벽에 금까지 가고 있었다. 찰스 디킨스는 빡빡한 일정에 불만스러워하며 미국을 방문하던 중인 3월에 툼스를 돌아본 다음 "멜로드라마에 나오는 마법사의 궁전처럼 가짜 이집트식 음울한 건물 더미"라고 묘사했다. 4층 감방으로 둘러싸인 건물 정중앙에는 탁 트인 안마당이 있었다. 감방 문에 대해 디킨스는 "마치 화덕 문처럼 보이지만, 불길이 꺼진 것처럼 차갑고 컴컴하다."라고 썼다.

놀랍게도 디킨스는 이 교도소에서 가장 유명한 수감자인 존 콜트를 언급하지 않았다. 하지만 또 다른 작가이자 후에 뉴욕에서 손꼽히는 신문 편집장이자 발행인이 되는 찰스 A. 데이나는 특별히 살인자 존을 만나러 툼스로 갔다. 데이나는 존 콜트가 열악한 환경에도 불구하고 비교적 편안하게 사는 것을 보았다. 그는 냉기를 물리치기 위해 "멋진 가운"을 걸치고 "향 좋은 아바나산 시가"를 피우고 있었다. "간수가 콜트의 감방 문을 활짝 열자마자 달콤한 꽃향기가 확 풍긴다. 망상이 아닌 것이 중앙 탁자 위에 예쁜 꽃병이 있다." 점심으로 콜트는 감옥에서 흔히 나오는 맛대가리 없는 음식이 아니라 근처 호텔에서 주문한 식사를 받았다. 메추라기 구이를 얹은 토스트에 다양한 파테를 먹고 코냑과 커피로 입가심을 한다고 데이나는 주장했다.

존의 감방에는 찾아오는 면회객이 많았다. 샘과 캐럴라인 외에도 변호사와 친구들이 찾아왔는데, 그중 몇몇은 유명 인사였다. 〈즐거운 나의 집〉의 작사가로 존의 재판에서 증언을 한 존 하워드 페인도 이런 친구들 중 하나였다. 많은 이들과 마찬가지로 페인도 존이 몸싸움을 하다가 엉겁결에 애덤스를 죽인 것이라고 믿었다. 존은 경찰에 제 발로 찾아가지 않은 심각한 실수를 저질렀지만, 잠깐 판단 착오를 했을 뿐 교수형까지 당할 일은 아니었다.

봄과 여름 내내 존과 친구들은 그가 재심을 받을 것이라는 믿음으로 버텼다. 하지만 항소는 두 차례나 기각되었다. 마지막 기회는 7월 말에 뉴욕주 유티카에서 열리는 순회법원이었다. 존은 패소했고, 사건은 최종 선고를 위해 뉴욕시 고등형사재판소로 회부되었다.

9월 27일, 켄트 판사는 존의 최후 진술을 들은 뒤 "사망할 때까지 교수형에 처할 것"을 선고했다. 사형 집행일은 11월 18일이었다.

X

존 콜트가 선고를 받고 3주 뒤, 미주리의 《분스릭타임스》나 앨라배마의 《위텀카아거스》 같은 여러 신문을 통해 사형 집행이 임박했다는 뉴스가 전국 각지로 울려 퍼지는 가운데 샘 콜트는 다시 한번 수중 포대 시연을 한다고 뉴욕 사람들을 불러 모았다. 세 번째 공개 실험이 될 터였다. 8월 말에는 워싱턴 근처 포토맥강에 떠 있는 배 밑에서 기뢰를 터뜨린 바가 있었다. 근처에 있는 증기선 갑판에서 각료와 장군들과 함께 지켜본 타일러 대통령은 흡족한 표정이었다. 그 후 콜트는 대통령이 탄 배에 초청받아 타일러의 딸에게 꽃다발을 받았다. 그날 저녁 콜트는 아버지에게 편지를 썼다. "아버님께, …… 오늘은 제 인생에서 가장 큰 성공을 거둔 날입니다." 얼마 전에 스물여덟 살이 된 때였다.

이제 존이 북쪽으로 1.6킬로미터 떨어진 감방에서 사형 집행을 기다리는 가운데 샘은 배터리파크로 돌아왔다. 그는 최대 규모의 폭발을 시험하겠다고 약속했다. 볼타

연기와 거울

호라는 새 이름을 붙인 300톤급 쌍돛대 범선을 폭파할 작정이었다.

10월 18일 화요일 오후, 4만 명에 육박하는 인파가 배터리파크를 가득 메우고 지붕과 나무에 기어올랐다. 콜트의 말에 따르면 구경꾼 가운데는 콜트의 특별 손님과 투자자, 친구, "항구에 있는 해군과 육군 장교 전원"도 있었다. 이날 행사의 후원자는 아메리칸협회로, 1837년 콜트가 발명한 총에 메달을 준 바로 그 단체였다. 협회가 이틀간 진행한 전람회에서는 새뮤얼 모스가 전신을 시연하는 현장도 이목을 끌었다.

과거에 콜트는 자기 발명품의 수수께끼를 혼자만 알고 있었다. 이제는 앞서 거둔 성공에 대담해져서, 그리고 그가 너무 꽁꽁 숨긴다고 투덜거리는 비판자들의 입을 다물게 하려고 세상에 살짝 비밀을 공개했다. 50센트를 내면 캐슬가든 입장권을 살 수 있었다. 예전 요새로 지금은 원형 극장으로 사용되는 이곳에서 "갈바니 전지"를 볼 수 있었다. 한편 몇몇 신문에 발명품이 작동되는 원리를 직접 보고 설명하는 기사가 실렸다. 자신을 'C'라고만 밝힌 익명의 통신원은 박식한 사람임이 분명했다. 그는 숨막히는 한 문장으로 그 메커니즘을 설명했다.

> 전지는 화약을 채운 가벼운 금속판 상자로 이루어져 있고, 면실로 감고 셀락 수지, 알코올, 베네치아 테레빈유를 섞은 물질로 니스칠을 한 구리선 두 개를 상자 한쪽 옆에 단단한 코르크를 통해 길게 뽑아 놓았으며, 상자 안에는 화약 사이에 백금 선 하나로 두 구리선을 연결하고, 강바닥에 고정시켜 놓은 상자에서 길게 뽑은 구리선 두 개를 그랜트가 만든 커다란 집전기까지 연장한 다음, 상자에서 7~8마일(약 11~13킬로미터) 떨어진 갈바니 전지로 전기를 만드는데, 상자를 폭발시키라는 신호가 내려지는 즉시 조작하는 사람은 한 손에 쥔 구리선 하나를 집전기에 붙인다.

비록 비밀을 공개하기는 했지만 콜트는 워낙 흥행사 기질이 있었기 때문에 모든 걸 밝히지는 않았다. 앞서 진행한 시연 행사에서처럼, 그는 군중에게 자신의 위치를 드러내지 않았다. 대다수는 그가 7월에 그랬던 것처럼 노스캐롤라이나호에 타고 있다고 생각했지만, 사실 그는 별 특징 없는 소형 쾌속정에 몰래 타고 있었다.

오후 3시 45분, 노스캐롤라이나호에서 예포 열세 발이 울리면서 인근에 있는 선박들에게 물러나라고 경고를 보냈다. 군중은 숨을 죽였다. 가을 해가 뉴저지 초원 위로 지면서 볼타호의 실루엣을 만들어 냈다. 폭발은 오후 4시 직후에 이루어졌다. "거대한 물안개가 사방을 뒤덮었다. 직경이 200피트(약 61미터)에 높이가 80피트(약 24미터)에 달하는 물안개 사이로 간혹 나뭇조각이 눈에 들어왔다." 1분 정도 지나자 안개가 걷혀 볼타호의 잔해가 물에 떠다니는 모습이 보였다. 《뉴욕헤럴드》는 나뭇조각의 정확한 수가 175만 6901개였다고 농담조로 주장했다.

시연이 "웅장한 광경"이었고 이 덕분에 콜트가 넉넉한 정부 지원을 받게 될 것이라는 데 모두가 뜻을 모았다. 뭔가 굉장히 멋진 장면이 눈앞에서 펼쳐졌다는 데에도 모두가 동의했다. "바로 이날 여러분이 목격한 경이적인 사건을 만약 오래된 기록에서 읽었더라면 전설적인 이야기로 여겼을 겁니다." 외교관이자 정치인인 오귀스트 다브자크가 그날 저녁 태머니홀에서 연설하면서 한 말이다. "자기 영역에서 헤엄치며 노는 백조처럼 다가오는 위험을 알지 못한 채 파도 위에 사뿐히 떠 있던 배가 갑자기 물 위로 솟구치면서 풍비박산이 났습니다. 어떤 강력한 마술사의 보이지 않는 손에 말입니다."

* * *

콜트는 절연 구리선을 물을 가로질러 풀기 위해 새뮤얼 모스의 커다란 나무 얼레를 몇 개 빌렸는데, 다음 날인 10월 19일 모스에게 3킬로미터 길이의 선을 빌려주는 것으로 호의를 되갚았다. 모스는 항구를 가로질러, 그러니까 캐슬가든에서 거버너즈섬까지 전신 메시지를 보낼 생각이었다. 동업자인 레너드 게일이 거버너즈섬에서 수신하기로 되어 있었다. 모스가 신호를 보내기 시작한 바로 그 순간, 근처에 있던 한 스쿠너가 콜트의 구리선이 배에 엉킨 걸 발견하고 도끼로 잘라 버렸다. 모스의 전신은 끊어졌고, 그의 시연은 제대로 시작도 하기 전에 끝이 났다. 그렇지만 모스는 콜트의 도움을 받아 겨우 몇 초 동안이지만 사상 최초의 수중 전신으로 통신하는 데 성공했다.

XI

연기와 거울

볼타호 폭파는 존 콜트가 사형당하는 날짜보다 한 달 전에 이루어졌다. 지난해 내내 콜트 사건이 세간의 이목을 집중시켰던 것만큼 사형 집행일이 가까워지자 다시 사람들의 관심이 쏠렸다. 다른 방도가 전부 차단된 가운데 존의 변호사와 지지자들은 존 콜트를 살려 달라고 탄원하기 위해 증기선에 올라 북쪽에 있는 올버니로 향했다. 지지자들 가운데는 재판이 끝나고 나서 그의 편이 된 이들도 많았다. 그들은 존의 운명을 좌우할 수 있는 윌리엄 H. 수어드 뉴욕 주지사를 만나러 가는 길이었다.

아직 20년 뒤의 일이지만 윌리엄 수어드의 역사적 운명은 에이브러햄 링컨의 국무장관에 올라 이른바 '탕평 내각'에서 가장 중요한 성원으로서 남북전쟁의 가장 암울한 시기에 대통령에게 조언을 하게 된다. 1842년 가을, 수어드는 41세의 뉴욕 주지사로 4년 임기의 마지막이 가까워지면서 정치 인생에서 가장 커다란 도전에 부딪히는 중이었다.

몇 달 동안 수어드는 존 콜트를 사면해 달라는 친구들과 유권자들의 호소를 받아 넘기고 있었다. 한 유권자에게 보낸 편지에서 그는 불만을 토로했다. "훌륭하다고 정평이 난 영향력 있는 신사와 숙녀들이 보낸 편지가 책상에 가득합니다." 이제 존의 지지자들이 직접 그를 만나러 왔다. 더들리 셸던이 이끈 한 무리에는 저명한 작가이자 편집자인 루이스 게일로드 클라크와 의사 세 명도 포함돼 있었다. 의사들은 도끼와 새뮤얼 애덤스 두개골의 석고 모형을 가져와서 애덤스 두개골에 난 손상은 콜트가 방어적으로 행동해서 생긴 것임을 주지사에게 입증하려 했다.

사형 집행일을 1주일 앞두고 부인에게 쓴 편지에서 수어드는 이렇게 말했다. "콜트를 사면해 달라는 갖가지 형태의 신청을 듣고 제출된 방대한 문서를 읽으면서 한 주를 보내는 게 얼마나 피곤한지 당신은 모를 거요." 하지만 그는 마음을 굳힌 상태였다. 일부 신문이 전체를 그대로 실은 6,000단어에 육박하는 글에서 그는 사건의 사실 관계를 다시 언급한 뒤 존 콜트의 사면을 거부하는 이유를 밝혔다. "행정부의 관대한 처분으로 죄수를 석방한다면 흉악 범죄를 부추기는 셈입니다. …… 또한 죄수의 성격이나 품행이 좋다고 해서 극히 신중해야 하는 은전을 베풀어서는 안 됩니다."

그것으로는 문제가 마무리되지 않았다. 사형 집행을 앞둔 1주일 동안 수어드는 콜트에게 관대한 처분을 내려 달라고 호소하는 여러 사람의 방문을 받았다. 그 가운데에는 뉴욕변호사협회의 한 위원회, 수많은 "떠돌이 박애주의자들." 그리고 수어드가 부인에게 설명한 것처럼 "존 콜트의 머리 몇 군데에 난 혹을 볼 때 그가 어떤 폭력 행위를 저질렀더라도 그것은 그 자신이 아니라 사회 탓임"을 주지사에게 입증하려고 하는 골상학자도 있었다. 수어드는 적어도 한 차례 심각한 살해 위협도 받았다는 사실은 부인에게 말하지 않았다.

"이제 마지막 할 조치를 했고, 생각해야 할 일이 단 하나 남은 가운데 갑자기 흥분 상태로 피로를 느끼는군요." 사형 집행 전날인 11월 17일 목요일에 한 말이다. "내가 그 고통스러운 주제에 관해 얼마나 많은 글과 이야기를 읽고, 듣고, 생각하고, 느꼈는지 아무도 모를 테고, 알 수도 없겠지요."

✳ ✳ ✳

툼스를 찾은 사람들은 수어드가 결정을 내린 뒤로 존 콜트의 신체적 외모가 눈에 띄게 쇠한 것을 눈치챘다. 주머니칼과 면도기를 압수당했고, 혹시라도 자살을 시도할까 봐 부보안관 두 명이 밤낮으로 그의 감방에서 경계를 섰다.

11월 17일 변호사이자 일기 작가인 조지 템플턴 스트롱은 이렇게 썼다. "콜트는 모든 사람에게 초미의 관심사다." 스트롱은 뉴욕 사람들 전부가 그렇듯 콜트 사건을 계속 주시했고 관계자들 몇 명도 개인적으로 아는 사이였다. 그의 가장 가까운 친구 중하나가 바워리에 있는 세인트막스교회의 헨리 앤선 목사의 아들인 조지 앤선이었는데, 그는 샘 콜트의 요청에 따라 존을 보살피고 있었다. 스트롱은 공개 교수형에 찬성하지 않았지만, 사형이 없으면 뉴욕에 폭동이 일어날 것이기 때문에 사형을 집행해야한다고 생각했다.

작가 리디아 마리아 차일드는 사형 집행을 앞두고 뉴욕에 퍼진 광란의 분위기에 혐오를 느꼈다. "사람들의 가슴에 살인이 가득했다. 그들은 복수를 생각하며 흡족해하고 같은 인간이 죽음의 고통을 느끼는 걸 보면서 광기에 사로잡혔다." 차일드는 한친구에게 사형 집행장에 오라는 전단이 이미 배포되었다고 말했다. "그 사람들 중 일부는 박물관에 보존해야 한다고 생각해. 야만 시대의 유물로 표본을 보존해야지. 그래야 후속 세대들이 놀라면서 볼 테니까."

＊ ＊ ＊

조지 템플턴 스트롱은 다음 날인 11월 18일 금요일이 끝날 때 다시 일기를 펼쳤다. "정말 기억할 만한 흥분과 소요의 날이었다. 소름 끼치는 살인 사건으로 시작된 이래 이따금 모든 사람을 졸도하게 만든 비극의 마지막 장을 목격했기 때문이다. 그 마지막은 시작할 만한 가치가 있었고, 그 시작에서부터 이 모든 사건이 이례적인 성격을 띨 만했다."

아침은 차갑고 흐리게 시작됐다가 이내 밝아지고 바람이 많이 불었다. 어느 신문의 말을 빌리자면 "거친 폭풍이 몰아치는 날"이었다. 오전 6시 30분 툼스에 처음 도착한 사람은 샘 콜트였다. 샘은 15분 정도 형과 함께 있었다. 그가 감방을 나설 무렵, 툼스 주변 거리는 군중의 대열로 가득했다. 프랭클린스트리트와 센터스트리트에 있는 교도소에서 멀리 브로드웨이까지 늘어선 대열이었다. "오늘 아침 8시부터 툼스는 말 그대로 주변의 모든 거리를 가로막은 군중에 포위되었다." 스트롱이 한 말이다. "모두 사형장에 입장할 수 있으리라는 기대보다는 가련한 죄수가 있는 담장을 바라보면서 안에서 무슨 일이 벌어지는지 소문이라도 들으려고 온 것이다." 콜트의 감방 창문 바깥에서는 노동자들이 교도소 마당에 교수대를 설치하는 중이었다. 망치로 못을 박는 소리가 담장 바깥에까지 울려 퍼졌다.

샘은 11시에 앤선 목사와 함께 툼스로 돌아왔다. 11시 30분 변호사들이 도착했고, 콜트 형제의 친구인 존 하워드 페인과 루이스 게일로드 클라크도 왔다. 정오 직후에 시작되는 의식을 보러 온 것이었다. 그때 샘이 캐럴라인 헨쇼와 함께 존의 감방으로 들어갔다. 《뉴욕헤럴드》의 보도에 따르면, 캐럴라인은 "밀짚 보닛, 녹색 숄, 붉은 테두리의 암적색 외투" 차림이었고, 불안하고 야위어 보였다. 샘과 다른 사람들이 지켜보는 가운데 존과 캐럴라인이 앤선 앞에 섰고, 목사는 재빨리 두 사람의 결혼을 선언했다. "정말 유감스러운 결혼식인 동시에, 구경꾼 입장에서는 지독하게 숭고한 장면으로 여겨지도록 잘 계산된 장면이었다."

결혼식이 끝난 뒤 존은 캐럴라인과 둘만 남게 해 달라고 요청했다. "이제 1시인데, 콜트가 방금 뜨거운 커피 1쿼트(약 0.94리터)를 주문했다."라고 《뉴욕헤럴드》의 특별 석간판이 보도했다. "커피가 감방으로 들어갔고 그와 부인이 마시는 중이다."

오후 1시 직후에 샘이 존 하워드 페인, 루이스 게일로드 클라크와 함께 다시 감방에 들어가서 존과 캐럴라인을 만났는데, 두 사람은 침대 모서리에 정숙하게 앉아 있었다. 존이 마지막 인사를 했다. "확실한 죽음을 코앞에 둔 인간으로서 그렇게 동요하지 않는 사람은 본 적이 없었다." 클라크가 훗날 회고한 말이다. "그는 한 치도 흔들림 없이 커피 잔을 손에 들고 감방 한가운데 서서 수도관 위에 올려놓은 나무로 된 백설탕 상자를 가리키며 말했다. '샘, 설탕 좀 줄래?'" 하지만 클라크는 존의 눈동자가 "핏빛으로 물든 채 가늘게 떨리며 빠르게" 움직이는 걸 눈치챘다.

존이 마지막 시간을 혼자 보내게 문을 닫아 달라고 했다. 안마당에서는 노동자들이 교수대에 마지막 못질을 하고 있었다. 바깥 거리에서는 흥분한 군중이 "들짐승 무리"처럼 울부짖는 소리를 냈다고 한 기자는 썼다. 감방 밖에서 기자가 관찰한 샘 콜트는 거의 감정에 사로잡혀 울부짖고 있었다. "아 결국 이렇게 될 줄은 꿈에도 몰랐는데!"

＊ ＊ ＊

클라크는 회고담에서 마지막으로 존을 찾아간 뒤 툼스를 나선 일을 떠올렸다. 그와 페인은 앤선 목사와 함께 마차를 타고 왔다. 클라크는 동쪽으로 바워리로 가서 앤선을 목사관에 내려준 다음 북쪽으로 방향을 돌려 워싱턴스퀘어와 뉴욕대학교로 갔다.

페인과 클라크가 도착했을 때 샘은 이미 타워 꼭대기에 있는 작은 방에 돌아와 있었다. 샘은 모자챙을 눈까지 덮은 채로 탁자에 앉아 있었다. 두 손으로 감싼 얼굴에서 손가락 사이로 눈물이 흘러내렸다. 세 사람은 한동안 침묵에 잠겨 앉아 있었다. 이윽고 샘이 마음을 잡고 클라크에게 세인트루이스에 있는 동생 제임스에게 편지를 쓰게 도와 달라고 했다.

＊ ＊ ＊

부보안관들이 오후 3시 직전에 존을 점검했을 때 그는 감방 안에서 서성거리고 있었다. 사형 집행 시간 5분 전인 3시 55분, 보안관이 이제 짙은색 예복을 차려입은 앤선

연기와 거울

목사와 함께 존을 교수대로 데려가려고 감방으로 갔다. 보안관이 열쇠를 돌려 문을 열고 앤선이 발을 들여놓았는데, 그가 곧바로 화들짝 뒷걸음질을 쳤다. 존 콜트가 침대에 반듯이 누워 있고 가슴팍에 칼 손잡이가 튀어나와 있었다. (제임스 고든 베넷 본인임이 거의 확실한)《뉴욕헤럴드》기자가 앤선과 보안관을 따라 감방에 들어갔는데, 죽은 이의 관자놀이에 손을 대 보니 아직 온기가 느껴졌다. "조끼가 젖혀져 있고, 피가 사방으로 흘렀으며, 배 위에 얹은 두 손에도 피가 낭자했다. 심장을 찌른 다음 깊숙하게 상처가 날 때까지 칼을 빙글빙글 돌린 게 분명했다."

존의 주검이 발견된 시간과 거의 동시에 툼스 바깥 거리 곳곳에서 커다란 소리가 울려 퍼졌다. "불이야!" 군중이 소리쳤다. "불이야!" 군중의 시선을 위를 향했다. 툼스 꼭대기에 있는 둥근 지붕이 불타고 있었다. 바람에 거세진 불길이 순식간에 타워 전체로 퍼지면서 아래쪽 교도소 지붕 위로 잔해가 떨어졌다.

리디아 마리아 차일드도 비명을 지르는 군중 속에 있었다. 위를 올려다보니 매혹적인 광경이 눈에 들어왔다. "너무도 아름다웠다니까." 다음 날 친구에게 한 말이다. "불은 둥근 지붕 꼭대기에서 시작됐는데, 바람이 위로 불어서 불길이 위로 치솟았어. 마치 아래에 있는 성난 영혼들이 불타는 날개를 타고 탈출하는 것 같았어." 차일드는 존의 시신이 발견되었고 그가 끔찍한 교수형을 모면했다는 소식에 매우 기뻐했다.

주검과 화재, 야단법석 떠는 군중, 툼스로 달려가는 소방 마차의 종소리. 이런 날을 만드는 데 큰 기여를 한 주역인 제임스 고든 베넷은 이 광경에 할 말을 잃었다. 아니, 거의 말문이 막혔다. "우리는 어디서부터 시작해야 할지, 아니, 이 끔찍한, 이 전례 없는, 이 엄청난, 이 가장 이례적이고 소름끼치는 비극을 곱씹으면서 마음속에 떠오르는 감정과 생각을 어떻게 표현해야 할지 모른다."

* * *

유니버시티빌딩 안에서 샘과 같이 있던 사람들은 계단을 오르는 발소리를 들었다. 마부 하나가 벌컥 방으로 들어왔다. "콜트 씨! 콜트 씨! 선생님 형이 자살했답니다. 심장을 칼로 찔렀어요! 그리고 툼스에 불이 났습니다! 지금 불나는 게 보여요!"

콜트를 비롯한 이들은 타워 동쪽 면에 있는 창문을 통해 밖으로 나와서 짧은 사다리로 지붕에 올라갔다. 주택을 비롯한 건물들 꼭대기 위 남쪽 방향으로 툼스가 보였다. 불타는 둥근 지붕 "주위로 불길이 치솟고 연기가 피어오르는" 모습이 보였다. 서쪽으로부터 거세게 불어오는 바람이 불길을 키우고 있었다. "그날 공기, 대기에는 뭔가 독특한 게 있었다." 오랜 세월이 흐른 뒤 루이스 게일로드 클라크가 회상한 말이다. "차가운 가을밤에 지붕 없는 야외에서 북쪽 하늘에 번쩍거리는 오로라를 지켜보는 것 같은 느낌이었다."

"다행이다! 다행이야!" 클라크는 콜트가 "거의 기쁨에 겨운" 표정으로 소리쳤다고 회고했다.

좀 이상한 말이었다. 클라크는 콜트의 말이 무슨 의미인지 모르는 것 같았다. 하지만 그 끔찍한 날이 지나고 몇 년간 많은 사람들은 샘 콜트가 그의 생애에서 가장 커다란 술책을 발휘했다고 생각하게 된다.

연기와 거울

피는 못 속인다

트레이드마크인 굳게 다문 입에 사팔눈이 인상적인
서부 총잡이 존 커피 헤이스. "잭" 헤이스는 텍사스
순찰대와 샘 콜트의 총에 명성을 안겨 주었다.

I

6월, 텍사스 중남부의 힐컨트리는 가마솥까지 뜨거워진다. 봄철 내내 초지를 점점이
뒤덮은 블루보닛과 미나리아재비가 시들어 먼지 덮인 초록색과 황갈색으로 흐릿해
지고, 생명이 있는 건 전부 강과 개울로 나아간다. 열기 속에서도 힐컨트리는 무릎 높
이까지 자라는 풀들이 물결을 이루는 대초원과 평화로운 웅덩이에 그림자를 드리우
는 라이브오크와 노간주나무 수목, 석회암 위로 맑은 급류가 흐르는 개울 등으로 매
혹적인 풍경을 이룬다. 하지만 아름다운 경치에만 눈이 팔려서는 안 된다. 이곳은 거
친 환경이다. 로버트 카로가 1850년대에 이곳에 혹해서 들어온 정착민의 후손인 린
든 B. 존슨 전기에서 인상적으로 묘사한 것처럼 "풀밭을 미끼로 삼은 함정"과도 같은
곳이다. 여러 면에서 힐컨트리는 미국이 서경 98도를 뛰어넘어 수백 년간 국경을 규
정했던 거대한 낙엽수림을 넘어 무한한 듯 펼쳐진 대초원과 사막으로 이동하면서 많

은 미국인들이 19세기 중반에 마주치게 되는 세계의 예고편과도 같았다. 텍사스의 이 지역은 하이평원으로 들어가는 남동쪽 관문이었다. 이 평원에 들어서면 대기가 건조해지고 토양이 알칼리성으로 바뀌었으며, 북쪽에서부터 변덕스러운 바람이 휘몰아쳤다. 여기서는 사람이 어느 날은 목이 말라서 죽을 뻔하다가 다음 날에는 갑자기 불어난 물에 휩쓸려 버릴 수 있었다. 설상가상으로 1844년에는 말에게 물을 먹이려고 강바닥까지 내려갔다가 위를 올려다보면 코만치 인디언이 둘러싸고 있는 걸 볼 수도 있었다. 인디언들은 결국 그를 죽일 테지만 우선 끝까지 고문을 해 보아야겠다고 생각했을 것이다.

1844년 6월 8일, 텍사스 순찰대 대원 열다섯 명이 말을 타고 힐컨트리를 달리면서 코만치족을 수색했다. 순찰대원들은 샌안토니오 북쪽에서 페더낼러스강 상류와 래노강을 따라 몇 주 동안 정찰하던 중에 워커스크리크라고 부르는 좁고 물살이 센 천에서 쉬려고 잠시 멈췄다. 극서부에서 힐컨트리를 가로지르다가 남쪽 멕시코만으로 방향을 바꾸는 큰 강인 과달루페강의 지류였다. 한 대원이 벌 소리를 듣고 꿀을 뺏으려고 나무 위에 있는 벌집으로 기어 올라갔다. 이 이야기의 한 판본에서는 그 남자가 처음 인디언들을 발견하지만, 대부분의 판본에서는 일종의 후위 부대로 뒤에 남았던 대원 두 명이 인디언을 발견한다. 그들은 전속력으로 막사로 달려와서 인디언이 추적하고 있다고 보고했다.

워커스크리크전투, 일명 헤이스의 큰 싸움은 이렇게 벌어졌다. 어느 텍사스 역사학자의 말을 빌리자면, 한 시간여 뒤 싸움이 끝난 시점은 텍사스 순찰대 역사에서 "독보적이지는 않더라도 결정적인 순간"이 된다. 샘 콜트는 당시 수천 킬로미터 떨어진 곳에 있었지만 그의 생애에서도 결정적인 순간이 된다.

* * *

1844년 여름 이전에 텍사스 순찰대는 아는 사람도 많지 않았지만, 변경을 순찰하는 자원 기마대원들(때로 "기마 지원병"으로 불렸다)의 느슨한 집단으로 알려져 있었다. 1823년 이래 이런저런 지위를 갖고 활동했지만, 텍사스가 멕시코에서 독립을 획득하는 1836년까지만 해도 텍사스 순찰대는 텍사스공화국의 공식 예산으로 운영되는 집단이 아니었다. 그때에도 각자의 말을 타고, 자기 옷을 입고, 보통 개인 소유의 총기를 들고 다녔다. 사냥하거나 따거나 찾아낸 걸로 배를 채우고, 강물을 마시고, 참나무 가지와 줄기로 불을 피우고, 안장을 베개 삼아 한데서 잠을 잤다. 필요할 때는 멕시코인들과 싸웠지만, 1844년 봄에 순찰대의 주요 임무는 북부와 서부의 하이평원에서 내려온 코만치족과 싸워 쫓아내는 것이었다.

텍사스인들과 코만치족의 대결은 백인 미국인과 아메리카 원주민의 역사에서 독특한 장을 이룬다. 결국 이 장도 나머지 장들과 똑같이 유감스러운 종말을 맞이해 아메리카 원주민들의 땅과 문화, 그리고 많은 경우에 목숨까지 빼앗지만, 백인들이 인디언을 밀어내고 속여서 거의 절멸시키는 일반적인 패턴을 따르지는 않았다. 코만치족은 파멸의 운명을 맞은 야만인의 역할을 맡기를 거부했다. 미래에 '눈물의 여정'에 오르게 되지만 그보다 먼저 많은 슬픔을 가할 것이었다.

코만치족이 그렇게 뛰어난 투사, 텍사스 역사학자 T. R. 페런바크의 표현을 빌리자면 "19세기 세계 최고의 경기병대"가 될 수 있었던 한 가지 이유는 기마술이다. 동부 삼림지대에서 도보로 다니는 인디언들에 익숙한 백인 미국인들에게 말 탄 인디언은 1840년대에 여전히 새로운 현상이었다. 코만치족은 작지만 빠른 무스탕말을 타고 먼 거리를 질주하면서 느닷없이 공격을 가해서 치명타를 입혔다. 그들은 살인에 대단히 능숙할 뿐만 아니라 준비 과정을 즐겼기 때문에 적들의 마음속에 공포를 주입시켰다. 동부 삼림지대의 인디언들은 때로 포로로 잡은 적 남자들을 고문했지만 여자들은 대개 괴롭히지 않았다. 그러나 코만치족은 훨씬 가학적이었다. 남자 포로의 성기를 자르거나 태운 다음 사춘기가 지난 여자는 모조리 집단 강간하고 사지를 절단했다. 어린아이들은 종종 잡아다 부족의 일원으로 키웠지만 유아는 살해했다. 텍사스인들은 이렇게 수백 차례 습격을 당하면서 살해되거나 짐승 취급을 받았다. 이런 사실들 가운데 어느 것도 1838년 텍사스공화국의 미라보 러마 대통령이 인디언을 "몰살하고 절멸하라."라고 한 지시의 변명이 될 수 없다 하더라도, 텍사스인들이 다급하게 자위의 필요성을 느낀 이유가 되기는 한다.

순찰대원들은 어느 누구보다도 코만치족에 맞서 훌륭하게 싸웠다. 젊은 순찰대원들은 기마술과 사격술이 훌륭했을 뿐만 아니라 주목할 만한 용기와 대담성도 보여 주었다. 텍사스 역사학자 월터 프레스콧 웹은 "텍사스 순찰대원들의 용기에 관해서는 말할 필요도 없다."라고 썼다. 용기가 필요했던 것은 달리 그들에게 유리한 게 많지 않았기 때문이다. 순찰대의 사망률에 관한 믿을 만한 기록은 없지만, 모든 지표로 볼 때 많은 젊은이가 참혹하게 죽었음을 알 수 있다. 한 순찰대원의 추산으로는 해마다 대원의 절반이 살해당했다.

순찰대원들이 직면한 커다란 문제는 인디언과 교전할 때 자신들의 숫자가 적을 뿐만 아니라 더 좋은 총을 갖고서도 무기로도 불리했다는 것이다. 1844년까지 순찰대원들은 잡다한 샷건과 플린트록 라이플을 갖고 다녔다. 정교하고 잘 만든 총들이긴 했지만 휴대하기 불편하고 두 손으로 작동해야 했으며, 말 위에서는 거의 사용할 수 없었다. 순찰대원들은 말에서 내려서 싸워야 했는데 결국 움직이는 표적에서 고정된 표적이 되는 셈이었다. 무엇보다도 순찰대가 쓰는 총은 장전하는 데 시간이 오래 걸렸다. 한 발 쏠 때마다 화약을 정량만큼 덜고, 총열에 화약을 부은 다음 총알을 집어넣어 기다란 쇠막대로 밀어 넣고, 화약 접시에 점화약을 뿌리고, 부싯돌을 조정해 발사한 다음 이 과정을 처음부터 다시 해야 했다. 전문적인 소총수라면 이상적인 상황에서 20초 만에 이 모든 일을 할 수 있었지만, 실제 전장에서는 30초나 심지어 1분이 걸릴 수도 있었다.

코만치족도 총이 몇 정 있었지만 그들이 치명적인 전사가 될 수 있었던 건 활과 화살 덕분이었다. 기마 전사들에게 활과 화살은 거의 완벽한 무기였다. 코만치족 용사는 화살통에 화살 스무 발을 갖고 다녔다. 민첩한 용사는 시속 32~48킬로미터의 속도로 표적을 쫓으면서 순찰대원이 재장전하는 시간 안에 화살통에 있는 화살을 전부 쏠 수 있었다.

* * *

텍사스 순찰대의 기준에서 보더라도 6월 그날 힐컨트리에서 정찰하던 대원들은 대단히 강인하고 유능한 무리였다. 무리 중에는 (후에 새뮤얼 콜트와 밀접한 관계가 되는) 새뮤얼 워커, 그리고 로버트 애디슨 길레스피와 마이크 슈발리에 같은 전설적인 순찰대원들도 있었다. 무리 중에서 가장 위대한 대원인 27세의 존 커피 헤이스가 대장이었다. 작고 마른 체구에 말수가 적은 헤이스는 몸집이 크고 시끄럽고 성질 급한 전형적인 텍사스인과 정반대의 인물이었지만, 현실에서나 상상 속에서나 미국의 새로운 상징적 인물, 즉 서부 목장에 몰려오는 과묵한 사팔눈 총잡이의 본보기가 되었다. 압박을 받아도 냉정하고, 두려움 없이 싸우며, 입 대신 총으로 말하는 데 만족하는 사람이었다. 월터 프레스콧 웹에 따르면 "기록에서 볼 수 있는 한, 어떤 위대한 순찰대장도 그만큼 말수가 적지 않았다."

이런 여러 자질에 더해, 잭 헤이스는 자기 부하들을 지독하게 보호했다. 1844년 초에 그가 새로운 장비를 갖추게 된 것도 그런 이유 때문이다. 텍사스 해군의 E. W. 무어 사령관은 1839년에 .36구경 5연발 콜트리볼버 180정을 구매한 바 있었다. 함 대 함 전투에서 사용하는 함정용 권총으로 구매한 이 총기의 일부가 1843년 캄페체전투에서 사용된 적이 있었다. 당시 텍사스해군은 유카탄공화국과 합세해서 멕시코해군과 싸웠다. 무어가 지휘하는 소함대가 해산된 뒤, 헤이스는 그 총기의 일부에 대한 권리를 주장했다.

잭 헤이스는 아마 콜트리볼버의 진정한 잠재력을 파악한 최초의 인물일 것이다. 전에는 누구도 그런 생각을 하지 못한 것은 어떤 미국인도 헤이스와 그의 부하들이 일상적으로 벌이는 전투를 경험하지 못했기 때문이다. 헤이스는 많은 결함, 장전의 어려움과 잦은 고장과 연쇄 격발에도 불구하고 리볼버야말로 이제껏 존재한 기병, 특히 코만치 인디언과 대결하는 텍사스 순찰대 기병이 사용하기에 완벽한 도구라고 생각했다. 그날 힐컨트리에서 헤이스와 순찰대원 열네 명은 각각 패터슨 5연발총 두 정씩을 휴대해 각자 열 발씩을 쏠 수 있었다.

처음에는 코만치족 열 명이 순찰대를 추적하는 것 같았지만, 헤이스는 매복을 감지하고 대결을 자제했다. 곧바로 인디언들이 전부 모습을 드러냈다. 75명 정도였다. 산마루에 선 인디언들은 에스파냐어로 욕설을 퍼부었다. 순찰대원들이 사격을 시작하기를 기다리는 게 분명했다. 순찰대원들이 재장전하려고 잠시 멈추면, 코만치족은 평상시처럼 공격할 수 있었다.

헤이스는 사격을 자제하면서 대원들을 이끌고 잡목림으로 들어간 뒤 인디언의 눈에 보이지 않는 좁은 길로 들어서서 산 뒤쪽으로 돌아간 후에 돌격 명령을 내렸다. 순찰대원들은 인디언 용사들 뒤에서 일제히 산 위로 전속력으로 내달렸다. 소총을 쏜 순찰대원들은 여느 때처럼 재장전을 하려고 말에서 내리지 않았고 계속 달려가면서 총을 쏘았다. 텍사스 순찰대의 초기 기록자인 앤드루 잭슨 소얼의 말에 따르면, "이 돌격만큼 인디언 무리를 놀라게 한 공격은 없었다."

그들은 순찰대원들이 방어 태세를 유지할 테고, 결국 순찰대가 지치고 탄약이 떨어질 것이라고 예상했다. 그러나 순찰대원들은 바로 옆에서 말을 달리면서 권총으로 계속 완벽한 연발 사격을 가했다. 코만치족은 말을 돌려 맞서려고 헛되이 노력했지만 달리는 말과 탕탕 울리는 권총, 고함을 질러 대는 순찰대원들이 거세게 뒤엉키면서 대열을 이루어 안전하게 도망치겠다는 계획을 포기할 수밖에 없었다. 몇몇은 불을 뿜는 권총을 피하려고 활과 방패를 내팽개쳤다. 추적은 3마일(약 4.8킬로미터) 정도 계속되었고, 많은 인디언이 죽거나 부상을 당했다.

인디언 서른두 명이 사망한 전투가 끝난 뒤 망연자실한 코만치족 추장은 "열 손가락으로 총을 쏘는 잭 헤이스와는 다시는 싸우지 않겠다."라고 말했다. 순찰대원들도 전원 무사한 것은 아니어서 새뮤얼 워커가 코만치족의 창에 땅바닥에 처박혔고 다른 대원도 한 명 사망했지만, 전투는 텍사스 순찰대의 역사에서, 더 나아가 텍사스의 역사에서 전환점을 이루었다. "모든 문화나 하위문화마다 특유의 무기가 있었다. 마케도니아인들에게는 18피트(약 5.5미터)짜리 팔랑크스장창, 로마인들에게는 에스파냐 단검이 있었다." T. R. 페런바크의 말이다. "1840년대에 텍사스라는 이름은 콜트의 리볼버와 영원히 연결되었다."

월터 프레스콧 웹은 그날 콜트의 총에서 딸깍하고 난 소리가 텍사스 경계 너머 멀리까지 울려 퍼졌다고 말했다. "이제 우리는 미국인들이 습한 지역에서 대평원 지대로 서쪽으로 옮겨 가면서 처음으로 이룬 철저한 적응에 다다른다. 이 적응의 이야기는 6연발, 일명 리볼버의 이야기다."

연기와 거울

II

콜트가 워커스크리크에서 벌어진 사태를 알게 된 것은 한참 뒤의 일이다. 그가 이 사태가 자신에게 얼마나 중요한지를 깨닫기 시작한 것도 오래 뒤의 일이다. 당시에, 그러니까 1844년 6월의 그 토요일에 콜트는 워싱턴에서 F스트리트에 새로 지어진 특허청 건물에서 문서 양식을 채워 넣고 있었다. 아마 텍사스 문제는 그의 머릿속 주변 어딘가를 맴돌고 있었을 것이다. 그해 여름에 워싱턴 사람들은 모두 텍사스에 관해 생각했다. 타일러 대통령은 텍사스공화국을 병합하는 조약을 검토하는 중이었고, 민주당의 새로운 대통령 후보 제임스 K. 포크는 병합을 선거 공약의 우선순위에 올려놓고 있었다. 바로 그날 상원은 이 문제를 토론하는 중이었다. 하지만 콜트에게는 시급한 관심사가 여럿 있었다.

몇 달 전인 4월, 콜트는 네 번째이자 마지막으로 수중 포대 공개 시험을 마무리했다. 이번에도 무대는 조병창 근처인 포토맥강이었다. 의회는 시연을 지켜보기 위해 휴회했고, 대통령과 참모진도 다시 한번 참석했다. 맑고 따뜻한 그날 많은 인원이 강으로 몰려오면서 일어난 먼지구름이 의사당까지 하늘을 뒤덮었다.

겉으로 보기에는 콜트가 기대한 대로 시연이 순조롭게 진행되었다. 이번에 표적으로 삼은 것은 당시까지 최대 규모인 500톤급 함정이었는데, 콜트가 스틱스호라고 새 이름을 붙였다. 콜트는 공개되지 않은 장소에서 기폭 장치를 터뜨렸다. 아마 몇 킬로미터 하류에 있는 양조장 위층이었을 것이다. 함정이 산산조각 나자 군중이 열화와 같은 박수갈채를 보냈고, 언론도 걸맞은 찬사를 보냈으며, 다시 한번 콜트의 이름이 땅끝에서 반대쪽 땅끝까지 회자되었다. 하지만 그의 당면한 목표, 의회에서 두둑한 보수를 받는다는 목표는 실현되지 않았다. 의회는 그에게 등을 돌렸는데, 자신의 마부가 죽은 뒤로 콜트에 대한 경멸을 거두지 않은 존 퀸시 애덤스의 입김이 어느 정도 작용했다. 애덤스는 수중 포대가 "비기독교적이고" "비겁하며" "전혀 공정하고 정직하지 않은 전투 행위"라고 동료 하원의원들에게 말했다. 콜트에게 지출하는 정부 예산은 전부 "바다에 돈을 쏟아 버리는 짓"이었다.

새뮤얼 사우서드가 상원의장 대행일 때 콜트는 많은 투자를 한 유력한 동맹자의 보호를 받았지만 이제 사우서드는 이 세상 사람이 아니었고, 워싱턴의 많은 인사들은 콜트의 발명품이 교묘한 속임수를 난폭하게 벌이는 것에 지나지 않는다는 데 뜻을 모으고 있었다. 어느 비판론자의 말을 빌리자면 "매우 아름답고 인상적"이기는 하나 "실제로 응용하는" 데는 아무 쓸모가 없다는 것이었다. 전쟁장관 윌리엄 윌킨스가 작성해서 5월 8일에 하원에 제출한 17쪽짜리 보고서에서 이런 인상이 정식화된 바 있었다. 〈콜트가 만든 수중 포대의 비밀The Secret of Colt's Submarine Battery〉이라는 제목의 보고서는 펜실베이니아대학교 화학 교수이자 전류 기폭장치 분야의 선구자인 로버트 헤어나, 프린스턴의 존경받는 물리학 교수이자 전자기 유도에 관한 미국 최고의 권위자인 조지프 헨리 같은 부류에서 나온 전문가 의견을 크게 내세웠다.

두 사람 다 콜트의 발명품을 크게 신뢰하지 않았다. 로버트 헤어는 "콜트 씨가 사용하는 전류 발생 과정은 독창성이 전혀 없다."라고 말했다. 새뮤얼 모스가 콜트를 대신해서 조지프 헨리에게 연락을 해서 원만한 판단을 해 달라고 권한 적이 있었는데, 그 역시 헤어만큼 경멸적인 반응을 보였을 뿐이다. "콜트 씨가 이 주제에 관해 이미 축적된 지식에 단 하나의 필수적인 사실도 덧붙이지 못했다고 봅니다." 모스의 체면을 생각했는지, 헨리는 마음 내키지 않는 칭찬을 하며 편지를 맺었다. "콜트가 마련한 계획안의 독창성에 관한 조사 결과가 어떻게 나오든 간에 그가 대중 앞에 내놓은 결과물로 산업과 실용적 기술에 공로한 것은 인정해야 마땅하다고 봅니다."

콜트는 하원해군위원회 소속 뉴욕주 브루클린 의원 헨리 C. 머피 앞으로 보낸 장문의 메모에서 반격을 가했다. 그는 자기 발명품의 역사를 자세히 설명하면서 직류 전기를 사용해서 물체를 폭파시키는 것은 자신의 독창적 발견이 아니라고 인정했다. 하지만 만약 하원이 자기 발명품의 비밀, 워낙 놀라운 것이라 출중한 위원들에게도 밝히지 못하는 비밀을 완전히 알게 된다면 자신의 발견에 기꺼이 보상을 해 줄 것이라고 은밀하게 암시했다. 그런데 콜트가 그 시스템을 완전히 설명하지 않는다면 하원이 어떻게 평가할 수 있겠는가? 아마 콜트에게 유도를 받은 머피가 해결책을 제시했다. 특허청의 헨리 엘스워스에게 판단을 맡기자는 것이었다. 만약 엘스워스와 그의 동료들이 수중 포대가 특허를 받을 만큼 새로운 것이라고 간주한다면, "정부가 추가로 검토할 근거"가 될 터였다.

잭 헤이스와 그의 대원들이 텍사스 힐컨트리에서 코만치족과 싸우던 6월의 그 토요일에 콜트는 혐오해 마지않는 워싱턴에서 수중 포대에 대한 특허를 신청하고 있었다. 그날 아침 신청서를 제출하고 수수료 30달러를 납부한 뒤 오후에 다시 왔는데, 그 사이에 엘스워스가 신청서를 검토했다. 콜트는 다른 사람이 보기 전에 신청서를 철회한 후, 20달러를 환불받고 10달러를 자리 선점 통고용으로 지불했다. 친구 아들의 발명품에 대한 청장의 판단은 의심의 여지가 없었다. 청장은 "특허를 받을 만한 독창성이 충분하다."라고 단언했다.

엘스워스가 그 토요일에 검토한 특허 신청서는 현재 코네티컷의 콜트 문서에 보존돼 있는데, 그가 하원에 공개하기를 원치 않았던 비밀이 담겨 있다. 기폭 장치가 콜트가 독창성을 주장할 수 있는 것이 아님은 분명했다. 그보다는 기뢰 부설 지역에 잠겨 있는 "기뢰들"과 적 함정의 상대적 위치를 판정하는 방식이 독창적이었다. 정확한 위치를 알아야 "조작자"가 언제 어떤 기뢰를 폭파시킬지 알 수 있었기 때문이다. 콜트가 해결책으로 내놓은 것은 대형 볼록 거울 두 개였다. 첫 번째 거울은 "기뢰를 고정해 놓은 수로나 항구의 전체 시야를 아우르는" 것이다. 이 거울에 비친 상, 즉 지나가는 적 선박의 모습이 두 번째 거울로 보내지는데, 두 번째 거울은 일종의 감시 화면이자 제어판 역할을 한다. 두 거울의 각도가 그렇게 맞춰져 있기 때문에 두 번째 거울에서 지나가는 함정의 위치가 연결된 구리선과 일치한다. 예를 들어, 선박이 거울 위의 위치 X에 나타나면, 조작자는 수중에서 위치 X에 해당하는 기뢰를 폭파시키는 전선을 연결시키는 법을 안다. 곧바로 이 선박은 거대한 물보라와 함께 사라진다.

요컨대 콜트가 만든 시스템은 그야말로 교묘한 속임수였다.

III

1842년 가을에 존이 세상을 떠난 이래 샘은 수중 포대 개발에 대부분의 시간을 쏟아부었지만, 다른 문제도 이따금 끼어들었다. 패턴트암스제작사는 해산했지만, 예전 회계 책임자 존 엘러스는 여전히 콜트에게 빚을 갚으라고 독촉하고 있었다. 시급히 필요한 돈을 모으기 위해 콜트는 잠깐 자신의 권총 설계 특허를 매사추세츠에 있는 어느 제조업자에게 빌려주는 방안을 고려했는데, 거래가 성사되지는 않았다. 콜트가 만든 또 다른 기업은 주석박으로 방수 화약 카트리지를 생산했는데, 가동은 멈추지 않았어도 수익성이 크게 좋지 않았다.

사업에 대한 걱정과 나란히 개인적 책임도 신경이 쓰였다. 그중에서 가장 시급한 것은 캐럴라인 헨쇼와 관련된 일이었다. 1842년 11월 존 콜트의 부인이자 과부가 된 날 이후 자신이 원한 이름대로 하면 캐럴라인 콜트였다. 물론 캐럴라인을 존 콜트의 과부라고 부르기 위해서는 존 콜트가 죽었어야 했는데, 이는 아직 단정 지을 수 있는 문제가 아니었다. 존이 자살 시도에서 살아남았다는 의심은 그 직후부터 굳건해졌다. 뉴욕 주의회 의원 알바 워든이 (워든과 동서지간이었던) 수어드 주지사에게 보낸 편지의 경우처럼, 이 의심이 사적으로 표현되기도 했다. "검시관들이 투입되기 전의 자세한 상황이 충분히 파악되지 않았고, 신문에 나온 설명을 봐도 콜트가 자살을 했다고 보기 어려워요. 콜트의 감방에서 발견된 시신이 그라는 것도 믿지 못해요. 전부 다 꾸며 낸 일처럼 보이거든요."

워든을 비롯한 이들이 내놓은 가설은 신혼부부가 감방에 둘만 남은 긴 시간 동안 존이 캐럴라인의 옷을 입고 여자 행세를 하며 탈출했다는 것이다. 캐럴라인이 그를 따라 어떻게 나왔는지는 설명되지 않지만, 어쨌든 툼스의 둥근 지붕을 불태움으로써 이 모든 일이 가능했다. 워든의 말을 빌리자면 이 화재는 간수들의 주의를 분산시켜 존이 탈출할 기회를 확보한 "장치의 일부"였다. 그리고 감방에 다른 남자의 시신을 놓아둔 것이다. 《뉴욕트리뷴》은 "많은 시민들이 마음속으로 의심을 품고 있다. 아주 확실한 것은 아니지만 콜트가 아직 살아 있다고 의심하는 것"이라고 보도했다.

좀 더 책임감 있는 언론계 인사들은 존의 감방에서 죽은 이가 존으로 충분히 확인되었다고 지적했다. 지문을 비롯한 법의학 도구가 등장하기 전 시대의 최선을 다한 결론이었다. 공교롭게 둥근 지붕에서 화재가 난 것은 그곳에 배치돼 있던 보초병이 원인이었다. 보초병이 몸을 데우기 위해 배불뚝이 난로에 불을 피웠던 것이다. 교수형 시간이 가까워지자 보초병은 난로를 내버려 둔 채 집행 장면을 보려고 자리를 떴고, 갑자기 바람이 세져서 난로가 과열되며 불꽃이 날아가 목제 지붕에 불이 붙은 것이다.

합리적인 설명에도 불구하고 다급하게 이뤄진 결혼, 존의 자살, 사형이 집행되는 바로 그 순간에 난 화재 등 그날 이상한 사건이 워낙 많이 일어나 많은 뉴욕 사람들은 이를 단순한 우연의 일치로 여기지 않았다. 샘 콜트가 당시 전기를 이용해서 폭발물을 터뜨렸다는 사실도 음모론을 부추겼다. 그가 어떤 식으로든 전류를 보내서 둥근 지붕에 불을 낸 걸까? 그가 교묘한 속임수를 써서 형을 구출한 걸까?

이런 일들 못지않게 미래 세대를 흥분시키고 당혹스럽게 만드는 문제는 샘과 캐럴라인이 어떤 관계인가 하는 것이다. 윌리엄 에드워즈가 1950년대에 콜트의 전기를 출간한 무렵이면 존이 아니라 샘이 캐럴라인의 연인이자 그녀가 낳은 아들의 아버지라는 것이 중론이었다. 에드워즈의 설명에 따르면, 콜트가 특허를 받기 위해 유럽에 갔을 때 시작된 관계가 아이를 임신하는 시점까지 계속되었다. 에드워즈는 심지어 샘과 캐럴라인이 남편과 아내임을 입증하는 혼인 허가서도 존재한다고 주장했다.

사실 두 사람의 결합을 입증하는 확실한 증거는 없어 보이지만, 앞으로 살펴볼 것처럼 정황적 증거는 많다. 만약 그렇다면, 콜트는 사형 집행일에 캐럴라인과 형을 결혼시키는 방법으로 몇 가지 문제를 한꺼번에 해결한 것 같다. 샘의 아들(또는 콜트가 부르는 식으로 "주카")이 정당한 상속자가 된 한편 샘은 다른 더 적합한 부인과 자유롭게 결혼할 수 있게 된 것이다.

진실이 무엇이든 간에, 그리고 존 콜트가 진짜로 죽었든 죽지 않았든 간에, 그의 미망인이든 아니든 간에 캐럴라인은 어쨌든 살아 있었고 자기 자신만이 아니라 꼬마 새미를 위해서도 음식과 주거가 필요했다. 콜트는 모자가 적당히 지낼 수 있는 곳을 찾아주는 일을 떠맡았다. 더 정확히 말하자면, 새로 사귄 친구이자 작가인 리디아 마리아 차일드에게 요청했다.

콜트와 새뮤얼 모스의 우정이 예상 밖의 일이라면, 리디아 차일드와의 관계는 일종의 범주 오류였다. 그렇게 완전히 다른 두 사람이 한 방에 있는 걸 상상하기는 어려우며, 서로의 존재를 즐기기는 더더욱 어렵다. 오늘날 리디아 차일드는 1844년 처음 발표되어 나중에는 크리스마스 노래로 개작된 경쾌한 운율의 추수감사절 송가 ("강 너머, 숲을 지나 / 할아버지 집으로 간다네!")로 기억되지만, 1840년대 초에는 소설과 어린이 책, 여성을 위한 조언집, 그리고 무엇보다도 노예제 폐지 활동으로 널리 이름을 떨쳤다. 윌리엄 로이드 개리슨이 보스턴의 파크스트리트교회에서 한 연설로 엄청난 영향력을 미치기 불과 4년 전인 1833년, 차일드는 《아프리카인이라 불리는 미국인 집단을 위한 호소An Appeal in Favor of That Class of Americans Called Africans》를 출간했다. 이 책으로 차일드는 노예제 폐지론자들의 찬사를 받았지만 다른 많은 이들에게는 조롱과 분노를 받았다. 그녀는 1840년에는 매사추세츠주 노샘프턴에서 뉴욕으로 이주해서 《내셔널앤티슬레이버리스탠더드》의 편집인을 맡았다. 노예제 폐지를 비롯한 인도주의적 대의를 주창하는 주간지였다.

차일드가 콜트 가족의 궤도에 들어서게 된 것은 사형제, 특히 존 콜트의 사형에 확고하게 반대한 활동 덕분이었다. 샘 콜트와 차일드가 의견이 같았던 문제는 이것이 유일했다. 차일드는 평화주의자이고 콜트는 무기 제조업자였다. 차일드가 아메리카 원주민의 권리를 옹호한 반면 콜트는 인디언을 죽이는 이들에게 총을 공급했다. 한편 차일드는 노예제 폐지론자였고 콜트는 음, 콜트가 당시 노예제에 관해 정확히 어떻게 생각했는지는 분명하지 않지만 폐지론자는 절대 아니었다. 그가 노예제 폐지론에 대해 보낸 유일한 신호는 1842년 12월에 《내셔널앤티슬레이버리스탠더드》 구독료로 2달러를 낸 것뿐이다. 하지만 그 2달러는 노예제에 관한 그의 견해보다는 이 신문, 그리고 리디아 차일드와 그의 관계가 거래에 바탕을 둔 것이었음을 보여 주는 듯하다.

콜트와 차일드는 아마 루이스 게일로드 클라크 같은 뉴욕의 문학계 인사나 리디아 시고니의 소개로 서로 처음 만났을 것이다. 또는 콜트가 《내셔널앤티슬레이버리스탠더드》에 차일드가 존에 관해 쓴 글을 읽고서 맨해튼 나소스트리트에 있는 《내셔널앤티슬레이버리스탠더드》 사무실을 방문하기로 마음먹었을지도 모른다. 그 글에서 차일드는 존뿐만 아니라 "치욕과 고통에 시달리는 형을 절대 저버리지 않는" 샘도 치켜세웠다.

차일드가 당대의 여러 중요한 쟁점들에 관해 콜트와 얼마나 의견이 갈렸든 간에, 도덕적이고 존엄한 갖가지 문제를 위해 싸우는 개혁 운동가의 자질을 갖춘 그녀는 콜트의 편이 되었다. 차일드는 또한 분명 콜트에 대해 개인적인 따뜻함도 느꼈다. 두 사람이 만난 시기에 차일드는 남편인 데이비드 차일드와 갈라섰고, 자신이 콜트를 매혹시켰다고 믿은 것만큼 무척이나 이질적인 콜트에게 매혹당한 것 같았다. "새뮤얼 콜트의 놀라운 면면만큼이나 나를 즐겁게 하는 건 아무것도 없어." 1842년 12월에 한 친구에게 한 말이다. "그 사람은 그런 여자를 한 번도 본 적이 없고, 하느님이 그런 여자를 만들었다는 것도 전혀 모르는 게 분명해. 어떻게 알겠어? 그이가 아는 여자라곤 장교 부인들이나 그런 부류의 유령들뿐이니까."

> 그이는 분명 나를 달에서 가져온 돌멩이만큼이나 흥미롭게 생각해. 내가 정말로 보고 싶다고 말만 하면 사람들이 가득한 기선도 폭파시켜 버릴걸. 내가 그이의 포대보다 항구를 방어하고 나라를 지키는 더 좋은 포대를 안다고 넌지시 말하니까, 그이는 내가 말하는 포대가 어떤 걸지 어렴풋이 알 것 같다고 말하면서 자기 발명품에 대해 사과하더라고. 그이는 이렇게 말했어. "내가 그걸로는 전쟁을 막지 못한다고 생각한 걸 알리고 싶지 않습니다."

차일드는 콜트가 돈벌이보다는 전쟁을 막는 데 관심이 있다고 주장하는 것을 회의적으로 받아들였다. 그렇다 하더라도 "그이는 아주 인정이 많고 고귀한 충동에 이끌리는 것 같"았다. 콜트가 캐럴라인이 살 곳을 찾는 일을 도와 달라고 요청하자 차일드는 일종의 사명감으로 팔을 걷어붙였다.

금방 깨닫게 된 것처럼, 사건이 악명을 떨친 탓에 쉬운 일이 아니었다. 악명은 사그라들 기미가 보이지 않았다. 오히려 연극, 대중음악, 문학 등에서 다뤄지면서 더욱 유명세를 떨쳤다. 가령 1844년 에드거 앨런 포는 〈길쭉한 상자〉라는 단편을 발표했는데, 뉴욕 체임버스스트리트 출신의 젊은이가 소금에 절인 시체가 든 소나무 상자를 가지고 북쪽으로 배를 타고 가는 이야기였다. 상자에 담긴 사람은 젊은이의 죽은 부인이었지만, 당시의 독자는 포가 존 콜트에게서 영감을 받았다는 것을 놓치지 않았다. (허먼 멜빌은 나중에 《필경사 바틀비》에서 이 사건을 불러내는데, 소설의 화자는 "가련한 콜트"가 겪은 운명을 떠올리면서 바틀비를 죽이려는 충동을 억누른다.) 샘은 캐럴라인을 어느 조그만 소읍의 목사 가족과 함께 살게 보내려고 생각한 적도 있었지만, 그곳에서 사람들의 이목을 끌고 경멸을 당할 것이 걱정되었다. 이제 뉴욕에서는 살 수 없었고, 다른 도시들도 갓난아이와 오명 속에 죽은 남편이 있는 젊은 여자에게는 너무 위험했다.

차일드가 해결책을 내놓았다. 그녀는 1841년 매사추세츠주 웨스트록스베리에서 브룩팜이라는 공동체를 만든 자칭 초월주의자들이 중심이 된 자유주의자 지식인 무리와 친했다. 브룩팜의 성원과 동료들 가운데는 브론슨 올컷(루이자 메이 올컷의 아버지), 찰스 데이나, 초기 페미니즘 작가 마거릿 풀러 등 저명인사와 미래의 저명인사들이 있었다. 랠프 월도 에머슨도 브룩팜을 자주 찾았다. 너새니얼 호손은 한동안 그곳에 살았는데, 1852년에 《블라이드데일 로맨스》라는 제목으로 브룩팜을 다룬 실화 소설을 출간한다. 소설에서 그는 이 작은 유토피아가 세간의 평가처럼 좋은 곳만은 아니라고 넌지시 말했다. (흥미롭게도, 호손의 가장 유명한 작품으로 1850년에 출간된 《주홍 글자》의 주인공은 혼외자를 낳았다는 이유로 잔인하게 비난받은 여성이었다.)

1842년 12월 1일, 차일드는 자신의 친구로 브룩팜에서 살면서 작은 학교를 운영하는 유니테리언파 목사이자 음악가 존 설리번 드와이트에게 편지를 썼다. "당신이 일종의 중개자 역할을 해야 하는 계획을 꾸미는 데 온통 마음을 쏟고 있어요. 존 C. 콜트가 고통스러운 비극을 겪은 건 알 테고, 그가 죽기 몇 시간 전에 결혼한 캐럴라인 헨쇼 이야기도 분명 들어 봤겠죠." 차일드는 존과 캐럴라인의 비극적인 관계 이야기를 되풀이하면서 편지를 쓴 목적을 은근히 밝혔다.

> 얼마 전에 콜트 씨의 동생이 찾아와서 그 여자에 관해 의견을 묻더군요. 정숙하고 훌륭한 여자라고 하더라고요. 불운한 자기 형 이외에 다른 어떤 관계도 없었다고 하고요. 이런 게 더없이 헌신적인 사랑과 친구 하나 없는 가난의 변명이 되었겠지요. 그 사람 말로는 여자를 먹이고 입히는 것보다 더 많은 일을 해 주어야 한다고 느낀다고 해요. 최대한 여자와 아이를 보호하면서 모든 면에서 자기 아들을 대하듯 해야 한다고요.

차일드는 드와이트에게 캐럴라인의 성격이 좋다고 장담했다. 브룩팜 주민들은 편협하지 않은 이들이었겠지만, 다른 몇몇 유토피아 공동체(특히 뉴욕주 북부의 오네이다공동체)의 주민들과 달리 그들은 공동체 생활을 서로의 침대로까지 확대하지 않았다. 그들은 성적 적절성의 규칙을 엄격하게 지키는 강직한 뉴잉글랜드 사람들이었다. "그 여자가 헤픈 사람이라면 절대 그런 일을 제안하지 않을 겁니다. 그런데 내가 볼 때 헤픈 여자가 아니에요." 차일드는 요점을 꺼냈다. 브룩팜이 캐럴라인과 아이가 살기에 딱 좋은 곳이고, 모자를 받아들이는 것이 공동체가 표방하는 형제애의 철학에도 잘 맞는다는 것이었다. "아 세상에 고귀한 교훈을 줄 수 있는 드문 기회 아닌가요! 그 기회를 외면할 거예요?"

답은 외면하겠다는 것이었다. 분명 캐럴라인은 드와이트와 브룩팜의 동료들이 기꺼이 베풀고자 하는 자선의 범위를 넘어서는 존재였다. 캐럴라인은 대신 웨어에서 멀지 않은 매사추세츠주 워런으로 가서 아이를 키우면서 교사 교육을 받았다. 어떻게 해서 캐럴라인이 워런에 정착했는지는 분명하지 않지만, 리디아 차일드와 모종의 관계가 있었던 건 확실하다. 1844년 봄, 전국 각지의 신문들이 캐럴라인이 워런에 살고 있다고 보도했다. 샘은 바로 이런 관심을 피하기를 원했지만 캐럴라인은 개의치 않은 듯하다. 그해 봄에 샘에게 보낸 편지에서 이런 태도를 알 수 있다. 짧은 분량이지만 많은 내용이 담긴 편지다. (철자법은 바로잡지 않았지만 대문자 표기와 문단 나눔은 임의로 바꾸었다.)

1844년 4월 23일 워런에서

친애하는 새뮤얼,

답장 한 통 받지 못하면서 다시 세 번째 편지를 쓰는군요. 이번에는 짧게 쓸게요. 답장 없는 편지를 쓰는 게 영 재미가 없으니까요. 꼬마는 잘 지내요. 해 뜰 때부터 해 질 무렵까지 밖에서 놀면서 크고 있죠. 바로 답장을 보내지 않으면 우리한테 관심이 없다고 생각할 거예요. 당신이 너무 보고 싶은데 어떻게 해야 할지 모르겠네요.

펄 씨가 다음 학기에, 그러니까 5월 중순에 학교에 데려간대요. 당신이 많지 않은 돈을 내줘서 나한테 큰 도움을 주면 기분이 좋겠어요. 조만간 펄 씨가 당신한테 편지를 보낼 거예요.

공부는 잘하고 있고, 당신이 좀 더 자주 편지를 보내면 종달새처럼 기쁠 거예요. 신문에서 보니까 워싱턴에서 뭐든지 폭파하고 있다면서요. 당신 자신을 폭파하지 않도록 몸조리 잘해요. 차일드 여사한테 편지를 썼어요. 당신의 소중한 동명이인은 이제 못 하는 말이 없어요. 5월 1일에 학교에 입학하는데, 집에 어린 여자애들도 같이 산답니다.

　사랑하는 새뮤얼 마음 같아서는 온종일 편지를 쓸 수도 있지만 너무 자주 편지를 보냈고 공부도 해야 하니 그러지 않을게요. 이 짧은 편지를 받으면 당신 기분이 좋지 않겠지만 지금은 여기서 그만할게요. 최대한 빨리 답장 줘요. 당신도 석 달에 한 번은 편지를 쓸 수 있으니까 내가 이기적인 건 아니에요.

캐럴라인 콜트 드림.

　캐럴라인이 보낸 편지 중에서 유일하게 남은 것이다. 한 장의 편지로 사람의 마음을 전부 다 알 수는 없지만, 어조는 분명히 눈치챌 수 있다. 캐럴라인의 말투는 남편의 죽음을 슬퍼하는 여자 같지 않다. 그보다는 사랑하는 남자를 갈망하는 여자 같다. **"당신이 너무 보고 싶은데 어떻게 해야 할지 모르겠네요."**

IV

1844년 봄과 여름에 샘 콜트가 받은 개인적 편지를 보면 그에 관해 주목할 만한 사실이 적어도 두 가지 드러난다. 첫째, 콜트는 부지런하게 편지를 보내지 않았다. 거의 모든 편지가 답장을 보내지 않는다고 꾸짖는 말로 시작한다. 둘째, 모든 가족이 그에게 돈을 기대했다. "이 편지를 쓰는 건 두 가지 이유 때문이다." 4월에 하트퍼드에서 돈이 궁한 아버지가 보낸 편지다. "하나는 더 자주 편지를 써야 한다고 말하고자 함이고, 다른 하나는 형편이 되면 300달러를 보내 달라는 것이다." 콜트는 돈을 갚아야 하는 사람들에게 굉장히 인색할 수 있었지만, 또한 자신이 줄 수 있는 게 전혀 없을 때도 가족과 친구가 실수하는 것에는 너그러웠다.

　동생 제임스만큼 그의 너그러운 마음에 의지한 사람은 없었다. "불경기와 의기소침"에 시달리고 계속 재발하는 "담즙병" 때문에 변호사 일을 계속할 힘도 없던 제임스는 세인트루이스에서 자주 편지를 보냈는데, 항상 급하게 돈이 필요하다는 말을 빼먹지 않았고 샘이 하원에서 예산을 따내면 좋겠다는 필사적인 바람도 밝혔다. "나도 형처럼 어쩔 수 없이 거기에 기대하고 있거든."

이 시절에 제임스는 극도로 예민하고 자기밖에 몰랐지만 그래도 형을 숭배하는 동생이었다. 샘에 대한 그의 평가를 보여 주는 한 가지 사례가 있다. 일찍이 1844년에 제임스는 편지 수신인을 "새뮤얼 콜트 대령"이라고 쓰기 시작했다. 나중에 샘은 어느정도 정직하게 대령 계급을 얻게 되지만 1844년에는 대령과 거리가 멀었다. 그러나 제임스는 기꺼이 대령이라고 불렀고 샘도 기분 좋게 받아들였다.

제임스는 서부 언론을 통해 샘이 진전을 이루는 것을 밀접하게 추적했다. 그는 그해 봄 샘이 포토맥강에서 시연을 진행했다는 소식을 읽고 한껏 기분이 좋아졌다. "실험이 성공했다는 뉴스가 전국 각지로 들불처럼 퍼져 나갔고 모든 사람이 결과에 흡족해하며 하원이 당장 이 문제를 처리해야 한다고 생각했어." 의회 예산안이 이미 상정된 적이 있었다는 소식을 접한 제임스는 비탄에 빠졌는데, 스스로도 인정한 것처럼 샘 때문이라기보다는 자신이 기대를 걸었기 때문이었다. 이윽고 그는 샘 본인이 이 문제에 관해 느끼는 게 있을 거라는 사실을 깨달은 것 같다. "그래도 신경 쓰지 마. 제발 가급적이면 낙담하지 말라고."

1844년 7월 중순, 콜트는 이복동생 윌리엄 업슨 콜트로부터 편지를 받았다. 열아홉 살인 윌리엄은 하트퍼드에 있는 워싱턴대학(현재는 트리니티대학)에 다니고 있었다. "친애하는 샘." 윌리엄은 장난스럽게 편지를 시작했다. "형한테서 직접 소식을 들은 지 너무 오래라 내가 먼저 편지를 보내기로 했어." 윌리엄은 재미없는 대학 생활에 관해 할 얘기가 별로 없었는데("형처럼 그렇게 강력한 부품을 다루는 사람이 나처럼 조용한 천재가 만드는 작품 이야기를 듣는다고 뭐 그렇게 재미있겠어"), 빚이 200달러 쌓여서 학교를 그만둘 예정이라는 사실은 밝혔다. "다음 하원 회기에는 틀림없이 받겠지만, 유명한 발명가인 형이 이미 보상을 받았더라면 조금도 주저하지 않고 넉넉히 돈을 빌려 달라고 했을 텐데 사정이 이러니 그럴 수가 없네." 돈이 아니더라도 윌리엄은 샘이 정부에 취직하는 걸 도와주었으면 좋겠다고 부탁했다. "형을 통해서 공무원으로 취직할 수 있을까?"

윌리엄의 질문에 샘은 곧바로 반응을 보였는데, 다만 그가 기대한 반응은 아니었다. "도와는 주겠는데, 네가 바라는 방식으로는 안 된다."

이후에 이어지는 내용은 편지라기보다는 선언이다. 공무원을 생각하고 있다는 이복형제를 꾸짖은 샘은 몇십 년 뒤에나 나오는 프리드리히 니체의 저작에서 따온 말이라고 해도 이상하지 않은 격언을 줄줄이 늘어놓았다. 지금까지 남아 있는 번잡한 초고는 불쾌한 분노에 사로잡혀 급하게 휘갈긴 것처럼 보인다. 마치 협궤 열차가 곡선 구간을 만나 한껏 기우는 동안 머릿속에 떠오른 생각을 서둘러 적어 둔 것 같다. (내용을 명쾌하게 이해할 수 있도록 철자법을 바로잡고 구두점을 추가했다.)

정부에서 급여와 보호를 받는 사무원이나 공직자가 되면 야심과 기대를 억눌러야 한다. 단언컨대 정부의 선물로 아무리 높은 자리를 얻는다고 해도 운하용 선박의 선장이 되는 게 더 낫다. 국무장관이 된다고 해도 외교적 대화에서 하는 말이라곤 "미합중국 대통령의 지시에 따라" 어쩌고저쩌고 한다는 것뿐이다. 언어 자체가 굴종의 언어고, 그런 언어를 쓰는 사람은 노예뿐이지.

콜트는 32일이 지나서야 펜을 집어 들고 윌리엄에게 답장을 썼다. 그는 아직 젊은이였지만 15년 동안 혼자 힘으로 생활하고 있었다. 그중 많은 세월을 발명품에 대한 정부 예산을 따내기 위해 다방면으로 노력하고 점점 좌절하면서 보냈다. 하지만 윌리엄에게 보낸 편지는 관료와 정치인들에 대해 호통치는 것 이상이다. 거의 그의 세계관을 말로 풀어낸 것 같다.

왜 더 높은 꿈을 열망하지 않느냐? 왜 정부 자체가 되려고 하지 않느냐고? 한 나라의 정부에서부터 만물의 하느님과 종교의 형성에 이르기까지 모든 곳에 우두머리가 있어야 한다. 예나 지금이나 똑같이 광범위한 인재가 있다. 남들에게 영향이나 속박을 받지 말고 네가 야심을 펼칠 목표를 고른 다음 그 희망의 끝까지 손을 뻗든가, 아니면 시도하다가 죽는 거야. 인생은 즐기는 거야. 그것만이 확실하고 우리가 이루는 성취에 맞는 거고, 또 그래야 우리 입맛에 맞는 결실이 생긴다고.

인생에서 어떤 위치에 도달할 건지 확실히 마음을 정하고 적절하게 노력을 하면

좌절하는 일이 없을 게다. 무엇보다 인간에 대해 많이 공부해야 한다. 대중과 어울리고 가장 원시적인 상태의 자연을 관찰하는 기회를 놓치지 마라. 모든 인간은 자기보다 우월해 보이는 대상에게 자연스럽게 복종하는 성향이 있어. …… 다른 사람들이 너를 다스리게 내버려 두면 그들보다 열등하다는 사실을 스스로 인정하는 셈이야.

혹시라도 윌리엄이 여전히 요점을 깨닫지 못했을까 봐 샘은 마지막에 다시 단단히 못을 박았다.

네 명예를 위해서라도 하급 공무원이 되겠다는 생각은 재고하기 바란다. 네 야심을 그렇게 낮은 말뚝에 매다느니 지금 당장 머리를 깨부숴서 네 주검으로 정직한 사람의 땅에 거름이라도 되는 편이 더 낫다.

콜트가 오랫동안 정부에 "굴종"하면서 살았고, 적어도 그렇게 살려고 노력했다는 점을 감안하면 이 모든 이야기는 곧이곧대로 받아들여서는 안 된다. 그는 생애의 마지막 10년 대부분을 굽실거리며 워싱턴을 맴돌면서 보냈다. 하지만 분노와 좌절은 진짜였고, 자신과 타인의 주인이 되고자 하는 욕망도 진심이었다.

* * *

7월에 콜트는 워싱턴에 있는 한 친구에게 편지를 보내면서 "밋밋하고 덥고 먼지 많은" 그 도시에서 벗어나 뉴욕을 온전히 즐기게 되어 흡족하다고 속내를 털어놓았다. 낮에는 코니아일랜드에서 굴을 먹고 밤에는 니블로스가든에서 〈하렘의 반란Revolt of the Harem〉이라는 외설적인 발레를 보면서 지냈다. "이 작품이나 비슷한 작품을 매일 보거든." 이런 태평스러운 자기 묘사는 윌리엄에게 "정부의 선물"을 경멸한다고 허세를 떤 것만큼 허구적인 내용이었다. 하원이 예산안을 내놓을 때까지 콜트는 니블로스가든의 입장권을 사거나 코니아일랜드에 가서 굴을 먹고 오는 당일치기 여행을 할 돈이 없었다.

1844~1845년 가을과 겨울 내내 자금 문제는 악화되기만 했다. "찰리" 밀러라는 친

구가 웨스트체스터카운티 교도소에서 편지를 보내 어떤 남자의 코에 주먹을 날려서 수감돼 있기 때문에 콜트에게 빚진 50달러를 줄 수 없다고 사정을 설명하자, 그는 처음에는 익살스럽게 시작하다가 이내 정색을 하는 답장을 보냈다. 아무튼 지금 당장 돈을 내놓으라는 것이었다. "나도 지금 돈 문제로 워낙 쪼들려서 정말 당혹스럽네. 의회에서 내 주장에 대해 행동에 나서지 않으면 점점 더 쪼들릴 거라고." 콜트는 1845년 1월 초에 다시 밀러에게 편지를 보냈고 그달 말에 또 보냈다. "귀찮게 할 생각은 없네만, 지금 그 돈 때문에 굉장히 곤란하니까 당장 보내 주게. 아니면 다음에 달 모양이 바뀌기 전에 자네 엉덩이 밑에서 수중 포대가 폭발하는 걸 볼 거야."

1845년 2월, 달리 의지할 데가 없어진 콜트는 걸핏하면 자기를 구제해 줬던 로스웰 콜트에게 편지를 썼다. "하원에서 제 일을 마무리하려면 시급하게 돈이 필요한데 지금 자금이 완전히 바닥났습니다." 로스웰은 200달러를 빌려주려고 했을까? 그는 하원에 제출된 법안 두 개(하나는 수중 포대 개발에 투입한 시간에 대해 보상을 해 주는 내용이고 다른 하나는 방수 탄약통 대금 지불과 관련된 것이었다)가 통과될 게 확실하다고 장담했다. "지금처럼 전망이 밝은 적이 없습니다."

사실을 말하자면, 그때처럼 전망이 어두웠던 적이 없었다. 1845년 3월 19일, 콜트는 상원 해군위원회가 두 법안 모두 본회의에 상정하는 데 반대표를 던졌고, 이로써 의회에서 자금을 받는다는 자신의 꿈이 끝장났다는 통고를 받았다. 《브루클린데일리이글》은 콜트의 발명품에 대해 최종 판결을 내렸다. "지난번에 하원으로부터 이 문제를 넘겨받은 전쟁장관과 해군장관은 콜트가 만든 수중 포대가 전혀 새로울 게 없으며 그를 칭찬하거나 보상을 해 줄 필요도 없다는 결론에 도달했다." 콜트가 발명품에 쓴 돈은 전부 휴지 조각이 되었다.

V

당시에 콜트 본인은 알 도리가 없었겠지만, 1845년 3월은 그의 생애에서 일대 전환기가 된다. 수중 포대 사업이 끝장났다는 사실을 깨닫던 바로 그 몇 주간, 그토록 오랫동안 콜트에게 불리하게 돌아가던 세계가 방향을 완전히 바꾸기 시작했다.

그해 3월 콜트는 E. W. 무어에게 편지를 한 통 받았다. 텍사스에서 사용하려고 콜트리볼버 180정을 구매했던 텍사스해군 사령관이었다. 무어는 캄페체에서 이 총을 얼마나 유용하게 썼는지 설명했다. 또한 작년 6월에 잭 헤이스가 이끄는 텍사스 순찰대와 코만치족이 교전을 벌였다는 소식을 처음으로 콜트에게 전해 주었다. 헤이스는 무어에게 "아무리 생각해도 그 총 없이는 안 되겠다."라고 말했다. 콜트리볼버 이야기였다. 지금 당장은 이런 칭찬이 콜트에게 현실적으로 별 의미가 없었지만, 이내 상황이 달라진다. 그해 3월에 미국 대통령이 되는 남자 덕이 컸다.

콜트는 1845년 3월에 워싱턴에 있었지만 제임스 K. 포크의 취임식에는 참석하지 않았다. "나는 정신하고 시간이 다른 데 팔려 있었거든." 한 친구가 이날 행사가 어땠느냐고 물었을 때 콜트가 대답한 말이다. 포크는 그런 식의 미지근한 반응을 불러일으키기 쉬웠다. 어떻게든 헨리 클레이를 누르기는 했지만 뚱하고 느릿느릿한 포크에게 열광하는 사람은 전혀 없었다. 하지만 그는 명석함과 카리스마가 부족한 것을 극기와 근면으로 메꿨다. 비록 이따금 속이 좁아 보이기도 했지만, 사실 그는 역대 어느 대통령보다 원대한 전망에 사로잡혀 있었다. 비구름이 잔뜩 낀 잿빛 하늘 아래 읽은 취임사에서 포크가 밝힌 거창한 계획은 기술 관료가 아니라 예언자나 광인의 머릿속에서 나온 듯했다.

그는 앤드루 잭슨의 기질을 이어받은 민주당의 간판답게 국법은행(연방 정부의 인가를 받은 상업은행. - 옮긴이)과 노예제 폐지론자들을 비난하는 것으로 시작했다(포크는 한때 '완고한 젊은이Young Hickory'라고 불렸다). 곧이어 자신이 정말로 추구하는 주제인 미국의 영토 확장에 열중했다. 2월에 하원이 텍사스를 병합하기로 의결했기 때문에 이 문제는 이미 결론이 난 상태였다. 하지만 포크에게 텍사스는 시작에 불과했다. 그는 오리건과 캘리포니아도 원했다. 당시에 오리건의 일부를 영국이 점유하고 있었고 캘리포니아는 완전히 멕시코 땅이라는 사실은 안중에도 없었다.

설령 콜트가 포크의 취임사가 자신의 미래에 대해 갖는 함의를 이해하지 못했다 하더라도, 그해 3월에 진전된 다른 상황의 의미는 재빨리 파악했다. 포크가 취임하고 6일 뒤인 1845년 3월 10일, 새뮤얼 F. B. 모스가 미국 우정청장을 지낸 에이머스 켄들과 계약을 맺었다. 모스의 전신을 사업으로 운영하기 위한 계약이었다. 이 계약은 미국 전신망의 시작을 알리는 신호였다.

* * *

지난해에 모스는 콜트가 얻지 못한 성공을 누렸다. 하원은 볼티모어와 워싱턴을 잇는 실험적 전신선을 구축하기 위해 그에게 3만 달러를 지불했다. 콜트가 포토맥강에서 시행한 마지막 시연으로부터 몇 주 뒤인 1844년 5월 24일, 모스는 이 전신선에 성경에서 딴 이름을 붙였다(헨리 엘스워스의 딸인 애니 엘스워스가 제안한 이름이었다). "하느님이 하신 일"이 그것이다. 며칠 뒤 모스가 설치한 전신을 통해 포크가 볼티모어에서 열린 당대회에서 민주당 후보로 지명되었다는 놀라운 뉴스가 워싱턴으로 전해졌다. 갑자기 미국인들, 심지어 전신이 정교한 사기라고 외면하던 회의론자들도 이 신기술의 잠재력을 깨달았다.

모스는 원래 하원이 자기 특허의 권리를 전부 사들여서 연방 정부가 우편처럼 통신 시스템을 운영하는 게 최선이라고 판단할 것으로 기대했다. 하원이 행동에 나서지 않자 모스는 민간 차원에서 전신망을 구축할 수밖에 없었다. 하지만 그에게는 이런 일을 할 만한 기질이나 재주가 없었고, 그런 사실을 알 만큼 똑똑하지도 않았다. 그리하여 에이머스 켄들이 끼어들었다.

55세의 켄들은 전쟁 전 워싱턴에서 최고의 내부자로, 역사학자 버나드 디보토가 말한 것처럼 "무조건 만나야 하는 사람"이었다. 변호사와 언론인 경력이 있던 그는 잭슨 대통령 시절 우정청장을 지냈다. 노예제 폐지론자들은 켄들이 우정청장 권한을 이용해서 노예제 반대 문헌이 남부로 가는 것을 가로막은 일을 잊을 수 없었겠지만, 전반적으로 켄들은 독실하고 정직하며, 다소 움푹 파인 외모와 상관없이 대단히 정력적인 인물로 명성이 높았다.

켄들의 우정청장 경험은 모스의 전신에 톡톡히 도움이 되었다. 중심 도시들에서 간선이 뻗어 나가고 지선이 소도시와 소읍으로 갈라지는 우체국은 모스와 그의 동업자들이 구축하고자 한 연결망과 가장 비슷한 시스템이었기 때문이다. 전신선의 실제 부설은 대부분 전신 사업에 진입하고자 하는 하청업자들이 도맡았다. 켄들이 맡은 일 가운데는 적절한 신청자에게 인허가를 내주는 것도 있었다.

켄들이 임명된 것은 콜트에게 더없이 좋은 기회가 되었다. 아직 직업과 수입이 없지만 미국에서 누구 못지않게 전신선을 구축할 준비가 되어 있었기 때문이다. 1845년 4월 5일 아침, 콜트는 워싱턴 12번가에 있는 켄들의 집에 메시지를 남겼다. "모스의 전신과 관련해서 한번 뵈려고 어제 두 번이나 들렀습니다. 남부의 두 도시를 연결하는 선을 운영할 권리를 매입하기 위해 계획안을 준비했습니다." 그는 켄들에게 러미 부인 집으로 답신을 보내 달라고 요청했다. 콜트가 가난에 쪼들려 들어간 의사당 근처의 하숙집이었다. 켄들은 다음 날 저녁에 만나자고 초청했다.

콜트가 처음 제안한 것은 H. H. 오캘러헌이라는 동업자와 손을 잡고 뉴올리언스와 뉴욕을 연결하는 전신선을 운영한다는 계획이었다. 오캘러헌이 믿을 만한 사람이 아님이 밝혀지자 콜트는 거창하지는 않지만 잠재적 수익성이 높은 안으로 관심을 돌렸다. 뉴욕시와 난바다를 연결하는 전신선이었다.

난바다라는 말은 요즘은 거의 접하기 어렵지만, 콜트 시절에는 대양 너머 수평선을 의미하는 말로 흔히 쓰였다. 육안으로 (망원경의 도움을 받아) 볼 수 있는 먼 바다를 의미하는 표현이다. 콜트의 경우에 난바다란 현실적으로 볼 때 코니아일랜드를 의미했다. 로어맨해튼에서 16킬로미터 조금 못 미치게 떨어져 있는 이 섬은 시간과 예산의 제약을 따져 볼 때 콜트가 동쪽으로 가장 멀리 전신선을 깔 수 있는 지점이었다. 이 선을 설치하는 목적은 뉴욕항에 접근하는 선박들로부터 "해상 정보"를 받는 것이었다. 콜트가 나중에 광고하는 것처럼, 이런 뉴스를 신속하게 전달하면 배가 정박할 때까지 기다리기를 원치 않는 사람들에게 도움이 될 터였다. 콜트가 말하지 않은, 군이 말하지 않아도 된 것은 이런 신속한 뉴스가 런던이나 파리, 뉴올리언스에서 상품을 사거나 팔려고 하는 투기업자들에게 가장 가치가 높았다는 사실이다. 경쟁자들보다 몇 시간이나 며칠 먼저 가격이나 금융 관련 뉴스를 알면 그만큼 이익을 볼 수 있었기 때문이다.

콜트는 해상 정보의 통신 속도를 높임으로써 이윤을 추구한 첫 번째 인물이 아니었다. 가령 제임스 고든 베넷의 《뉴욕헤럴드》는 내로즈Narrows(뉴욕항으로 통하는 롱아일랜드와 스태튼아일랜드 사이의 좁은 해협. - 옮긴이)에서 소규모 선단을 운영하면서 지나가는 배를 가로막고 어떤 뉴스든 가로채고는 도시로 쫓아냈다. 콜트는 전신으로 이런 시도를 한 최초의 인물도 아니었다. 당시 수십 년 전부터 시각 통신이 사용되고 있었다. 프랑스 방식을 바탕으로 한 세마포르semaphore(수기신호) 연결로, 16킬로미터 또는 32킬로미터 간격으로 타워를 세워 난바다(뉴욕에서는 롱아일랜드해변)에서 도시까지 연결하는 것이었다. 망원경을 든 사람들이 신호를 읽어 중계하면서 타워에서 타워로 커다란 기계 팔을 조작해서 부호화된 문자를 구성하는 식으로 통신하는 방식이었다. 미국에는 파리에서 시골까지 수백 개의 타워가 방사형으로 뻗은 프랑스의 비범한 연결망에 견줄 만한 시각 통신이 없었지만, 뉴욕에서 멀리 필라델피아까지 세마포르 타워가 연결돼 있었다. 이제 전신이 등장하면서 이런 다른 방식이 모두 밀려나게 된다. 전신은 엄청나게 빠른 속도로 정보를 전달할 뿐만 아니라 시각 통신이 먹통이 되는 밤이나 안개 낀 날에도 가동할 수 있었다.

1845년 5월 8일, 켄들이 주선인 역할을 맡은 가운데 콜트는 새뮤얼 모스 및 그의 동업자들과 임시 계약서를 작성했다. 한 조항에 따라 그는 6개월 안에 코니아일랜드까지 전신선을 부설하는 데 동의했다. 특허권 사용비는 연간 8,000달러였다.

이틀 뒤, 콜트는 켄들과 모스에게 편지를 보내 보스턴에서 난바다까지 연결하는 권리도 사고 싶다고 밝혔다. 어느 친구에게 말한 것처럼, 뉴욕과 보스턴 두 곳의 해상 정보를 장악할 수 있다면 "연안으로 들어오는 모든 외국 뉴스를 독점하게 될" 것이었다.

VI

샘 콜트가 보스턴에서 난바다까지의 전신선을 구축하는 권리를 따내는 계약서에 서명한 1845년 5월 31일, 제임스 콜트는 세인트루이스의 침대에 누워 있었다. 엉덩이에 총을 맞은 상처를 회복하면서 형에게 장문의 편지를 쓰는 중이었다. 얼마 전에 총을 맞은 결투에 관한 이야기였다.

그전에 제임스는 샘과 꾸준히 연락을 주고받았다. 자주 장문의 편지를 주고받으면서 세인트루이스의 정치 뉴스, 사회적·직업적으로 꾸준히 나아가고 있는 자신의 상황, 그리고 언제나 그렇듯 샘의 경제적 전망과 자신의 전망에 대한 걱정스러운 질문 등을 토론했다. 최근 몇 달간 그가 편지에서 집중적으로 말한 주제는 캐럴라인을 어떻게 할 것인지였다. 샘은 캐럴라인이 세인트루이스로 이사해서 교사로 일할 가능성을 내비친 적이 있었다. 언제나 도움의 손길을 주는 리디아 마리아 차일드가 세인트루이스에 사는 친구들에게 편지를 보내 캐럴라인이 취직할 만한 곳이 있는지 물어본 상태였다. 제임스는 캐럴라인이 이사를 오는 것을 뜯어말렸다. "만약 형이 그 여자의 성격을 지키기를 바란다면 절대 여기로 오게 하면 안 돼. …… 서부 사람들은 고집이 센데, 캐럴라인이 결국 이런 사람들과 자주 마주치는 걸 어떻게도 막을 수 없을 걸. …… 서부 전체가 새로 온 정착민과 모험가, 투기꾼들로 가득한데, 그런 사람들 사이에서 캐럴라인이 뭘 기대할 수 있을까?"

뒤이어 마치 서부 사람들이 얼마나 고집이 센지를 증명이라도 하듯 제임스는 총에 맞았다. 신문의 설명에 따르면, 결투는 5월 20일 세인트루이스에서 미시시피강 바로 건너편에 있는 일리노이에서 벌어졌다. 존 바라는 젊은이가 신문의 말을 빌리자면 "미묘한" 몇 가지 이유로 제임스에게 결투를 신청했다. 바는 결투에서 아무 상처도 입지 않았지만, 제임스는 그만큼 운이 좋지 않았다. 《세인트루이스리포터》에 따르면 "엉덩이 근처 오른쪽 복부에 맞은 총알이 앞으로 통과해서 가벼운 상처를 낸 뒤 중심부까지 뚫고 들어갔다가 아래로 내려가서 왼쪽 허벅지 근육을 관통했다."

결투 소식은 샘에게 충격을 준 게 분명하다. 1845년에 미국에서 결투가 보기 드문 일이라서가 아니었다. 남부에서는 결투가 정당한 행위로 여겨졌고, 일부 주(미주리주는 제외)에서는 특히 명예가 걸린 경우에 다툼을 해결하는 완전히 합법적인 방법이었다. 하지만 불과 1년 전에 제임스는 샘에게 보낸 편지에서 결투를 격렬하게 비난한 적이 있었다. 그런 "논설"을 늘어놓게 된 계기는 샘이 워싱턴 근처 어딘가에서 벌어진 결투에서 입회인을 맡았다고 실토한 것이었다. "결투는 기껏해야 야만 시대의 유물이지 미국 문화가 아니야." 그때 제임스가 한 말이다. "나는 원칙적으로 결투는 무조건 반대야."

그렇다면 제임스는 어떻게 해서 결투를 벌이게 된 걸까? 세인트루이스 주민 윌슨 씨가 부인이 집을 나가기로 마음먹었고, 제임스 콜트가 그렇게 하도록 부추긴 것(제임스의 말로는 "사실이 아니었다")을 알게 된 것으로 보인다. 그렇지만 제임스가 윌슨 부인과 "썽교"를 하다가 발각됐다는 소문을 포함해서 "오만 가지 이야기가 나돌았다." 이번에도 역시 제임스는 사실이 아니라고 주장했지만, 윌슨은 "독단적으로 결투 신청"
을 했다. 윌슨 씨와 제임스의 대리인(결투 용어로 하면 입회인)이 협상을 벌여서 타협이
이뤄졌고 긴장이 누그러들기 시작했지만, 바로 그때 윌슨 부인의 동생인 스물한 살의
존 바가 세인트루이스에 왔다. 젊은이는 윌슨이 아니라 자신이 누나의 정조를 지켜
야 한다고 마음먹은 상태였다. 어쨌든 결투를 벌여야 했다. 제임스는 세인트루이스를
방문 중이던 헝가리의 망명 귀족과 의논했다. 결투 경험이 풍부한 사람이었다. 헝가
리인은 상대와 직각을 이룬 상태로 엉덩이를 내밀라고 조언했다. 혹시 총을 맞더라도
엉덩이에 맞고 중요한 장기를 보호하라는 것이었다.

정해진 결투일 전날 밤, 제임스는 입회인과 함께 강을 건너 일리노이 쪽 강기슭에
서 잠을 자고 오전 6시에 강 근처 공터에서 존 바를 만났다. 서로 반대 방향으로 열 걸
음을 걸은 후 3초 안에 총을 쏘았다. 바가 쏜 총알은 제임스를 맞혔지만 제임스의 총
알은 빗나갔다.

제임스가 편지를 쓴 주된 목적은 이 문제에서 자신의 결백을 주장하는 것 외에도
자신이 '일부러' 총을 빗맞혔다는 사실을 샘에게 이해시키는 것이었다. 제임스는 편
지의 절반 가까이를 할애해서 이 점을 분명히 밝혔다. 상대는 "창백한 얼굴로 덜덜
떤" 반면 제임스는 "침착하고 단호"했다. 그는 총을 쏘는 순간 총구를 하늘로 향했
다는 사실을 형에게 알리고 싶어 했다. 명예가 걸린 윌슨 부인을 생각한 행동이었다.
1841년에 존 콜트가 새뮤얼 애덤스를 죽인 뒤, 윌슨 부인은 세인트루이스에서 형의
오명을 이유로 제임스를 멀리하지 않은 거의 유일한 사람이었다. 그러니 양심상 지금
제임스는 부인의 동생을 죽일 수 없었다.

결투나 자신의 동기에 관한 제임스의 설명이 얼마나 진실에 부합하는지는 알 도리
가 없지만, 그가 속내를 솔직하게 밝히는 성격은 아니었던 것 같다. 제임스 콜트는 대
체로 "침착하고 단호"한 모습을 보이지 않았다. 그가 쓴 편지를 보면 신경질적인 성격
이 종종 튀어나오고, 나중에 보인 행동을 봐도 쉽게 불안정해지는 모습이 나타난다.
자신이 윌슨 부인에게 남편을 떠나라고 부추긴 적이 없다는 주장도 사실과 모순되는
것 같다. 윌슨 부인은 결투가 끝나자마자 남편을 떠났고 거의 곧바로 재혼했다. 상대
는 제임스 콜트였다.

VII

제임스 콜트가 체포되어 재판을 받고 결투에 대해 유죄를 선고받으면서 그의 이름은 그해 여름 내내 언론을 도배했다. 7월에 샘은 두통이 있는 사람이 포크로 자기 눈을 찔러서 두통을 누그러뜨리는 방식으로 제임스의 악명 문제를 해결했다. 폭행을 저질러서 자기 이름으로 신문을 도배한 것이다.

피해자는 애스터하우스의 전담 변호사인 조지프 패튼이었다. 패튼은 콜트가 호텔에 갚아야 하는 1,200달러를 수금하기 위해 법원에서 "채권자증"을 받았다. 콜트가 패튼을 만나려고 했는지, 패튼이 콜트를 만나려고 했는지 두 사람은 칼턴하우스 호텔 열람실에서 마주쳤다. 한 신문의 설명에 따르면, 패튼이 샘의 형제(아마 존이겠지만 제임스였을 수도 있다)를 모욕하는 말을 하자 콜트가 주먹을 날려 바닥에 쓰러뜨렸다. 목격자 패튼이 일어나서 얼굴에 피를 흘리며 비틀비틀 걸어가는 모습을 보았다. 콜트는 잠시 나갔다가 여전히 분을 삭히지 못한 채 돌아왔다. "패튼 개새끼, 당신이 맞을 짓을 한 거야." 그러자 패튼은 "빌어먹을 콜트 집안 깡패새끼"라고 대꾸했다.

체포된 콜트는 보석금으로 500달러를 내야 나올 수 있었다. 결국 풀려나고 벌금 50달러를 부과받았지만, 그 사이에 언론은 그가 "이유 없이 잔인하게" 폭행을 가했다고 한 목소리로 외쳤다. 뉴런던의 한 신문은 과거에 콜트 집안에서 벌어진 폭력을 신랄하게 언급하면서 폭행 사건 기사를 헤드라인으로 내세웠다. **"피는 못 속인다."**

* * *

에이머스 켄들은 그해 여름 콜트 집안에서 휘두른 폭력 때문에 당황했을 게 분명하다. 새뮤얼 모스의 전신망을 구축하려고 나선 그는 독실하고 착실한 사람이었다. 분명 켄들은 콜트와의 거래에서 무슨 계약을 한 건지 문득문득 걱정됐을 것이다. 신문에서 콜트의 이름과 자기 이름이 비극적으로 연결된 것을 발견한 1845년 늦여름에 그는 암울한 답을 얻었다.

여러 설명에 따르면, 이야기는 다음과 같이 진행되었다. 8월 중순 어느 날 늦은 오후 워싱턴에서 에이머스 켄들이 전신 업무차 뉴욕을 방문했을 때, 스물두 살의 아들

윌리엄 켄들이 다른 두 젊은이인 윌리엄 엘리엇, 조사이어 베일리와 함께 14번가와 펜실베이니아애비뉴가 만나는 곳에 있는 약국에 들어섰다. 세 사람은 근처 볼링장에서 볼링을 한 뒤 친한 친구들처럼 서로 어깨동무를 하고 농담을 주고받으며 약국에 들어섰다. 윌리엄 켄들이 소다수를 주문한 뒤 갑자기 농담이 거칠어졌다. 켄들은 엘리엇을 계속 겁쟁이라고 놀렸고, 엘리엇은 "빌어먹을 거짓말쟁이"라고 맞받아쳤다. 그러자 베일리가 켄들 옆으로 와서 엘리엇의 얼굴에 주먹을 날렸다. 드잡이가 끝난 뒤, 켄들과 베일리는 다시 볼링을 했다. 분을 삭이지 못한 엘리엇은 블록을 따라 근처 서점으로 걸어갔다. 서점에서는 책과 나란히 총도 팔았다. 22달러짜리 콜트리볼버도 있었다.

한 시간 뒤 켄들과 베일리가 볼링장에서 나와 거리 위쪽으로 향했을 때 엘리엇은 펜실베이니아애비뉴와 14번가 길모퉁이에 서 있었다. 엘리엇이 두 사람에게 다가가서 총을 쏘기 시작했다. 순식간에 몇 발의 총성이 울렸다. 베일리는 팔에 맞았고 켄들은 가슴에 맞았다. 켄들은 12번가에 있는 아버지 집으로 옮겨졌지만 금세 숨을 거두었다.

에이머스 켄들은 새뮤얼 모스가 구축하는 것을 도와주던 바로 그 전신을 통해 아들이 사망했다는 소식을 접했다. 방금 전에 또 다른 전신선 구축 계약을 체결한 사람이 발명한 속사 권총이 살인 무기라는 사실을 알게 됐을 때, 그의 눈에는 이 우연의 일치가 음험한 음모처럼 보였을 게 분명하다.

콜트 또한 곱씹어 볼 만한 아이러니가 있었다. 우선 그의 이름이 붙은 총이 자신이 만든 게 아닐 수도 있다는 사실이 있었다. 1845년에 콜트라는 이름으로 팔린 리볼버는 대부분 존 엘러스가 파산한 패턴트암스제작사에서 경매로 사들인 남은 부품으로 조립한 것들이었다. 콜트의 이름이 찍혀 있긴 했지만, 총이 팔려도 콜트는 한 푼도 받지 못했다.

결국 콜트에게 이익이 된 더욱 심한 아이러니는 1841년 존이 체포된 시점부터 콜트라는 이름이 폭력 행위와 관련되어 신문에 오르내리면서 집안에 쓰인 오명이 그에게 다른 성과를, 즉 유명세를 주었다는 것이다. 콜트는 1840년대 중반에 이르러 한 집안의 이름이 되었다. 존과 제임스, 샘 등이 개인적으로 벌인 행동과 수중 포대 기사 때문이었다. 시간이 갈수록 젊은 켄들에 관한 기사처럼 신문 기사에 콜트의 이름이 등장하면서 콜트리볼버는 강도, 살인, 심지어 결투에서도 이름을 날리게 된다.

VIII

1845년 5월 콜트가 켄들과 모스와 체결한 계약에 따르면 6개월 안에 전신선을 설치해야 했다. 하지만 이제 9월 초였는데 아직 전신주 하나도 세우지 못한 상태였다. 콜트는 걱정하지 않는 모습이었다. 오히려 앞으로 벌어들일 엄청난 수익을 흡족하게 계산하고 있었다. 하트퍼드의 의사이자 투자자 후보인 E. E. 마시에게 보낸 편지에서 콜트는 뉴욕에 전신을 부설하는 데 5,000달러가 들고 연간 3,000달러로 운영을 하면 매년 1만 5000달러를 번다고 추산했다. 물론 존 엘러스가 언젠가 콜트에게 경고한 것처럼 "계산하는 것과 돈 버는 건 천지 차이"였다.

콜트의 계산은 대부분 짐작에 근거한 것이었다. 모스가 볼티모어와 워싱턴을 연결한 실험적 전신선 말고는 그때까지 누구도 실제로 작동하는 전신선을 완성하지 못했고, 당연히 사업으로 운영한 적도 없었다. 초기 전신 부설업자들은 전신선을 깔면서 그 원리를 이해하는 경우가 많았다.

처음에는 작은 집단이었다. 모스와 그의 오랜 동료인 레너드 게일과 앨프리드 베일은 수년간 전신 기술 개발을 연구했지만, 나머지는 대부분 다른 직업 출신이었다. 가령 메인주의 연방 하원의원 프랜시스 O. J. 스미스는 모스 특허의 4분의 1을 소유하고 뉴욕과 보스턴을 잇는 전신선을 감독하는 일을 맡았으며, 신문 편집인 출신의 아일랜드계 미국인 헨리 오라일리는 뉴욕에서 오대호까지 연결하는 전신선 부설을 제안했다. 기계 기술자 겸 쟁기 판매상 출신인 에즈라 코넬은 원래 모스가 워싱턴과 볼티모어 사이에 전신선을 설치할 도랑을 파기 위해 고용한 사람이었다. 코넬은 결국 웨스턴유니언 창립자가 되었고 1865년에는 코넬대학교 후원자를 맡았다.

이 전신의 선구자들은 발견과 장비를 공유했지만 누가 개량의 공로, 그리고 수익을 받아야 하는지를 놓고 금세 다투기 시작했다. 콜트와 코넬은 전신선의 양쪽 끝에 전지를 연결하는 식으로 전신선을 하나만 이용하는 기법을 누가 내놓았는지를 놓고 곧바로 다툼을 벌였다(그 답을 알 만한 위치에 있던 앨프리드 베일은 콜트의 발상이라고 말했다). 코넬과의 분쟁은 앞으로 겪게 될 수많은 도전에서 사소한 걱정거리에 불과했지만, 마시에게 계산한 결과를 설명할 때 콜트는 그런 사실을 알지 못했다.

> 전신주를 살 돈을 구하는 즉시 내가 전신선 절연 작업을 해서 세울 준비를 하고, 전신을 작동하는 데 필요한 돈은 2,500달러입니다. …… 그래서 당신이 이 돈을 500 달러씩 나눠서 선불로 주면 …… 법정 이자를 지불하고 또한 담보 대출을 상환할 여력이 생길 때까지 사업에서 발생하는 수익의 10퍼센트를 추가 할증료로 지불하겠습니다. 빠른 답변 바랍니다.

마시는 관여하기를 거절했다. 9월 말 콜트는 대신에 윌리엄 로빈슨이라는 뉴욕의 사업가와 계약을 체결했다. 로빈슨이 자본을 제공하고 사무실에 인력을 공급하는 한편 콜트가 난바다까지 전신선을 부설하는 것을 감독하기로 했다.

✳ ✳ ✳

예상 가능한 것처럼, 사업 자체가 전례가 없는 것이고 콜트 자신도 허황된 인물이었기 때문에 운송 문제와 전신 부설 비용은 과소평가되었다. 우선 양질의 구리선이 대량 필요했는데, 1.6킬로미터당 가격이 50달러였다. 또한 9미터 길이의 나무 기둥("밤나무나 갈참나무를 좋은 값에 살 수 없으면 붉은삼나무나 아카시아나무")이 많이 필요하고 전신주를 세우고 전신선을 거는 작업 인부도 필요했다. 전력을 공급할 전지, 그리고 메시지를 보낼 발신기와 수신할 수신기도 필요했다. 물론 이 기기를 이용하는 법을 금세 배울 수 있는 전신 기사도 필요했다. 마지막으로 항구에 들어오는 선박을 가로막고 그들이 가지고 들어오는 뉴스를 가로챌 소규모 선단과 선원들도 있어야 했다.

로빈슨은 월스트리트에 있는 상인거래소 뒤편 비버스트리트와 하노버스트리트 모퉁이에 사무실을 임대했다. 창문으로 상인거래소가 보였고, 지붕에 올라가면 내로즈가 한눈에 내다보였다. 사무실은 전신선의 종점이자 콜트와 로빈슨이 이름 붙인 뉴욕-난바다 전자기전신선과 구독자들이 최신 정보를 얻을 수 있는 전신회보해외 뉴스룸의 본사였다. 회사에서 만든 전단의 문구처럼, 사업가들에게 "이런 식의 즉각적인 정보통신은 선택의 문제가 아니라 필수적인 과제"로 보였음이 분명하다. "이런 정보를 활용하지 못하면 필연적으로 사업의 성공에 필수적인 분야에서 뒤처질 게 분명하기 때문이다."

콜트는 10월에 전신선을 부설하기 시작했는데, 곧바로 사업 전체를 가로막는 가장 커다란 장애물과 맞닥뜨렸다. 브루클린과 그 너머에 도달하려면 이스트강을 건너야 했다. 아직 어느 누구도 전신선을 가지고 강을 건너는 데 성공한 적이 없었다. 맨해튼 반대편에서 허드슨(노스)강을 건너는 문제 때문에 뉴욕에서 전신선을 운영하는 데 쩔쩔 맨 모스는 뉴저지주 포트리까지만 연결하고 거기서부터는 배로 어퍼맨해튼까지 정보를 운송하는 데 만족하고 만다. 1845년 당시에 수중 케이블을 통해 전기를 보내는 문제에 관해서는 콜트가 누구보다 많이 알았지만, 이스트강을 건너는 일은 수중 포대에서 겪은 것보다 훨씬 큰 도전이었다.

1845년 10월 23일, 맨해튼과 브루클린 연안에서 수백 명이 구경하는 가운데 콜트는 증기선을 사용해서 이스트강 바닥에 2,700킬로그램의 납관을 깔았다. 납관 안에는 구리선 네 개가 들어 있었는데, 한 신문의 설명에 따르면 "전자기 유체가 전달될 수 있도록" 완벽하게 절연된 선들이었다. 다음 날, 뉴욕 언론은 콜트가 강을 건너는 데 "완벽하게 성공"을 거두었다고 열광했다. 《브루클린이브닝스타》의 헤드라인에 따르면, 이날 이룬 업적은 **"수중에서 번개를 일으킨 것"**이나 다름없었다.

4부
젊은 미국

1846~1851년

"동쪽으로 갈 때는 힘으로 밀고 나가지만, 서쪽으로 갈 때는 자유롭게 간다."
— 헨리 데이비드 소로

결단의 해

1846년

리처드 케이턴 우드빌, 〈멕시코발 전쟁 뉴스War News from Mexico〉

I

미국 서부를 다룬 고전적인 역사책《결단의 해 1846The Year of Decision 1846》에서 버나드 디보토는 제목의 경이적인 해를 "수많은 가능성이 필연성으로 수렴된 시기"라고 설명했다. 멕시코에서 전쟁이 벌어지고, 2,000명이 넘는 미국인이 극서부로 이주하고, 모르몬교도 2만 명이 미시시피강을 건너 아직 이름도 없는 약속의 땅을 향해 서둘러 대이주에 나선 것은 1846년을 대변화의 해로 만든 여러 발전 가운데 일부에 불과하다.

물론 디보토가 인정하는 것처럼, 어떤 한 해만 따로 떼어 놓을 수는 없다. 1846년에 벌어진 일들은 놀라웠지만, 1845년에 관심을 기울인 사람이 보기에는 어떤 사건도 특별히 놀랍지 않았다. 디보토가 다루는 여러 운명적인 결정들은 1846년이 시작되기 전에 이미 이루어져 있었다. 하원은 이미 텍사스를 병합하고 옛 공화국을 연방

젊은 미국

의 스물여덟 번째 주로 받아들이기로 결정한 상태였다. 포크 대통령은 아직 영국과 공동으로 지배하던 오리건준주의 일부를 교섭이나 엄포를 통해 손에 넣기로 이미 결정해 두었다.

포크는 그해가 시작되기 전에 또 다른 중대한 결정을 내렸지만, 겉으로는 속내를 드러내지 않았다. 오리건과 텍사스 사이에 이어진 땅, 즉 오늘날의 캘리포니아, 네바다, 유타주에 속하는 지역과 현재의 애리조나, 콜로라도, 캔자스, 뉴멕시코주의 일부 지역을 미국이 차지한다는 결정이었다. 모두 합쳐 240만 제곱킬로미터가 넘는 이 지역은 1846년 초에 여전히 멕시코 땅이었다. 이 땅은 포크가 곧 시작할 예정인 전쟁에서 멕시코를 굴복시킨 뒤 배상금으로 받아 내기를 기대하는 곳이었다.

모든 미국인이 하원이나 포크의 결정에 찬성한 것은 아니다. 대통령 선거에서 (주로 텍사스 병합을 둘러싼 정책 차이 때문에) 포크에게 진 켄터키 출신의 위대한 정치인 헨리 클레이는 영토 팽창은 자원과 노력의 낭비일 뿐이라고 비판하면서 많은 동료 휘그당원들의 견해를 대변했다. "우리가 단합하고 화합해서 지금 가진 것을 개선하는 게 더 많은 것을 손에 넣으려고 하는 것보다 훨씬 더 중요하다." 미육군의 젊은 소위 율리시스 S. 그랜트는 임박한 대멕시코전쟁이 "아메리카연방을 위해 노예주들을 구성할 수 있는 영토를 획득하려는 음모가 마지막으로 썩어 문드러지는 현상"이라고 믿었다. 그랜트는 멕시코 정복이 노예제를 위한 승리라고 내다본 리디아 마리아 차일드 같은 북부 노예제 폐지론자들의 우려를 그대로 되풀이하고 있었다. 텍사스는 새로운 대규모 노예주로 연방에 들어올 터였고, 멕시코로부터 빼앗은 다른 영토들도 마찬가지였다. 랠프 월도 에머슨은 그 결과가 미국에 재앙을 안겨 줄 것이라고 예언했다. "미국은 멕시코를 정복하겠지만, 결국 비소를 삼키고 쓰러지는 사람 같은 신세가 될 것이다. 멕시코가 우리를 중독시킬 테니까." 에머슨의 친구로 얼음으로 덮인 월든 호숫가에 지은 작은 오두막집에서 1846년 겨울을 보낸 헨리 데이비드 소로는 인두세 납부를 거부하는 자칭 "시민 불복종" 행위를 통해 전쟁과 노예제 확대에 항의했다. 결국 그는 감옥에서 하루를 보냈다.

하지만 미네소타를 넘어 더 서쪽으로 대담하게 가 본 적이 없는 소로조차 1840년대 중반에 미국인들을 사로잡은 서부로 가고 싶다는 충동에 시달렸다.

어느 쪽으로 발길을 돌릴지 정하지 않고 본능에 몸을 맡긴 채 산책을 하러 집을 나설 때면, 이상하고 별나게 보일지 몰라도 결국 필연적으로 남서쪽을 향하게 된다. 그 방향에 있는 특이한 숲이나 초지, 버려진 목장이나 언덕으로 발길이 향하는 것이다. 내 나침반의 바늘은 느릿느릿 멈춘다. 몇 도 정도의 차이로 항상 정남서향을 가리키지는 않지만 …… 서향과 남남서향 사이에서 멈춘다. 나에게 미래는 그 방향에 있다.

포크의 팽창 계획이 합리적일 뿐만 아니라 필요하다고 여기는 많은 미국인들에게도 마찬가지였다. 잡지 편집인 존 L. 오설리번은 "지금은 텍사스 병합에 대한 반대를 중단하고, 해마다 배로 늘어나는 수많은 인구의 자유로운 발전을 위해 하느님이 섭리로 부여한 대륙에 널리 퍼져 나가는 우리의 명백한 운명"을 실현해야 할 때라고 말했다. 1845년 여름 오설리번이 만들어 낸 신조어인 '명백한 운명'은 모호하면서도 원대한 이론적 설명이었고, 팽창에 반대하는 모든 목소리를 휩쓸어 버렸다. 좋은 지도와 어지간한 균형 감각을 갖춘 사람이라면 누구든 미국이 대서양과 태평양 사이의 땅을 차지해야 한다는 걸 알 수 있었다. 이 진리는 토머스 제퍼슨이 독립선언서에 새긴 진리처럼 오설리번과 동료 팽창주의자들에게 자명한 것이었다. 새해가 시작되는 시점에 발표한 〈1846년의 미국: 과거 — 미래America in 1846: The Past — The Future〉라는 에세이에서 오설리번은 다시 한번 동료 미국인들에게 미국의 옛 영광이 낳은 "위대한 성과"를 곱씹어 보고 "섭리의 위대한 목적과 우리 국민의 분명한 사명"을 환영하라고 권유했다.

일부 미국인들은 이미 그 사명을 실행하면서 권유를 기다리지도 않고 자신들의 운명을 명백하게 만들고 있었다. 앞서 20년간 텍사스로 간 수만 명 외에도 수천 명 이상이 지난 몇 년 동안 "오리건 열기"에 휩싸였다. 사람들은 수십 명씩, 그 후에는 수백 명씩 미시시피강에 이어 미주리강을 건넜고, 서쪽으로 플랫강의 널따란 유역을 따라갔다. 사우스패스에서 로키산맥을 넘어 (목이 말라 죽은 짐승의 잔해만큼이나 바싹 메마른 거대하고 평평한) 사막을 건넌 다음 가파르고 위험한 시에라네바다산맥을 올랐다. 일부는 오리건의 윌래밋강 유역까지 계속 갔는데, 1846년이 시작될 때 그곳에는 수천 명의 미국인이 살고 있었다. 다른 이들은 캘리포니아의 새크라멘토강 유역에서 갈라

젊은 미국

졌는데, 그곳에도 이미 1,000명이 정착해 있었다.

한 집계에 따르면 1846년이 끝나기 전에 짐마차 541대가 서부로 길을 나섰다. 마차 행렬은 주로 미주리주 인디펜던스나 아이오와주 카운실블러프스, 또는 미주리강을 따라 자리한 다른 마을에서 출발했다. 마차들은 소와 말을 먹일 초원의 풀이 자라는 즉시 길을 나섰다. 그 사이에 여행자들은 여정과 종착지에 도착해서 맞이할 생활에 필요한 장비를 만들거나 샀다. 모루, 숫돌, 쟁기, 큰 낫, 솥, 가방, 가구 등 많은 장비가 사막을 건너고 산을 넘기에 너무 무거워서 도중에 버려졌지만, 적어도 두 가지는 끝까지 함께했다. 하나는 성경이고, 다른 하나는 총이었다. 챙겨 온 먹거리를 보충하기 위해 사냥을 하려면 총이 필요했다. 더욱 직접적으로는, 도중에 마주칠지 모르는 적들로부터 보호하기 위해 총이 필요했다.

적이란 주로 인디언들이었다. 실제로 서부 인디언을 만난 미국인은 거의 없었지만 텍사스인들이 코만치족의 습격에서 당한 참사를 익히 들어 알고 있었고, 플랫강 유역에 자주 출몰하는 기마 부족에 관한 소문도 자자했다. 인디언이 공격한다는 소문이 미주리강을 따라 무성했는데, 그중에는 캔자스 인디언 한 무리가 서부 산길에 엎드려 기다리고 있다는 이야기도 있었다.

이주자들이 어디에 돈을 썼는지를 보면 이런 위협을 얼마나 심각하게 받아들였는지를 알 수 있다. 서부로 가는 가족이 가장 많이 쓴 비용은 마차와 소(400달러), 여정 중에 먹을 식량(4인 가족 기준 120달러)이었고 그다음이 총이었다. 한 가족이 총과 화약, 납, 총알 등에 평균 60달러나 70달러를 썼다. 1846년에는 보통 단발식 소총을 사용했는데, 이 총은 강력하고 정확하지만 인디언이 대규모로 공격할 때는 사용에 제한이 많았다.

이주민들이 운이 좋아서 돈이 많으면 콜트리볼버도 하나 챙겼을 것이다. 서부 여행자를 위한 초기의 안내서들을 보면 다소 비현실적으로 콜트 총기를 극찬한다. 안내서 저자들이 어떤 콜트 총기를 염두에 두었는지는, 패터슨 모델인지 아니면 나중에 존 엘러스가 조립한 모델인지는 분명하지 않지만 이 총은 진귀해서 구하기가 쉽지 않았다. 콜트 총기를 가진 이들은 자랑스럽게 몸에 지니고 다녔다. 미주리주 웨스트포트라는 변경 소읍(지금은 캔자스시티의 일부)에서 프랜시스 파크먼은 "허리띠에 찬 리볼버를 필수품이라며 과시하듯 보여 주는" 우드워스라는 남자에 관해 썼다. 파크먼이 1846년 서부 여행을 하고 쓴 회고록은 훗날 베스트셀러가 된다. 그 자신은 리볼버가 없었지만 "이곳은 무법자 천지이기 때문에 리볼버가 신중한 예방책이었을 것"이라고 판단했다.

민간인들의 수중에 총이 있기는 했지만, 1846년 당시 서부의 총기는 대부분 미군 소유였다. 그해가 시작될 때 몇몇 군 원정대가 이미 활동 중이거나 조만간 소집될 예정이었다. 이런 원정대 중에 가장 규모가 작고 멀리까지 간 것은 존 찰스 프리몬트가 이끄는 제3원정대였다. 늠름하고 잘생긴 프리몬트는 지난 몇 년간 미국 정부를 위해 미시시피강 서쪽 황무지를 탐험한 인물이었다. 그해 1월, 프리몬트는 오늘날 새크라멘토 근처인 캘리포니아의 서터요새에 있었다. 이미 탐험가로 유명했던 그는 이제 더 큰 영광을 기대하고 있었다. 누구나 조만간 벌어질 것이라고 믿는 멕시코와의 전쟁에서 군사적 승리를 거두는 것이었다. 프리몬트로부터 동쪽으로 거의 3,200킬로미터 떨어진 캔자스주 레번워스요새에서는 스티븐 와츠 커니 장군과 1,700명으로 이루어진 서부군이 군인을 모집하면서 역시 전쟁을 준비하고 있었다. 이 부대는 조만간 미군 역사상 가장 긴 행군에 나서게 된다. 레번워스요새에서 남서쪽으로 1,290킬로미터 거리인 뉴멕시코 산타페를 향해 출발한 것이다. 하지만 1846년이 시작될 때 서부에서 가장 규모가 크고 두드러진 군대는 커니보다 1,600킬로미터 남쪽에 진을 치고 있었다. 재커리 테일러 장군의 지휘 아래 텍사스주 코퍼스크리스티에 주둔한 부대였다. 테일러가 지휘하는 군인 3,000명은 1845년 말부터 행동에 나서기 위해 대기하는 중이었다. 점령군이라고 알려진 이 부대는 조만간 드러나는 것처럼 사실은 도발군이었다.

소품은 준비되었다. 배우들은 각자 자리를 잡았고 대사를 알고 있었다. 필요한 것은 시작 신호뿐이었다. 조명이 어두워지고, 서곡이 점점 고조되고, 미국 하늘을 가로질러 서쪽으로 혜성이 날아오르기만 하면 되었다. 이런 혜성이 1846년 1월 13일에 나타났다가 곧바로 기묘하면서도 장엄하게 갈라져서 두 개의 불타는 덩어리가 되었다. 지금 와서 돌이켜 보면, 혜성이 서쪽으로 날아가다가 도중에 쪼개진 것은 암울한 징조로 보았어야 했다. 하지만 당시에는 경이로운 징조로 보였을 뿐이었다.

II

1846년이 시작되는 순간 동포들이 서쪽을 응시하는 가운데 콜트는 여전히 동쪽의 난바다를 바라보며 그해를 시작했다. 뉴욕시와 롱아일랜드를 잇는 전신선 부설이 진행 중이었지만 속도가 더뎠다. 콜트가 맞닥뜨린 많은 실패는 전신의 선구자들은 누구나 부딪힌 것과 똑같은 장애물이었다. 노동자들이 나무 기둥을 세우자마자 거센 바람이 불어서 기둥이 쓰러졌다. 아니면 도끼를 든 기물 파괴자가 땔감으로 쓰려고 넘어뜨리고는 추가로 구리선까지 훔쳐 갔다. 하늘 위에서는 공격을 받지 않더라도 구리선은 문제가 많았다. 거미줄처럼 약하고 온도 변화에 취약해서 팽창과 수축을 거듭하다가 결국 끊어졌다. 구리선의 중간마다 설치된 비전도성 유리 마디는 쉽게 금이 갔고 소년들이 소총을 겨누기 딱 좋은 표적이었다.

지연되긴 했어도 1846년 1월 중순에 이르면 적어도 이따금 중단되기는 해도 브루클린에 있는 풀턴페리정류장에서 코니아일랜드까지 전신선이 연결되었다. 선의 양쪽 끝에서는 점과 선으로 구성된 모스 부호에 정통한 젊은이가 전신을 가동했다. 풀턴페리에서 일하는 찰스 로빈슨이라는 열아홉 살의 청년은 콜트의 동업자의 아들이었고, 코니아일랜드에서는 당시 열여섯 살에 불과한 찰스 L. 채핀이 만이 내려다보이는 오래된 등대에서 일했다(그는 훗날 "상상조차 하기 어려운 황량한 장소였다."라고 회상한다). 채핀이 만 하부에서 들어오는 선박들로부터 뉴스를 받아서 발신기에 입력하면 몇 초 뒤 젊은 로빈슨이 수신기로 받아서 점과 선을 알기 쉬운 영어로 번역했다.

(자주 끊기고 불통되기는 했어도 어느 정도 성공적으로 운영된) 콜트의 전신에서 가장 커다란 문제는 브루클린과 코니아일랜드 사이의 16킬로미터 남짓한 이스트강의 넓은 폭이었다. 지난해 가을에는 강을 가로질러 전신선을 까는 첫 번째 시도를 의기양양하게 선언하자마자 선박의 닻에 수중 케이블이 걸려서 끊겼다. 1842년에 모스가 겪은 재난이 다시 반복된 것이다. 콜트는 다시 케이블을 깔려고 했지만 이번에도 역시 닻에 걸렸다. 케이블이 세 번째로 끊긴 뒤에 콜트는 강 위로 선을 깔기로 결정하고, 선박의 돛대를 피하기 위해 46미터 높이로 전신주를 세우기로 했다. 맨해튼에 있는 풀턴페리정류장에서 브루클린의 정류장까지 가로지르는 전신선은 언젠가 그곳

에서 강을 내려다보게 될 현수교 브루클린브리지를 예고하는 광경이었다. 이 시도 역시 실패하자 콜트는 강 밑으로 케이블을 까는 원래의 계획으로 돌아갔는데, 이번에는 월스트리트에서 북쪽으로 몇 킬로미터 떨어진 헬게이트로 자리를 옮겼다. 물살이 센 좁은 해협에서는 선박의 닻이 위협이 되지 않을 것으로 보였기 때문이다. 마침내 1846년 4월 9일, 언론은 콜트가 헬게이트에서 강을 건너 전신선을 연장하는 데 성공했다고 발표했다.

축하할 시간이 없었다. 비용이 늘어나고, 주식 구입자가 거의 없고, 들어오는 돈도 떨어지는 가운데 뉴욕-난바다 전자기전신선은 곤경에 빠졌다. 설상가상으로 보스턴에서 나쁜 소식이 전해졌다. 전에 콜트는 수익성이 좋은 세마포르 통신 사업의 소유주인 허드슨앤드스미스라는 이름의 회사와 보스턴과 난바다(매사추세츠주 헐) 사이에 전신선을 깔기로 계약을 체결한 바 있었다. 허드슨앤드스미스는 콜트와 계약을 체결하자마자 마음을 바꿨다. 착수 비용이 너무 많이 드는데 수익은 너무 적고, 또한 콜트는 믿을 만한 상대가 아니라고 판단한 것이다. 콜트는 장비 비용을 과다 청구한 데다가 한술 더 떠서 뉴욕과 보스턴을 "오가면서 엄청나게 마셔 댄 술값을 전부" 비용으로 청구했다. 1846년 2월 중순에 이르러 허드슨앤드스미스는 손을 떼기를 원했다. "우리는 이제 질렸고 이 사업을 전부 접어야 한다."

* * *

보스턴 운영권을 인수할 대상을 찾으면서 콜트는 뉴욕 전신선을 구할 계획을 고안했다. 두 전신선을 통합해서 주식을 판매하는 식으로 자본을 모으려고 한 것이다. 패턴트암스제작사와 수중포대사에서 구사한 방식이었다. 콜트는 원대한 구상이 담긴 투자 설명서를 만들었다. 롱아일랜드선을 섬의 동쪽 끝에 있는 몬톡까지 연장하겠다고 (코니아일랜드를 넘어서 약 193킬로미터) 제안했을 뿐만 아니라 뉴저지에서도 전신선을 운영할 계획이었다. 뉴욕 시내에서 허드슨강 바로 건너편에 있는 저지시티로부터 뉴브런즈윅을 거쳐 대서양에 있는 케이프메이까지 연결한다는 구상이었다.

5월, 콜트는 뉴욕 주의회에 인가를 받기 위한 로비를 하려고 올버니로 갔다. 콜트는 그곳 콩그레스홀호텔에서 의기소침한 동업자인 윌리엄 로빈슨이 보낸 걱정하는 편지를 받았다. 로빈슨이 전한 소식은 아주 좋지 않았다. 전신선에는 끊임없이 문제가 생겼고, 노동자들은 아무 쓸모가 없었으며, 비용을 처리할 돈이 전혀 들어오지 않았다. "이런 문제 때문에 삶이 아주 피곤하네. …… 만약 지금이나 나중에 전신이 발명된다면 지난 두 달처럼 살지는 않을 거네."

뉴욕-난바다 전자기전신협회를 결성하는 법안이 1846년 5월 13일 통과되었다. 수요일이었던 그날 워싱턴에서는 하원이 멕시코를 상대로 전쟁을 선포하기로 의결했다.

III

사실 하원에서 선포하기 한참 전부터 전쟁은 이미 진행되고 있었다. 1월 13일, 포크 대통령은 테일러 장군에게 코퍼스크리스티에서 뉴에이서스스트립 지역까지 행군을 개시하라는 명령을 발동한 바 있었다. 뉴에이서스스트립은 뉴에이서스강과 리오그란데강 사이에 161킬로미터 폭으로 길게 뻗은 지역이다. 전통적으로 뉴에이서스강이 텍사스와 멕시코의 경계였지만, 포크는 멕시코가 리오그란데강 이남 지역 전체(뉴에이서스스트립 전체)를 양도하기를 원했다. 멕시코 정부는 이미 텍사스를 암암리에 미국에 빼앗긴 상태였지만, 미군이 뉴에이서스강을 건너오는 것은 참을 수 없었다. 포크가 바란 것도 바로 그것이었다.

테일러가 지휘하는 3,000명 부대 전체가 소금 냄새 나는 코퍼스크리스티에서 161킬로미터 남쪽에 있는 건조한 작은참나무 평원까지 행군하는 데 한 달이 걸렸다. 3월이 되자 미군이 텍사스요새의 리오그란데강 둑에 땅을 파고 자리를 잡았다. 멕시코 도시 마타모로스와 강을 사이에 둔 곳이었다. 이제 기다리기만 하면 되었다. 율리시스 S. 그랜트 소위는 자신들이 무엇을 기다리고 있는지 정확히 알았다. "우리는 싸움을 도발하러 간 것이었지만, 멕시코가 먼저 전투를 시작하는 게 중요했다."

1846년 4월 23일, 멕시코가 드디어 포크가 바라는 대로 행동에 나섰다. 1,600명의 병력을 리오그란데강 건너로 보내 뉴에이서스스트립을 수복하려고 한 것이다. 멕시코군은 강 북쪽에서 자라는 머리 높이의 작은참나무(언론이 항상 부른 대로 하자면 수풀) 때문에 거의 난공불락인 텍사스요새의 상류와 하류 양방향에서 상륙했다. 첫 번째 충돌은 그날 오후에 벌어졌다. 테일러가 강 위쪽으로 정찰을 보낸 용기병중대가 멕시코군과 마주친 것이었다.

용기병중대의 지휘관은 세스 B. 손턴 대위였다. 1838년 봄에 플로리다 앞바다에서 콜트와 함께 바다에 빠졌다가 구사일생으로 살아난 바로 그 불운한 손턴(당시에는 중위)이었다. 그때 사고를 당하고 몇 달 뒤, 손턴은 북쪽으로 타고 가던 증기선이 사우스캐롤라이나 앞바다에서 폭발해 동료 승객 129명이 사망했을 때 다시 죽을 뻔했다. 이런 시련에서 살아남은 그는 다시 시련을 마주했다. 용기병중대는 수풀 속에 숨어 있던 압도적으로 우월한 멕시코군에게 기습 공격을 당했다. 미군 열여섯 명이 죽거나 부상을 입었다. 손턴은 부하들을 매복 공격에 노출시킨 혐의로 군사법정에 회부되었지만, 사실 손턴은 자기 군의 총사령관에게 큰 호의를 베푼 셈이었다. 이제 포크에게 전쟁의 구실이 주어졌기 때문이다.

✳ ✳ ✳

2년 뒤 멕시코전쟁이 끝날 무렵이면 전신은 전황 뉴스를 번개 같은 속도로 전송하게 된다. 하지만 1846년 봄에 전쟁이 진행 중일 때에는 미국에 불과 193킬로미터의 전신선이 깔려 있었고, 버지니아주 리치먼드 남쪽에는 하나도 없었다. 대부분의 뉴스는 여전히 육상과 해상을 통해 전통적인 방식으로 전달됐는데, 속도가 너무 느려서 리오그란데강에서 전투가 시작하고 거의 3주가 지날 때까지 워싱턴은 전투 발발 소식을 알지 못했다. 이윽고 "전장"에서 일간 전황이 꾸준히 들어오기 시작했다. 결국 드러난 것처럼, 전쟁은 범죄보다 신문이 옮겨 적기가 훨씬 수월했다.

1815년 앤드루 잭슨이 뉴올리언스를 방어한 이래 언론이 미국 최초의 진정한 군사 영웅을 만들어 낸 것은 바로 이 초창기였다. 영웅의 이름은 새뮤얼 워커였다. 얼마 지나지 않아 전 세계가 새뮤얼 워커가 이룬 영광스러운 군사적 공적과 나란히 그에 관한 두 가지 사실을 알게 된다. 첫째, 그는 텍사스 순찰대원이었고 둘째, 그가 선택한 무기는 콜트리볼버였다.

그 과정에서 몇 가지 세부적인 내용이 밝혀졌다. 그의 정식 이름은 새뮤얼 해밀턴

워커이고 전쟁이 시작될 때 스물아홉 살이었다. 작은 키에 연청색 눈동자, 밝은 머리카락, 얇은 입술, 튀어나온 광대뼈 등이 특징이었고, 목소리가 부드러워 소심한 듯 보였다고 한다. 하지만 섬세한 생김새나 겸손한 태도와 달리 그에게는 놀라운 회복력이 있었다. 그는 1844년 6월 존 커피 헤이스의 지휘 아래 코만치족과 싸운 유명한 전투에서 심한 부상을 입은 적이 있었다. 인디언 전사가 휘두른 창에 찔려 바닥에 내동댕이쳐진 것이다. 그 전에 그는 플로리다에서 벌어진 제2차 세미놀전쟁에서 싸웠고(아마 그때 콜트 총기를 처음 접했을 것이다), 텍사스군과 텍사스 순찰대에서 멕시코군을 상대로 싸우기도 했다. 멕시코인들에 의해 몇 차례 투옥되기도 했는데, 한번은 교도소 담장을 기어올라서 탈출했다. 그 전에는 구타를 비롯한 학대를 당하기도 했다. 그는 또한 1843년 3월 산타안나가 진행한 악명 높은 죽음 복권에 강제로 참여한 미국인 중 하나였다. 멕시코 대통령은 포로로 잡힌 텍사스인 176명에게 눈을 가리고 그릇에서 콩을 집는 식으로 운명을 선택하라고 지시했다. 워커처럼 흰콩을 집은 사람은 살았고, 열 명 중 한 명꼴로 검은콩을 집은 사람은 총살형 집행대에서 처형되었다. 한 동료 순찰대원에 따르면, 이 모든 일을 겪는 내내 워커는 "누구보다 용감한 사내였다."

텍사스 순찰대원이 대개 그렇듯이 워커도 훌륭한 기마병이었다. "그는 전속력으로 말을 달리면서 땅바닥에서 편지를 집어 들 수 있고, 보통 체구의 남자를 바닥에서 낚아채서 안장 앞에 앉힐 수 있다. 남자가 아무리 저항을 해도 어림없다고 한다." 한 신문에서 한 이야기다. 워커는 언젠가 동료 순찰대원이 탄 말이 총에 맞았을 때 그를 구해 주었다. 코만치족 전사가 땅에 떨어진 순찰대원을 해치우려고 전속력으로 달려왔는데, 워커가 "거의 번개 같은 속도로 말에 올라 오른손으로 친구를 잡고 엄청난 힘으로 번쩍 들어 안장에 앉힌 다음 무서운 속도로 내달렸다. 그 전에 권총으로 인디언을 쏴 죽이는 것도 잊지 않았다."

워커는 전투를 위해 태어난 사람 같았다. 나중에 어느 편지에서 그는 메릴랜드에서 자라던 소년 시절 혁명전쟁 영웅들의 "기사도 정신과 고귀한 행동"을 빨아들였다고 설명했다. "나면서부터 군사적 영광을 좋아한 나는 처음 전장에 나갈 기회가 생겼을 때 바로 내 운을 시험해 보기로 결정했습니다." 어느 동료 텍사스인이 말한 것처럼, "전쟁은 그의 영역이고, 야영은 그의 기쁨이며, 전장은 그의 놀이터"였다.

4월에 리오그란데강에서 전쟁이 터졌을 때, 워커와 그가 지휘하는 순찰대 무리는 테일러 장군의 지원병 모집에 응해서 멕시코만에 있는 군 보급창인 포인트이사벨에서 출병 신고를 했다. 비정규병으로 입대한 그들은 군복이 없고 군사 훈련도 받지 못했다. 그들은 거칠고 이따금 무법적인 행동을 저지르는 것으로 명성이 자자했기 때문에 테일러는 이 순찰대원들을 받아들이는 것을 우려했다. 하지만 그들은 또한 살인과 죽음에 대해 대범한 것으로 유명했던 터라 위험한 임무를 맡기는 데 제격이었다.

포인트이사벨에 도착한 직후, 워커는 보급창에서 패터슨콜트 5연발총 서른두 정을 가져왔다. 아마 1839년에 구매한 패터슨 총기 중에 남은 것일 텐데, 7년 된 것으로 사용감이 많았을 것이다. 또는 군이 1845년에 존 엘러스에게 구매한 리볼버 150정 중 일부였을 수도 있다. 어느 쪽이든 간에 처음 받은 정규 부대의 장교들은 외면한 게 분명했고, 워커는 선뜻 낚아챘다.

4월 28일, 콜트 서른두 정을 챙기고 순찰대원 스물네 명을 거느린 워커는 테일러의 명령을 받아 포인트이사벨을 떠나 적을 정찰하기 위해 서쪽 수풀로 말을 몰았다. 이 첫 번째 원정은 재앙으로 끝났다. 워커와 부하들은 포인트이사벨과 텍사스요새 중간에 있는 수풀에서 밤에 야영을 했는데, 그때 다수의 멕시코 병력이 그들과 마주쳤다. 워커는 후퇴를 지휘하려 했지만 많은 대원들이 흩어졌다. 10여 명의 순찰대원만 거느린 채 워커는 15분 동안 열심히 싸우다가 도망쳤다. 포인트이사벨을 향해 전속력으로 달렸는데, 멕시코 기병이 맹렬히 추격했다.

북부에서 첫 번째로 나온 언론 보도들은 《뉴욕트리뷴》의 말을 빌리자면 "냅다 달리는 것 말고는 뛰어난 점이 없는" 대위의 비겁함과 부족한 통솔력에 대한 암시로 가득했다. 하지만 불과 이틀 뒤, 《뉴욕트리뷴》은 논조를 극적으로 바꾸었다. "이 용감한 젊은 친구는 부당한 대우를 받았다." 이 신문의 심경이 갑자기 변화한 것은 1846년 4월 말과 5월 초 며칠간 워커가 잇따라 죽기 살기로 놀라운 임무를 수행했기 때문이다.

첫 번째 전투 승리는 워커가 포인트이사벨로 도망친 다음 날인 4월 29일에 이루어졌다. 워커는 멕시코인들이 포인트이사벨 근처에 있고 보급창이 언제든 위험에 직면

할 것이라는 중요한 정보를 테일러 장군에게 전달하겠다고 자원했다. 이를 위해서는 포인트이사벨과 텍사스요새 사이의 40킬로미터에 걸친 내륙 지역을 장악하고 있는 멕시코군을 어떻게든 뚫고 지나가야 했다. 이 작전에서 살아남을 확률은 낮았지만 워커는 시도해 보겠다고 고집했다.

워커는 순찰대원 여섯 명을 거느리고 포인트이사벨을 나선 후 멕시코만 근처의 석호를 통과한 뒤 리오그란데강 북쪽에 있는 수풀 쪽으로 말을 몰았다. 어느 순간 순찰대원들은 멕시코 창기병 100명으로 이뤄진 소대와 맞닥뜨렸다. 대원들이 어떻게 하면 창기병을 피해 숨을지 궁리하는데, 넬슨 리라는 대원에 따르면 워커는 "창기병을 돌파하자고 차갑게 말했다." 그들은 지역 카우보이들이 지나가는 것처럼 행세하며 천천히 창기병들에게 접근했다. 46미터 거리까지 접근하자 워커가 돌격 명령을 내렸다. "그와 동시에 튼튼한 말의 옆구리에 박차를 깊숙이 찔러 넣자 말들이 바람처럼 내달렸고, 우리는 소름끼치는 고함과 함께 곧바로 돌진해 들어갔다." 재빨리 몸을 숙이면서 콜트를 발사하자 멕시코 창기병들은 흙바닥을 뒹굴었다.

＊ ＊ ＊

5월 2일, 워커는 테일러 장군과 그의 대부대와 함께 포인트이사벨로 돌아갔다. 텍사스요새로 돌아가기 위해 보급창을 증강하고 물자를 채우기 위해서였다. 다음 날인 5월 3일 새벽, 그들은 크지는 않지만 꾸준히 쿵쿵거리는 대포 소리에 잠이 깼다. 멕시코인들이 테일러가 없는 틈을 타 공격에 나섰고, 텍사스요새에 남아 있던 500명의 부대가 집중 공격을 받고 있었다. 40킬로미터 떨어진 곳에서도 포성이 무시무시하게 울렸다. "이 긴장된 순간에 테일러 장군이 어떤 느낌이었을지 나는 모른다."라고 율리시스 그랜트는 말했다. "하지만 적의 포성을 들어 본 적이 없는 젊은 소위였던 나는 군에 입대한 것이 후회되었다."

그랜트는 적의 포격을 받는 부대가 어떻게 버티고 있는지 확인하기 위해 "요새로부터 소식을 얻을 방법이 없다."라고 생각했지만, 잘못된 판단이었다. 그날 아침, 새뮤얼 워커는 텍사스요새까지 40킬로미터를 달려서 브라운 소령에게서 메시지를 받아 포인트이사벨에 있는 테일러 장군에게 와서 보고하겠다고 자원했다. 첫 번째보다 훨씬 더 자살 시도에 가까운 임무였다.

이번에도 워커와 순찰대원들은 어떻게든 적군 대열을 통과했다. 오전 3시에 텍사스요새에 도착한 그들은 요새를 지키는 미군들이 멀쩡하다는 사실을 확인했다. 한명이 사망했지만 총안이 있는 흉벽은 포격에도 끄떡없었고, 대포도 그대로 있었다. 강 건너편에 있는 마타모로스시는 미군에 의해 납작하게 주저앉았고 멕시코인 수백명이 살해되었다. 브라운 소령은 테일러 장군이 돌아올 때까지 요새가 충분히 버틸수 있다고 워커를 안심시켰다.* 워커는 이 정보를 듣고 오전 4시에 요새를 나서려고 했지만 집중 공격 때문에 나가지 못했다. 동이 튼 뒤 다시 시도한 워커는 이번에는 포위를 뚫는 데 성공했다. 워커와 대원들이 5월 5일 오후에 포인트이사벨로 들어가니 그곳에 있던 미군들은 그들이 살아 돌아온 것을 보고 깜짝 놀랐다.

워커가 대담하게 공적을 세웠다는 소식은 증기선을 통해 멕시코만 건너편까지 퍼져 나갔다. 처음에는 뉴올리언스로 소식이 전해졌고, 2주일 만에 북부 신문에도 등장했다. 적 영역을 미친 듯이 돌파한 대담한 행동은 미국 신문 독자들이 열망해 마지않은 소식이었다. 그해 5월에 신문 보도용으로 완벽히 적절하게 일어났던 한 사건에서는 워커가 타고 있던 말이 포탄에 맞았다. 멕시코 창기병이 전속력으로 달려와 워커의 목숨을 끊으려고 창을 든 순간, 워커는 콜트리볼버를 꺼내 "절대 빗나가지 않는 5연발"로 그를 쏘았다. 이내 적군의 말에 올라탄 워커는 전투에 합류했다. 곧바로 뉴올리언스에서 워커에게 새 말을 사 주기 위한 모금이 진행되었다. 세인트루이스에서는 찰스 디스라는 화가가 금세 〈마지막 한 발The Last Shot〉이라는 그림을 그렸다. 자신을 죽이려고 다가오는 남자를 죽이는 워커를 묘사한 "거칠면서도 생생한" 그림이었다. 뉴올리언스의 한 신문은 수풀 속의 용감한 영웅을 기리는 송시를 게재했다.

> 이는 자유의 여신이 보내 주는 공물
>
> 더없이 용맹한 아들인 당신에게 ……
>
> 당신에 대한 칭찬이 모든 이의 귀에 들리니,

---

* 요새는 실제로 버텼지만 브라운은 워커를 만나고 이틀 뒤 살해되었다. 요새는 그를 기념해서 이름을 바꾸었고, 요새 주변으로 커진 도시 역시 오늘날 브라운스빌이라고 불린다.

젊은 미국

그 말을 들을 만큼 용맹하지 못한 사람들보다

달콤한 목소리로 속삭이는 입술들이 말한다.

IV

날짜는 적혀 있지 않지만 아마 콜트가 1846년 7월 중순에 쓴 편지일 것이다. 리바이 슬램 씨에게 보내는 편지다. "형님이 제 의견을 지지할 권한이 있고 신속하게 행동에 나설 것임을 믿습니다." 콜트는 두 번째 편지를 동봉하니 오랜 친구인 그가 대통령을 비롯한 워싱턴의 유력 인사들에게 이 편지를 전달해 달라고 부탁했다.

리바이 슬램은 코르보호에서 동료 선원으로 만난 사이였다. 코르보호 항해와 이 편지 사이의 시기에 콜트와 슬램이 연락을 나눈 기록은 전혀 없지만, 두 사람은 연락을 유지한 게 분명하다. 슬램의 인생 궤적은 여러모로 콜트만큼이나 흥미롭고 틀림없이 더 성공적이었다. 자물쇠 일을 한 그는 뉴욕시의 정치판에서 성장해 로코포코Locofocos라고 알려진 민주당 내 친노동 정파의 지도자가 되었다. 로코포코라는 이름은 딱성냥에서 따온 것이었다. (또 다른 로코포코는 헨리 뱅스였다. 사람들은 이 당파를 슬램·뱅앤드컴퍼니라고 불렀다.) 슬램의 정적들은, 그중 한 명이 포크 대통령에게 보낸 편지를 인용하자면 그를 "악당"이나 "깡패"라고 여겼지만, 그는 스스로 지위를 차지했고 민주당원들로부터 후원을 받았다. 멕시코전쟁이 진행되는 가운데 그는 해군 재무관으로 임명되었다.

콜트가 편지를 보낸 것은 텍사스 순찰대의 유명 인사가 된 새뮤얼 워커에 관한 신문 기사를 읽고 자극을 받았기 때문이다. 이 보도에 따르면, 워커는 육군에서 대위 진급을 제안받았지만 임관을 거절하고 순찰대원으로 남기로 했다. 워커가 거절한 이유에 대한 한 설명은 육군에 임관하는 것이 현재 중령인 텍사스 순찰대의 계급에서 강등되는 것과 마찬가지였기 때문이었다. 한 익명의 친구는 워커가 자신이 군의 규율과 맞지 않는다고 확신한 것을 또 다른 이유로 들었다. "정찰병이나 전위로서 그보다 뛰어난 사람은 없지만, 타인의 명령에 따라 움직이는 기계적인 병사로서 …… 그는 절대 복종하지 않는다."

워커가 임관을 거절한 것은 어느 정도 타당한 일이었다. 황당한 것은 부하들을 이끌고 전투를 하기는 고사하고 군에서 하루도 복무한 적이 없는 콜트가 육군의 기병 부대에서 워커 대신 대위를 맡을 자격이 있다고 믿은 것이다. 동생 제임스가 오래 전부터 "대령"이라고 부르긴 했지만, 이제 콜트는 자기가 맡은 적도 없던 계급에서 앞으로 차지할 가능성도 없는 계급으로 강등을 당하려고 했다.

콜트는 슬램에게 대위 자리를 확보하기 위해 최선을 다하거나 그러지 못할 경우에 "내가 진면목을 보여 줄 시간을 벌 때까지 그 문제를 지연시키라."라고 촉구하면서 애국심 때문에 그러는 거라고 주장했다. 하지만 포크 대통령에게 보내는 동봉한 편지에서는 조국을 위해 일하겠다는 열망과 자기 욕심을 채우려는 욕망을 뒤섞을 수밖에 없었다. "정부에 임명을 해 달라고 주장하는 것은 제가 지난 10년간 군사 발명품을 완성하면서 아무 수익도 거두지 못했다는 사실에 근거한 것입니다."

* * *

콜트가 대통령에게 편지를 보내면서 긍정적인 반응을 기대한 진짜 이유는 그가 슬램에게 암시한 것처럼 정말로 절망적이었다는 사실로 설명할 수 있을 뿐이다. 전신회사는 망하는 중이었고, 법인을 설립해서 주식을 판매하려는 계획은 잘 풀리지 않았다. 전쟁은 뉴스 산업에 좋은 기회가 되었어야 했고 실제로 그러했지만, 콜트의 전신서비스에는 기회가 오지 않았다. 《뉴욕헤럴드》와 《뉴욕선》을 포함한 뉴욕시의 5대 신문은 그해 6월 자원을 모아서 멕시코전쟁 뉴스를 공동으로 취합하자고 합의한 바 있었다. 훗날 연합통신(AP)의 탄생으로 이어지는 시도의 선구자였던 이 신문사 연합은 뉴욕만 아래쪽의 샌디훅에 접근하는 선박을 가로막기 위해 고속 증기선을 구입했다. 증기선은 뉴스를 맨해튼으로 빠르게 가져왔는데, 이따금 도시에 속보를 보내기 위해 전서구를 날리기도 했다. 콜트의 전신만큼 빠르지는 않았지만, 이 신문사들이 활용한 통신 방식은 신뢰성이 높았다. 따라서 콜트가 위협한 것처럼 신문사들을 폐업시키기는커녕 신문사들이 그의 회사를 문 닫게 만들고 있었다.

콜트는 전신 사업의 불길한 조짐을 보았다. 그 역시 멕시코전쟁이 총으로 돈을 벌 수 있는 마지막 기회라는 것을 알았다. 특허를 출원한 지 10년이 넘게 흘렀다. 만료되기까지 4년도 남지 않은 상태였다.

콜트가 슬램과 포크에게 보낸 편지는 그해 여름에 군에 임관하기 위해 쓴 여러 통 가운데 일부였다. 몇 통은 워싱턴의 연방 관리들에게 보냈고, 주 민병대 사령관들에게도 보냈다. 편지를 받은 사람 가운데 진지하게 받아들인 이는 없었다.

아마 이 가운데 가장 터무니없는 것은 7월 1일에 조너선 드레이크 스티븐슨에게 보낸 편지일 것이다. 뉴욕 주의원으로 최근 포크 대통령에 의해 대령 계급을 단 스티븐슨은 캘리포니아로 보낼 연대를 조직하고 있었다. 그 자신은 장교에 어울리는 사람이 전혀 아니었다. 어느 역사학자는 스티븐슨을 "독수리 같은 콧날과 매 같은 눈썹"으로 지휘관 역할을 바라보는 "지휘관 단장短杖을 든 용병"이라고 묘사했다. 콜트만큼 군대 경험이 전혀 없는 인물이었다. 실제로 스티븐슨이 콜트에게 영감이 됐을지도 모른다. 스태튼섬 출신 정치인이 원정대 사령관으로 임명될 수 있다면, 분명 콜트도 명예 진급을 할 수 있었다.

포크 대통령은 스티븐슨 대령이 군사 작전을 실행하기를 기대하지 않았다. 포크가 의도한 대로 상황이 진행됐다면, 스티븐슨이 샌프란시스코에 도착하기 한참 전에 전투가 끝나고 캘리포니아가 미국의 일부가 됐을 것이다. 스티븐슨이 이끄는 연대는 전사가 아니라 정착민이 될 예정이었다. 점령군에서 미국 주민으로 변신하는 것이다. 장인과 농부, 상인 등으로 구성된 군대는 자신들이 가진 기술과 기능으로 지역의 미래 복지를 위한 씨앗을 뿌릴 것이었다. 어쨌든 구상은 그랬다. 실제로 스티븐슨의 연대에 지원한 사람들은 식충이와 흉악범이 잡다하게 뒤섞인 무리였다. 한 지원병은 연대에 입대하려는 이유를 다음과 같이 요약했다. "구운 쇠고기와 하루 2달러, 넉넉한 위스키, 황금 예수상, 예쁘장한 멕시코 여자, 안전한 투자, 빠른 수익."

콜트로서는 이 원정대에 합류하기를 바란 나름의 이유가 있었음이 분명하다. 자기 총을 캘리포니아로 가져가서 판로를 찾을 기회로 봤을 수도 있다. 또는 1846년에 서부로 간 다른 많은 이들처럼 오랫동안 좌절한 끝에 새 출발을 모색했을 수도 있다.

"입대를 지원하면서 가능하면 한마디 하고 싶습니다. 전쟁 시기에 모든 미국인이 조국에 느끼는 것처럼 저도 의무감에 불타고 있습니다." 콜트가 스티븐슨에게 한 말이다. "저는 지금까지 사는 동안 오로지 군사 문제에만 몰두했고, 이 문제에 관해 가급적 빠른 시일 내에 개인 면담을 할 기회를 주신다면 당신에게 필수적인 기여를 할 능력이 있음을 분명히 보여 드리겠습니다." 스티븐슨이 그의 신청을 받아들였더라면 콜트는 금세 캘리포니아로 가는 배에 탔을 테고, 아마 그곳에 정착해 남은 인생을 보냈을 것이다. 하지만 스티븐슨은 콜트에게 모든 자리가 찼다고 통고하는 답장을 보냈다.

적어도 스티븐슨은 성의껏 답장을 썼지만 뉴저지주 민병대의 해밀턴 장군은 그런 성의를 보이지 않았다. 콜트가 뉴저지 연대를 "연발식 소총 대대"로 무장시키자고 제안했을 때, 장군은 주제넘게 나서지 말라고 호통했다. "자기 사업과 개인적 이해관계에만 몰두하는 신사들과 소통하느라 진을 뺄 시간이 없습니다."

"종이 한 장과 5분의 시간 이상으로 장군님의 진을 뺐다면 부디 알려 주십시오." 콜트가 보낸 답장이다. "종이 한 장에 대해서는 지금 손에 들고 있는 것과 거의 똑같은 질로 두 장을 돌려드립니다. 10센트짜리 동전도 하나 동봉합니다. 제 편지를 읽고 답장을 쓰느라 소중한 시간을 쓴 데 대해 충분한 보상이 되리라 생각합니다."

V

1846년 9월 26일 토요일 아침, 조너선 드레이크 스티븐슨은 거버너즈섬에서 몇 주 동안 진행된 소집을 마쳤다. 770명으로 구성된 연대는 처자식들과 나란히 700톤급 함정 세 척에 나눠 타고 항구를 나섰다. 《뉴욕트리뷴》의 표현을 빌리자면 "12노트의 순풍"이 뒤를 밀어 주었다. 배들은 그날 오후까지 출발할 예정이 아니었지만, 스티븐슨 대령에게 채권자가 여러 명이고 뉴욕에서 그를 쫓는 법적 문제들도 있었기 때문에 일찌감치 출발하는 게 좋아 보였다. 갑자기 배가 돛을 편 탓에 미처 승선하지 못한 승객 수십 명은 어쩔 줄을 몰라 했다. 아기가 아파서 집에 약을 가지러 갔던 여자는 아기와 남편이 자기를 놔두고 캘리포니아로 떠난 걸 알고 망연자실했다. 여자가 배터리요새 이곳저곳을 뛰어다니는 모습이 목격됐는데, 《뉴욕트리뷴》에 따르면 "절망한 나머지 제정신이 아닌 몸짓을 하면서 미치광이처럼 중얼거렸다." "기독교 정부가 착수하는 정복 원정 중에 가장 불운한 원정이 될 것이 분명하다."라고 신문은 조롱했다.

젊은 미국

"멕시코라도 그렇게 무능하고 우스꽝스럽게 일을 처리하면 부끄러워할 것이다."

스티븐슨의 소함대가 출발하는 걸 보고 콜트가 어떤 감정이었는지는 기록이 전혀 없다. 어쩌면 혼잡한 캘리포니아행 배에 타지 않고 육지에 남은 게 행운이라고 생각했을지도 모른다. 하지만 그 바람 좋은 가을날 좋은 기회를 놓친 고통 또한 느꼈을 것이다. 콜트와는 먼 곳에서, 하지만 신문에서 볼 수 있을 정도로 가까이에서 미국 역사의 묵직한 책들이 그와 상관없이 쓰이고 있었다. 사람의 발과 말발굽, 마차 바퀴로 땅에 서사시가 새겨졌고, 초원과 메마른 소금밭에 홈이 파였고, 9월 말이 다가오면서 새크라멘토강과 윌래밋강 유역의 무성한 뗏장에도 자국이 났다.

6개월 정도 걸려서 이미 3,200킬로미터의 여정을 지난 이들에게 쉬운 길은 없었다. 봄철의 초원에서 대륙 분수령까지 서서히 올라가면서 노스플랫강과 스위트워터강 사이의 길을 따라갔고, 평원에서 튀어나온 암반 구조물을 지나쳤다. 침니록, 캐슬록, (많은 이들이 길을 멈추고 둥그런 화강암에 기어올라 자신의 이름을 새기는) 인디펜던스록 등 이후 수많은 사람들이 따르게 되는 길이다. 예정대로라면 7월에 사우스패스를 통과했을 것이다. 그다음에 정말로 어려운 구간이 나오는데, 평평한 사막 고원을 통과하는 지루한 길에 이어 가파른 시에라네바다산맥을 올라야 했다. 이 시점에서 불화와 고통이 덮쳤고, 사랑하는 이들이 질병이나 재난, 폭력으로 목숨을 잃었다.*

여행자들은 온갖 곤경과 슬픔을 겪었지만, 많은 이들은 서부로 가는 이 여정이 인생에서 가장 중요한 일임을 알고 있었다. 그들은 여정을 기억하기 위해 일기와 편지를 썼다. 지나온 길을 보고하고 풍경을 묘사하는 것과 나란히 거의 모든 일기에 두 가지 현상이 기록되었다. 첫 번째는 거대한 버펄로 무리와 그 덕분에 생기는 아주 좋은 사냥 기회였다. 두 번째는 말 탄 인디언들이었다.

존 크레이그라는 이주민이 쓴 편지가 전형적인 예다. 1846년에 충분한 무장을 갖춘 소수의 남자들과 무리를 이루어 "길고 다소 위험한 여정"을 걸은 사람이다. 그는

---

*　또는 더 나쁜 일도 있었다. 스티븐슨 대령이 이끄는 연대가 뉴욕에서 출항한 9월 말의 그 토요일에 '도너 일행'이라고 알려진 이주민 무리가 지름길로 추정되는 길을 지난 뒤 캘리포니아로 가는 일반적인 경로에 다시 합류했다. 그들은 예정보다 한 달 뒤처진 상태였고 눈이 내리기 전에 시에라네바다산맥을 넘으려고 경주하듯 내달렸다. 미국의 많은 초등학생이 아는 것처럼, 그들은 경주에서 패배한다.

한 친구에게 "고대한 버펄 무리와 마주쳤는데, 더 넓은 평원에서 말을 타고 사냥감을 쫓았다."라고 썼다. 뒤이어 인디언 이야기를 꺼냈다.

> 홍인 아들딸이 수천 명이라는 말을 할 시간도 없군. 숲에 사는 인디언이 아니라 미국대사막에 사는 인디언인데, 그들의 붉은 땅을 천천히 통과하면서 보았지. 가끔 그 자연의 아들들이 말을 타고 우리한테 전속력으로 달려오거나 평원 위에서 옷과 모포를 휘날리며 내달리면서 우리 천막이나 일행을 혼비박산(혼비백산)하게 했어. 얼굴에 칠을 하고 인디언 장비를 들고 있어서 정말 전사처럼 보였지.

나중에 대평원의 아메리카 원주민들(샤이엔족, 크로족, 포니족, 특히 수족)은 심각한 위협이 된다. 지금 당장은 많은 백인 여행자들로서는 놀랍게도 인디언과의 조우는 대체로 우호적이었고, 죽음이 아니라 부자연스러운 대화 시도와 함께 나누는 즐거운 시간으로 끝이 났다. 에드윈 브라이언트라는 여행자는 출정을 마치고 이제 막 돌아오는 수족 무리와 만난 일에 관해 썼다. 이주민들과 인디언들은 화기애애하게 사격 대결을 벌였다.

"인디언들은 아주 정확하고 강하게 멀리까지 화살을 날렸다. …… 그중 한 명은 명사수나 사냥꾼 같은 기술로 소총을 다뤘다. 콜트 회전식 권총을 빠르게 연달아 쏘는 걸 보여 주자 인디언들은 크게 놀랐다. 그 총을 한껏 우러러보아서 쏴 볼 생각도 하지 않았다."

브라이언트는 이런 말로 수족과 콜트리볼버의 첫 번째 만남을 기록해 두었다.

VI

조너선 드레이크 스티븐슨이 캘리포니아를 향해 뉴욕을 출발한 9월 말의 바로 그날, 멕시코의 미군 병력은 몬테레이시를 차지한 것을 축하하고 있었다. 멕시코전쟁이 5개월째로 접어든 시점에서 육군은 커다란 승리를 거두었다. 잭 헤이스와 새뮤얼 워커가 지휘하는 텍사스 순찰대의 도움을 받아 거둔 승리였다. 헤이스와 워커는 전투 초기에 전략적으로 중요한 산 몇 곳을 확보했지만 상당한 사상자가 발생했다. "맙소사, 나를 저 바위 뒤에 옮기고 내 리볼버를 줘." 순찰대원 로버트 애디슨 길레스피가 복부에 치명적인 관통상을 입은 뒤 한 말이다. "죽기 전에 저놈들 해치워야지."

산을 몇 곳 차지한 순찰대원들은 도시에 진입해서 집집마다, 지붕마다 튀어나오는 적을 해치우며 전진했다. 신속하게 움직이는 근접전에서 순찰대와 리볼버의 역량이 한껏 두드러졌다. 멕시코인들이 휴전을 요청하자 전선에서 계급이 가장 높은 지휘관이었던 워커가 페드로 데 암푸디아 장군을 만나러 가서 멕시코가 몬테레이를 미국에 넘기는 잠정적 조건을 논의했다.

휴전 이후에 미군은 승리한 군대가 이따금 벌이는 행동을 했다. 정복한 도시를 자기 집처럼 여기면서 약탈을 하고 무법자 행세를 한 것이다. 순찰대원들이 나쁜 짓만 골라서 했기 때문에 테일러 장군은 그들을 텍사스로 돌려보내려고 서둘렀다. "그자들이 부끄러운 잔학 행위를 저질렀다고 보고하게 되어 유감입니다." 순찰대원들이 떠나는 가운데 한 미군 장교는 "모든 정직한 멕시코인들이 순찰대가 지나는 경로에서 안전히 떨어져 있기를" 바랐다.

✳ ✳ ✳

워커는 이런 난동에 대해 비난받지 않았고 휴가를 받지도 않았다. 그해 가을 워커는 콜트가 탐냈고 워커 자신은 주저한 끝에 받아들이지 않기로 한 육군 장교로 임관했다. 이제 그는 미육군 기마소총병연대의 대위였다.

11월 초, 워커는 잭 헤이스와 함께 증기선에 올라 텍사스를 떠났다. 11월 12일 뉴올리언스에 도착한 두 사람은 선풍적인 인기를 끌었다. "수천 명이 두 사람을 따뜻하게 환영했는데, 그렇게 용감한 심장으로 그토록 대담한 행동을 한 주인공들이 전혀 허세를 부리지 않고 태도나 생각에 관한 선입견에서 그토록 자유로운 신사들이라는 감탄의 말을 거듭 들었다고 말한다 해도 두 사람이 용서해 주리라 믿는다."

뉴올리언스를 잠깐 방문한 뒤 잭 헤이스는 텍사스로 돌아갔고 워커는 다른 증기선을 타고 여행을 계속했다. 워싱턴에 가서 돈과 인원, 총기를 모아서 새로 연대를 꾸릴 생각이었다.

워커는 11월 22일에 수도 워싱턴에 도착했다. 다음 날 저녁 오드펠로스홀에서 열린 즉석 축하 파티에 모인 사람만 500명이 넘었다. "테일러 장군의 군대와 워커가 보여 준 용감한 행동을 기리는 찬사에 거대한 홀에 박수갈채가 거듭 울려 퍼졌다." 이윽고 영웅은 다시 북쪽으로 방향을 돌려 뉴욕으로 갔다. 샘 콜트가 그를 만나려고 기다리는 곳이었다. 일찍이 다른 사람을 구하려고 그렇게 전속력으로 달린 사람은 없었다.

* * *

콜트가 워커에게 쓴 첫 번째 편지의 초안에는 날짜가 적혀 있지 않다. 아마 워커가 뉴욕에 도착한 직후인 1846년 11월 말에 보냈을 가능성이 높다. "텍사스에서 온 신사 분들이 당신에 관해 하는 이야기를 자주 들은 터라 서슴지 않고 몇 가지 질문을 드리고 싶습니다. 제가 만든 연발식 총기를 사용한 경험과 멕시코전쟁에서 싸우는 군대에 이 총을 도입하면 어떨지 의견을 여쭙겠습니다."

> 또한 제 총기가 훌륭하다고 생각되면 대통령과 전쟁장관에게 권고해서 대위님 부대를 이 총으로 무장시키면 어떨지 하는 생각이 들었습니다. 처음 총기를 제작한 이래 개선된 점이 아주 많고, 대위님이나 다른 분들이 전장에서 총을 사용하면서 느낀 점을 알려 주시면 세계에서 가장 완벽한 총으로 만들 자신이 있습니다.

콜트의 편지는 정치인이나 군인에게 지지를 얻기 위해 지난 10년간 쓴 수십 통의 편지와 크게 다르지 않았다. 하지만 이번에는 전과 달리 무척 신속하게, 그것도 정중한 어조로 답장이 왔다. "선생의 요청에 따라 선생이 만든 회전식 특허 총에 대해 기꺼이 제 의견을 드립니다." 워커가 11월 30일에 쓴 편지다.

> 선생이 텍사스해군을 위해 만든 권총을 순찰대에서 3년 동안 사용했는데, 내가 이제껏 본 총 중에 유일하게 좋게 개량되어 있었다고 자신 있게 말할 수 있습니다. 실전 경험에서 그 가치를 알게 된 텍사스인들은 이 총을 무한정 신뢰하기 때문에 숫자

젊은 미국

가 네 배 많은 적과도 기꺼이 싸울 정도입니다.

워커는 1844년에 순찰대원들이 코만치족과 싸우면서 처음 콜트리볼버를 사용한 이야기를 들려주었다. 이 싸움을 비롯한 소규모 전투에서 콜트리볼버가 결정적인 역할을 했고, 순찰대원들이 "이런 대담한 모험"을 나설 정도로 자신감을 얻었다는 것이었다.

극찬하는 평가였지만, 총에 대한 은근한 비판으로 읽을 수 있는 내용도 있었다. 콜트 자신이 읽은 대로 하면 일종의 제안이었다. "조금만 개량하면 경기병용으로 세계에서 가장 완벽한 총이 될 거라고 생각합니다."

이 서신 왕래를 계기로 미국 제조업 역사상 손꼽히게 유명한 관계가 시작되었다. 한쪽에 있는 사람은 호텔과 공장과 사무실에서 거의 일생을 보낸 자신만만한 동부인이었고, 다른 편에는 말보다 행동이 앞서고 지붕 없는 야외에서 삶의 대부분을 보낸 과묵한 서부인이 있었다. 두 샘 사이에는 누구도 예상하지 못한 방식으로 변화하려는 참인 나라가 있었다. 하지만 둘 다 그 변화가 어떻게 일어났는지에 관해 할 말이 많았다.

바로 지금이다

1847~1848년

멕시코에서 새뮤얼 워커가 맞은 죽음에 관해서는 여러 설명이 있다. 이 판화는 그중 하나를 묘사한다. 워커가 죽기 며칠 전에 콜트에게서 받은 리볼버 두 정은 보이지 않는다.

I

1847년은 가짜 봄으로 시작되었다. 동부에서는 날씨가 워낙 따뜻해서 몇 달 먼저 꽃봉오리가 벌어지고, 어리둥절한 벌레들이 떼를 지어 나오고, 강물이 녹아서 얼음 장수들이 깜짝 놀랐다. 얼음 장수들은 여름철에 팔 얼음 창고를 어떻게 채워야 할지 막막했다. 이렇게 온화한 1847년 1월 초에 새뮤얼 콜트와 새뮤얼 워커는 "앞서 말한 콜트 특허 연발 권총을 …… 1,000정 또는 이후에 결정되는 대로 더 많은 수를 곧바로 생산하기로" 계약을 맺었다. 전쟁장관 윌리엄 마시가 1월 6일 계약서에 배서했다.

11월에 편지를 교환하기 시작한 이래 몇 주 동안 워커는 콜트와 대규모 거래를 했다. 무엇보다도 단독으로 군수부를 설득해서 오랫동안 콜트의 권총을 반대하던 입장을 일시적으로나마 뒤집었다. 소설처럼 들리지만 사실의 요소들이 담겨 있는 여러 일화가 신문을 통해 회자되었다. 한 일화에서는 군수부의 한 관리가 워커에게 군 고위 장교들이 콜트리볼버를 인정하지 않는다고 말한다. 어느 군수부 관리는 "스콧 장군이 콜트리볼버를 승인하지 않습니다."라고 말했다.

워커가 쏘아붙였다. "글쎄요, 나는 승인합니다. 그리고 난 그 총을 사용해 봤어요. 스콧 장군은 쏴 보지 않았지만요."

"그런데 1개 연대를 이 총으로 무장시키려면 일반 총보다 무려 비용이 세 배나 많이 듭니다."

워커가 대답했다. "내 연대에 콜트 연발총을 주면 당신이 가진 어떤 3개 연대든 갈겨 버리겠습니다."

이런 대화가 실제로 있었는지와 무관하게, 유명한 워커 대위의 의견은 워싱턴에서 부인할 수 없는 설득력이 있었다. 워커는 콜트가 수년간 이루지 못한 일을 불과 몇 주만에 달성했다. 콜트가 갑자기 총기 사업에 복귀한 것이다.

콜트에게 워커의 의미는 리볼버를 부활시킨 공로 이상이었다. 이 텍사스인은 또한 총의 설계도 바꾸었다. 계약 조항에 따라 그는 일종의 정부 대리인 노릇을 했다. 무슨 뜻이냐 하면, 새로 나오는 총은 그의 개인적 선호에 따라 만들어진다는 것이었다. 그리고 워커가 선호한 것은 이제까지 생산된 것 중에 가장 크고 강력한 권총이었다. 총구 끝에서 손잡이 뒤쪽까지 전체 길이가 15.5인치(약 39센티미터)가 될 예정이었다. 총신 길이만 9인치(약 23센티미터)였다. 주먹만 한 실린더에 여섯 발이 들어가서 콜트패터슨 권총보다 한 발이 많았고, 탄환 구경은 .44였다. 장전하지 않은 상태에서 전체 무게가 4.5파운드(약 2킬로그램)가 넘었다. 마침내 직접 쏴 볼 기회가 생겼을 때(몇 달 뒤의 일로 그는 그 직후에 사망했다) 워커는 기쁨을 감추지 못했다. "100야드(약 91미터) 거리에서는 일반 소총만큼 효과적이고, 200야드에서도 머스킷보다 뛰어나다." 콜트 자신의 평가는 유명하다. "이 총을 쏘려면 텍사스인이 필요할 것이다."

워커는 단순히 강력한 총이 아니라 실전에서 작동하기 쉬운 단순한 총을 원했다. 패터슨 권총의 애호가들도 장전하는 게 쉽지 않다는 점을 인정해야 했다. 다섯 발을 쏘고 나면 사실상 총을 분해했다가 조립해야 했는데, 차분한 상태에서 손을 떨지 않는 게 전장의 열기와 먼지 속에서는 거의 불가능한 일이었다. 패턴트암스제작사가 문을 닫은 직후에 콜트는 총기의 이런 문제점을 다루기 시작했는데, 이제 워커가 만족할 만큼 해결해야 했다. 훗날 콜트워커라고 불리는 새로운 총에서는 재장전하는 동안 실린더를 제거할 필요가 없었다. 꽂을대를 총열 아래에 부착해서 레버로 작동했기 때문에 총알과 화약을 밀어 넣는 별도의 도구가 필요하지 않았다. 콜트의 이전 설계를 세련되게 다듬은 것들로는 패터슨 권총보다 조준하기 쉽게 개선된 조준기와 노출 방아쇠(패터슨의 감춰진 드롭다운 방아쇠는 언제나 기발한 만큼 실용적이지 않았다) 등이 있었다. 거칠게 다루면 견디지 못한다는 패터슨에 대한 불만에 대처하기 위해 콜트워커는 "최고 품질의 단조 주강"으로 만들어졌다. 당시에 잉글랜드 셰필드에서 수입한 철을 의미하는 문구였다(퍼스앤드선스가 향후 몇 년간 콜트의 공급업체가 된다). 마지막으로 "조정이 거의 또는 전혀 필요 없이 호환되는 동일한 부품"으로 총을 만들었다. 훗날 총기를 비롯한 제조업체의 표준이 되는 동일한 기계 제조 부품에는 어울리지 않는 문구이지만, 올바른 방향으로 나아가는 걸음이었다.

1847년 초 몇 달 동안 워커와 콜트는 직접 만나거나 편지, 전신으로 총의 모든 세부 사항을 협의했다. 워커는 겸손하기로 유명했지만, 자신의 요구를 표현하는 데는 수줍어하지 않았다. "당신이 공급하겠다고 한 화약통은 …… 마음에 들지 않아요. 좁은 가죽끈에 맞게 더 단순하고 튼튼하게 만드는 게 좋겠어요." "조준기의 경우에는 가늠자를 더 정교하게 하고, 제공한 모델과 완전히 다른 모양으로 만드는 가늠쇠는 양은으로 만들되 길이 0.5인치(약 12.7밀리미터)에 폭은 8분의 1인치(약 3.18밀리미터)에서 16분의 1인치(약 1.59밀리미터)로 가늘어지게 해 주세요." "권총 손잡이가 약간 짧고 손에 꽉 차지 않는데, 많이 지연되지 않는다면 길이와 두께를 조금 늘려야 해요."

콜트는 워커의 개선 방안을 이의 없이 수용했다. 사실 그의 제안을 환영했다. 콜트가 고마움이라는 감정을 느끼기는 쉽지 않았지만, 그는 워커에게 진 빚을 진심으로 인정하는 듯 보였다. 콜트는 또한 워커가 가령 텍사스 순찰대가 걸핏하면 벌이는 전투에서 무엇이 효과가 있고 무엇이 없는지에 대해 자신보다 더 잘 안다는 것을 깨달을 만큼 현명했다.

분명 콜트는 자신에게 워커의 가치가 단지 영향력과 실용적 조언만이 아니라 그의 '존재' 자체에 있음을 어느 수준에서 인식했다. 워커는 콜트와 단짝을 이룸으로써 서부가 이제 막 근본적으로 변화하려는 바로 그 순간에 콜트와 그의 총을 서부의 하늘에 올려놓고 있었다. 콜트의 어린 시절에 서부란 켄터키와 일리노이 서부를 의미했다. 대니얼 분이 개척한 변경, 숲길, 콸콸 흐르는 시내, 사람 키만 한 소총 등이었다. 1840년대에 열린 변경은 숲과 강 너머, 동부인의 상상을 넘어선 서부였다. 그곳은 사방이 탁 트인 공간, 교활하지만 참으로 멋진 기마 인디언 부족들, 한 손으로는 고삐를 잡고 다른 손은 (워커와 그의 동료 순찰대원들이 준비하는 것처럼) 콜트 권총을 겨누면서 전속력으로 산맥을 가로지르는 백인 남자들의 서부였다.

II

하지만 콜트는 우선 총을 만들어야 했다. 워커가 멕시코로 돌아갈 때 가지고 갈 수 있도록 100정을 먼저 인도하기로 약속되어 있었다. 콜트가 이미 수십 정씩 권총을 뽑아내는 공장을 갖고 있더라도 달성하기 어려운 목표였을 것이다. 당시 상황에서는 공장도, 기계도, 인력도 없었다. 새로 총을 만드는 데 참고할 구형 총도 하나 없었다 (그는 나중에 구형을 입수하려고 신문에 광고까지 냈다고 말했지만, 이를 뒷받침하는 증거는 없다). 워커가 정한 기한을 가까스로라도 맞출 수 있는 유일한 방법은 이미 잘 돌아가는 무기 공장에 편승하는 것 뿐이었다.

워커와 만나고 며칠 만에 콜트는 엘리 휘트니 주니어에게 접근했다. 조면기 발명가이자 총기 제조업자의 아들로 스물일곱 살이던 그를 만나 뉴헤이븐 외곽의 휘트니빌에 있는 휘트니무기공장에서 자기 권총을 만들 수 있을지 논의하기 위해서였다. 엘리 주니어는 아버지와 달리 발명에 재능은 없을지 몰라도 수익성 좋은 무기 공장을 운영하면서 육군 납품용으로 독창적이지는 않아도 쓸모 있는 머스킷을 수천 정씩 제작하고 있었다. "제가 만든 연발식 권총을 제작하는 데 적합한 기계를 갖고 계시다면 바로 알려 주십시오." 12월에 콜트가 휘트니에게 보낸 편지다. "그리고 가능하다면 곧바로 군용으로 수천 정 제작하는 작업을 맡아 주실 수 있겠습니까?" 처음에는 약간 주저하다가 휘트니는 콜트의 제안에 동의했다. 모든 비용에 3,000달러를 추가로 받는 대가로 휘트니는 자기 인력과 기계를 콜트에게 맡겼다.

이미 휘트니무기공장에서 사용되고 있던 기계들 외에도 콜트에게는 새로운 기계와 도구가 필요했다. 반세기 전 엘리 휘트니 시니어와 마찬가지로, 그 역시 총기 생산을 시작하기에 앞서 이것들을 만들거나 구해야 했다. 이 일이 얼마나 벅차고 비용이 많이 들었는지, 콜트는 1월 18일 워커에게 보낸 편지에서 "일이 끝이 없다."라고 토로했다. "1,000달러 계약금에서 1달러도 못 챙기겠지만 이런 건 신경 쓰지 않습니다."

워커 또한 콜트처럼 군수부 관리들을 나쁘게 평가하게 됐지만, 그래도 콜트에게 미래를 내다보라고 격려했다. "항상 말했듯이 당신이 만든 총에 대한 수요가 많아질 거라고 장담합니다. …… 당신 총기를 도입하는 것이 중요하다는 걸 설득하려고 머저리들하고 입씨름하는 데 시간 낭비할 필요가 없어요. 내가 내세울 수 있는 최선의 논리는 실전에서 나올 거라고 편하게 생각하렵니다."

* * *

1847년 2월 26일, 워커와 100여 명의 신병이 볼티모어에서 기차에 올라 켄터키의 뉴포트병영으로 출발했다. 워커는 여기서 남부에 배치하기 전에 말을 모으고 병사들을 훈련시킬 예정이었다. "오늘 무사히 도착했어요." 1847년 3월 6일 워커가 쓴 편지다. "젊은이들은 다들 괜찮고, 필요한 건 총뿐입니다. …… 지금은 오로지 총 생각뿐이고, 여자가 앞에 있어도 그렇게 생각이 많아지지 않는군요."

워커는 2주 뒤에 다시 펜을 들었다. "제발 최대한 서둘러서 지금 당장 일부라도 권총을 보내 줘요. 병사들한테 총을 쥐여 주고 말에 태워 훈련을 시작해야 합니다. …… 이제 모든 게 당신한테 달렸어요."

3월 말, 워커와 병사들은 증기선에 올라 남쪽으로 항해를 시작했다. 오하이오강과 미시시피강을 거치는 길이었다. 뉴올리언스에서 남쪽으로 1,600킬로미터 떨어진 멕시코만 안에 있는 항구 도시 베라크루스가 종착지였다. 그곳에서 멕시코시티로 진격하는 윈필드 스콧 장군과 합류할 예정이었다. 병사들이 강을 따라 나아가는 순간 도시 여자들이 강변에 줄지어 서서 배가 보이지 않을 때까지 손수건을 흔들었다. "그 사람들은 물론 우리에 대해 좋은 이야기를 듣기를 기대하고 있지요." 증기선에서 워커가 콜트에게 쓴 편지다. "그리고 나는 그들을 실망시키는 일이 없도록 신속하게 당신 총을 일부라도 받기를 고대하고 있습니다."

워커는 뉴올리언스에서 콜트에게 재촉하는 편지를 몇 통 더 부쳤다. 4월 28일에는 5월 1일에 "전쟁터"를 향해 출발할 예정이라고 알리기 위해 다시 편지를 보냈다. "베라크루스로 곧바로 나한테 권총을 보내도록 만반의 준비를 해 두었으리라는 기대를 다시 표명하는 것 말고는 할 수 있는 일이 없군요."

III

워커가 간절하게 부탁하고 콜트가 단단히 약속을 했는데도, 권총이 완성되려면 아직 한참 남은 상태였다. 콜트는 여러 가지 난관과 좌절, 지연에 봉착했다. 리볼버를 제작하기 위한 기계와 금형을 마련하는 것 말고도 다른 재료도 제때 공급받지 못했다. 코네티컷주 윈저록스의 한 회사에 미완성 상태의 강철 실린더 제작을 맡겼는데 제때 보내 주지 않았고, 마침내 뉴헤이븐에 도착한 실린더는 재질이 약해서 약실 구멍을 뚫을 수 없었다. 이때쯤이면 콜트는 금속 재료를 다뤄 본 경험이 많아서 철에 탄소 함량이 너무 많은 게 문제임을 대번에 알아챘다. 콜트는 슬레이트앤드브라운이라는 회사에 금속을 "강화"해 달라고 요청했다. 천천히 가열해서 탄소 함량을 줄이고 연성을 높여서 더 부드럽고 유연하게 만들어 달라는 것이었다. 또한 탄소를 일부 걸러 내기 위해 "일반적인 나무 재와 부드러운 연철 부스러기" 안에 담가 놓으라고 제안했다.

6월 초, 워커의 소총 중대에 전달할 권총 1차 생산분 220정이 마침내 완성되었다. 검사관이 여러 단계로 리볼버를 시험하느라 또 한 달이 지나 6월 26일이 되어서야 운송 준비가 끝났다.

휘트니빌에서 등장한 총기는 완벽한 것과는 거리가 멀었다. 일반적인 총기로 오래가기에는 크기가 기형적으로 컸다. 무게도 무거워서 말이 없으면 휴대하기가 곤란하고 웬만한 팔 힘이 아니면 조준도 쉽지 않았다. 길기도 해서 일반적인 총집에 들어가지도 않았다. 주먹 크기의 실린더는 너무 큰 탓에 병사들이 종종 약실에 화약을 너무 많이 채워 총 자체가 폭발하기도 했고, 장전 레버는 편리하기는 해도 반동 때문에 튀어나오는 일이 잦았다. 그렇다 하더라도 콜트워커는 놀라운 권총이었다. 이제껏 생산된 총기 가운데 가장 효율적이고 강력한 다연발 살상 도구였다.

콜트워커는 또한 애초에 만들어진 목적, 멕시코인을 사살하는 것을 논외로 한다면 솔질로 표면을 마감한 강철과 검은호두나무로 된 멋진 물건이었다. 꾸밈없는 깔끔한 선은 다음 세기 미국의 모더니즘 디자이너들도 받아들일 만큼 우아했다. 완성품에는 총기 번호와 총을 사용할 소총중대의 이름이 각인되었다. 실린더에는 희미하게 그림이 새겨져 있었는데, 뉴욕에서 명성이 자자한 조각가 워터먼 릴리 옴스비가 1844년 6월 코만치족과 싸우는 텍사스 순찰대를 묘사한 그림이었다. 패터슨 권총에 새겨진 음각과 마찬가지로, 이 그림도 콜트 총기의 진품 보증서인 동시에 이미 텍사스의 전설로 자리 잡고 미국의 신화로 굳어지고 있던 광경을 떠올리게 만들었다.

휘트니 공장에서 모두 합쳐 1,100정에 육박하는 콜트워커가 만들어졌다. 군이 주문한 1,000정 외에 콜트가 직접 85정 정도를 챙겼다. 일부는 일반 시장에서 팔 생각이었지만 증정품으로 줄 생각도 있었다. 패터슨에서 일할 때 총을 증정품으로 주는 관행을 채택한 바 있었지만, 이번에는 전략적인 선물 공세에 나섰다. 이런 관행은 총 자체만큼이나 콜트 브랜드에서 중요하게 된다. 콜트는 자기 총을 적임자들(광고 전문가들이 훗날 붙인 이름대로 하면 "인플루언서들") 손에 쥐여 줌으로써 인기를 끌어올렸다. 보다 직접적으로는 영향력을 샀다고 할 수 있었다. 모든 선물에 보상이 따라왔기 때문이다. 호의, 보증서, 다른 유력한 인플루언서의 소개 등이었다.

콜트에 따르면, 단기적으로는 이 총으로 아무런 수익을 벌지 못했다. "처음 1,000정을 팔아서 2만 8000달러를 손에 넣었다." 몇 년 뒤 회고한 말이다. "투입한 비용을 생각하면 얼추 본전이었다." 하지만 7월 13일, 마시 장관이 추가로 권총 1,000정 구매 계약을 맺으라고 군수부에 지시를 내렸다. 역시 콜트의 마음에 차지 않는 소규모 주문이었지만, 미래를 위한 계획을 세워야 한다고 자신감을 불어넣기에는 충분한 규모였다. 이제 자기 총기를 만들 장소가 필요했다.

IV

콜트는 그해가 시작된 때부터 무기 공장을 짓는 것을 생각하고 있었다. 일찍이 1월에 콜트워커의 설계를 고안하고 기계와 인력을 빌려 달라고 엘리 휘트니 주니어를 설득했을 때, 공장을 지을 자본을 투자하라고 아버지에게 부탁한 바 있었다. 어떤 이유에서인지 그는 아버지가 이런 모험적 사업에 투자할 여윳돈이 있다고 믿었다. "유감이다만, 너를 도와줄 힘이 없구나." 크리스토퍼는 이제 예순여섯 살인 데다 계속 건강이 좋지 않았다. "내가 가진 푼돈이나마 내주고 싶지만 지금처럼 쇠약한 상태로는 내 의무를 다할 수가 없단다."

콜트는 계속해서 고모이자 더들리의 어머니인 에설린다 셸던에게 연락했다. 에설린다는 고모부인 조지프가 1835년에 매입한 콜트의 특허권 지분 8분의 1 가운데 절반, 즉 16분의 1을 상속받아 소유하고 있었다(나머지 16분의 1은 더들리가 가졌다). 고모 에설린다에게 보낸 편지에서 콜트는 겉으로는 특허 지분 임대 조건에 관해 이야기하며 공장에 투자하도록 설득하려고 했다. "멕시코전쟁이 계속되면 공장으로 돈을 벌 수 있고, 장담하는데 고모가 총기 제작에 도움을 주면 두둑하게 수익금을 받으실 수 있습니다." 반대로 총기를 제작할 방법을 찾지 못하면, 고모가 가진 특허 지분은 "땡전 한 푼 값어치도 없을" 것이었다. "제가 볼 때, 우리가 가진 수단으로 사업을 시작해서 계속 실행할 수만 있으면, 추가 수익을 실현하는 건 땅 짚고 헤엄치기입니다."

더들리의 형제인 조지 셸던이 어머니 대신 답장을 보냈다. "어머니가 대신 답을 해 달라고 하시는데, 전망이 아무리 좋아도 어머니는 그 제조업에 절대 관여하지 않겠다고 하시네." 다른 이들이라면 이 답장을 셸던 집안이 단호하게 거부한 것이라고 받아들였을 것이다. 하지만 콜트는 그렇지 않았다. 그 대신 그는 더들리에게 편지를 보내 그에게 공장에 투자할 것을 권했다. 7,000달러만 있으면 뉴욕에 적당한 건물을 올릴 수 있다는 것이었다.

셸던이 거절하자 콜트는 이 문제를 잠시 내려놓았다가 다시 시도했다. "이 문제를 생각하면 할수록 내가 세우자고 제안한 시설에 딱 맞는 곳이 바로 뉴욕이라는 확신이 들고, 만약 형이 이 목표를 이루는 걸 도와주면 정말 고마울 거예요." 셸던은 이번에도 거절했다. 콜트의 첫 번째 총기 사업에서 1만 달러 정도를 손해 보고, 이후 존 C. 콜트를 변호한 대가로 휴지 조각이나 다름없는 수중포대사 주식을 받았던 셸던으로서는 실패할 게 빤한 콜트의 값비싼 사업에 다시 휘말리는 일을 꺼렸을 법하다. 이 계획으로 콜트가 부자가 되리라는 걸 어떻게 알 수 있었겠는가?

결국 콜트는 하트퍼드에 장소를 잡았다. 펄스트리트에 있는 "나이 지긋한 브런리 씨" 소유의 4층짜리 벽돌 건물이 1년에 250달러라는 싼값에 나와 있었다. 설상가상으로 콜트는 하트퍼드에서 사촌 엘리샤 콜트를 만났는데, 노끈 공장이었던 곳을 총기 공장으로 바꾸는 데 필요한 자본을 기꺼이 투자하려고 했다. 아버지 크리스토퍼의 형제의 아들인 엘리샤는 하트퍼드외환은행의 창구 직원이었다. 그는 1년 안에 행장이 된다. 사촌들은 샘에게 "1만 4000달러가 …… 넘지 않는" 신용 대출을 주선해주었다. 큰 액수는 아니지만 그래도 일을 진척시키는 데는 충분했다.

펄스트리트로 옮긴 것은 일종의 귀향이었다. 건물은 앤슨 체이스가 콜트의 첫 번째 권총을 만들던 메인스트리트의 작업장에서 두 블록 거리이고, 콜트의 아버지와 의붓어머니가 아직 살고 있는 메인스트리트 229 1/2번지에서 걸어서 금방이었다. 몇년 전에 로즈힐에서 이사를 나간 리디아 시고니가 근처에 살았고, 다른 낯익은 얼굴들도 많았다. 하지만 어린 시절 이래 하트퍼드에서도 많은 게 바뀌었다. 인구(1850년 인구 조사로 1만 3500명)가 1820년에 비해 세 배 가까이 늘었고, 이후 10년 만에 다시두 배 늘어난다. 철도가 1839년에 들어와서 로즈힐 옆을 지나며 한때 목가적이던 멋진 장소를 연기와 재로 뒤덮었다.

1840년대에 하트퍼드는 많은 미국 도시들이 성장한 것과 같은 이유로 빠르게 성장했다. 유럽에서 기근과 전쟁에 밀려난 이민자들이 더 나은 삶을 찾아 미국으로 쏟아져 들어오기 시작했는데, 많은 이들이 도시 지역에 정착했다. 동시에 증기력이 개선되어 수력을 대체하는 안전하고 값싼 대안이 되었다. 이제 더는 개천이나 강 바로 옆에 공장을 세울 필요가 없었다. 어디서나 공장을 가동할 수 있었고, 노동력과 교통수단(유료 도로, 선박, 그리고 지금은 철도 노선)을 대규모로 갖춘 도시는 당연히 공장이 들어설 최적의 입지였다. 콜트가 하트퍼드로 돌아오기 1년 전, 제임스 L. 하워드앤드컴퍼니가 로즈힐 근처 어사일럼스트리트에 최초로 큰 공장을 지었다. 1848년에서 1850년 사이에는 철도 차량 제작업체인 트레이시앤드페일스와 보일러를 비롯한 대형 기계를 만드는 철공업체인 우드러프앤드비치 등 적어도 네 곳의 공장이 문을 열었다.

콜트는 뉴욕만이 아니라 보스턴이나 노샘프턴, 심지어 세인트루이스까지 공장 후보지로 생각했다. 하트퍼드가 가장 안성맞춤이었는데, 어린 시절을 보낸 고향이었기 때문이 아니다. 미국의 다른 어느 곳도 코네티컷강 유역보다 훌륭한 금속 절단 기술을 보유하지 못했고, 코네티컷 양키만큼 총기 제작 지식이 풍부한 사람들은 없었다.

* * *

펄스트리트에서 처음 생산된 총기는 공이치기, 스프링 등 휘트니에서 사용하지 않은 부품과 콜트워커용으로 타공하고 가공했으나 결국 어디에도 사용되지 못한 실린더를 이용해 만들어졌다. 콜트는 기존 부품에 새로운 부품을 추가해서 이런 "과도기" 총기 240정 정도를 만들었다. 그리고 정부가 새로 주문한 1,000정을 생산하기 시작했다. 처음에 기병대용으로 만들었기 때문에 드러군dragoon(용기병)이라고 알려지는 총기다. 이 리볼버는 좀 더 다루기 쉽도록 콜트워커보다 총신이 1.5인치(약 3.8센티미터) 정도 짧고, 실린더는 4분의 1인치(약 6밀리미터) 짧으며, 몇 온스(1온스는 약 28그램. - 옮긴이) 가벼웠다.

1847년 9월이 되자 총기 거래업자, 군인, 일반 시민들의 주문이 속속 들어왔다. 최초 주문 중 하나는 포크 대통령이 한 다리 건너서 주문한 것이었다. 대통령은 동생에게 리볼버를 한 쌍 주고 싶어 했다. 육군 장교인 동생은 리볼버를 구하고 싶어서 "안달이 난" 상태였다. 샌안토니오의 윌리엄 C. 핑크도 주문을 했는데, "변경 연대에서 일하는 측량사와 장교들"이 쓸 리볼버와 소총 각 스물네 정을 원했다. 멕시코 파견을 지시받은 해군의 주니어스 보일은 콜트리볼버를 구하다가 결국 사지 못했다. 그는 준비되는 대로 바로 한 정을 보내 달라고 요청했다. W. D. 리는 베라크루스로 가는 길이었는데, 가지고 가서 팔 총을 입수하려고 했다. 켄터키주 히크먼의 신문 발행인 제시 리는 "귀사의 신형 연발 권총 두 정을 (최대한 빠른 시일 내에) 구입하고" 싶어 했다. "한 사람이 휴대하지 못할 정도로 너무 크지 않으면서도 긴급 상황에서 믿을 수 있을 만큼 충분히 큰 사이즈여야 합니다." 리는 자신이 히크먼에서 꽤 영향력이 있는 사람이고 총도 잘 쏜다는 걸 콜트가 알기를 원했다. "어떤 때는 격발이 되고 어떤 때는 안 되거나, 어떤 때는 총알이 곧바로 날아가고 또 어떤 때는 오른쪽이나 왼쪽으로 휘는 물건을 보내면 안 됩니다. 그런 권총은 이미 많이 있으니까요."

V

휘트니 권총이 소총중대에 전달되기 한참 전에 새뮤얼 워커는 세상을 떠났다. 전쟁과 관료제라는 장애물 때문에 군수부의 검사를 통과한 뒤에도 운송이 지체되었던 것이다. 마침내 베라크루스로 총기가 발송됐을 때에도 정부 창고에 몇 달간 처박혀 있어서 워커는 헛되이 기다리기만 했다.

워커는 마침내 콜트가 자기에게 특별히 선물로 보낸 총 두 정을 받았다. 1847년 가을에 이 총이 도착했을 때, 그는 중대와 함께 베라크루스에서 내륙으로 161킬로미터 들어간 페로테라는 소읍에 주둔해 있었다. 페로테성이라고 알려진, 18세기에 에스파냐가 지은 요새였다. 미국인들이 이 요새와 주변 지역을 점령했지만, 멕시코 반란자들은 베라크루스와 9월 14일에 윈필드 스콧 장군이 손에 넣은 멕시코시티 사이의 공급선을 쉴 새 없이 공격했다. 워커와 병사들이 맡은 임무는 이 반란자들을 저지하는 것이었다. 텍사스 순찰대원 경력이 있는 워커는 이 임무에 적임자였다.

멕시코시티 함락은 중요한 승리였지만, 정작 미국에서는 전쟁에 대한 지지가 줄어들고 있었다. 미국의 많은 젊은이가 약하지만 주권이 있는 나라의 땅을 빼앗기 위해 그 나라를 정복하느라(전쟁을 지지하는 이들도 동의할 수밖에 없었다) 목숨을 잃었다. 이 모든 일을 받아들이기가 더욱 어려운 것은 수치스러운 행위에 관한 이야기들이 북부의 신문사들에 흘러 들어왔기 때문이었다. 그 대부분이 텍사스 순찰대의 소행이었다. 어떻게 보면 정규군을 위한 희생양이었지만 마땅히 비난받을 만했다. 워커도 야만적 행동을 용납한다는 비난을 받은 적이 있는데, 정찰 원정을 나갔다가 포로를 데리고 돌아오는 법이 없었기 때문이다.

1847년 10월 5일 밤, 워커는 동생에게 편지를 쓰면서 아침에 출발한다고 말했다. 조지프 레인 장군의 지휘 아래 페로테에서 서쪽으로 80킬로미터 정도 떨어진 피나르의 좁은 통로에서 산타안나가 이끄는 8,000명 부대와 싸우러 가는 길이었다. "회전식 권총이 있으면 산타안나를 생포하거나 죽일 수 있다고 확신할 텐데. 베라크루스에 있는 여러 장교들한테 총을 보내 달라고 세 차례나 편지를 보냈고 총이 베라크루스에 도착한 뒤로 마차대가 두 번이나 왔는데, 잭 헤이스가 나타날 때까지는 총을 손에 넣을 가망이 없어. 직접 받으러 가겠다고 몇 번이나 신청을 했는데도 소득이 없네."

적어도 이제 자기에게는 두 정이 있다고 동생에게 말했지만, 부하 병사들은 아직 리볼버를 받지 못했다. "아직 리볼버를 본 장교가 없는데, 다들 그 총을 극찬하고 기병대 장교들도 가능하면 그 총을 받고 싶어 하더군."

나흘 뒤 워커가 페로테 서쪽 80킬로미터 지점에 있을 때, 레인 장군은 산타안나의 군대가 멕시코시티로 향하는 도로상에 있는 우아만틀라시에 있다는 정보를 입수했다. 레인은 워커와 기병 60명을 돌격대와 정찰대로 먼저 보내고 1,500명이 넘는 보병을 바로 따라가게 했다.

워커는 오후 일찍 우아만틀라에 도착했다. 산타안나는 어디에도 보이지 않았지만, 멕시코 포병과 창기병 500명이 도시를 지키고 있었다. 워커는 주 광장으로 돌격을 지휘했는데, 기병대가 자리를 지키던 멕시코인들을 순식간에 압도했다. 전투가 끝나고 고요한 가운데 (미국 신문들에 나온 첫 번째 기사에 따르면) 죽은 멕시코 군인의 아버지가 실성한 모습으로 갑자기 광장으로 뛰어들어서 워커를 뒤에서 창으로 찔렀다.

이후 몇 주 동안 우아만틀라에서 벌어진 사건이 여러 판본으로 신문에 등장하는데, 나중에는 그 자리에 있었다고 주장하는 병사들도 여러 가지 설명을 내놓았다. 어떤 이야기에서는 워커를 죽인 남자가 단순히 슬픔에 빠져 복수하려는 아버지가 아니라 "유명한 게릴라 대장"이다. 다른 이야기에서는 워커가 창이 아니라 총에 맞았고, 쓰러지기 전에 리볼버를 두 발 쏴서 공격한 이를 죽였다. 또 몇몇 설명에서는 대포알에 워커의 머리가 날아갔는데, 이것이 사실이라고 해도 다음에 이어지는 이야기는 쉽게 상상이 되지 않는다. 이 이야기에서 워커는 죽으면서 부하들에게 말한다. "너희들의 대위는 죽지만 절대 항복하지 마라, 제군들." 또 다른 신문은 워커가 죽으면서 남긴 말을 다음과 같이 전했다. "제군들, 전진하라. 한 발짝도 움찔하지 마라. 내가 죽는 건 나도 알지만, 항복하지 마라." 또 어떤 신문은 이렇게 보도했다. "항복하지 마라, 제군들. 보병 부대가 곧 여기로 온다."

보병 부대가 오기는 했다. 미군 병사들은 워커의 시신을 수습해서 페로테로 가져갔지만, 우선 용감한 대위의 죽음에 격분한 병사들이 우아만틀라에서 약탈과 테러를 자행했다. 살아남은 멕시코인들은 쉽게 잊을 수 없는 광경이었다. 이 이야기는 미국 신문에 나오지 않았고, 워커 대위의 죽음은 몇 주 동안 애도되었다.

VI

워커가 죽고 석 달 뒤인 1848년 1월 24일 월요일 아침, 제임스 마셜이라는 기계 기술자가 시에라네바다산맥 서쪽 측면의 숲이 무성한 기슭인 아메리칸강 변에 새로 세워진 제재소의 수로를 따라 걷다가 물속에서 뭔가 반짝거리는 것을 발견했다. 역사학자 H. W. 브랜즈가 말한 것처럼, "인간의 삶을 완전히 뒤바꿔 버린 드문 순간들 가운데 하나였다." 마셜은 노동자들이 아침을 먹고 있던 오두막으로 서둘러 돌아왔다. 그가 외쳤다. "친구들, 내가 금광을 발견한 것 같아!"

1848년 1월 캘리포니아에서 금이 발견된 것은 미국 초창기에 걸핏하면 섭리의 작용처럼 일어난, 좀처럼 믿기 어려운 우연의 일치 가운데 하나였다. 제임스 K. 포크가 직접 아메리칸강에 금을 심어 놓았더라도 그렇게 기가 막히게 타이밍을 맞출 수는 없었을 것이다. 마셜이 금을 발견하고 불과 1주일여 뒤인 1848년 2월 2일 수요일, 시에라네바다산맥에서 벌어지는 사태를 알지 못하는 가운데 멕시코와 미국의 관리들이 과달루페이달고조약에 서명했다. 미국이 1,500만 달러의 헐값을 내고 130만 제곱킬로미터가 넘는 멕시코 땅을 넘겨받기로 한 것이다. 그중에서도 알짜배기는 면적이 가장 넓은 캘리포니아였다. 여기에 텍사스와 오리건을 합하면 미국은 이제 포크가 대통령이 된 3년 전에 비해 130만 제곱킬로미터(33퍼센트)가 넓어졌다.

대다수 역사학자들은 멕시코전쟁을 끝내는 조약이 체결된 그날 남북전쟁이 불가피해졌다는 데 동의한다. 이로써 갑자기 노예제의 미래가 다급한 문제가 되었다. 이 새로운 영토는 어떤 종류의 땅이 되어야 할까? 노예주인가 자유주인가, 아니면 그 둘을 결합한 어떤 건가? 지금까지 미국은 복잡한 문제의 불씨를 애써 외면하는 식으로 노예제를 다뤘지만, 이제 평화로운 방식으로는 이 문제를 해결할 수 없다는 것이 분명해졌다. 타협으로도 법률로도 불가능했다.

또한 멕시코 땅을 차지한 결과, 서부에 사는 아메리카 원주민의 운명도 확정되었다. 평원과 산악지대의 부족들은 동부에 있는 백인들을 의식하고 살아왔지만, 질병과 술을 제쳐 두면 백인은 아직 심각한 위협이 되지 않았다. 하지만 이제 사정이 바뀌게 된다.

샘 워커는 죽었지만, 샘 콜트의 시대가 마침내 도래했다. 그해 12월 옛 친구에게 보낸 편지에서 콜트는 솔직하게 속내를 털어놓았다. "이제 돈 벌 시간이야."

아! 캘리포니아

1848~1850년

1850년대에 콜트는 유명한 서부 화가 조지 캐틀린에게 리볼버가 등장하는 회화 연작을 그려 달라고 주문했다. 캐틀린의 작품을 바탕으로 제작한 이 석판화에는 콜트 총기로 버펄로를 사냥하는 화가가 등장한다.

I

금이 발견되었다는 소식은 1848년 늦여름까지도 동부에 전해지지 않았다. 그해 9월 《뉴욕헤럴드》는 독자들에게 소식을 전한다. "캘리포니아로부터 조금 늦었지만 흥미로운 정보를 받았다. 아주 가치가 높은 금광이 발견되었다는 중요한 이야기다." 이틀 뒤 좀 더 자세한 내용을 전하면서 《뉴욕헤럴드》는 캘리포니아 통신원이 인정한 것처럼 "소설보다 더 기묘한" 사실을 후속 보도한다. "내가 캘리포니아 사람이 아니라 뉴요커라면 신문을 집어 던지면서 소리칠 것이다. '강물에 금이 번쩍거린다는 터무니없는 소설을 늘어놓느니 베넷은 적어도 그럴듯한 전설과 이야기로 지면을 채우는 게 나을 거야.'" 하지만 전부 사실이었다. 사람들이 하루에 5달러에서 30달러, 심지어 100달러어치 금을 긁어모았다. "아! 캘리포니아, 과연 어떻게 될까?"

1848년 초에 콜트는 캘리포니아에 앞으로 무슨 일이 생길지 전혀 알지 못했지만,

젊은 미국

마치 미래를 꿰뚫어 보기라도 하는 것처럼 준비하면서 그해를 보냈다. 펄스트리트 공장은 이제 하루에 수십 정씩 총을 생산하고 있었다. 휘트니나 시미언 노스의 공장 같은 대규모 민간 무기 공장에 비하면 보잘것없는 생산량이었지만, 이런 더딘 시작조차 콜트에게 유리하게 작용했다. 휘트니빌에서 급박한 상황을 겪고 난 뒤, 콜트는 이제 회사를 어느 정도 신중하게 꾸릴 수 있었다. 오랜 친구 C. B. 자브리스키에게 한 말이다. "두 발로 걷기 전에 기어야 하고 어떻게 뛰어들지 아주 신중하게 살펴야만 해."

과거에 저지른 가장 큰 실수가 사업 관리를 다른 이들에게 양보한 것이라고 생각한 콜트는 실수를 되풀이하지 않기로 마음먹었다. 새 회사는 주식회사가 아니라 개인 기업이어야 했다. 헌장이나 주식 판매 등은 생략하고, 누구도 자기에게 이래라저래라 할 수 없었다. "나 혼자 힘으로 일하면서 내 사업을 통제하고 관리할 거야." 자브리스키에게 한 말이다. 콜트는 "어리석고 정직하지 않은 무리가 이사회랍시고 주제넘게 나서는 걸 내버려 두지" 않을 셈이었다.

1836년에 주의 인가와 이사회의 승인을 받아 패턴트암스제작사를 설립한 것과 비교하면, 콜트가 즉석에서 직원을 꾸린 이 새로운 회사의 설립은 비공식적이고 즉흥적인 과정으로 보였다. 하지만 이렇게 해서 무기 공장은 일종의 콜트 자신의 몸이 확장된 존재가 되었다. 사업 관리를 돕고 총기를 판매하기 위해 그가 고용한 인원은 거의 모두 친인척이나 오랜 지인이었다. 사촌인 엘리샤가 경영 책임을 일부 맡고 동생 제임스가 이후 10년간 들락날락한 것 외에도 의붓어머니의 형제인 루서 P. 사전트를 비서이자 관리자로 데려왔다. 일찍이 패터슨 시절에 콜트를 위해 판매를 일부 맡았던 군의관 자브리스키는 이번에도 일종의 대리인이 되어 판매 수수료를 받았다. 공장 작업은 40~50명의 직원이 맡았는데, 대부분이 패터슨이나 휘트니빌 시절부터 콜트가 아는 이들이었고, 일부는 급여를 더 많이 주겠다고 꾀어서 하트퍼드로 데려온 사람들이었다.

직접 고용한 인원만큼 중요한 몇몇은 뭐라고 딱히 규정하기 어려운 사이였다. 거의 대부분 텍사스 출신이었다. 새뮤얼 워커와 존 커피 헤이스 다음으로 가장 유명한 텍사스 순찰대원인 벤 매컬러도 그중 하나였다. 매컬러는 저 유명한 워커스크리크전투에는 참여하지 않았지만, 텍사스에서 벌어진 다른 주요한 전투에서 경험을 쌓은 인물이었다. 워커나 헤이스와 마찬가지로 그도 말보다 행동이 앞서는 사람으로, 위험이 닥쳐도 얼굴 하나 변하지 않는 맹렬하고 유능한 싸움꾼이었다. 두 사람과 다른 점이 있다면, 매컬러는 텍사스인에 어울리게 키가 180센티미터가 넘었고 앞짱구에 하관이 넓었다.

매컬러는 휘트니빌에서 만든 권총을 선물로 받은 뒤 1848년 3월에 콜트와 편지를 주고받기 시작했다. 이제 콜트가 그 대가를 요청할 차례가 되었다. "대통령에게 편지를 보내 이 총이 멕시코와 다른 변경에서 얼마나 소중한지 의견을 표명하십시오. 이 총의 장점을 실전에서 시험한 경험을 사례를 들어 잘 말씀해 주세요. 제가 워싱턴에 가기 전에 대통령이 검토할 시간이 생기면 바로 편지를 쓰시고, 제게도 사본을 한 통 보내세요." 콜트가 이런 편지에서 말하는 태도는 인상적이다. 부탁을 한다기보다는 지시를 내리는 듯 보인다. 며칠 뒤, 매컬러는 콜트가 지시한 대로 포크 대통령에게 편지를 썼다.

＊ ＊ ＊

멕시코전쟁 이후 시기에 워싱턴에서 콜트의 가장 중요한 협력자는 토머스 제퍼슨 러스크라는 내커도치스 출신의 연방 상원의원이었다. 마흔네 살인 러스크는 거의 동료 상원의원인 샘 휴스턴만큼이나 극찬을 받는 텍사스의 전설이었다. 상원에 들어가기 전에 러스크는 샌저신토전투에서 휴스턴 밑에서 장군으로 활약했고, 나중에는 텍사스공화국 전쟁장관을 맡았다. 1838년에는 텍사스에서 체로키 인디언을 몰아내는 작전을 지휘했다. 휴스턴이 인디언을 특별히 아끼고 몇 명은 친구로 여긴 것과 달리 러스크는 만나는 인디언마다 살려 두는 법이 없었다.

《뉴욕타임스》가 말한 것처럼, 러스크는 "퉁명스럽고 솔직하며 거침없는" 성격이라 위협적인 인물일 수 있었다. 대니얼 웹스터는 그가 상원에서 가장 정신이 반듯한 사람이라고 여겼다. 결단력과 지성에도 불구하고 그는 이따금 변덕스럽고 난폭한 모습을 보였다. 누군가의 설명에 따르면, "젊은 시절 그는 잠깐씩 걷잡을 수 없이 방탕에 빠졌는데, 그럴 때는 자기를 통제하지 못했다. …… 그런 순간이면 친구들은 종종 그가 무기로 자해를 할까 두려워했고, 그의 손이 닿지 않도록 최대한 멀리 칼이나 총을 치워 놓았다." 실제로 러스크는 결국 1857년에 머리에 소총을 쏴서 자살하는데, 1848년에는 상원 군사위원회의 유력한 위원장으로 권한이 정점에 달해 있었다.

러스크는 2년 전에 멕시코전쟁을 위해 콜트의 연발식 소총 200정을 구매할 것을 군에 요청하는 결의안을 내놓으면서 콜트의 총을 지지한 바 있었다. 콜트는 상원의원에게 지지에 감사하다는 편지를 보냈고, 러스크는 콜트의 총을 홍보하기 위해 최선을 다하겠다고 그를 안심시키는 답장을 보냈다. "지금까지 발명된 총기 가운데 가장 효과적인 총이라고 믿기 때문입니다."

1848년 봄과 여름에 러스크는 다시 전쟁부에 콜트 총기를 대량 주문할 것을 촉구했다. 총기 구매를 위한 자금을 제공하는 법안을 상원에 제출했고, 이 총을 찬양하는 노래를 불렀다. 하지만 러스크의 노력을 가로막는 수많은 장애물이 여전히 있었다. 가장 큰 장애물은 언제나 그렇듯 군수부였다. 패턴트암스제작사가 운영되는 동안 군수부의 반대를 이끈 것은 조지 봄퍼드 대령이었다. 이제 봄퍼드보다 훨씬 더 적대적인 조지 탤컷 대령이 고비마다 콜트의 다리를 걸었다.

탤컷이 일부러 딴지를 건다는 콜트의 의심은 1848년 4월 5일 군수부가 콜트의 총기에 관해 최신 견해를 보고하면서 확인되었다. 콜트 총기는 너무 비싸고 "두 개 이상의 약실에서 동시에 격발되는 사고가 일어나기 쉽다."라는 것이었다. 탤컷 대령은 "대담한 사람"이 우월한 무력과 마주치는 것 같은 특별한 상황에서는 콜트리볼버가 유리할 수 있다는 점을 인정하면서도, 콜트 총기가 이제 자동적으로 텍사스 순찰대와 연상되는 점을 비꼬면서 한 마디 덧붙였다. "콜트 권총을 평범한 병사의 손에 쥐어 주면 병사가 '잭 헤이스'로 변신할 것이라고 생각하는 사람이 있다면 분명 실망할 것이다."

러스크는 격려하는 말로 콜트의 기운을 북돋웠다. "당신 총이 현재 나라 전체의 입에 오르내리고 있어요. 총을 사용하면서 이점이 드러나고 실전에서 확실히 인기를 얻으면 의회 통과는 식은 죽 먹기가 될 테고, 틀림없이 추가로 보상을 얻게 될 겁니다."

하지만 러스크가 1848년에 콜트에게 베푼 가장 큰 도움은 멕시코전쟁이 끝나면서 콜트리볼버의 시급한 필요성이 사라졌음에도 총기 확보의 근거를 마련해 준 것이었다. 러스크는 멕시코를 제압했어도 서부인들 앞에 놓인 위협의 절반만 해결되었을 뿐이라고 주장했다. 그러면서 그해 8월 대통령에게 보낸 편지에서 콜트 총기 도입을 지지할 것을 촉구했다. 텍사스와 멕시코만이 아니라 캘리포니아와 오리건에서도 필요하다는 것이었다.

> 변경에서 오랜 세월을 보내면서 인디언들이 무방비 상태의 주민을 해코지하는 모습과, 텍사스주의 드넓은 변경이 적대적 인디언이 아니더라도 신앙 없는 이들의 약탈에 노출된 것을 본 저로서는, 변경에 효율적으로 무장한 군대를 두어 인디언을 효과적으로 저지할 수 있도록 노력하는 게 저의 의무라고 절실히 느꼈습니다. 그리고 회전식 권총이 그런 목적을 실행하기 위해 계산된 유일한 무기라고 확신하기 때문에 거듭 요청하건대 성가시더라도 이 문제를 다시 검토해 주십시오. ······ 만약 캘리포니아와 오리건의 변경에서 인디언들을 제지하고 싶다면, 우리 기병대를 이 총으로 무장시키는 게 가장 효과적인 방법일 겁니다.

당시에 이는 주목할 만한 선언이었다. 텍사스와 코만치족이라는 특별한 사례 이외에 미시시피강 건너편의 변경에서는 폭력 사태가 일어난 적이 거의 없었고, 러스크는 그곳에서 대규모 전투가 시작되기 한참 전에 세상을 떠난다. 하지만 그는 미국 서부의 미래를 정확하게 예측했다. 백인과 아메리카 원주민이 충돌하는 것뿐만 아니라 콜트의 총기가 이 충돌에서 어떤 역할을 할지도 꿰뚫어 본 것이다. 여러 면에서 그의 예언은 자기 충족적 결과를 낳는다.

II

마침내 1848년 11월 말에 금이 발견됐다는 공식적 확인이 워싱턴에 도착했다. 캘리포니아준주 정부에서 특사가 소식을 가져온 것이다. 얼마 뒤 재커리 테일러에게 대통령 자리를 넘겨주게 되는 제임스 K. 포크는 1848년 12월 5일 마지막 연두교서에서 특별히 금광 발견을 언급하면서 자신이 국경을 확장한 것이 가치 있는 시도였음을 입증하는 증거라고 자랑했다. "그 지역에 금이 풍부하다는 설명은 워낙 이례적인 일이라 공직자들의 진실한 보고로 뒷받침되지 않는다면 믿기 어려울 정도입니다."

1주일 뒤, 콜트는 총기 추가 구매 계약을 해 달라고 하원에 청원했다. 그는 몇몇 민간 무기 공장이 한 번에 1만에서 1만 5000정, 또는 무려 3만 정씩 "구식 소총과 권총" 주문을 받았다는 점을 지적하면서 5,000정이나 1만 정을 주문해 달라고 제안했다. 콜트의 청원에 군 고위 장교를 비롯한 전쟁과 정치계 저명인사들이 쓴 70통의 지지 서한이 동봉되었다. 콜트가 수년간 총을 무상으로 나눠 준 성과였다.

이번에도 역시 군수위원회는 콜트에게 좌절을 안겨 주었다. 12월 21일, 탤컷 대령은 콜트 권총에 대한 새로운 평가서를 의회에 보내면서 지난번에 심사했을 때와 마찬가지로 반대 의견을 밝혔다. "연속 발사 역량은 장점이긴 하나 크게 과대평가된 것이다. 특별한 경우에는 이런 총이 유리할지 몰라도 개인이 사용할 때나 그렇지 대규모 집단이 사용할 때는 해당되지 않는다." 군수위원회는 콜트 총기가 1841년 이래 개선된 것은 인정했지만, "이 연발식 총기는 미군이 사용하기에 적합하지도 않고 안전하지도 않다는 앞서의 견해를 다시 주장하고자" 했다.

크리스마스 이틀 뒤, 텍사스주 출신 상원의원인 토머스 러스크와 샘 휴스턴은 마시 장관을 찾아가서 탤컷 대령과 군수위원회의 의견에 상관없이 군용으로 콜트 권총을 주문해야 한다고 주장했다. 러스크가 나중에 콜트에게 설명한 것처럼, 마시 장관은 "탤컷 대령과 똑같은 편견을 되풀이하면서 서류만 보고 주문하기가 꺼려진다고 말했"다. "아무리 정중하게 이성적으로 말해도 소용이 없어서 말을 신중하게 가려 쓰지 않았네." 러스크가 화를 내며 장관실을 나서자 장관이 그를 불러 세웠다. 장관은 상원의원에게 자기는 옳다고 판단되는 일을 할 생각이라고 약속했다. 러스크는 단호하게 대꾸했다. "지금 당장 변경에 있는 모든 병사를 자네 권총으로 무장시켜서 인디언 대전쟁을 막아야 한다고 말했지."

그날 오후 샘 휴스턴 또한 콜트에게 편지를 썼는데, 어조는 다소 중립적이지만 마시 장관과 험악하게 입씨름을 했다고 설명했다. "이 문제에 관해서는 결론에 다다르지 못했네." 휴스턴은 1848년 3월 하트퍼드를 방문했을 때 콜트와 알게 됐는데, 이제 그를 오랜 친구라고 불렀다. "언제 여기에 올 텐가? 올 때 작은 권총 있으면, 아니, 조만간 고급 품질로 하나 만들면 챙겨 오게. 내가 하나 사고 싶으니까."

"즐거운 새해 보내길." 휴스턴은 편지를 마무리하면서 콜트에게 인사했다. "빨리 결혼해서 뜨뜻하게 자야지, 샘!"

III

콜트는 결혼과는 거리가 멀었지만 이따금 어렴풋하게나마 로맨틱한 관계가 표면에 드러났다. 그중 하나가 1849년 초 오랜 친구이자 〈즐거운 나의 집〉의 작사가로 유명한 존 하워드 페인이 보낸 편지에서 나타났다. "내 친구 콜트, 행복한 새해 맞이하길! 요즘 어디서 지내나?"

존 C. 콜트의 재판에서 페인이 증언을 하면서 자신의 명성으로 존을 사형에서 구하려는 샘의 시도에 도움을 준 이래, 두 사람은 자주 연락하면서 안부 인사를 나누고 서로를 도와주었다. 페인은 타일러 대통령을 비롯한 유용한 사람들에게 콜트를 소개해 주었고, 콜트는 항상 가난에 시달리는 페인에게 돈을 빌려준 적이 있었다. 특히 존이 죽은 직후에 페인은 콜트에게 애정과 존경을 느끼면서 형제에 대한 신의와 친구로서 보이는 관대함을 치켜세웠다. "나도 그토록 깊고 억누를 수 없는 헌신의 덕을 보았지. 특히 자네한테서는 정중함을 넘어 극진한 존칭으로까지 올라가더군." 페인은 존이 죽은 뒤 몇 년간 미국을 떠나 살면서 튀니스에서 미국 영사로 일했지만, 이제 집에 돌아와서 콜트와 다시 우정을 나누었다.

1849년 초에 페인이 펜을 집어 든 것은 얼마 전에 워싱턴에서 콜트와 나눈 대화 때문이었다. 페인의 화가 친구인 프리먼 양에 관한 대화였다. 콜트가 프리먼 양을 화가로 고용하는 데 동의한 듯 보이는데, 이제 페인은 자세한 의뢰 내용을 못 박기를 원했다. 그는 뉴욕을 방문 중이었는데, 콜트가 그를 찾아오기로 약속한 적이 있었다. 두 사람이 약속한 시간이 지나갔지만 콜트는 모습을 드러내지 않았다. 그래서 "요즘 어디서 지내나?"라고 물은 것이다.

페인이 편지에서 설명한 것처럼, 그와 프리먼 양은 많지 않은 비용으로 그림을 그리기로 계획을 잡은 바 있었다. 프리먼 양이 뉴욕에서 하트퍼드까지 가서 호텔에 숙소를 잡을 예정이었다. 며칠 뒤 그녀는 아버지의 오랜 친구인 리디아 시고니를 찾아갈 예정이었다. 너그러운 시인인 시고니는 분명 프리먼 양에게 자기 집에서 지내라고 권할 테고, 그녀도 제안을 받아들여 숙식을 무상으로 해결하면서 콜트가 의뢰한 그림을 그릴 터였다.

그리하여 모든 게 정해졌다. 페인은 콜트가 그대로 진행하도록 확인하기만 기다렸다. "사실 나도 이 문제에 관해서는 아주 어색한 입장이네." 페인은 알아보기 어렵지만 꼼꼼한 필체로 말했다. 프리먼 양에게 하트퍼드에 먼저 가기 위해 시라큐스에서 다른 주문을 받은 걸 미뤄 달라고 요청해 놓았던 것이다. "제발 어떻게 해야 할지 분명히 알려 주게나."

언뜻 보기에, 페인의 편지는 다소 재촉하기는 해도 두 친구를 서로 이익이 되도록 이어 주려는 사려 깊은 시도로 보인다. 콜트는 원하던 그림을 얻고, 프리먼은 필요한 주문을 받는 셈이니까. 하지만 자세히 들여다보면, 이 작사가의 질문에는 말하지 않은 복잡한 문제와 음모가 가득하다. 우선 프리먼 양(정식 이름은 애나 메리 프리먼)은 아리따운 스물세 살의 순진한 영국 아가씨였고, 페인은 그녀를 지독하게 사랑하고 있었다. 프리먼 양은 나이 든 남자와 어울리는 게 즐겁다고 말한 적이 있었지만, 머리가 벗겨지고 주름살도 많아지는 쉰일곱 살인 페인은 그 말을 곧이곧대로 믿을 만큼 바보가 아니었다. "그 문제에 진력이 날 때까지 내가 늙어 가고 있다는 걸 잊으려고 노력했었네." 몇 년 전에 콜트에게 보낸 편지에서 한 말이다. "이제 나 자신이나 다른 사람들의 눈에 비치는 모든 가식을 벗어던지고 실제의 내 모습을 느끼고 보여 주기 시작했어."

사실을 직시하려는 용감한 시도에도 불구하고 페인은 프리먼 양에게 사랑받으려고 필사적으로 애썼다. 하지만 슬프게도, 그는 너무 나이가 많을 뿐만 아니라 지독하게 가난하기까지 했다. 그가 작사한 노래는 유명세는 안겨 주어도 부는 가져다주지 않았고, 빚을 진 채로 튀니스에서 돌아온 상태에서 당장 수입이 생길 전망도 보이지 않았다. "전당포에 잡힐 만한 물건은 전부 다 잡혔고, 자잘한 빚 독촉을 물리칠 수 있는 수단도 하나도 남지 않았군." 프리먼 양에게 줄 수 있는 거라고는 자신의 유명세와 명성이 자자한 친구들뿐이었다. 프리먼 양에게 콜트의 일거리를 주선한 지금, 페인은 거래를 마무리해야 했다. 그는 "자네의 품위와 관련해서 모든 걸 내가 책임지겠네."라면서 콜트를 안심시켰다.

마지막 구절의 의미는 애나 메리 프리먼이 전념하는 특별한 회화에 의해 부각되었다. 프리먼은 세밀화 화가로, 보통 상아에 수채화로 초상화를 그렸다. 손바닥에 쏙 들어가는 작은 그림이었다. 캔버스에 그리는 일반 크기의 초상화와 달리 세밀화는 벽에 걸거나 누구나 볼 수 있게 공개하는 용도가 아니었다. 로켓이나 작은 타원형 액자처럼 몸 가까이에 지니다가 개인적으로 교감할 때 꺼내 보는 용도였다. 보통 세밀화의 주제는 멀리 떠났거나 세상을 등진 연인이었다. 세밀화 액세서리는 로맨틱한 파트너, 특히 간통 관계의 애인 사이에 특별히 주고받는 용도로 사용되었다. 세밀화는 사적인 것이었다. 때로는 워낙 사적인 것이라 화가가 그림의 얼굴을 흐릿하게 그리거나 아예 그려 넣지 않았다. 세밀화가 다른 사람 손에 들어가도 신원을 확인할 수 없게 하기 위해서였다. 대니얼 웹스터는 목부터 허리까지 누드 토르소만 그려진 정부의 세밀화를 간직했다고 한다.

콜트는 프리먼 양을 특별한 사람으로 생각했을까? 아니면 다른 누군가에게 자신의 세밀화를 보내 줄 생각이었을까? 페인이 약속한 "품위"는 그림 주문이라는 민감한 문제를 가리킨 걸까? 이런 질문들은 어떤 사실로 뒷받침되는 것 이상을 시사하지만, 콜트의 인생에서 이따금 표면에 드러난 다른 징후들을 감안하면 근거가 없지는 않았다. 그는 이제 서른네 살의 독신남이었는데, 19세기 중반에는 드문 존재였다. 적어도 한 여자는 로맨틱한 파트너(캐럴라인)였고, 분명 다른 여자들도 있었다. 제임스 콜트가 한때 형을 꾸짖은 것처럼, 어쩌면 "항구마다 여자 한 명씩" 있었을지도 모른다. 이 세밀화는 그중 한 명의 것이었을까?

사실이 무엇이든 간에, 콜트는 끝내 프리먼 양에게 그림 의뢰를 하지 않았다. 기회가 맞지 않았든 콜트의 관심이 식었든 간에, 젊은 여자친구를 기쁘게 하려던 존 하워드 페인의 시도는 수포로 돌아갔다.

얼마 뒤, 콜트는 다시 페인을 모욕함으로써 그를 화나게 했다. 페인이 콜트에게 겸연쩍게 돈을 요구한 적이 있었는데, 콜트가 퉁명스럽게 글쓰기 기술과 아는 신문사를 활용해서 콜트 총기에 관한 긍정적인 단평을 신문에 기고해서 돈을 벌라고 제안한 것이다. 페인은 오랜 친구의 말투에 어리둥절해졌다. "워싱턴 사업을 위한 준비와 관련된 내 제안에 대해 …… 자네가 신뢰하지 못하는 듯이 대답하는 말투 때문에 좀 놀랐다는 점을 솔직하게 인정해야겠네. 하지만 사업 문제는 사람을 구별하지 않고 그냥 사업하는 방식으로 다뤄야 하는 게 당연한 만큼, 나도 똑같은 마음으로 답장을 보내네." 페인은 콜트에게 "신경도 써야 하고 이따금 자존심도 희생해야 하지만, 그 일을 할 수 있다."라고 말했다.

페인은 자존심보다 돈이 필요했고 분명 콜트가 시키는 대로 했지만, 그 후로 두 사람은 편지를 교환하지 않았다. 페인은 손해 본 돈을 조금이라도 복구하려고 튀니스로 돌아갔고, 2년 뒤 거기서 죽었다. 여전히 유명하지만 그래도 가난했고, 여전히 애나 메리 프리먼 양의 사랑을 얻지 못한 채로.

IV

콜트는 1849년에 오랜 친구를 잃었을지 모르지만, 훗날 더없이 소중한 존재가 되는 두 사람을 얻었다. 첫 번째는 에드워드 니콜 디커슨이라는 젊은 변호사였다. "네드('에드워드'의 애칭. ─ 옮긴이)" 디커슨은 뉴저지주 출신 연방 하원의원과 주지사를 지낸 필리몬 디커슨의 아들이자 밴뷰런 대통령 밑에서 해군장관을 지낸 말론 디커슨의 조카였다(필리몬과 말론은 둘 다 1836년에 패턴트암스제작사를 설립할 때 샘을 도와준 적이 있다). 디커슨의 이름은 1848년에 콜트의 편지에서 등장하기 시작했다. 그의 나이 겨우 스물네 살에 막 변호사 개업을 했던 때이다. 그는 금세 콜트의 특허를 보호하는 부분에서 중요한 역할을 하게 되고, 한동안 콜트와 가장 가깝고 신뢰하는 친구 사이가 된다. 훗날 그는 미국에서 가장 유명한 특허 전문 변호사의 반열에 오른다.

1849년에 콜트의 삶에 들어온 다른 인물로는 엘리샤 킹 루트가 있다. 콜트와 루트는 각별히 가까운 사이는 아니었다. 기계와 총을 제외하면 두 사람이 장시간 대화를 나눌 만한 주제는 거의 없었지만 둘의 관계는 서로에게 대단히 유익한 것이 된다.

루트는 1849년에 콜트의 삶에 '다시' 들어왔다고 말하는 게 더 정확할 것이다. 디킨스 소설의 등장인물처럼 우연히 처음 만난 후 20여 년 만에 등장한 것이다. 1808년 매사추세츠주 러들로에서 태어난 루트는 뉴잉글랜드 곳곳의 섬유 공장에서 실패 나르는 일꾼으로 일하다가 열다섯 살에 웨어에 있는 공장의 기계 작업장에서 도제 일을 시작했다. 1829년 7월 4일, 스물한 살이던 루트는 콜트가 웨어호수에서 실험에 실패하는 모습을 목격했고, 비에 흠뻑 젖은 성난 군중으로부터 열네 살의 샘을 구해 주었다.

이 이야기가 정말 디킨스 소설이라면, 루트는 첫 번째 일화가 끝나고 사라졌다가 콜트가 그를 필요로 하는 바로 그 순간에 난데없이 나타났을 것이다. 하지만 일은 그런 식으로 벌어지지 않았다. 두 사람은 1836년 봄 콜트가 (플리니 로턴과 함께) 코네티컷강 유역 공장을 돌 때를 포함해 1829년과 1849년 사이에 접점을 이뤘던 것이 거의 확실하다. 게다가 루트는 엘리샤 콜트의 누이인 사촌 마틸다 콜트와 결혼해서 일종의 집안사람이었다.

이런 연결점이 없더라도 아마 콜트는 루트를 알았을 것이다. 매사추세츠주 치커피에 있는 콜린스도끼공장에서 주임 감독으로 널리 명성을 떨쳤기 때문이다. 새 도끼날의 절삭력을 감독할 뿐만 아니라 정밀 선반과 밀링머신을 개발하기도 했다. 나중에 콜트 회사의 일대기를 쓰는 작가는 "보기 드물게 면밀한 정신과 위대한 관찰력의 소유자"라고 루트를 평가했다. 그는 거의 불가사의하게 기계를 좋아한 것 같다. 콜린스공장에서 크고 복잡한 기계가 고장이 났는데 아무도 고치는 법을 알지 못하면, 루트가 의자를 가지고 와서 앉아 거의 하루 동안 마치 명상이라도 하듯 기계를 응시했다. 그리고 저녁을 먹으러 갔다가 돌아와서는 그날 밤 늦도록 다시 기계를 물끄러미 바라보았다. "다음 날 아침 침묵의 교감이 다시 시작되었다. 이내 구름이 걷혔다. 한마디 말도 없이 루트 씨는 책상으로 가서 급하게 스케치를 했다. …… 몇 가지 간단한 도구로 필요한 구상이 만들어졌다."

기계를 다루는 재능과 나란히 루트는 정말로 점잖은 친구로 여겨졌다. 기술로 존경을 받았을 뿐만 아니라 성격 때문에도 높은 평가를 받았다. 그는 솔직하고 잘난 체하지 않으며, 정직하고 신중했다. 모두 콜트에게는 부족하지만 그 가치는 알아보는 자질이었다. 콜트가 할 일은 루트를 설득해서 콜린스공장 일을 그만두게 하는 것이었다. 루트는 콜린스빌 생활에 만족했다. 공장 전체를 감독하면서 연봉으로 2,000달러를 받았기 때문이다. 전에도 연방조폐국과 스프링필드의 연방조병창을 비롯한 여러 곳에서 벌이가 좋고 중요한 일자리를 제안 받았지만 전부 거절했었다. 콜트는 루트에게 연봉을 제시해 보라고 말했다. 더 나아가 도끼 공장에서 찾아볼 수 있는 것보다 훨씬 거대하고 복잡한 규모로 기계 생산을 재구상할 기회를 주겠다고 제안했다. 그렇더라도 공장주인 새뮤얼 콜린스 자신이 루트가 도끼 공장을 그만두고 콜트의 후한 제안을 "그 자신과 가족을 위한 의무로" 받아들여야 한다고 고집하지 않았더라면, 루트는 아마 그냥 눌러앉았을 것이다.

콜트와 합류하고 몇 년 만에 루트는 1년에 5,000달러 넘게 벌게 되는데, 그런 대우를 받을 자격이 충분했다. 20세기 초의 어느 역사학자가 말한 것처럼 "리볼버를 발명한 공로는 콜트의 것이지만, 그 총을 만드는 방식에 관해서는 루트의 공이 크다."

루트는 콜트의 총기 사업이 결정적인 변화를 겪던 바로 그 순간 하트퍼드에 도착했다. 펄스트리트에서 1년을 보낸 뒤, 1849년에 회사는 그로브레인의 더 넓은 구역으로 옮겨 갔다. 솔로몬 포터라는 하트퍼드의 부유한 지주가 소유한 건물이었다. 이전을 계기로 루트의 감독 아래 회사는 기술을 한층 발전시켰다. 《하트퍼드쿠란트》의 통신원은 새 공장이 "독창적으로 고안된 각종 도구와 기구, 흥미로운 기계들로 이루어진 박물관"으로, 일종의 초보적인 조립 라인을 활용한다고 설명했다. 조립 라인이라는 용어가 사용되기 한참 전의 일이었다. "권총의 모든 부품이 거의 끝없이 다양한 사람의 손을 통과한다. 각자 독특한 기계를 가지고 특정한 작업 과정을 수행한다." 콜트는 이제 70명을 고용했지만 그 수가 계속 늘어나서 몇 달 만에 두 배가 넘는다. "그는 자신이 제공할 수 있는 모든 권총에 대해 10여 개의 등급을 보유하고 있다. 서부와 캘리포니아로 가는 사람들이 전국 각지에서 수천 정을 주문한다."

나중에 콜트는 1849년이 총으로 수익을 낸 첫 번째 해였다고 주장한다. 수로 문을 연 것처럼 돈이 공장으로 흘러 들어오기 시작했다. 콜트의 운이 트이면서 그의 명성과 평판도 높아졌다. "우리 고장 사람인 새뮤얼 콜트 씨만큼 모든 이가 입을 모아 천재적 재능과 발명, 기술적 역량을 치켜세우고, 그토록 많은 관심을 불러일으키고, '세상을 떠들썩하게 만든' 인물은 일찍이 유례를 찾아볼 수 없다."

V

콜트 자신이 많은 찬사를 주입한 점을 감안하면, 콜트에게 보내는 찬사는 항상 어느 정도 회의적으로 바라보아야 한다. 그렇긴 해도 그는 1849년의 처음 몇 달간 정말로 일종의 천재성을 보여 주었다. 돌이켜 생각해 보면 콜트가 내린 많은 결정이 명백한 것처럼 보이지만, 그가 그런 결정을 내릴 당시에는 대단히 위험성 높은 도박이었다. 무기 공장을 확장한 것만이 아니라 정부가 총기를 구입하겠다고 분명히 밝히지 않았는데도 정부 납품용으로 5,000정을 생산하기로 결정한 것도 이런 예이다.

그리고 이런 일도 있었다. 미국에서 사업에 속도가 붙고 경쟁 총기업체가 콜트의 특허를 공격하던 바로 그 순간에 그는 유럽으로 떠나기로 결정했다. 그의 야심이 얼마나 컸는지를 잘 보여 주는 사례다. 일찍이 1835년에 해외 특허를 획득하려고 한 것처럼, 그는 오래전부터 미국 연안 너머까지 시야를 넓혔다. 하지만 지금 미국을 떠나는 것은 위험하고 심지어 무모하며, 확실히 용감한 일이었다.

콜트가 항해에 나설 수밖에 없었던 이유는, 잘만 하면 국내보다 해외에서 훨씬 많은 돈을 벌 수 있었기 때문이다. 놀라운 역사의 우연이겠지만, 미국이 갑자기 영토 팽창을 겪어서 콜트에게 새로운 거대한 국내 시장이 열린 1848년은 유럽 많은 나라에서 군주에 대항하는 폭력적 혁명이 발발한 해이기도 했다. 시칠리아에서 시작된 혁명은 이탈리아 전역과 프랑스, 독일 각국을 휩쓸었고 계속해서 오스트리아와 헝가리, 그리고 북쪽으로 스웨덴과 덴마크까지 집어삼키면서 거의 대륙 절반을 휩쓸다가 불이 꺼졌다. 혁명이 맹위를 떨치는 동안 급진파와 군주정 모두 화력에 대한 열망이 높아졌다. 콜트의 친구인 조지 샌더스는 1848년 3월 유럽에서 보낸 편지에서 이 상황을 간결하게 요약했다. "유럽은 혁명의 순간이야. 지금이야말로 자네가 돈을 벌 때라고."

제임스 콜트는 1848년 9월 형 샘에게 편지를 쓰면서 항해의 동기를 거창한 언어로 정리했다. 다름 아닌 민주주의 자체를 위해 샘이 유럽으로 가야 한다는 것이었다. 제임스는 이렇게 선언했다. "모든 당파 구분이 사라지고 새로운 질서가 생겨날 거라고 봐." 현대 미국의 정치적 이상이 군주제의 낡은 관행을 대체하는 것은 시간문제일 뿐

젊은 미국

이었고, 샘이 할 일은 그 수단을 제공하는 것이었다. "살상 무기를 발명하는 게 왜 '형의' 운명이 된 걸까?" 제임스가 힘주어 한 말이다. "시대가 총을 요구하고 있어. 민주주의가 세계 곳곳으로 확산될 게 분명해. …… 도시들이 불타고, 대규모 군대가 무장을 갖추고, 유혈이 낭자할 거야. 그리고 폐허와 파괴와 도살된 사람들의 뼈 위에서 진보적 공화주의라는 새벽별이 높이 솟을 거야."

* * *

의식적이든 무의식적이든 간에, 제임스는 19세기 중반 미국에서 많은 지지자를 확보한 정치 운동인 '젊은 미국'과 비슷한 견해를 외치고 있었다. '젊은 미국'은 지난 20년에 걸쳐 유럽에서 우후죽순처럼 생겨난 청년 단체들('젊은 이탈리아', '젊은 아일랜드', '젊은 독일' 등등)에서 이름을 따왔다. 언론인, 작가(너새니얼 호손과 월트 휘트먼 등), 정치인(가장 유명한 예로 스티븐 더글러스), 사업가 등 다양한 집단을 아우른 '젊은 미국' 지지자들은 모두 엄격한 정통을 신봉하지는 않았지만(많은 이들이 격렬하게 의견이 갈렸다), 대체로 민주당원이고 존 오설리번의 《데모크래틱리뷰》 구독자로서 반귀족주의와 강한 민족주의 성향을 띠었고, '명백한 운명'의 지지자들이었다.

원래 오설리번이 만들어 낸 개념인 '명백한 운명'은 미국이 태평양까지 팽창하는 것을 포함했다. 그런데 왜 태평양에서 멈추는 걸까? 왜 다른 나라들의 주권은 말할 것도 없고, 대양이 미국을 방해하는 걸까? 많은 '젊은 미국' 지지자들은 매입을 통해서든 침략을 통해서든 더 많은 땅을 획득하는 것을 지지했다. 특히 유카탄반도, 니카라과, 그리고 가장 시급하게는 쿠바를 손에 넣어야 했다. '젊은 미국' 지지자들은 또한 민주주의의 이상을 유럽을 비롯한 세계에 수출하는 것을 일종의 이데올로기적 팽창주의로서 지지했다.

이 모든 상황이 그토록 기묘했던 것은 '젊은 미국' 지지자들이 유럽에서 억압적 정권을 타도하려는 혁명가들을 지지하는 한편으로 또한 많은 이들이 때로는 후안무치하게도 미국에서 노예제의 영속을 지지했기 때문이다. 남쪽에서 새로 획득한 땅을 노예주로 연방에 편입하는 것도 큰 문제가 되지 않았다. '젊은 미국'은 미국의 핵심에 도사리는 자유와 노예의 역설을 그냥 얼버무리고 넘어간 게 아니라 유례 없이 우뚝 솟은 위선으로 격상시켰다.

'젊은 미국' 지지자들이 자유와 노예제에 관한 자신들의 견해가 전혀 모순된다고 보지 않은 것처럼, 민주적 이상이라는 목표와 탐욕스러운 이윤 추구를 결합하는 데에도 거리낌이 없었다. 그들이 생각할 때는 이윤이 '이상'이었다. 콜트의 친구인 (그 자신이 주요한 '젊은 미국' 세력이었던) 조지 샌더스의 말을 빌리자면, "혁명의 시대"는 정치적 문제로 찬미해야 할 대상인 동시에 "돈을 벌" 기회이기도 했다.

1849년 5월 2일 콜트가 증기선 유로파호에 오를 무렵 배는 거의 떠난 상태였다. 1848년 혁명은 갈 데까지 가서 완전히 실패했다. 보복주의 정권이 집권해서 1만 명이 사망했지만 유혈의 성과는 별로 볼 게 없었다. 콜트로서는 다행히도, 그렇다고 해서 살인이 끝난 것은 아니었다.

＊ ＊ ＊

14년 전에 콜트가 마지막으로 해외 항해를 한 이래 대양 여행에 많은 변화가 있었다. 1849년에는 1835년에 비해 세 배나 많은 선박이 뉴욕을 드나들었고, 이제 항구가 워낙 분주해서 선박끼리 충돌하는 일이 잦았다. 하지만 가장 큰 변화가 이루어진 부분은 선박의 숫자가 아니라 그 규모와 속도였다. 코닐리어스 밴더빌트가 소유한 것과 같은 국내 운행 증기선의 대열에 대양을 항해하는 새로운 거대한 선박들이 추가되었다. 대서양 횡단 여행에도 증기의 시대가 도래한 것이다.

2년 된 유로파호는 영국의 큐나드사가 건조하고 운영하는 선박으로, 대서양에서 가장 멋지고 빠른 배로 손꼽혔다. 매일 60톤의 석탄을 소모하는 열여섯 개의 보일러로 움직이는 1,800마력 엔진과, 큰 파도도 헤치고 나아갈 뿐만 아니라 범선은 멈춰 설 수밖에 없는 잔잔한 무풍 상태에서도 항해할 수 있는 외륜을 갖춘 유로파호가 등장하면서 뉴욕에서 리버풀까지 가는 여정이 평균 한 달에서 2주 이하로 단축되었다. 증기는 공장에 동력을 제공할 뿐만 아니라 사람들을 더 효율적으로 연결함으로써 세계를 뒤바꾸고 있었다. 대서양 횡단 증기선이 없었더라면 콜트의 생애에서 다음 10년은 가능하지 않았을 것이다.

불과 12일의 항해 끝에 5월 14일 리버풀에 도착한 콜트는 특허를 갱신하기 위한 첫 번째 행선지인 런던으로 갔다. 6월 초에는 1835년의 여정을 거꾸로 되짚어서 해협을 건너 파리로 갔다. 도시는 1848년에 거센 혁명의 겨울과 봄을 겪은 뒤로도 루이 필리프 1세 국왕의 폐위 등 몇 달간 폭력과 정치적 소요를 겪었다. 프랑스는 이제 다시 나폴레옹 보나파르트의 조카 루이 나폴레옹이 확고하게 통치하는 독재 정부의 손아귀에 있었다. 콜트는 파리에서 6일을 보낸 다음 브뤼셀, 쾰른, 하노버, 브라운슈바이크 등을 정신없이 거쳐 마침내 6월 11일에 베를린에 도착했다. 그야말로 "번개 같은 속도로 관심 있는 모든 장소를 훑었다."

콜트는 본국에 사업을 관리할 사람을 몇 명 남겨 두었다. 워싱턴에는 전 대통령 포크의 조카인 J. 녹스 워커가 있었는데, 그가 맡은 일은 하원에 로비를 하고 워싱턴에서 관심 있는 모든 고객을 접대하는 것이었다. 하트퍼드의 무기 공장은 엘리샤 콜트가 맡아서 유능하게 관리했다.

엘리샤에게 보낸 편지에서 샘은 유럽 곳곳을 도는 여행의 즐거움과 총기 회사 사업 사이를 왔다 갔다 했다. 6월 12일 베를린에서 그는 많이 돌아다닐 기회가 없었다고 고백하면서도 "멋진 도시에 관한 생각을 지면으로 나눌 수만 있다면" 다음 편지에서 여행 이야기를 들려주겠다고 약속했다. 남쪽으로 이동한 끝에 잠시나마 프라하에서 머무르면서 콜트는 다시 편지를 썼다. 이제 날짜는 6월 18일로, 서른다섯 번째 생일 전날이었다. 빈도 들렀는데, 곧이어 다뉴브강을 따라 서쪽으로 방향을 틀어서 파리로 돌아갔다.

오스트리아는 프랑스와 마찬가지로 1848년에 폭력과 혼란에 시달렸지만, 가까스로 보수 정부 아래서 평온을 되찾았다. "이 소읍, 아니, 도시는 아름다운 장소여서 여기서 1년이라도 보내고 싶어요." 콜트가 빈에 관해 한 말이다. "오페라, 정원, 화랑, 궁전, 공공건물이 전부 유럽 다른 나라에서 본 것과 맞먹거나 어떤 경우에는 더 좋지만, 그 풍경을 묘사할 여유가 없군요." 콜트는 빈에서 오스트리아 특허를 신청했고, 상감 세공이라는 장식술을 알게 되었다. 콜트의 말을 빌리자면 "독특한 종류의 무늬를 새기는 작업"이었다. 그는 본국에 부칠 상감 세공 장식 권총 케이스를 수십 개 주문했다. 엘리샤에게 뉴욕에 있는 아메리칸협회와 보스턴, 필라델피아, "그 밖에 최고 발명품에 금메달을 수여하는 다른 도시들"에 출품할 수 있게 권총 몇 정을 "최대한 멋진 스타일로 만들어 내"라고 주문했다. 콜트가 본 바로 유럽인들은 메달과 수상 경력을 좋아했고, 이런 상을 몇 개 받으면 총기 홍보에도 도움이 되고 대륙에서 "이름을 날릴" 수 있었다.

"아직 형님한테서 편지를 두 통밖에 못 받아서 걱정이 많습니다." 샘이 엘리샤에게 보낸 편지에서 불만을 토로하며 한 말이다. "증기선이 출발할 때마다 모든 게 순조롭다고 한 줄이라도 편지를 써 주세요. 제가 우리 사업을 속속들이 굉장히 신경 쓰고 있다는 걸 아셔야 합니다."

VI

콜트는 걱정할 필요가 없었다. 1849년 8월, 신용평가 기관인 (후에 던앤드브래드스트리트로 확대되는) R. G. 던앤드컴퍼니의 조사관들이 콜트의 무기 공장을 방문해서 회사가 "돈을 벌어들이고" 있으며 "신용도가 높다."라고 보고했다. 100명에 달하는 인력을 고용한 공장은 1주일에 100정 정도의 리볼버를 생산하고 있었다. 급증하는 리볼버 수요를 따라잡기에 모자란 생산량이었다.

수요가 많아진 데는 여러 가지 이유가 있었지만, 가장 중요한 두 가지는 금과 인디언이었다. 콜트가 유럽 각지를 여행하는 동안 이례적인 이주의 물결이 일어나 수만 명이 북아메리카 대륙의 맨 끝으로 몰려갔다. '골드러시', '포티나이너'(1849년 골드러시 때 캘리포니아로 몰려간 사람들. - 옮긴이), '캘리포니아 열풍' 같은 익숙한 용어들은 1849년에 무려 15만 명이 앞서거니 뒤서거니 하며 서부로 달려간 일이 얼마나 거대한 규모였는지를 제대로 담아내지 못한다. 게다가 그것은 시작에 불과했다. 캘리포니아 인구는 1848년에서 1852년 사이에 2만 명에서 26만 명으로 열 배 이상 늘어난다. 이런 변화가 이례적인 것은 사람의 숫자가 아니라 그만큼 서둘러 몰려왔다는 사실 때문이다. 금은 언제든 바닥이 날 수 있었기 때문에 골드러시는 말 그대로 '러시'였다.

대서양 연안 지역에서 살던, 여비를 감당할 여력이 있는 포티나이너들이 캘리포니아까지 가는 데 가장 선호한 방법은 바다로 가는 것이었다. 1849년 초반 몇 달간, 메인부터 조지아, 보스턴부터 볼티모어까지 동부의 사실상 모든 항구에서 남아메리카

남단을 돌아 서부 연안으로 가는 배를 구입하거나 건조하기 위해 사람들이 돈을 모으고 회사가 만들어졌다. 뉴욕에서는 워낙 많은 선박이 캘리포니아로 떠나서 도시의 빵집들이 이 배들에 빵을 신속하게 공급하지 못할 정도였다. 제빵사들이 빵을 굽는 동안 배들이 항구에서 기다릴 수밖에 없었다.

남아메리카를 돌아가는 여정은 몹시 힘들고 지루하고 종종 위험했지만, 골드러시 이주민의 절반 이상이 선택한 육로보다는 쉽고 안전했다. 육로 여정을 선택하는 가장 큰 이유는 바다 항해보다 비용이 훨씬 적게 들고(바다 항해는 1인당 300~700달러인 데 비해 육로 여정은 180~200달러로 저렴했다) 모든 게 잘 풀리면 더 빠르다는 것이었다(바다 항해가 최소 4개월이 소요되는 것에 비해 잘하면 3개월 안에도 갈 수 있었다). 캘리포니아에서 금을 긁어모아 고향으로 돌아오는 게 아니라 정착해 살기로 마음먹은 이들의 경우에는 또한 가축을 비롯한 살림살이를 서부로 운송하기 위한 최선의 방법이었다.

여러 면에서 1849년의 이주민들은 1846년의 방법과 경로를 그대로 반복했다. 다만 그 숫자만 훨씬 많아졌을 뿐이다. 날씨가 따뜻해지면 사람들이 미주리에 모였고, 말과 소가 뜯어먹을 수 있을 만큼 봄철 풀이 자라면 곧바로 출발했다. 대다수는 지난 10년간 사람들이 다녀서 길이 난 경로를 따라 갔다. 플랫강을 따라 서쪽으로 갔는데, 이제는 최대 100대까지 마차가 대열을 이뤄서 마차들이 나무 없는 초지에 들어서면 자욱하게 먼지구름이 일었다. 언제나 그렇듯, 인디언과 마주칠지 모른다는 생각에 긴장과 동시에 공포가 엄습했다. 그리고 언제나 그렇듯, 보호를 위해서는 좋은 총보다 더 필수적인 준비물은 없었다.

지난 몇 년간 인디언이 연루된 치명적인 폭력 사건이 몇 차례 일어났고 1849년에도 그런 사건이 있긴 했지만, 인디언의 위협은 여전히 과장된 것이었다. 한 추산에 따르면 1848년에 살해당한 여행자는 두 명에 불과했다. 그 수는 1849년 33명, 1850년 48명으로 늘어나게 된다. 이 수치가 불완전한 것이라 하더라도 당시에 유행했고 지금도 끈질기게 남아 있는 관념, 즉 마차 대열이 평원 부족들에게 끊임없이 위협받았다는 관념은 성립되지 않는다. 실제로 남북전쟁 이전에 캘리포니아나 오리건으로 가는 도중에 사망한 이주민은 1만 명으로 추산되는데 그중 400명 이하, 즉 약 4퍼센트만이 인디언의 손에 죽었다.

대체로 백인들은 인디언보다는 자기들이 가진 총을 더 두려워해야 했다. 여행자들은 대부분 동부인이라 총을 잘 다루지 못했다. 인디언의 징후만 보여도 소총부터 꺼내 들었고, 종종 오발로 자기가 다치거나 죽었다. 총기 사고보다 더 많은 사고사를 유발한 요인은 (숱하게 많은 강을 건너면서 발생한) 익사뿐이었다. 총기 사고의 10분의 9가 이주민들이 로키산맥에 다다르기 전에 일어났다는 사실은 주목할 만하다. 여정 도중에 총을 안전하게 다루는 법을 익혔다는 사실로 설명이 되지만, 인디언이 나타나도 그렇게 겁부터 집어먹지 않았기 때문이기도 하다.

많은 동부인들이 인디언에 대한 공포를 품고 여정에 나선 것은 과장되기는 해도 비합리적인 일은 아니었다. 인디언의 공격이 자주 일어나야만 중대한 우려가 되는 것은 아니었고, 오직 무모한 사람만이 총 한 정 없이 서부로 갔다. 점차적으로, 가능하면 그 총은 콜트리볼버가 되었다. 콜트는 여전히 쉽게 살 수 없었지만, 이런 상황은 빠르게 변화하고 있었다. 서부 여정에 콜트 총기가 많아지자 1849년에 이르면 한 성공회 신문은 일부 이주민들이 "성경과 소책자, 종교 서적"뿐만 아니라 "콜트리볼버와 사냥용 칼"을 필수품으로 휴대한다는 사실을 지적했다.

인디언의 공격이 두려워하는 만큼 실제로 자주 일어나지 않았다 하더라도, 총기에는 다른 용도도 있었다. 많은 서부 여행자가 멀리서 버펄로 떼가 지나가는 모습이 보이면 말에 올라타서 리볼버를 들고 버펄로를 쫓았다. 소형 리볼버 총알은 종종 두꺼운 버펄로 가죽을 관통하지 못했지만 구경이 큰 권총 탄환은 짐승을 죽일 만큼 강력했고, 콜트로 버펄로를 사냥하는 일은 대륙 횡단의 의례가 되었다. 이후 몇 년간 수많은 백인이 버펄로를 죽인 나머지 이 짐승에 식량을 의존하는 인디언들이 백인을 죽이는 것으로 보복하기 시작했다. 그리하여 이런저런 방식으로 콜트 총기는 그것으로 대처해야 하는 위협을 오히려 더욱 부추기는 결과를 낳았다.

* * *

1849년 늦여름에 이르러(콜트가 라인강 북쪽으로 향하던 것과 거의 같은 무렵) 캘리포니아로 향하는 이주민들의 여정이 막바지로 치닫고 있었다. 그들은 시에라산맥의 서쪽 사면을 내려와서 새크라멘토강 유역으로 향했다. 인디언들은 그들의 예상보다 흉포하지 않았지만, 서부에서 그들을 때려잡은 동료 백인들의 폭력성은 놀라울 정도였다.

1849년 여름 캘리포니아는 난폭하고 위험한 곳이었다. 한 정착민은 훗날 이 시기를 "리볼버와 사냥용 칼을 가진 강자가 법인" 때였다고 회고한다. 샌프란시스코만큼 이런 설명이 들어맞는 곳은 없었다. 초기의 한 역사서는 1849년 "지구 곳곳에서 몰려온 도박꾼, 도둑, 살인자가 도시에 득실거렸다."라고 묘사했다. 도시는 급조한 술집과 최소 정부, 무시해도 무방한 법 집행 등으로 이루어진 남성적 세계였다. "모든 남자가 법이나 관습에 아랑곳하지 않고 마음대로 행동했고, 한여름이 되자 무질서가 판을 쳤다." '단속자들'이라고 알려진 자경단이 무질서를 유지했다. 자경단은 낮에는 북과 피리를 연주하며 거리를 행진하면서 주로 중국인과 남아메리카인 금광부들에게 돈을 뜯어냈고, 저녁에는 "사람들을 공포와 경악에 빠뜨렸다." '단속자들'은 주로 3년 전 뉴욕항에서 조너선 드레이크 스티븐슨과 함께 흐느껴 우는 어머니와 샘 콜트를 뒤로 하고 배를 타고 온 어중이떠중이 집단에서 성원을 끌어모았다.

전 미시시피주 출신 하원의원으로 캘리포니아주 최초의 연방 상원의원이 되기 위해 지역구를 옮긴 윌리엄 M. 그윈은 1849년 여름에 샌프란시스코의 포츠머스스퀘어에서 연설을 하면서 이 주에서 적법한 법 집행이 필요하다고 주장했다. "폭력 행위는 하나도 빠짐없이 바로 처벌해야 합니다. 콜트리볼버가 캘리포니아의 보통법이라는 말이 통용되지 않게 합시다." 그윈이 실제로 그해 12월에 상원의원으로 당선되자 콜트는 총을 한 정 보낸다. 그윈은 콜트리볼버의 법을 훈계했던 과거를 잊어버린 채 목청껏 지지를 보낸다. "캘리포니아에서는 다른 어떤 총기보다 콜트 연발 권총이 선호된다고 말할 겁니다. …… 시에라네바다산맥에서 일하는 광부들이 이 권총으로 무장하고 있기 때문에 협곡에 사는 인디언들도 겁을 집어먹고 기특한 습관을 들이고 있습니다."

캘리포니아 사람들이 콜트리볼버를 얼마나 소중히 여겼는지는 그들이 기꺼이 치른 값을 보면 알 수 있다. 1849년 캘리포니아에서는 거의 모든 제품의 가격이 크게 올랐는데, 특히 총기 가격이 급등했다. 뉴욕에서 13달러인 소총이 캘리포니아에서는 150달러에 팔렸다. 뉴욕에서 5달러인 일반 단발 권총이 캘리포니아에서는 40달러였다. 리볼버 가격만큼 이런 인플레이션이 명백한 것도 없었다. 뉴욕에서 38달러면 살

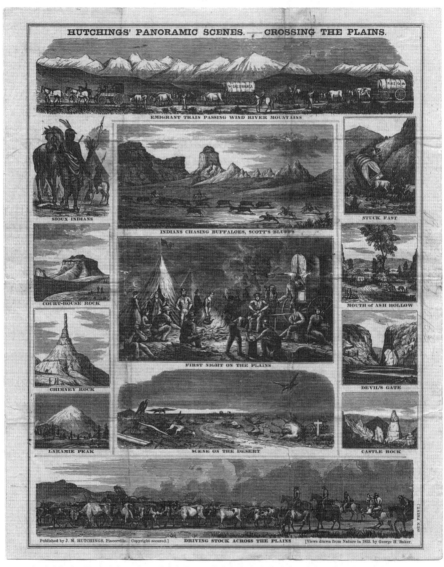

1849년, 매사추세츠주 데덤의 조지 H. 베이커가 골드러시에 끼기 위해 캘리포니아로 배를 타고 갔다. 그는 4년 뒤 다시 서부 해안으로 갔는데, 이번에는 육상으로 갔다. 육로 여정의 생활을 담은 그의 그림은 이주민들이 마주친 장쾌한 광경과 망연자실하게 만드는 시험대를 모두 보여 준다. 베이커의 판화에는 총이 보이지 않지만, 관념이든 현실이든 인디언이 공격해 올 것이라는 끊임없는 위협 때문에 서부 여행자들에게 총은 식량과 소만큼이나 필수품이었다.

수 있는 대구경 콜트가 캘리포니아에서는 200달러였고, 여러 기록을 보면 캘리포니아 사람들은 콜트 한 정에 무려 500달러까지 지불했다.

VII

1849년 9월, 콜트는 파리에서 프랑스 정부에 자신의 권총을 홍보하고 있었다. 어느 날 콜트는 생클루에 있는 루이 나폴레옹의 왕궁으로 가서 새로운 프랑스 대통령과 함께 리볼버를 쏘고 잠깐 쉬면서 차를 마셨다. 콜트에 따르면 루이 나폴레옹은 100발 이상을 사격했고 이 총에 깊은 인상을 받았다.

루이 나폴레옹(나폴레옹 보나파르트가 반세기 전에 그랬던 것처럼 그도 조만간 프랑스 황제에 등극한다) 같은 사람들에 의해 유럽에서 질서가 회복된 상태였지만, 몇몇 혁명 지도자들은 유럽 각국 정부가 체포하려고 기를 쓰고 추적하는데도 여전히 활개를 치고 있었다. 헝가리의 코슈트 러요시, 폴란드의 장군으로 헝가리 혁명 당시 코슈트 밑에서 싸운 요제프 벰과 헨리크 뎀빈스키 등이 가장 유명세를 떨쳤다. 이 사람들이 투르크로 도망치자 러시아와 오스트리아는 오스만제국 술탄인 압둘메지드 1세에게 그들을 넘기라고 요구했다. 술탄은 일언지하에 거절했다.

그해 9월 파리에서 콜트는 코슈트와 그의 장군들을 지지하는 공개서한에 공동으로 서명했다. 콘스탄티노플 주재 미국 공사인 대브니 S. 카 앞으로 보내는 서한이었다. 편지 자체는 대단한 내용이 아니었다. 코슈트는 미국 언론에서 찬양하고 특히 '젊은 미국'의 사랑을 받는 영웅이었다. 하지만 콜트가 나폴레옹 3세와 차를 홀짝거리다가 혁명가들을 치켜세우는 입장으로 쉽게 돌아선 것은 충격적인 일이었다.

"동료 시민, 파리에 있는 미국인 여러분, 우리는 러시아와 오스트리아 정부가 헝가리의 혁명 영웅들을 냉정하게 죽이려는 모습을 보고 분노와 경악을 금할 수 없습니다." 카에게 보내는 편지의 도입부다. "코슈트와 벰, 뎀빈스키는 …… 인간과 하느님의 모든 법에 의해 중립 지대 투르크에서 신성하게 보호를 받습니다." 편지를 쓴 주된 목적은 러시아와 오스트리아에 맞서 이 사람들을 보호하는 술탄을 칭찬하는 것이었다.

편지에는 콜트와 함께 서명한 한 사람의 흔적이 고스란히 남아 있다. 1848년 콜트에게 유럽으로 오라고 한 조지 샌더스가 그 주인공이다("지금이야말로 자네가 돈을 벌 때라고"). 샌더스는 '샌더스'의 'S'를 길게 늘여 써서 'L'과 혼동하기 쉽기 때문에 콜트 전기 작가들은 그를 코네티컷주 출신의 무미건조한 하원의원이자 철물상인 조지 M. '랜더스'와 혼동했다. 조지 N. '샌더스'에게는 여러 가지 특징이 있었지만 무미건조한 것과는 거리가 멀었다.

켄터키 출신인 샌더스는 특출한 집안에서 자란 인물로, 말을 키우다가 정치와 언론, 책략 등에 몰두하는 삶으로 돌아섰다. 그는 텍사스 병합을 강력하게 지지하면서 이름을 날린 뒤, 1844년 선거에서 제임스 K. 포크를 적극적으로 지지했다. 그 후에는 동부인 뉴욕과 워싱턴으로 옮겨 가서 회사의 이익을 증진하기 위해 그를 영입한 허드슨베이컴퍼니에서 "영향력 있는 인물"이 되었다. 한 역사학자는 샌더스의 인생이 "야망이 좌절되고, 잘못된 방향으로 에너지를 쏟고, 잠깐 동안 악명을 누린 기록"으로 이루어졌다고 쓴 바 있다. 그런 악명은 대부분 1854년에 얻은 것인데, 당시 샌더스는 런던 주재 미국 영사로서 코슈트와 이탈리아의 주세페 가리발디, 주세페 마치니 같은 유럽의 내로라하는 혁명가들과 나란히 영국 주재 미국 공사(이자 미래의 대통령)인 제임스 뷰캐넌이 손님 명단에 오른 디너파티를 열었다. 이후 논란이 벌어져서 영사를 그만둔 뒤, 샌더스는 존 오설리번의《데모크래틱리뷰》를 사들여서 직접 편집인을 맡았다. 샌더스는 1865년에 다시 악명을 떨치는데, 에이브러햄 링컨의 암살을 음모했다는 혐의로 고발되어 체포된 것이다. 결국 무죄로 풀려났다.

하지만 1849년에 이 모든 일은 아직 샌더스의 미래에 벌어질 것이었다. 당시에 그는 정기 증기선의 소유주인 조지 로 밑에서 일하고 있었고, 그 자신이 일급 공모자였다(로는 코닐리어스 밴더빌트의 가장 만만찮은 경쟁자로 손꼽혔다). 어쩐 일인지 로는 멕시코전쟁 이후 남아도는 미군용 머스킷 5만 정 이상을 갖게 됐는데, 샌더스에게 이 총을 파는 일을 맡겼다. 정치적 이상과 개인적 이익이 하나로 수렴되는 편리한 장소에서 활동하던 샌더스가 볼 때, 남아도는 머스킷을 사들일 만한 고객은 1848년의 혁명가들이었다. 그러나 각국에서 일어난 혁명이 실패로 돌아간 뒤 그에게는 새로운 고객이 필요했다. 그리하여 대브니 카에게 보내는 공개서한을 쓴 것이다. 이 편지가 의도

한 대상은 콘스탄티노플 주재 미국 영사가 아니었다. 오스트리아와 러시아의 모욕에 맞서 오스만제국을 방어하기 위해 머스킷 5만 정이 필요할지 모르며, 당연히 그 총을 살 여력이 있는 술탄이 그가 노린 수신자였다.

　머스킷 사업에 콜트를 끌어들인다는 생각은 분명 샌더스에게서 나온 것이다. 콜트가 술탄을 방문해서 리볼버를 보여 준 뒤 조지 로의 머스킷 5만 정을 추천하기로 계획을 잡았을 것이다. 다시 말해 콜트는 로(와 샌더스)의 총과 자신의 총을 홍보하는 다목적 세일즈맨으로 튀르키예에 가는 셈이었다.

＊ ＊ ＊

콜트의 여권을 보면 10월 31일 마르세유에서 도장이 찍히고, 다시 12월 5일 콘스탄티노플에서 도장이 찍혔다. 아마 보스포루스해협에서 곧바로 술탄이 바닷가에 새로 지은 돌마바흐체궁전으로 갔을 것이다. 이 방문은 부분적으로 성공을 거두었다. 콜트는 술탄에게 머스킷 1만 5000정과 리볼버 200정을 팔았고, 술탄은 선물로 다이아몬드 375개가 박힌 코담뱃갑을 주었다. 콜트가 1850년 1월에 본국으로 돌아왔을 때 코담뱃갑에 대한 자세한 설명이 여러 신문에 실리게 손을 썼기 때문에 알 수 있는 사실이다.

VIII

콜트는 그해 1월 아버지의 건강이 나빠진 것을 발견했다. 크리스토퍼 콜트는 이제 예순아홉 살이었고 그전부터 계속 몸이 좋지 않았다. 누구나 살면서 곤경을 피하지 못했던 당시의 기준으로 보더라도 크리스토퍼는 많은 시련을 겪었다. 첫 번째 부인과 둘 사이에서 낳은 자식 다섯을 잃었고, 그중에서도 존은 악명을 떨치면서 죽었다. 올리비아와의 사이에서 낳은 자식도 둘이 죽었다. 가장 최근에 죽은 자식은 공무원 자리를 얻게 도와 달라고 샘에게 편지를 쓰는 실수를 한 젊은 윌리엄이었다. 아버지와 이름이 같은 다른 아들 크리스 주니어는 방탕하고 병약했다. 결국 건강한 자식은 둘밖에 없었다. 제임스는 세인트루이스에서 판사로 일하고 있었고, 샘은 유명한 데다가 이제 막 엄청난 부를 손에 넣을 참이었다. 1850년 4월 5일 세상을 떠날 때 크리스토 퍼의 인생 결산은 그런 정도였다.

　미국은 이제 74세의 나이였고, 19세기 중반을 통과하고 있었다. 샘 콜트의 인생 35 년 동안 나라의 물리적 크기는 260만 제곱킬로미터 넘게 확장되었다. 1850년 인구 조사에 따르면 인구는 2300만 명 이상으로 콜트가 태어난 1814년에 비해 세 배였다. 이 가운데 300만 이상이 노예였다. 미국에서 이 300만 명을 '어떻게' 규정할 것인가, 즉 계속 노예로 놔둘 것인가 자유인으로 변신시킬 것인가가 이제 다른 모든 문제를 결정하는 문제가 되었다.

젊은 미국

크리스털팰리스에 출품된 총

1851년

크리스털팰리스, 1851년.

I

1850년 가을과 1851년 초 몇 달간 런던의 하이드파크에는 그전까지 지어진 어떤 것과도 다른 모습이어서 건물이라고 부르기가 적절하지 않아 보이는 구조물이 올라갔다. 건물이라는 말에는 석재, 벽돌, 목재, 그리고 이와 같은 공공건물에는 어느 정도 밋밋하고 엄숙한 두께가 함축돼 있었다. 그런데 하이드파크에서 모습을 드러낸 것은 돌이나 벽돌이 아니었다. 목재가 쓰이긴 했지만 바닥에만 사용되었다. 건물의 벽('벽'이라는 말을 쓸 수 있다면)은 가는 철골로 지탱하는 100만 장의 유리판으로 이루어져서 마치 거대한 새장이나 온실 같은 모습이었다. 실제로 그 건물을 설계한 조지프 팩스턴은 온실에서 영감을 얻었다. 그는 잉글랜드에서 가장 유명한 건축가가 되기 전에 정원사로 일했었다. 하지만 이 건물은 온실이 아니었고, 이 거미줄 구조물에서 하이드파크 위로 연기가 피어오르지도 않았다. 런던의 한 언론인이 묘사한 것처럼,

건물은 "수정의 가벼움과 철의 견고함"을 결합한 일종의 궁전("동화 속 궁전")이었다. 그리하여 건물은 크리스털팰리스(수정궁)라는 이름으로 불리게 된다.

크리스털팰리스는 거대한 건물이었다. 건물이 차지하는 십자가 모양의 공간은 7만 2800제곱미터가 넘었다. 메인홀의 길이는 563미터로 세인트폴대성당보다 세 배 이상이었다. 건물의 높이도 꽤 높아서 건축자들은 하이드파크에 원래 늘어서 있던 느릅나무를 베지 않고 그대로 자라게 했다. 이 건물은 만국산업생산품대박람회를 구경하기 위해 몰려오는 수많은 사람들을 주춤하게 만든 또 하나의 특별한 구경거리에 지나지 않았다. 크리스털팰리스는 바로 이 행사, 세계 최초의 박람회를 위해 만든 건물이었다.

크리스털팰리스는 1851년 5월 1일 화창한 목요일에 문을 열었다. 첫날에만 박람회를 앞장서서 이끈 빅토리아 여왕과 부군인 앨버트 공을 포함해 2만 5000명이 넘는 관람객이 찾았다. 아치 모양 유리 천장 아래에 세계 각지에서 온 생산품 10만 점이 전시되었다. 실크 태피스트리와 진주로 만든 의상, 황금 안장도 있었다. 장식용 제품만큼이나 입이 떡 벌어지게 만든 것은 타자기와 재봉틀에서부터 농기구와 공장용 공구에 이르기까지 전에 보지 못했던 수천 가지 산업 발명품이었다. 노동을 절감하는 도구들로 이루어진 매혹적인 미래를 암시하는 물건들이었다. 그 모든 진열품의 한가운데에 자리한 거대한 유리 분수에서는 1만 2000개의 물줄기가 뿜어져 나왔다. 찰스 도지슨이라는 열아홉 살의 관람객은 "안에 들어서면 드는 첫인상은 어리둥절한 느낌"이라고 썼다. 그는 훗날 《이상한 나라의 앨리스》의 작가인 루이스 캐럴이라는 이름으로 세상에 알려지게 된다. "요정의 나라 같은 곳이다."

* * *

세계 각지의 인류가 이룬 성취를 전시한다고 홍보됐지만, 박람회에서 보여 주는 것은 영국이라는 거울을 통해 본 세계였다. 유럽 이웃 나라들이 폭력 혁명과 억압적 정권을 오가는 가운데 영국은 평화와 번영, 진보로 빛났다. 그리하여 영국은 너그러운 마음으로 인류의 성취를 축하하는 자리에 나머지 세계를 초대했다. 크리스털팰리스의 역사를 쓴 한 학자는 훗날 영국인들의 태도를 이렇게 설명했다. "영국은 세계의 거대한 공장이니, 다른 나라들이 와서 깜짝 놀라게 하자."

카탈로그에 적힌 대로, 크리스털팰리스에 전시된 물건의 절반(아치 모양 창 서쪽에 전시된 모든 물건)은 영국과 "영국 식민지"에서 온 것이었다. 다른 나라들은 영국에 전혀 맞먹지 못했지만 프랑스가 1,737점, 오스트리아가 746점을 출품하는 등 유럽은 상당히 균형을 맞추었다. 뒤를 이어 미국이 534점을 출품했다.

미국 대표단이 상대적으로 출품한 물건이 적었던 데는 여러 가지 현실적인 이유가 있었다. 가령 미국이 출품한 물건은 유럽의 물건에 비해 이동 거리가 훨씬 길어서 운송 비용이 많이 들었다. 하지만 미국인들은 크리스털팰리스에서 실제로 필요한 것보다 넓은 공간인 3,700제곱미터를 요구함으로써 부족한 진열품을 오히려 두드러지게 만들었다. 서쪽 바로 옆의 공간을 차지하기로 되어 있던 러시아 대표단이 박람회에 늦게 도착한 탓에 홀 동쪽 끝에 시베리아처럼 광대한 공간에 둘러싸인 미국인들만 있었던 것도 도움이 되지 않았다. 런던 언론이 가장 자주 사용한 단어를 빌리자면 미국 전시관의 첫인상은 "빈약"했고, 설상가상으로 따분했다. 개장 초 며칠 동안 미국 전시관을 돌아본 영국 언론인들은 치과 기구, 비누, 포도주 잔, 식탁용 소금 그릇, 맛이 고약한 식품 등이 전부라고 고소한 듯이 보도했다.

존 불John Bull과 브러더 존Brother John(영국인과 미국인은 상대방을 각각 이렇게 불렀다)이 오리건의 소유권을 놓고 외교적 다툼을 벌이면서 오랜 경쟁 관계가 새롭게 부각되는 가운데 이런 모욕이 가해졌다. 영국의 존 불들은 이런 경쟁 관계를 옹졸하기는 해도 좋은 흥밋거리로 본 반면,《뉴욕헤럴드》의 제임스 고든 베넷을 필두로 한 미국의 브러더 존들은 웃음기 없이 호전적이었다.《뉴욕헤럴드》는 애당초 누가 크리스털팰리스에서 벌어지고 있는 "거대한 사기극"에 참여하기 위해 "영원한 연기로 뒤덮여 있는" 런던으로 여행하겠는가 하는 의문을 던진 뒤, 국수주의적 자랑으로 논조를 바꿨다. "영국인들이 자신들의 현실적 지위를 자각하게 된 것은 5년 전쯤이다. 그제야 그들은 미국의 힘과 위대함을 알게 되었다. 그 무렵 그들은 우리와 전쟁을 벌일 여력이 없음을 깨달았다. …… 영국은 그들의 운명이 우리의 손아귀에 있음을 안다."

런던의 언론이 보기에, 저급한 취향 말고 옛 식민지에서 두려워할 만한 게 있다는 주장은 비웃음거리일 뿐이었다. 런던에서 발행되는 풍자 잡지《펀치》의 편집진이 가장 크게 비웃었다. 《펀치》는 크리스털팰리스에 출품된 미국 물건은 전부 더 좁은 구역에 밀어 넣고, 그 자리에 박람회를 보러 오는 사람들을 위한 염가 숙소를 만드는 게 낫다고 주장했다. "미국 물건들을 좀 더 촘촘히 욱여넣으면, 그러니까 콜트리볼버를 비누 위에 진열하고 신시내티산 피클을 버지니아산 벌꿀 위에 쌓으면 몇 제곱피트 안에 미국의 작품과 제조품을 전부 집어넣을 수 있다. 이렇게 공간을 만들어서 침대를 깔면 몇백 명을 수용할 수 있지만 미국의 제조품으로는 4분의 1도 채우지 못한다."

그렇게 기꺼이 도와주는 정신으로 《펀치》는 미국인들이 휑한 공간을 채우기 위해 보낼 만한 다른 몇 가지 품목을 제안했다. "구구단표 받침대(구구단표를 걸어 놓고 외우게 하는 수준 낮은 주입식 교육을 한다는 비아냥이 담긴 말이다. ─ 옮긴이)"가 그중 하나였다. "미국 문학을 영국 문학과 구별되게 만드는 끔찍하게 딱딱한 문체"도 있었고, 결정적으로 "모든 인간, 특히 유색 인간을 때리는 채찍"도 있었다.

✶ ✶ ✶

미국 전시관이 활기 없게 보였을지 몰라도 그중 한 품목은 곧바로 갈채를 받았다. 조각가 하이럼 파워스(콜트가 1833년 여름에 신시내티를 누비며 아산화질소 순회 시연회를 할 때 친구가 된 바로 그 하이럼 파워스)가 만든 〈그리스인 노예The Greek Slave〉라는 조각상이었다. 파워스는 신시내티 시절 이래 많은 발전을 이루었다. 당시 이탈리아 피렌체에 살던 그는 〈그리스인 노예〉의 명성 덕분에 세계에서 가장 유명한 미국 조각가였다. 예술적 가치가 어떻든 간에 족쇄를 찬 젊은 여자의 누드를 형상화한 이 실물 크기의 조각은 뛰어난 상업 행위를 대표했다. 파워스는 박물관 사업을 경험하면서 어떻게 하면 외설과 건전, 추파와 고결을 매끄럽게 결합할지 배운 바 있었다. 자신의 조각이 빅토리아 시대의 에로틱한 신체 결박 판타지를 나타낸다고 사람들이 믿지 않도록 그는 조각의 주인공이 그리스의 기독교도 여자(손에 작은 십자가가 있다)라고 설명했다. 투르크의 이교도들에 의해 가족과 생이별을 한 뒤 노예 시장에 나와 팔리기 일보 직전의 순간이라는 것이다.

여성적 미와 기독교적 관용에 바치는 이 신전에서도 《펀치》는 미국인들의 후진적인 방식을 꼬집는 방법을 찾아냈다. 미국 전시관에 품목을 하나 추가할 것을 제안한 것이다. "생명이 없는 돌로 만든 그리스인 포로가 있다. 생명이 있는 흑단으로 만든 버지니아의 노예는 왜 없는가?"

* * *

나중에 콜트는 〈그리스인 노예〉를 앞에 두고 크게 감동을 받아서 신형 리볼버 한 정을 친구에게 선물로 보낸다. 하지만 크리스털팰리스의 개막 초기에 와서 자기 총이 비누와 피클, 햄 속에 뒤섞여 있는 걸 보지 않은 게 다행이었다. 콜트는 그해 나중에 영국에 갈 생각으로, 당장은 전시 작업을 토머스 피어드에게 맡겼다. 코네티컷 출신의 젊은이인 피어드는 휘트니빌에서 콜트 밑에서 일하면서 유능하고 매력적인 인물임을 보여 준 바 있었다.

피어드가 이끄는 팀은 그가 미국 상품을 런던으로 가져가기 위해 전세 낸 배를 하루나 이틀 차이로 놓치면서 출발이 순조롭지 못했다. 대서양을 건너는 다른 교통수단을 찾은 끝에 그는 크리스털팰리스에 늦게 도착했다. 리볼버 500정과 콜트에게 받은 자세한 지시 사항이 담긴 편지와 함께였다.

> 곧바로 가능한 대로 홀 끝부분에 있는 적당한 장소를 확보해서 총기를 진열하는 데 벽과 탁자, 바닥 공간을 충분히 확보하도록 하게. 총기 전시에 적합한 케이스와 탁자를 찾는 대로 잘 활용하고. 준비된 게 없으면 적당한 케이스와 탁자를 주문 제작해서 최대한 보기 좋고 멋지게 총을 진열하게.

콜트는 관람객들이 총을 만지게 하는 것은 좋지만 누구에게도 작동법을 가르치지는 말라고 피어드에게 당부했다.

> 미완성 부품 견본을 몇 개 진열하는데, 절대 권총이나 부품을 스케치하게 내버려 두어선 안 돼. 내가 런던에 도착할 때까지 자네나 다른 누구도 총을 격발해서는 안되네.

피어드가 가지고 온 총기는 1851년형 네이비[1851 Navy]라고 알려지게 되는 신형 콜트 모델 샘플이었다. 특별히 해군용으로 설계된 것은 아니었고, 콜트가 실린더에 새긴 장면 때문에 붙은 이름이었다. 텍사스 해군이 유카탄반도 근처에서 콜트의 패터슨리볼버를 사용한 1843년 캄페체전투 장면이었다. 1851년형 네이비는 워커 권총과 드러군 권총보다 크기가 작고 가벼웠지만 그래도 가공할 총기였다.

콜트는 지시 사항에서 진열에 관해 여러 가지를 시시콜콜하게 규정했지만, 관람용 권총을 어떻게 정리할지에 관해서는 피어드에게 맡겼다. 피어드는 부채꼴 모양으로 총을 쌓는 방식을 선택했다. 전시 5일 째에 그는 총기 전시에 대해 여러 사람이 칭찬했다고 콜트에게 기쁜 소식을 알렸다. 피어드가 총기 자체에 대한 사람들의 반응을 알려 주었다면 콜트는 더 흥미를 느꼈을 것이다. 박람회 관람객들은 〈그리스인 노예〉를 보러 미국 전시관을 찾았지만, 콜트의 리볼버도 시간을 들여 꼼꼼히 살펴보았다. 피어드는 이내 "영국에서 가장 영향력 있는 남자들뿐만 아니라 간간히 여자들도" 권총을 살펴본다고 콜트에게 알렸다. "권총이 모든 사람의 관심과 칭찬을 받고 있다는 사실을 알리게 되어 기쁘기 그지없습니다."

영국인 관람객 대다수는 박람회가 열리기 전에 콜트리볼버를 직접 가까이에서 본 적은 없어도 소문은 들은 적이 있었다. 런던 언론은 캘리포니아를 비롯한 미국 서부에서 들려오는 머리카락이 쭈뼛해지는 이야기들을 독자에게 제공했는데, 콜트 총기는 이런 이야기에서 단골로 등장했다. 런던의 한 신문은 이렇게 보도했다. "1주일이 멀다 하고 리볼버와 사냥용 칼을 곧바로 꺼내들어 누군가 죽는 싸움이 벌어진다." 총격전 이야기는 흥미진진할 뿐만 아니라 많은 영국인들이 미국인에 관해 생각하는 고정 관념을 확인시켜 주었다. 미국인들은 총알이 난무하는 문명화되지 못한 환경에서 살아간다는 생각이었다. 콜트리볼버는 이런 묘사에 완벽하게 들어맞았다. "미국인들은 사정거리에 관해서는 별로 신경 쓰지 않고 순식간에 사람 몸에 구멍을 여러 개 낼 수 있는 걸 좋아한다. 그리고 그들이 숲과 좁은 골짜기, 산 협곡 등에서 야만인 부족을 상대해서 벌이는 전투의 성격상 장전할 시간이 부족하기 때문에 이런 총을 높이 쳐 준다."

II

그해 봄 콜트의 관심은 런던에서 리볼버에 대해 보이는 반응보다는 더 시급한 문제들에 쏠려 있었다. 그는 매사추세츠주 치커피에 있는 매사추세츠암스사에 맞서 뉴잉글랜드의 좁은 골짜기에서 자기 나름의 전투를 벌이는 중이었다. 지금까지는 모든 징후가 승리를 가리켰다.

매사추세츠암스사는 에드윈 웨슨이라는 총기 제조업자가 남긴 사업이 자라난 결과물이었다. 1849년 돌연 사망하기 전에 웨슨은 콜트의 것에 맞먹는 리볼버를 만들려고 시도했는데, 콜트가 볼 때 연방 군수부의 관리들이 그런 시도를 부추기고 있었다. 웨슨은 또한 콜트가 1836년 특허를 처음 14년 기간에서 연장하는 것을 막으려고 로비를 벌였지만, 콜트가 승리해서 결국 1857년까지 보호 기간을 7년 연장했다.

에드윈 웨슨의 특허권을 물려받은 부인은 이를 매사추세츠암스사에 팔았다. 이 회사의 대주주는 에드윈의 동생인 대니얼 웨슨과 호러스 스미스였다. 웨슨과 스미스(훗날 알려지는 이름으로 하면 스미스앤드웨슨)는 후에 그들 자신의 힘으로 중요한 총기 제조업자가 되지만, 지금 당장은 콜트 총기에서 파생된 것처럼 보이는 권총으로 수익을 내기를 기대하고 있었다.

1851년 매사추세츠암스사의 서신 발송 대장을 보면, 회사는 자신의 특허를 침해했다는 콜트의 비난에 반론을 펴기 위해 몇 가지 논리를 개발하고 있었다. 이 가운데 가장 유력한 논리는 두 가지 관련된 점을 근거로 삼았다. 첫째, 자신들의 리볼버는 콜트 총기와 상당히 다른 방식으로 작동한다. 둘째, 설령 작동 방식이 비슷하더라도 몇몇 총기가 다소 비슷한 기술을 사용하는 콜트 총기보다 '먼저' 발명되었기 때문에 콜트가 다른 이들이 그 방식을 사용하는 것을 제한해서는 안 된다. 만약 매사추세츠암스사가 두 주장을 전부 또는 하나라도 입증할 수 있다면, 원하는 대로 많은 리볼버를 만들어서 판매할 수 있었다.

콜트가 자신의 리볼버로 돈을 벌어들일 가능성은 그해 봄에 매사추세츠암스사를 상대로 제기한 소송에 달려 있었다. 소송에서 승리하면 호시탐탐 특허 침해를 노리는 이들을 저지할 것이지만, 패하면 자신의 특허를 누구나 사용할 수 있게 될 것이었다. 지금까지 콜트가 벌인 법적 다툼 중에 가장 중요한 소송이었고, 그 자신뿐만 아니라 미국의 특허 시행 전반에도 원대한 영향을 미칠 터였다.

* * *

재판은 1851년 6월 30일 아침 보스턴에서 시작되었다. 판사석에는 연방대법원 부판사 리바이 우드버리가 앉아 있었다.* 우드버리는 재판이 시작되기 전부터 콜트와 그의 총을 알고 있었다. 미국의 여느 명사들처럼 그 역시 런던에서 열리는 만국박람회에 미국의 어느 제품과 혁신품을 보낼지 선정하는 위원회에 참여했었다. 우리 시대에는 판사가 원고와 관계가 있으면 재판을 기피해야 한다고 여기지만, 19세기 중반 미국인들은 그런 문제에 별로 까다롭지 않았다. 실제로 에드워드 디커슨과 보스턴의 유명한 변호사 조지 T. 커티스로 이루어진 법률 팀에 콜트가 찰스 L. 우드버리라는 젊은 변호사를 합류시켰을 때 누구 하나 눈도 깜박이지 않았다. 우드버리는 재판에서 거의 아무런 역할도 하지 않지만, 그는 분명 법률 지식 때문에 발탁된 게 아니었다. 판사의 아들이기 때문에 발탁된 것이었다.

자기한테 유리하게 판을 짜려 했다고 콜트를 비난해서는 안 된다. 매사추세츠암스사는 자금이 풍부한 만만찮은 상대로, 콜트보다 싼값에 열심히 총을 팔았고 분명 연방 군수부의 지지를 받고 있었다. 회사는 변호인단 대표로 연방 상원의원 출신이자 매사추세츠의 전설적인 변호사인 루퍼스 초트를 선임한 상태였다. 명성으로 따지자면 스승인 대니얼 웹스터에 이어 2인자였다.**

하지만 이 재판의 주인공은 루퍼스 초트가 아니었다. 또한 계속 기다리기만 하는 콜트도 아니었다. 콜트의 변호사 에드워드 디커슨이 재판의 주인공이었다. "네드" 디커슨은 아직 젊었는데(스물일곱 살에 불과했다), 이 재판이 전국 무대에 데뷔하는 자리

---

* 19세기에는 대법원 판사들이 워싱턴과 각자의 담당 순회법원을 오가면서 활동했다. 워싱턴에서는 동료 대법관들과 모여 판결을 내렸고, 순회법원에서는 지역 사건을 청취했다. 우드버리의 순회법원은 뉴잉글랜드였고 매사추세츠지구도 포함되었다.
** 초트는 1846년 살인 혐의로 기소된 앨버트 티렐을 비범하게 변호하면서 의뢰인이 면도칼로 정부의 목을 난도질했을 때, 그리고 손을 닦고 증거물을 태우기 위해 불을 지르고 난 다음 도망쳤을 때 그가 숙면 상태였으며 따라서 유죄가 아니라고 배심원단을 설득함으로써 명성을 확고히 굳혔다.

가 되었다. 그는 키가 크고 잘생겼으며 짙은 갈색 머리에 매의 날개처럼 옆으로 퍼진 기다란 구레나룻이 인상적이었다. 말을 할 때면 감동적인 웅변과 명민한 정신이 뒤섞여 드러나서 19세기에 가장 단골이 많은 미국 특허 변호사로 손꼽히게 된다.

긴 모두 진술에서 디커슨은 재판에서 쟁점이 되는 부분을 정의했다. 오랜 시간을 발명품에 땀을 쏟았다가 마침내 수익을 거두는 바로 그 순간에 그 발명품을 도둑질하려는 외부 세력(약탈적 기업)에게 공격을 받는 미국 발명가, "나무와 강철의 시인"의 운명이 걸린 재판이라는 것이었다. 이런 행위는 발명가에게 대단히 부당할 뿐만 아니라 미국의 창의성과 진보를 위협하는 짓이었다.

디커슨은 콜트가 얼마나 어렵게 그 자리에 올랐는지 배심원단에게 구구절절하게 설명했다. "저 사람은 당시 돈도 없고 친구도 많지 않은 젊은이였습니다. 전형적인 뉴잉글랜드 소년이었지요. 매사추세츠주 웨어 출신으로 실제로 작동시킬 만한 돈도 없이 이 발명품을 만든 겁니다." 로즈힐에서 보낸 어린 시절이나 로스웰 콜트와 더들리 셀던 같은 유명한 친척들의 재정적, 개인적 지원은 언급되지 않았다. 그런 자세한 이야기는 디커슨이 지어내는 동화, 즉 산업화 시대의 다윗과 골리앗 이야기에는 들어맞지 않았다. 콜트가 처음 총을 만들어 판매하려 한 시도에 관해 디커슨은 제2차 세미놀전쟁 때문에 실패로 돌아갔다고 주장했다. 총이 워낙 효과적이어서 사업이 실패했다는 것이었다.

총이 플로리다로 보내졌고, 홍인들에게 공포의 대상이 된 저 용맹하고 출중한 하니 대령은 원래대로라면 감히 그 정도까지는 아니었겠지만 그들의 늪지대를 뚫고 들어갔습니다. 세미놀족은 총을 거두지도 않고 여덟 발이나 열 발을 쏘는 사람들을 보고서 항복했습니다. 전쟁은 그렇게 끝이 났습니다.

콜트의 총만으로 제2차 세미놀전쟁에서 승리를 거두었다는 이야기는 디커슨이 다음에 내놓는 주장, 즉 "이 총 덕분에 텍사스가 독립했다."라는 주장만큼도 설득력이 없었다. 실제로 텍사스는 콜트가 워싱턴에서 특허를 신청하고 두 달 뒤이자 패턴트암스제작사가 첫 번째 총을 생산하기 거의 1년 전인 1836년 봄에 독립을 획득했다. 하지만 디커슨은 이미 새뮤얼 워커가 콜트에게 접근해서 총기 사업을 다시 시작하게 만든 1847년으로 옮겨 간 상태였다. "이제 저 사람은 황금 사과가 무르익는 걸 보고 있습니다. 자신이 바친 시간과 수고, 밤낮으로 애를 태운 숱한 나날의 보상을 받으려 하고 있습니다." 그 순간 매사추세츠암스사가 끼어들어 그의 노동의 결실을 훔치려 하고 있었다.

＊ ＊ ＊

증인 신문 시간이 되자 디커슨은 폭풍우처럼 휘몰아치는 일반론에서 외과 수술같이 치밀한 질문으로 태세를 전환했다. 그는 (나중에 프린스턴이 되는) 뉴저지대학에서 과학과 기계학을 공부했고 변호사가 되기 전에 공학기사로 잠깐 일했는데 레버, 베벨기어, 래칫 휠, 스프링 등 리볼버 내부의 여러 기계 장치를 속속들이 알고 있었다. 디커슨은 피고 측 증인으로 나와 진술한 총기 제작자인 오리슨 블런트에게 물었다. "받침점이 힘점과 작용점 사이에 있을 때하고 작용점이 받침점과 힘점 사이에 있을 때, 지렛대는 사실상 같은 역할을 합니까?"

> 블런트: 받침점이 중간에 있을 때 지레의 작용이 더 크지만, 지렛대 역할에 큰 차이가 있는지는 모르겠습니다. ……
>
> 디커슨: 두 경우에 같은 원리로 운동이 이루어지는 겁니까, 아닙니까? 그러니까 공이치기가 지렛대 역할을 하는 건가요?
>
> 블런트: 다른 방식으로 힘이 가해지기는 하지만 그렇습니다.
>
> 디커슨: 공이치기가 지렛대 역할을 할 때, 두 경우 모두 왕복 운동을 하지 않나요? 다시 말해, 공이치기를 당길 때는 한 방향으로 움직이고 격발할 때는 반대 방향으로 움직이는 거지요?
>
> 블런트: 그렇습니다. 공이치기는 모두 그런 식으로 작동합니다.
>
> 디커슨: 두 총에서 정확히 같은 기계 장치, 그러니까 래칫과 고정축에 의해 왕복 운동이 회전 운동으로 전환되는 거 아닙니까?

다시 두 가지 질문으로 좁혀졌다. 매사추세츠암스사의 총은 콜트 총과 같은 것인 가, 아니면 새로운 것인가? 그리고 콜트 총기 이전에 그의 리볼버와 비슷한 총이 발명 된 적이 있는가? 첫 번째 질문에 대해 디커슨은 신문을 통해 매사추세츠암스사가 실 린더를 회전시키기 위해 사용한 방법이 콜트가 특허를 낸 것과 사실상 동일하다는 증언을 이끌어 냈다. 하지만 피고 측이 콜트가 자신의 첫 번째 총을 만들기 전에 이미 비슷한 기술이 사용된 적이 있음을 보여 줄 수 있다면 이 문제는 중요하지 않을 것이 었다.

피고 측의 루퍼스 초트와 변호인단은 콜트의 총기보다 시기가 앞선다고 주장하는 리볼버 다섯 정을 소개했다. 다섯 정 모두 회전식 실린더가 있다는 사실은 특별히 중 요하지 않았다. 콜트는 특허에서 회전식 실린더를 자신이 발명했다고 주장하지 않았 기 때문이다. 그가 특허권을 주장한 것은 회전식 실린더에 적용된 특정한 '방식'이었 다. 핵심적인 문제는 이 다른 총기들이 격발 사이에 어떤 식으로 회전하고 잠기는지 에 관한 것이었다.

디커슨은 선구자라고 주장하는 총기들을 재빨리 해치웠다. 엘리샤 콜리어와 코닐 리어스 쿨리지가 (콜리어의 특허를 기반으로) 만든 가장 오래된 총기에 관해서 디커슨 은 그 기원과 작동 방식이 모호하다고 의문을 던졌다. 회전을 했겠지만 콜트 총기처 럼 회전하는 방식이 아니었다는 것이다. 콜리어는 기계식 회전을 시험하기는 했지만 실패해서 결국 실린더를 손으로 돌리는 방식에 만족했고, 이는 회전식 총기의 해답 으로는 전혀 다르고 뒤떨어지는 것이었다.

디커슨은 또한 콜트 총기와 시기상 가까운 세 총(애덤 험바거, 데이비드 콜번, 벤저민 F. 스미스의 총)은 콜트의 것 이후에 등장했다는 증언을 소개했다. 이 주장은 콜트 총기 가 다른 것들보다 '먼저'(다시 말해 다른 총들이 만들어진 1832년이나 1833년 이전 어느 시 점에) 발명되었다는 사실 확인에 바탕을 둔 것이었다. 디커슨의 주장에 따르면, 콜트 의 총은 1831년에 처음 만들어졌다.

이를 입증하기 위해 그는 앤슨 체이스를 증언대에 세웠다. 이 총기 제작자는 이제 코네티컷주 뉴런던에 살고 있었는데, 여전히 같은 업종에 종사하고 있어서 변호사들 이 추적할 수 있었다. 체이스는 다소 떨리는 목소리로 1831년이 맞다고 증언했고, 다른 증인들도 콜트가 당시 체이스와 함께 총을 만드는 것을 보았다고 말했다.

이 사람들이 한 증언은 1836년 특허 획득까지 이어지는 콜트의 발명 초기에 관해 자주 되풀이되는 이야기를 입증하는 주요한 증거로 여겨진다. 여기서 잠시 멈춰서 의문을 던져 보는 편이 좋겠다. 과연 이 증인들은 날짜와 자세한 내용을 정확하게 기억하고 있었던 걸까? 콜트에게 이 재판이 어떤 의미였는지(사실상 그가 지금껏 이루기 위해 노력한 모든 것), 그리고 (앞으로 살펴볼 것처럼) 후에 그와 디커슨이 특허를 얼마나 연장했는지를 생각해 보면, 증언을 사후적으로 꾸며 내거나 증인을 구워삶지는 않았는지 의문을 던지는 게 타당하다. 필요는 발명의 어머니일 뿐만 아니라, 어쩌면 발명에 관한 재구성이기도 하기 때문이다. 콜트가 처음 총을 만든 시점에 관해 누군가 거짓말을 했다는 증거는 전혀 없지만, (5장에서 언급한 것처럼) 그 시기의 많은 문서(여기저기 남아 있는 영수증이나 편지)는 날짜가 잘못 적힌 것으로 보인다. 마치 누가 과거로 돌아가서 연도를 앞으로 당겨 놓은 것 같다.

현명하게도 디커슨은 누가 그의 의뢰인에 관해 너무 많은 의혹을 제기하기 전에 매사추세츠암스사가 뻔뻔하게 사기를 저지르고 있다고 비난했다. 피고 측은 데이비드 콜번이 특허를 내고 스넬이라는 사람이 1833년에 만든 총을 증거로 제출한 바 있었다. 디커슨은 그의 표현을 빌리자면 "뒤에 전신으로" 받은 정보를 근거로 배심원단에게 제출된 콜번 총기가 최근에 새로 부품을 장착한 것을 알게 되었다. 게다가 이 부품은 원래부터 있었던 것처럼 보이기 위해 일부러 녹을 만들어 놓은 것이었다. 이것이 사실이라면, 피고 측은 이 총이 원래 것보다 콜트 총기와 비슷하게 보이기 위해 구조를 변경한 셈이었다.

디커슨이 피고 측 증인들에게 녹과 관련된 사실을 인정하게 만들자 배심원들은 피고 측이 말하거나 제시하는 어떤 것도 완전히 신뢰할 만하다고 볼 수 없게 되었다. 디커슨은 아무 때고 배심원단에게 녹 이야기를 상기시켰고, 피고 측에게 나중에 특허 재판을 하기 전에 어떻게 금속을 녹슬게 만드는지에 관해 유용한 조언을 해 주기도 했다. "재판 기일이 다가오기 전에 녹이 충분히 붉게 변할 수 있도록 일찌감치 금속을 피클"에 담가 두라는 것이었다.

＊ ＊ ＊

재판은 7월 내내 떠들썩하게 진행되다가 마침내 8월 초에 마무리되었다. 매사추세츠 암스사는 오래전에 운이 다했는데, 이제 더 나쁜 소식이 들려왔다. 루퍼스 초트가 앓아누워 피고 측 최종 변론을 할 수 없다는 것이었다. 동료 변호사 R. A. 채프먼이 미처 준비할 시간도 없이 나서서 요령 있게 증언을 요약했다.

콜트 측 최종 변론은 조지 T. 커티스가 맡았다. 이때까지 커티스는 디커슨의 보조 역할을 했지만, 주의 깊게 재판에 귀를 기울이고 있었다.

6년 뒤, 커티스는 드레드 스콧이라는 노예에게 자유를 안겨 주기 위해 대법원에서 논전을 펴는 변호사 중 한 명으로 역사에 들어서게 된다. 커티스는 그 획기적인 사건에서 7 대 2(소수 의견을 낸 판사 중 하나는 그의 형인 벤저민 R. 커티스였다)로 패배하고, 나라는 이내 전쟁으로 치닫게 된다. 지금 당장 커티스의 평판은 특허법 전문 변호사로서 높이 평가받는 활동과 역사와 전기에 관해 펴낸 책 몇 권에 바탕을 둔 것이었다. 커티스는 디커슨처럼 번뜩이는 재주가 있지는 않았지만, 현학적인 문장을 구사해서 자기 주장에 권위를 더했다.

커티스는 배심원들이 전부 미국 전시관이 무시를 당한 것을 포함해서 크리스털펠리스에서 벌어지는 일을 잘 알고 있다고 생각했다. 그래서 시간을 내서 미국 발명가들의 평판을 옹호했다.

신사 여러분, 현재 대서양 반대편에서 펼쳐지는 저 거대한 만국박람회에서 이 나라의 예술품과 제조업자들은 우리의 허영심이나 자부심에 걸맞은 성과를 전혀 보여 주지 못합니다. 그렇지만 제가 감히 말하건대, 현재 우리나라에는 창의적인 천재가 많이 있습니다. 기독교 세계의 어느 나라만큼 당대 문명에 인상적이고 중요하며 가장 유익한 영향을 미치는 발명품들이 이 사람들 손에서 나왔습니다.

커티스는 디커슨이 모두 진술에서 발언한 내용을 의식한 듯 미국 발명품이 수치를 당하는 것은 천재가 없기 때문이 아니라고 주장했다. 그보다는 발명가를 공정하게 대우하지 못해서 그 노력에 대한 대가가 종종 가난한 노년 생활일 뿐이기 때문이라

크리스털펠리스에 출품된 총

337

고 주장했다.

어떻게 이런 일이 생기는 걸까요? 이렇게 창의적인 재능이, 천재의 능력과 일용직 노동자의 인내심을 하나로 결합하고, 자연의 장애물에 부딪혀도 패배를 모르며, 영웅적인 인내심으로 정확히 성공할 때까지 의지의 힘으로 모든 걸 정복하면서 원래의 구상을 밀어붙이는 이 재능이, 어떻게 이토록 고귀한 인간 지성이 마땅히 받아야 할 보상을 빼앗기는 걸까요?

해적 같은 기업에 맞서는 천재적 개인에 관한 커티스의 묘사는 콜트 총으로 무장한 외로운 개척자에 대해 그가 그리는 이미지와도 딱 맞아떨어졌다. "이 서부 대륙의 대초원을 누비는 여행자는 손에 콜트를 쥐고 편안히 누워 있습니다. 하늘에는 별뿐이지만 야만인과 들짐승이 주변을 서성거리죠." 이런 식으로 커티스는 발명가 콜트와 그의 발명품을 사용하는 용감한 남자들을 동일시했다. 그들은 늪지대에서 야만 부족에 맞서는 영웅적인 사람들이었다.

8월 6일 수요일, 우드버리 판사는 배심원들을 모아 놓고 설명을 했다. 불편부당하게 판단할 것을 권고하면서도 자신이 어느 편을 선호하는지를 분명히 했다. 판사는 단지 "원고가 혼자 서 있다는 이유로, 그의 조국에 이득을 주고 자신의 노력에 보상을 받기 위해 이 문제에 관해 15년 내지 20년 동안 분투한 게 분명하다는 이유로" 콜트 쪽으로 지나치게 공감을 하면 안 된다고 배심원들에게 말했다.

디커슨과 커티스는 더없이 훌륭하게 발언했다. 배심원단은 잠깐 숙고한 뒤 법정에 돌아왔다. 그리고 원고의 손을 들어 주었다. 매사추세츠암스사는 특허를 침해했고, 콜트의 특허는 유효했다.

III

평결이 내려지고 열흘 뒤인 1851년 8월 16일 토요일, 콜트는 증기선 퍼시픽호에 올라 잉글랜드로 향했다. 의기양양한 승객이었다. 매사추세츠암스사가 워낙 철저하게 패배를 당한 탓에 잠재적 경쟁자와 특허 침해자들이 모두 소식을 접할 정도였다. 특허가 만료되는 1857년까지 콜트는 리볼버 시장을 거의 독차지하게 된다. 그런데 이 시장은 빠르게 커지고 있었다. 권총 1,000정을 주문받아 리볼버 사업에 복귀한 지 불과 4년 만인 1851년, 콜트는 수만 정을 생산할 것으로 예상하고 있었다. 이제 고용 인원만 300명이었다. "이 총의 수요가 워낙 많아서 콜트 대령은 조만간 1,000명의 직원을 거느리게 될 것"이라고《하트퍼드쿠란트》는 예측했다.

성공에 대한 보상으로 콜트는 얼마 전에 코네티컷주의 신임 주지사인 토머스 H. 시모어의 부관으로 임명됐고, 코네티컷주 민병대의 중령 계급도 받았다. 오랫동안 동생 제임스에게 대령 대접을 받은 끝에 샘은 이제 장교 계급을 정당하게 내세울 수 있었다. 이후 평생 동안 세상은 그를 콜트 대령이라고 알았다. 비록 의식 행사 이외에는 군인 역할을 한 적이 없지만 말이다.

뉴욕에서 리버풀까지 항해하는 길은 대체로 날이 맑고 파도도 잔잔했고, 객실도 대서양 횡단에서 가장 고급에 속했다. 퍼시픽호는 1849년에 진수한 배로 미국 정부가 우편 배송을 위해 보조금을 지급하는 증기선단인 콜린스라인 소유의 네 척 가운데 하나였다. 미국에서 가장 유명한 조선업자인 조지 스티어스가 설계한 선박을 보유한 콜린스라인은 영국의 큐나드선단과 명성을 다투는 데 열심이었고, 성과는 눈부셨다. 그해 여름 콜린스 선박은 뉴욕과 리버풀을 오가는 대서양 횡단에서 가장 빠른 기록을 연달아 깨뜨렸다. 처음에는 퍼시픽호가 기록을 깼고, 뒤이어 콜트가 배를 탄 바로 그날 아침 뉴욕으로 돌아온 발틱호가 리버풀에서 9일 스무 시간 만에 도착해 새로운 기록을 세웠다. 1851년 늦여름에 미국인들이 영국을 상대로 잇따라 대단한 승리를 거두는 시작점이었다.

콜트의 항해에 관한 자세한 기록이 육촌 형인 뉴저지주 패터슨의 존 콜트가 쓴 편지에 일부 남아 있다. 존은 샘과 함께 크리스털팰리스를 방문하고 유럽에서 사업을 수행하기 위해 잉글랜드로 갔다. 탄탄한 결혼 생활과 꾸준한 습관을 유지하는 사람인 존은 형인 로스웰이나 육촌인 샘과는 다른 인물이었다. 면직물 제조업자로서 나름대로 조용하게 거의 두 사람에 맞먹는 성공을 거두었다. 패터슨에 있는 그의 공장에서는 세계 최고의 캔버스천을 생산했다.

부인에게 쓴 글처럼, 존은 너그러운 마음으로 샘을 "다정하고 세심한 사람"이라고 평했다. 샘은 자신의 특실을 존에게 양보하고 자기는 그보다 낮은 등급 객실을 이용했다. 샘과 존은 선장이 있는 테이블에 나란히 앉아 "유쾌한 분위기"에서 식사를 했다. 아침은 8시, 점심은 정오, 저녁은 4시였고, 직원들이 따뜻한 해수 목욕을 준비하는 등의 편의도 제공되었다. 저녁에는 승객들이 주 선실에 모여 음악을 감상했다.

＊ ＊ ＊

퍼시픽호가 아직 리버풀까지 나흘을 남기고 대서양을 가로지르고 있을 때, 요트 열다섯 척이 와이트섬 주변에 경주를 하기 위해 나타났다. 8월 22일 금요일이었다. 날씨는 청명했고, 서쪽에서 산들바람이 불고 있었다. 로열레가타(여왕배 요트 경주)를 벌이기에 딱 좋은 아침이었다. 멋지게 차려입은 많은 군중이 오전 10시 출발을 보려고 카우스캐슬 앞 해변에 모였다. 여왕은 전용 증기선인 빅토리아앤드앨버트호 갑판에서 지켜보았다. 신호가 울리자 요트들이 바람을 등지고 동쪽으로 내달렸다. 꼴찌로 출발한 요트는 선체가 좁은 스쿠너인 아메리카호였다.

아메리카호는 미국 최초로 로열레가타에 참여한 요트였다. 뉴욕시 요트클럽에서 자금을 받아 조지 스티어스가 설계한 요트였다. 콜린스라인 선박을 설계한 바로 그 인물이었다. (공교롭게도 존 콜트의 패터슨 공장에서 만든) 캔버스천 돛을 장착한 아메리카호는 영국 요트에 도전하기 위해 웅장한 팡파레를 받으며 대서양을 가로질러 항해했다. 만국박람회의 공식 특별 행사는 아니었지만, 이 경주는 이미 박람회의 경쟁 관계로 휩쓸려 들어가 국가적 자부심이 걸린 경쟁이 되었다. 따라서 영국 관객은 요란하게 법석을 떤 아메리카호가 돌풍에 밀리고 불운하게도 케이블에 엉키면서 출발선에서부터 머뭇거리는 모습을 보고 흡족해했다. 모두 아메리카호가 그 후로 따라잡을 가능성이 없다는 데 동의했다. 하지만 이후 요트들이 아직 카우스캐슬에 모인 군중의 눈에 보이는 동안 아메리카호가 재빨리 대열을 따라잡았다. 런던의 한 신문이 보도한 대로 "아메리카호는 이내 산들바람을 받으면서 조용하고 부드럽게 앞으로 나아갔다."

그날 저녁 출발 이후 열 시간이 넘어 요트들이 와이트섬 반대편에 모여들었을 때

아메리카호가 선두에 있었다. 오후 8시 30분 직후에 결승선을 지난 아메리카호는 놀라운 역전극을 펼쳐 보이며 승자가 되었다. 이후 이 경기는 우승자를 기리는 아메리카컵이라고 불리게 된다.

와이트섬 일주 경주는 은제 트로피 말고는 실질적인 가치가 없었지만, 1851년 대서양 양편에서 이 대회는 이루 헤아릴 수 없을 정도로 중요한 의미를 지녔다. 그해 여름 박람회를 찾은 많은 관람객들이 미국 전시관에서 더 많은 시간을 보내면서 깨닫게 된 사실을 확인해 주는 결과였다. 그 넓은 빈 공간에서 처음에 전시를 가볍게 무시한 게 때 이른 판단이었다는 데 모든 사람이 뜻을 모았다. 이제 미국인들 주변으로 엄청난 군중이 모여들었다.

박람회 미국 대표단의 감독관인 N. S. 도지는 나중에 여론의 변화를 설명했다. 그의 말에 의하면 이 모든 것은 콜트리볼버와 함께 시작되었다. 첫째, 영국육군의 수많은 장교가 콜트 전시회를 방문해서 몇 정을 남아프리카로 가져가는 데 관심을 보였다. 이른바 카피르전쟁에서 원주민 부족을 상대로 벌이는 싸움에 필요했던 것이다. 뒤이어 웰링턴 공작이 직접 전시회를 보러 왔다가 깊은 인상을 받아서 몇 차례 더 방문했다. 도지가 기억하는 것처럼, 공작은 올 때마다 "무한한 찬사를 보내며" 총에 관해 이야기했다. 곧바로 앨버트 공이 찾아왔다. 콜트는 토머스 피어드에게 누구도 사격을 하게 해서는 안 된다고 말했지만, 피어드는 현명하게도 여왕의 부군에 대해서는 예외를 두었다.

이제 언론도 긴밀하게 관심을 기울였는데, N. S. 도지에 따르면 이 때문에 미국의 모든 발명품이 반사 효과를 누렸다. 리볼버를 보러 온 군중이 여기저기 흩어지면서 다른 전시품도 면밀하게 살펴보기 시작했고, 이내 이 물건들도 찬사를 받게 되었다. 찰스 굿이어의 "경질고무궁전Vulcanite Court"은 고무로 벽을 바르고 책상, 지팡이, 풍선 등 고무로 만든 일상 용품으로 가득 채운 방이었는데, 점점 많은 군중이 모여서 감탄을 연발했다. 사이러스 매코믹이 발명한 곡물 수확기는 공개 시연에서 놀라울 정도로 잘 작동했다. 앨프리드 홉스는 누구도 열 수 없다는 자물쇠를 열어서 영국 자물쇠 장인들의 콧대를 꺾은 다음, 영국 자물쇠 장인들이 자기 자물쇠를 열지 못하는 모습을 지켜보았다. 이 모든 성취가 만국박람회에서 미국 전시품에 대한 극적인 심경 변화를 일으키는 데 이바지했다. 도지가 말한 것처럼, 콜트리볼버는 미국 대표단에게 "베데스다의 못에 내려온 천사"였다.

＊ ＊ ＊

와이트섬 일주 경주가 열리고 나흘 뒤인 8월 26일 화요일 오후 8시에 퍼시픽호가 리버풀에 도착했다. 존 콜트의 설명에 따르면, 항해는 "부두에서 부두까지" 열흘 두 시간이 걸렸다. 같은 달에 서쪽으로 항해한 발틱호만큼 빠르지는 않았지만, 그래도 불과 10년 전 대서양 횡단 항해에 비하면 엄청나게 빠른 속도였다.

샘과 존은 하이드파크와 크리스털팰리스에서 가까운 본드스트리트 근처 롱스호텔에 머물렀다. 이후 며칠 동안 두 사람은 코벤트가든에 있는 극장을 찾아 〈위그노들 Les Huguenots〉이라는 제목의 프랑스 오페라를 관람하고 템스강 변에 있는 왕궁지인 리치먼드를 돌아보았다. 그러나 대부분은 크리스털팰리스를 찾아서 여러 사람의 찬사를 받았다. 존은 이제 유명해진 캔버스천 돛으로, 샘은 리볼버로 영광을 누렸다.

영국 언론에서는 콜트와 그의 총을 대체로 호의적으로 다루고 심지어 환호를 보내기도 했지만, 그해 9월 일부 보도에는 분노와 영국 국수주의가 스며들었다. 《옵저버》는 콜트리볼버의 발상이 영국에서 전혀 새로울 게 없다고 지적했다. 영국인들은 일찍이 찰스 1세 치세부터 그런 총을 고안했다는 것이었다. 5월에 미국 전시관을 한껏 비웃었던 런던판 《타임스》는 이제 미국의 업적에 너그럽게 성원을 보냈지만, 콜트에 관해서는 우려의 목소리를 냈다. "요트의 경우에는 내년 8월에 카우스에 모이는 모든 선박이 아메리카호 모양으로 날씬해질 것이고, 우리 농부들도 분명 기계로 수확을 할 것이다. 그러나 리볼버는 개인적 힘의 구현체로 너무 매력적이어서 유럽의 이간질쟁이들에게서 간과될 것 같다." 《타임스》는 콜트리볼버는 "화약의 발견만큼이나 군사 전술에 완전한 혁명을 일으킬 것"이라고 덧붙였다.

《타임스》는 칭찬으로 한 말이 아니었다. 무기가 좋아질수록 폭력의 비용과 공포가 너무 커져서 평화가 증진된다는 19세기의 자명한 진실 앞에서 이 말은 일종의 경고였다. 콜트 자신도 그런 견해를 지지했다. 이듬해 영국의 동료에게 보낸 편지에서 그는 이렇게 말했다. "이 세계의 선량한 사람들은 서로에게 만족하는 법이 없습니다. 그래서 내 총이 최고의 평화 중재자인 거죠."《타임스》는 이런 주장이 허울만 그럴듯하다고 지적했다. "사실 이 독창적 도구의 장점을 인정하는 한편으로 우리는 지금까지 그 주요한 효과가 살인을 부추기는 것이었다는 의심을 표명해야 한다." 이 총의 주요한 희생자는 총을 사서 물리치려고 한 외국의 적이 아니라 그 총을 산 사람들이었다. "분명 그 총은 '변경의 활동'에서 쓸모가 있음이 밝혀졌지만, 이 발명품에는 선악이 공존하며 우리는 콜트 씨의 발견으로 멕시코인보다 미국인이 더 많이 목숨을 잃은 건 아닌지 심각한 의문을 던진다."

* * *

1851년 10월 11일에 박람회가 폐막할 때쯤이면 날씨가 춥고 비가 왔다. 크리스털팰리스 지붕에도 몇 군데 비가 샜다. 어쨌든 정말로 건물이었던 셈이다. 이 건물은 구조물 전체를 해체해 런던 남부에 있는 시드넘힐로 옮겨서 박물관으로 사용하다가 1936년 화재로 소실된다.

크리스털팰리스는 덧없이 사라졌지만, 박람회는 영국만이 아니라 미국에도 일대 변화를 가져온 행사였다. 미국에서는 자국 제품이 호평을 받자 국가적 자부심이 자극받았다. 새롭게 거대해진 나라는 규모가 큰 만큼이나 창의적이고 찬란하게 빛났다. "최근에 미국은 시험대에 올랐다."라고 미국의 한 간행물은 자부심에 겨워 외쳤다. "하지만 경주의 결과는 어떤가? 어느 누구도 예상하지 못한 결과다. 시험의 결과로 미국은 삶의 모든 관심사를 아우르게 되었다."

10월에 박람회 수상작이 발표됐을 때 미국이 압도적으로 많은 수를 차지했다. 매코믹, 굿이어, 그리고 육포 비스킷을 처음 만든 게일 보든(후에 농축 우유를 고안해서 더 유명해진다)이라는 텍사스인이 모두 독창적인 고안으로 메달을 받았다. 아메리카대륙으로서는 무척 놀랍게도, 콜트의 권총은 명예롭게 언급만 됐을 뿐이다. 어떤 이들은 이런 결과가 심사위원들의 정직한 평가라기보다는 영국 총기 산업에 미치는 영향 때문이라고 말했다. 금메달은 연발 총기를 출품한 로버트 애덤스라는 영국 발명가에게 돌아갔다.

하지만 가장 중요한 상은 여론이었고, 여기서는 콜트의 압승이었다. 11월 초《브리티시아미디스패치》는 콜트 총기를 극찬하는 열정적인 평을 발표하면서 영국 군대, 특히 여러 식민지 전초 기지에서 이 총을 사용할 것을 촉구했다. "비정규전 같은 상황에서 이 무기가 소중한 지원군 역할을 한다는 점을 부정하는 사람은 망상의 피해자거나, 훨씬 뿌리 뽑기 어려운 케케묵은 편견과 무관심의 피해자임이 분명하다." 《스피리트오브더타임스》는 콜트리볼버를 남아프리카에 배치할 것을 요구했다. "이 총은 간단히 말해 병사를 일당백으로 변신시키며, 야만인들의 마음에 공포를 심어 준다."

무엇보다 커다란 영광은 콜트가 런던 토목기사협회에서 연설한 11월 25일에 찾아왔다. 영국 기술자와 과학자들이 모인 이 위엄 있는 기관에서 미국인 최초로 연설 초청을 받은 것이다. 부유한 섬유 제조업자이자 하버드에 있는 로렌스과학대학의 존경받는 후원자로 당시 영국 주재 미국 공사로 일하던 애벗 로렌스를 비롯해서 여러 이유로 런던에 체류하는 저명한 미국인이 다수 참석했다. 애벗은 오래전에 샘을 코르보호에 데려다준 아버지 크리스토퍼의 친구인 새뮤얼 로렌스의 형이었다.

콜트의 연설 제목은 "회전식 약실 총기 제조에 응용되는 기계에 관하여"였다. 그는 앞선 다연발 총기의 사례들을 논의하는 것으로 시작하면서 리볼버의 역사를 부정하는 게 아니라 그 역사 안에 자신을 자리매김했다. 그는 런던타워에서 발견한 과거의 연발식 총기 시도를 담은 그림 몇 개를 보여 주었는데, 그중에는 약실 네 개가 회전하는 실린더가 달린 15세기의 화승식 격발 장치도 있었다. 역사의 교훈에 관한 그의 핵심 요지는 선구자들을 치켜세우는 게 아니라, 자신 이전에 어느 누구도 완전한 성공을 거두지 못했다는 사실을 지적하는 것이었다.

콜트는 자기 총기의 기원 이야기를 청중에 맞게 그때그때 바꾸는 경향이 있었는데, 이 연설에서도 그랬다. 그는 "여전히 원주민 무리가 사는 가장 광대한 변경을 가진" 나라에서 살기 때문에 리볼버를 발명했다고 주장했다. 그는 종종 "진취적인 개척자의 고립된 위치, 때로는 혼자서 자신의 개인적 능력에 의지해서 자기 자신과 가족을 보호하는 처지"에 고무 받아 "일반적인 2연발식 장총과 권총의 비효율성을 숙고했다. 둘 다 다시 장전하는 데 시간이 필요했는데, 이 때문에 번번이 목숨이 위협을 받았다."

사실 콜트는 개척자나 원주민을 염두에 두고 리볼버를 개발한 게 아니었지만(개척자나 원주민이나 나중에야 그의 관심사가 되었다), 영국인들의 상상력에 이런 이야기가 얼마나 호소력이 있는지를 알았다. 존 불은 미국의 거친 서부에 관한 이야기를 사랑했을 뿐만 아니라 당시 식민지 전초 기지에서 원주민들을 상대로 사용할 무기에 특히 관심이 많았다.

콜트가 연설의 진짜 주제, 즉 총이 아니라 기계에 관심을 돌리기까지는 잠시 시간이 걸렸다. 그는 청중이 자신의 기계와 생산 방식이 리볼버 못지않게 중요하다는 것, 그리고 혁명적이라는 것을 이해하기를 원했다. 계속해서 대부분 수작업으로 총을 만드는 영국인들을 꾸짖은 뒤, 그는 청중에게 조만간 미국식 제조업 시스템이라고 알려지게 되는 방식을 소개했다. "미국에서는 육체노동자가 드물고 비싸기 때문에 가장 빠르고 경제적으로 이 총기를 생산하기 위한 수단을 고안하는 일이 절대적으로 필요했습니다." 기계는 노동력이 덜 들고, 비용이 절감되며, 무엇보다도 획일성을 달성하는 데 도움이 되었다. 그는 이제 자신의 공장에서 이루어지는 작업의 5분의 4가 기계로 수행된다고 청중에게 설명했다. 총기를 최대한 적은 수의 부품으로 나눈 다음(가령 예전에는 발사 장치가 열일곱 개 부속품으로 이루어졌는데 이제는 다섯 개뿐이었다) 각 부품만 만드는 기계로 똑같이 생산했다.

실제로 각 부품은 모두 따로 공정을 거친 다음 마지막에 거의 완성된 상태로 마무리 작업자의 손에 들어갑니다. 이 작업자는 멋대로 쌓인 부품 더미에서 조립해서 총을 만드는데, 그다음에는 광택을 내고 장식을 붙이기만 하면 됩니다. …… 이 방식으로 기계가 거의 자동 장치가 됩니다.

콜트가 연설을 마치자 청중 가운데 몇 명이 일어서서 영국 산업을 옹호했지만, 대다수는 콜트의 리볼버를 극찬했다. 한순간 콜트의 영국인 경쟁자이자 크리스털펠리스에서 금메달을 딴 로버트 애덤스가 발언권을 얻어 자기 총기의 장점을 설명했지만, 영국인 몇 명이 자리에서 일어나 콜트의 총기보다 높이 평가하지 않는다고 말하자 애덤스는 조용히 다시 자리에 앉았다. 뒤이어 메이 씨라는 사람이 총기의 장점에 관한 토론은 협회에서 논의할 적절한 주제가 아니라고 이의를 제기했다. 그는 이제 연설 제목에서 홍보한 대로 본주제인 기계 이야기로 돌아가자고 촉구했다. 메이 씨는 자리에 앉기 전에 자신은 퀘이커교도이며 "들짐승 대비용만 제외하고" 모든 무기를 폐기해야 한다고 믿는다고 밝혔다.

이듬해 초에 콜트는 토목기사협회에 명예 회원으로 가입했고 미국인 최초로 협회의 권위 있는 텔퍼드메달을 받는 영예를 누렸다. 아마 훨씬 더 인상적인 것은, 항상 비아냥거리던 《펀치》가 〈존 불이 콜트 대령에게 John Bull to Colonel Colt〉라는 제목의 송시를 발표한 사실일 것이다.

> 오! 콜트 대령
> 벼락이라면
> 사겠지만, 거금을 치르고라도
> 그럴 수 없으니
> 당신의 회전식 소총을
> 구할 수밖에!

《펀치》는 콜트의 발명(운율 때문에 리볼버 대신 소총이 등장한다)을 찬미하는 노래를 부르면서 세계의 화합을 증진하기 위해 열린 박람회에 출품된 수만 가지 물건 중에 어떻게 총 하나가 가장 유명하게 됐는지 궁금해한다.

> 하지만 슬프게도, 콜트여!
> 우리는 어떤 단계에
> 어떤 유감스러운 상황에
> 다다랐는가,
> 만국박람회가
> 우리 이웃들이 보내오는 모든 물건으로
> 전쟁을 멈추게 하고
> 영원한 평화를 안겨 주리라고

젊은 미국

기꺼이 믿었던 우리,

결국, 그렇게 금세, 밝혀진 것처럼,

그중에서도 가장 요긴한 것은

우리를 지켜 주는 당신의 무기이니.

5부
콜츠빌

1852~1862년

"바로 지금 말고는 어떤 시작도 없었다.
바로 지금 말고 어떤 젊음이나 노년도 없었다.
또 바로 지금 말고는 어떤 완성도 없고,
바로 지금 말고는 어떤 천국이나 지옥도 없으리라."
— 월트 휘트먼, 〈나 자신의 노래〉, 1855

총성 찬가

1852~1854년

템스강 변에 들어선 콜트의 런던 무기 공장.

I

멀찍이 떨어져서 이후 벌어질 일들을 알고 1850년대를 보면, 남북전쟁이라는 대재앙으로 치닫는 일련의 고조되는 재앙의 연속으로 볼 수밖에 없다. 하지만 많은 미국인에게 1850년대는 확신의 시기, 심지어 활기 넘치는 시기로 시작되었다. 멕시코전쟁 중에 대두된 노예제의 미래를 둘러싼 갈등은 '1850년의 타협'으로 잠시 미뤄졌다. 베테랑 상원의원 삼인조인 클레이, 캘훈, 웹스터의 열띤 논쟁이 끝난 뒤 의회는 북부와 남부의 이익을 빈틈없이 거래했다. 북부는 캘리포니아가 자유주로서 연방에 가입하고 워싱턴에서 (노예제 자체는 아니지만) 노예 판매를 금지할 것이라는 보장을 받았다. 남부는 새로운 준주인 유타와 뉴멕시코가 자유주와 노예주 여부를 투표로 스스로 선택할 수 있다는 약속을 받았다. 노예제에 찬성하는 남부인들에게 더욱 반가운 소식은 이 타협에 새로운 법률이 부가된다는 것이었다. 도망노예법은 노예주들에게 도망 노예를 잡을 수 있는 더 많은 권한을 주었다.

　일부 북부인들은 '1850년의 타협', 특히 도망노예법이 도덕적으로 혐오스럽다며 반대했지만, 당장은 대다수가 계속 번영을 누리기 위해 기꺼이 연방을 지키고자 했다. 캘리포니아에서 쏟아져 나오는 금 때문에 미국의 화폐 공급이 넘쳐났고, 남부에서는 면화 사업이 호황을 누렸으며, 증기력을 새롭게 갖춘 북부 도시들은 나날이 성장하고 있었다. 이런 가운데 나라는 문화적으로도 의기양양한 성년기를 구가했다. 1850년대 처음 몇 년간 허먼 멜빌, 너새니얼 호손, 월트 휘트먼같이 대단히 미국적이면서도 세계적인 작가들이 획기적인 작품을 내놓는 한편, 훗날 허드슨리버파라고 불리게 되는 집단을 중심으로 느슨하게 모인 한 무리의 화가들이 미국의 장대한 풍경을 회화로 포착하는 데 성공했다. 런던에서 들려오는 소식은 1850년대 초에 이르러 많은 미국인들이 믿고 있던 사실을 대체로 확인해 주었다. 미국이 지구상에서 가장 위대하고, 혁신적이고, 강력한 나라가 될 운명이라는 사실이었다.

　샘 콜트 역시 이런 견해를 지녔을 뿐만 아니라 널리 퍼뜨리기도 했다. 1852년 2월 런던에서 하트퍼드로 돌아온 뒤, 한 전기 작가의 표현을 빌리자면 "의기양양하고 영웅적이고 천하무적이라고" 느낀 그는 다른 어떤 미국 기업가가 감히 상상한 것보다 훨씬 원대한 사고를 펼치기 시작했다. 세계 제국을 상상하기 시작한 것이다.

　무엇보다도 당면한 목표는 잉글랜드에 대규모 공장을 세우는 것이었다. 이미 토목기사협회의 서기인 찰스 맨비에게 책임을 맡긴 상태였다. 두 사람은 가을에 콜트가 런던을 방문한 동안 친구가 됐는데, 명성이 자자하고 연줄이 넓은 맨비가 콜트의 사업을 돕겠다고 선뜻 나섰다. 맨비가 처음 할 일은 정치적 문제, 영국 정부로부터 적당한 공장 부지를 임대하는 허가를 받는 일을 처리하는 것이었고, 그다음에 총기를 만드는 공장을 세우는 실제적인 일을 맡아야 했다. 콜트는 또한 원래 메인주 출신으로 영국에 거주하는 찰스 F. 데닛이라는 사람에게 영국 판매를 감독하는 일을 맡겼다.

　1852년 겨울과 봄 내내 콜트는 런던에 돌아갈 때 가져갈 연장과 기계를 사들였고, 마치 예수의 열두 제자처럼 영국인들에게 총을 만드는 데 필요한 기계 사용법을 알려 줄 최고의 양키 노동자도 10여 명 선발했다. 콜트는 그동안 맨비와 데닛에게 수많은 편지를 보내 진행 상황을 재촉했다. 5월에 이르러 맨비는 정부에서 런던 핌리코지구에 있는 오래된 공장의 임대 승인을 받았다. 볼스홀 다리 근처 템스강 변에 있는 공장이었다. 맨비가 공장 수리를 감독하는 동안 콜트는 데닛에게 하트퍼드에서 만든 총기를 보냈다. 최대한 팔아 보라고 하면서 홍보를 게을리 하지 말라고 상기시켜주기 위해서였다. "최대한 대준(대중) 앞에 이 총을 노출시켜야 하네. 다양한 사격 연습장하고 대준적 장소에 총을 몇 개 가져다 두고, 정부 관리를 비롯한 여러 사람들한테 문서로 특별한 성능에 관한 흥미로운 언급을 짧게라도 받아 두라고."

영국 시장은 이후 몇 년간 콜트의 해외 판매 시도에서 중심을 차지하지만, 그의 세계적 구상에서는 극히 일부분에 불과했다. 이런 구상의 일부는 이미 모양을 갖추고 있었다. 1849년에서 1851년 사이에 유럽 대륙을 여행하면서 준비한 덕분이었다. 이제 프랑스, 벨기에, 독일에 대리인이 있어서 판매와 계약을 담당했고 멕시코, 아르헨티나, 브라질, 칠레에도 대표자가 있었다. 친구인 루이스 카는 조만간 콜트리볼버를 가지고 중국으로 가고, 1852년에는 역시 친구인 매슈 C. 페리 제독이 100정을 일본으로 가지고 간다.

그리고 크리스털팰리스에서 콜트의 총기를 효과적으로 홍보한 미국인 토머스 피어드가 있었다. 박람회가 폐막한 뒤 피어드는 권총 두 정 세트 215개를 가지고 아프리카 남부로 가는 배에 올랐다. 카피르족과 싸우기 위해 파견된 영국 장교들 사이에서 선풍적으로 인기를 끄는 리볼버를 팔기 위해서였다. 그런데 피어드는 아프리카에 도착하자마자 종적을 감췄다. 여러 보도에 따르면, 원주민 부족이 콜트의 총을 싣고 가던 일행을 덮친 뒤 그의 대리인(피어드임이 분명하다)을 산 채로 구워 먹었다고 한다. 피어드의 부인과 형제는 엄청난 충격을 받았다. 콜트 자신은 진상을 알 길이 없었지만 그래도 보도가 사실이 아니라고 안심시켰다.

모두에게 다행히도, 피어드는 원주민에게 먹히지 않았다. 1852년 여름 피어드는 바켄스강 유역에 주둔한 영국군에게 권총을 보여 주느라 분주했는데, 장교들뿐만 아니라 아프리카 원주민들까지 총을 보려고 모여들어 깜짝 놀랐다. 총신이 7.5인치(약 19센티미터)인 .36구경 네이비리볼버를 사격한 피어드는 영국제 최고급 소총으로 무장한 영국군 장교들보다 잘 쏘았다. 그리고 더 큰 드러군 권총을 꺼내서 366미터 떨어진 비탈에 있는 개미탑을 쏘기 시작했는데, 한 발 쏠 때마다 흙먼지가 피어올랐다. 언론 보도에 따르면, 사격 광경을 본 아프리카인 한 명이 큰 소리로 외쳤다. "저건 하느님의 권총이다!"

* * *

콜트는 해외에 있는 동료들과 연락을 주고받는 한편 그로브레인에 있는 공장을 전면 가동했다. 이제 수요를 감당하기 위해 400명의 노동자가 잔업까지 하는 가운데, 하루에 100정을 생산하고 3만 정이 다양한 생산 단계를 거치고 있었다. 콜트는 조만간 그 숫자를 5만 5000정으로 늘리기를 기대했다. 여느 무기 공장보다 훨씬 많은 생산고였지만, 콜트의 야심은 이미 통상적인 무기 공장의 범위를 훌쩍 넘어선 상태였다.

그해 여름 콜트는 코네티컷강 서쪽 강둑을 따라 사우스메도라고 알려진 하트퍼드의 하류 지역을 찾아다니기 시작했다. 이곳의 땅은 대부분 목초지와 사과 과수원이었다. 코네티컷강이 크게 범람하는 일이 잦아서 부동산 가치가 상당히 낮았다. 최근인 지난 4월에도 수위가 7미터나 높아져서 풀밭이 호수로 바뀐 적이 있었다. 봄철 홍수가 가장 흔했지만, 때로는 겨울 해빙기에도 홍수가 났다. 그러고는 기온이 떨어져서 물이 얼어붙었고, 풀밭 위로 높다랗게 얼음판이 생기곤 했다. 몇 년 전 겨울, 얼어붙은 풀밭에서 사내애들이 스케이트를 타다가 한 명이 얼음 밑으로 빠졌다. 아이의 시체는 나뭇가지 위에서 발견되었다.

항상 홍수가 나는 걸 감안하면, 사우스메도에 건물을 짓는다는 건 어리석은 생각이었다. 그런데 콜트는 싼값에 작은 부지들을 사들이기 시작했다.

II

스물한 살에 처음 성공을 맛보았을 때, 콜트는 돈으로 살 수 있는 것에 흠뻑 빠져서 금세 빚더미에 올라앉았다. 이제 서른일곱 살, 그해 7월에 서른여덟이 되는 그는 아무리 써도 돈이 바닥나지 않는 진짜 부자가 되었고, 수입에 보조를 맞춰 금세 방탕한 생활에 빠졌다. 5월 17일, 그는 시가 1,000개에 대한 청구서를 받았다. 6월 14일에는 시가 판매상이 "앨버트 공이 받으면 흡족해할 만한" 제품이라고 적은 "플로르 데 카바

냐스" 한 묶음을 포함해서 시가 1,400개에 대한 청구서가 날아왔다. 7월 20일에 시가 700개가 추가로 도착했다.

분명 이 많은 시가는 대부분 앨버트 공은 아니더라도 유력 인사들에게 선물로 주려고 구입한 것이었겠지만, 한 달여 만에 시가 1,000여 개라는 숫자는 압도적이다. 1852년 여름에 콜트가 구매한 술의 양도 그만큼 많아서 호밀 위스키와 브랜디도 여러 통 사들였다. 콜트는 그전부터 항상 술을 즐겼지만 이제 훨씬 더 다양한 알코올을 양껏 들이키게 된다.

8월 9일 콜트는 단골 포도주 상인에게 편지를 썼다. 지난번 주문한 물품은 "어지간히 좋았"지만 이제 "더 상급의 포도주"를 보내 달라는 것이었다. 새로운 상품은 하트퍼드가 아니라 로드아일랜드주 뉴포트로 보내라고 지시했다. 같은 날, 콜트는 친구이자 사업 동료인 루이스 카에게 편지를 써서 그날 오후 뉴포트로 출발하는지 여부를 알려 달라고 했다. "그러면 바로 그곳으로 가서 함께 좋은 시간을 보내자고. 자배스 양들 등이 거기 있는데, 모두 매력적인 여자들이라 즐거운 계절을 보낼 수 있을 거야."

* * *

뉴포트는 사치를 즐기는 곳이었지만, 오락과 사업을 동시에 할 기회도 제공했다. 훌륭한 집안의 유력 인사들과 매력적인 여자들을 사귈 수 있는 곳이었다. 훗날 이디스 워튼이 《순수의 시대》에서 묘사하는 도금시대의 휴양지까지는 아니더라도, 최근 몇 년간 뉴포트는 조용한 바닷가 마을에서 멋진 "해변 휴양지"로 변신해 있었다. 미국 부유층이 앞다퉈 찾아와 한두 달 동안 건강에 좋은 산들바람을 맞으며 수상 스포츠를 즐기는 곳이었다. 1852년에 이르면 이미 첫 번째 거대한 "별장"들이 올라가기 시작했지만, 사교 생활은 여전히 벨뷰애비뉴에 있는 거대한 호텔들을 중심으로 돌아갔다. 콜트는 그중에서 가장 규모가 큰 오션하우스에 머물렀다. 박공지붕을 얹은 거대한 목조 건물은 "층고가 높고 널찍한 방과 …… 해안까지 뻗은 정원과 풀밭, …… 넓은 복도와 광장, 해안 절벽"을 자랑거리로 내세웠다. 호텔은 필라델피아와 뉴욕, 보스턴 등의 신사들과 나란히 해마다 여름이면 견딜 수 없는 더위를 피해 뉴포트로 옮겨 오는 다수의 남부인 단골이 즐겨 찾는 곳이었다.

오션하우스는 세련되고 조용한 분위기를 자랑으로 내세웠지만, 콜트가 도착하기 전날은 심한 몸싸움이 벌어져서 분위기가 어수선했다. "남부 출신의 젊은 플랜테이션 농장주"인 E. M. 여저라는 미시시피 젊은이가 호텔 레스토랑에서 어느 부인에게 요리를 건네주려는데, 웨이터가 나타나 "접시를 가져가려고 했다." 여저는 성미가 급하기로 악명이 높았는데(노예를 채찍질했다고 대학에서 쫓겨난 적이 있었고, 나중에는 여러 사람에게 총질을 하고 한 사람을 칼로 죽였다*), 웨이터가 건방지게 끼어든다는 생각에 화가 나서 칼을 꺼내 웨이터의 "얼굴 근처에" 상처를 냈다. 웨이터가 비틀거리며 물러나자 여저는 다시 포크를 들었다. 다음 날 아침, 여저가 식사를 하러 내려오자 오션하우스 웨이터들이 얼굴에 상처를 입은 동료의 복수를 하려고 그를 둘러쌌다. 여저는 훌쩍 뛰어오르면서 (제품이나 모델에 관한 언급은 없는) 권총 두 정을 꺼내 휘두르며 1.5미터 이내로 접근하면 누구든 쏴 버리겠다고 소리쳤다. "남부 것들!"이라는 고함이 호텔 홀 곳곳으로 울려 퍼졌고, 다른 남부 손님들이 여저를 도와주러 달려왔다. 웨이터들은 수와 무기에서 밀리자 물러났다. 여저는 그날 오후 모욕당한 남부인을 여럿 대동한 채 오션하우스를 박차고 나왔다.

남부 신문들이 도발한 웨이터들이 흑인이라는 소문(실은 백인들이었다)을 접하자 이 사건은 남부의 자존심을 건드린 참을 수 없는 공격으로 비화되었다. 《리치먼드디스패치》같은 신문들이 판단할 때, 이 이야기가 주는 교훈은 남부인은 남부에서 휴가를 보내야 한다는 것이었다. "남부인이 북부의 휴양지에 가면 얼마나 무방비 상태에 빠질 수 있는지를 생각해 보면, 우리는 그렇게 떼거리로 그쪽으로 몰려가지 않아야 한다."

* * *

8월 9일 오후 늦게 콜트가 도착할 즈음 오션하우스는 다시 평상시처럼 고요하고 점잖은 분위기로 돌아간 상태였다. 사교를 의식하는 사람들에게 이는 일상적인 오락과 관습을 엄격하게 고수함을 의미했다. 《뉴욕트리뷴》은 "감히 그런 신성한 일상을 위반

---

* 1963년 미시시피에서 민권 운동가 메드가 에버스를 살해한 백인 우월주의자 바이런 드 라 벡워드가 여저의 직계 후손이다.

하는 상류계 지망생은 화를 입을 것"이라고 경고했다. 오전은 "해수욕"을 즐기는 시간이었다. 숙녀들이 먼저 바다로 가서 9시부터 정오까지 해변을 차지하고 긴 수영복을 입고 바다로 들어갔다. 물을 흠뻑 머금어서 수영을 잘 못하는 여자는 좀처럼 몸을 가누지 못하도록 특별히 고안된 것처럼 보이는 수영복이었다. 정오에는 해변의 흰색 기가 내려가고 붉은색 기가 올라갔다. 남자들이 파도를 차지할 차례라는 신호였다. 남자들이 수영하는 동안(남성용 수영복이 없어서 홀딱 벗고 수영했다) 숙녀들은 과감하게 시내로 나가 "옷과 보석, 실크스카프로 한껏 치장하고서" 쇼핑을 하고 지인을 방문했다. 뒤이어 남자들이 해변에서 돌아와서 볼링과 당구, 표적 사격 등을 즐기며 남은 오후를 보냈다.

프린스턴 출신의 젊은 작가 지망생 찰스 고드프리 릴런드는 오션하우스에서 콜트를 만나 함께 사격 연습장을 간 기억을 떠올렸다. "우리는 민트줄렙도 마다하지 않았다."라는 말도 덧붙였다. 릴런드는 비록 짧기는 하나 콜트의 총 다루는 솜씨를 직접 보고 쓴 유일한 기록을 남기게 된다. "사격에서 콜트 대령은 '말로는' 나를 이길 수 있지만, '충분한 시간을 갖고' 신중하게 쏘는 사격에서는 내가 언제나 이겼다."

뉴포트에서 저녁은 하루 중 가장 중요한 시간이었다. 남녀가 모여서 입신출세를 위한 진지한 노력과 구애를 시작하는 시간이기 때문이다. 저녁이면 상류층 사람들이 애덤스요새 안쪽 산책로에서 비공식적으로 열리는 행진을 즐겼다. 한 무리가 원을 그리며 산책로를 도는 동안 다른 무리는 담장에 서서 지켜보았다. 저녁 늦게 식사가 나오고 연주회와 무도회가 열리면 보스턴과 뉴욕, 필라델피아에서 온 순진한 처녀들과 찰스턴, 모빌, 뉴올리언스에서 온 (여자가 싸움을 벌인 이후에도 남부로 돌아가지 않은) 미인들이 적당한 남자의 관심을 받기 위해 경쟁했다. 《뉴욕헤럴드》는 이런 무도회를 죽을 힘을 다해 벌이는 싸움으로 묘사했다. "모든 작은 무리가 구별되는 깃발 아래 모여 있다. 겉으로는 가슴속 깊이 우러나는 따뜻하고 우호적인 관계를 표방하지만, 쩨쩨한 모략과 악의, 가시 돋친 중상으로 서로 전쟁을 벌인다."

사교 시즌에서 가장 재미있는 행사는 9월 초 오션하우스에서 마지막으로 열리는 가장무도회였다. 정해진 날 오후 9시에 호텔 본실에서 무도회의 시작을 알리는 행진과 함께 축제가 시작되었다. 곧이어 호텔 밴드가 연주를 시작하면 이후 세 시간 동안 붉어진 얼굴의 손님들이 왈츠와 카드리유, 그리고 보헤미아에서 전해진 숨 막히는 스텝의 폴카를 추었다. 자정에 저녁 식사를 한 뒤 다시 춤을 추었다.

콜트가 루이스 카에게 보낸 편지에서 언급한 대로 하자면 "자배스 양들Miss Jarvaces"이고, 언론에서 지칭하는 대로는 "두 자비스 양Misses Jarvis"을 처음 알게 된 것은 분명 이런 무도회에서였을 것이다. 엘리자베스 자비스와 동생 헤티는 신문의 사교면에 자주 등장했다. 자매의 아버지는 유명한 목사이고 어머니는 큰 재산을 물려받은 로드아일랜드 사람으로, 자매는 사회적 지위와 재력을 두루 갖추고 있었다.

콜트가 그해 8월 오션하우스에 도착한 바로 그날, 엘리자베스와 동생은 《하트퍼드 쿠란트》의 뉴포트 특보에 등장했다. "코네티컷주 미들타운의 두 자비스 양은 변함없이 사랑스럽다. 한 명의 밝은 검정색 눈동자와 하얀 얼굴색, 다른 하나의 상냥하고 유쾌한 태도는 여느 때와 다름없이 마력을 발휘해 언제나 주변에 구름처럼 추종자를 몰고 다닌다." 언니 엘리자베스는 밝은 검정색 눈동자가 인상적이었다. 나중에 공개된 이미지를 보면 대단한 미인은 아니지만, 눈동자에 지성과 활력이 번득여 많은 남자들이 압도당했다.

정확히 언제 어떻게 샘과 엘리자베스가 만났는지는 분명하지 않지만, 아마 1850년 초에 둘이 오션하우스에서 열린 가장 무도회에 참석했을 때였을 것이다. 엘리자베스는 그리스 드레스에 다이아몬드 목걸이, 두 줄짜리 진주 목걸이를 하고 연극 〈인챈트리스Enchantress〉의 주인공처럼 꾸몄다. 콜트는 "튀르키예 기술자 의상" 차림으로 "인상적으로" 등장했다. 이듬해인 1851년 적어도 한 신문이 짧은 기사에서 엘리자베스와 샘을 다시 등장시켰다. 두 사람의 관계를 넌지시 말해 주는 듯한 기사였다. "코네티컷주 미들타운의 두 자비스 양은 많은 사람에게 경탄의 대상이다. 둘의 반짝이는 눈동자와 호감 가는 얼굴은 평생 동안 참회를 해야 그나마 용서받을 수 있는 해악을 저지른다. 두근거리는 심장에 콜트의 저 유명한 리볼버보다도 더 끔찍한 해를 끼치기도 한다."

이제 1852년 휴가철이 막을 내리는 가운데 샘과 엘리자베스는 다시 무도회에서 만났다. 보스턴의 한 신문 보도를 보자. "눈부시게 아름답고 황홀한 풍경" 속에서 "우아하고 고상한 몸체들이 아찔할 정도로 아름답게 빙빙 돌았다." 신문은 다음과 같이 좋은 신붓감으로 꼽히는 젊은 여자들의 통상적인 명단을 묘사했다. "코네티컷의 자비스 자매는 밤낮으로 오해를 살 법했다. 너무 아름다우면서도 또한 비현실적이었기 때문이다. 한 명은 눈동자와 머리카락이 흑요석처럼 검으면서도 반짝이고"(엘리자베스일 것이다) "다른 하나는 연청색 눈동자에 연하디 연한 적갈색 머리카락이다. 둘 다 구애자들을 구름처럼 몰고 다녔다."

남자들로 말할 것 같으면, "가장 완벽한 신사로 첫 번째로 손꼽히고 모든 면에서 가장 멋진 남자는 리볼버로 유명한 콜트 대령이었다. 그를 보면 권총이나 리볼버같이 야만적인 전쟁 도구를 개량하는 건 말할 것도 없고 알아볼 거라고 생각할 수도 없다. 다정하게 악수를 하는 손에서 좋은 기분이 느껴지고, 얼굴 어디를 보나 타고난 신사라고 적혀 있다."

타고난 신사는 흑요석처럼 검은 눈동자를 지닌 젊은 여자에게 관심이 있다는 걸 알렸을까? 두 사람은 같이 춤을 췄을까? 구애하는 연인들이 이따금 함께 바다를 응시하기 위해 올라가던 오션하우스 꼭대기의 둥근 지붕에 두 사람도 올라갔을까?

1852년 그날 늦여름 밤에 두 사람이 어떤 말이나 행동을 했든 간에 콜트는 아직 청혼할 준비가 되어 있지 않았다. 우선 그에게는 해외에서 살펴야 할 일이 있었다. 언제나 조카라고 부르는 소년과 이따금 조카딸이라고 부르는 젊은 여자의 문제도 그중 하나였다.

III

뉴포트에서 휴가철이 마무리되고 한 달 뒤, 콜트는 연장과 기계, 하트퍼드 출신의 최우수 기계공 한 무리를 대동한 채 잉글랜드로 향하는 발틱호에 올랐다. "트래펄가광장 근처에 있는 1등급 스위트룸을 원해." 그가 미리 찰스 데닛에게 쓴 편지다. "내가 도착하는 대로 당장 공장을 가동할 수 있게 모든 게 준비돼 있으리라 믿네."

모든 게 준비된 것은 아니었다. 데닛은 방을 구했고(남자들은 트래펄가호텔, 콜트가 묵을 방은 더 호화스러운 몰리스호텔이었다), 찰스 맨비는 강변의 좋은 위치에 있는 91미터 폭의 3층 건물 공장을 확보해 두었다. 하지만 공장은 동력을 제공할 적절한 증기기관을 포함해서 여러 가지를 추가해야 했다. 미국 기계공들이 콜트의 비용으로 대기하는 동안, 그는 트래펄가광장 근처 스프링가든스 1번지에 자리한 사무실에서 일하며 아침 9시부터 저녁 8시까지 서둘러 무기 공장 문을 열기 위해 힘을 쏟았다.

11월 어느 날 아침, 콜트는 직원이 도착하기를 기다리는 동안 시간을 내서 변호사이자 친구인 네드 디커슨에게 편지를 썼다. "당혹스러운 문제가 4만 가지" 있지만, 기죽을 일은 하나도 없었다. "네드 세상이 한순간에 만들어진 게 아니라고 하지. 그 일이 영국인들의 손에 주어졌다면 아마 세상은 절대 만들어지지 않았을걸." 콜트로서는 산업이 침체된 이 나라가 세계 최강대국이라는 생각을 도무지 이해할 수 없었다. "그런데 여기 사람들은 사자가 꼬리를 흔들면 온 유럽이 벌벌 떤다고 말하지. 자 네드 내 생각이긴 하나 기계 기술에 관한 한 사자가 꼬리를 흔들어도 혹평이나 받을걸. 사자가 아무리 번영한다고 해도 내가 여기 데려온 젊은 양키 친구들은 눈 하나 깜짝 안 할 거야." 콜트는 스무 명 정도의 양키를 모아 벌인 추수감사절 파티에 관해 말하면서 전형적으로 미국인다운 이 편지를 끝맺었다. "오랫동안 앉아서 놀았고 전부 기분 좋게 취해서 집에 갔어."

마침내 1853년 초에 공장이 돌아가기 시작했다. 보일러와 용광로 굴뚝에서 자욱하게 연기가 피어올랐다. 노동자들이 가파른 지붕을 기어올라 54미터 길이의 거대한 간판에 페인트를 칠했다. 콜트패턴트총기사COLT'S PATENT FIREARMS라는 커다란 글자였다. "황소bull들도 쳐다본다고." 콜트가 데려온 미국인 노동자 중 한 명인 헨리 앨보드는 고향에 있는 형제에게 편지를 썼다. 이 뻔뻔한 미국인의 자기 홍보에 깜짝 놀란 존 불John Bull(영국인)들을 가리키는 말이었다. "간판을 올리고 처음 며칠 동안 하루 종일 군중이 모여서 그걸 지켜봤다니까."

공장 내부에서 이루어지는 작업은 처음에는 느리게 진행되었다. 영국인 일꾼들은 기계에 익숙하지 않아서 미국인 노동자들에게 성가시기만 했다. 미국인들은 영국 노동자들이 명청하고 굼뜨다고 비웃었다. 하지만 몇 달이 지나자 속도가 붙었다. 봄이 되자 콜트 공장의 직원은 150명에 달했다. 언론인들이 꾸준히 몰려와서 절삭, 보링, 두드리기 등에 사용하는 미국산 기계가 줄줄이 늘어선 것을 살펴보았다. 한 영국 신문은 "질서 정연하게 완비된 기계들이 인상적인 결과물을 만들어 내기 때문에 제작에 참여하는 모든 이가 무엇이든 배울 수 있다."라고 평했다. "공장 자체가 기름칠이 잘된 하나의 거대한 기계로, 한쪽 끝에 형체 없는 쇳덩어리와 나뭇조각을 집어넣으면 반대편 끝에서 멋지게 완성된 총이 나온다."

아마 영국인들은 미국인에 비해 이런 기계에 생소했기 때문에 제조업에서 등장한 이례적인 변화를 더 잘 포착했고, 조만간 이 변화는 대영제국과 서유럽 대부분을 휩쓸게 된다. 언론인들은 콜트 공장과 새로운 미국식 시스템에 관해 자세한 장문의 기사를 내보냈다. "한 작업만 도맡는 기계를 도입하고 권총의 특정 부품마다 맞는 도구를 갖추는 이 시스템 덕분에 공장의 자본 경비가 증가하지만, 완성품의 정밀도가 크게 높아진다." 그해 10월 《익스포지터》라는 간행물에 실린 설명이다. 기계 작업은 힘보다 주의력이 필요했기 때문에 여성이 "크게 유리하고 적절하게 자리를 차지할 수 있"었고, 일부 기계는 사용법이 워낙 쉬워서 어린이도 작업을 할 수 있었다. 찰스 디킨스의 주간지 《친숙한 이야기들Household Words》의 기자(아마 디킨스 본인)가 1854년 콜트 공장을 방문했을 때, 그는 "다른 총기 공장에서는 건장한 대장장이들이 하는 일을 손이 고운 어린 여자들이 한다."라고 언급한다. 그는 또한 다른 직종에서 무기 공장으로 옮겨 온 사람의 수가 많다는 데 깊은 인상을 받았다. 기계는 장인이 되기 위한 수년간의 도제 수업과 훈련이 필요하지 않기 때문에 노동자들은 직종을 옮겨 다닐 수 있었다. 이런 일이 일반화되면, "노동 세계가 지금보다 더 순조로워질 것"이었다.

언론인뿐만 아니라 수많은 유명인이 무기 공장을 찾아왔다. 코슈트 러요시는 4월에 공장을 방문해서 권총 한 정을 선물로 받았다. 오래전 콜트와 같이 점심을 먹는 사이였던 코널리어스 밴더빌트는 휴가 중에 가족과 함께 공장에 들렀다. 공장을 방문한 영국의 유명 기술자 제임스 네이즈미스는 "기계들에 스며들어 있는 정신"을 흡수하면서 거의 종교적 각성을 겪었다. "이 미국의 도구들에는 단번에 목표 지점에 도달하는 상식적인 길이 존재한다. 정말 인상적이다. 이 기계들은 마치 퀘이커교도의 엄격한 형식같이 굉장히 단순하다. 어떤 장식도 없고 모서리를 둥글게 마무리하거나 광을 내지도 않았지만 정확하고 정밀하며 원하는 그대로 결과물이 나온다."

IV

1853년 겨울과 봄 동안, 콜트는 이따금 런던의 사무실을 벗어나 벨기에로 여행을 갔다. 그 나라는 리에주를 중심으로 유럽 최대의 총기 산업을 보유했는데, 일부 총기 제조업자들은 콜트의 모조품을 만들어서 꽤 많은 수익을 올릴 수 있음을 간파한 상태였다. 콜트가 보기에 이 모조품들은 그냥 가짜가 아니라 끔찍하게 조잡한 가짜였다. "내가 본 것 중 가장 극악무도한(극악무도한) 생산물로 총구 앞이 아니라 뒤에 있는 사람을 죽이려고 만든 게 분명하다." 콜트는 벨기에 특허가 있었고, 침해자들을 저지할 작정이었다. 벨기에 대리인인 존 세인트힐은 이후 콜트의 설계 사용권을 현지의 몇몇 제조업자들에게 내주게 된다.

존 세인트힐은 그해 봄에 또 다른 문제를 처리해야 했는데, 콜트 밑에서 일하기로 계약했을 때는 예상치 못한 문제였을 것이다. "어제 브뤼셀에 주카(조카)를 보냈네." 1853년 3월 중순 콜트가 세인트힐에게 보낸 편지다. "도착하면 자네 집을 찾아가서 줄리아 양이나 세인트힐 부인, 또는 자네를 찾으라고 했어."

조카와 줄리아 양에 관한 언급은 1853년 봄에 콜트가 쓴 편지에서 꾸준히 나타나기 시작했다. "주카"의 정체는 분명하다. 1841년 늦가을에 결혼 전 성은 헨쇼인 캐럴라인 콜트가 낳은 아이로, 겉으로는 존 C. 콜트의 아들로 알려진 새미였다. 정식 이름은 새뮤얼 콜드웰 콜트로 이제 열한 살이었는데, 줄리아 양의 보살핌을 받으며 살았다. 그런데 줄리아 양은 또 누구일까?

이후 몇 년간 (사실 콜트의 남은 생애 동안) 줄리아는 이따금 지나가듯이 콜트의 편지에 등장한다. 처음 이름이 등장했을 때는 성이 '레스터Lester'였지만, 금세 영국인처럼 보이는 '레스터Leicester'로 바뀐다. 1857년에 다시 성이 바뀌는데, 프리드리히 폰 오펜이라는 독일 귀족과 결혼해서 줄리아 폰 오펜, 일명 폰 오펜 부인이 된다. 1853년 초 몇 달 간 콜트의 편지에 처음 등장했지만, 1851년 12월에 네드 디커슨이 작성한 장부에 이미 짧게 이름이 언급된 바 있었다. "샘 콜트가 J. 레스터 앞으로 수표를 끊었지만 이미 전에 같은 액수를 지불해서 이 수표는 나중에 쓰려고 보관함." 한 달 뒤에도 기록이 있다. "샘 콜트의 지시대로 줄리아 레스터에게 200.00달러를 지불함." 몇 년 뒤 줄리아가 샘에게 보낸 편지를 보면, 그녀는 1850년에 뉴욕에 살면서 피아노 교습을 받았는데 그 비용을 콜트, 그녀가 부르는 대로 하면 "보호자이자 양아버지인 샘 아저씨"가 지불했다.

콜트의 전기 작가인 윌리엄 에드워즈에 따르면, 줄리아의 정체는 쉽게 확인된다. 그녀는 다름 아닌 캐럴라인, 즉 1835년에 콜트가 비밀 결혼을 한 이후 샘의 형인 존이 사형당하는 날 그와 결혼한 젊은 독일 여자였다. 에드워즈의 설명에 따르면, 콜트는 사실상 줄리아 또는 캐럴라인(그의 "피보호자")과 새미(그의 "주카")가 미국에서 자신의 앞길을 막지 못하게 유럽으로 쫓아낸 것이었다. 이제 적당한 신부를 찾아서 마음을 얻으려고 하고 있던 터라 신경이 쓰이는 골칫거리였기 때문이다.

에드워즈는 어디서 이런 정보를 얻었는지 밝히지 않으며 다만 해럴드 G. 콜트라는 콜트의 후손과 나눈 대화를 모호하게 인용한다. 에드워즈가 그냥 추론한 것일지도 모른다. 실제로 콜트의 조카와 함께 여행하면서 돌보는 여자가 그 아이의 어머니라고 생각하는 건 타당해 보인다. 또한 존 콜트 사건을 둘러싼 부정적인 관심 때문에 캐럴라인이 성을 바꾸었다고 결론을 내리는 것도 말이 된다. 더욱이 콜트가 어머니와 아이를 유럽으로 보내려고 한 것도 전혀 이상하지 않다. 정기적으로 찾아가면서도 집에서는 충분히 멀리 둘 수 있기 때문이다.

하지만 에드워즈의 설명에는 몇 가지 문제가 있다. 우선 캐럴라인이 보낸 편지 한 통과 줄리아가 보낸 두 통을 나란히 놓고 비교해 보자. 두 편지의 글씨체가 무척 다를 뿐만 아니라 표현 방식도 많이 다르다. 캐럴라인은 언어에 불편한 사람처럼 단순하고 부자연스럽게 글을 쓰는 반면, 줄리아는 화려하고 장식적으로 펜 끝에 생각을 펼쳐 보인다. 여러모로 볼 때 이 편지들은 다른 사람이 쓴 것이다.

또한 몇 가지 증거로 볼 때, 줄리아는 1853년에 이제 갓 소녀 시절에서 벗어난 젊은 여자였다. 가령 세인트힐은 줄리아에게 자기 집에서 지내라고 쓴 편지에서 가정교사를 구하거나 학교에 들어갈 생각이 있느냐고 묻는다. 1841년 존 콜트가 체포될 때 캐럴라인이 가령 열일곱이나 열여덟로 어렸다고 가정하더라도(언론 보도에서는 그녀의 나이를 스물한 살 정도로 추정했다) 1853년에는 20대 후반이나 30대 초반으로 소녀 시절이나 학령기를 훌쩍 넘었다. 그리고 문장 표현이나 나이 문제를 제쳐 두고라도 샘이

　　　　　　　　　　　　　　　　　콜츠빌

실제로 연인이었다면 그에게 직접 보낸 (두 사람 말고 다른 누군가가 편지를 보리라고 생각할 이유가 전혀 없는) 편지에서 줄리아가 그를 "아저씨"나 "양아버지"라고 부를 이유가 없었다.

줄리아와 특히 새미는 콜트의 생애에서 끝까지 곁에 남는데 그 과정에서 더 많은 단서를 제공한다. 지금 당장, 그러니까 1853년 겨울에 콜트는 두 사람이 살 곳을 찾고 있었다. 둘 다 그전까지 런던의 숙소에서 콜트와 함께 지냈던 게 분명한데, 이제 그는 더 안정되고 멀리 떨어진 곳으로 두 사람을 보내려고 했던 것 같다. 세인트힐이 친절한 마음에서나 아니면 단순히 콜트의 마음에 들려는 생각에 피보호자와 조카를 받아들이겠다고 나선 것이었다. "새미가 최근에 독서 교육을 아주 등한시했어." 콜트가 아이를 브뤼셀에 보낼 준비를 하면서 한 말이다. "너무 제멋대로 굴게 내버려 두지 말고 한눈팔지 말고 지켜보게."

V

1853년 6월 26일, 콜트는 미국으로 가는 배에 올랐다. 이번에도 그가 고른 증기선은 발틱호였다. 그가 자리를 비운 사이 사업은 크게 성장해 있었다. 하트퍼드 무기공장은 이제 직원이 500명이었다. 수익금이 쏟아져 들어왔고, 바야흐로 콜트는 부자가 되고 있었다. 밴더빌트나 애스터만큼은 아니지만, R. G. 던앤드컴퍼니의 회계사들이 깜짝 놀랄 정도로는 충분히 부자였다. 판매 수입으로 하트퍼드 역사상 가장 큰 건물을 짓는 자금을 댈 수 있었다.

콜트가 사우스메도에서 어떤 일을 했는지는 이제 분명하다. 아직 전체적인 구상은 드러나지 않았지만 그가 시 당국에 도로, 하수도, 상수도, 그리고 무엇보다도 코네티컷강 서쪽 편을 따라 파는 3.2킬로미터 길이의 대규모 수로를 제안한 것을 보면 그 범위는 뚜렷했다. 콜트는 시 당국이 조세 감면을 해 주면 이 모든 공사를 직접 하겠다고 약속했다.

하트퍼드의 많은 사람들은 이 제안이 터무니없다고 코웃음 쳤다. 코네티컷강을 자연 범람원과 차단할 수 있다는 전제에 바탕을 둔 것이었기 때문이다. 시가 돈키호테 같은 계획을 추진하는 콜트를 지원해야 하는지를 놓고 하트퍼드의 양대 신문에서 떠들썩한 논란이 벌어졌다. 《하트퍼드타임스》는 콜트와 마찬가지로 정치적으로 민주당 쪽이었고 야단스럽게 콜트를 지지했다. 어떤 때 보면 마치 콜트 공장의 사보 같을 정도로 목소리를 높였다. 보수적인 휘그당 성향의 《하트퍼드쿠란트》는 콜트의 사업을 우러러보면서도 그가 내놓은 무모한 계획에는 다소 회의적이었다.

시 당국과 교섭을 하면서 콜트는 호시탐탐 노리는 솔로몬 포터(콜트가 현재 공장을 운영하는 건물의 소유주인 바로 그 포터)의 넓은 부지를 손에 넣으려고 노력했다. 포터는 사우스메도의 북쪽 가장자리에 있는 높은 땅에서 부인과 함께 살았는데, 그 농장에서 소를 키우고 품평회에서 상을 받은 사과를 재배했다. 일흔 살인 포터는 하트퍼드의 목가적인 과거와 산업적 미래 사이에 두 다리를 걸치고 있었다. 제조업자이자 농부, 지주(시청 자리의 부지 소유권도 그의 것이었다)인 그는 도시에서 둘째가라면 서러운 부자였고 사업 수완이 좋다고 명성이 자자했지만, 콜트만큼 순수한 의지로 똘똘 뭉친 사람은 만난 적이 없었다. 《하트퍼드쿠란트》에 보낸 편지에서 그는 콜트('대령' 대신 또박또박 '씨'라고 지칭했다)가 "지독하게 욕을 퍼붓는다."라고 비난하는 한편, "아직 건물도 세우지 않은 도시"에 대한 그의 오만한 "구상"을 조롱했다. 콜트 쪽 대리인들이 지금 당장 받아들이라면서 조건을 제시했다가 거의 곧바로 조건을 바꾸면서 포터를 괴롭히고 있었다. 포터는 불합리하게 행동한 것은 자신이 아니며, "또한 제삼자가 정한 가격에 집을 팔라는 걸 거절했다고 비난을 받은 사람이 있다는 건 금시초문"이라고 주장했다.

나중에 콜트가 단지 포터를 이사회에서 쫓아내는 복수의 즐거움만을 위해 하트퍼드에 있는 한 은행의 주식을 대량으로 사들였다는 이야기가 돈다. 또 다른 이야기에 따르면, 콜트는 포터의 부동산 가치를 떨어뜨리기 위해 한 도시 매춘부에게 그의 집 바로 옆에 윤락업소를 열도록 유도했다고 한다. 최소한 콜트는 자신의 요구를 들어주지 않으면 자기 사업장을 하트퍼드에서 다른 곳으로 이전하겠다고 을러대는 식으로 시 당국(과 그 연장선에서 포터)에 압력을 가했다. 사우스메도에 있는 자신의 땅을 판매한다고 하트퍼드 신문에 몇 차례 광고를 내기도 했다. 포터는 양보할 생각이 없었고, 시 당국은 콜트에게 세금 감면을 해 주는 것을 거부했다.

그전에 콜트는 영향력을 행사하는 인물로서 언제나 정치적으로 움직였지만, 포터와 시의회를 상대로 싸우면서는 더욱 노골적으로 당파적 역할을 떠맡았다. 민주당 성향의 《하트퍼드타임스》가 콜트 대신 총대를 메고 걸핏하면 시 당국을 공격하는 가운데 콜트는 여론에 직접 호소했다. 우선 "지성과 체통"이 있는 시민 663명이 서명한 청원서를 시의회에 회람시킨 다음 1853년 10월 8일 집회를 조직했다. 2,000명이 집회에 모여 콜트의 계획을 지지하는 목소리를 높였다. 콜트는 집회에 직접 참가하지 않았지만, 《하트퍼드타임스》 편집인 앨프리드 버가 그의 편지를 대신 낭독했다. 편지에서 콜트는 하트퍼드 시민들에게 다정하게 인사하면서 "제가 태어난 도시"에 대한 애정과 하트퍼드에서 계속 살면서 자기 사업으로 도시에 축복을 주고 싶다는 바람을 표현했다. 단 시의회가 의무를 다하고 조세 감면만 해 준다면.

10월 14일 금요일, 콜트는 코네티컷주 민병대 대령 자격으로 주지사 직속 기마대를 지휘하면서 하트퍼드 주변을 한 바퀴 도는 의식을 치렀다. 언론 보도에 따르면, 콜트는 군복을 차려입은 기마병 60명을 이끈 다음 말에서 내려 병사들에게 "늠름한 표정으로 유익한 제안을 하고 병사들의 창창한 미래에 대해 애정 어린 관심을 보였다." 콜트는 그날 오후에 유럽으로 떠나기 때문에 유감스럽지만 지휘자 자리에서 물러난다고 병사들에게 말했다. 그날 오후 기마대가 콜트와 동생 제임스를 뉴욕행 증기선까지 호위했다. 다음 날 아침, 형제는 리버풀로 향하는 발틱호에 승선했다.

VI

제임스 콜트가 샘과 함께 발틱호에 타서 한 일은 그 자체가 복잡한 이야기이며, 콜트 형제 누구에게도 좋게 끝나지 않는 기나긴 이야기의 시작이다. 제임스를 런던으로 초청한 것은 샘의 생애에서 최악의 결정이었음이 이후에 밝혀진다.

샘과 제임스는 어린 시절부터 줄곧 친하게 지냈다. 로즈힐에 있는 집에 살던 콜트 가족 열 명 중에 이제 샘과 제임스, 크리스 주니어만 살아 있었는데 크리스 주니어는 오래전부터 샘과 사이가 소원했고, 방탕한 생활에 빠져서 겨우 목숨을 부지했다. 제임스는 언제나 부지런하게 편지를 보내서 세인트루이스에서 거두는 온갖 승리와 노고를 시시콜콜하게 샘에게 알렸다. 제임스는 변호사로 오랫동안 분투한 끝에 이제 판사로 임명되어 1년에 거금 3,000달러를 벌었다. "신문을 통해 내가 명성을 얻고 있는 걸 알게 될 거야." 유명한 재판 하나가 끝난 뒤에 자랑하며 한 말이다. 다른 편지에서는 미주리주 출신의 전설적인 상원의원 토머스 하트 벤턴의 의석을 물려받으라는 제안을 받게 될 거라고 형에게 알렸다. 동생이 연방 상원에 들어간다는 소식에 샘이 회의를 나타내자 제임스는 진짜라고 큰소리를 쳤다. "내 개인적 적수들이 악마를 등에 업고 최대한 노력을 기울이고 있지만, 콜트가 세인트루이스에서 승승장구하는 걸 이제야 깨닫고 있어."

출세한 걸 자랑하지 않을 때면 제임스는 흐뭇하게 자기 부인 이야기를 늘어놓았다. 샘에게 보낸 편지에서 전 남편의 성을 딴 정식 이름으로 처음 소개한 "싱글턴 W. 윌슨 부인"과 몇 년 전에 결혼을 한 상태였다. 전 남편은 자기 부인과 바람을 피운다고 제임스에게 결투를 신청했었다. 제임스와 윌슨 부인의 결혼은 세인트루이스에서 떠들썩한 스캔들이었지만, 그는 결혼에 전혀 후회가 없고 기쁘기만 하다고 속내를 털어놓으면서 샘이 자신의 행복한 삶을 기쁜 마음으로 봐 주기를 원했다. "형이 나처럼 형 자신의 생각과 충동과 똑같이 머리와 가슴이 뛰는 숙녀하고 연을 잇는다면, 형도 지금보다 행복해질 거야." 제임스는 마치 자기 부인의 매력으로 샘을 유혹하기라도 하려는 듯 형의 눈앞에 부인의 이미지를 달랑달랑 흔들어 댔다. 한 편지에서는 방 건너편 침대에 누워 있는 아내를 생생하게 묘사했고, 다른 편지에서는 "형한테 아내를 보여 주고 내가 바보처럼 사랑에 빠진 건지 확인 받고 싶다."라고 썼다. 그리고 또 다른 편지에서는 이렇게 말했다. "아내하고 매일 형 얘기를 해서 나만큼 형을 잘 알아. 한 가지 걱정되는 게 있다면, 형하고 만나면 아내가 형을 보자마자 좋아할 거라는 사실이야."

제임스는 심술이 많고 나르시시즘이 심했으며, 또한 종종 심사숙고하고 예민하기도 했다. 그는 샘에게 부끄러운 듯 실토한 것처럼 "계집애 같은" 성격이었다. 샘이 본능과 행동으로 움직인다면 제임스는 느낌에 충실했고, 그의 편지는 열정적인 독백과 사랑 고백이 넘쳐났다. 아침 일찍 동트기 전 몇 시간 동안 제임스는 촛불 옆에 앉아서 형에게 긴 편지를 썼다. "내가 가장 즐겁게 보내는 순간은 형을 생각하고 형하고 교감을 갖는 시간이야." 제임스의 애정은 어느 정도는 샘의 너그러운 대접에 대한 감사에서 나온 것이었다. 제임스가 세인트루이스에서 크리켓 팀을 만들 때 샘은 크리켓 방망이와 장비 세트를 보내 주는 등 언제나 동생에게 작은 선물을 주었다. 게다가 오래전부터 돈도 많이 빌려주었고, 샘의 재산이 많아진 최근에는 해마다 그 액수가 커졌다. "이렇게 당혹스러운 편지를 쓰게 될 줄은 몰랐네." 제임스가 1852년 5월에 다시 돈을 빌려 달라고 부탁하기 직전에 쓴 편지다. 그가 직접 계산한 바로는 그해 5월에 샘에게 빌린 돈이 총 6,500달러였다. 그로부터 1년도 되지 않은 1853년 2월에는 총액이 1만 2500달러였다.

제임스가 자신이 런던 공장의 지휘봉을 잡기로 둘이 논의한 계획을 처음 언급한 것은 샘에게 최근에 돈을 빌려줘서 고맙다고 말한 편지에서였다. "친절을 베푼 형에게 신의 축복이 있기를." 제임스는 성인기의 대부분을 형에게 자기를 고용해 달라고 보채면서 보냈는데, 지금은 주저했다. "내가 판사로 일하고 있는데, 유럽으로 갈 수 있을지 모르겠어." 1853년 3월에 샘에게 이 편지를 보내고 나흘 뒤 다시 이렇게 말했다. "내가 유럽에 가야 하는지 여부를 놓고 많이 생각해 봤어."

8월에 샘은 자신이 제안하는 조건을 자세히 설명했다. "잉글랜드에서 너한테 기대하는 건 그 나라의 사업 전반을 맡아 달라는 거야. 구매와 계약을 전부 책임지고 내가 없을 때는 수표에 대신 서명도 해야 할 거야. …… 런던에서 일하는 대가로 그곳 사업체 순익의 절반을 줄 텐데, 그 절반이 1년에 4,000달러보다 절대 적지는 않을걸."

이 모든 과정에서 이해하기 어려운 것은 샘이 왜 이런 제안을 했는가 하는 점이다. 그냥 너그러운 마음이었을까? 어떤 의무감의 발로였나? 아니면 그냥 제임스가 빚진 돈을 갚게 할 방도를 찾았던 걸까? 샘은 제임스가 그 일을 충분히 할 수 있다고 믿었던 게 분명하다. 그렇지 않고서는 그런 제안을 한 게 도무지 이해가 되지 않는다. "나는 너의 능력과 진실성을 완전히 믿어."

제임스는 그해 여름 내내 그 제안을 숙고하다가 결국 받아들이기로 마음먹고, 가을이 시작될 때 판사직을 사임한 후 9월 말에 루서 사전트와 함께 몇 주를 보내려고 하트퍼드에 도착했다. "업무 처리하는 법을 배우기" 위해서였다. 그러고는 1853년 10월에 형제가 런던으로 갔다.

*　*　*

1853년 말이나 1854년 초에 조아킴 스토클러라는 영국 언론인이 런던 공장으로 샘과 제임스를 찾아왔다. 스토클러는 공장이 "완벽과 질서, 경제의 본보기"임을 발견했다. 하지만 콜트 형제에 관해서는 그만큼 좋은 말만 늘어놓지는 않았다. 샘에 관해서는 "거의 일자무식이고, 절제라는 측면에서 두드러지지 않는다."라고 회상했다. "나는 그가 분노에 사로잡혀 사무실 문짝을 걷어차 고장 내고는 목수에게 쪽지를 전해 당장 와서 사무실 '뭉(문)'을 고쳐 달라고 하는 것을 보았다."

스토클러는 제임스가 "개인적으로는 대령만큼 잘생겼지만 '누렁이 여자들'한테 편견이 심하다."라는 걸 깨달았다. 콜트 형제와 시내에 나왔을 때 스토클러는 제임스와 어떤 여자가 어색하게 만나는 모습을 목격했다. "어느 날 저녁 '엄숙함'은 내려놓아야 하는 아가일룸스에서 한 흑인 여자가 그에게 말을 걸자 그가 흠칫 놀라 몸을 피하니까 북부 대령이 왜 그러느냐고 꼬치꼬치 캐물었다." 스토클러는 아가일룸스가 런던 트로카데로지구에 있는 클럽으로 부유층 남자들이 최고급 매춘부와 만나는 곳이라는 사실은 독자에게 굳이 밝히지 않았다. 이 사소한 일화, 제임스의 결벽증과 동생을 놀리는 샘의 장난기는 콜트 형제 사이에 벌어지는 걱정스러운 사태를 예언하는 듯하다.

하지만 어느 정도 시간이 지난 뒤에야 샘은 제임스를 사업에 끌어들이는 것의 대가를 받아들이게 된다. 지금 당장은 느닷없이 이례적인 상황이 벌어지면서 두 형제 모두 손잡고 사업하는 것에 대해 우려를 느낄 겨를이 없었다. 그해 가을 러시아가 오스만제국을 침략했다. 유럽에서 전쟁이 벌어진 것이다.

VII

크림전쟁은 예루살렘 성소 출입 문제를 둘러싸고 러시아 정교회 수사들과 로마 가톨릭 수사들 사이에 벌어진 사소한 다툼으로 시작되었다. 성지 예루살렘은 당시 오스만제국, 즉 튀르키예 술탄의 통치 아래 있었다. 4년 전 콜트가 콘스탄티노플에서 방문했던 술탄이다. 차르 니콜라이 1세 입장에서 이 분쟁은 오스만제국의 이른바 도나우

강 지역(오늘날의 루마니아)을 침략해서 병합한 뒤 계속해서 도나우강을 따라 제국 깊숙이 전진하기 위한 구실로 안성맞춤이었다. 11월 말, 러시아 호위함대가 흑해의 시노프항에 있던 튀르키예 함대를 공격해서 파괴했다. 영국이나 프랑스는 러시아가 오스만 영토로 거침없이 팽창할 가능성을 두고 볼 수 없었고, 1853년이 끝나기 전에 두 나라는 오스만 편에서 전쟁에 뛰어들 준비를 하고 있었다. 이 시기 동안 자신이 움직이는 대로 타이밍이 기묘하게 맞아떨어지는 가운데 콜트는 유럽에서 자신의 리볼버 시장이 갑자기 폭발적으로 팽창하는 바로 그 순간에 런던 무기 공장을 열었다.

처음에 콜트는 영국군으로부터 전혀 주문을 받지 못했다. 콜트가 보기에 영국 전쟁부는 그 나름대로 미국 군수부만큼이나 답답한 조직이었다. 하지만 그는 사업을 밀어붙여서 분명히 주문이 들어올 것이라는 확신을 갖고 최대한 빨리 총을 생산했다. 미국 노동자 헨리 앨보드가 형제에게 한 말이다. "그 사람은 마치 만드는 족족 모두 판매할 수 있다는 듯이 권총의 모든 부품을 밀어붙이고 있어." 1월에 이르러 콜트는 총 2만 정을 보유하거나 제작 중이었고, 정기적으로 공장에 고위 장교들을 초청해서 견학을 시켜 주거나 런던에서 그들을 설득하면서 구워삶고 있었다. 다시 앨보드의 말을 들어 보자. "그자는 장교들 머릿속에 총성 찬가를 주입하려고 할 게 분명해."

콜트는 영국이 자신의 총기를 구매할 것이라고 확신했다. 하지만 설령 영국인들이 사지 않는다고 해도 다른 고객을 찾을 수 있다고 미국 노동자들을 안심시켰다. 1854년 2월 17일, 그는 프랑스의 나폴레옹 3세에게 과장된 편지를 썼다. "미합중국 시민 새뮤얼 콜트 대령, 황제 폐하께 더없이 공손한 축하 인사를 드리게 되어 영광입니다." 콜트는 황제에게 생클루에서 함께 보낸 시간, 그리고 황제가 콜트리볼버 사격을 얼마나 즐겼는지를 상기시켰다. "그리고 폐하께서 프랑스에 이 제품을 보관할 무기고를 세우고 싶으시다면, 언질만 해 주신다면 당장 실행에 옮기겠습니다."

나폴레옹 3세에게 편지를 쓴 바로 그날, 앨버트 공이 무기 공장을 방문했다. 콜트는 정중하게 앨버트 공을 맞이하면서 친히 방문해 주시어 영광이라고 인사했다. "대공 전하께서는 콜트리볼버 이야기를 많이 들었다고 대답하셨다."라고 《브리티시아미디스패치앤드노티컬스탠더드》는 보도했다. "전하께서는 이 총기를 어떻게 생산하는지 눈으로 직접 보고 싶어 하셨다." 콜트는 대공이 공장 전체를 시찰하게 안내했고,

마지막으로 사격 연습장에서 한 시간 동안 권총 사격을 하도록 도와주었다. 대공은 모든 순간을 즐기는 듯 보였다.

그 후 곧바로 주문이 들어오기 시작했다. 3월 8일, 영국해군이 발트 함대용으로 리볼버 4,000정을 주문했다. 콜트는 우선 3월 14일에 50정을 보내면서 2주일 안에 1,500정을 보내겠다고 약속했다. 그러고는 공장을 동생에게 맡기고 미국으로 귀국길에 올랐다.

VIII

콜트가 1853년 10월에 떠났던 미국은 여전히 평화와 번영을 구가하고 있었으나, 1854년 4월에 돌아온 나라는 갑자기 흐트러지는 듯이 보였다. 물론 정말로 갑작스러운 일은 전혀 없었다. 미래의 전쟁이 사실상 불가피해 보였던 멕시코전쟁이 끝난 지 벌써 6년이었고, 에이브러햄 링컨이 당선되고 남부가 연방을 탈퇴하기까지는 아직 6년이 남아 있었다. 하지만 많은 사람들에게 1854년은 새로운 깨달음의 순간이었다.

1854년에 벌어지는 일들의 공로, 또는 비난을 가장 많이 차지할 만한 사람은 스티븐 A. 더글러스다. 몸집은 작아도 맹렬한 성격의 일리노이주 출신 상원의원은 훗날 에이브러햄 링컨의 대항마로 (콜트의 지지를 받아) 대통령에 출마한다. 콜트가 아직 런던에 있던 1월, 더글러스는 노예제에 관한 이전의 타협을 일부 미세 조정하는, 북부와 남부의 새로운 타협안을 의회에 제출했다. 하지만 1854년의 타협은 별 생각 없이 '1850년의 타협'으로 봉해 놓은 부분을 찢어 버려서 곪은 상처를 다시 드러냈다. 이 상처는 덮을 수는 있어도 완전히 치료할 수는 없는 성질의 것이었다.

1850년의 타협과 달리, 캔자스-네브래스카법이라고 알려진 이 새로운 합의는 전쟁에서 멕시코로부터 빼앗은 서부 지역에 관한 것이 아니었다. 이제 문제가 되는 땅은 미주리강과 로키산맥 사이에 펼쳐진 평평한 초원이었다. 한참 이전인 루이지애나 매입 당시에 획득한 이 땅은 그 후로 백인이 거의 살지 않는 상태였고, 서부로 향하는 기나긴 길에서 잠시 쉬어 가는 지점이 줄줄이 이어진 땅에 불과했다. 하지만 점점 많은 사람들이 이 땅을 통과함에 따라 더 많은 사람들이 잠시 멈춰서 강 유역의 비옥한 땅을 쿡쿡 파헤치며 생각했다. 여기서 살면 어떨까? 한편 이 문제에 경제적 이해관계가 있는 스티븐 더글러스를 비롯한 동부의 유력 인사들은 이미 캘리포니아로 가는 길목에 있는 이 땅을 통과하는 거대한 대륙 횡단 철도를 계획하고 있었다. 이제 네브래스카를 미국 준주로 재편할 때가 되었다. 노예주와 자유주 중에 하나를 선택해야 한다는 의미였다. 또한 그곳에 살면서 사냥을 하는 아메리카 원주민과 대결해야 한다는 의미이기도 했지만, 더글러스를 비롯한 정치인들에게 이는 직접적인 관심사가 아니었다.

남부는 새로운 준주에서 노예제를 허용해야 한다고 단호하게 주장했다. 네브래스카가 자유주가 되면 신중하게 만들어 놓은 노예주와 자유주의 힘의 균형이 교란될 것이었다. 남부인들은 67년 전에 미국 헌법을 작성한 이래 나라의 안정이 이 균형에 의지한다고 믿었다. 더글러스는 자신이 생각하는 현명한 해법을 내놓았다. 준주를 둘로 나눠서 북부는 네브래스카, 남부는 캔자스라고 명명한 뒤 노예제 문제는 인민 주권에 맡기자, 즉 현지 주민들이 투표로 이 문제를 결정하게 하자는 것이었다. 아마 네브래스카는 자유주에 찬성표를 던질 테고, 지형상 미주리와 인접한 캔자스는 노예주를 선택할 것이었다. 더글러스의 해법에는 숱하게 많은 문제가 있었지만, 그중에서도 큰 문제는 1820년 '미주리타협'에서 정한 대로 북위 36도 30분 북쪽에서는 노예제를 금지한다는 오랜 조항을 무효화해야 한다는 것이었다.

1854년 5월, 캔자스-네브래스카법안이 상하 양원을 통과하고 프랭클린 피어스 대통령의 서명을 거쳐 법제화되었다. 시간이 흐르면, 이 새로운 법이 남부가 잇따라 거두는 상처뿐인 승리의 신호탄에 불과했음이 분명해진다. 이런 승리를 통해 나라는 전쟁으로 치닫고 결국 남부는 그토록 필사적으로 지키려 했던 노예제를 잃게 된다.

많은 북부인들에게 캔자스는 초원 위에 선을 그어 노예제의 확산에 대항하는 장소가 되었다. "자, 한번 해 봅시다, 노예주 신사들." 5월 25일 뉴욕주 출신 상원의원 윌리엄 수어드가 상원에서 열렬한 연설을 하면서 소리쳤다. "당신들의 도전을 피할 도리가 없으니 자유라는 대의를 위해 받아들이겠소. 캔자스의 처녀지를 놓고 경쟁을 벌일 텐데, 하느님께서 숫자가 더 많은 쪽에 승리를 주시겠지요."

수어드가 연설을 끝내고 난 밤, 노예제에 반대하는 백인들과 노예제 폐지론자들이 큰 무리를 이뤄 보스턴의 시교도소에 몰려가서 앤서니 번스라는 도망 노예를 석방할 것을 요구했다. 피어스 대통령이 보낸 연방군이 무리를 무력 진압하자 보스턴은 분노로 화답했다. 남쪽으로 수백 킬로미터 떨어진 곳에서 노예제를 용인하는 것과 바로 앞마당에서 노예제를 시행하는 것은 다른 문제였다. 섬유 제조업자인 에이머스 애덤스 로렌스는 이렇게 회고했다. "우리는 어느 날 밤 구식이고 보수적이고 타협적인 연방휘그당원으로 잠자리에 들었다가 깨어나 보니 완전히 미친 노예제 폐지론자가 되어 있었다."*

피츠버그의 한 신문은 북부 노예제 폐지론자가 캔자스에 오면 다 죽여 버리겠다고 위협하는 "미주리와 아칸소의 불한당들"을 혹평했다. 이런 모욕에 대해 "완곡히 대꾸하는" 시기는 이미 지나간 상태였다. "이런 상황에서 북부 이주민들은 두 가지를 유념해야 한다. 첫째, 캔자스와 네브래스카 전체가 우리 것이다. 충분히 숙고하고 철회할 수 없는 협약에 의해 우리가 획득한 땅이기 때문이다. 둘째, 북부 출신은 누구나 좋은 소총과 콜트리볼버를 챙겨야 한다."

* * *

콜트는 그해 봄 홍수 시기에 딱 맞춰서 하트퍼드에 돌아왔다. 4월 27일 목요일에 비가 오기 시작해서 나흘 내내 억수같이 쏟아졌고, 5월 1일 월요일 정오가 되자 코네티컷강은 거의 최저 수위에서 8.5미터 높아졌다. 《하트퍼드쿠란트》는 "기록상 유례가 없이 심각한 홍수가 났다."라고 보도했다. 하트퍼드 시내 대부분과 포터 건물에 있는 콜트 공장의 낮은 층, 사우스메도 대부분을 포함해서 도시의 많은 구역이 물에 잠겼다. 수위가 워낙 급격하게 올라서 콜트의 수로에서 일하던 인부들을 보트로 구조해야 했다. 수로는 7.6미터 높이여서 홍수 수위보다 1미터 정도 낮았다.

콜트를 깎아 내리는 사람들이 예상한 것과 같이 이카로스를 닮은 재앙이었다. 《하트퍼드타임스》의 아첨꾼들조차 홍수를 계기로 "콜트 대령이 파고 있는 수로가 어느 정도 시험에 처했다."라고 인정했다. 하지만 《하트퍼드타임스》가 곧바로 언급한 것처

---

*   에이머스 애덤스 로렌스는 콜트 집안의 친구인 새뮤얼 로렌스의 조카다.

럼, 수로가 물에 잠기기는 했어도 쓸려 내려가지는 않았다. 물이 빠진 뒤에도 그대로 있었고, 콜트의 결심도 여전했다. 그는 계획한 대로 사업을 진행하면서 다만 수로를 10미터로 높이겠다고 밝혔다. 2주일 뒤 콜트는 사우스메도의 땅 매입을 재개했다.

1854년 7월 4일, 콜트는 독립기념일을 축하하기 위해 하트퍼드 시민 전체를 새로 산 소유지로 초청했다. 견딜 수 없이 더운 날씨였지만 햇빛 아래 수천 명이 모여 축제를 즐겼다. 오후 4시 직후에 가스를 채운 열기구 두 개가 풀밭 위로 올라갔다. 각각에 탄 미국인과 프랑스인 조종사가 하늘로 올라가면서 자기 나라 국기를 흔들었다. 둘 다 1.6킬로미터 가까이 올라간 뒤 동쪽에 있는 맨체스터 시내 쪽으로 서서히 내려와 오후 5시 15분쯤에 착륙했다.

그날 저녁 해가 진 뒤, 초원에는 훨씬 많은 사람이 모였다. 2만 명에 육박하는 사람들이 콜트가 제공한 불꽃놀이를 보려고 목을 한껏 뺐다. 구경이 끝난 뒤 사람들은 하트퍼드 역사상 가장 멋진 독립기념일이었다고 한목소리로 평했다.

IX

콜트가 1836년에 얻은 리볼버 특허는 이미 처음 14년 기간이 지난 뒤 한 번 연장되었었다. 7년 연장 기간은 1857년 2월까지 유효했지만, 콜트가 신속하게 신규 연장을 확보할수록 미래를 위한 계획을 순조롭게 세울 수 있었다. 그런 이유로 유럽에 있던 연초부터 콜트는 친구이자 변호사인 네드 디커슨에게 특허를 갱신하는 일을 맡긴 상태였다.

콜트와 디커슨은 이 시기에 가깝게 지냈는데, 둘이 워낙 친해서 거의 연애를 하는 것처럼 보일 정도다. "사장님이 워낙 오랫동안 나가 계신 탓에 다시 한번 사장님을 보고 싶다는 갈망이 느껴질 정도입니다. 다시 만나서 장시간 수다도 떨고 장난도 치고 싶어요." 디커슨이 콜트에게 보낸 편지에서 한 말이다. "사장님이 떠나신 뒤로 아내 말고는 같이 잘 사람도 없고, 술 한잔 함께할 사람이 없습니다." 그 시절에는 남자들끼리 그냥 한 침대에서 같이 잤기 때문에 "같이 잘 사람"이란 표현에 지금처럼 성적인 의미가 전혀 없었지만, 그래도 남자끼리 편지에서 굳이 할 말은 아니었다.

디커슨은 1854년에 보낸 편지의 상당 부분을 개인적 문제가 아니라 그가 말하는 이른바 "특허 사업"에 할애했다. 디커슨은 겨울과 봄 내내 하급 변호사와 대리인들을 거느린 채 의회가 특허 갱신에 찬성표를 던지도록 열심히 로비를 벌였다. 이런 활동의 결과로 몇 달간 워싱턴 주변에 소문이 돌았고, 1854년 여름에 그 결론이 나왔다.

> 콜트의 특허를 7년간 연장하는 법안을 통과시키거나 부결시키는 데 협조하도록 의원들에게 돈이 살포되거나 다른 불법적이거나 부적절한 수단이 사용됐는지 여부를 조사하기 위해 7인으로 위원회를 구성하기로 결정함.

콜트 밑에서 일하는 사람들(디커슨과 그의 부하들)이 특허 연장에 찬성표를 던지도록 의원들을 구워삶고, 유혹하고, 노골적으로 매수했다고 의심한 하원의원들의 요청으로 특별위원회가 구성되었다. 버지니아의 "어니스트 존(정직한 존)" 레처가 이끈 위원회는 여러 증인을 불러서 콜트 쪽 "대리인과 변호사들"이 긍정적인 결과를 확보하기 위해 어떤 다양한 방법을 구사했는지 증언하게 했다.

조사 결과로 최소한 디커슨이 내셔널호텔에 있는 자기 방에서 여러 차례 "비싼 돈을 들여 사치스러운 유흥"을 제공했다는 사실이 밝혀졌다. 이 자리에 모인 의원들은 포도주와 정찬을 즐기면서 매력적인 여자들과 걸판지게 놀았는데, 얼마 뒤 여자들은 콜트의 특허를 연장해 주면 여러 가지 이득이 있다고 그들의 귀에 속삭였다(나중에 드러난 것처럼, 이 여자들은 파리에서 보낸 장갑을 비롯해서 콜트가 안겨 준 선물에 넘어간 이들이었다). 7월 15일 위원회 앞에 불려 나온 디커슨은 만찬 자리를 마련한 것은 솔직하게 인정하면서도 친구들과 함께 식사를 하는 건 자신의 오랜 습관일 뿐이라고 해명했다. "시간만 있으면 매일 친구들을 접대하는 게 평생의 습관입니다."

의원들이 계속 압박을 가하자 디커슨은 권총 몇십 정을 "보여 주려고" 워싱턴에 온 사실을 인정했다. 사실은 선물로 나눠 주려고 가져온 것이었다. 여덟 살짜리 아들한테 주라고 하원의원에게 소형 리볼버 한 정을 주기도 했다. 그 아들은 당시 병을 앓고 있었다. 의원은 콜트의 동료들이 자기 아들이 아픈 걸 안다는 사실에 당황했다. 그들은 모든 사람에 관해 속속들이 아는 것 같았다.

디커슨과 콜트에 관해 가장 심각하면서도 입증하기 어려운 비난은 그들이 의원들에게 "성공 사례금"을 주기로 제안했다는 것이었다. 성공 사례금은 말 그대로 선불로 주는 게 아니라 표결이 순조롭게 통과될 때에만 돈을 주겠다고 약속하는 것이다. 이런 방식을 이용하면 이 돈이 엄밀하게 뇌물이 아니라는 얄팍한 구실을 내세울 수 있을 뿐만 아니라, 하원의원들이 의욕적으로 콜트를 위해 힘쓰면서 동료들에게도 특허 연장을 권하게 되었다. 디커슨은 증언에서 성공 사례금을 전혀 알지 못한다고 잡아뗐지만, 몇 달 전에 보낸 편지에서 콜트에게 이런 방식을 활용한다는 계획을 솔직하게 털어놓았다. "우리가 승리하면 성공 사례금으로 많은 액수가 들겠지만, 패배하면 큰 돈이 들지 않을 겁니다."

* * *

콜트는 7월 14일 워싱턴에 도착해서 7월 17일 월요일에 의회에 출석했다. 마흔 살 생일을 이틀 앞둔 날이었다. 그는 오후 6시에 증언을 시작했는데, 서늘한 저녁이었지만 또한 의미심장하게도 식사 시간 이후였다. 증언은 디커슨이 대신 써 준 진술문을 읽는 것으로 시작했다. 여기서 그는 자신은 겨울 내내 해외에 있었기 때문에 특허 연장을 확보하기 위해 취한 어떤 조처와도 무관하다고 주장했다. "이 법안에 찬성하는 누군가가 어떤 불법적 수단을 동원했더라도 저는 이를 전혀 알거나 동의하거나 승인하지 않았으며, 저 역시 다른 어떤 사람만큼이나 그런 행동을 비난합니다." 그러고는 질문을 받았다. 이 모든 질문에 대해 그는 알지 못한다거나 분노를 표현하면서 디커슨이 얼마나 많은 돈을 받았는지, 또는 그중 일부가 어디로 갔는지 거의 알지 못한다고 발뺌했다.

위원회 입장에서 콜트의 기억력 소실보다 더 놀라운 것은 그가 증언할 때 분명 술에 취해 있었다는 사실이었다. 콜트 편에 선 하원의원인 코네티컷의 제임스 T. 프랫은 콜트가 취한 것처럼 보일지 몰라도 그냥 몸이 아플 뿐이라고 주장했다. 하지만 콜트를 옹호하는 몇몇 사람들조차 그가 "약간 흥분했다."라는 것은 의심하지 않았다. 그들은 단지 콜트가 저녁식사 시간 이후에 증언대로 불려 나왔기 때문에 당연히 기운을 낼 겸 가볍게 몇 잔 마시고 온 것이라고 지적했다.

조사는 콜트가 하원의원들을 매수하려는 음모에 가담했다는 취지의 보고서를 내면서 끝이 났지만, 확실한 증거나 뚜렷한 결론을 내놓지는 않았다. 지금 당장 콜트나 특허 연장에 관해 할 수 있는 일은 아무것도 없다는 결론이었다.

X

의회가 콜트의 특허에 대해 어떻게 결정을 내리든 간에 그는 미국에서 리볼버에 대한 사실상의 독점을 유지했다. 또한 다른 어떤 미국 제품도 일찍이 경험하지 못한 시장 침투와 브랜드 인지도를 누렸다. 콜트리볼버는 미국 가정의 생활필수품은 아닐지라도 신문 보도에서 항상 주요하게 다뤄지는 품목이었다. 살인, 자살, 사고, 간통, 강도, 결투 등 독자의 눈을 사로잡는 기사에는 하루가 멀다 하고 콜트리볼버가 등장했다.

많은 리볼버 이야기는 한쪽이 악행을 하면서 시작되지만 다른 이야기들에서는 악당을 응징하기 위해 리볼버를 휘두르는 용감하고 훌륭한 총잡이가 등장한다. 일리노이주 오타와에서는 헨리 브라운이라는 운하용 보트 선장이 자기 배에 올라타서 부인의 개를 운하로 던져 버린 폭도에 맞서 리볼버 두 정과 소총으로 싸웠다. 싸움이 끝났을 때 폭도 일곱 명은 모두 죽었다. 캘리포니아의 시에라네바다산맥에서는 조너선 데이비스라는 금 탐사자가 콜트리볼버 두 정과 보위 사냥용 칼 하나로 난폭한 무법자 열한 명을 물리쳤다. 무법자들은 모두 죽고 데이비스는 미국의 영웅으로 떠올랐다. 버지니아주 서부 산악 지대에서는 신문 보도에 따르면 "예쁘장하고 교양이 있고 활기 넘치는" 켄터키 출신의 한 "젊은 숙녀"가 콜트리볼버를 차고 숲이 빽빽한 넓은 땅을 순찰했다. 가족 소유의 황무지인데 땅도둑이 소유권을 주장하고 있었다. "여자는 항상 콜트리볼버를 허리춤에 차고 두려움 없이 산악 지대를 활보하면서 퓨마와 곰 말고는 아무도 밟지 않은 길을 걷는다." 아마 가장 유명한 사례는 콜트로 무장한 캘리포니아의 법 집행관 무리였을 것이다. 해리 러브라는 텍사스 순찰대 출신이 이끄는 이 무리는 역시 콜트로 무장한 사격의 명수인 산적 호아킨 무리에타를 추적했는데, 마침내 1853년 7월 프레즈노 근처에서 총격전을 벌여 그를 사로잡아 죽였다. 무리에타를 잡은 이들은 곧바로 사진관으로 가서 콜트리볼버를 들고 포즈를 취했다.

이제 리볼버는 서부 곳곳에서 거의 필수품이 되었다. 자존심 있는 남자라면 언제 어디서든 리볼버를 허리춤에 차고 다녔다. 1854년 초봄 (후에 조경 설계자이자 뉴욕시 센트럴파크 설계자로 명성을 쌓는) 프레더릭 로 옴스테드라는 젊은 작가는 텍사스를 여행하면서 자신이 겪고 본 일을 《뉴욕타임스》에 정기적으로 기고했는데, 가는 곳마다 콜트리볼버와 마주친다고 소식을 전했다. "텍사스에는 성인 남성의 숫자만큼이나 많은 리볼버가 있는 것 같다. 아마 그것 말고도 100정 정도 만들어지고 있을 것이다."

나날이 익숙해지긴 했지만, 아직까지 아메리카 원주민들에게 총을 보여 주기만 해도 일종의 부적 같은 효과가 있었다. 1854년 초에 화가이자 은판 사진가인 솔로몬 누네스 커발로는 존 프리몬트가 이끄는 다섯 번째이자 마지막 탐험대와 동행했는데, 어느 날 유타족의 큰 무리가 "전속력으로 달려와서 천막을 공격했다." 활과 화살, 소총으로 중무장한 무리는 말썽을 일으키려는 의도가 분명했다. 호전적인 인디언에 관해 보고하려고 프리몬트의 천막으로 달려가던 커발로는 이 개척자가 걱정 없이 느긋하게 있는 걸 보았다. 프리몬트는 일기를 한 장 찢어서 커발로에게 건넸다. "이걸 챙겨서 나무에 붙인 다음 충분히 맞출 만한 거리에서 콜트네이비 6연발로 쏴 보게. 10초에서 15초 정도 간격을 두고 쏘라고. 이 총을 장전하기 위해 백인 남자들이 필요하지 않다는 사실을 인디언들에게 알려 주면 돼." 커발로는 종이를 받아서 지시받은 대로 했다. 그에게는 전부 장전된 콜트 두 정이 있었다. 우선 하나를 쏘고 다음 총을 쐈다. 열두 발을 모두 쏠 무렵 인디언들은 "겁에 질려서 전부 우리의 자비를 비는 처지가 되었다. 우리는 마음만 먹으면 그들을 최대한 빨리 죽일 수 있었다."

백인들로서는 유감스럽게도, 아메리카 원주민들도 이미 이 마법의 무기를 몇 개 손에 넣기 시작했다. 1854년 3월 뉴멕시코에서 벌어진 전투는 생생하게 보도됐는데, 히카리야아파치족이 미국 용기병부대의 말 50마리와 콜트리볼버 50정을 훔쳐 갔다. 어느 신문은 아파치족에 대해 이렇게 보도했다. "이제 그들은 그렇게 쉽게 겁을 먹지 않을 게 분명하다. 그들도 이제 군대에 맞설 준비를 갖췄다고 자신만만해할 것이다."

* * *

이런 보도는 1854년에 서부의 아메리카 원주민들이 백인을 대하는 태도에서 뚜렷한 변화가 나타난 현실을 생생하게 포착했다. 이전까지 서부 부족들은 대체로 백인 이주민들과 마주치는 것을 자제했다. 그런데 그해 몇 달 만에 여러 부족이 지금까지 수동적으로 피한 게 실수였다는 결론에 다다랐다. 평원에서는 버펄로 떼가 백인 사냥꾼들 손에 점점 줄어들고 있었고, 인디언들은 굶주리기 시작했다. 새로 만들어진 연방 인디언담당국은 몇몇 부족을 구슬려서 쇠고기를 비롯한 식량과 생필품을 배급해 준다고 약속하는 조약에 서명하게 했지만, 이 물품만으로는 생활을 유지하는 데 충분하지 않음이 드러났다. 인디언들이 백인의 식량을 훔치면 미군이 신속하게 보복에 나섰다.

서부의 원주민들이 모욕을 당한 데는 또 다른 이유가 있었다. 갑자기 군대가 곳곳에서 나타난 것이다. 1848년 서부에는 내륙 요새가 여덟 곳에 불과했다. 그런데 1854년에 이르면 그 숫자가 52개였다. 캔자스-네브래스카법을 계기로 백인들이 전에는 피하던 평원 지역으로 몰려들었기 때문에 이 법에도 일부 책임이 있었다. 새로운 이주민들은 평원 땅을 차지했을 뿐만 아니라 정부에 땅의 소유권을 주장하는 인디언을 쫓아내 달라고 요구하기도 했다.

1854년에 서부 곳곳에서 폭력적인 충돌이 벌어졌지만, 대대적인 변화를 가져온 계기가 된 사건은 그해 8월에 벌어진 그래튼학살이었다. 와이오밍 동부 노스플랫강 변에 있는 래러미요새 근처에 브륄르와 오글랄라, 미니콘주 씨족에 속한 라코타수족이 식량 배급을 받으려고 구름처럼 모여들었다. 8월 18일, 모르몬교 이주민 하나가 요새에 들어와서 한 인디언이 자기 소를 훔쳐 가서 도살했다고 불평했다. 가해자 인디언은 당시 래러미요새에서 플랫강 하류에 '정복하는 곰' 추장 밑에서 브륄르족과 천막을 치고 있던 미니콘주족이었다.

8월 19일, 별 준비도 없이 자신감만 충만한 존 그래튼이라는 소위를 필두로 병사 서른 명이 래러미요새에서 수족 천막촌으로 행군해 갔다. 소위는 부하들에게 천막촌 주위로 대포 두 문을 설치하라고 지시한 뒤, '정복하는 곰'과 성의 없이 교섭을 시도하면서 추장에게 미니콘주족 젊은이를 내놓으라고 요구했다. '정복하는 곰'이 그럴 능력도 의사도 없음이 분명해지자 그래튼은 부하들에게 발포 명령을 내렸다. 대포를 잘 조준했더라면 천막촌이 완전히 폐허가 되고 근방에 있던 모든 사람이 죽었을 것이다. 그런데 조준을 너무 높게 하는 바람에 포탄이 천막촌 위를 스치고 날아갔다. 다행인지 불행인지 아수라장 속에서 미군은 가까스로 '정복하는 곰'을 죽였다. 그래튼의 부하들이 다시 조준과 장전을 하기 전에 격분한 수족이 그들을 공격했다. 병사들은 순식간에 꼼짝 못하고 당했다. 그래튼을 포함한 서른 명이 그 자리에서 살해당했다. 서른한 번째 병사는 심각한 부상을 입긴 했지만 요새로 돌아와서 무슨 일이 벌어졌는지를 알리고 나서 부상을 이기지 못하고 죽었다.

격분하고 대담해진 수족은 그래튼의 부대를 죽이고 난 뒤 광란의 공격을 계속했다. 그전까지 그냥 내버려 두던 이주민이 지나는 길을 공격해서 말을 훔치고 역마차를 털었다. 《뉴욕타임스》에 따르면, 9월 중순에 이르러 "이 순간 최소한 3,000명의 피에 굶주린 야만인이 극서부 평원에서 학살을 벌이고 있다고 우려할 이유가 충분"했다. "그들은 백인 남자를 발견하기만 하면 죽이려고 혈안이 돼 있다." 심각한 과장이긴 하지만 일말의 진실이 있는 말이었다. 백인 미국인이 오랫동안 두려워한 바로 그 일이 현실이 되었다.

많은 미국인들은 그래튼이 어리석게 수족을 도발해서 이런 현실을 초래했다는 걸 알았지만, 전쟁장관 제퍼슨 데이비스는 그렇게 생각하지 않았다. 데이비스는 그래튼 학살에 대한 합리적인 대응은 미국의 압도적인 군사력으로 수족과 대결해서 다시는 도발하지 못하게 혼쭐을 내는 것뿐이라고 믿었다. 이를 실행하기 위해 그는 미군에서 가장 무시무시한 인디언 학살자인 윌리엄 S. 하니 대령을 소환했다. 제2용기병연대의 전 사령관인 대령은 플로리다 시절부터 콜트의 오랜 친구였다. 하니는 그해 가을 파리에서 휴가를 보내던 중에 데이비스 장관의 지시를 받았다. 그는 곧바로 크리스마스 이브에 증기선에 올라 본국으로 향했다. 서둘러 군대를 모으고 콜트리볼버를 확보하기 위해서였다.

사우스메도의 황제

1854~1856년

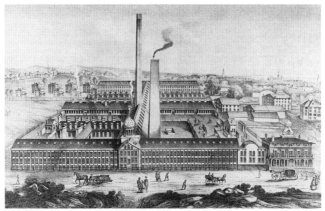

콜트의 하트퍼드 무기 공장. 전면에 있는 돔은 코발트블루 바탕에 금색 별이 점점이 박혀 있고, 꼭대기에는 숫망아지colt가 뒷발로 서 있다. 지금도 똑같은 모습이다.

I

한동안 크림반도는 콜트가 전쟁에서 기대할 수 있는 모든 것이었다. 영국육군은 신속하게 콜트 총기를 도입하지 않았지만, 해군은 꾸준하고 열정적인 고객이었다. 1854년 9월 20일 알마전투에서 콜트리볼버로 무장한 영국해군 장교들이 흑해 연안에 기습적으로 상륙한 뒤 러시아군을 물리치는 것을 도왔다. 뒤이어 10월 24일 발라클라바전투가 벌어졌다. 세바스토폴의 러시아해군 요새를 공격하는 1년에 걸친 포위전의 시작이었다. 영국 언론은 군대에 더 많은 리볼버를 지급할 것을 요구했고, 전쟁부도 이에 동의했다. 콜트는 1854년 한 해에만 영국 정부에 1만 5000정에 육박하는 권총을 공급하게 된다.

발라클라바전투가 벌어지고 몇 주 뒤, 콜트는 네드 디커슨과 함께 러시아 상트페테르부르크에 상륙했다. 두 사람은 그 도시에 온 것을 숨기지는 않았지만 이 체류에 관해 거의 기록을 남기지 않았다. 우리는 러시아궁정에 파견된 미국 대표 수행원인 앤드루 D. 화이트가 쓴 일기를 통해 두 사람이 어떤 나날을 보냈는지 어느 정도 안다. 화이트는 코네티컷 주지사를 역임한 콜트의 친구인 러시아 주재 미국 공사 토머스 H. 시모어 밑에서 일했다. 11월 6일, 콜트(화이트는 어떤 이유에서인지 어느 날 일기에 "롭" 콜트라고 지칭했다)와 디커슨은 화이트, 시모어와 함께 당시 아직 건축 중이던 성이삭대성당을 찾았고 11월 7일에는 에르미타시박물관을 돌아보았다.

상트페테르부르크 방문에서 가장 중요한 일은 11월 11일에 벌어졌다. 그날 오후 콜트와 디커슨은 네바강 변에 있는 겨울궁전을 찾아 차르 니콜라이 1세 앞에서 리볼버를 소개할 기회를 얻었다. 18세기 초 표트르 대제가 처음 건설한 이래 여러 차례 개축된 겨울궁전은 세계 어디에 내놓아도 손색이 없을 정도로 제국의 힘을 과시하는 호사스러운 궁전이었다. 거대한 규모에 도금을 아끼지 않았고 사치스러운 대리석으로 장식되어 있었다. 콜트는 차르에게 금세공을 한 리볼버 세 정을 선물했다. 치명적인 무기이자 예술 작품이기도 한 총이었다.* 차르는 보답으로 다이아몬드 반지 하나를 하사했다.

하지만 콜트와 차르는 선물을 교환하러 만난 게 아니었다. 니콜라이는 이 만남을 진지하게 받아들였기 때문에 가치나에 있는 교외 궁전에서 도시로 특별히 행차한 길이었다. 겨울궁전에서 콜트를 맞이하기 위해 온 것이었다. 두 사람이 정확히 무슨 이야기를 했는지는 기록이 없지만, 우리는 그해 가을에 니콜라이가 모종의 기적을 바라고 있었음을 안다. 차르는 오스만인들에게 우쭐대다가 큰코를 다친 상태로, 크림전쟁에서 패배를 눈앞에 두고 있었다. 다른 무엇보다도 군사력을 높이 사는 차르에게 이는 견딜 수 없는 모욕이었다. 실제로 콜트를 만나고 넉 달 뒤 니콜라이가 표면상 폐렴으로 사망했을 때, 그가 수치심을 견디지 못하고 자살했다는 소문이 돌았다. 그해 11월 아직 희망을 버리지 못했을 때 차르는 콜트의 리볼버가 자신을 구해 줄 수 있으리라고 믿었을 것이다.

미국으로 돌아가기 전에 콜트는 런던에 들러서 무기 공장을 점검했다. 영국 언론은

콜트가 상트페테르부르크를 방문했다는 소식을 접했고, 몇몇 신문은 그가 러시아군에 리볼버와 총기 제작에 필요한 기계를 공급하기로 비밀리에 계약을 맺었다고 보도하고 있었다. 이런 행위가 사실이라면 그를 영국에 받아 준 이들에게 배은망덕한 짓으로 비쳤을 텐데, 콜트는 재빨리 혐의를 부인했다. "내가 러시아 정부에 무기나 기계를 제공했다거나 그런 계약을 체결했다는 건 사실이 아닙니다." 그해 12월 《런던타임스》에 기고한 글이다. "나에 관한 유일한 사실은 지난 두 달간 내가 유럽의 다른 강대국을 방문한 것처럼 러시아를 다녀왔다는 것뿐입니다."

II

콜트는 1855년 초에 하트퍼드로 돌아왔다. 그는 사우스메도에 신축 공장이 완공되기를 기다리는 동안 그로브레인에서 계속 총기를 제작했다. 사방이 비좁았지만 다 사업이 잘되기 때문이었다. 민간의 리볼버 수요뿐만 아니라 미국 전쟁부에서도 "변경업무"용으로 1,000정 주문이 들어온 상태였다. 콜트는 곧 하니 준장이 되는 하니 대령이 추가 수량을 요청할 것이라고 확신했다. 나이 든 인디언 사냥꾼은 이제 파리에서 돌아와 워싱턴에서 수족을 상대로 군사 행동을 준비하고 있었다.

사우스메도에 봄이 찾아오자 여느 때처럼 사과나무에 꽃이 피고 강물이 불었지만 3.2킬로미터 길이의 수로는 끄떡없었다. 수로 경사면에는 유럽에서 수입한 고리버들을 심어서 깊은 뿌리로 땅의 유실을 막았고, 땅을 평탄하게 만들어서 매력적인 공공 도로로 변신한 수로 위에서는 느릅나무가 자랐다. 《하트퍼드쿠란트》의 말을 빌리자면, 호기심을 품은 시민들이 시내를 벗어나 "가장 매력적인 오후 마차 드라이브"를 즐기면서 수로 안쪽에서 올라가는 콜트의 신축 건물을 구경했다.

사우스메도에 들어선 81헥타르의 단지에는 이제 콜츠빌이라는 이름이 붙었다. 《하트퍼드쿠란트》는 "당사자인 신사가 이 명칭을 승인하는지 여부는 알지 못한다."라고 독자들에게 밝혔지만, 어느 쪽이든 간에 콜트는 "그런 거인이나 꿈꿀 법한" 무기 공장을 짓고 있었다. 콜트가 재배하고자 한 담배를 보관할 창고 하나와 노동자용 숙소를 포함해서 다른 구조물들도 올라가고 있었다. 다른 건물들도 곧 짓는다는 이야기가 있었다. 건설 계획을 힐끗 볼 수 있었던 어느 신문 통신원이 설명한 것처럼, 무기 공장 위쪽 언덕에 "우리 근방에 나폴레옹 시대의 것과 비슷하게" 거대하게 우뚝 설 개인 주택이 특히 눈에 띄었다.

＊　＊　＊

1855년 5월 말 형 크리스토퍼 콜트 주니어가 마흔셋의 나이로 세상을 떴을 때, 콜트는 이미 유럽으로 돌아가 있었다. 크리스는 하트퍼드의 시티호텔에서 부인과 아이들하고 함께 살았다. 신문들은 폐결핵을 연상시키는 폐출혈이 사망 원인이라고 했지만, 이는 사인의 작은 일부에 지나지 않았다. 오랫동안 계속된 과음은 크리스의 신체적, 정신적 건강에 큰 피해를 입혔다. 제임스가 샘에게 보낸 편지에서 말한 것처럼, 지난 1년간 그가 보인 행동은 하트퍼드에서 구경거리가 되어 "동네 사람들의 입을 오르내렸다."

샘은 하트퍼드에서 지낼 때 이따금 크리스와 부딪힐 수밖에 없었지만, 일부러 만나는 일은 거의 없었다. 크리스의 방종한 생활을 언급하거나 이따금 자신이 리볼버 개발에 모종의 기여를 했다는 주장으로 샘을 깎아 내리려는 시도를 거론할 때 짧게 등장하는 것 말고는 샘의 편지에서 형의 이름은 거의 나타나지 않는다. 몇 년 전 제임스는 둘째 형이 샘의 발명품 수익을 나눠 갖는다는 생각을 하며 "히쭉 웃었다."라고 말한 적이 있는데, 크리스는 분명 자신이 샘의 성공의 일부를 마땅히 누려야 한다는 확신을 절대 포기하지 않았다.

제임스 콜트는 미주리에서 개인적, 정치적 문제를 처리하던 중에 형이 죽었다는 소식을 들었다. "불쌍한 크리스토퍼 형." 제임스는 하트퍼드로 출발하면서 샘에게 편지를 썼다. "형은 단점도 있고 잘못된 일도 많이 했지만, 그래도 세상에는 불운하게 죽은 형보다 나쁜 사람들이 많잖아."

제임스가 하트퍼드에 도착하자마자 그 역시 자신의 문제로 고통 받고 있음이 분명해졌다. 어쩌면 크리스를 괴롭힌 것보다 더 심각한 문제였다. 해리 비치라는 친구는 제임스가 "대단히 흥분된 상태이고 친구들 생각으로는 거의 제정신이 아니"라고 샘에게 알려 주었다. "하는 말이나 행동이 제임스 콜트가 아니라 미치광이에 가깝다."라는 것이었다.

나중에 샘은 오래전부터 제임스에게서 불안한 징후를 느꼈다고 주장한다. 확실히 제임스는 런던에서 독특한 행동을 보인 바 있었다. 1853년 가을에 샘이 동생을 데리고 갔을 때, 샘이 떠난 뒤에도 제임스가 남아서 공장 운영을 맡기로 되어 있었다. 하지만 샘이 미국으로 돌아간 직후인 1854년 7월, 제임스도 형을 따라 대서양을 건넜다. 영국이 자기에게 맞지 않고 부인이 그립다는 이유에서였다. 제임스는 세인트루이스에서 샘에게 편지를 보냈다. "아내 없는 이런 생활은 흔히 말하는 것처럼 그렇게 좋은 게 아니야." (이 편지에서 제임스는 샘이 "항구마다 부인 한 명씩" 두는 걸 좋아하는데, 자신은 그런 습관을 마땅치 않아 한다고 밝혔다. "하느님은 형이 오랫동안 그런 생활을 하는 걸 알고 계셔.")

부인을 그리워하고 영국 날씨를 혐오하는 것은 정신 착란의 징후라고 보기 어렵지만, 제임스의 타고난 변덕스러운 성격이 점점 이상해진 것은 사실이다. 비치는 편지에서 이렇게 썼다. "샘 자네한테는 우스꽝스럽게 보일지 몰라도, 내가 볼 때는 좀 심각하네. 그 친구는 이따금 아주 과음을 하는데 술 때문에 영향을 받는 것 같지는 않더군. 그 친구 머리가 너무 흥분해서 그래." 더욱 걱정스러운 것은 그가 "자신의 상상을 곱씹고 열병이 나도록 머리를 굴리면서 자네 가족의 과거사에 관해 거침없이 정신 나간 발언을 계속한다."라는 사실이었다. "세상을 등진 일들에 관해서는 지면에서 되풀이하고 싶지 않네." 비치가 언급하는 것은 1829년 세라 앤의 자살과 1842년 존의 자살이었다. "나뿐만 아니라 다들 그 친구와 관련해서 아무리 절망적인 일이 일어나도 놀라지 않을 거야."

150년 전에 쓴 편지 몇 통을 가지고 한 사람의 정신 상태를 자신 있게 진단하는 것은 분명 불가능한 일이다. 하지만 비치가 묘사한 일시적 정신 착란은 오늘날 정신과 의사들이 양극성 장애라고 부르는 질병의 증상과 비슷하다. 양극성 정동장애가 어느 정도 유전임을 감안하면 콜트 집안에서 최소한 네 명이 심각한, 심지어 치명적인 정신건강 문제를 겪은 것은 인상적이다. 세라 앤은 비소로 자살했고, 존은 분노에 사로잡혀 사람을 죽인 뒤 칼로 목숨을 끊었으며, 크리스는 과음으로 죽음에 이르렀고, 이제 제임스는 "거의 제정신이 아니"었다. 그에 비해 샘은 이따금 변호사나 문짝을 걷어차는 알코올 중독자이기는 해도 건강한 정신의 상징에 가까운 사람이었다.

양극성 정동장애는 고조된 조증(활력 고조, 과잉 행동, 흥분)에서 깊은 허탈감에 이르기까지 기분이 양극단을 오가는 것을 특징으로 한다. 제임스는 샘과 편지를 나누던 시기에 종종 후자의 기분을 드러내면서 "우울한 악마"를 비롯한 지속적인 우울감에 관해 불만을 토로한 바 있었다. 제임스가 "제임스 콜트가 아니라 미치광이에 가까"운 행동을 한다는 비치의 묘사는 조울 주기의 조증 상태를 암시한다. 조증이 더 심각한 국면에 이르면 시종일관 전속력으로 가동되는 엔진과 같아서 어떤 것으로도, 심지어 알코올을 벌컥벌컥 들이마셔도 흥분이 억제되지 않는다. 과대망상은 숨길 수 없는 증상이다. 제임스가 걸핏하면 자신이 연방 상원의원이 될 운명이라고 주장한 것도 이렇게 설명이 될까? 피해망상은 보다 흔하지 않은 증상인데, 제임스는 분명 이 증상도 겪었다. "그 친구는 자네 밑에서 일하는 모든 사람이나 어떤 식으로든 연결된 사람들이 자네한테 자기 험담을 하면서 자네와 자기를 떼어 놓으려 한다고 느끼더군(어리석은 이야기라고 그 친구한테 이야기를 했네만)." 비치가 편지에서 한 말이다. "그와 가장 가까운 친구이면서 자네와도 친한 사람들이 그런 바보 같은 생각을 하거나 지나치게 의심하지 말라고 설득을 하고 있지만, 그 친구 머릿속에 그런 생각이 아주 굳건히 자리를 잡았어."

제임스의 피해망상(만약 그게 피해망상이라면)은 그해 여름 런던 무기 공장으로부터 대차대조표를 받으면서 한층 심해졌다. 제임스가 런던을 떠난 뒤 공장을 맡은 루서 사전트가 작성한 회계 장부에 따르면, 제임스가 잠깐 경영을 책임진 동안 상당한 재정 손실이 발생했다. 이는 당혹스러운 결과였을 뿐만 아니라 제임스 자신의 재정에도 큰 피해를 줄 수 있었다. 샘이 공장에서 생기는 순이익의 절반을 주기로 했었기 때문이다. 어떻게 크림전쟁이라는 호황기에 공장이 손실을 본 걸까? 제임스는 샘에게 보낸 편지에서 해명했다. "내가 볼 때, 정직한 사람이라면 의심의 여지가 있을 수 없는데, 사람들이 나를 우습게 여기는 거 같아. 정말 유례를 찾을 수 없이 잔인하고 사악한 방식으로 나를 우롱하는 거야."

* * *

런던 공장의 손실에 관한 진실이 무엇이든 간에, 회사는 이제 훨씬 더 큰 손실을 입을 참이었고, 샘은 자기 이외에 다른 누구를 탓할 수 없었다. 지난 12월 런던《타임스》에 보낸 편지에서 그는 러시아에 총을 팔기로 계약한 사실을 부인한 바 있었다. 그런데 실은 상당한 거래를 했다. 리볼버 5,000정을 판 것이다. 샘은 최소한 상트페테르부르크에 보낼 총을 런던이 아니라 하트퍼드에서 제작할 정도의 예의는 차렸다. 초여름에 이르러 1차분 3,000정을 운송할 준비가 되었다. 6월 5일, 콜트의 비서이자 핵심 측근인 밀턴 조슬린이 런던에 있는 콜트에게 리볼버와 면화 뭉치 125개에 대한 선하 증권을 보냈다. 면화는 왜 보낸 걸까? 콜트가 답을 알고 있었기 때문에 조슬린은 설명할 필요가 없었다.

6월 22일 뉴욕에서 화물 전체가 출발했다. 벨기에의 안트베르펜항에 도착한 다음 프로이센을 지나는 육로를 거쳐 상트페테르부르크로 가는 화물이었다. 프로이센 구간이 힘든 부분이었다. 이 나라는 전쟁 중에 무기가 국경 안으로 들어오는 것을 봉쇄한 상태였다. 콜트 총기 같은 무기가 러시아로 가는 것을 막기 위해서였다. 7월 말 언젠가 엑스라샤펠(지금의 아헨) 검문소에서 면화 뭉치 125개를 검사하던 프로이센 장교가 수상쩍은 마음이 들어 막대기로 찔러 보다가 딱딱한 감촉을 느꼈다. 뭉치마다 상자가 하나씩 들어 있었는데, 상자를 열어 보니 콜트리볼버가 스물네 정씩 담겨 있었다. 곧바로 면화와 총기 모두 압수되었다.

III

윌리엄 S. 하니 준장이 수족을 향해 진군을 시작할 때 콜트는 여전히 프로이센에서 겪은 재앙의 규모에 신경 쓰느라 여념이 없었다. 멕시코전쟁 이래 최대 규모의 군사 원정을 지휘하는 하니는 그래튼 소위와 병사들의 죽음에 복수를 하려는 참이었다. 더 전반적으로, 그가 받은 지시는 학살 사건 이후 플랫강 변에서 여행자들을 괴롭히고, 물건을 빼앗고, 어떤 경우에는 살해하는 적대적 인디언들을 단속하는 것이었다.

1855년 1월 파리에서 돌아온 뒤 하니는 워싱턴에서 세인트루이스까지, 그리고 계속해서 레븐워스요새에서 캔자스준주까지 천천히 나라를 가로지르면서 자원병 중심인 지원군을 모집하고 조직했다. 하니는 한여름에 이르러 1,300명을 모아 군대를 동원할 준비를 갖추었다. 병력의 절반을 증기선으로 미주리강 상류 다코타 지역에 새로 건설된 피에르요새로 보내 추가로 지시가 있을 때까지 대기하게 했다. 나머지 절반은 네브래스카준주 플랫강 변에 있는 키어니요새로 직접 데려갔다.

하니의 군대는 1855년 8월 24일 키어니요새를 나섰다. 횡대를 이룬 보병과 기병으로 이루어진 부대는 물이 얕고 진창인 플랫강 남쪽 기슭을 따라 서쪽으로 행군하면서 10여 년 이상 이주민들이 지나간 길을 그대로 따라갔다. 하니는 어디서 수족을 만날지 알지 못했지만 상류에 있을 가능성이 높다는 건 알았다. 플랫강의 한 지류 가까이에 천막이 있을 것이었다. 인디언을 발견하면 상징적인 평화의 제스처를 취할 테지만, 하니의 의도에 관해 환상을 품은 사람은 아무도 없었다. 행군을 시작하면서 하니는 이렇게 말했다. "하느님께 맹세코, 나는 싸우러 간다. 평화는 없다."

대부분 잊히긴 했지만, 1855년 하니가 이끈 출정은 미국 서부 역사에서 전환점이었다. 멕시코전쟁 이래 미군과 아메리카 원주민은 오랫동안 차지한 네브래스카준주 대평원 지역뿐만 아니라 텍사스, 뉴멕시코, 캘리포니아, 오리건 등의 새로 획득한 지역에서도 여러 차례 소규모 충돌을 벌였다. 하지만 하니의 진군은 미국 최초로 특별히 서부 부족들을 공격하기 위해 조직된 대규모 군사 행동이었다. 이 진군을 신호탄으로 대평원 인디언을 상대로 35년 동안 지속된 전쟁은 1862년 수족봉기, 1864년 샌드크리크학살, 1876년 리틀빅혼전투, 1890년 운디드니학살 등 숱하게 많은 유혈 충돌로 이어졌다.

하니는 그전에 경포 부대를 지휘한 적이 있었지만, 이번에 이끈 병사들은 주로 보병과 용기병으로 나뉘었다. 보병들은 미니에 탄이라 불리는 새로운 사악한 원뿔 모양 발사체를 쏘도록 개조된 전장식 단발 라이플을 사용했다. 1847년 프랑스인 클로드 에티엔 미니에가 발명한, 이 속이 빈 총탄 덕분에 미국 라이플의 사거리가 크게 늘어났다. 하니의 보병부대는 이 총탄을 장전한 총으로 366미터 떨어진 표적을 정확히 명중했고, 800미터 거리에서 사람을 죽일 수 있었다.

하니의 전투 계획에서 주인공을 맡은 것은 용기병부대였는데, 이 기병부대는 조만간 미국기병대로 발전한다. 이 부대는 이미 사실상 기병대처럼 움직이고 있었다. 수

송을 위해 말을 탈 뿐만 아니라 말을 타고 전투를 벌인 것이다. 미육군 사령관 윈필드 스콧 같은 전통적인 군사 지도자들도 기병대가 서부에서 성공을 거두기 위한 열쇠라고 인정했다. 일찍이 1850년에 스콧은 이렇게 썼다. "우리 변경은 규모가 거대하고 군대에 주어진 임무의 성격이 독특하기 때문에 군대 구성에서 기병대의 존재가 필수 불가결하다." 미국의 많은 군사 지도자들은 멕시코전쟁에서 기병부대인 텍사스 순찰대의 용맹한 전투에 깊은 인상을 받았는데, 군이 기병대를 새롭게 받아들인 데에는 적어도 순찰대의 영향이 어느 정도 작용했다는 증거가 충분하다. 순찰대가 의심의 여지없이 입증한 한 가지 사실은 기병부대가 효과를 발휘하려면 말뿐만 아니라 리볼버도 필요하다는 것이었다. 하니의 용기병부대는 1851년형 콜트네이비로 무장했다.

＊ ＊ ＊

8월은 캘리포니아로 향하는 이주민들이 평원을 가로지르기에는 산악 지대에 눈이 쌓일 위험이 있어서 너무 늦은 시기였기 때문에 플랫강을 따라가는 서부 행로에는 병사들뿐이었다. "날씨가 참 좋았다."라고 9일에 걸친 행군에 참여한 중위는 회고했다. "행군이 지루하기는 했지만, 눈길이 닿는 먼 지평선까지 어느 정도 거리에 거대한 버펄로 떼가 자주 출몰한 덕분에 평원을 처음 경험하는 병사들이 눈 호강을 누리며 신기해했다." 영양이 가까이 오면 몇 마리를 총으로 잡아서 저녁으로 신선한 고기를 먹었다.

9월 2일 오후 플랫강의 북쪽과 남쪽 지류가 합류하는 곳을 지나자마자 하니의 군대는 사우스플랫강을 건넜다. 길을 따라가니 애시할로라는 이주민 야영지가 나왔다. 사우스플랫강과 노스플랫강 사이의 쐐기 모양 언덕이었다. 하니 밑에서 일하는 포니족 정찰병들이 노스플랫강 건너편을 넓게 훑어보고 돌아와서 수족 한 무리가 강 건너편에 천막을 치고 있다고 보고했다. 북쪽으로 몇 킬로미터 떨어진 블루워터크리크라는 하천 둑 근처였다. 수족 천막촌은 사실 가까이 붙어 있는 두 개였다. 브륄르족과 그보다 규모가 작은 오글랄라족 둘을 합쳐 남녀노소 250명 정도였다. 두 부족의 추장인 '작은 천둥'은 '정복하는 곰'이 그래튼과 대결하면서 사망한 뒤 그의 뒤를 이은 인물이었다.

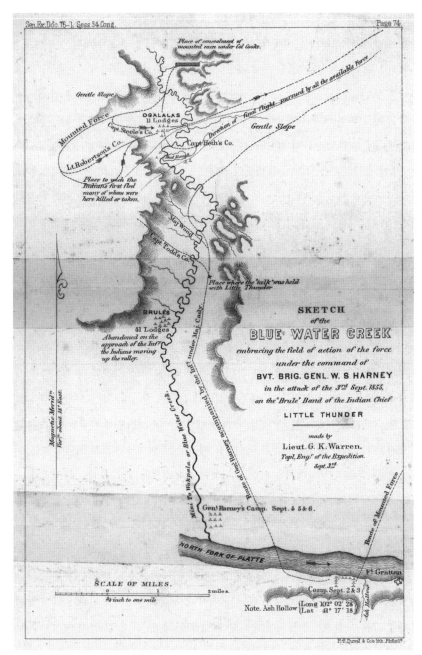

Place of concealment of
mounted men under Col Cooke.

Gentle Slope

Mounted Force

OGALALAS
11 Lodges

Capt. Steele's Co.

Lt. Robertson's Co.

Capt. Heth's Co.

Direction of final flight, pursued by all the available force

Gentle Slope

Mud Slough

Place to which the
Indians first fled
many of whom were
here killed or taken.

Maj. Wood

Capt. Todd's Co.

Place where the talk was held
with Little Thunder

SKETCH
of the
BLUE WATER CREEK
embracing the field of action of the force
under the command of
BVT. BRIG. GENL. W. S. HARNEY
in the attack of the 3rd Sept. 1855,
on the "Brulé" Band of the Indian Chief
LITTLE THUNDER

made by
Lieut. G. K. Warren,
Topl. Engr. of the Expedition.
Sept. 3rd.

BRULÉS
41 Lodges
Abandoned on the
approach of the Infy
the Indians moving
up the valley.

Magnetic Merid.n
Var.n about 14° East.

Mini. To Wakpala or Blue Water Creek

Route of Gen'l Harney. Mounted men piloted by the Infy under Maj. Cady.

Gen'l Harney's Camp. Sept. 4. 5 & 6.

Route of Mounted Force

NORTH FORK OF PLATTE

Ft. Gratton

Camp. Sept. 2 & 3

SCALE OF MILES.

1   2 miles.

3/4 inch to one mile

Note. Ash Hollow {Long 102° 02' 28
                  {Lat   41° 17' 18

Ash Hollow

P. S. Duval & Co's lith. Philada.

1855년 9월 네브래스카 블루워터크리크에서 수족을 공격한 윌리엄 S. 하니 준장의 작전을 묘사한 육군
지도. 지도를 만든 이(G. K. 워런 중위)는 이곳에서 벌어진 사건을 개인적으로 치욕스럽게 여겼다.

9월 2일 자정 직전, 하니는 보병부대에 노스플랫강을 건너라고 명령했다. "저기 지난해 평화 시에 래러미 근처에서 병사들을 학살한 홍인 잡것들이 있다." 하니가 강둑에서 부하들에게 훈계했다. "이제 하느님께 맹세컨대, 제군들, 저기 그놈들이 있다. …… 저 홍인 잡것들을 한 놈도 놓쳐선 안 된다." 보병부대가 강을 건너는 동안 용기병들은 동쪽 인디언 천막 주변으로 이동한 뒤, 북쪽으로 방향을 틀어 블루워터계곡 위 모래 언덕에 은신처를 차지했다.

새벽에 브륄르족은 남쪽 편에 병력이 집결하는 것을 보고 잠에서 깼다. '작은 천둥' 추장이 휴전을 청하는 백기를 들고 교섭하러 나왔다. 하니는 추장에게 그래튼 사건에 관여한 사람들을 넘길 것 등의 요구 사항 목록을 전달했는데, 본인도 알다시피 '작은 천둥'이 어떻게 할 수 있는 권한이 있는 내용이 아니었다. 하니는 기병대가 계곡 위에 자리를 잡을 때까지 시간을 끌기 위해 한동안 이야기를 나눈 뒤, '작은 천둥'에게 부족 사람들한테 돌아가서 전투 준비를 하라고 일렀다.

추장이 천막촌에 돌아가자마자 하니는 보병부대에게 진격하면서 사격을 개시하라고 명령했다. 뒤쪽에서 미니에 탄이 날아오자 브륄르족과 오글랄라족은 말을 타거나 도보로 북쪽 강 계곡으로 도망쳤다. 하니가 판 함정으로 곧장 달려간 것이다. 한 목격자의 회고에 따르면, 용기병들이 "매복해 있다가 갑자기 쏟아져 나오면서 군도와 리볼버로 인디언을 공격했다." 활과 화살, 구식 플린트록 머스킷만으로 무장한 수족은 방어 태세를 갖출 수 없었다. 여성과 어린이를 비롯한 많은 이들이 모래 언덕에 있는 동굴을 향해 달렸지만, 기병대가 라이플을 쏘며 흐트러뜨린 뒤 리볼버로 죽이거나 생포했다. 큰 무리의 인디언들이 무릎 깊이의 블루워터크리크를 황급히 건너서 동쪽에 있는 절벽에 몸을 숨기려고 하자 기병대가 추격했다. 신문 보도에 따르면, 그 후 "누구나 구경하고 싶어 하는 난투극의 표본이라고 할 만한 상황이 벌어졌다."

콜트리볼버는 이런 상황에 유별나게 적합했다. 사냥감이 도망칠 기회를 주지 않았다. 퍼시퍼 스미스 장군이 콜트로 무장한 기병대가 인디언과 벌인 전투에 관해 말한 것처럼 "그들은 갑자기 돌격해서 순식간에 맞닥뜨리는데, 그 시간 안에 예상한 대로 모든 일을 수행해야 한다. 그런 목적에는 회전식 권총이 절대적으로 필요하다."

용기병들은 도망치는 인디언들을 8~10킬로미터 추격했다. 훗날 코카윈이라는 인디언 여자는 그 광경을 이렇게 회상했다. "주변을 둘러보니 목숨을 구하기 위해 내달리는 노인과 여자, 아이들 무리를 군인들이 전속력으로 추격하고 있었다. 일부는 계곡을 가로질러 달렸는데, 군인을 만나서 그 자리에서 총에 맞아 쓰러졌다. 도망칠 곳이 전혀 없어 보였다." 기병대 사령관 필립 세인트조지 쿡 중령은 유감 표명 따위 없이 통명스럽게 말했다. "추격 과정에서 많은 살육이 벌어졌다."

여성과 어린이를 비롯한 수족 88명이 살해당하고 70여 명의 여성과 어린이가 포로로 잡혔다. 병사 네 명만 잃은 하니는 공식 보고서에서 자화자찬을 늘어놓으면서 탁 트인 평원에서 전율을 느끼며 용맹하게 싸웠다고 설명했다. 지형공병대의 일원으로 하니 휘하에서 참전한 구버너 K. 워런 중위는 그만큼 감탄하지 않았다. 워런은 일기에 이렇게 적었다. "나는 전장의 무용담에 넌더리가 났다. 달아나는 적을 살려 주는 이는 거의 없었다." 그가 전장에 관해 주로 회상한 것은 "총탄에 갈가리 찢긴 여자와 아이들이 울면서 신음하는 모습"이었다.

블루워터전투 이후 대평원 인디언들은 하니를 영원히 '도살자'라고 기억한다. 아마 본인도 이런 멸칭에 이의가 없었을 것이다. 아메리카 원주민의 가슴에 공포를 불어넣는 것이야말로 그가 하려고 한 일이었다. 그는 새로운 교전 수칙에 따라 진행되는 새로운 종류의 전투를 서부에 도입함으로써 이런 성과를 거두었다. 압도적인 무력을 갖추고 도착하라. 불성실하게 교섭하라. 공격자와 비공격자, 전투원과 비전투원의 구분을 무시하라. 말을 타고 추격하면서 마음껏 리볼버를 발사하라.

IV

하니와 리볼버에 관해 변경에서 들려오는 소식에 콜트는 분명 희망을 얻었겠지만, 러시아로 총기 3,000정을 보내다가 압수당한 일 때문에 1855년 가을 내내 마음이 무거웠다. 압수당한 총기와 프로이센 정부가 부과한 막중한 벌금 때문에 밀수 작전 실패로 떠안은 비용이 무려 10만 달러에 달했다. 그때까지 영국 언론은 콜트를 프로이센의 총기 압수와 연결 짓지 못했고, 콜트는 계속 비밀을 지키기로 마음먹었다. "이 일이 마무리되기 전에 조만간 또 다른 문제가 터질 것 같다." 9월 15일 샘이 제임스에게 한 말이다. "여기서 자세한 이야기는 할 필요가 없다. 너나 다른 사람이 이 문제에 관해 한 마디도 해서는 안 되니까."

그해 9월 두 형제의 관계는 껄끄러우면서도 정중했다. 제임스는 런던 공장 회계 문제를 해결하려고 분주하게 움직이면서 자주 편지를 썼다. 샘은 바로 답장을 보내지 않아서 제임스를 안달 나게 했지만("형이 왜 내가 보낸 편지나 전보를 무시하는지 도무지 모르겠어"), 마침내 답장을 보내면서 놀라운 제안을 내놓았다. 런던에서 벌어진 모든 일을 무시한 채, 그는 제임스에게 하트퍼드로 와서 "내가 없는 동안 회사 대표"를 맡아 달라고 제안했다. 샘이 내건 유일한 조건은 제임스가 사업에 전념하겠다고 약속해야 한다는 것이었다. "네가 온다면 이번에는 끝까지 일을 계속하고, 영국에서처럼 몇 달 동안 일한 다음 다른 일을 배우려고 그만둬서는 안 된다."

샘은 법인을 만들 작정이라고 제임스에게 말했다. 회사 이름은 콜트패턴트파이어 암스제작사였고 자본금은 125만 달러였다. 패턴트암스제작사와 달리, 콜트패턴트파이어암스제작사는 주식의 절대다수를 보유한 콜트가 완전히 지배하는 회사였다. 하지만 가장 신뢰하는 대리인들에게 주식을 나눠 줌으로써 분기별 배당금 등 성장의 이득을 누릴 수 있게 해 주었다. 제임스가 노력하기만 하면 샘은 "이자만으로 충분한 수입을 보장해서" 연간 4,000~5,000달러를 받게 되리라고 약속했다. "그 정도면 분명 네 가족을 번듯하게 부양하고 자녀들에게 최고의 교육을 제공하는 데 충분할 게다." 주식과 나란히 샘은 웨더스필드애비뉴의 신축 주택을 무상으로 제공하겠다고 약속했다. 자기 집으로 짓고 있는 주택 바로 옆이었다.

이런 후한 제안에 제임스가 기묘한 반응을 보인 걸 보면 그는 정말 불안정한 상태였던 것 같다. "내가 볼 때는 형이 우리의 이전 사업 문제에 관해서 공정하고 정의롭게 처리할 생각이 없는 게 분명하고 또 어느 정도 시간도 지났어." 그는 마치 샘이 런던에서 벌어들인 수익을 지불하는 걸 피하려고 이런 제안을 하는 것처럼 함정이 있다고 느꼈다. 후한 제안을 하는 척하면서 샘이 자기를 계약 하인으로 전락시키려고 한다는 것이었다. "이제는 형이 자기 가족을 위해 아무것도 한 게 없다고 백번 말할 때 진심이라고 생각해야겠지. 그런데 아니야! 그럴 리 없어. …… 내 머리와 아내와 아이들의 머리를 엄습하는 과거와 저 암울하고 음산한 미래에 대해 하느님이 형을 용서하기를."

제임스가 히스테리와 심지어 피해망상에 사로잡혔을 수 있지만, 그의 걱정이 비합리적인 것은 아니었다. 그가 샘의 제안을 받아들였다면 둘의 관계는 형제가 아니라 고용주와 피고용인의 관계가 됐을 것이다. 이미 둘의 관계는 바뀐 상태였다. 그해 가을 제임스는 샘에게 이렇게 말했다. "형은 큰 재산을 쌓기 전과 다르게 나를 대하는 것 같아." 하지만 제임스도 분명 파악했겠지만, 사실 그는 이미 덫에 걸린 상태였다. 그는 런던에 가기 위해 판사 자리를 포기하고 법률 도서까지 팔아 치운 뒤였다. 아내와 자식들이 있지만 세인트루이스에서는 가족을 부양할 수단이 없었다. 상원의원이 되는 수밖에 없었는데, 이 가능성 또한 점점 희박해지고 있었다. 또한 샘에게 상당한 액수의 빚도 있었다.

제임스의 반응보다 더 이해하기 어려운 것은 샘이 보인 태도다. 처음에 런던 공장을 관리하라고 제임스에게 제안한 것이 위험성이 있는 일이었다면, 이번에 새로 한 제안은 도무지 이해하기 힘든 것이었다. 제임스는 이미 대규모 사업체를 운영하기에 적합하지 않다는 징후를 여러 차례 보여 주었다. 그는 수세적이고 때로는 오만하고 때로는 자신감이 없었으며, 쉽게 다른 일에 정신이 팔리고, 잔뜩 긴장하는 일이 잦았으며, 샘이 파악한 런던 공장의 재무 상태가 정확하다면 재정적으로 무능하거나 부패했을 가능성이 컸다. 게다가 제임스는 특별히 이 일을 원하지도 않았다.

그럼에도 불구하고, 10월 5일 샘은 제임스에게 계약서를 보냈다. 자본금 주식 500주를 양도한다고 약속하는 계약서였다. 제임스가 받는 보상은 배당금 형태일 것이었지만, 샘은 혹시라도 배당금이 연간 4,000달러 밑으로 떨어지면 차액을 보상해 주겠다고 약속했다. 제임스가 계속 회사에서 일할 때까지만 이 주식을 활용할 수 있다는 조건이 붙었다. 회사를 그만두면 주식은 샘에게 반환될 것이었다.

V

마침내 1855년 10월에 새로운 무기 공장이 완공되어 가동 준비를 마쳤다. 커다란 세 건물이 H자 모양으로 서로 연결돼 있었다. 수로 바로 안쪽에서 가동되는 가장 큰 건물은 길이 약 150미터에 너비 약 18미터의 4층 건물이었다. 건물 위로 어렴풋이 보이는 금박 별이 점점이 박힌 암청색 양파 모양 돔은 상트페테르부르크의 여러 돔과 콜트를 기리는 것이었다. 그 꼭대기에는 앞다리를 치켜들고 돌진하려는 젊은 야생마의 모양을 한 풍향계가 있었다. 샘이 자신의 로고로 채택한, 뒷발로 일어선 수컷 망아지였다. 공장 단지를 모두 합치면 평균 너비가 15미터, 길이가 1,400미터가량이었다. 총 공장 면적이 2만 1400제곱미터였다.

건물보다 더 인상적인 것은 그 안에 들어 있는 기계들이었다. (파운딩, 밀링, 보링, 줄 작업, 기타 금속을 총기 모양으로 만드는 다양한 작업을 하는) 기계가 놀랄 만큼 많았는데, 모두 합쳐 400개였다. 선조 기계, 새롭게 개량된 낙하 해머, 다양하게 개량된 선반, 지그, 게이지 등 많은 수가 엘리샤 루트가 설계해서 특허를 출원한 것이었다. 그중 일부는 워낙 혁신적이라서 반세기가 지난 뒤에도 계속 사용된다. 하지만 작가 로저 벌링게임이 1949년에 미국 대량 생산의 역사에 관해 쓴 책에서 주장한 것처럼, 콜트와 루트의 진정한 천재성은 혁신이 아니었다. 두 사람의 특별한 재능은 최고의 기존 기술을 잘 골라서 손에 넣는 데 있었다. 벌링게임의 표현대로 하자면 "여기저기 흩어진 기술을 능수능란하게 조합한" 것이었다. 두 사람은 다른 곳에서 찾을 수 있는 기계를 만드느라 시간을 낭비하지 않았고, 코네티컷강 유역에는 그들의 수요를 충족시킬 만반의 준비가 갖춰져 있었다.

산업사학자 찰스 모리스는 런던과 하트퍼드에 있는 콜트의 공장이 당시 "세계에서 가장 발전된 정밀 제조업체"로 손꼽혔던 한 가지 중요한 이유는 루트가 기계를 설치해서 "공정 흐름"을 달성했기 때문이라고 지적한다. 그는 총기 부품들이 어느 한 구간에서 막히지 않고 계속해서 신속하게 움직이도록 공정을 유지했다. 어떤 종류의 기계가 기능을 수행하는 시간이 오래 걸릴수록 그 기계의 숫자를 늘렸다. 여러 부품이 결합되어 리볼버가 되기 위해 거치는 별개의 기계 "작업"의 전체 숫자는 454개였다. 한 기사에 따르면, 각 작업이 워낙 정밀해서 "아무렇게나 쌓아 놓은" 완성 부품들이 "사람 손을 거의 거치지 않은 채 조립된다."

"거의"라는 수식어가 중요했다. 콜트와 루트는 균일성을 달성하기 일보 직전까지 갔지만, 전면적인 호환성을 이루지는 못했다. 미미한 편차가 여전히 존재했고, 허용

오차를 맞춰 결합시키기 위해 부품을 손 줄로 다듬어야 했다. 하지만 콜트의 공장에서 나온 결과물이 대량 생산의 최종판이 아니라 할지라도, 그와 루트는 대량 생산에 버금가는 성과를 이루었다. 그 수량과 속도에서 가히 혁명적이라 할 만했다.

* * *

콜츠빌은 1차적으로 무기 공장이었지만 그 이상이기도 했다. 한 신문이 말한 것처럼, 그곳은 "도시 안의 도시"였다. 미국에는 콜츠빌이 등장하기 오래전부터 기업도시들이 그득했다. 뉴저지주 패터슨은 일종의 기업 도시였고, 웨어나 로웰 같은 뉴잉글랜드 섬유 공장 도시들도 마찬가지였다. 코네티컷 한 곳에만도 콜린스빌(도끼), 테리빌(시계), 해저드빌(화약), 휘트니빌(총기) 등 기업 도시가 수두룩했다. 하지만 콜트는 고용과 주거를 제공하는 것보다 더 많은 공을 들이고 있었다. 브룩팜을 비롯한 19세기 유토피아의 창건자들과 마찬가지로, 콜트는 똘똘 뭉친, 거의 자립적인 공동체를 창조하려고 했다. 상수도, 가스 공장, 공원, 학교, 상점, 그리고 이 모든 것과 나란히 과수원과 정원과 가축까지 갖춘 곳이었다. 그것 말고 콜트의 작은 유토피아는 브룩팜과 아무런 공통점이 없었다. 콜츠빌은 공동체주의나 심지어 민주주의 원리에 따라 운영되지 않았다. 그보다는 콜트가 선장이고 그의 말이 법인 배처럼 운영되었다.

선장이 딱 맞는 비유도 아니었다. 콜트가 러시아에서 돌아온 직후에 《하트퍼드쿠란트》는 그에게 "사우스메도의 황제"라는 별명을 붙여 주었다. 신문은 농담으로 한 말이었지만, 콜트가 생각하는 것과 크게 다르지 않았다.

1856년 3월 초에 이르러 콜츠빌에는 스물세 가구가 살고 있었다. 이제 막 주택 스물네 채가 추가로 완공된 상태였다. 하트퍼드 역사상 유명한 사건과 인물의 이름을 딴 격자형 도로가 공장 주변에 깔렸고, 노동자 자녀를 위한 학교 두 곳이 문을 열었다. 콜트는 콜트아머리밴드라는 브라스 밴드도 만들었다. 공장에서 일하는 독일계 노동자들이 주요 구성원이었다.

밴드는 차터오크홀 봉헌식을 위해 5월 초에 구성되었다. 공장 바로 서쪽에 자리한 이 건물은 코네티컷주에서 가장 유명한 나무에서 이름을 딴 것이었다. 1687년 대니얼 워즈워스의 조상인 조지프 워즈워스가 총독이 폐지하는 것을 막기 위해 코네티컷 특허장을 숨겼다는 초지 북서쪽 모퉁이 근처에 있는 거대한 노목이었다. 차터오 크홀은 콜츠빌의 사회생활과 문화생활의 중심지가 될 예정이었다. "기계공들의 지적, 미적 문화를 향상시키기 위해 우뚝 솟은" 건물에는 노동자를 위한 도서관과 1,000명을 수용할 수 있는 거대한 공연장이 있었다. 봉헌식이 열리는 저녁에 한 기자는 사람이 가득 찬 강당을 돌아보면서 "원기가 왕성하고 행복하고 똑똑한 장인들"을 흐뭇한 표정으로 바라보았다. "어느 고용주도 한곳에 이만큼 많이 모아 놓은 적이 없는 집단이었다."

한편 공장 위쪽 언덕에는 콜트가 키우는 말들이 내달리는 초지 너머로 저택이 우뚝 솟았다. 하트퍼드 역사상 가장 거대하고 정교한 저택이었다. 이 궁전은 한 사람이 살기에는 너무 컸다. 가족이 들어가 살아야 했다. 콜트가 샘 휴스턴의 충고를 따라 "뜨뜻하게 자야" 할 때가 된 것이다.

VI

콜트가 뉴포트에서 엘리자베스 자비스와 잠깐 연애를 한 뒤 5~6년간, 그녀는 황홀한 미녀에서 성숙한 여인으로 변신한 상태였다. 그녀는 리디아 시고니의 시에서 곧바로 콜트의 삶으로 들어온 여자 같았다. 한때 뉴포트의 구혼자들을 황홀하게 만들었던 성적 매력은 세월의 흐름에 옅어지고 전형적인 빅토리아 시대 부인이 되었다. 시고니가 설파하는 독실함과 사랑, 그리고 무엇보다도 헌신이라는 미덕이 넘쳐 났다. 그녀는 콜트에게 워낙 헌신했기 때문에 이따금 그를 안 게 아니라 상상한 것 아닌가 하는 느낌이 들 정도다. 가령 후에 그녀는 콜트가 술을 거의 마시지 않고 담배도 전혀 피우지 않는다고 주장했다. 하지만 사실 콜트는 죽으면서 포도주 수천 병과 시가 수천 개를 남겼다. 엘리자베스는 샘과 겨우 6년간 같이 살았지만, 이후 40년 동안 본모습과는 거의 닮은 구석이 없는 자애로운 또 다른 자아로 그의 이미지를 그리기 위해 온갖 노력을 기울인다.

그런 노력의 일환으로 분명 둘이 교환한 편지를 모두 없애 버리기도 했다. 따라서 오랜 구애에서 시작된 두 사람의 관계는 많은 부분이 수수께끼로 남아 있다. 둘 다 19

세기 중반에 초혼 연령으로는 나이가 꽤 많았다. 엘리자베스는 서른에 가까웠다. 콜트는 너무 바쁘게 사느라 안정된 가정을 꾸리지 못했다고 믿을 수 있을지 모르지만, 마냥 기다리다가 자칫하면 독신녀가 되고 마는 시대에 엘리자베스는 왜 그를 기다린 걸까?

콜트는 마침내 1856년 2월에 프러포즈를 했다. 우리가 이 사실을 아는 것은 그 달에 리디아 시고니가 "당신 인생의 온실에서 소중하기 짝이 없는 하트 꽃"을 손에 넣은 것을 축하한다고 짧은 편지를 보냈기 때문이다. 제임스 말고는 시고니만큼 오래전부터 콜트를 알고 지낸 사람이 없었다. 따라서 콜트가 결혼을 앞둔 시점에서 시고니가 거의 어머니 역할을 떠맡으면서 그의 신부를 자기 품으로 맞이한 것도 놀랄 일은 아니다. 5월 29일에 엘리자베스에게 보낸 편지에서 시고니는 이렇게 말했다. "사랑스러운 친구, 너나 네 고귀한 삶의 동반자에 관해 내가 얼마나 많이 생각하고 있는지, 그리고 내가 두 사람의 행복을 위해 얼마나 열렬히 기도하고 있는지 말하게 되어 기쁘기 그지없네."

두 사람은 6월 5일 목요일 코네티컷주 미들타운에서 결혼했다. 하트퍼드에서 하류 쪽, 엘리자베스가 자란 그리스 부흥 양식 저택 건너편에 있는 곳이었다. 그해 6월에 신문마다 전국적인 긴급 뉴스가 가득했지만,《하트퍼드쿠란트》와《하트퍼드타임스》는 둘 다 이 결혼식을 1면에 대서특필했다.

콜트는 많은 기삿거리를 제공했다. 결혼식 잔치는 6월 3일 차터오크홀에서 콜트 노동자들을 위해 "대규모 무도회"가 열리면서 시작되었다. 무도회의 주제는 결혼이라기보다는 총이었다. 벽과 창턱마다 리볼버로 장식되었고, 가스등 샹들리에에도 리볼버가 주렁주렁 달렸다. 결혼식 당일에 콜트는 일찌감치 마차를 타고 미들타운으로 갔다. 매슈 C. 페리 제독과 예전 동료 선원인 리바이 슬램을 비롯한 많은 하객들이 콜트가 결혼식을 위해 빌린 증기선을 타고 정오에 도착했다. 수천 명의 축하객이 수로 위와 공장 창문에서 환호를 보내는 가운데 워싱턴어빙호가 물살 위로 미끄러져 들어왔다. 정장을 차려입은 하객들이 가득 찬 배는 "색색의 깃발로 화사하게 장식돼" 있었다. 공장 꼭대기의 암청색 양파 모양 돔에서는 라이플로 무장한 콜트 노동자 한 무리가 하늘에 축포를 쏘아 댔다.

미들타운 성공회 교회에서 치러진 결혼식은 차분하게 진행됐지만("나이든 주교의 떨리는 목소리에 대령은 명쾌하게 대답했고, 네 목소리는 더욱 낮게 깔렸지."라고 리디아 시고니는 훗날 엘리자베스에게 보낸 편지에서 혼인 서약 때의 기억을 떠올렸다), 축하연에서 다시 쇼가 시작되었다. 하객들은 둘레가 1.5미터, 높이가 거의 약 1.2미터인 거대한 웨딩 케이크를 먹었다. 가루를 뿌린 리볼버 장식과 현란하게 배치된 설탕 조각 사이로 우뚝 선 숫망아지로 장식된 케이크였다. 엘리자베스가 이미 알아채지 못했더라도 이 케이크는 분명히 알려 주었다. 단순히 한 남자가 아니라 한 총과, 그리고 단순히 한 총이 아니라 한 브랜드와 결혼한다는 사실을.

그날 저녁 신혼부부는 엘리자베스의 형제자매인 헤티, 리처드와 함께 급행열차 편으로 뉴욕으로 갔다. 토요일인 6월 7일, 네 명은 맨해튼 서쪽 부두에서 발틱호에 승선했다. 아머리밴드와 100여 명의 노동자가 콜트 부부를 따라 뉴욕까지 와서 정식으로 배웅했는데, 밴드가 연주하고 군중이 손을 흔드는 가운데 발틱호가 속도를 올렸다.

＊ ＊ ＊

신혼부부를 배웅하는 광경은 화려하고 감격적이었지만, 그 위로는 리버풀까지 대양을 건너는 많은 시간 동안 발틱호를 따라다닐 육중한 구름이 드리워져 있었다. 결혼식 전 몇 주 동안 미국은 산산이 쪼개지기 시작했고, 유일하게 남은 형제와 콜트의 관계 또한 마찬가지였다. 링컨의 유명한 비유를 빌리자면, 집안이 분열되고 있었다.

1856년 5월 19일을 시작으로 이목을 끄는 날들이 이어지면서 노예제를 둘러싼 논쟁이 전국적으로 격렬하게 증폭되었다. 그날 오후 매사추세츠주 출신 상원의원으로 노예제 폐지론자인 찰스 섬너가 상원 토론에 참여해서 캔자스를 노예주로 만들어 노예제의 범위를 확대하려는 남부의 시도를 맹렬하게 비난했다. 섬너는 다음 날인 5월 20일에도 남부 출신 상원의원들이 울화통을 터뜨리는 데도 아랑곳하지 않고 다섯 시간에 걸쳐 비난을 이어 갔다. 5월 21일, 노예제에 찬성하는 미주리인 800명이 캔자스주의 자유토지(노예를 허용하지 않는 지역) 도시인 로렌스(에이머스 애덤스 로렌스의 이름을 딴 곳)를 습격해서 신문사 사무실 두 곳과 호텔 한 곳 등 여러 건물을 파괴했다. 5

월 22일 워싱턴에서는 사우스캐롤라이나주 출신 하원의원 프레스턴 브룩스가 상원에 들어와서 자리에 앉아 있던 찰스 섬너에게 다가갔다. 브룩스는 섬너에게 그를 "벌하러" 왔다고 말하고는 지팡이가 두 동강이 날 정도로 세게 휘둘렀다. 이틀 뒤인 5월 24일, 캔자스에서는 존 브라운이 이끄는 노예제 폐지론자 무리가 로렌스 습격과 섬너 구타에 격분해서 친노예제 인사 다섯 명을 살해했다. 이 사건은 훗날 포타와토미 학살이라고 알려진다.

남북전쟁에서 처음으로 유혈 사태가 일어난 곳이 찰스턴이나 머내서스가 아니라 섬터요새 포격보다 5년 앞선 의사당과 캔자스평원이었다는 사실은 곱씹어 볼수록 여전히 충격적이다. 호러스 그릴리가《뉴욕트리뷴》에서 그해 봄과 여름에 일어난 사태를 지칭한 표현을 빌리자면, "캔자스유혈사태" 때문에 북부와 남부 모두 회복할 수 없는 균열을 인식할 수밖에 없었다. 특히 북부는 섬너 의원 구타 사건에 격분했다. 많은 이들이 보기에, 브룩스가 섬너의 머리통을 내려친 지팡이는 짐을 잔뜩 진 낙타의 등에 올려놓은 지푸라기처럼 더 이상 버틸 수 없는 것이었다.

브룩스가 섬너를 습격한 직후에 콜트는 워싱턴에 있었다.《워싱턴이브닝스타》는 그가 5월 24일 윌러드호텔에 도착했다고 발표했다. 제임스 콜트도 역시 윌러드에 있었는데, 여기서 두 형제가 최종적으로 갈라선 것으로 보인다. 노예제를 둘러싼 싸움에서 유혈 사태가 벌어진 바로 그 순간에 샘과 제임스가 철천지원수가 된 것은 단지 우연의 일치였겠지만, 워싱턴과 캔자스에서 벌어진 사태 때문에 대중적 긴장이 고조되자 형제 사이에 커져 가던 개인적 반감이나 불신이 악화됐을지도 모른다.

그에 앞서 콜트 형제는 서로의 차이를 잘 풀었던 것으로 보인다. 제임스는 세인트루이스에서 하트퍼드로 이사해서 웨더스필드애비뉴에 있는 저택에 살았고, 지난가을에 회사 일을 재개했다. 1856년의 겨울과 봄 내내 그는 샘 대신 워싱턴에서 일하면서 특히 연장을 위해 노력했다. 몇 년 전 네드 디커슨이 그랬던 것처럼, 그가 주로 구사한 설득 수단은 콜트에게 표를 던지는 정치인들에게 성공 사례금을 주겠다고 약속하는 것이었다. 의회 조사를 받은 뒤에도 콜트가 여전히 그런 관행에 의지한 것을 보면, 그가 뇌물 수수 경험에서 배운 주요한 교훈은 뇌물을 뿌리고도 무사할 수 있다는 것이었다. 하지만 샘은 조사를 받고도 주저하지 않은 반면, 제임스는 의원들이 격정을 하고 있음을 깨달았다. "몇몇 의원들은 아무리 무고하더라도 뇌물 수수로 고발당할까 봐 두려워해." 그해 겨울에 샘에게 보낸 편지에서 한 말이다. "의원들이 뇌물을 받았고 형이 책임자라는 소문이 나라 전체에 파다하게 퍼지고 있다고." 샘은 제임스에게 어쨌든 밀어붙이라고 재촉하면서 성과를 얻기 전에는 한 푼도 주지 않겠다고 상기시켰다. "워싱턴에서 모든 일을 할 때마다 잘 알아서 해야 된다." 5월 초에 제임스에게 한 말이다. "어떤 식으로 돈 약속을 할지 신중하게 하도록." 여기에 샘은 개인적인 사정을 덧붙였다. "결혼은 5일로 잡았음. 날짜가 되기 전에 여기로 왔으면 좋겠다."

그러다가 일이 생겼다. "이 편지를 보내는 이유는 유럽과 이 나라에서 형하고 연락을 일절 끊겠다고 알리기 위해서야." 제임스가 샘의 결혼식 전날인 6월 4일에 한 말이다. "형이 마지막으로 잔인무도하게 인신공격을 한 걸 용서할게."

마지막으로 어떻게 공격했다는 걸까? 제임스가 어떤 행동을 했길래 샘이 워싱턴으로 달려와야 했던 걸까? 샘은 그저 제임스가 가시적인 성과를 얻지 못했기 때문에 화가 난 걸까? 아니면 제임스는 다시 샘이 자기를 속이고 있다고 믿게 된 걸까? 1856년 늦은 봄에 어떤 일이 벌어졌든 간에 그것은 짐을 잔뜩 진 낙타의 등에 올려놓은 마지막 지푸라기 같은 무게였다.

VII

리버풀까지 항해하는 대부분 기간 동안 발틱호에 비가 내렸다. 콜트의 처제인 헤티 자비스는 뱃멀미를 심하게 앓았지만, 한바탕 욕지기하는 사이사이에 날씨를 비롯한 항해와 관련된 세부 사항을 기록했다. 6월 11일, 자욱한 안개가 배를 에워쌌고 발틱호는 서서히 "유빙 지대"에 들어섰다. 조지프 콤스톡 선장은 밤새도록 갑판에 서서 빙산을 지켜보았다. 이따금 헤티는 활기를 되찾아 언니 "리지('엘리자베스'의 애칭. ─ 옮긴이)"와 갑판 둘레를 산책하면서 승객들과 대화를 나누었다. 특히 "모스 교수", 콜트의 오랜 친구인 새뮤얼 모스는 어느 날 밤 전신에 관해 강의를 해 주었다. "배에는 정말 매력적인 사람들이 많고 다들 너무도 친절하고 쾌활하다."

헤티는 새로 생긴 형부를 더없이 존경했다. "대령님은 형제들한테 한없이 친절하고 귀를 기울이며, 훌륭한 간호사 같아요." 한창 멀미에 시달릴 때 쓴 글이다. 며칠 뒤에는 이렇게 썼다. "대령님만큼 멋진 형제는 없어요. 너무도 사려 깊고 이타적이어서 형부와 맞먹는 사람은 좀처럼 보기 어려울 거예요." 어머니만 보게 쓴 글에서 언급한 내용은 진심임이 분명하다. 콜트는 평생 동안 자기 형제 둘을 비롯해서 많은 적을 만들긴 했어도, 그를 아는 사람들은 종종 그가 너그럽고 따뜻하다고 생각했음을 알 수 있다.

콜트는 오래전부터 멀미를 하지 않았지만, 발틱호가 대서양을 건너는 동안 걱정 때문에 속이 뒤틀렸다. 콜트는 배가 뉴욕항을 빠져나가기 전부터 비서인 밀턴 조슬린에게 서둘러 편지를 쓴 후, 한 도선사에게 주면서 뭍으로 가져가서 최대한 빨리 하트퍼드로 발송해 달라고 부탁했다. 콜트는 발틱호가 리버풀에 닿기 전에 조슬린에게 편지를 몇 통 더 썼고, 이후에도 계속 편지를 보냈다. 이 편지들을 보면 1856년 여름과 가을에 콜트가 무슨 생각에 몰두했는지 알 수 있다. 대부분의 내용은 이 여행의 진짜 목적과 관련이 있다. 러시아에서 거래 몇 건을 마무리하는 일이었다. "서둘러 떠나오느라 러시아 대사가 뉴욕으로 오는 즉시 약속을 잡아야 한다는 이야기를 깜빡했네." 조슬린에게 한 말이다. "상황을 봐야겠지만 며칠 전에 알려 주면 바로 러시아로 갈 수 있게 만반의 준비를 하고 있겠네." 콜트는 그 밖에도 숱하게 많은 일에 몰두하고 있었다. 총기 생산과 판매에 관련된 구상과 지침, 사우스메도의 건설 사업, 무기 공장까지 확대되기를 바라는 철도 지선 등이 그것이다. 한 문단에서 그는 조슬린에게 아머리밴드에 대해 사소한 지시를 내리고는("제복과 악기를 정연하게 갖춰야 한다"), 다음 문단에서는 수로에서 터진 곳을 메우는 데 사용할 재료나 캘리포니아로 보낼 총기 주문에 관한 지침을 주었다.

머지않아 샘이 보내는 모든 편지는 제임스에 관한 이야기로 귀결된다. 형제의 관계가 서글프게 끝났다는 의미일 뿐만 아니라 제임스에 맞서서 회사를 보호하기 위해 현실적인 조치를 취해야 했기 때문이다. "어리석기 짝이 없는 동생 때문에 거의 죽을 만큼 슬프고, 제임스가 제정신이라고 믿기 어려울 뿐만 아니라 걔에 관해 더 나쁜 소식이 들릴 것 같아."

콜트 부부는 몇 주간 런던에 머물렀는데, 엘리자베스와 형제자매들이 관광을 다니는 동안 샘은 일하다가 시간이 나는 대로 같이 어울렸다. 잠시 시간을 내서 토머스 시모어에게 편지를 쓰기도 했다. 전 코네티컷 주지사는 여전히 러시아 주재 미국 공사로 일하고 있었는데, 콜트와 자비스 자매가 러시아에 체류하는 내내 초청자 역할을 하면서 숙소와 여행을 전부 준비해 주겠다고 말한 바 있었다. 더 나아가 콜트를 미국 대표단에 합류시켜서 샘과 엘리자베스뿐만 아니라 헤티와 리처드 자비스에게도 9월 7일(러시아의 율리우스력으로는 8월 26일)로 예정된 새 황제 알렉산드르 2세의 대관식에 참석할 수 있는 초청장을 확보해 주었다. 엘리자베스와 헤티는 런던에 머무르는 동안 특별한 궁정 드레스를 맞췄다. 콜트 자신은 시모어의 권고대로 코네티컷주 민병대 군복을 입고 대관식에 참석하기로 했다. 시모어에게 보낸 편지에서 콜트는 러시아에서 쓰는 비용 일체를 자신이 부담하겠다고 강조했다. "가능한 한 최고의 방식으로 모든 일을 처리할 수만 있으면 돈은 중요한 문제가 아니"라고도 했다.

"제 단골 포도주상에게 대사님께 드리는 선물로 포도주와 브랜디를 많이 보내라고 지시했습니다." 다른 편지에서 덧붙인 말이다. "이 기회에 제 취향대로 너그럽게 한번 맛을 보시고, 술 몇 병으로 대사님이 이따금 '미소를 지을' 수만 있다면 더없이 영광이겠습니다."

＊ ＊ ＊

콜트는 시모어에게 엘리자베스와 헤티가 "러시아에 쌓여 있는 화려한 물건들을 보고 정신을 못 차릴 수 있다."라고 경고해 두었지만 사실을 말하자면 콜트 자신이 누구보다도 러시아의 거창한 의식을 즐겼다. 러시아에는 평생 동안 한 사람을 만족시킬 만한 장관이 기다리고 있었다. 러시아에 머무른 6주 동안 콜트 부부는 토머스 시모어의 말처럼 "세계에서 누구도 본 적이 없는 위풍당당한 행렬"에 참여했다.

뿌듯한 체험은 8월 14일 상트페테르부르크에서 시모어가 콜트 일행과 새뮤얼 모스를 새로운 황제에게 소개하면서 시작되었다. 콜트는 곧바로 밀턴 조슬린에게 이 엄청난 영광을 알리는 짧은 편지를 보내면서 당장 《하트퍼드쿠란트》와 《하트퍼드타임스》에 이 소식이 실리게 하라고 지시했다. 8월 18일, 콜트 일행은 각국 외교관들과 함께 특별 열차 편으로 모스크바로 갔다. 대관식으로 이어지는 저녁 행사마다 유럽의 왕족과 귀족이 전부 참석하는 무도회가 열렸다. 대관식 날 아침에는 알렉산드르와 황후 마리아 알렉산드로브나의 행진을 보기 위해 거대한 인파가 모스크바로 몰려왔다. 황제 부부의 행렬은 크렘린의 붉은 현관에서부터 붉은광장을 건너 성모승천대성당으로 향했는데, 그곳에서 샘과 엘리자베스는 러시아의 새 황제와 황후가 왕관을 쓰는 모습을 직접 보았다.

대관식은 황홀한 만큼이나 콜트에게 여러 의미로 축복이었다. 콜트는 러시아 정부에 총기 제작 기계를 판매하는 합의를 확실하게 못 박는 등 중요한 거래를 하려고 러시아에 온 것이었다. 또한 러시아의 전쟁장관으로부터 프로이센 정부에 압수당한 리볼버 3,000정을 돌려받는 데 도움을 받기를 기대했다. 마지막으로, 콜트는 조지 로를 대신해서 러시아에 머스킷 10만 정을 팔려고 했다. 이 숫자에 콜트가 7년 전에 술탄에게 팔려고 한 머스킷도 포함된 것인지 아니면 새로운 수량인지는 분명하지 않지만, 어쨌든 대관식 전후 몇 주 동안 진지한 일을 수행하지는 않았다. 그해 9월 콜트는 조슬린에게 보낸 편지에서 이렇게 말했다. "여기는 다른 사람들도 뚜렷한 이득을 보지 못하고 시간을 보내는 곳이라네."

* * *

콜트는 10월 중순에 밀턴 조슬린에게 마지막 급보를 보냈다. 본국으로 향하는 여행을 시작하기 위해 발트해를 건너는 프러시안이글호에서 쓴 편지였다. 배가 워낙 요동을 쳐서 "신경이 쓰여 편지 한 통 쓰기가 어려운 상황에서" 성난 바다에서 무거운 마음으로 쓴 콜트의 편지는 원래 급하게 몇 줄 휘갈기려고 한 것인데, 결국 추신 여덟 장을 포함해서 열여섯 장에 달하는 장문이 되었다.

조슬린은 제임스가 콜트의 특허 연장에 관한 중요한 서류를 넘겨주는 걸 거부했을 뿐만 아니라 회사에서 돈을 받아 내려고 소송까지 걸었다는 소식을 보낸 바 있었다. 콜트는 당혹스러웠지만 체념했다. "전에는 콜트 판사가 지금 그러는 것처럼 의도적인 거짓말임을 알면서도 단언할 수 있다고 믿지 않았는데, 지금까지 종종 그 아이의 행동에서 암시된 것처럼 걔가 정신병에 걸렸다는 확신이 점점 커지는군."

바다가 한껏 부풀어 오르는 가운데 콜트는 제임스와의 관계를 대하소설처럼 쏟아

냈다. 조슬린에게 하는 말인 동시에 자기 자신에게도 털어놓는 말 같다. "콜트 판사는 어린 시절 형제 중에 내가 제일 좋아했어." 제임스는 어린 시절 내내 몸이 약했고, 더 좋은 날씨를 찾아 세인트루이스로 이사했을 때 "걔를 도와줄 수 있어서 참 행운이었지." 샘은 그 시절에 제임스에게 1만 5000달러를 보낸 기억을 떠올렸다. 그 밖에도 제임스는 샘에게 알리지도 않고 회사에서 큰 금액을 빌렸다. 상원의원이 되기 위해 여기저기 쓰려고 빌린 것이었다. "피를 나눈 사이에 최대한 너그럽게 대하고자 했는데, 이제 관용이 미덕이 될 수 없는 지경에 이르렀네. 걔는 확실히 정신이 나갔어."

✳ ✳ ✳

이 편지를 쓸 당시에 콜트는 조슬린이 최근에 모종의 신경 쇠약을 겪었다는 사실을 꿈에도 알지 못했다. 며칠 뒤 빈에서 콜트는 본국으로부터 "아주 좋지 않은 기별"을 받았다. 몇 통의 편지에 따르면, 얼마 전 만취한 조슬린이 "부적절한 장소에서 자신을 노출하고 사업과 개인사에 관한 문제를 떠들어 댔다." "자신을 노출"했다는 것이 정확히 무슨 뜻인지는 분명하지 않지만, 어쨌든 이 충격적인 소식에 긴급하게 대응할 필요가 있었다.

콜트는 친구이자 변호사, 콜트 회사의 이사인 리처드 허버드에게 편지를 보냈다. "조슬린 씨가 그렇게 이상한 행동을 한 게 사실이라면 회사의 재무 담당이자 비서로서 그의 수중으로 자금이 흘러 들어갈 위험이 있네. 내가 귀국하기 전에 자네하고 루트 씨가 당장 이사회를 열어서 믿을 만한 사람을 그 자리에 앉히는 게 좋겠어." 콜트는 허버드에게 자기가 귀국하는 걸 아무에게도 알리지 말라고 하면서 최대한 빨리 하트퍼드로 출발할 계획을 잡았다.

허버드에게 밝히지는 않았지만 콜트에게는 신혼여행을 서둘러 끝낼 다른 이유도 있었다. 조슬린과는 관계없는 일이었다. 엘리자베스가 첫 번째 아이를 임신한 것이었다.

아버지와 아들

1857~1858년

어린 시절 이래 콜트가 첫 번째로 진정한 집으로 생각한 암스미어. 콜트는 그동안 지냈던 모든 곳에서 이 집의 영감을 얻었다.

I

1857년 2월 24일, 엘리자베스가 남자아이 새뮤얼 자비스 콜트를 낳았다. 친구에게 보낸 편지에서 콜트는 아들이 "결혼 이후 딱 마침맞은 시점에" 나왔다고 농담을 했지만, 사실 아이는 조산이었고 출생시 몸무게가 2킬로그램 정도에 불과했다. 하지만 금세 살이 붙어서 3월 중순에 이르면 위험한 국면을 넘긴 것 같다. 콜트의 장인인 윌리엄 자비스는 "대령은 지구상에서 가장 행복한 남자일 것"이라고 말했다.

정말로 그렇게 느껴진 시절이었던 게 분명하다. 콜트가 새 저택에 이름 붙인 "오두막집" 모퉁이에 있는 종탑 계단을 올라 지상 5층 높이에 있는 꼭대기 방에서 잠시 혼자 평온을 누리던 시절이었다. 종탑은 그가 혼자 쉬는 공간으로, 떠들썩한 사업과 부산한 집에서 벗어나 아마 담배를 한 대 피우고 "독주" 한두 잔을 마시면서 자기 영역을 응시하는 곳이었다. 당시 한 신문의 표현을 빌리자면, "세상 어느 왕이 주시할 수 있는 왕국보다 더 숭고한 영역"이었다. 저택에서부터 뻗은 잔디밭이 동쪽 아래 강 하류까지 드넓게 펼쳐졌다. 그 아래에 줄줄이 늘어선 온실에는 1년 내내 이국적인 꽃이 피고 2월에도 딸기가 빨갛게 익었다. 남쪽으로는 샘물이 마르지 않는 연못이 있었다. 겨울에는 얼음이 얼었지만 금세 물고기와 거북이, 오리, 그리고 백조 두 쌍이 노닐었다. 비탈 아래 멀찍이 떨어진 사슴 사냥터에서는 수사슴 한 마리와 암사슴 몇 마리가 초지에서 풀을 뜯었고, 그 너머에는 말 목장과 과수원, 담배 밭, 그리고 마지막으로 저택에서 800미터 넘게 떨어진 곳에 H자 모양의 무기 공장이 있었다. 공장 굴뚝은 종탑보다 높이 솟았고, 시내에서 가장 높은 교회 첨탑보다도 높았다.

그해 3월, 《유나이티드스테이츠매거진》은 콜트와 그의 총의 역사를 극찬하는 장문의 기사를 실었다. 콜트의 분투와 여러 고난, 그리고 마침내 1847년 워커 대위와 운명적 협력에 이르기까지의 과정에 관한 기사였다. "그날부터 오늘에 이르기까지 그의 사업은 성공 가도를 달리고 있다. 결국 북미 대륙, 아니, 다른 어떤 대륙에 존재하는 것보다 가장 완벽한 총기 제조 시설의 완공으로 이어졌다." 증거는 생산량이었다. 10년 전 콜트는 워커를 위해 석 달 안에 총 100정을 만들기 위해 고군분투했다. 이제 총기 100정은 하루도 걸리지 않았고, 석 달 안에 무려 1만 정을 만들 수 있었다.

이 모든 게 그 모든 총이 낳은 결과였다. 오랜 세월 동안 호텔과 임시 아파트를 전전하며 독신으로 산 끝에 이제 마흔두 살인 콜트는 첫 번째 진짜 집을 갖게 되었다. 나중에 이 집은 암스미어Armsmear라고 불린다. '암스arms'는 총을 의미하고, '미어mear'는 '메도meadow(초원)'의 고어였다. 그러니 초원의 총, 또는 총의 초원이라는 의미였다. 암스미어는 코네티컷에서 손꼽히게 넓은 저택이었는데, P. T. 바넘이 브리지포트에 페르시아 스타일로 천박하게 지은 저택 이라니스탄에 뒤졌을 뿐이다. 바넘의 저택(그해 불에 타 버린다)은 적어도 일관된 미적 주제와 대칭적인 평면도에 따라 지어졌다. 콜트의 저택은 어느 쪽에도 해당 사항이 없었다. 명목상으로는 하트퍼드의 건축가 옥테이비어스 조던이 설계한 것이었지만, 어떤 청사진의 결과물이라기보다는 콜트의 여권 수첩을 바탕으로 지어진 것 같았다. 숱하게 많은 로지아와 로마식 아치를 보면 이탈리아 저택 비슷했지만 원뿔형 탑과 돔, 이슬람식 첨탑 등은 상트페테르부르크의 성당이나 콘스탄티노플의 모스크를 떠올리게 했다. 얇은 타원형 철판과 구부러진 판유리로 만든 유리 온실은 조지프 팩스턴이 설계한 크리스털팰리스에서 빌려 온 것처럼 보였다. 종탑도 비록 아픈 기억이지만 콜트의 오래전 추억에서 영감을 받은 것 같았다. 일찍이 수중 포대를 연구하고 형이 죽은 날 흐느껴 울었던 워싱턴스퀘어의 종탑과 비슷했다.

콜트는 뉴욕에서 황량한 나날을 보낸 이래 자신이 이룬 성취를 누릴 이유가 충분했다. 하지만 자신의 거대한 사유지를 내려다보는 지금도 주변에 드리운 그림자를 무시할 수 없었다. 조슬린이 갑자기 불길하게 정체를 드러낸 것도 한 예다. 유능하고 믿음직한 참모였던 그는 어느 날 갑자기 수다스러운 주정뱅이가 되었고, 2주 뒤에는 이유를 알 수 없는 죽음을 맞았다. 조슬린에게 무슨 일이 있었던 걸까?

이런 점과 관련해서 콜트에게는 무슨 일이 벌어지고 있던 걸까? 콜트는 몇 년 전부터 이따금 한바탕 "염증성 류머티즘"을 앓았다. 간혹 통풍이라고 불리는 병이었다.* 류머티즘이 발병하면 관절이 붓고 극심한 통증이 생기면서 기력이 빠지고 꼼짝도 하지 못했다. 두세 주 병이 계속되다가 물러나면 웃어넘기고는 다시 일을 시작했다. 하지만 발병할 때마다 통증이 심해졌고, 발병 사이의 간격도 점점 짧아졌다. 다시 발병하면 침대에서 일어나기도 어려웠다. 종탑 계단을 올라가는 건 불가능한 일이었다.

몇 년 전 병이 처음 생겼을 때, 제임스는 샘에게 반쯤 진지하게 "가벼운 류머티즘 증세는 장기적으로 형한테 좋을 거"라고 말한 적이 있었다. 류머티즘 때문에 느긋해지고, 안정되고, 가정적으로 바뀔 것이라는 뜻이었다. 제임스는 샘에게 가정과 가족이 생기면 더 행복해질 거라고 믿으면서 오래전부터 결혼을 권유했다. 아마 제임스는 샘에게 이런 건전한 충고를 해 준 몇 안 되는 사람일 것이다. 하지만 샘이 충고를 받아들인 바로 그 순간 형제 사이가 멀어졌다. 이제 제임스는 웨더스필드애비뉴 아래쪽 옆집에 살았다. 샘이 하트퍼드로 오라고 권유하면서 준 집이었다. 서로 마당을 사이

---

* 콜트의 상태를 설명하기 위해 두 단어가 번갈아 사용됐는데, 이 둘은 다른 질환을 의미한다. 통풍은 혈류 내의 요산 농도가 지나치게 높아서(때로는 알코올과 기름진 음식을 많이 먹은 결과로 높아진다) 발병하는데, 항상 그런 것은 아니지만 대개 발 관절에 국한된다. 콜트가 겪은 증상은 대부분 류머티즘 관절염에 가까워 보인다. 가끔 발병하지만 만성적인 이 자가 면역 질환은 심각한 염증을 유발하고 결국 관절의 변형으로 이어질 수 있다. 위와 뇌를 비롯한 콜트의 내부 장기도 일부 영향을 받은 것을 보면, 류머티즘 때문에 이차 질환이 악화된 것일지도 모른다.

에 두고 큰 소리로 대화를 할 수 있을 만큼 가까운 거리였지만, 형제는 편지로 연락을 주고받았다. "안녕하세요." 샘이 형제 간 분쟁을 중재로 해결하자고 제안한 데 대해 2월 16일 제임스가 딱딱하게 답한 편지의 서두다. "논란이 되는 모든 문제를 해결하고 이전에 우리 사이에 있었던 우호적인 관계를 회복하려는 의지를 표명하는 한, 나도 진심으로 만족한다는 걸 형도 의심하지 않을 거야." 제임스는 "다시 전처럼 다정한 관계가 됐으면 좋겠"다는 바람을 비치면서 이 어색한 편지를 마무리했다. 하지만 관계를 회복하기에는 이미 너무 늦은 상태였다.

II

"사랑하는 조카에게, 방금 새로운 선생님이 보낸 편지를 읽었다. 네가 다소 늦게 교육을 받는데 지금 정확히 어떤 상태인지 솔직하게 알려 주시더구나. 너한테 뭐라고 말해야 할지 알지 못해서 참으로 유감이다."

1857년 3월 말이었다. 코네티컷강 유역에 봄이 찾아오고 있었다. 연못에 낀 얼음이 사라지고, 공장 위쪽 들판이 녹색으로 물들었다. 북쪽에서는 눈이 녹아서 강물 수위가 올라갔지만, 수로 너머로 계속 흘러갔다. 남쪽 멀리 워싱턴에서는 미국이 전쟁을 향해 몇 걸음 더 내디뎠다. 처음에는 3월 4일 남부의 의견을 수용하려는 경향이 강한 펜실베이니아주의 민주당원 제임스 뷰캐넌이 대통령 취임사를 했고, 이틀 뒤인 3월 6일에는 대법원이 드레드 스콧이라는 노예에게 불리한 판결을 내렸다. 콜트의 전 변호사인 조지 T. 커티스가 치밀하게 주장을 펼쳤는데도 메릴랜드주의 로저 B. 테이니 수석 재판관이 이끄는 대법원은 자유를 달라는 스콧의 요구를 받아 주지 않았다. 대법원의 주요한 논거는 스콧은 흑인이기 때문에 시민이 아니며, 따라서 연방법원에 설 법적 지위가 없다는 것이었다. 역사적으로 더욱 중요한 사실로, 대법원은 노예제 확대에 대한 연방의 제한을 무효화함으로써 수십 년에 걸친 판례와 관습을 곧바로 뒤집었다. 콜트는 이 모든 것이 나라와 자신에게 갖는 함의를 확실히 이해했다. 그리고 곧바로 이 함의를 활용하게 된다. 하지만 3월 말 이 시점에서 그 앞에 놓인 문제는 그가 조카라고 부르는 자식의 교육이었다.

콜츠빌

새뮤얼 콜드웰 콜트는 이제 열다섯 살이었다. 점잖고 다정한 소년으로 자랐지만, 콜트로서는 실망스럽게도 그 자신의 표현을 빌리자면 버릇없고 "뒤처진" 형편없는 학생이었다. 분명 놀랄 일은 아니었다. 어린 새미는 여태까지 살면서 많은 시간을 여러 보호자의 집과 학교를 전전했다. 한동안은 코네티컷주 켄트시의 풀러라는 가족 집에 살면서 학교에 다녔다. 1853년에 콜트는 아이를 유럽으로 보냈는데, 런던에 이어 브뤼셀로 옮겨 가서 마르첼 씨라는 가정교사 집에서 생활했다. 지금은 베를린에 있었는데, 엄격한 프로이센 사람인 슈바르트만 박사의 지도를 받았다.

콜트는 몇 년 전부터 새미에게 공부와 품행에 관해 단호한 가르침을 주는 편지를 보냈다. "얼마 전에 너에 관해 좋지 않게 설명하는 이야기를 들었는데, 정말 슬프구나." 열두 살의 새미가 브뤼셀에 살던 1854년 7월에 보낸 편지가 한 예다. 그때 문제는 새미가 학교에서 뒤처진다는 것뿐만 아니라 아직도 엄지를 빤다는 것이었다. 콜트는 마르첼 씨에게 아이의 손에 "유독한 약물"을 바르라고 지시했다. "그러면 네가 손가락을 입으로 가져갈 때마다 병에 걸릴 게다." 그런 방법이 통하지 않으면, 교장 선생님에게 "네가 그런 젖먹이 습관을 버릴 때까지 네 손을 뒤로 묶어서 밤낮으로 그렇게 두라고" 조언하겠다고 경고했다.

새미가 시가를 피우고 포도주를 마신다는 이야기를 들었을 때도 콜트는 그만큼은 아니어도 무척 화를 냈다. 그는 담배나 술을 한다는 이야기가 다시 들리면 용돈을 끊겠다고 으름장을 놓았다. "지금까지 너한테 돈을 많이 썼고 지금도 더 쓸 생각이 있다. 네가 다른 아이들처럼 관심을 기울이고 배우려고 노력하기만 하면 유럽이나 미국에서 최고의 학자에게 좋은 교육을 받게 해 줄 생각이다."

"너한테 가혹하게 할 생각은 없다." 콜트는 계속 말을 이었다. "그러면 네가 아픈 것보다 내가 더 슬플 거야."

당시 자식 양육에 관한 통념이 더 엄격했음을 감안하더라도 콜트가 보낸 편지는 무척 가혹하다. 인사말과 말미의 서명 사이의 거의 모든 문장이 아이의 잘못을 질책하는 내용이다. 아주 이따금 편지를 정중하게 쓰고 "양키 사내답게 선량하고 너그러운 정신"을 드러낸다고 새미를 치켜세우지만, 또한 철자법을 틀리고 필체가 엉성하다고 꾸짖는다. 다른 사람도 아니고 콜트가 이런 말을 하는 건 참으로 어처구니없는 일이다. 콜트가 쓴 편지가 깔끔하고 철자법이 잘 맞는 건 이제 대필 조수가 다시 적기 때문이었다.

계속 조르고 을러대기는 했어도 콜트는 새미에게 많은 노력을 기울였다. 새미가 성공하도록 관심을 기울였고, 아이를 "신사의 아들처럼 번듯한 사람"으로 만드는 것이 자신의 의무라고 보았다. 잘못한 게 있다면 열다섯 살짜리 아이의 타고난 기질과 관심을 질책과 위협으로 통제할 수 있다고 믿은 것이었다. 콜트는 이제 천여 명에 육박하는 직원을 다스렸지만, 사춘기 남자애를 어떻게 다루는지는 전혀 알지 못했다.

콜트가 보낸 편지 중에 가장 잔인한 것은 아마 1855년 6월에 쓴 편지일 것이다. 그가 아는 것처럼, 새미가 정말로 관심을 가지는 건 동물뿐이었다. 동물에 대한 관심은 켄트에 있는 풀러 부부 농장에서 살면서 생겨난 게 분명했다. 풀러 부부는 이후로도 새미와 계속 연락을 하면서 농장 생활과 동물 소식을 들려주었다. 콜트는 이 편지 왕래를 중단시키기로 했다. 새미에게 말한 것처럼, 풀러 부부는 좋은 뜻으로 하는 말이 겠지만 "부부가 보내는 편지가 돼지와 암탉을 키워서 생활을 하려는 농부의 아들에게는 조금 흥미가 있을지 몰라도, 교양과 과학 교육을 받으려고 하는 신사의 아들한테는 도무지 어떤 이득이 있는지 모르겠다."라는 이유에서였다. 그는 새미에게, 풀러 부부에게 편지를 보내 이제 더 이상 "돼지와 암탉과 조랑말"에 신경 쓸 시간이 없다고 설명하고 동물에 관한 편지는 이제 그만 보내라고 하라고 지시했다.

설령 새미가 그런 편지를 보냈다 하더라도 그의 학문 연마는 전혀 개선되지 않았다. 이제 1857년 초봄에 베를린의 가정교사에게서 다시 실망스러운 보고가 들어왔다. 슈바르트만 박사에 따르면, 아이는 여전히 공부에서 한참 뒤처졌다. 콜트는 예전처럼 계속 위협을 가하기로 마음먹고 새미에게 공부 말고는 여가나 놀이 시간을 주지 않기로 했다. 밥 먹고 잠자는 시간 빼고는 학교 공부만 해야 했다. "줄리아에게 이제 돈이나 선물을 하나도 주어선 안 된다고 편지를 썼고, 네 선생님들에게도 똑같이 편지를 보냈다."

* * *

"조카"는 콜트에게 실망만 안겨 준 반면, "피보호자"는 그해 봄에 축하할 만한 일을 만들어 주었다. 줄리아 레스터가 자그마치 남작과 약혼을 한 것이다. 젊은이인 프리드리히 아우구스트 발데마르 폰 오펜은 오랜 프로이센 귀족 집안 출신이었다. 이 결합이 어떻게 성사됐는지는 분명하지 않지만, 베를린에서 꽤 긴 시간을 보낸 콜트가 두 사람을 연결하는 데 한몫을 했을 수도 있다. 어쨌든 결혼식은 5월에 런던에서 치르기로 정해졌다.

콜트는 4월에 폰 오펜 남작에게 축하한다는 편지를 보내면서 결혼식에는 참석하지 못해서 미리 사과한다고 말했다. "런던에서 돌아와서 성스러운 결혼식에 참석할 수 있도록 일정을 맞추려고 애를 썼지만 끝내 그게 불가능하군요. 결국 줄리아하고 남작님께 실망을 드릴 수밖에 없게 됐습니다." 콜트는 런던 주재 미국 공사 로버트 캠벨 대령을 비롯한 미국인 친구 몇 명에게 자기 대신 결혼식에 참석해 달라고 부탁해 놓았다. 공사는 세속 예식으로 열리는 결혼을 주관하기로 했다. "어린 새미의 경우에는 줄리아가 런던에 데리고 가지 않는 게 좋겠습니다. 소중한 시간도 많이 뺏기고 정신도 어지러워서 공부에 방해가 될 테니까요. 하지만 아이가 정말 간절하게 가고 싶어 하고 줄리아도 꼭 데리고 가기를 바라면 제가 반대할 수는 없겠지요."

줄리아와 폰 오펜 남작은 1857년 5월 19일 하노버스퀘어에 있는 세인트조지교회에서 결혼했다. 새미도 참석했다. 남작과 "'리볼버'맨 콜트 대령의 피보호자"의 결혼은 영국과 미국 신문에 실렸고 런던과 베를린에 공식 등록되었다. 결혼식 전반에 미스터리의 구름이 깔려 있었다는 점을 제외하면 언뜻 보기에 순조롭고 일반적인 결혼이었다. 새롭게 폰 오펜 남작 부인이 된 여자는 정확히 어떤 사람일까?

독일의 혼인 등록 서류를 보면 한 가지가 분명해진다. 줄리아는 캐럴라인 콜트가 아니었다. 서류에 기입된 줄리아 레스터의 나이는 스물한 살이다. 윌리엄 에드워즈의 설명이 정확하다면, 즉 샘이 1835년에 열여섯 살의 캐럴라인과 결혼하고, 이후 1842년에 스물둘이나 스물셋의 캐럴라인을 형 존과 결혼시켰다면, 그녀는 지금 적어도 서른일곱 살이었다. 서른일곱 살 먹은 여자가 스물한 살 행세를 할 가능성은 희박하다. 이런 이유와 앞서 언급한 다른 이유들 때문에 줄리아가 캐럴라인일 리는 만무하다. 하지만 그래도 미스터리는 남는다. 줄리아는 누구일까?

폰 오펜 남작의 아버지는 줄리아의 혈통을 깊이 의심했다. 결혼식이 끝나고 그는 빈정거리는 말이 가미된 장문의 편지를 아들에게 보내 자기가 준 돈을 한 푼도 줄리아에게 줘서는 안 된다고 요구했다. 줄리아는 나중에 시아버지가 쓴 비방을 그대로 베껴서 콜트에게 보냈다.

만약 콜트 대령이 그 애의 친척이라면 그 사람이 자기 피보호자에게 좀 지원을 해줄 수 있을 게다. 그가 친척이 아니고 그 애가 그 사람의 피보호자가 아니라면, 그 애는 네 재산을 물려받을 상속인으로서 모든 특권을 박탈 당해야 마땅하다. 만약 네가 정신을 못 차리면 그 애가 네 재산을 물려받을 수도 있겠지만, 나는 절대 내 재산을 그 애가 상속받아선 안 된다고 다짐했다.

그 애는 누구냐? 그 애 부모가 누구냐? 왜 그 애 보호자의 동포들은 하나같이 그 애를 조롱하면서 공공연하게 무시하는 거냐?

교회 부속실에서 그 애가 펜을 잡고 혼인 증명서에 서명할 때 손에 힘이 전혀 없었던 건 정말 괴롭거나 겸손해서 그런 거냐, 아니면 가식이었던 거냐? 아버지가 기억나는지 내가 물었을 때, 왜 그렇게 얼굴이 백지장처럼 창백해지고 입술을 떨면서 "아버지는 제가 아주 어렸을 때 돌아가셨어요."라고 대답한 거냐?

어린 샘은 부모님이 기억나는지 물었을 때 왜 그렇게 바보 같은 표정으로 허공만 본 거냐?

남작의 아버지는 무엇을 의심한 걸까? 그는 콜트와 줄리아가 로맨틱한 관계였다고 믿은 걸까? 아니면 더 그럴듯하게, 줄리아가 콜트의 사생아나 다른 어떤 식으로든 추문으로 생긴 자식이라고 생각한 걸까? 남작 아버지가 그렇게 의심한 이유가 무엇이든 간에, 그리고 얼마나 사실에 근거한 것이든 간에 그는 얼마 지나지 않아 아들과 연을 완전히 끊었다.

결혼식이 끝난 뒤, 남작과 부인은 새미와 함께 베를린으로 돌아갔다. 부부는 결혼 생활을 시작했고, 아이는 슈바르트만 박사 밑에서 다시 책을 집어 들었다. "내가 바라는 건 아이가 지금처럼 뒤처진 상태에서 한시도 허투루 쓰지 말고, 모든 시간을 열심히 공부하고 배운 걸 암송하는 데 쓰는 겁니다." 콜트가 베를린의 대리인인 C. F. 바펜하우스에게 보낸 편지의 일부다. "혹시라도 내가 실망하는 일이 생기면 그때는 당장 조카를 미국으로 데리고 올 거요."

III

1857년 늦여름, 금융 공황이 허리케인처럼 미국을 강타했다. 실제로 허리케인이 공황을 야기한 근접 원인 가운데 하나였다.

20년 전의 폭락과 마찬가지로, 1857년 공황 또한 시장에 여러 힘들이 연속적으로 작용하면서 생겨난 결과였다. 이런 힘들 중 다수가 해외에서 기원한 것이었다. 크림전쟁이 끝나면서 남아도는 러시아산 밀이 세계 시장에 밀려든 결과 미국산 밀의 가격이 떨어졌고, 영국에서 금리가 올라가자 영국 투자자들이 미국 시장에서 자본을 빼내 국내 은행에 집어넣었다. 하지만 주요 원인들은 국내에 있었고, 특히 서부에 그 기원이 있었다. 골드러시 때문에 대량의 금화가 경제에 투입되는 동안 투기꾼들이 서부의 토지 가치를 끌어올렸고, 철도 주식이 급등했다. 몇몇 역사학자들은 드레드 스콧 판결로 서부에서 노예제의 문호가 개방되고 북부 투자자들이 불안을 느낀 것이 거품을 터뜨리는 바늘 역할을 했다고 주장한다. 하지만 붕괴의 첫 번째 분명한 징후는 오하이오생명보험신탁사의 뉴욕 지부가 파산한 8월 24일 전까지 나타나지 않았다. 그로부터 3주 뒤 SS센트럴아메리카호(전에는 콜트가 이따금 동업을 한 조지 로의 이름을 따서 SS조지로호라고 불렀다)가 뉴욕을 향해 북쪽으로 가다가 사우스캐롤라이나 앞바다에서 강력한 허리케인의 경로로 들어갔다. 배가 침몰해서 승객 425명과 캘리포니아산 금 15톤, 그리고 이미 쇠약해지고 있던 미국인들의 사기까지 함께 가라앉았다.

20년 전 1837년 공황 때에는 콜트 총기의 판매가 크게 감소했지만 새로운 공황은 오히려 도움이 된 듯했다. 일자리를 잃은 수십만 명의 미국인이 기회를 찾아 서부로 눈을 돌렸고, 보호를 위해 콜트의 총을 찾았다.

과거에는 얼마나 무장을 갖추든 간에 모험심 넘치는 동부 사람들만 위험한 서부 여행에 나섰다. 하지만 최근 플랫강을 따라 군대가 활동하면서 여정이 안전해졌다는 인식이 생겨나고 있었다. 널리 알려진 1855년 9월 하니 장군의 블루워터크리크 공격으로 수족은 잠시나마 조용해진 상태였다. 그리고 1857년 7월에 캔자스 서부의 솔로몬강에서 마치 구약성경에서 튀어나온 것처럼 흰 턱수염에 두꺼운 두개골로 유명한* 에드윈 보즈 섬너 대령이 샤이엔족을 공격하면서 이런 인식을 더욱 굳혔다. 섬너가 지휘한 공세의 하이라이트는 1857년 7월 29일 오후에 솔로몬강 북쪽 강둑에서 벌어진 전투였다. 이 전투는 주로 콜트리볼버가 아무런 역할도 하지 않았다는 이유로 서부 인디언 전쟁의 역사에서 가장 이례적인 전투로 손꼽히게 된다. 섬너는 자기만 아는 이유로 마지막 순간에 기병대에 카빈과 리볼버 대신 사브르를 휘두르며 돌격하라는 명령을 내렸다. 보통 때라면 300명의 샤이엔족 전사를 상대로 이런 행동을 하는 것은 자살 시도나 마찬가지였을 것이다. 하지만 샤이엔족은 주술사에게서 마술 덕분에 총알이 빗겨 나갈 것이라는 특별한 보장을 받고 이 전투에 와 있었다. 즉 사브르 이야기는 전혀 듣지 못했다. 전사들은 번쩍이는 강철에 당황한 나머지 고삐를 돌려 도망쳤고, 전투는 거의 시작하자마자 끝이 났다. 수족과 샤이엔족 모두 얼마 지나지 않아 다시 돌아와서 미군 병사들과 서부 여행자들을 괴롭히게 되지만, 지금 당장은 하니와 섬너의 공격이 인디언의 폭력을 차단한 것처럼 보였다.

동부의 금융 공황과 서부 여행이 안전해졌다는 인식이 결합되면서 전에는 감히 나서지 않았을 미국인들까지도 서부 행렬에 자신의 운을 맡기려고 나섰다. 공황이 시작되기 전인 1857년 봄 육로 여행자의 수가 5,500명이었는데 1858년 봄에는 그 수가 7,500명으로 늘었고, 1859년 봄에는 콜로라도에서 금이 발견되면서 2만 명에 육박했다.

여행자들이 대담해지긴 했어도 여전히 총이 필요했다. 그리고 그들이 가장 원하는 총은 콜트리볼버였다. "인디언 땅에 들어가는 사람은 누구나 라이플과 리볼버로 무장을 해야 하고, 천막 안에서나 바깥에서나 총에서 눈을 떼면 안 된다." 랜돌프 B. 마시라는 육군 대위가 캘리포니아 이주민들을 위해 쓴 인기 있는 안내서에 나온 조언이다. "이동 중이 아닐 때는 위험 신호가 나타나는 즉시 손에 쥘 수 있는 위치에 총을 두어야 한다. 그리고 천막 바깥을 돌아다닐 때는 항상 리볼버를 혁대에 차야 한다. 어

---

* 그의 두개골은 정말로 두꺼웠다. 한번은 전투 와중에 머스킷 총알이 그의 머리를 맞고 튕겨 나갔고, 그는 아무 상처도 입지 않았다.

느 순간 리볼버를 사용할지 모르기 때문이다." 마시가 선호하는 총기는 분명했다. "콜트의 회전식 피스톨이 유럽과 미국 모두에서 오늘날 가장 효율적인 총기로 널리 인정받고 있다."

IV

콜트는 새미를 미국으로 다시 데리고 오겠다는 위협을 드디어 실행에 옮겼다. 1857년 가을 슈바르트만 박사에게 다시 실망스러운 보고를 받은 뒤, 베를린의 대리인 C. F. 바펜하우스에게 개인 교사에게서 아이를 받아 뉴욕으로 보낼 준비를 하라고 지시하는 편지를 보냈다. 바펜하우스는 슈바르트만 박사(또한 아마도 콜트)를 은근하게 비판하면서 아이가 문제가 아니라 아이를 교육하는 방법이 문제라고 이야기했다. 독일인 대리인은 새미가 "분명 아주 부주의하"지만 또한 "천성이 착한 아이라 끊임없이 엄하게 질책하는 게 아니라 다정하게 어루만지면 쉽게 지도할 수 있다."라고 말했다. 바펜하우스는 베를린에서 엄하지 않은 개인 교사를 다시 찾아보자고 제안했다. 하지만 너무 늦은 제안이었다. 콜트는 이미 마음을 굳힌 상태였다. 그는 바펜하우스에게 새미를 브레멘행 열차에 태워 거기서 뉴욕행 증기선으로 갈아타게 하라고 지시했다.

그리하여 1857년 11월, 새미는 한동안 암스미어에서 살기 위해 도착했다. 그는 콜트와 엘리자베스, 아기와 함께 몇 주 동안 행복하게 지낸 것으로 보인다. 추수감사절 전후로 그곳에서 지냈고, 그해 12월에 강 운송이 차단되고 눈이 내렸을 때에도 거기서 머물렀다.

콜트는 성적이 신통치 않다는 이유로 새미를 미국으로 데려오는 계획을 내놓기는 했지만, 대단한 처벌은 아니었다. 실제로 훈육을 앞세우기는 했지만 그 자신이 거의 인식하지 못했을지라도 인자한 동기가 있었을 것이다. 갓 난 새미는 10대 새미에게 아버지를 좀 더 부드러운 사람으로 만들어 주었다. 소년을 독일에서 데려오기 전에 쓴 편지에서 콜트는 새미에게 아기의 이름을 둘의 이름을 따서 지었다고 알리면서, 만약 자기한테 "불행"이 닥치면, 즉 일찍 죽으면 "지금 내가 네게 교육과 행복을 제공하고 돌보는 것처럼 이 꼬마의 교육과 행복을 돌보는 데서 큰 기쁨을 누리면 좋겠다."라는 희망을 피력했다. 작은아버지가 자기한테 행복을 안겨 주는 데 기쁨을 느낀다는 사실은 새미에게 분명 금시초문이었지만, 이 말은 자기를 가족의 소중한 일원으로 인정한다는 의미였다.

하지만 새미는 이복동생을 돌볼 기회를 얻지 못한다. 아기는 잠깐 병을 앓다가 1857년 크리스마스이브에 세상을 떠났다. 그리고 사흘 뒤 암스미어 바로 남쪽에 있는 부지의 한 구석에 묻혔다. 살을 에는 추위에도 공장 노동자들이 전부 장례식에 참석했다. 리디아 시고니가 멋들어진 죽음의 시("침대에서 쉬렴, 아가야 / 빛나는 분수가 물줄기를 내뿜을 테니")를 썼지만, 하트퍼드의 무명 시인 릴리 워터스가 콜트 부부에게 드리워진 절망을 더 가깝게 느꼈을 것이다.

> 궁전 안에서 들리는 울음소리 때문에
> 크리스마스 캐럴 소리가 들리지 않으니
> 너무 늦게 밝아진 복도는
> 이제 황혼과 더불어 어둑해진다.

V

그해 겨울, 새미가 아이작 프로스트라는 교사 밑에서 학교 교육을 받기 위해 매사추세츠주 노스앤도버로 떠난 가운데 콜트 부부는 워싱턴의 임시 주거지로 살림살이를 옮겼다. 엘리자베스는 가고 싶어 하지 않았다. 새미에게 보낸 편지에서 말한 것처럼, 또다시 아기 곁을 떠나는 느낌이 들었기 때문이다. 하지만 남편이 사업상 자리를 비운 가운데 그 우울한 저택에서 지낼 수는 없었다.

콜트는 하인과 가족, 손님이 쓸 방이 충분히 많은 큰 주택을 빌렸다. 자기 말마따나 "워싱턴 공세"에 착수하기 위해 수도에 온 것이었다. 첫 번째 목적은 정부에 로비를 해서 리볼버 주문을 늘리는 것이었고, 두 번째 목적은 언제나 그러듯이 갖은 노력을 기울여 의회가 특허를 연장하게 만드는 것이었다.

엘리자베스가 세상을 떠난 아들을 애도하는 동안 콜트는 일에 몰두하며 기분을 전환하려 했다. 술에서도 위안을 찾았다. "포도주 장을 들여다보니 브랜디가 다 떨어져 가는군요." 2월 초 쾌활한 기분으로 루서 사전트에게 보낸 편지는 알코올음료를 가리키는 콜트 특유의 표현을 빌리자면 "독주" 한두 잔을 마시고 휘갈겨 쓴 것이었다. 그는 사전트에게 사람 하나를 저택으로 보내 브랜디 병으로 빈 상자를 채워 달라고 부탁했다. 그 전에 콜트의 친구이자 "저 옛날 베드로처럼 안쪽 문 열쇠를 보관하는" 리처드 허버드에게 포도주 저장실 열쇠를 받아야 했다. 콜트가 원한 브랜디는 "북서쪽 모퉁이의 위쪽 선반에 있는 세계 최고의 브랜디"였다. 사전트는 특급열차 편으로 브랜디를 보내기로 했다. 브랜디를 보내는 김에 셰리주도 스무 병 정도 챙겨 보냈다. "내가 한 병도 실컷 마신 적이 없는 제일 오래된 거 말고 한가운데 서쪽 상자에 들어 있는 걸로요. 딕('리처드'의 애칭. ─ 옮긴이)이 내가 그렇게 빨리 다시 큰 구멍을 만들어도 된다고 생각하면 그 품목을 가르쳐 줄 겁니다." 허버드는 저장실 열쇠 보관자일 뿐만 아니라 콜트의 맨 정신을 지키는 사람이기도 했다.

브랜디나 셰리주와 나란히 콜트는 그해 겨울에 "우리의 오랜 검둥이 요리사"가 새로 만든 요리인 민물거북 스튜로 몸을 데웠다. 요리사는 구운 오리와 함께 저녁으로 이 요리를 냈고, 아침에도 따뜻한 버지니아 롤빵, 그리고 "이 지역의 독특한 여러 가지 자잘한 맛난 요리들"과 나란히 스튜를 내왔다. 콜트는 이 스튜에 절대 물리지 않았고, 저녁 전에 독주를 몇 잔 걸치거나 저녁을 먹는 사이에 술에 취하고 살이 쪘다. "이 민물거북은 피스톨 다음으로 위대한 발명품이야."

기업가로서 콜트의 가장 큰 강점은 인내심과 집요함이었다. 이런 기질은 가장 큰 약점이기도 했다. 콜트는 이길 수 없는 싸움에서 양보하는 법을 알지 못했다. 리볼버 특허는 첫 번째 연장이 시효가 다한 1857년에 만료됐다. 콜트는 다시 연장을 받기 위해 4년 동안 분투했는데, 이제는 다시 노력해도 소용이 없을 거라는 경고를 여러 차례 들었다. 동생 제임스가 말한 것처럼, 한때 의회가 특허 갱신을 검토할 생각이 있었다고 해도 1854년에 콜트가 뇌물 공세를 벌이다가 조사를 받은 뒤로는 가능성이 희박했다. 조사에서 가시적인 결과는 나오지 않았지만 소심한, 또는 양심적인 의원들은 이제 콜트나 그의 특허와 연루되기를 꺼렸다. 그렇다 하더라도 콜트는 영향력 있는 새로운 친구들의 도움을 받아 가며 다시 전력을 기울여 로비를 벌였다.

반갑게도 그의 지지자 대열에 뷰캐넌 행정부의 신임 전쟁장관 존 B. 플로이드가 합류했다. 그해 겨울 플로이드는 하원 특허위원장인 J. A. 스튜어트 의원에게 극찬하는 지지 서한을 보내면서 콜트를 위해 특허를 연장해 줄 것을 권고했다. 《사이언티픽아메리칸》 편집진은 콜트의 총기를 주문하는 위치에 있는 전쟁장관이 유료 광고처럼 그 총을 지지한다는 사실이 부적절하다고 판단했다. 이 문제에 관한 한 콜트가 전력을 기울여 특허를 연장하려는 것도 꼴사납게 보였다.

"콜트 대령이 일반법 아래서 특허권자가 가질 수 있는 모든 이점을 누렸다는 사실을 기억해야 한다." 잡지 편집진이 4월에 한 말이다. 리볼버는 이 시기 동안 "공공 서비스에서 필수적인" 물건이 되었기 때문에 이제 콜트의 발명품을 공공이 공유해야 했다. 게다가 이미 콜트의 특허가 만료되었다고 생각하고 리볼버를 제작하기 시작한 이들에게 대단히 불공정한 일이 될 텐데도 "콜트 대령은 계몽된 공화국의 시민으로서는 부끄러운 감정을 품고서 의회에 이 근면한 사람들을 망하게 해 달라고 요청한다."

* * *

콜트는 모든 경쟁자를 기꺼이 무너뜨리고자 했지만, 워싱턴에서 어떤 성과를 이루기 전에 고통스러운 류머티즘이 다시 발병해서 아무 일도 할 수 없었다. 몇 달을 허비하고 아무 성과도 얻지 못한 채 콜트와 엘리자베스는 4월 말에 하트퍼드로 돌아갔다. 몇 주 뒤, 엘리자베스가 새미에게 전한 것처럼, 콜트는 몸이 나아져서 아침마다 식전에 암스미어 주변을 산책하면서 "줄곧 총기를 개량할 궁리"를 했다.

건강을 회복하는 동안 콜트는 신임하는 참모 J. 딘 올던을 워싱턴으로 보내 남겨둔 일을 처리하게 했다. 엘리샤 루트를 제외하면 콜트의 측근 참모들 대부분은 상관을 위해 다양한 사업과 개인적 잡무를 처리했지만, 올던만큼 광범위하게 일을 처리한 사람은 없었다. 그가 맡은 일은 회사 고위 중역의 업무에서부터 시종 일까지 다양했다. 올던은 콜트가 사우스메도의 축하 행사에 쓸 폭죽을 가져오라고 뉴욕으로 급파한 인물이었고, 콜트가 자리를 비울 때 그의 말을 돌보고 1855년 크리스 콜트의 장례식을 준비하는 등 민감한 일까지 도맡아 처리했다. 그는 또한 콜트의 대서인으로서 업무상 편지나 개인적 편지를 도맡아 다시 썼다. 콜트가 각료와 의원들에게 보낸 편지는 거의 올던의 필체였고, 새미의 손글씨와 철자법을 꾸짖는 편지도 그가 쓴 것이었다.

콜트, 그리고 공장에서 일하는 다른 대다수 고위직(이번에도 루트는 예외다)과 마찬가지로, 올던 또한 명예 군인 계급이 있었다. 그는 올던 "소령"으로 통했다. 콜트는 이칭호에 권위를 더하기 위해 그에게 사설 민병대를 감독하는 영예를 주었다. 콜트 노동자들로 구성된 민병대는 순전히 보여 주기용이었는데, 올던은 이따금 민병대를 이끌고 하트퍼드 주변을 행진했다. 올던은 실제로 군사적 모험이 벌어져도 콜트 밑에서복무했을 것이다. 그만큼 상관에게 충성을 다했다. 최근에는 근무 중에 콜트에게 목숨까지 내줄 뻔했다. 지난가을에 올던과 다른 참모인 N. E. 브레이스가 레븐워스요새에서 라이플 시연을 하기 위해 미주리강을 거슬러 올라가던 중에 배가 폭발한 일이있었다. 브레이스는 보일러 안에 빠져서 처참하게 죽었고, 올던은 증기에 심한 화상을 입었다. 몇 달 뒤, 그는 아직 상처가 낫지 않았는데도 어쨌든 콜트의 특허 연장을위해 할 수 있는 일이 있는지 알아보려고 워싱턴에 가겠다고 고집했다.

그해 봄에 하원 특허위원회의 일부 위원들이 여전히 뇌물을 받고 싶어 한다는 희소식이 콜트의 귀에 들어왔다. 콜트가 직면한 과제는 이 위원들이 정체를 드러내는걸 꺼리고 몸값도 올렸다는 점이었다. 가령 펜실베이니아주 출신 공화당 의원 존 루퍼스 에디는 처음에 성공 사례금 2,500달러를 요구했는데 다른 의원이 4,500달러를받는다고 하자 자기는 5,000달러를 달라고 했다. 에디는 위원회에서 최종 보고서를작성하는 일을 맡았기 때문에 그의 협조가 필수적이었다. 5월 12일, 콜트는 워싱턴의올던에게 전보를 보내 에디 의원과 교섭하라고 지시했다.

올던은 다음 날 아침 8시에 의원의 집으로 갔다. 에디가 아직 침대에서 일어나지않았기 때문에 올던은 나중에 오겠다고 했지만 에디는 잠깐 기다리라고 했다. 올던의 설명에 따르면, 그날 오간 대화에는 한 마디 한 마디에 숨은 의미가 담겨 있었다.올던이 의원에게 특허 연장을 논의하러 이 자리에 왔고, "우리가 대화하면서 하는 말은 무엇이든 비밀에 부치겠다."라고 하자 에디가 말을 가로막고 그래 봤자 소용없다고말했다. "위원회는 이미 판단을 굳혔고, 위원들의 의견을 바꿀 도리가 없어 보인다."라는 것이었다. 나중에 콜트에게 설명한 것처럼, 올던은 이에 대해 다음과 같이 대꾸했다. "유리한 보고서를 얻어 낼 방법이 있다면 알고 싶군요."

"대령님, 알고 보니 그 의원은 아주 신중하더군요." 올던의 설명이다. "먼저 제안을 해 달라고 할 기회를 주려고 하지 않았습니다. 제가 먼저 나서기에는 워낙 민감한 문제라 대령님 대신 제가 나서서 제안할 수 없었습니다." 올던이 상황을 감지한 것처럼, 에디 의원은 콜트와 새로 거래해서 어쨌든 연장에 유리한 쪽으로 보고서를 변경하면 "다른 당사자들이 자기 정체를 폭로할까 봐" 걱정했다.

입법부가 그렇게 머뭇거리자 격분한 콜트는 다시 행정부로 관심을 돌렸다. 전쟁장관 존 B. 플로이드가 주요 공략 대상이었다. 뷰캐넌 대통령 밑에서 장관이 된 뒤로 플로이드는 버지니아 주지사 시절 확립된 명성, 특히 뇌물에 약한 사람이라는 명성에 걸맞게 살았다. 역사학자 제임스 맥퍼슨의 말을 빌리자면, 미국 역사상 가장 부패한 정부로 손꼽히는 뷰캐넌 행정부 안에서도 플로이드는 "뇌물 사냥꾼의 가장 주요한 표적이었다."

의회에 보증을 하는 것 외에 콜트가 플로이드에게 원한 것은 정부의 총기 주문이었다. 1858년 여름과 가을에 콜트가 플로이드를 비롯한 몇몇 인사에게 보낸 일련의 "개인적인 비밀" 편지를 보면 주문을 확보하기 위해 얼마나 노력했는지를 어렴풋이 알 수 있다. 이 편지들 가운데 일부는 읽은 뒤 찢어 버리라는 요청이 붙은 채 발송되었다. 다른 편지들은 딘 올던이 플로이드에게 직접 전달했다.

충실한 참모 딘 올던은 그해 가을 콜트의 지시를 이행하기 위해 분주하게 워싱턴을 드나들던 중에 다시 한번 사장 콜트를 위해 죽을 뻔했다. 그가 탄 열차가 볼티모어 근처에서 철로 위에 서 있던 말을 치면서 요란하게 탈선한 것이다. 한 사람이 사망하고 몇 사람이 중상을 입었다. 올던은 그날 밤 밑에 깔려 죽은 사람을 빼내느라 차량을 들어 올리는 작업을 도운 뒤 다음 열차를 기다렸다. 마침내 다음 날 정오에 워싱턴에 도착했는데, 가까스로 씻고 플로이드 장관이 도시를 떠나기 전에 잠깐 만나러 전쟁부로 서둘러 달려갔다.

뇌물 살포 계획에는 몇 가지 요소가 있었지만, 핵심은 콜트가 장관에게 수만 달러에 달하는 돈을 빌려주는 것이었다. 플로이드의 형제인 벤저민 R. 플로이드가 거래에 참여했고, R. W. 레이섬이라는 워싱턴의 정보원도 한몫을 했다. 레이섬은 콜트의 돈이 결국 플로이드의 주머니에 들어가게 하는 전달자 역할을 했다. 돈을 빌려주는 대가로 장관은 육군과 해군이 콜트 총기를 주문하게 만들기로 했다. 플로이드에게는 이런 주문을 뒷받침하는 구실이 필요했다. 처음에는 육군과 유타의 모르몬교도 사이에 잠시 충돌이 벌어지면서 총기를 주문할 근거가 생겼다. 미국이 모르몬교도와 전쟁을 벌이지 않을 것이라는 점이 분명해지자 레이섬은 콜트가 "필력을 발휘해서 '인디언 전쟁'을 이유로 제시하라."라고 제안했다. 콜트는 며칠 뒤 플로이드에게 바로 그런 내용의 편지를 보냈다.

1858년 가을에 이르러, 콜트는 대부금의 대가로 주문이 늘어나지 않은 데 대해 격분했다. 레이섬이 플로이드에게 추가 대출을 해 달라고 요청하러 왔을 때 콜트는 그를 몰아붙였다. 이미 너무 많이 돈을 빌려주었는데 자기가 노력한 데 비해 받은 건 턱없이 적다고 확신했기 때문이다. 레이섬은 콜트에게 1857년 3월 4일(뷰캐넌 대통령의 임기 시작일) 이래 그가 상당히 많은 지원을 받았다는 사실을 상기시켰다. "사장님은 18개월 동안 주문을 받았고, 이걸 다 합하면 31만 816.79달러에 달합니다. 까놓고 말해서 격렬하게 불만을 토로하는 게 과연 정당한가요?"

VI

그해 10월, 엘리자베스는 노스앤도버의 프로스트 교사 집에 있던 새미에게 때늦은 편지를 보냈다. 자주 편지를 보내지 않는다고 아이를 꾸짖으면서 자기는 병에 걸려서 편지를 늦게 보낸다는 내용이었다. 엘리자베스와 새미는 아이가 암스미어에 사는 동안 다정한 관계가 되었고, 이제 엘리자베스는 아이의 새엄마 노릇을 하는 게 마땅하다고 생각했다. 이후로 엘리자베스는 정기적으로 새미에게 편지를 쓰면서 열심히 공부하게 격려하고, 처신에 관해 조언하고, 새로운 소식과 옷가지와 돈을 보내준다.

엘리자베스가 새미에게 들려준 말에 따르면, 병이 나기 전에 그녀와 콜트는 스프링필드에서 열리는 마술馬術 쇼를 보러 온 손님 대여섯 명을 대접했다. 콜트의 말 중 하나인 모건종 암망아지 벨이 1등상을 받았고, 다른 말도 몇 마리 입상했다. 손님들은 이제 떠나고 집이 비지는 않았지만 그래도 조용해졌다. 최소한 하인 여섯 명에 콜트

아버지와 아들

의 조카딸(크리스의 딸인 이사벨라)이 같이 살고 있었다. "요즘은 모두 잘 지내고 날씨도 참 좋단다. 그래도 아침저녁으로는 조금 쌀쌀해서 겨울 생각이 나기는 해."

가벼운 소식과 학교 공부를 열심히 하라는 통상적인 훈계를 제외하면, 엘리자베스는 편지에서 장황하게 새미에게 줄리아한테 편지를 쓰라고 재촉했다. "줄리아는 네가 자기를 무시한다고 아주 걱정이 많아. 내가 볼 때 줄리아가 생각하는 것과 달리 너도 줄리아의 다정한 보살핌을 잊지 않았을 거야. 착한 새미야, 지금 당장 줄리아한테 편지를 쓰렴." 엘리자베스는 새미에게 자주 줄리아 얘기를 했는데, 줄리아와 남편의 관계에 관해 전혀 의심하지 않기로 마음을 먹은 것 같다. 심성이 착한 엘리자베스는 줄리아의 행복에 관심을 기울였다. "줄리아가 건강이 썩 좋지 않은가 봐. 네가 자꾸 무시하니까 건강이 더 안 좋아지는 거야."

1857년 봄에 폰 오펜 남작과 결혼한 이래 줄리아는 미국에 대한 향수병을 크게 앓았다. 줄리아는 콜트에게 보낸 편지에서 심정을 토로했다. "많은 여자들이 부러워하는 위치"에 있기는 해도 "예전 사람들을 보고 싶고, 영어를 듣고 싶고, 그리고 무엇보다도 사람들이 그리워요."

줄리아가 향수병에 걸린 건 어느 정도는 남편 집안 탓이었다. 두 사람이 결혼한 뒤로 부부를 퇴짜 놓았기 때문이다. 처음에 남작의 아버지는 아들한테 주는 돈이 줄리아한테 들어가면 안 된다고 고집했고, 지금은 무슨 일이 있어도 아들한테 돈을 주지 않겠다고 큰소리를 쳤다. 남작의 누이는 베를린의 한 연회에서 부부를 보고도 "남작을 못 본 체했다."

콜트는 부주의하게 줄리아와 남작의 불행을 부추긴 바 있었다. 젊은 부부를 돕기 위해 폰 오펜에게 벨기에의 대리인인 존 세인트힐 대신 일하라고 제안한 것이다. 폰 오펜은 곧바로 수락하면서 "온 힘을 다해 회사의 이익을 지키고 명예로운 남자로서 사장님의 신뢰에 보답하겠다."라고 약속했다. 그와 줄리아는 그 후 콜트가 다음 단계를 밟기를 기다렸다. "지금까지 우리한테 아무 기별도 없는데 무슨 일이 있는 겁니까?" 폰 오펜이 석 달을 기다린 끝에 6월 10일에 콜트에게 보낸 편지의 내용이다. "전에 제안하신 일자리를 주실 생각이 아니라면, 제가 여름 내내 여기서 기다리면서 빚더미에 올라앉기 전에 솔직하게 말해 주시는 게 신사로서 마땅한 일 아닌가요." 줄리아도 따로 편지를 보내서 돈을 좀 달라고 했다. 콜트는 마침내 7월 말이 다 되어 답장을 보내, 폰 오펜에게 1,000달러를 선금으로 주면서 지금 당장 리에주로 가서 일을 시작하라고 지시했다.

* * *

콜트가 줄리아와 폰 오펜에게 신속하게 답장을 하지 못한 것은 아마 몸이 아팠기 때문일 것이다. 1858년 봄에 건강이 좋지 않았고 여름에도 또 아팠다. 이제 1858년 가을에 최악의 발병이 찾아왔다. 스프링필드 마술 쇼가 끝난 뒤 10월 말의 일이었다.

통증에 시달리고 목발 없이는 걷지도 못했지만, 콜트는 그해 11월에 해군과 육군에서 더 많은 총기 주문을 확보하기 위해 워싱턴으로 갔다. 11월 12일 금요일 저녁, 하트퍼드에 콜트가 워싱턴에서 사망했다는 소문이 돌았다. 다음 날에는 《하트퍼드쿠란트》를 비롯한 뉴잉글랜드 지역의 몇몇 신문에 기사로 나기도 했다. 사실 콜트는 몸이 불편하고 기분이 가라앉기는 했어도 멀쩡하게 살아 있었다. 토요일에는 잠시 시간을 내서 루서 사전트에게 혹독한 편지를 썼다. 팔꿈치 염증 때문에 구부리지도 못해서 직접 쓰지는 않고 충성스럽게 곁을 지키던 딘 올던에게 받아쓰게 했다.

편지는 사전트를 비롯한 공장 사람들이 콜트의 주문을 제대로 실행하지 못했다고 비난하는 내용이었다. 그들은 여행에 앞서 필요한 서류를 준비하지도 않았고, 콜트가 워싱턴에서 요청한 다른 서류와 정보도 제때 보내지 않았다. 그 결과 "한 주 내내 시간을 허비하고 사업 목표도 완전히 날려 버렸네." 이후로는 "내가 편지를 보내는 즉시 지시를 실행해야" 한다고 말했다. "그렇게 하지 않으면 내 사업에 아주 심각한 문제가 생기고 소중한 시간을 허비하는 것임을 명심하게."

1주일을 허비했을지 몰라도 한 달을 날려 버린 것은 아니었다. 콜트가 그해 11월 하트퍼드로 돌아온 직후에 엘리자베스는 다시 "분만"을 시작해서 아기를 낳았다. 이번에도 아들이었다. "아주 예쁜 친구야. 예쁘장한 작은 머리가 갈색 곱슬머리로 덮여 있어." 엘리자베스가 새미에게 보낸 편지에서 한 말이다. "통통하고 건강해. 그냥 이따금 어여쁜 꼬맹이가 있다고 우리한테 알려 주고 싶을 때만 운단다."

아이가 태어난 다음 날은 추수감사절이었다. 콜트는 산 칠면조 50마리를 노동자들에게 내놓는 것으로 축하했고, 뒤이어 구식 칠면조 사냥터에서 직접 저녁거리를 총으로 잡을 수 있게 노동자들에게 총을 빌려주었다. 워싱턴에서는 많은 성취를 이루지 못했지만, 여러 사건들 때문에 조만간 거의 상상도 하기 어려운 보상을 받게 된다.

끝내고 싶지 않습니다

이름 모를 북군 병사.

I

전쟁이 닥쳐서 전쟁 말고는 모든 일이 중단되기 전에 콜트는 총과 아무 관계가 없는
여러 사업에 착수했다. 그는 이제 하트퍼드와 주변에 121헥타르에 육박하는 땅을 소
유했다. 사우스메도에 밭과 과수원이 있었고, 강 건너편 이스트하트퍼드에 40헥타르
정도 되는 목초지와 삼림지도 있었다. 그는 이 땅을 활용해서 수익을 낼 생각이었다.
딸기, 토마토, 오이, 그 밖에 각종 과일과 채소 등 온실에서 나는 수많은 작물을 팔았
다. 강 건너편 닭장에서 키우는 닭에 투자했고 연못에서 키우는 송어 양식에도 투자
했다. 담배도 재배해서 코네티컷에서 가장 품질이 좋다는 말을 들었다.

 가장 야심 찬 농사는 토양 유실을 막기 위해 수로 위에 심었던 고리버들에서 잔가
지를 50톤 정도 수확한 것이었다. 콜트는 마을 하나를 채울 만큼 많은 독일인 버드나
무 노동자를 들여와서 프로이센 시골에서 옮겨 온 것처럼 보이는 오두막을 여러 채

지었다. 맥주 홀과 커피 정원, 네덜란드 풍차까지 세운 이 진기한 마을에는 포츠담빌리지라는 이름이 붙었다. 이 노동자들은 고리버들 잔가지로 가구와 바구니를 만드는 공장을 세웠다. 한동안 콜트고리버들제조사는 뉴욕시 외곽에서 미국 최대의 고리버들 가구업체였다.

콜트는 하트퍼드의 땅을 경작하는 한편 멀리 떨어진 사업에도 투자했다. 그는 버지니아주 빅샌디강 변에 있는 웨인카운티(현재는 웨스트버지니아주)에 땅을 샀다. 셰일에서 석유를 추출하는 신기술을 활용해 볼 생각이었다. 텍사스주 라마시 주변에 개발하기 딱 좋은 5,600헥타르의 땅도 샀다. 가장 중요한 투자는 애리조나주 투산 남쪽으로 97킬로미터 떨어진 투백의 은광 지분을 사들인 것이었다. 1854년 개즈던 매입으로 멕시코로부터 병합한 곳이었다. 1만 달러는 현금, 1만 달러는 총으로 초기 투자금 2만 달러를 채운 콜트는 소노라탐사채굴사의 지분을 다수 확보한 뒤 직접 이사회의장을 맡았다. 언제나 기꺼이 나서는 딘 올던을 투백으로 보내 사업을 관리하게 했는데, 올던이 주로 한 일은 아파치 인디언이 방해가 되지 않게 물리치는 것이었다.

이 시기에 콜트가 잡다하게 일을 벌인 것은 자산을 다각화하려는 부자의 자연스러운 성향으로 설명할 수 있다. 특허 연장을 갱신받기 위한 싸움은 결코 포기하지 않았지만, 다른 이들도 이제 리볼버를 제작하고 있었다. 스미스앤드웨슨, 레밍턴, 스타암스사 같은 경쟁 업체들은 얕잡아 볼 상대가 아니었다. 또 다른 업체들은 콜트와는 완전히 다른 기술을 사용하는 속사총의 특허를 신청 중이었다. 뇌관, 화약, 총알을 하나로 결합한, 새롭게 개발된 금속 카트리지(탄알, 탄피, 장약, 뇌관을 하나로 결합한 현대식 총탄) 덕분에 가능해진 총기였다. 스펜서 연발총은 이 카트리지 일곱 개를 소총 개머리판 안에 넣는 탄창에 채울 수 있었다. 헨리는 총열 아래에 있는 관형 탄창에 무려 열여섯 발을 채웠다. 콜트의 연발 총기 독점은 이제 끝이 났고, 다른 분야로 부를 분산시키는 게 합리적이었다.

그런데 이런 사업 확장에는 다른 의도도 있었을까? 이런 모험적 사업들은 세상에 살상 도구 이상의 기여를 하고 싶다는 바람을 보여 주는 증거일까? 우리는 자연스럽게 이제 인생의 막바지로 다가가는 사람에게서 성찰과 회한의 징후를 찾으려고 한다. 콜트는 리볼버와 소총 대신 딸기와 고리버들, 석유와 은으로 관심을 돌린 걸까?

콜츠빌

아마 그렇지 않을 것이다. 그가 막바지에 여러 가지 일을 벌인 것은 스스로 억제할 수 없었기 때문이라고 보는 게 가장 타당하다. 보일러가 물을 증기로 바꾸는 기능을 하는 것처럼, (깨어 있는) 시간과 공간(부동산)을 이윤으로 바꾸는 게(그의 양키식 주문처럼 "일분일초를 개선하는 게") 콜트의 천성이었다. 집에서 공장까지 말을 타고 갈 때마다 양식장 연못에 잠시 멈춰서 송어 개체수를 어떻게 조정할지 궁리했고, 뒷마당을 가로질러 걸을 때마다 자연적으로 솟아나는 샘을 뚫거나 키 작은 배나무 1,000그루를 심을 때가 됐는지 가늠했다. 그는 술을 무척 좋아했고 이제는 아픈 나날이 많았지만, 신진대사 자체가 생산성에 맞춰진 사람이었다.

콜트가 벌인 다른 사업들은 대부분 돈을 벌기보다는 까먹었다. 총기를 잊어버리고 싶었다 하더라도 그럴 여력이 없었다. 그는 총 덕분에 부유해졌고, 어느 때보다도 지금 더 부자가 될 것이었다. 인생의 막바지에 그는 유별나게 축복과 저주를 받았다. 부자가 될수록 콜트의 병세는 점점 악화되었다.

II

1859년 1월 둘째 주, 하트퍼드에서 사상 유례가 없을 정도로 기온이 떨어졌다. 《하트퍼드쿠란트》에 따르면, 1월 11일 화요일 아침 기온은 영하 21도로 시작해서 최고 기온이 영하 6도였다. 강에 두껍게 얼음이 얼어서 수상 운송이 중단됐지만 사람들은 떼지어 스케이트를 탔다. 《하트퍼드쿠란트》는 "야간 스포츠를 즐기는 풍경"을 "정말 활기 넘치는 장관"이라고 소개했다.

그해 겨울에 가장 흥겨운 날은 다시 심한 한파가 몰아친 뒤인 2월 2일 수요일에 찾아왔다. 하트퍼드 사람 전부가 얼음판으로 나왔다. 일부 집계에 따르면 남녀노소, 계층과 인종을 망라하고 4,000~5,000명이 스케이트를 타러 나왔다. 콜트의 아머리밴드가 음악을 연주했고, 군복을 맞춰 입은 콜트의 연대도 딘 올던(애리조나로 출발하기 직전이었다)의 지휘 아래 행군 훈련을 하면서 제동 활강을 선보였다. 인근의 우드러프앤드비치주물공장은 몇 차례 대포를 발사해서 얼어붙은 공기를 갈랐고, 무모한 젊은이 몇 명은 말에 연결한 썰매를 타고 강 위를 내달리면서 군중 사이를 폭주했다. 오후에는 아머리밴드의 반주에 맞춰 스케이터들이 얼음 위에서 카드리유 춤을 추기 시작했다.

그로부터 며칠 뒤 엘리자베스는 새미에게 편지를 써서, 얼마 전에 "통통하게 큰 꼬마"가 집에서 유모와 하인들의 보살핌을 받으면서 쉬는 동안 부모님, 여동생과 썰매를 탔다고 했다. "지금 눈이 펑펑 내리니 조만간 다시 즐겁게 썰매를 탈 수 있을 거야." 엘리자베스는 새미에게 하트퍼드에 와서 눈을 즐기고 열일곱 번째 생일*을 축하하자고 권했다. "열심히 공부하겠다고 진지하게 약속만 해 주면" 되었다.

* * *

2월 말 새미가 암스미어를 찾아왔을 때 콜트는 워싱턴에 나가 있었다. 그는 2월 초부터 워싱턴에 머물렀기 때문에 하트퍼드의 겨울 놀이를 즐기지 못했다. 추운 날씨로 관절 상태가 나빠진 탓에 오히려 좋은 일이었다. 어쨌든 오락을 즐길 시간 자체가 없었다. "사랑하는 조카야, 정말 미안한데 집에서 너를 맞이할 여유가 없구나. 하지만 내 공장이나 그 주변에서 일하는 수많은 사람들과 그 가족을 먹여 살리기 위해 이끄는 사업을 하려면 이번만이 아니라 많은 즐거움을 포기해야 한다." 새미에게 보낸 편지가 전부 그렇듯, 여기서도 콜트는 고된 노동과 책임의 가치를 치켜세웠다. 소년을 대하는 그의 어조는 부드러워졌지만 거기 담긴 메시지는 더욱 거창해졌다.

내가 이 훌륭한 생산 계급 사람들에게 고용을 제공하는 의무를 게을리하면, 나처럼 스스로 일자리를 창출할 능력이 없는 사람들은 불가피하게 한동안 실업자가 되어 일상적인 즐거운 삶을 빼앗기고 나태해질 테고, 운이 좋지 않은 생산직들의 자부심과 질투심의 중심이 되기는커녕 키나 항로를 안내할 나침반 없이 바다를 떠도는 배 같은 신세가 될 게다.
네가 명심해야 할 건 우월한 사람이 지능이 낮은 사람을 통제해야 하고, 각각은 상호적 의무를 지고 당연히 자신의 지위를 지켜야 한다는 점이다.

---

* 존 C. 콜트 재판을 다룬 언론 보도에 따르면 캐럴라인 헨쇼는 1841년 11월이나 12월 초에 새미를 낳았는데, 어떤 이유에서인지 생일을 2월에 챙겼다.

사람마다 서로 상대적으로 해야 하는 역할이 있고 자신의 능력껏 최선을 다해 그 역할을 할 의무가 있다는 관념은 콜트의 독창적인 생각이 아니었다. 중세 봉건제부터 인도의 카스트 제도에 이르기까지 많은 사회는 인간 세계의 자연스러운 위계를 가정했다. 콜트의 견해는 귀족주의보다는 능력주의에 가까웠지만(그는 항상 새미에게 자기 자리를 노력해서 얻거나 적어도 준비를 해야 한다고 강조했다), 또한 자신이 열등하다고 여기는 사람들을 대단히 깔보는 듯한 시각이었다. 그리고 1859년의 맥락에서 당시 미국에서 가장 피할 수 없는 문제인 노예제에 대해 콜트가 어떤 견해를 갖고 있는지 의문이 제기된다.

콜트는 새미에게 보내는 편지에서 노예제를 언급하지 않지만, 그의 주장은 몇 년 뒤 남부연합 부통령이 되는 조지아의 알렉산더 H. 스티븐스가 펼친 노예제 옹호론과 무척 흡사하다. "인간들 사이에는 타고난 차이에 근거한 위계가 존재하며, 이 차이는 하느님이 정해 주신 것이다." 스티븐스를 비롯한 많은 남부 노예주들이 볼 때, "우월한 인종에 종속되는 것"은 흑인의 자연스러운 지위였다.

노예제와 인종에 관한 콜트의 견해를 판단하는 가장 좋은 방법은 남북전쟁 전에 그가 어떤 정치적 선택을 했는지를 살펴보는 것이다. 이 시기에 모든 미국인은 미국 역사에서 가장 거대한 도덕적, 물리적 충돌이 될 사태에 관해 어떤 식으로든 입장을 취해야 했다. 콜트가 택한 입장을 보면 필요한 모든 사실을 알 수 있다.

1859년이 시작되자 미국인의 절대 다수가 노예제에 대한 태도에 따라 정의되는 셋 중 하나의 정치적 진영에 속하게 되었다. 첫 번째 입장에는 사실상 남부 민주당의 천막 아래 노예를 소유한 남부 전체가 포함되었다. 남부 민주당원들은 노예제는 헌법과 도덕에 따라 허용되며, 드레드 스콧 판결의 결과로 미국 전체는 아니더라도 노예제의 존재와 서부 지역으로의 확대가 의문의 여지없이 정당해졌다고 확고하게 믿었다.

이와 정면으로 대립하는 두 번째 진영은 공화당원으로 이루어졌다. 캔자스유혈사태(포타와토미학살) 이후 옛 휘그당의 잔당을 중심으로 결성된 공화당은 드레드 스콧 판결의 내용과 관계없이 노예제를 억제해야 한다고 주장했다. 공화당원 전체가 이미 노예제가 존재하는 곳에서 그것을 폐지할 것을 주장하지는 않았지만, 폐지론자 진영이 당내에서 우세해지고 있었다. 정치적 경쟁자들은 공화당원들을 흑인 공화당원이라고 경멸적으로 지칭했다. 노예제 폐지론자와 아프리카계 미국인들이 동맹 세력이라고 여겼기 때문이다.

콜트는 양쪽을 절충하려고 노력하는 세 번째 진영에 속했다. 이른바 더글러스 민주당원이라고 불리는 북부 민주당원이 이 진영이었다. 결정적인 순간에 일리노이주 출신 상원의원 스티븐 A. 더글러스를 대통령 후보로 내세워 결집했기 때문에 붙은 이름이었다. 더글러스의 견해는 노예제가 존재하는 곳에서는 계속 내버려 두고 다른 준주로 노예제를 확대하는 것은 인민 주권에 따라 투표로 결정하자는 것이었다. 이 마지막 지점에서 더글러스는 현지 주민들이 원하든 원하지 않든 간에 '모든 곳에서' 노예제를 허용해야 한다고 주장하는 남부 민주당원과 입장이 달랐다. 더글러스 민주당원들에 대한 가장 너그러운 견해는 그들이 연방을 보전하고 내전을 피하기를 바라는 온건파였다는 것이다. 한편 그보다 냉소적인 견해는 그들이 자신들에게 이득이 되는 국가 경제에 혼란이 야기되는 것을 피하기 위해 어떤 도덕적 대가든 치르려고 했다는 것이다.

시간이 말해 주는 것처럼, 1859년에 이르면 그들의 입장을 지탱할 수 없었다. 1858년에 조만간 대통령 후보에 출마하는 공화당 정치인 두 명이 그 이유를 잘 보여 주었다. 우선 1858년 6월에 둘 중 무명에 가까운 에이브러햄 링컨이 스프링필드에 있는 일리노이주의회 회의실에서 일어나 스티븐 A. 더글러스의 대항마로 연방 상원 출마를 선언했다. "자체가 쪼개진 집은 버틸 수가 없습니다." 링컨이 청중에게 한 말이다. 갈라진 부분을 고치자는 말처럼 들렸지만 요점은 그게 아니었다. "반은 노예주고 반은 자유주인 상태로 영원히 이 정부가 지속될 수는 없습니다. …… 저는 이 집이 무너질 거라고 예상하지 않습니다. 그보다는 분열을 끝장낼 것이라고 생각합니다. 전부 이쪽이거나 전부 저쪽이 될 겁니다." 다시 말해 드레드 스콧 판결 직후에 미국은 노예 공화국이나 자유 공화국이 될 수 있지만, 둘 다 될 수는 없었다. 결단을 내려야 했다.

링컨의 연설이 있고 몇 달 뒤, 뉴욕주 출신 상원의원이자 1842년에 존 콜트의 사형을 감형할 것을 거부한 전 주지사 윌리엄 수어드는 뉴욕주 로체스터에서 연설을 하면서 이 문제를 한층 엄중하게 묘사했다. 그는 노예제 찬반 세력의 분열은 "억누를 길 없는 충돌"을 나타낸다고 선언했다. "저도 알고 여러분도 알다시피, 이제 혁명이 시작되고 있습니다. 저도 알고 전 세계가 알다시피, 혁명은 절대 뒤로 가는 법이 없습니다."

나중에 정치적인 이유 때문에 링컨과 수어드 모두 자신들의 견해에서 약간 물러났다. 하지만 1858년의 두 연설은 분명한 사실을 드러낸 동시에 이후 벌어지는 사태의 기반이 되었다.

* * *

1859년 가을에 벌어진 사태는 링컨과 수어드의 언어에 살과 피를 붙여 주었다. 10월 16일 밤, 노예제 폐지 선동가 존 브라운이 자식 셋, 아프리카계 미국인 다섯이 포함된 동료 스물한 명과 함께 버지니아주 하퍼스페리에 있는 연방조병창을 습격하는 대담하면서도 잘못 계획된 행동을 벌였다. 원래는 조병창에서 총기를 확보한 뒤 버지니아 시골로 이동해서 노예들에게 총기를 나눠 주고 대규모 반란을 선동해서 남부 전역을 휩쓸 계획이었다. 브라운의 동료들은 하퍼스페리에 도착하기도 전에 무장을 충분히 갖췄다. 몇 명은 콜트리볼버를 차고 있었다. 브라운의 개인 병기는 1857년 하트퍼드에서 구입한 콜트 총이었다.

브라운의 준비 태세는 전혀 충분하지 않았고, (가령 수십 명의 노예가 대열에 합류할 것이라는) 그의 예상도 전혀 실현되지 않았다. 습격 36시간 만에 브라운의 돌격대원 대다수가 로버트 E. 리가 지휘하는 부대에 살해되거나 체포되었다. 브라운 본인은 곧바로 반역죄로 재판에 회부되어 교수형을 선고받았다.

브라운의 습격에 다시 충격을 받은 미국은 양극화가 더욱 심해졌다. 남부가 히스테리를 보인 건 예측 가능한 결과였다. 거의 30년 전 냇 터너가 이끈 반란 이래 브라운의 전면적인 반란 구상은 모든 노예주의 악몽이었기 때문이다. 더욱 놀라운 것은 북부에서 나타난 반응이었다. 노예제 폐지론자를 포함한 많은 북부인들은 폭력적인 캔자스유혈사태를 거치면서도 평화주의적 견해를 견지했었다. 정치적, 도덕적 설득을 통해 노예제를 종식시킬 수 있다는 희망을 품고 있었기 때문이다. "브라운 노인"은 이런 환상에 종지부를 찍었다. 폭력을 매력적으로 보이게 하지는 않았지만, 불가피하고 정당화될 수 있는 것으로 만들었다. 노예제 폐지론자 윌리엄 로이드 개리슨은 처음에는 브라운이 폭력을 사용한 것을 비난했지만, 이후 생각을 바꿔서 그의 행동을 찬양했다. 1845년에 쓴 〈스프링필드 조병창The Arsenal at Springfield 〉에서 폭력에 대한 혐오를 표현했던 시인 헨리 워즈워스 롱펠로는 브라운의 습격에 대해 이렇게 썼다. "이날은 우리 역사에서 위대한 날이 되리라. 새로운 혁명의 개시일이."

콜트의 오랜 친구 리디아 마리아 차일드는 누구보다도 일대 도약을 이루었다. "오늘날과 같은 계몽된 시대에는 도덕적, 합리적 정신의 힘을 빌려 모든 전제정을 끝장내야" 한다고 차일드는 버지니아 주지사에게 보낸 편지에 썼다. "하지만 전제정이 이런 힘에 저항하면, 폭력으로 종식시켜야 한다는 것이 섭리의 명령입니다." 그녀는 한때 살상 무기의 가치를 놓고 콜트와 입씨름을 한 적이 있었다. 이제는 콜트의 주장이 옳다고 인정하는 것 같았다. 나중에 차일드는 노예제에 관해 이렇게 썼다. "지구 구석구석에서 저 가증스러운 제도를 쏴 죽이고 싶다. …… 지금부터 죽을 때까지 총을 장전하는 시간 말고는 내내 사격을 멈추지 않을 것이다."

* * *

존 브라운이 북부인들 사이에서 폭력을 바라보는 태도를 바꾸는 데 많은 공을 세웠다면, 샘 콜트도 조금이나마 공로가 있었다. 21세기의 몇몇 학자들은 콜트가 리볼버를 대단히 전문적으로 마케팅함으로써 미국인들을 총기 폭력에 둔감해지는 데 일조했다고 지적한 바 있다. 가령 1839년에 비해 1859년 미국에서 1인당 총기 숫자를 정확히 산정하기는 어렵지만(믿을 만한 통계가 존재하지 않는다), 총기와 총기에 의한 폭력행위 둘 다 뚜렷하게 증가한 것은 의문의 여지가 없다. 남북전쟁 이전 시기에 언제나 폭력이 극심했던 서부와 남부만이 아니라 북부에서도 총기가 많아졌다. 한 추산에 따르면 워싱턴에서는 의원의 3분의 1이 매일 무장한 채 의사당으로 갔는데, 그중 다수가 북부인이었다. 뉴욕시에서는 조지 템플턴 스트롱이 범죄 증가와 총기 소유 증대의 상관관계에 주목했다. "내 친구들 대부분은 리볼버에 투자를 하고 밤에 휴대를 하고 다닌다. 만약 내가 밤늦은 시간에 브로드웨이거리를 걸을 일이 많다면, 나도 비슷하게 대비를 해야 할 것 같다."

III

11월, W. S. 다우너라는 하퍼스페리의 직원이 콜트에게 편지를 보냈다. 다우너는 브라운의 습격 당시 얻은 "탈취품"에서 습격자 한 명이 남기고 간 콜트 권총의 총열을 발견했는데, 거기에 "뉴욕시 새뮤얼 콜트"라는 주소가 적혀 있었다. 이 총열에 맞는 개머리판과 본체, 발사 장치를 사려면 얼마나 드는지 묻는 편지였다. 콜트는 브라운의 습격 현장에서 수거한 총열과 다른 기념품을 보내 주면 그 대가로 완전 신품인 리볼버를 제공하겠다고 답장을 보냈다. 1주일 뒤 다우너는 브라운과 동료들이 남긴 품목이 담긴 상자를 보냈다. 화약통, 휴대용 잉크스탠드, 다우너가 참나무 조각에서 빼낸 브라운 총에서 발사된 총알 등이었다. 콜트가 이 유품을 손에 넣은 이후의 행방은 알지 못하지만, 그는 분명 이 물건들을 소중히 여겼다.

콜트에게 당장 현실적으로 가치가 있는 것은 브라운의 습격이 총기 판매에 미친 영향이었다. 버지니아주는 곧바로 콜트리볼버 네 상자를 주문했다. 브라운이 사형 당하기 전에 구출하려는 시도에 대비한 주문이었는데, 이는 시작에 불과했다. 남부는 하퍼스페리 사건 이후 총기를 확보하려고 혈안이 되었다. 남북전쟁이 시작되기 전에 미국에서 판매되는 총기의 3퍼센트만이 남부에서 제조된 사실을 감안하면, 남부인들은 총을 구하기 위해 북부로 가야 했다. 브라운의 습격 사건 이후 한 달 만에 버지니아 주지사 헨리 와이즈는 콜트와 접촉해서(또는 콜트가 와이즈에게 연락했을 수도 있다) 리치먼드에 무기 공장을 세울 것을 제안했다. 콜트는 참모인 윌리엄 하틀리를 리치먼드로 보내 주지사에게 "그의 설계를 실행하기 위해 전력을 다하겠다."라고 알렸다. 콜트는 또한 최남부에서 새롭게 부상하는 시장을 활용하기 위해 발빠르게 움직였다.

그가 남부 판매 책임을 맡긴 이는 에이머스 콜트라는 뉴욕 사람이었다. 에이머스는 먼 사촌으로 샘보다 두어 살 아래였다. 1860년에 에이머스와 친구가 된 한 영국 언론인은 그가 "마르고 예민하고 신경질적이고 날카롭고 강인한 얼굴에 콧수염과 매끄럽게 면도한 턱, 검은 곱슬머리"라고 묘사했다. 샘과 함께 일하기 시작했을 때 그는 콜트 샷건 역발 사고로 얼굴에 입은 부상에서 회복하는 중이었다.

샘이 에이머스를 채용하기 전에 그를 얼마나 잘 알았는지는 분명하지 않지만, 그렇게 민감한 업무를 완전히 믿고 맡길 만큼 충분히 알지는 못했던 게 확실하다. 1860년 1월에 콜트는 먼 사촌이 "남부 여러 주의 주지사, 정무 관리들과 이런 식의 업무를 하는 적임자가 아니"라고 걱정하면서 하틀리에게 편지를 보냈다. 하틀리는 워싱턴에서 답장을 보내 샘을 안심시켰다. "에이머스 콜트는 그 사람에게 필요한 모든 일을 할 만큼 충분히 능력이 있고 …… 상황 판단도 아주 빠릅니다." 하틀리는 에이머스가 콜트 총이 그의 얼굴에 뱉은 "침" 때문에 아직 괴로워한다고 언급했다. 누가 그를 탓할 수 있었을까? "얼굴에 작은 반점으로 가득한 문신이 생긴 건 고려해 줘야지요."

에이머스는 그해 1월 리치먼드로 갔고, 거기서 다시 여러 주를 이동하는 긴 여정에 나섰다. 노스캐롤라이나와 사우스캐롤라이나, 조지아, 앨라배마, 미시시피, 루이지애나를 거쳐 북쪽으로 아칸소, 테네시, 켄터키를 들렀고, 마지막으로 다시 노스캐롤라이나와 사우스캐롤라이나로 오면서 내내 콜트 총기를 홍보하고 경쟁자들을 깎아 내리기 위해 최선을 다했다. 샘에게 알린 것처럼, 그는 콜트의 경쟁자인 샤프스의 소총 회사가 노예제 폐지론자들과 한통속이 되었다는 이야기를 "조용하게" 퍼뜨렸다.

존 브라운의 습격 이후, 아무리 총을 팔러 왔다고 해도 양키가 남부를 활보하는 건 위험한 일이었다. 이 시기에 많은 북부인이 남부에서 강제로 쫓겨났다. 일부는 몸에 타르칠을 하고 깃털을 바르는 수모를 당했고, 많은 이들이 린치를 당했다. 에이머스는 최소한 한 번 찰스턴에서 표적이 되었다. 세인트 클레어 모건이라는 남부인이 그가 《뉴욕트리뷴》 통신원이라고 공개적으로 비난한 것이다. 호러스 그릴리가 펴내는 이 신문은 노예제 폐지론 성향이었다. 에이머스가 오해를 바로잡으려고 하자 모건은 장갑으로 그의 얼굴을 때렸다. 《시카고트리뷴》에 따르면, 그 순간 에이머스가 "더없이 적절하게 마구 때렸다." 이후 에이머스는 호텔 방에서 장전한 리볼버를 무릎에 올려놓은 채 모건과 친구들이 대응하기를 기다렸다. 모건은 다시 생각을 하더니 다른 곳에서 문제를 일으키려고 도시를 빠져나갔다.

에이머스가 명사수라는 사실은 판매 시도나 생존 가능성에 해가 되지 않았다. 1859년 봄, 그는 맨해튼 북부에 있는 집 근처에서 총기 시연을 하면서 연속으로 공중에 던지는 병 40개를 모조리 깨뜨렸다. 1860년 봄에는 뉴올리언스에서 루이지애나 명사수로 손꼽히는 버나드라는 남자와 사격 시합을 벌였다.

　　　　무기는 샷건이었고, 에이머스 콜트 씨는 자신의 회전식 샷건을 썼다. 두 사람은 먼
　　　저 공중에 던진 병을 총으로 쏜 뒤 당구공 두 개를 각각 오른쪽, 왼쪽으로 던지고 쏘
　　　았다. 콜트 씨는 공 두 개가 아래로 방향을 바꾸기도 전에 맞추는 신기를 선보였다.
　　　다음 묘기는 5센트 동전을 역시 공중에 던지고 맞추는 것이었다. 말할 나위도 없이
　　　콜트 씨는 상대를 물리치고 탁월하게 성공을 거두었다.

　에이머스는 판매 일을 잘했지만, 점차 남부연합의 미래를 어둡게 바라보게 되었다.
"매끼 돼지고기와 옥수수죽이 나옵니다." 1860년 3월 미시시피주 잭슨의 하숙집에
서 샘에게 쓴 편지의 일부다. "항상 돼지고기예요." 에이머스는 샘에게 남부 곳곳에서
놀라운 "군인 정신"이 울려 퍼진다고 알리면서 남부 남자 전체가 말타기 명수라고 언
급했다. "그 사람들은 너무 게을러서 걸어 다니지 않습니다. 이제 영국인들의 애국심
을 탓하고 싶지 않아요. 내 나라, 특히 이 남쪽 끝이 혐오스럽습니다."

IV

1860년 겨울, 콜트는 다시 몸이 안 좋아서 바깥출입을 하지 못했다. 그는 뉴욕 출신
동종요법 의사인 존 프랭클린 그레이 박사에게 치료를 받는 동시에 P. 파운드라는
"전기요법 및 동물 전기 전문가"에게 진통 치료를 받았다. 전기나 자기를 이용해서 질
병을 치료하는 전문가였다. 흔히 메스머리즘이라고 알려진 파운드의 치료법은 당시
한창 유행중이었는데, 그때도 유사과학이라는 의심을 받았다. 그레이와 파운드의 치
료는 아마 콜트에게 아무 도움도 되지 않았겠지만, 과학과는 거리가 먼 19세기의 전
통 의학도 쓸모없기는 마찬가지였다.
　"하필 이 시점에 집에 갇혀 있어야 하니 불운한 사람이구나." 그해 1월 콜트의 장인
인 윌리엄 자비스가 오하이오에 사는 조카에게 한 말이다. "주문량이 어마어마하고,
공장이 전속력으로 가동되고 있는데 말이다." 전쟁은 아직 16개월 뒤에나 발발하지

만 무기 공장은 남부의 수요를 채우기 위해 매일 수백 정의 총을 생산하고 있었다. 자비스는 콜트가 국내 주문량을 채우려고 유럽 무역을 위해 런던에 보냈던 총기 수천 정을 들여왔다고 조카에게 알렸다.

윌리엄 자비스는 오하이오의 조카에게 매주 편지를 보낼 때마다 사위 이야기를 했는데, 이 편지들을 보면 엘리자베스와 결혼한 시기의 콜트에 관한 핵심적인 세부 사항을 알 수 있다. 또한 자비스와 콜트 같은 북부 민주당원들의 정치적 견해도 엿볼 수 있다. 자비스의 이야기를 콜트가 한 말로 여기는 것은 부당한 일이지만, 두 사람은 정치적 입장이 매우 비슷했다. 자비스가 오하이오의 조카에게 "하트퍼드 사람들이 전부 노예제 폐지론자는 아니고, 선동자를 순교자나 성인으로 만들고 싶어 하지 않는 사람도 상당히 많다."라고 장담했을 때, 그는 분명 존 브라운을 저주하는 "상당히 많"은 이들 가운데 콜트도 포함시켰다. 한 편지에서 자비스는 콜트가 인쇄한 《노예제 폐지론의 장점에 관한 훌륭한 설교문》 다섯 부를 동봉했다. 비꼬기 위해 동봉한 것이었다. 그가 볼 때, "가련한 광신자들"에게 장점이란 없었고, 그가 보낸 설교문은 의심의 여지없이 노예제 폐지론에 반대하는 것이었다. 자비스는 조카에게 콜트가 설교문 1,000부를 배포하는 책임을 떠맡았다고 전했다.

콜트는 비록 자비스만큼 독설을 퍼붓지는 않았지만, 1860년의 많은 시간을 "흑인 공화당원들"을 물리치기 위해 전력을 다하며 보냈다. 가령 1월 11일, 그는 전 브리지포트 시장이자 코네티컷주 민주당 지도자인 필로 캘훈에게 편지를 보냈다. 캘훈은 코네티컷주 메리던에서 친남부 성향의 제조업자 모임을 대규모로 열 계획이었다. 남부 노예주들에게 코네티컷 제조업자들이 그들의 적이 아니라 우방이라고 안심시키기 위해서였다. "연방을 사랑하는 모든 사람이 볼 때, 북부의 광신적인 동포들이 남부의 친구와 형제들에게 가하는 나쁜 영향력을 누그러뜨리기 위해 최대한 지체 없이 가장 강력한 조치를 취해야 한다는 더없이 중요한 주장에 대해 당신 의견에 전적으로 동의합니다." 편지에서 콜트가 한 말이다. 하지만 확실하고 통렬하지 않은 제안을 내놓는 것은 무책임한 일이었다. "이제 의회가 나서서 북부에서 이 지긋지긋한 노예제 관련 선동을 종식시키는 법을 채택하는 것 말고는 그 어떤 조치도 현명한 남부 신사들의 마음에 최소한의 효과도 미치지 못합니다. 이런 목적을 이루기 위해서는 흑인

공화당원 악마들이 쫄쫄 굶도록 우리 고용주들이 나서야 합니다." 콜트가 늘어놓은 이런 말의 의미는 조만간 분명해진다.

＊ ＊ ＊

1860년 3월 5일 월요일, 에이브러햄 링컨이 하트퍼드에 왔다. 링컨이 쿠퍼유니언대학에서 유명한 선거 운동 개시 연설을 하고 정확히 1주일 뒤였는데, 5월 중순 시카고에서 열리는 공화당 전당대회를 앞두고 뉴잉글랜드 지역을 순회하는 중이었다. 링컨은 그날 저녁 하트퍼드 시청의 공화당 클럽 앞에 구름처럼 모인 군중을 앞에 두고 발언했다. 다음 날《하트퍼드쿠란트》는 독자들에게 소식을 전했다. "링컨 씨의 연설은 이제껏 들어 본 것 중에 가장 설득력 있고 분명한 내용이다. 그는 시종일관 청중의 판단력과 양심과 선의에 호소했다."《하트퍼드쿠란트》는 특히 링컨이 "모든 이를 온화하게 미소 짓게 만들기 위해" 진지한 연설에 간간이 유머를 집어넣는 것에 경탄했다.

하지만 콜트는 즐거워하는 청중이 아니었다. 링컨이 방문하고 며칠 뒤, 콜트는 공장에서 일하는 공화당원 노동자들에게 조치를 취하기 시작했다. 3월 15일까지 66명이 해고됐는데, 그중 56명이 공화당원이었다. 공화당원 노동자들이 미국적이지 않은 편견에 사로잡혀 있다고 비난하자, 콜트는《하트퍼드타임스》에 편지를 보내 자신은 정치적인 이유로 직원을 채용하거나 해고한 적이 없다고 주장했다. 단지 총기 수요가 저조해져서 직원들을 내보낸 것이라는 주장이었다. 하지만 사실 그는 일찍이 1월에 필로 캘훈에게 보낸 편지에서 권고한 바로 그 정책을 실행하고 있었다. "흑인 공화당원"들이 "쫄쫄" 굶게 만든 것이다.

V

날씨가 따뜻해지자 콜트의 건강 상태가 좋아졌다. 가족에게 새 식구가 생기면서 기운이 난 것인데, 2월 말에 태어난 딸은 어머니의 이름뿐만 아니라 짙은색 눈동자까지 물려받았다. 콜트의 첫 번째 전기를 쓴 헨리 바너드는 딸이 "사랑과 지성이 넘쳐나는, 여왕 같은 작은 몸체의 고결하고 아름다운 아이"라고 썼다. 콜트는 리지라는 애칭으로 불린 이 아이를 끔찍이 사랑했고 다른 사람들도 그러했다. 아이는 5월 13일에 토머스 시모어가 요르단강에서 직접 가져온 성수로 세례를 받았다.

이제 콜트에게는 갓 태어난 딸과 쑥쑥 크는 걸음마쟁이 아들 콜드웰(모두 콜리라고 불렀다)이 있었다. 한편 새미는 존 더들리 필브릭이라는 저명한 교육자 가족의 보스턴 집에서 살고 있었다. "아이가 빠르지는 않아도 꾸준히 좋아지고 있습니다." 필브릭이 그해 5월에 쓴 편지다. "1년 전에 비해 집에서 쾌활하게 지내고, 교사들도 좋게 평하고 있습니다."

봄이 되자 딘 올던에게서 편지가 속속 도착했다. 그는 콜트의 투백 투자를 양면적으로 평했다. 은광은 유망하지만 자본 부족에서부터 불규칙한 기계 인도에 이르기까지 여러 문제 때문에 작업이 곤란을 겪고 있었다. 가장 가까운 기차역이 텍사스주 텍사캐나에 있었는데, 거리가 1,600킬로미터가 넘었다. 그나마 가까운 교통편은 육로인 버터필드 역마차였는데, 위험한 경로에 있는 투산을 통과해서 샌프란시스코까지 갔다.

광산의 가장 큰 문젯거리는 아파치족이었다. 인디언들이 걸핏하면 산에서 내려와서 투백을 습격했다. 보통 밤에 몰래 시내에 들어와서 소와 노새, 말을 훔쳐서 도망쳤는데, 올던은 회사가 이미 4,000~5,000달러의 손해를 본 것으로 추산했다. "이 고장에는 아파치족이 우글우글합니다." 올던이 편지에 쓴 말이다. "우리 벌목꾼 두 명을 죽이고 회사 소유 소 서른 마리를 쫓아 버린 게 불과 며칠 전입니다. 벌목꾼 시체는 말 그대로 화살로 뒤덮여 있었고 머리가 몸에서 거의 떨어져 나갔습니다. 벌목꾼들이 쓰던 도끼로 자른 겁니다."

지역 백인들도 인디언 못지않게 무서운 존재였다. 힐라강 남쪽 국경 지방에는 어디서도 환영받지 못하는 무법자들이 모여들었다. 이 가운데는 샌프란시스코 단속자 성원들도 있었다. 1846년에 조너선 드레이크 스티븐슨과 서부로 간 뉴욕 출신들이었다. 샌프란시스코도 마음에 들지 않았던 그들은 결국 당대의 한 작가가 말한 이 "악마들의 낙원"에 도달했다. 걸핏하면 결투가 벌어졌다. 한번은 1859년 메실라읍에서 M. A. 오테로와 와츠 판사가 결투를 벌였다. 지역 신문의 설명에 따르면, 두 사람은 콜트리볼버를 가지고 열다섯 걸음을 걷고서 서로 총을 쏘아 댔다. "두 번째 총성이 울린

콜츠빌

뒤 오테로 씨가 담배에 불을 붙여 맛 좋게 한 모금 빠는 동안 와츠 판사는 흥겹게 휘파람을 불었다."라고 《애리조니언》은 보도했다. 곧이어 두 사람은 다시 총질을 했다. 둘 다 죽지는 않았지만 다른 많은 이들은 결투로 목숨을 잃었다. 보도에 따르면, 1860년에 투산의 묘지에 백인 남자 47명의 유해가 묻혔는데, 그중 두 명만이 자연적 원인으로 사망했다.

이 모든 상황 때문에 애리조나는 은을 채굴하기에는 위험하지만 리볼버를 팔기에는 좋은 곳이었다. "가끔 신문에 샤프('샤프스'의 오기. ─ 옮긴이)와 번사이드 라이플과 카빈을 칭찬하는 기사나 이 총들로 회색곰과 인디언, 멕시코인 등을 잡았다는 이야기가 나오더군." 그러면서 콜트는 올던에게 이런 상황을 시정하라고 촉구했다. "콜트의 회전식 라이플이나 카빈, 샷건, 권총을 사용한 좋은 이야깃거리를 《애리조니언》에 실을 수 있으면 절대 기회를 놓치지 말고, 이런 기사가 신문에 실리면 항상 100부를 구입해서 보내 주게."

* * *

콜트는 소노라탐사채굴회사에서 손을 떼기로 결정했다. 1860년 봄 주식을 팔고 올던을 하트퍼드로 불러들였다. 올던 입장에서 보면 이 모험사업에서 제때에 철수한 셈이었다.

콜트는 투백의 은에서 전혀 수익을 거두지 못했지만 잘 써먹기는 했다. 그해 봄에 새로운 표준형 리볼버인 1860년형 아미를 내놓았는데, 홍보 책자의 설명에 따르면 "은을 첨가한 탄성 강철"로 만든 것이었다. 엘리샤 루트의 감독 아래 콜트 공장에서 만들어진 이 강철은 아마 강도를 높이고 무게를 줄이기 위해 은을 소량 첨가한 합금이었을 것이다. "이 강철은 깨지기 쉬운 성질 없이 가장 정련도가 높은 날붙이류 강철의 특성은 모두 갖고 있다."라고 《하트퍼드타임스》는 보도했다. "수압 시험과 밀봉한 관에 넣고 화약을 폭발시키는 시험을 거친 결과, 이제까지 만들어진 최고의 주강보다 최소한 세 배 강하고 튼튼하다는 것이 입증되었다." 홍보에 약간 도움이 된 것 말고 은을 조금 섞었다고 총기용 금속의 질이 크게 좋아졌을 리는 없지만, 콜트가 강도를 포기하지 않은 채 더 가벼운 총을 만든 것은 분명하다. 구형 휴대용 권총은 4.2파운드

(약 1.9킬로그램)였지만 신형 권총은 3파운드(약 1.36킬로그램)가 되지 않았다.

1860년형 아미는 1851년형 네이비와 나란히 이후 오랫동안 미국 서부에서 가장 인기 있는 총으로 손꼽히게 된다. 신형 총기의 .44구경 8인치(약 20센티미터) 총열은 이전의 7.5인치(약 19센티미터) 총열에 비해 정확도는 높지만 관통력은 뒤지지 않았다. 이 총은 실린더가 더 크고 반동도 컸기 때문에 콜트는 단단히 잡을 수 있도록 손잡이를 약간 길게 만들었다.

5월 19일, 육군 장교 네 명으로 구성된 위원회가 워싱턴에 모여 신형 콜트를 구형과 비교했다. 위원들은 깊은 인상을 받았다. "기병대용 무기로서 콜트리볼버가 가진 우수성이 마침내 확인되었다."라고 위원회는 보고했다. 두어 가지 사소한 수정만 거치면 신형 총기가 "역사상 가장 우월한 기병대 무기가 될 것"이라고 판단한 위원회는 "이 신형을 채택해서 기병대 전체에 지급할 것을 권고"했다.

* * *

뉴잉글랜드 순회 선거 운동을 벌이던 스티븐 더글러스는 1860년 7월 16일 월요일에 하트퍼드를 통과했다. 민주당 대통령 후보 둘 중 하나로 출마한 상태였다. 최남부의 이른바 "파이어이터들fire-eaters(남북전쟁 이전에 노예제를 옹호하며 연방 탈퇴를 주장한 남부 민주당원 그룹. 입에서 불을 뿜듯이 맹렬하게 연설한다고 북부인들이 조롱조로 붙인 별명이다. - 옮긴이)"은 독자 후보로 켄터키주의 존 C. 브레킨리지를 지명했다. 민주당이 분열한 탓에 공화당 후보, 즉 5월 18일 당시 더글러스의 오랜 논쟁 적수인 에이브러햄 링컨의 승리가 확실해 보였다. 더글러스는 승리할 가능성이 희박했지만 그해 여름에 마치 미국의 미래가 선거 결과에 달려 있다는 듯이(물론 실제로도 그랬다) 열렬한 선거 운동을 벌였다.

콜트는 하트퍼드를 들르는 유세 중에 암스미어에서 머물라고 더글러스를 초대했지만, 후보는 메인스트리트에 있는 유나이티드스테이츠호텔에서 자는 쪽을 선택했다. 콜트의 친구인 리처드 허버드가 콜트 아머리밴드를 동반해서 환영위원회를 이끌고 더글러스가 탄 열차를 맞이하기 위해 역으로 나갔다. 콜트 자신은 나중에 호텔로 더글러스를 찾아갔다. 친구인 오거스터스 조지 해저드(자신의 이름을 딴 화약 회사 소유주)에게 쓴 편지에서 말한 것처럼, 콜트는 "우리 당이 현재 처한 불운한 곤경"을 잘 알았고, 또한 "작은 거인Little Giant" 더글러스를 확고하게 지지했다. "우리의 깃발을 더글러스와의 연합을 위한 돛대에 꽂고 영원히 휘날리게 만들 것에 동의하네."

우연의 일치로 딘 올던도 더글러스가 하트퍼드에 도착하는 그날 증기선을 타고 조용히 도시로 돌아왔다. 그는 제때 투백을 떠난 셈이었는데(1년 안에 아파치족이 광산에 있던 남자 대부분을 학살한다), 그리하여 콜트를 위해 일하다가 죽는 운명을 피한 듯 보였다. 하지만 불운하게도 그는 애리조나에서 고향으로 돌아오는 길에 황열병에 걸린 상태였다. 더글러스 부부가 밤을 보내고 있던 유나이티드스테이츠호텔에 숙박을 한 그는 바로 침대에 누웠다. 올던은 하트퍼드에서 인기가 많아서 여러 신문에서도 그의 병세를 걱정하며 언급했다. "하지만 우리는 날씨가 바뀌고 집에서 편하게 쉬면 금세 호전될 거라고 믿는다." 올던은 한 달 뒤인 8월 중순 사망했다.

* * *

콜트는 올던의 장례식을 치르고 이틀 뒤에 가족과 합류하러 하트퍼드를 떠났다. 엘리자베스와 아이들은 코네티컷 바닷가에 있는 올드세이브룩시에서 여름을 보내고 있었다. 8월 20일, 가족은 콜트가 승무원을 포함해서 전세 낸 소형 선측 외륜 기선에 올라타 뉴잉글랜드 해안을 도는 유람에 나섰다. 올던이 죽고 자신도 건강이 쇠하고 있었지만, 1860년 여름의 마지막 몇 주가 콜트의 인생에서 가장 멋진 시기였다. 기선에는 자비스 가족을 비롯한 친구들과 가족이 타고 있었다. 콜트는 또한 유흥을 위해 아머리밴드 20여 명과 많은 하인도 데려가 모두 합쳐 승객이 50명이 넘었다. 고기잡이용 소형 요트가 뒤에서 기선을 따라갔다.

그들은 올드세이브룩에서 해안을 따라 올라가면서 낮에는 물고기를 잡고 밤에는 정박했다. 저녁마다 새로운 항구(뉴런던, 뉴포트, 뉴베드퍼드)에 들어갈 때 선상에서는 밴드가 연주를 하고 배 위 하늘에서는 불꽃이 터졌다. 어느 날 저녁에는 마서스비니어드섬에 있는 에드거타운으로 향하던 중에 웨슬리언그로브에서 열린 감리교 부흥회를 방문해서 소동을 일으켰다. 한 신문사 통신원은 에드거타운발 속보에서 "콜트의 아기들과 하인들이 일행 중에 있고 특별한 친구 한두 명도 있다."라고 전했다. "다들 즐거운 시간을 보내고 있고, 대령의 아리따운 아이들은 바닷물을 즐기는 것 같다."

* * *

하트퍼드로 돌아오고 6주 뒤, 콜트의 딸인 리지가 병에 걸렸다. "불과 1주일 만에 어여쁜 아기가 가을의 찬바람에 노출된 박람회 꽃처럼 빛이 바래는 걸 지켜보았다." 엘리자베스가 보스턴에 있는 새미에게 보낸 편지의 일부다. "그러고는 부드러운 두 눈이 영원히 감겼다." 10월 17일 8개월의 나이로 아기는 숨을 거두었다.

아이의 죽음에 샘이 엘리자베스보다 더 낙담했다. 엘리자베스는 언제나 남편을 힘이 되는 사람으로 여겼지만, 이제 그는 슬픔과 병 때문에 완전히 무너져 내렸다. "네 삼촌은 꼬맹이를 너무도 사랑했는데, 몸도 좋지 않은 상황에서 아이가 죽으면서 자기 몸을 전혀 가누지 못하게 됐단다." 엘리자베스가 나중에 새미에게 한 말이다.

리지는 뚜껑이 열린 관에 누웠고 장례식은 연기되었다. 분명 콜트가 평정심을 되찾을 때까지 시간을 주려는 것이었다. 하지만 연기된 장례식 날에도 콜트는 침대에서 일어나지 못했다. 사람들이 꽃으로 덮인 아이의 주검을 콜트 옆에 데려가서 마지막 인사를 하게 했다.

콜트는 창문으로 장례식을 지켜보았다. 집 뒤편 남쪽에서 간소하게 치른 장례식이었다. 딸이 오빠 옆에 땅에 묻히는 순간 뉘엿뉘엿 해가 졌다. 엘리자베스가 딸을 묻고 집에 돌아와 보니 방에 있던 샘은 리지의 초상화를 무릎에 올려놓고 "좀처럼 볼 수 없는 슬픔에 젖어 몸부림치고 있었다." 그는 자기가 죽으면 딸애와 똑같이 장례를 치러 달라고 했다. 친한 사람 몇 명만 모여서 치러 달라는 뜻이었다. 엘리자베스는 남편을 진정시키려고 시집을 건넸다. 하지만 엘리자베스가 나중에 토로한 것처럼, 시는 도움이 되지 않았다.

콜트는 한 달간 집을 나서지 않았다. 밤에는 엘리자베스나 처제 헤티가 간호를 했는데, 엘리자베스의 회고에 따르면 "몹시 고통스럽고 극심한" 통증에 시달렸다. 보스턴의 신문들은 콜트가 "복부에 통풍"을 앓고 있으며 사망할 것으로 예상된다고 보도했다. 그의 마지막을 돌보기 위해 의사 아홉 명이 암스미어로 달려갔다는 잘못된 이야기도 돌았다. 그가 죽었다는 소문이 거듭해서 도시를 휩쓸었다. "하트퍼드에서는 그의 영향력과 중요성이 너무도 커서 그가 회복되기를 바라는 염려와 기대가 큰 게 전혀 이상하지 않다."라고 윌리엄 자비스는 말했다.

콜트는 11월 6일 에이브러햄 링컨이 미합중국 16대 대통령으로 당선된 화요일에도 여전히 침대에 누워 있었다.

VI

1860년 11월 링컨이 당선되고 1861년 3월에 취임하기까지 몇 달은 불안한 시기였다. 오히려 아무 일도 벌어지지 않아서 불안할 정도였다. 대다수 지역에서 아무것도 바뀌지 않은 듯 삶이 이어졌고, 북부와 남부의 선량한 사람들은 다가오는 전쟁을 막기 위해 애를 썼다. 에이브러햄 링컨은 이미 노예제가 존재하는 곳에서는 그 문제에 간섭할 생각이 없다고 안심시키면서 남부인들을 달래려고 노력했다. "억누를 길 없는 충돌"이라는 표현으로 북부와 남부 모두에 슬로건을 던져 준 윌리엄 수어드는 뉴멕시코를 노예주로 만들자는 중재안을 내놓았다. 몇몇 용감한 남부인은 연방 탈퇴는 자살 행위나 마찬가지라고 소리 높여 경고했다. 타협을 피하기 위해 온갖 시도를 하면서 갈등을 초래하는 데 크게 기여한 스티븐 더글러스도 이제 연방 탈퇴에 다급하게 반대하면서 남부 친구들에게 링컨의 승리를 받아들이라고 호소했다. (1861년 6월 죽기 직전에 그는 자신의 숙적에 대해 이렇게 말했다. "나는 그 사람 편이다.") 하지만 어떤 호소도 남부 사람들의 귀에 들어가지 않았다. 남부인들은 링컨의 당선을 사실상의 선전포고로 간주했다.

존 브라운의 습격 사건 이후 남부에서 총기 수요가 늘어났는데, 이제는 거의 기하급수적으로 증가했다. 전쟁이 시작될 무렵 미국에서 가장 무장이 잘된 부대는 남부 각 주의 민병대였다. 1859년 말 이래 총기를 비축해 두었기 때문이다. 아이러니하게도 남부는 조만간 자신들이 탈퇴하는 바로 그 연방 정부로부터 무장을 갖추는 데 도움을 받았다. 뷰캐넌 행정부는 남부에 동조해서 남부의 관리들을 다수 끌어들였다. 그중에서도 콜트의 친구인 전쟁장관 존 B. 플로이드가 미래의 남부연합에 가장 도움이 되었다. 정부 무기를 어떻게 배분할지를 결정하는 재량권이 플로이드에게 있었기 때문이다. 1808년 민병대법에 따라 주 민병대를 무장시킨다는 구실 아래 그는 재임 마지막 해 동안 남부 각 주로 총기와 대포를 운송하느라 여념이 없었다. 그는 1860년 12월에 부패 혐의로 사임하는데, 그 직전까지도 피츠버그에서 미시시피와 텍사스로 대포 125문을 운송하려고 했다. 나중에 플로이드는 남부연합군 장군으로 복무한다.

주 민병대들이 연방 정부 총기를 비축해 두었는데도 남부인들은 민간 무기 공장, 특히 콜트의 공장에서 계속 총포를 조달했다. 1860년 콜트는 앨라배마와 버지니아, 조지아, 미시시피에만 6만 1000달러 상당의 총기를 팔았다. 이 수치에는 남북 캐롤라이나와 루이지애나, 텍사스에 판 총기는 포함되지 않는다. 콜트는 더글러스가 링컨에게 패하자 진심으로 실망했겠지만, 링컨의 승리는 그가 애리조나에서 채굴하기를 기대했던 은보다도 더욱 값진 밝은 희망을 선사했다. 전쟁 공포 때문에 북부 각지에 금융 재난이 벌어지고 있었지만 콜츠빌은 이런 재난과 무관했다. 윌리엄 자비스가 1860년 말에 조카에게 말한 것처럼, "총기 제조업을 제외하고 모든 종류의 사업이 거의 중단됐다."

콜트는 1860년 말에 병이 심해졌는데도 매일 관리자들 얼굴을 봐야 한다고 고집을 부렸다. 루트, 사전트 등의 관리자들은 공장에서 저택까지 마차 길을 따라 와서 진행 사항을 보고했다. "그 친구는 하루하루 방대한 사업의 모든 세부 사항을 다 알 거야." 자비스가 한 말이다. "그리고 사소한 문제까지 일일이 지시하지." 11월 15일, 콜트는 마차에 올랐다. 한 달 전 리지가 세상을 떠난 이래 처음 집 밖으로 나서는 길이었다. 하지만 여전히 몸이 아파서 이내 다시 침대에 누웠다. "대령은 빠르게 건강이 회복되지 않는군. 몸이 약한데도 머리를 너무 많이 써서 그런 걸 거야." 역시 자비스의 말이다. 마침내 12월 19일 자비스는 좋은 소식을 전하기 위해 펜을 들었다. "대령의 몸 상태가 좋아져서 기쁘군."

다음 날, 사우스캐롤라이나가 첫 번째로 연방에서 탈퇴했다.

* * *

1861년 1월에 다섯 개 주가 사우스캐롤라이나에 합류했다. 여섯 번째 주인 텍사스는 2월 2일 연방을 탈퇴하겠다고 선언했다. 여섯 개 주의 대표들이 아메리카연합국 정부를 창설하기 위해 앨라배마주 몽고메리에 모였다.

그해 겨울과 봄 내내 남부 각지에서 콜트의 공장으로 주문이 쇄도했다. 조지아주 매리에타, 앨라배마주 모빌, 켄터키주 렉싱턴, 버지니아주 샬러츠빌에서 주문이 들어왔고, 노스캐롤라이나주 롤리에서는 주지사 존 W. 엘리스가 직접 주문했다. "압수당하는 일이 없도록 상자에 잘 포장하고 상자에 내 이름을 쓰지 마시오."라고 엘리스 주지사는 콜트에게 요청했다. 남부로 가는 총기는 모두 결국 북부를 겨누게 될 것이었기 때문에 연방 정부와 북부 각 주의 지방 관리들이 이미 남부로 향하는 운송을 엄중하게 단속하기 시작한 상태였다. "압수당하는 경우에는 바로 내게 알려 주면 내가 보복하리다."

제임스 유얼 브라운 스튜어트, 일명 젭이라는 육군 중위이자 미래의 남부연합군 영웅 겸 순교자에게서 편지 한 통이 왔다. 서부에서 하니 장군 밑에서 인디언과 싸우면서 콜트의 총기를 알게 된 사람이었다. 이제 세인트루이스에서 편지를 쓰는 스튜어트는 "권총 한 정(육군 총탄을 쓰는 최신 네이비 사이즈)"과 부착물과 탄약통을 보내 달라고 했다. "노상에서 폭도의 수색에 걸리지 않도록 상자에 잘 포장해 주시면 감사하겠습니다."

콜트의 오랜 친구인 텍사스 순찰대원 벤 매컬러는 자그마치 아미 권총 2,000정을 당장 보내 달라고 요청하는 편지를 썼다. 세상의 이목을 의식했던지, 그는 "인디언을 상대로" 사용할 권총이라고 주장했다. 하지만 청구서는 아메리카연합국 앞으로 보내라고 했다.

1861년 1월 16일 《뉴욕타임스》는 콜트의 이름을 밝히지 않으면서 그를 반역자라고 꼬집었다. 그러면서 남부인들이 "북부 사람들을 살상하기 위한 무기를 사려고 북부인들과 거래했다."라고 경고했다. 처음에는 총기 제조업자들이 북부와 전쟁을 벌이려는 남부의 의도를 진지하게 생각하지 않았을 수도 있다. "하지만 이 사람들의 명예를 생각할 때 유감스럽게도, 남부가 악독한 목적을 꾸미고 있음이 분명하게 드러난 뒤로도 그들은 이런 주문에 계속 응했다. 지금 이 순간 몇몇 유명한 무기 공장들이 남부 반역자들에게 반역 전쟁의 도구를 제공하기 위해 엄청난 압박을 받으며 가동되고 있음은 주지의 사실이다."

＊ ＊ ＊

1월 중순 어느 추운 날, 콜트는 암스미어 뒤편에 있는 따뜻한 온실에 산책을 나갔다. 이제 온실 길이는 800미터에 육박했다. 걸음을 걸으니 관절염 통증이 심해졌지만, 그래도 1월에는 몸이 나아져서 가족(엘리자베스, 헤티, 두 살짜리 콜리)과 뉴욕으로 쇼핑 여행을 갈 수 있었다. 일행은 브로드웨이와 브룸스트리트에 있는 세인트니컬러스에 묵었다. 애스터하우스를 제치고 뉴욕 최고급 호텔로 올라선 곳이었다. 1월 28일, 콜트는 머서스트리트에 있는 맨슨브러더스서점에 가서 "최고급 송아지 가죽" 장정으로 된 세 권짜리 앤드루 잭슨 전기를 15달러에 샀다.

가족은 2월 3일 하트퍼드로 돌아왔지만 그래도 아직 봄이 오려면 시간이 있어서 쿠바에 가서 겨울을 보낼 생각이었다. 뉴욕에서 콜트의 건강을 돌본 그레이 박사의 조언에 따라 서둘러 계획을 짠 게 분명했다. 콜트가 공장을 떠나기에는 바쁜 시기였지만, 차라리 누구나 예상하는 전쟁이 시작되기 전에 건강을 회복하고 기운을 차리는 편이 나았다.

1861년 2월 18일, 제퍼슨 데이비스가 아메리카연합국 초대 대통령으로 임명된 바로 그날 콜트 가족은 아바나에 도착했다. "오래 걸렸지만 즐거운 여행이었네." 콜트가 하트퍼드의 사무실에 보낸 편지다. "날씨가 따뜻한 곳에 온 뒤로 꾸준히 몸이 좋아지고 있어. 온도계가 70도(섭씨 약 21도) 이상이라 세 번째 당일치기로 놀았다네."

쿠바로 항해 여행을 간 것은 콜트의 병 때문이었다. 날씨가 바뀌면 건강에 좋을 것이라고 생각한 것이다. 하지만 그곳은 남북전쟁 직전에 방문하기에 인상적인 곳이었다. 미국 남부처럼 그 섬에서도 노예제가 견고하게 뿌리를 내리고 있었다. 전쟁 이후 남부 지도자 다수가 쿠바노호텔에서 전쟁의 상처를 달래기 위해 아바나로 도망치게 된다. 쿠바노는 콜트가 머문 곳이었는데, 가족은 아바나에 도착하자마자 곧바로 그곳으로 향했다.

휴식을 취하려고 쿠바로 간 것이었지만, 가족이 섬에 상륙하자마자 콜트는 공장에 편지를 보내기 시작했다. (어떻게 보면 1835년 이래 콜트가 목이 빠지도록 기다린) 전쟁이 눈앞에 있었고, 그는 만반의 준비를 원했다. "종류별로 5,000정에서 1만 정씩 여유가 있게 일손을 두 배로 늘려서 밤낮으로 공장을 돌려야 해. 돈을 놀리느니 총기를 쌓아

두는 편이 훨씬 낫지. 아무리 많이 준비해 두어도 다급할 때는 모자랄 거야."

콜트는 마지막으로 덧붙였다. "물 들어올 때 노를 저어야지."

VII

에이브러햄 링컨은 의사당 지붕 위에 배치된 저격수들이 감시의 눈초리를 늦추지 않는 가운데 잿빛 하늘 아래서 취임식을 했다. 1861년 3월 4일이었다. 남부연합의 암살자들이 워싱턴을 활보하고 있다는 소문이 파다했다. "끝내고 싶지 않습니다." 연설 막바지가 다가오자 링컨이 말했다. 마치 한동안 더 연설을 하면 다가오는 사태를 연기시킬 수 있다는 듯이.

같은 날 조지아주 메이컨에 있는 하월 코브의 집에 소포가 하나 도착했다. 조지아 주지사 출신의 코브는 뷰캐넌 대통령 시절 재무장관을 지냈고, 2월 초 이래 앨라배마주 몽고메리에 있는 남부연합 임시의회 의장을 맡고 있었다. 코브의 아들은 아버지에게 보낸 편지에서 소포 안에 샘 콜트가 보내는 선물이 두 개 들어 있다고 말했다. "아버지 것은 고급 케이스에 든 대형 기병대용 권총(리볼버)입니다." 코브의 부인에게 보내는 나머지 하나는 멋진 상아 손잡이로 된 리볼버였다. "어머니 것은 책입니다. 뒤쪽에 보면 '헌법, 상위법, 억누를 길 없는 충돌 위의 콜트Colt on the Constitution, Higher Law & Irrepressible Conflict. 하월 코브 여사에게 지은이 드림'이라고 써 있어요."

콜트가 이런 선물을 보낸 것을 보면 그가 이렇게 늦은 시점까지 남부에 여전히 구애를 하고 있었음을 알 수 있다. 실제로 그는 남부연합 정부에 직접 갈 작정이었다.

아바나에서 콜트 가족은 내륙에 있는 마드루가의 유황천으로 갔다. 3월 셋째 주에 이르러 콜트는 몸이 한결 좋아졌다. 이제는 목발 없이 지팡이만 쥐고 걸을 수 있었다. "여기는 하루 집세가 80달러 약간 넘고 일일 기온이 80도(섭씨 약 27도)를 약간 넘는다네." 그가 하트퍼드의 관리자들에게 한 말이다. "아직도 플란넬 바지하고 제일 두꺼운 옷을 입는데, 매일 유황 목욕을 하면서 얇은 옷으로 갈아입을 준비를 하고 있지." 유일한 불만이라면 숙녀들과 콜리에게서 나왔는데, "이 나라에 우글거리는 해충이 너무 싫다."라는 것이었다.

콜트는 이따금 가죽 장정 책 모양으로 만든 케이스에 총을 담아 증정했다. 이 케이스(1861년 1월 1일자로 된, 헌법, 상위법, 억누를 길 없는 충돌 위의 콜트)는 남북전쟁이 발발하기 직전에 그가 남부연합 의장 하웰 코브의 부인에게 보낸 책의 복제품이다. 제목은 윌리엄 수어드가 1858년에 한 연설의 한 구절을 비튼 것이다(수어드는 노예제를 비판하는 이 연설에서 "헌법 위에 상위법이 존재한다."라고 주장했다. - 옮긴이).

"오늘 아침에는 목발 없이 250야드(약 230미터) 떨어진 목욕탕까지 걸어갈 수 있었네." 3월 23일에 한 말이다. 오후는 "이 나라에서 유명한 스포츠"인 닭싸움을 구경하면서 보냈다. 계속해서 콜트는 공장을 전속력으로 가동하라는 지시를 되풀이했다. "어두워져서 앞이 안 보이고 파리하고 모기가 징글맞게 달라붙으니 여기서 끝내야겠네."

* * *

가족은 1861년 3월 30일 토요일에 하트퍼드에 돌아왔다. 콜트는 건강이 좋아 보였다. 그주 일요일에 교회에 나갔고 월요일은 공장에서 보낸 후, 집에 돌아온 지 1주일도 되지 않아 다시 뉴욕으로 떠났다. 어떤 사업 때문에 갔는지는 분명하지 않지만, 뉴욕에 도착해서는 일이 진행되기를 기다리면서 준비를 갖춘 것으로 보인다. 4월 9일, 콜트는 조지아의 마크 쿠퍼라는 사람이 전달한 편지에 대해 답하는 내용의 편지를 본사에 보냈다. 쿠퍼는 콜트에게 조지아주에 공장을 세울 것을 촉구한 바 있었다. "남부를 먼저 들렀다가 하트퍼드에 돌아갈 것 같네." 콜트가 참모들에게 한 말은 조지아로 갈 생각이라는 뜻임이 분명했다. 본인의 건강과 나라의 상황을 감안할 때 그렇게 움직이기는 좀처럼 쉽지 않았지만, 콜트는 어떤 가능성도 배제하지 않았다.

사흘 뒤인 1861년 4월 12일, P. G. T. 보러가드 장군이 지휘하는 사우스캐롤라이나 포병대가 찰스턴항에 있는 섬터요새에 포격을 개시했다. 전쟁이 시작된 것이다. 이제 조지아로 갈 일은 없게 되었다.

"믿을 만한 소식통에 따르면 당신은 무기를 제조해서 남부로 보내고 있소이다." 4월 15일 콜트에게 날아온 편지의 서두다. 링컨 대통령이 반란이 일어났다고 선언하면서 연방 민병대원 7만 5000명에게 소집 명령을 내린 날이었다. "오늘부터 당신이 다시 남부로부터 주문을 받거나 물자를 추가로 보내면, 당신 공장을 깡그리 날려 버릴 거요. 반역자에게 걸맞은 인사를 보내며." 편지에는 매사추세츠주 스프링필드의 소인이 찍혀 있었고, 자경위원회를 자처하는 집단의 서명이 적혀 있었다.

이 편지에서 비난하는 것처럼 콜트는 반역자였을까? 남부에 무기를 판 것은 분명 기회주의적 행동이었지만, 남부와 거래를 하는 북부의 다른 수많은 제조업자들도 섬터요새 공격이 벌어지는 바로 그 순간까지 판매를 계속했다. 그들 모두 반역자였을까? 뉴욕시에는 남부와 거래를 계속하려는 상인들이 워낙 많아서 페르난도 우드 시장은 뉴욕을 "자유시"로 선언하고 연방 정부의 제한 조치를 어기는 것을 진지하게 고려할 정도였다.

남들과 다르게 콜트가 반역자라는 비난을 받고 유독 관심의 초점이 된 것은 그의 공격적 사업 방식과 엄청난 판매량, 그리고 그가 총기를 판매한다는 사실 때문이었다. 레밍턴 같은 일부 총기 제조업자들은 남부 주들이 처음으로 연방에서 탈퇴한 뒤 일찌감치 남부에 대한 무기 판매를 포기했다. 반면 콜트는 판매를 중단하지 않았다. 어쩌면 총기 제조업자가 전쟁에 사용하는 총을 판매한다고 비난하는 것은 우산 제조업자가 비 덕분에 돈을 번다고 비난하는 것만큼 공정하지 못한 공격일 것이다. 하지만 비는 도덕적 차원과 무관하지만 전쟁은 언제나 관련이 있다. 이번 전쟁은 특히 더 그랬다. 남부로 가는 콜트 총기는 외국의 적이 아니라 뉴잉글랜드 출신의 수많은 젊은이를 비롯한 미국인을 죽이는 데 사용될 것이었다.

콜트는 4월 초까지 총기 운송을 계속했다. 무려 4월 16일에 벤 매컬러는 뉴올리언스에서 콜트에게 편지를 보내 자신이 주문한 총이 도착했다고 알렸다. "이제 텍사스로 갑니다. 거기서 뵐 수 있으면 좋겠네요."

콜트는 4월 18일에야 남부와 거래를 중단한 것으로 보인다. 그날 아메리카연합국 해군부에서 하트퍼드로 편지가 한 통 도착했다. "해군부에 네이비리볼버 200정을 제공할 수 있습니까? 가능하다면 특송 편으로 바로 보내 주십시오." 기록을 보면, 그 후로는 남부연합이나 남부인들에게 총기를 판매하거나 판매 논의를 하지 않았다. 섬터요새 포격 1주일 뒤인 4월 19일, 《하트퍼드쿠란트》는 콜트가 남부에 총기를 판매하지 않겠다고 굳게 약속했다고 보도했다. 《시카고트리뷴》은 비꼬듯 갈채를 보내며 이 뉴스를 다뤘다. "최후의 순간에야 애국심을 보인 셈이다. 아예 안 하는 것보다는 늦더라도 하니 다행이다."

* * *

콜트는 4월 20일 토요일에도 여전히 뉴욕에 있었다. 그는 세인트니컬러스호텔 창가에서 섬터요새 공격 이후 며칠간 브로드웨이에 닥친 이례적인 변화를 목격할 수 있었다. 도시 전체가 행군과 동원을 하면서 링컨의 자원입대 호소에 부응하고 있었다. 원래 뉴욕은 북부 도시 가운데 남부연합에 가장 우호적인 곳이었지만, 이제 군중이 신문사 사무실과 공원에 모여 북부연방에 박수를 보내고 남부연합을 비난했다. 그날 세인트니컬러스에서 북쪽으로 두어 블록 떨어진 유니언스퀘어에서 열린 집회에는 10만 명이 운집한 것으로 추산되었다.

4월 22일 하트퍼드로 돌아온 콜트는 고향 도시가 전쟁에 사로잡힌 모습을 보았다. "도시 건물들마다 붉은색과 흰색, 파란색이 휘날리고 있다."라고 《하트퍼드쿠란트》는 보도했다. "어디서나 성조기가 눈에 들어온다. 모든 당파가 언제 어디서나 북부연방 모표를 붙이고 있다." 이미 각각 244명으로 이루어진 자원병 중대 세 개가 소집되어 뉴헤이븐에서 집결하기 위해 출발했고, 속속 더 많은 연대가 구성되고 있었다. 그날 저녁, 매사추세츠 남부에서 온 부대들이 시내를 통과해 기차역으로 행군하는 가운데 사람들이 치즈와 크래커를 들고 군인들을 환영하러 달려 나왔다. 매사추세츠 병사들은 볼티모어행 열차에 올라탔다(이 병사들이 볼티모어에 도착했을 때 연방 탈퇴에 찬성하는 메릴랜드주 폭도들이 습격해서, 남북전쟁에서 최초로 피를 흘린 북군 부대가 되었다).

버몬트주 세인트존스베리("지금 여기서 1개 중대를 모집하고 있는데 각 중대원에게 리볼버를 한 정씩 지급하고 싶습니다")에서부터 뉴햄프셔주 라코니아("이 동네 시민들이 여기 자원병들에게 지급할…… 아미형 콜트리볼버를 공급받을 수 있는지 알고 싶습니다")에 이르기까지 북부의 소읍과 도시로부터 주문이 쇄도했다. 매사추세츠주 피치버그에서 편지를 보낸 이는 "평범한 마무리 세공을 한 네이비리볼버 130정"을 얼마에 공급받을 수 있는지 문의했고, 일리노이주 섐페인의 사람은 "콜트 6인치 리볼버 12정을 특송 착불로" 보내 달라고 요청했다.

너나 할 것 없이 리볼버를 원하는 것 같았다. 정부가 장교와 기병대에 제한된 수량을 공급할 예정이었지만, 자원병들은 휴대용 무기로 리볼버를 원했다. 전장으로 나가는 길에 많은 젊은이들이 사진관에 들러서 옆구리나 가슴에 콜트리볼버를 차고 명함판 사진을 찍었다. 이 자원병들 대부분은 곧 정부 머스킷을 지급받고 대열을 이뤄 명령에 따라 사격을 하라는 말을 듣게 되고, 결국 리볼버를 사용하기에는 너무 먼 거리에서 상대를 죽이거나 상대에게 죽는다. 하지만 리볼버에는 상징적 의미가 있었다. 그것은 자위용 무기로서, 수십만 명의 젊은이를 썩은 고기로 만들어 버리는 전쟁에서 개인의 정체성을 표현하는 도구였다.

VIII

몇 달간 섬터요새의 양쪽 편에서 콜트의 개인적 자질이 좋든 나쁘든 간에 극명하게 두드러졌다. 전쟁이 벌어지기 전 몇 주 동안 평판이 좋지 않은 표리부동과 기회주의적 특성이 부각됐다면, 전쟁 이후 몇 주간은 그의 놀라운 추진력과 결단력이 두드러졌다. 4월 말 전에 콜트는 공장 규모를 두 배 늘리기로 결정했다. 콜트리볼버에 대한 수요만이 아니라 그가 전쟁부에서 기대했던 표준형 정부 머스킷 대량 주문을 수용하기 위한 조치였다. 콜트는 1861년에 무려 머스킷 10만 정을 생산할 수 있다고 워싱턴 당국을 안심시켰고, 그 후에는 무한정 만들어 낼 수 있다고 큰소리쳤다. 그해 4월에 많은 미국인은 전쟁이 유혈 사태 없이 금방 끝날 것이라고 생각했지만, 그렇게 순진하지 않았던 콜트는 철저하게 준비했다.

쿠바에서 받은 치료로 병세가 완화되긴 했지만, 이제 그 효력도 떨어져서 그해 봄에 다시 콜트의 건강이 급속도로 악화되었다. 그런데도 콜트는 모든 요구와 기회를 충족시키기 위해 전력을 다했다. "샘은 아직 조심하는 법을 배우지 못했고 앞으로도 절대 배우지 못할 거야." 콜트가 하루에 20시간 공장을 가동하라고 지시하던 4월에 윌리엄 자비스가 편지에서 한 말이다. "사업에 관심을 기울여야 한다고 생각하면 자기 건강과 안위가 어떻게 되든 상관없이 무조건 몰두하지." 전쟁에 관해서 자비스는 이렇게 말했다. "전쟁이 일어난 건 유감이다. 그 친구는 지금도 남들보다 열 배나 많이 일을 하는데, 더 일이 많아질 테니 말이야. 하지만 생명의 숨길이 남아 있는 한 샘은 전력을 다해 일할 게다."

콜트가 처음으로 납품한 정부 주문은 최대한 빨리 리볼버를 보내 달라고 한 전쟁부의 요청이었다. 1년이 훌쩍 넘게 차근차근 무장을 갖춘 남부연합과 달리, 연방 정부는 전쟁 대비를 거의 하지 못한 탓에 우왕좌왕했다. 전쟁 초기에 아직 자체 방어를 위한 부대도 모으지 못한 상황에서 가장 취약한 곳은 국가 수도였다. 남부연합이 당장 워싱턴을 공격할 것이라는 소문이 북부 언론을 휩쓸었다. 버지니아에서 5,000명 규모의 군대가 공격을 준비하고 있다는 말이 돌았다. 지휘관은 다름 아닌 벤 매컬러였는데, 불과 몇 주 전에 콜트에게서 총을 산 텍사스 순찰대원이었다. 하지만 북부 신문들이 경고의 목소리를 높이던 바로 그 순간에 적어도 한 남부 신문은 매컬러가 현재 버지니아에 있지 않다고 보도했다. 그는 "국가에서 사용할 콜트리볼버 1,000정과 연발식 소총 1,000정을 구입하는 임무를 성공리에 마치고" 배편으로 뉴올리언스에 도착한 상태였다.

* * *

5월 26일 엘리자베스는 헨리에타 셀던 콜트, 일명 헤티라고 부르는 딸을 낳았다. 기쁜 순간이었지만 콜트는 가정생활에 충실할 시간이 없었다. 그는 공장과 인력을 빠르게 늘리는 것과 나란히 소규모 군대를 조직하고 있었다. 딘 올던이 이끌던 의식용 부대를 전투 부대로 바꾸는 것이었다. 콜트에게 5만 달러의 자금과 무기를 지원받은 연대는 수백 명을 100명 단위 중대로 조직했다. 콜트가 제조한 무기로 무장한 부대는 "위풍당당한 모습에 훈련과 장비도 훌륭하다."라고 윌리엄 자비스는 평했다. 연대 자원병 가운데는 이제 열아홉 살인 새미 콜트도 있었다. 보스턴에서 달려와서 합세한 것이다. 중위로 임관한 새미는 연대 신병을 모집하는 임무를 부여받았다. 에이머스 콜트도 소위 계급을 달고 합류했다. 5월과 6월 내내 연대는 초원에서 훈련을 하면서 공장 식당에서 밥을 먹고 공장 구내에 있는 병영에서 잠을 잤다.

6월에 엘리트 부대라는 연대의 겉모습을 유지하기 위해 콜트는 모든 신병에 대해 5피트 7인치(약 170센티미터)의 신장 요건을 두었다. 이는 현명하지 못한 처사였다. 키가 5피트 6인치 이하인 코네티컷의 모든 남자를 소외시켰기 때문이다. 주제넘게 으스대는 그의 태도는 공화당 주지사의 심기를 거슬렀고, 6월 셋째 주가 되자 주지사는 콜트의 사병 부대를 지원하는 데 관심이 잃었다. 주 당국은 콜트뿐만 아니라 부대의 모든 장교의 임관을 취소했다. 콜트로서는 오히려 다행스러운 일이었다. 건강이 계속 나빠져서 병사들을 이끌고 전쟁에 나갈 입장이 아니었기 때문이다.

윌리엄 자비스는 콜트의 엄청난 노동윤리에 계속해서 경탄을 금치 못했다. 보통은 사위의 습관이 건강을 생각할 때 "조심스럽지 못한" 것이라고 여겼지만, 또한 일하는 것은 콜트의 본질이나 마찬가지임을 깨달았다. 그는 인생의 대부분을 일에 바쳤고 앞으로도 전부 바칠 것이었다. "내가 아는 한 예외 없이 그 친구가 가장 열심히 일하는 사람일 거야." 자비스가 6월 19일에 한 말이다. "보통 대여섯 시에 일어나서 말을 타고 강을 건너 가서 그 옆쪽으로 정원과 농장, 벽돌 제조장을 돌아보지. 집에 와서 아침을 먹고 공장에 가서 대개 일고여덟 시까지 일을 해. 내가 볼 때 그 친구는 일 자체를 사랑하는 거야. 할 일이 많을수록 오히려 즐기고 건강과 정신 상태도 좋아지는 거 같아."

하지만 사실 그해 여름에 콜트는 건강이 계속 나빠졌다. 7월 중순, 콜트는 시원한 날씨와 효험이 있는 온천을 찾아 북쪽에 있는 캐나다의 세인트캐서린스로 갔다. 그곳에서 보낸 편지에서 콜트는 자신의 상태를 가볍게 여겼지만, 심각한 상태가 아니었더라면 하트퍼드를 떠나지 않았을 것이다.

1861년 7월 21일에도 콜트는 여전히 캐나다에 있었다. 그날 워싱턴에서 버지니아주 머내서스로 행군해 간 북부연방 병사 3만 5000명은 보러가드 장군이 지휘하는 남부연합의 2만 병력과 마주쳤다. 하루 동안 격렬한 전투가 벌어진 끝에 북군이 워싱턴으로 도망치고 남부는 승리를 선언했다. 북부에서 이름 붙인 제1차 불런전투는 그해 7월까지 대다수 북부인의 머릿속에 있던 인상, 즉 전쟁에서 신속하고 당당하게 승리할 것이라는 생각을 충격적으로 바로잡아 주었다.

* * *

그해 늦가을 어느 날 포르투갈 리스본에서 하트퍼드로 장문의 편지 한 통이 도착했다. "우리가 만난 지 오랜 세월이 지났지만 언제나 자네를 존경하고 존중하는 마음으로 기억하는 옛 친구를 잊지 않았으리라 믿네."《유나이티드스테이츠매거진앤드데모크래틱리뷰》의 전 편집인으로 1845년에 '명백한 운명'이란 말을 만들어 낸 주인공인 존 L. 오설리번이 보낸 편지였다. 콜트는 존 오설리번에게 커다란 빚을 졌다. '명백한 운명' 덕분에 콜트가 부자가 될 수 있었기 때문이다. 오설리번의 노골적인 언어는 또한 남북전쟁을 야기하는 데도 큰 기여를 했다. 남북이 갈라섰을 때 그가 수천 킬로미터 떨어진 곳에 머무르고 있었던 것은 참으로 아이러니하고 심지어 약간 부적절한 일이었다.

오설리번이 지금 콜트에게 연락을 한 것은 전쟁 때문이 아니었다. 영광스러운 나날을 누린 뒤로 그는 계속 불운을 겪었고, 이제 유럽에서 거의 무일푼 신세로 살고 있었다. 콜트의 호의와 재산에 좀 편승할 수 있으리라고 기대하면서 편지를 보낸 것이었다. "전반적인 불황이 한창인 가운데서도 자네가 운영하는 제조업의 특성상 적어도 시대의 고난은 겪지 않을 것"이라고 생각했기 때문이다.

그는 곧바로 본론을 꺼냈다. "자네가 위대한 발명과 오랜 기간의 인내로 얻은 엄청난 재산을 고상하고 가치 있게 쓴다고 알고 있네. 예술 작품도 후하게 값을 쳐준다지." 오설리번은 현재 미술품 감정인, 정확하게 말하자면 미술품 거래상으로 일하고 있었는데 콜트가 마음에 들어 할 만한 물건이 꽤 있었다. 편지에 동봉한 기다란 회화 목록에는 루벤스와 반다이크의 작품도 몇 점 있었다. "지금은 미국인이 그런 진품 컬렉션을 구할 수 있는 기회가 흔치 않지." 그는 콜트에게 가격 제안을 해 달라고 요청했다. "내가 요즘 돈이 궁해서 부당하게 높은 값을 부를 처지가 아니라는 말만 하겠네."

콜트가 오설리번에게 답장을 하거나 그림을 구입했음을 보여 주는 증거는 없다. 아마 이 편지가 콜트의 손에 들어갔더라도 그가 어떤 반응을 보이기에는 너무 늦었을 것이다.

IX

세인트캐서린스에서 집으로 돌아온 뒤 콜트의 건강이 좋아지는 징후가 보였다. 콜트는 여느 때처럼 열심히 일하면서 새로운 공장 건물을 열고 더 많은 노동자 주택을 짓는 데 온 힘을 쏟았다. 계속 비가 내리는데도 11월 말까지 두 사업을 마무리하는 게 목표였다. 이제 공장에서 일하는 인력이 1,500명으로 전쟁이 시작되던 시점보다 500명 많아졌고, 한 달에 드는 인건비만 8만 달러로 하트퍼드에서 비길 데가 없었다. 1861년 말 전에 공장은 최소한 7만 정의 리볼버를 생산하게 된다. 이듬해에는 11만 정 이상을 생산한다.

콜트는 마치 더 많은 일에 몰두할 필요라도 있는 듯 그해 가을에 암스미어를 확장하기 시작했다. 윌리엄 자비스는 "내가 볼 때는 이미 충분히 넓다."라고 생각했지만 콜트는 아랑곳하지 않았다. 최소한 이렇게 새로 일을 벌인 것을 볼 때, 콜트는 미래를 생각한 것 같다. 가족이 더 많아지고 자신도 앞으로도 몇 년간 건강하게 살 거라고 기대한 것이다. "그 몇 주는 정말 행복했다." 엘리자베스가 후에 추수감사절과 크리스마스 사이의 시기를 회고하면서 한 말이다. "아이들이 밝게 잘 자라서 세속적으로는 더는 바랄 게 없었다. 끔찍한 폭풍이 그렇게 갑자기 덮칠 거라고 누가 상상이나 할 수 있었을까?"

크리스마스에 콜트가 앓아누웠을 때 처음에는 비교적 가볍게 류머티즘이 발병한 것 같았다. 자비스는 집을 고치면서 뒤쪽 벽에 생긴 틈새로 집 안에 찬바람이 들어와서 그런 것이라고 보았다. 차고 습한 날씨이긴 했지만, 콜트는 몸이 좀 나아서 새해 첫날에 할아버지의 친구였던 노인을 집으로 맞았다. 이 손님과 옛날을 회상하면서 아이들을 자랑스럽게 내보일 때는 기운을 차린 것처럼 보였다. 하지만 그날 밤 거센 폭풍이 하트퍼드를 관통하면서 지붕과 간판이 날아가고, 군대 막사가 난장판이 되고, 창문이 덜컹거리고, 금간 곳마다 윙윙 소리가 났다.

1862년 처음 며칠간, 콜트는 몸이 좋아져서 이따금 아이들과 웃고 떠들며 놀았다. 1월 4일 토요일 아침에는 일어나서 일을 하려고 했지만, 엘리자베스가 산책을 갔다가 돌아와 보니 다시 침대에 누워 있었다. 불길하게도 오래전에 아버지가 준 성경을 뒤적거리고 있었다. 콜트는 평생 독실한 사람이 아니었고 시를 열심히 보지도 않았는데, 엘리자베스에 따르면 지난여름 세인트캐서린스에서 지낼 때 성경 책 안에 시를 한 편 붙여 놓았다. 영국의 사제인 제임스 오거스터스 페이지가 쓴 〈정말! 국교회를 떠나라고요!What! Leave My Chruch of England!〉라는 제목의 종교적인 시였다. ("오! 지상의 다른 모든 걸 떠나라고 명하세요, / 내가 아는 소중한 이여, / 하지만 국교회는 안 됩니다, / 아버지와 나의 교회는.")

콜트의 마지막 나날에 관한 엘리자베스의 설명을 보면 "아르스 모리엔디ars morien-di", 즉 "좋은 죽음"의 본보기가 총망라되어 있다. 역사학자 드루 길핀 파우스트가 설명하는 "좋은 죽음"이란 19세기 중반 미국인들이 사랑하는 사람의 죽음에 관해 스스로에게 이야기하는 의례적 서사다. "하느님의 뜻을 평화롭게 받아들이는 것"이 구원을 준비하는 데서 결정적으로 중요한 단계였는데, 사랑하는 가족에게 둘러싸인 가운데 이를 행하는 것이 이상적이었다. 엘리자베스가 나중에 세심하게 설명한 내용에는 마음을 달래 주는 이런 요소들이 들어 있지만, 콜트는 생시처럼 죽을 때에도 순순히 죽지 않았던 것은 분명하다.

1월 5일 일요일, 윌리엄 자비스가 조카에게 설명한 것처럼, "병이 뇌까지 옮겨 갔다." "그 친구는 오후 내내 그리고 월요일 새벽 2시까지 계속 이야기를 하고, 시를 짓고, 익숙한 허공에 대고 노래를 부르다가 마침내 잠이 들어 아침까지 쉬었어. 눈을 떴을 때는 정신을 좀 찾은 듯 보였지." 하지만 금세 다시 섬망에 사로잡혔다. "뇌가 과로해서 결국 기능을 멈춘 것 같았다."라고 자비스는 추측했다. "실제로 그의 물리적 내구력이 견디지 못할 정도로 너무 많이 쓴 거지."

이후 1주일 동안 모든 사람이 고통을 겪었다. "그이도 나만큼이나 빨리 변화를 눈치챘다고 믿는다." 나중에 엘리자베스가 한 말이다. "그이는 의식이 또렷해서 자기가 정신을 잃고 있다는 걸 알았다." 정신을 차릴 때 "그이는 고요하고 평온하게 알지 못할 커다란 미래를 멍하니 바라보았다." 그러다가 다시 섬망이 찾아와서 "거의 한순간도 쉬지 않고 횡설수설 떠들었다."

나중에 뉴욕에서는 샘이 죽기 전에 형 존 C. 콜트가 동생을 방문했다는 소문이 돌았다. 소문에 따르면 1842년에 툼스에서 탈출한 존은 텍사스에 살고 있었는데, 어떻게 동생이 병으로 죽어 간다는 소식을 듣고는 순식간에 먼 길을 달려와서 작별 인사를 했다는 것이다. 어느 신문 보도에 따르면 존이 나타났을 때 동생 제임스 콜트도 임종 자리에 있었는데, "너무도 갑작스럽게 자살한 큰형과 만나게 되자 경련을 일으키며 의식을 잃고 바닥에 넘어져서 크게 다쳤다."라고 한다. 사실을 말하자면, 존은 나타나지 않았고 제임스도 마찬가지였다.

"그이는 아름다우면서도 감동적으로 죽음이 눈앞까지 왔다고 말했다." 엘리자베스가 샘과 마지막으로 나눈 대화를 회고하며 한 말이다. "그러고는 마지막 인사를 건네면서 사랑하는 충실한 부인이라고 부르며, 지금까지 그런 것처럼 자신이 계획한 모든 일을 실행해 달라고 부탁했다. 곧이어 그이는 다시 이성을 잃었고, 그이가 말한 것처럼, '이제 모든 게 끝'이었다." 1862년 1월 10일 아침 9시, 엘리자베스가 지켜보는 가운데 샘 콜트는 47세의 나이로 좋은 죽음을 맞았다.

에필로그

상속인과 유산
1862년~현재

폐허가 된 콜트 무기 공장, 1864년 2월.

죽음 말고 모든 건 바꿀 수 있나니.

-에밀리 디킨슨

I

콜트가 사망하고 몇 시간 안에 이 소식이 전신으로 주요 도시에 퍼져 나갔다. 동부뿐
만 아니라 멀리 극서부에 있는 오하이오주 신시내티와 위스콘신주 제인스빌까지 석
간신문과 전쟁 속보에 뉴스가 나왔다. 다음 주 말에 이르면 콜트의 부고가 전국 각지
의 신문에 실렸다. 남부 언론들은 대부분 신랄한 한두 줄로 간단하게 언급했지만(《나
체즈데일리쿠리어》는 "리볼버 콜트, 하트퍼드에서 별세"라는 한 줄짜리 단신으로 처리했다),
불과 1년 전에 콜트가 남부에 총기를 공급한다고 비난했던 《뉴욕타임스》 등 북부의
몇몇 신문에서는 콜트를 좋게 평하는 장문의 기사를 실었다.

그전부터 하트퍼드에서는 콜트가 몸이 아프다는 소문이 파다했지만, 그래도 그의 죽음은 충격으로 다가왔다. 《하트퍼드쿠란트》는 그가 사라지면 "우리 도시에 메울 수 없는 큰 구멍이 생길 것"이라고 예측했다. 신문은 콜트가 좋은 사람이었다고 말하지는 않았다. 다만 위대한 사람이었다고 말했을 뿐이다. "콜트는 치열하게 살았다. 항상 정신을 긴장시켰고 머릿속에는 계획과 희망, 사업이 가득했다." 《하트퍼드쿠란트》는 또한 행운도 있었다고 지적했다. 콜트의 행운은 다른 이들의 불운, 즉 멕시코전쟁, 크림전쟁, 그리고 지금 "우리가 겪는 반란"과 반비례했다. 하지만 콜트는 삶이 준 모든 것을 최대한 활용했다. "그는 중년의 나이로 세상을 떠났지만, 훨씬 오랫동안 무위도 식한 사람들보다 한결 긴 삶을 살았다."

장례식은 추운 날인 1월 14일 화요일 오후 3시로 정해졌다. 오후 2시가 되자 메인스트리트 양쪽 인도가 이미 암스미어에 모여 있는 군중 대열에 합류하기 위해 시내에서 웨더스필드애비뉴를 향해 남쪽으로 걸어오는 사람들로 가득 찼다. 한편 콜트 공장 노동자 수백 명이 브라스밴드를 앞세우고 공장에서 언덕 위에 있는 저택까지 얼어붙은 호수와 사슴 사냥터, 온실을 지나 행진했다. 저택에 도착한 노동자 대열은 북쪽 건물에 있는 문을 조용히 통과해서 느릿느릿 응접실로 들어갔다. 여러 신문의 보도에 따르면, 콜트는 응접실에 있는 열린 금속 관 속에 "아주 자연스러운 표정으로" 누워 있었다. 노동자들은 계속해서 저택 남쪽에 있는 도서관을 통과해 뒤편 잔디밭으로 나가서 저택에서 묘지까지 두 줄로 늘어섰다. 3시에 하트퍼드의 모든 교회가 콜트를 기념하는 종을 울리기 시작했다. 토머스 시모어와 엘리샤 루트가 이끄는 운구자들이 콜트의 주검을 번쩍 들어 집 밖으로 나간 뒤 두 줄로 늘어선 노동자들 사이로 난 길을 따라갔다. 묘지 주변에 모인 군중의 한가운데에는 엘리자베스와 가족이 앉아 있었다. 가까이에 있던 리디아 시고니는 시를 한 편 써 왔다.

> 웅장한 홀에 애도의 흐느낌이 울려 퍼진다.
> 그렇게 늦게, 기꺼이 즐겁게
> 사랑의 가슴 속에 스민 눈물은
> 언제까지나 마르지 않으리.

사방에 깔린 상실감

슬픔과 고통의 한숨 소리.

"오늘 우리는 그와 같은 사람을 잃으니,

다시는 그를 보지 못하리."

시고니가 창밖으로 콜트 가족이 드나들고 곱슬머리 소년이 로즈힐의 현관 계단을 뛰어 내려가는 것을 본 게 이미 40여 년 전이었다. 시고니는 콜트의 삶에 꾸준히 등장하는 몇 안 되는 사람 중 하나였고, 어떻게 보면 두 사람의 얼굴은 각각 미국이라는 동전의 한 면을 차지했다. 시고니는 독실한 감정을 팔고, 콜트는 총을 팔았다. 콜트가 인간의 어두운 충동과 욕구를 충족시켜 주었다면, 시고니는 고귀하고 어여쁜 열망을 보살폈다. 시고니는 이제 일흔 살이었지만 여전히 1인 시 공장으로서 요청만 있으면 두루두루 호환 가능한 시를 잇달아 써냈다.

콜트가 어렸을 때 그의 가족을 따라다녔던 죽음이 다시 가족을 노렸다. 장례식이 끝나고 6일 뒤인 1월 20일, 8개월 된 딸 헤티가 디프테리아에 걸려 죽었다. 시고니는 다시 책상에 앉아 추모 시를 썼고, 엘리자베스는 다시 집 뒤편 묘지에 가서 또 다른 자식을 묻었다. 윌리엄 자비스는 "리지 때문에 가슴이 아프지만 아기를 위해서는 울 수 없다."라고 썼다. "아이는 더 밝고 좋은 나라에서 무럭무럭 자라 이 지상의 아픔을 맛보지 않을 테니까." 엘리자베스는 넷째 아이를 땅에 묻는 순간에도 다섯 번째 아이를 임신한 상태였다. 딸인 다섯째는 결국 사산됐고, 엘리자베스는 합병증 때문에 크게 앓았다. 자비스는 훗날 1862년의 황량한 겨울에 관해 엘리자베스가 "놀라운 평정심과 체념"으로 고통을 견뎌 냈다고 썼다.

II

그해 겨울 많은 가족이 고통을 겪었다. 전쟁의 엄청난 학살극(샤일로, 앤티텀, 게티스버그)은 아직 벌어지지 않았지만, 미국 젊은이 수천 명이 이미 목숨을 잃었다. 전쟁이 끝날 때까지 62만 명이 사망하는데, 이는 미국이 벌인 다른 모든 전쟁을 합한 것보다 두

에필로그

배에 육박하는 사망자 수다. 드루 길핀 파우스트가 보여 주는 것처럼, 이런 엄청난 사상자 규모는 '좋은 죽음'이라는 19세기의 이상을 산산이 무너뜨렸다. 대량 학살당한 젊은이들의 주검은 그 자리에서 썩어 문드러진 뒤에야 무덤에 묻힐 수 있었다. 리디아 시고니의 달착지근한 운율보다는 에밀리 디킨슨의 조심스러운 시가 더 어울리는 현실이었다. 1830년 여름 샘 콜트가 벌인 폭파 진동 때문에 엄마 배 속에서 잠을 방해받은 디킨슨이 생각할 때, 감정은 의심스러운 것이었고 천국은 쌀쌀한 곳이었다. 죽음에 관해 말할 수 있는 유일하게 좋은 점은 그것으로 "죽이는 힘이 없어진다."라는 것뿐이었다.

남북전쟁은 세계 최초의 진정한 산업 전쟁이었다. 남부는 심리적으로 만반의 준비를 갖춘 채 전쟁에 뛰어들었다. 스스로가 옳다는 열정으로 똘똘 뭉친 남부는 처음에는 예상치 못하게 잇따라 승리를 거뒀지만, 의협심과 분노는 기계와 노동력의 상대가 되지 않았다. 매코믹의 수확기는 풍부한 곡물을 생산했고, 모스의 전신은 더 나은 통신을 제공했으며, 북부의 철도는 운송에 유리했다. 이 모든 것이 북부의 결정적인 우위로 작용했다. 양키 제화공들도 무기 공장에서 대량 생산에 필요한 기계를 도입해서 연방에 우위를 안겨 주었다. 전쟁 막바지에 이르러 남군 병사들은 대개 맨발로 싸운 반면 북군 병사들은 딱 맞는 군화를 신었다.

북부는 또한 훨씬 더 많은 총기를 생산했다. 남북전쟁의 근대적 성격을 감안하면, 이 총기들 대다수가 전장식, 단발 머스킷이었다는 점은 시대착오적으로 보일지 모른다. 하지만 이 총은 저렴하게 만들 수 있고 사용이 간편하며, 양쪽의 지휘관들이 선호하는 전통적인 전술에 잘 맞았다. 지속적으로 총격을 가하기 위해 보병이 대열을 이루어 한 줄씩 동시에 조준하고 사격하는 전술이었다. 이 전쟁이 그토록 유혈적으로 바뀐 이유 하나는, 앞선 모델들과 기계적으로 유사한 머스킷에 강선이 생기고 미니에 탄을 사용해서 정확도와 사거리가 훨씬 높아졌다는 것이었다. 미국 독립혁명이나 1812년 전쟁 시기에 머스킷으로 무장한 병사들은 69미터 떨어진 적을 공격하는 행운을 누렸다. 신형 머스킷은 229미터 거리에서도 명중시킬 수 있고 치명적이었다.

보병 부대들에게 콜트리볼버는 전쟁 기간 내내 보조 무기였다. 누구나 탐내지만 꼭 필요한 것은 아닌, 장교나 기병대가 휴대하는 장비였다. 하지만 (보수적으로 잡았을 가능성이 높은) 한 추정치에 따르면, 콜트 회사는 1862년에 11만 2000정에 육박하는 리볼버를 팔았다. 1861년 판매량보다 4만 정 많은 규모인데, 1863년에는 13만 7000정을 팔았다. 리볼버는 미시시피강 서쪽에서 벌어지는 골육상잔에서 전시 특수를 누렸다. 캔자스유혈사태가 벌어진 여름 이래 친남부 게릴라 부시왜커bushwhacker와 노예제에 반대하는 게릴라 제이호커jayhawker가 거의 끊임없이 총격전을 벌였다. 이 비정규 부대들은 이따금 남군이나 북군에 합류했지만, 주로 자기들 기분에 따라 활동했다. 그들은 신속하게 이동하는 기병 게릴라전을 장기로 삼았다. 뚜렷한 전선도 없고, 장기적 전략도 없으며, 적을 죽이는 것 말고는 교전 수칙이나 전쟁 목적도 없었다.

친남부 게릴라 가운데 가장 악명 높은 이는 거의 전쟁 기간 내내 미주리와 캔자스 동부를 공포로 몰아넣은 패거리의 지도자인 윌리엄 퀀트릴이었다. 퀀트릴은 군인이라기보다는 테러리스트처럼 활동했다. 좀처럼 평정심을 잃지 않는 남북전쟁 역사학자 제임스 맥퍼슨의 말을 빌리자면, 퀀트릴과 그의 패거리는 "미국사에서 가장 잔인한 사이코패스 살인마들"이었다. 그들의 주요 무기는 1851년형 콜트네이비였다. 한 초기 전기 작가는 "퀀트릴은 권총 사격에서 성과를 요구했고, 게릴라들은 다른 어떤 병사보다도 이 기술을 훨씬 잘 이해했다."라고 썼다. 모든 게릴라가 최소한 두 정 이상의 리볼버를 휴대했고, 대부분은 넷에서 여덟 정까지 몸에 휴대하거나 말안장의 총집에 넣고 다녔다. 리볼버로 중무장한 게릴라들은 도로변에 매복한 채 기다리다가 북군 정찰병이 가까이 다가오면 덤불에서 일제 사격을 가했다. 리볼버에서 탁탁 소리가 나고, 검은 연기로 공기가 탁해지고, 총알이 난무했다. 전투는 북군 부대가 발사를 하기도 전에 끝나곤 했다. 게릴라들은 쓰러진 병사들의 귀중품을 챙기고(더 들고 다닐 수 있으면 리볼버도 챙겼다), 시체를 훼손한 뒤 은신처인 숲이나 들판으로 돌아갔다.

퀀트릴은 군인이나 북부 게릴라들에게 거침없이 폭력을 휘둘렀다. 그는 농장과 소읍을 기습 공격해서 노예제 폐지론자들을 쫓아내고 북부를 지지하는 민간인들에게 공포심을 불어넣었다. "거리에서 마주치는 피에 굶주린 기마 게릴라들보다 더 무시무시한 존재는 없었다."라고 퀀트릴의 초기 전기 작가는 썼다. "게릴라는 이빨 사이나 안장 뿔 위로 고삐를 건 말을 난폭하게 몰면서 코만치족처럼 소리를 질러 댔다. 헝클어진 긴 머리를 넓은 모자 챙 너머로 휘날리면서 양손으로 치명적이고도 정확하게 총

에필로그

을 쏘아 댔다."

1863년 8월 21일의 공격은 가장 악명이 높았는데, 당시 퀀트릴은 리볼버로 무장한 400명이 넘는 전사를 이끌고 미주리의 서부 경계를 넘어 캔자스주 로렌스로 갔다. 노예제 폐지론자인 에이머스 애덤스 로렌스가 세운 소읍은 1856년에도 남부 게릴라의 공격을 받은 적이 있었다. 퀀트릴이 내린 명령은 간단했다. "남자는 모조리 죽이고 집도 전부 불 태워라." 부하들은 일을 끝내기 전에 열 살짜리 소년들을 포함해서 200명 가까운 남자를 죽였다.

로렌스 학살 1년 뒤인 1864년 9월 27일, 퀀트릴 패거리의 중위 출신인 윌리엄 "블러디 빌" 앤더슨이 이끌고 프랭크와 제시 제임스 형제가 포함된 또 다른 남부 게릴라 패거리가 미주리주 센트레일리아를 습격해서 똑같이 충격적인 공포를 야기했다. 이번에도 역시 리볼버가 주요 무기였다.

앤더슨 패거리는 센트레일리아를 통과하는 노스미주리 철도를 파괴하러 왔지만, 슬픔과 공포를 안겨 주는 것도 잊지 않았다. 지역 상점과 민가를 약탈하는 것으로 습격이 시작되었다. 멀리 지평선에 기차가 나타나자 일부는 리볼버를 들고 기차를 맞이하러 달려가서 기차가 멈출 때까지 엔진과 창문에 총을 쏘았다. 승객들 가운데는 군복 차림이지만 무장은 하지 않은 북군 병사 스물세 명이 있었다. 휴가를 보내러 고향에 가는 길이었다. 앤더슨은 병사들에게 기차에서 내리라고 명령했다. 그리고 인질로 삼으려고 한 명만 남기고 전부 군복을 벗고 궤도를 따라 일렬로 서라고 위협했다. 준비가 되자 앤더슨은 부하들에게 사격 개시 신호를 주었다. 부하들은 리볼버 탄창이 빌 때까지 북군 병사들에게 사격을 가해 전부 죽였다. 앤더슨은 기차에 불을 지르고는 기관사에게 전속력으로 달리라고 지시했다. 마치 지옥에서 온 배달부처럼 다음 소읍까지 궤도를 따라 불을 내뿜으며 달리게 한 것이다.

그날 오후 앤더슨과 부하들은 센트레일리아 남쪽으로 2.4킬로미터 정도 떨어진 막사로 돌아왔는데, 산등성이 위로 앤드루 번 이먼 존스턴 소령이 지휘하는 북군 병사 115명이 왔다. 병사들은 말을 타고 있었는데, 표준형 강선 머스킷을 갖고 있었기 때문에 싸우려면 말에서 내려야 했다. "떼거리로 몰려다니면서 리볼버 하나 없구먼." 앤더슨은 희희낙락하며 부하들에게 공격 명령을 내렸다. 일반적인 상황이라면, 머스킷

115정으로 일제 사격을 가하면 전속력으로 달리는 게릴라 80명의 속도를 늦추는 데 충분했다. 하지만 병사들은 아래쪽으로 사격을 했기 때문에 너무 높게 조준하는 어처구니없는 실수를 저질렀다. 앤더슨의 부하 한두 명이 쓰러졌지만 대다수는 돌격을 계속했다.

순식간에 단발식 총기의 치명적인 단점이 소름 끼칠 정도로 두드러졌다. 북군 병사들이 필사적으로 재장전을 시도하는 가운데 앤더슨의 부하들이 소리를 지르고 박차를 가하면서 경사면을 뛰어 올라가 병사들 앞에 나타났다. 병사들은 총검을 꽂고 방어하려 했지만 콜트로 무장한 말 탄 게릴라들의 상대가 되지 않았다. 군인 115명은 모두 살해되었다. 제시 제임스는 콜트네이비를 가지고 존스턴 소령에게 첫 번째 총알을 박는 명예를 차지했다.

그 후 앤더슨의 부하들은 북군 병사들의 머리 가죽을 벗기는 등 시체를 훼손하고, 아직 죽지 않은 병사들을 고문했다. 이미 죽은 이들은 팔다리와 귀, 머리를 잘라 냈고 한 병사의 성기를 잘라서 입에 집어넣기도 했다. 게릴라들은 문명화된 백인과 토박이 야만인 사이에 존재한다고 여겨지던 (수십 년간 아메리카 원주민을 부당하게 대우하는 것을 정당화하는 데 동원된) 자연적 경계선을 넘어섰을 뿐만 아니라 지워 버리기까지 했다.

* * *

이런 사실을 의심하는 이가 아직 있었다면, 두 달 뒤인 1864년 가을 콜로라도 남동부에 완만하게 펼쳐진 초원에서 그 잔인무도함이 다시 분명하게 드러났다. 장신에 목소리가 우렁찬 감리교 목사로 인디언을 악마보다 혐오한 존 M. 치빙턴 대령은 대포와 라이플, 44구경 콜트 1860년형 아미리볼버로 무장한 800명으로 이루어진 콜로라도 지원병 부대를 이끌고 샌드크리크 강둑에 있는 샤이엔족과 아라파호족 마을로 갔다. 샤이엔족이 이주민들을 잇따라 습격한 것에 보복하러 간 것이었다. 아마 마을에 사는 남자 일부가 습격에 가담했겠지만, 500명 정도 되는 샤이엔족과 아라파호족의 대부분은 평화로웠고 계속 평화를 지킬 생각이었다.

치빙턴의 부대는 새벽 공격에 나섰다. 놀라서 깬 인디언들은 가진 무기를 챙겨 들

1864년 샌드크리크학살.

었지만, 미국인 기병대가 이미 사방에서 마을로 달려들고 있었다. 두 시간 동안 미국인들은 대부분 비무장 상태인 인디언을 닥치는 대로 죽였다. 여자나 어린아이에게도 자비란 없었다. 나중에 보도된 바에 따르면, 치빙턴은 부하들에게 특히 아이들을 표적으로 삼으라고 당부했다. "전부 죽여서 머리 가죽을 벗겨라. 큰 놈이든 작은 놈이든. 서캐가 이가 되니까." 여자들이 살려 달라고 애걸하자 가까이에서 바로 쏘았고, 여섯 살짜리 여자애가 백기를 들고 병사들에게 다가갔지만 총에 맞아 죽었다. 젖먹이들도 어머니 품 안에서 총에 맞았고, 적어도 한 태아가 죽은 어머니의 자궁에서 끄집어내졌다. 자신이 무슨 일을 한 건지 알지 못한 듯했던 치빙턴은 그날 아침 자기 부대가 400~500명을 죽였다고 흐뭇해했지만, 그 수는 아마 200명에 가까울 것이다. 나중에 하원이 조사에 나서서 치빙턴 부대가 "문명화되었다고 자부하는 인간이 저질렀다고 보기 힘든, 유례가 없이 수치스럽고" 야만적인 행위를 했다고 결론짓는다.

　남부 게릴라들과 치빙턴 부대가 저지른 잔학 행위에서 공통된 요소는 콜트리볼버였다. 샌드크리크학살이나 미국의 야만적 행위 일반을 리볼버 탓으로 돌린다면 단순하게 환원하는 일이겠지만(많은 요인들이 1864년 서부에서 그런 폭력을 부추겼다), 확실히 이 총 때문에 더 쉽고 빠르게 사람을 죽일 수 있었다. 리볼버가 경솔한 행동을 부추기고 피를 보려는 욕망을 재촉한 것이다. 또한 표적이 된 사람은 도망칠 시간이 없었고, 사격자는 방아쇠를 당기기 전에 생각을 바꾸거나 양심의 소리에 귀를 기울일 시간이 없었다.

오래전에 상원의원 토머스 러스크는 콜트리볼버를 도입해야 한다고 주장하면서 서부에서 전면적인 인디언 전쟁이 일어날 것이라고 예상한 바 있었다. 러스크나 콜트나 살아서 이 전쟁을 보지는 못했지만, 예측은 현실이 되었다. 자신들의 생존이 위태로운 지경임을 깨달은 아메리카 원주민들은 땅을 지키고 침입에 복수하기 위해 싸웠다. 육군은 여러 무기 중에서도 리볼버를 휘두르며 계속 공격을 했지만, 결국 평원에서 아메리카 원주민들을 물리친 것은 다른 산업 기술이었다. 1869년에 완공된 대륙횡단 철도를 타고 백인들이 끝없는 무리를 이루며 서부로 밀려온 것이다. 새로 온 사람들은 순식간에 버펄로를 없애 버리고는 버펄로가 돌아다니던 땅의 소유권을 주장했다. 인디언들은 총에 대항할 수 있었지만 굶주림을 견디지는 못했다.

콜트의 발명품이 없었더라도 틀림없이 이 모든 일이 벌어졌겠지만, 아마 양상이 달랐을 것이다. 적어도 인디언들이 더 오랫동안 우위를 차지했을 테고, 백인들이 발판을 확보하는 데 더 오랜 시간이 걸렸을 것이며, 아마 살인보다는 협상을 통해 이루어졌을 것이다.

III

콜트가 세상을 떠나고 2년 뒤인 1864년 2월 5일, 무기 공장이 불에 타 무너졌다. 화재는 근무 시간이 시작된 직후에 다락방에서 시작되어 건물의 강변 쪽 구역을 휩쓸고 이내 본 건물 전체를 집어삼켰다. 남부연합 첩자들의 소행으로 의심됐지만 방화의 증거가 전혀 밝혀지지 않았고, 오랜 시간을 거치면서 황소나무 바닥에 기계 윤활유가 스며든 공장은 우발적 발화에 매우 취약했다. 불길이 어떻게 시작됐든 간에 화염의 온도가 너무 높아서 철제 기계 부품이 녹아내렸다. "한때 이 나라에서 가장 장엄하고 정교했던 기계들이 녹아서 한데 뭉친 잔해를 보는 순간 특히 안타까운 마음을 금할 수가 없다."라고《하퍼스위클리》의 통신원은 폐허를 방문한 뒤 말했다.

암스미어 창가에서 화재를 지켜보던 엘리자베스는 파란색 돔이 불더미로 무너져 내리는 순간 눈물을 터뜨렸다. 이틀 뒤 정신을 가다듬은 엘리자베스는 까맣게 탄 잔해를 헤치면서 남편의 사무실이 있던 자리를 찾아갔다. 샘에게서 충분한 재산(최소한 500만 달러)을 상속받은 터라 보험금을 받고 공장 문을 닫거나 규모를 줄여서 운영하기로 쉽게 결정할 수도 있었다. 하지만 이런 방법은 생각도 하지 않았다. 샘의 기억을 보존하고 또 노동자들의 일자리를 지키기 위해 엘리자베스는 전과 똑같이 공장을 재건했다. 파란색 돔과 나머지 건물 전부를 다시 세운 것이다.

하지만 총기 제조업은 엘리자베스의 진짜 관심사가 아니었다. 이 사업은 콜트가 죽은 뒤 회장 자리를 넘겨받은 엘리샤 루트에게 맡겼다. 그리고 1865년에 루트가 사망하자 남동생인 리처드 자비스를 회장에 앉혔다. 엘리자베스 자신은 남편을 기념하는 데 온 힘을 쏟았다. 이런 모습은 단순히 감상적인 흠모의 몸짓이 아니라 회사와 가족의 평판이 공히 그 이름을 남긴 사람의 유산에 어느 정도 의존한다는 사실을 현실적으로 인정하는 행동이기도 했다.

하늘나라의 샘은 그녀의 특별한 노력에 경탄을 금치 못했으리라. 우선 엘리자베스는 하트퍼드의 유명한 교육자인 헨리 바너드에게 400쪽에 달하는, 남편을 미화하는 전기를 쓰도록 의뢰했다. 계속해서 당대의 으뜸가는 초상화가인 찰스 로링 엘리엇에게 생전에 그린 여러 초상화를 바탕으로 실물보다 큰 샘의 초상화를 그려 달라고 맡겼다. 엘리엇은 원본을 다듬으면서 뱃살을 무려 14킬로그램가량 줄여서 늘씬하고 건강한 모습의 초상화를 그렸다.

무엇보다도 엘리자베스는 하트퍼드에 샘을 기리는 교회를 지었다. 공장에 화재가 나고 한 달 뒤에 구상해서 엘리자베스가 자금을 전부 댄 착한목자의교회는 건축가 에드워드 터커맨 포터가 설계했다. 포터는 후에 하트퍼드에 마크 트웨인의 저택을 짓는 등 여러 시범 건축을 도맡았다. 가파른 점판암 지붕에 길쭉하게 솟은 첨탑과 함께 포틀랜드산 브라운스톤과 오하이오산 밝은 사암으로 지은 교회는 멀리서 보면 고딕 복고풍 교회 건축물의 훌륭한 본보기 같았다. 가까이서 꼼꼼히 보면 뛰어난 디테일이 분명하게 드러났다. 엘리자베스의 지휘 아래 포터는 콜트리볼버와 리볼버 부품들을 교회 정면에 새겨 넣었다. 돌기둥 기둥머리의 장식용 버팀대에 아래쪽을 겨냥하는 권총을 새긴 것이다. 십자가는 권총 총신과 손잡이로 장식했다.

엘리자베스는 두 가지, 즉 기독교와 죽은 남편을 무조건적으로 믿었다. 착한목자의 교회는 이 둘을 화해시키려는 가장 노골적인 시도였다. 총기의 발전과 백인 기독교 문명의 진보가 상호 배타적인 목표가 전혀 아니던 19세기에는 이런 화해 시도가 어렵지 않았다. 코르보호에 탔던 젊은 선교사들처럼, 리볼버도 이교도에게 보내는 전령이었다. 리볼버는 이교도(미개인, 야만인)를 길들임으로써 기독교가 번성하게 해 주었다. "그렇다면 완벽한 총기일수록 외부의 야만인들에 맞서는 문명도 강해진다."라고 헨리 바너드는 말했다. 엘리자베스는 총과 하느님이 양립 가능하다는 것을 한 치도 의심하지 않았다.

* * *

나이가 들면서 엘리자베스는 하트퍼드의 으뜸가는 박애주의자이자 시민적 덕성의 귀감이 되었다. 그녀는 아머리밴드에 자금을 지원하고 7월 4일 독립기념일에 풍선을 띄우고 불꽃놀이를 하도록 땅을 빌려주는 등 콜츠빌에서 남편의 지휘 아래 시작된 많은 전통을 계속 이어 나갔다. 또한 해방 노예들을 돕고 인디언 학교에 자금을 지원하기 위해 성공회여성의용대에 거액을 기부하는 등, 콜트와 아무 관계가 없는 선행에도 손을 뻗었다. 친구이자 허드슨리버파의 일원인 프레더릭 처치를 비롯해서 미국의 수많은 화가들의 후원자 노릇을 하기도 했다. 나중에는 소중한 콜트 총기 수집품과 함께 미술 수집품을 거의 전부 워즈워스아테나움박물관에 기증한다.

샘과 엘리자베스의 자녀로 유일하게 살아남은 콜드웰 하트 콜트(어린 시절 이름은 콜리)는 늠름한 청년으로 자라서 막대한 재산으로 누릴 수 있는 온갖 겉멋을 부리고 덫에도 빠졌다. 제멋대로 즐기면서 나쁜 짓만 골라 한 아동기를 지나서 세인트폴스학교와 예일대학교를 다녔는데,《뉴욕타임스》의 보도에 따르면 대학 공부보다는 "사냥과 고급 품종 개, …… 예일-하버드 보트 경기" 등에 더 몰두했다.《하트퍼드쿠란트》에 따르면, 1879년 11월 스물한 살 성년이 되어 무려 200만 달러의 유산을 상속받았을 때 어머니는 "하트퍼드 역사상 유례를 찾아보기 힘든 성대한 파티"를 치러 주었다.

에필로그

아버지의 쾌락 취향은 물려받았지만 일에 대한 열정은 전혀 물려받지 않은 콜드웰은 도금시대의 낭비벽에 빠진 게으름뱅이 세대의 본보기였다. 회사에서 부회장 자리를 받았지만 사업에서 적극적인 역할은 전혀 하지 않았고, 걸핏하면 뉴포트나 해외에서 요트를 타며 시간을 보냈다. 전에 제임스 고든 베넛 주니어가 소유해서 경주를 하던 날렵한 스쿠너 돈틀리스호를 산 뒤로는 항해가로 이름을 날리면서 수많은 경정 대회에 선장으로 참여했다. 그는 1894년 1월 플로리다에서 겨울을 보내던 중에 서른다섯 살의 나이로 수상쩍은 죽음을 맞았다. 공식 사인은 편도선염이었지만, 질투심에 사로잡힌 어느 남편에게 살해당한 것이라는 소문이 돌았다.

엘리자베스와 콜드웰 다음으로 콜트의 재산을 많이 물려받은 사람은 새뮤얼 콜드웰 콜트였다. 샘은 새미에게 크게 실망하기는 했어도 분명 조카라고 부르는 이 젊은 이를 사랑했다. 콜드웰처럼 막대한 부를 안겨 주지는 않았지만, 안락하게 살기에 충분한 몫을 남겼다. 새미는 유산을 잘 아껴 쓴 것 같지만, 콜트가 찬성하지 않았을 법한 데에 돈을 썼다. 스무 살이던 1862년에 새미는 학교를 영원히 그만두고 폴러 부부의 농장이 있는 코네티컷주 켄트로 돌아가 그곳에서 농사를 짓고 가축을 기르며 살았다. 새미와 엘리자베스는 콜트가 죽은 뒤에도 오랫동안 가깝게 지냈다. 엘리자베스가 가끔 켄트로 찾아갔고, 1863년 12월에 새미가 결혼할 때는 암스미어에서 결혼식을 치러 주었다.

새미는 점잖고 예절 바른 사람으로 알려졌다. 1870년에 누군가 그의 헛간에 불을 질렀을 때,《하트퍼드쿠란트》는 혼란에 빠졌다. "콜트 씨는 적을 만들 만한 사람이 아니기 때문"이었다. 이듬해에 새미는 동물학대방지협회의 창립 회원이 되었다. 그는 코네티컷에서 생을 보냈는데, 부인 메리와 행복한 결혼 생활을 하면서 자녀 여섯을 키웠다. 1915년에 일흔셋의 나이로 세상을 떠났을 때《하트퍼드쿠란트》는 그를 새뮤얼 콜트가 "아낀 조카"라고 지칭했지만, 그의 자녀와 손자들은 분명 진실을 알았다. 1987년《하트퍼드쿠란트》는 해럴드 G. 콜트 주니어라는 이름의 새뮤얼 C. 콜트의 손자를 소개했다. 평생 독신으로 산 일흔 살의 해럴드 콜트는 생의 대부분을 할아버지의 남은 유산으로 세계를 여행하며 보냈다. "돈이 있으면 하고 싶은 일만 할 수 있는 자유가 있지요." 그는《하트퍼드쿠란트》에 자신이 리볼버를 발명한 새뮤얼 콜트의 증손자이며 지금까지 남은 유일한 직계 후손이라고 밝혔다. 해럴드 콜트는 1995년에 사망했다.

＊ ＊ ＊

엘리자베스와 콜드웰, 새미에게 확실한 유산을 잔뜩 남긴 것을 제외하면 콜트의 유언장은 선행보다는 불쾌감을 반영하는 문서다. 콜트는 죽기 전에 여러 차례 유언장을 수정했는데, 대개 자기 기분을 상하게 한 이들을 응징하기 위해서였다. 하트퍼드 시 당국이 세금 우대 조치 신청을 수용하지 않자 사우스메도에 과학 학교를 짓기 위해 유산을 기부한다는 조항을 삭제했고, 둘째 형 크리스토퍼도 여러 가지 기분 상한 일 때문에 유언장에서 빠졌다. 동생 제임스는 "최근에 형제답지 못한 행동을 해서" 역시 유산이 취소되었다.

샘이 사망한 직후 시기에 제임스 콜트가 어떻게 먹고살았는지는 분명하지 않다. 그는 형 밑에서 일하려고 판사 자리에서 물러난 뒤로 법률가 경력을 포기한 상태였다. 샘이 사망한 직후인 1862년 1월, 제임스는 엘리샤 루트에게 공장에 취직시켜 달라고 요청하는 짧은 편지를 보냈다. 루트는 우호적인 답을 하지 않은 듯하고, 제임스는 콜트 회사에 복귀하지 않았다. 1865년 제임스는 콜트의 유산을 상대로 소송을 걸었다. 샘이 제임스가 받을 유산의 주요 부분을 철회했을 때 미처 취소하지 않은 주식 잔여분을 받아야 한다는 주장이었다. 결국 30만 달러를 받아 낸 그는 이제 부자가 되어 일할 필요가 없었다. 그는 하트퍼드로 다시 이사 와서 1878년에 세상을 떠날 때까지 거기서 살았다.

캔자스주 오스컬루사의 한 신문은 제임스 콜트가 사망한 소식을 접하고 콜트 집안의 역사를 떠올렸다. 특히 악명 높은 존 사건과 "당대에 손꼽히는 성공을 거둔 발명가"인 새뮤얼의 명성을 소개하면서, 또한 "당대에 둘째가라면 서러울 악당"이기도 했다고 꼬집었다. 콜트 집안은 "천재성과 범죄를 결합시킨 것으로 오래도록 기억될 것"이라는 게 신문의 결론이었다.

존 C. 콜트가 나타났다는 이야기는 19세기 내내 끈질기게 이어졌다. 한 일화에서는 새뮤얼 에버렛이라는 존의 오랜 지인이 황혼 녘에 캘리포니아의 샌타클래라밸리를 말을 타고 지나가다가 어느 목장에 멈춰서 하룻밤 신세를 지려고 했다. 목장 주인은 돈 카를로스 후안 브루스터라고 자신을 소개했지만, 에버렛은 그가 다름 아닌 존 콜트였다고 장담했다. "은종을 비롯해서 화려하게 차려입은 모습이었다. 당연히 금발 미인인 여자가 어여쁜 두 자녀와 나란히 현관 기둥에 기대 서 있었다." 1875년,《보스턴포스트》가 존 콜트에 관해 소개한 또 다른 이야기는 한동안 뉴욕시 곳곳에 파다하게 퍼졌다. 파리에 사는 한 남자가 죽기 직전에 자신이 존이라고 밝혔다는 내용이었다.

* * *

캐럴라인 콜트(결혼 전 성은 헨쇼)의 운명은 콜트의 생애에서 여전히 수수께끼로 남아 있다. 1850년대 초반까지는 콜트가 주고받은 편지에서 간간이 그녀의 이름이 나왔지만 이내 사라진다. 그 후로는 그녀에 관한 기록이 전혀 없다. 캐럴라인 콜트가 이름을 바꿔 줄리아 레스터가 되었다는 윌리엄 에드워즈의 주장은 그 둘의 삶의 수수께끼를 단방에 해결해 주지만, 그것이 사실일 때만 해당된다.

줄리아의 경우에 우리는 여러 신문에 실린 다양한 언급을 끼워 맞춰서 결국 어떻게 됐는지를 안다. 1862년에 콜트의 영국 판매사무소를 넘겨받은 남편 프리드리히 폰 오펜과 함께 런던으로 이사한 뒤 줄리아는 문학에 손을 뻗었다. 1872년에《조국은 없다No Fatherland》라는 제목으로 출간한 소설은 차르 니콜라이의 아들과 사랑에 빠진 뒤 에스파냐인과 결혼해서 쌍둥이를 낳은(이 시점에서 책의 평자들은 배배 꼬인 플롯의 실타래를 놓쳤다) 젊은 미국 여자의 이야기다. 600쪽에 달해서 완독하기 어려운 책의 서사는 한 평자에 따르면 영어에 독일어와 프랑스어가 뒤섞인 "당혹스럽기 짝이 없는 언어"를 내뱉는 국제적 인물들 사이를 힘겹게 헤쳐 나간다. 또 다른 평자는 이렇게 말했다. "이렇게 말하면 이상하지만, 우리는《조국은 없다》가 이제껏 출간된 책 중에 가장 바보 같은 이야기라고 믿어 의심치 않는다."

《조국은 없다》이후 줄리아는 한동안 시야에서 사라졌지만, 1886년에 몇몇 미국 신문이 폰 오펜 남작 부인에 관한 기사를 내보냈다. "몇 년 전 남편과 이혼한 뒤로 잉글랜드에서 산 나이 든 러시아 부인"의 이야기였다. 프랑스인 하녀와 뉴욕에서 필라델피아까지 기차로 여행하는 동안 남작 부인은 1만 3000달러 상당의 보석을 잃어버렸다. "이상한 이야기처럼 보이겠지만, 폰 오펜 남작 부인의 성격으로 볼 때 그것이 진실임을 의심할 가능성은 없다."라고 《시카고트리뷴》은 단정 지었다. 사실 의심할 만한 부분이 많다고 말하는 것 같은 문장이다. 이듬해 남작 부인은 다시 모습을 드러냈는데, 이번에는 《스프링필드리퍼블리컨》이었다. 기사는 "폰 오펜 부인이 매사추세츠주 스프링필드의 우체국장에게 찬사를 보낸다."라는 문장으로 시작한다. "그리고 1850년에 워리너 부부와 함께 살던 레스터 양을 기억하는 사람이 있는지 알려 주면 좋겠다고 한다." 줄리아는 1857년에 콜트에게 보낸 편지에서 워리너 부부를 언급한 적이 있었다. 1850년과 1851년에 스프링필드에서 그 이름으로 부부와 함께 살았던 것으로 보인다. "폰 오펜 부인은 그때 어린 소녀였다. …… 이후 친구 몇 명과 유럽 대륙으로 간 뒤 독일에서 결혼했다. …… 스프링필드에 그 시절의 줄리아 레스터를 보고 싶은 사람이 있을까?"

IV

잿더미에서 다시 우뚝 선 콜트 공장은 이내 미국에서 가장 앞서가는 공장이라는 예전의 영광을 되찾았다. 1865년 엘리샤 루트가 쉰일곱의 나이로 죽은 뒤에도 그의 영향력은 계속 퍼져 나갔다. 1914년 《아메리칸머시니스트》는 루트에 관해 이렇게 평했다. "어머니가 그렇듯 공장 감독은 어느 정도 그가 기르는 자식들로 평가할 수 있는데, 그런 가족을 거느린 감독은 거의 없다." 19세기의 수많은 미국 산업이 콜트 공장과 한두 다리 건너면 연결되었다. 콜트 공장에서 경력을 시작한 사람들이 뉴잉글랜드와 뉴욕의 다른 중요한 제조업 회사들로 옮겨 갔기 때문이다.

콜트 회사 직원 출신인 앤드루 R. 아널드는 자신의 지식을 레비어스 B. 밀러에게 전수했는데, 밀러는 나중에 세계 최대의 재봉틀 생산업체인 싱어제조사의 감독을 맡아 무기 공장의 기법을 응용했다. 조지 A. 페어차일드는 콜트 공장에서 위드재봉틀 회사로 옮겼는데, 이 회사는 이름과 달리 세계 최대의 자전거 제조업체인 포프제조사를 위해 자전거를 제조한 것으로 가장 유명했다. 그곳에서 페어차일드와 앨버트

A. 포프는 자전거 대량 생산에 기계를 응용해서 한동안 다른 어떤 공장보다 많은 자전거를 생산했다. 세기말이 가까워지면서 자전거 유행이 한풀 꺾이자 앨버트 포프는 새로운 유행으로 관심을 돌린다. 그는 기계 기반 대량 생산을 자동차 제조에 응용한 최초의 인물이 되었다.

미국식 제조업 시스템은 노동자들에게 축복만 가져다준 게 아니다. 군대가 인간을 교체 가능한 부품으로 바꾼 것처럼, 공장은 노동자를 로봇으로 변신시키는 위협을 가하면서 영혼을 짓밟는 반복 노동으로 몰아넣었다(나중에 프레더릭 테일러 같은 과학적 경영 전문가들은 이를 극단까지 몰고 간다). 하지만 이 시스템은 저렴한 대량 생산 상품을 공급하는 한편 일자리를 제공하고 승승장구하는 경제를 창출함으로써 미국인의 생활 수준을 끌어올렸다. 그리고 콜트의 제조업 기법이 사람들을 로봇으로 만들었다면, 총 자체는 사람들에게 자율적 존재라는 느낌을 부여했다(20세기에 대량 생산된 자동차도 똑같은 역할을 한다). 20세기 초에 할리우드가 서부 영화를 만들면서 배우들 손에 리볼버를 쥐여 주기 한참 전에 이 6연발총은 하나의 총기인 만큼이나 미국식 개인주의와 개인의 주체적 행위를 표현하는 물건이었다. 라이플과 달리 리볼버는 거의 신체의 연장인 것처럼 몸 가까이에 지니고 다녔고, 그것을 지닌 남자나 여자(남북전쟁 이후 여자들도 리볼버를 휴대하기 시작했다)에게 악당으로부터 자신을 보호할 힘을 부여했다. 강자로부터 약자를, 다수로부터 한 사람을 보호해 준 것이다. 서부에서 유행한 한 속담은 "신은 인간을 창조했지만, 새뮤얼 콜트가 인간을 평등하게 만들었다."라고 리볼버를 찬미했다. 혼자 목장을 지키는 사람에게 리볼버보다 더 좋은 무기는 없었다. 그리하여 '외톨이 순찰대원Lone Ranger'이라는 캐릭터가 탄생했다. 1950년대 텔레비전 프로그램의 주인공을 연기하는 배우는 .45구경 콜트를 두 정 차고 다녔다.

하지만 리볼버는 양날의 검이어서, 착하고 약한 사람들을 보호해 주는 동시에 전후 국가에서 온갖 어두운 경향을 등장시켰다. 남북전쟁이 끝나자 폭력에 둔감하고, 총을 능숙하게 다루지만 별다른 전망은 없는 젊은이들이 쏟아져 나왔다. 모두 전쟁 기념품이거나 새로 산 리볼버를 하나씩 가진 것 같았다. 전쟁이 끝날 때까지 콜트 회사에서는 최소한 40만 정의 총기를 생산했는데, 이제 그 총들이 사방에 흩어졌다. 남부와 서부에서는 과거와 달리 혁대나 권총집에 리볼버를 차고 거리를 걸어 다니는 남자의 모습을 흔히 볼 수 있었다. 리볼버 덕분에 범죄도 용이해졌다. 제임스 형제는 리볼버를 들고 백주대낮에 은행 강도를 벌이는 새로운 범죄를 사실상 발명했다. 두세 명이 영업시간에 은행에 들어가서 리볼버를 휘두르며 돈을 내놓으라고 위협한 뒤 경보가 울리기 전에 빠져나가는 식이었다. 형제는 순식간에 무차별 총격을 가하는 능력 덕분에 이런 강도짓을 성공적으로 벌일 수 있었다.

미국 서부 전역에서, 광산이 발견된 곳이나 소 떼의 이동 경로 근처에서, 또는 남북전쟁 이후 평원을 가로질러 거미줄처럼 뻗은 새 철로를 따라 순식간에 생겨난 소읍에서 무법자들이 콜트리볼버를 차고 다니면서 걸핏하면 총을 뽑았다. 돌턴 패거리는 콜트를 허리춤에 차지 않고는 절대 길을 나서지 않았고 존 웨슬리 하딘, 팻 개릿, 와이어트 어프, 닥 할리데이, 또는 부치 캐시디와 선댄스 키드도 마찬가지였다. 아마 그중에서도 가장 유명하고 솜씨 좋은 콜트 총잡이는 제임스 버틀러 히콕일 것이다. 와일드 빌이라는 이름으로 더 알려진 그는 캔자스에서 노예제 반대 게릴라로 총싸움 경력을 시작했는데, 끔찍하게 아끼는 1851년형 콜트네이비로 무려 일곱 명(아마 훨씬 많을 것이다)을 죽였다. 그는 결국 사우스다코타주 데드우드에서 1873년형 콜트 "피스메이커"에서 발사된 탄에 맞아 사망했다.

＊ ＊ ＊

1905년에 죽기 직전에 엘리자베스는 샘과 자녀들의 유해를 인근에 있는 시더힐 묘지로 이장하고, 암스미어 근처에 있던 묘지 자리에 남편을 기리는 기념물을 하나 더 주문했다. 화강암 받침대 위에 높이 서 있는 거대한 콜트 조각상이었다. 발치에는 또 다른 조각상이 있었는데, 나무를 깎아 총을 만드는 소년 시절의 콜트였다. 남편을 실제와는 전혀 무관한 고귀한 영웅으로 뒤바꾸려는 엘리자베스의 노력에는 끝이 없었다.

콜트가 고귀한 영웅이 아니기는 해도, 일부 학자들이 그러는 것처럼 콜트가 미국을 총기가 넘쳐나는 나라로 만든 범죄의 방조자라고 비난하는 것은 공정하지 않다. 이 학자들에 따르면 올리버 윈체스터나 엘리펄릿 레밍턴, 그리고 다른 누구보다도 샘 콜트 같은 초기 총기 제조업자들은 본질적으로 공격적인 판매 기법으로 자기들만의 시장을 창출했다. 이 주장은 미국이 '본질'적으로 결코 총기 문화가 아니었고, 총기

애호는 어쨌든 콜트 같은 사업가들이 교묘한 책략을 써서 국민의 정신에 주입한 것이라는 대중적 관념에 의지한다.

콜트가 물론 대단한 세일즈맨이기는 했지만, 이런 견해는 그에게 너무 많은 공을 돌리고 또한 너무 많은 비난을 가하는 것이다. 지금까지 살펴본 것처럼, 그는 미국 서부에서 자신의 총기가 얼마나 큰 잠재력이 있는지를 깨닫는 과정에서 시대의 흐름을 앞서기보다는 열심히 따라갔다. 확실히 그는 때로 냉소적으로 시장을 구슬리고 확대했지만, 자신의 리볼버가 인기를 누리는 상황을 창조하지는 않았다. 반면 존 L. 오설리번과 제임스 K. 포크는 그런 상황을 창조했다. 금도 그런 역할을 했다. 미국의 야심과 욕망도 그러했다. 노예제와 인디언 축출이 미국 역사에서 우발적인 일이라고 믿는 게 소망적 사고인 것처럼, 콜트와 무관하게 19세기 중반 미국에서 등장한 총기에 대한 열망을 가볍게 보아 넘기는 것은 소망적 맹목이다.

콜트리볼버는 최초로 널리 사용된 다연발 총이었지만, 결코 최후의 것은 아니었다. 앞에서 언급한 것처럼, 콜트가 사망할 무렵이면 헨리나 스펜서 같은 다른 다연발 총기도 시장에 나타나고 있었다. 더 빠르고 치명적인 많은 총기가 속속 등장했다. 남북전쟁 중에 리처드 조던 개틀링이라는 미국인은 손으로 크랭크를 돌리는 총열 여섯 개짜리 회전식 총기를 발명했다. 거대한 페퍼박스 권총 같은 모양인 이 기관총은 분당 200발을 발사할 수 있었다. 콜트를 비롯한 다른 많은 총기 제조업자들과 마찬가지로, 개틀링도 자기 발명품 때문에 생명을 구하게 될 것이라고 주장하면서 기관총을 정당화했다. 기관총 덕분에 더 빠르게 사격을 할 수 있는 정도만큼 군대가 군인 숫자를 줄일 수 있다는 것이었다. 전쟁이 끝난 뒤, 개틀링은 콜트 회사에 특허를 팔았고, 콜트사는 19세기 내내 기관총을 만들었다. 하이럼 맥심이 분당 무려 600발을 발사할 수 있는 기관총을 발명하고 나서야 개틀링기관총은 무대에서 물러났다. 1893년 남아프리카에서 맥심 네 정과 다른 기관총 두 정으로 무장한 영국 경찰관 50명이 두 시간 만에 아프리카 군인 3,000명을 살육했다. 이제 누구도 속사 총기가 생명을 구할 것이라는 환상을 품지 않았다. 그 후 벌어진 수많은 전쟁과 테러 행위, 사이코패스의 광란은 속사 총기의 유산을 한층 복잡하게 만들었다. 2012년 하트퍼드에서 84번 주간고속도로를 타고 서쪽으로 한 시간만 달리면 나오는 코네티컷주 뉴타운의 샌디훅

초등학교에서 학생과 교사가 학살당한 사건은 그중에서도 특히 가슴 아픈 일이었다. 총격범은 AR-15라고 알려진 속사 소총으로 어린이와 교사 스물여섯 명을 살해했다. 한때 콜트 회사가 소유했던 특허를 바탕으로 개발된 총이었다. 2019년, 콜트가 1855년에 설립한 사업체의 후신인 콜트제조사유한책임회사는 이제 민간 시장에 AR-15를 공급하지 않겠다고 발표했다.

이 사건을 보면서 우리는 현재로, 샘 콜트가 남긴 유산에 관한 피할 수 없는 질문들로, 그리고 항상 전투태세를 갖춘 우리의 입장으로 눈길을 돌리게 된다. 콜트와 그의 6연발총에 관한 이야기를 읽고 누구든 총에 관한 견해를 180도 바꾸게 될 것이라고 믿는다면 순진한 생각일 테지만, 적어도 좋은 쪽으로든 나쁜 쪽으로든 우리가 특히 한 총에 얼마나 많은 빚을 지고 있는지 기억을 더듬는 데는 도움이 될 것이다.

감사의 말

《콜트》를 쓰기 위해 자료를 조사하고 집필하는 과정에서 도저히 갚을 길 없이 많은 빚을 졌다. 우선 코너 피츠제럴드에게 감사한다. 이 책은 2016년 봄에 코너와 나눈 짧은 대화에서 탄생했다. 그 후로 코너는 여러 주제 가운데서도 역사 속 총기에 관한 폭넓은 지식을 너그럽게 나눠 주면서, 내가 의문이 떠오를 때마다 언제든 바로 대답을 주거나 도움을 줄 수 있는 사람을 소개해 주었다. 코너가 베푼 수많은 친절한 도움에 천 번 만 번 감사한다.

19세기 콜트 총기에 관해 세계적으로 손꼽히는 권위자인 R. L. "래리" 윌슨과 다리를 놓아 준 것도 코너다. 래리가 세상을 떠나기 불과 몇 달 전에 그를 만났지만, 그 몇 달 동안 그는 책(자신이 쓴 책 포함)과 편지를 비롯한 여러 자료를 아낌없이 주었고, 콜트와 관련된 모든 것에 관한 전염성 강한 열정으로 나를 한껏 고무시켰다. 샘 콜트를 아낌없이 흠모하는 래리는 아마 콜트에 관한 나의 견해에 전적으로 동의하지는 않았겠지만, 내가 자신과 같은 견해를 갖지 않는 것을 기꺼이 받아들였을 게 분명하다. 그렇게 하라고 생전에 말해 주었기 때문이다. 초기에 래리가 베푼 격려와 지원에 영원히 감사하고 싶다.

자신의 연구 일부를 공유해 준, 그리고 코네티컷역사협회에서 이따금 우연히 마주치는 즐거움을 준 애머스트칼리지의 조너선 오버트 교수와, 1830년 콜트가 애머스트에서 벌인 대포 장난에 관한 엄청난 자료를 발굴해 준 애머스트칼리지 문서보관소의 마거릿 데이킨에게 감사한다. 존제이형사법칼리지의 글렌 코빗 교수와 점심을 같이하는 것은 콜트에 관한 내 생각과 새롭게 발견한 사실을 이야기하면서 그의 견해를 듣는 즐거운 기회였다. 여러 관심사에 관해 작업을 해 온 글렌은 현재 로스웰 콜트에 관한 책을 쓰는 중이며, 콜트 집안에 관한 나의 지식을 넓혀 주었다. 바너드칼리지의 크리스천 로하스 교수는 화학 공부를 다시 시작하는 것을 도와주었고, 특수외과병원의 스티븐 매지드 박사는 몇 안 되는 오래된 실마리를 바탕으로 콜트의 질병을 진단하려는 시도를 도와주었다. 전 맨해튼구 소속 역사학자이자 탁월한 역사 탐정인 마이클 미시온은 콜트가 1832년에 아산화질소 시연을 한 장소를 찾는 일을 도와

주었다. 웨어역사협회의 줄리 불럭은 즐겁고 유익한 웨어 방문을 안내해 주었다. 패터슨박물관의 브루스 발리스트리에리는 퍼세이크강 변에 콜트가 처음 세운 공장 옛터까지 수풀을 헤치고 터벅터벅 걸으면서 안내해 주었다. 땀이 줄줄 흘렀지만 매혹적인 길이었다. 짐 그리핀은 내가 콜트의 역사 유적지를 처음 돌아볼 때 차에 태워 하트퍼드 주변을 보여 주었다(래리 윌슨이 조수석에 탔다). 윌리 그랜스턴은 친절하게도 엘리자베스 콜트에 관해 쓴 멋진 석사논문을 공유해 주었다. 전국해양사협회의 데이드리 오리건은 19세기 해상 항해에 관한 몇 가지 의문을 명쾌하게 풀어 주었다. 총기학자 찰스 페이트는 콜트 총기를 다룰 때 저지를 법한 수많은 실수를 방지해 주었다. 이 사람들 모두, 그리고 앨릭스 맥켄지, 폴 데이비스, 존 로스, 그렉 마틴, 앨버트 버쇼, 앤리, 캐리 브라운에게 감사한다. 하지만 누구도 이 책에 담긴 실수나 오류에 대해 책임이 없으며, 책이 좋아진 부분은 그들 덕분이다. (실수에 관해 말하자면, 눈 밝은 독자인 팀 비티와 빌 매그너슨은 양장본에서 몇 가지 실수를 잡아내서 페이퍼백판에서 바로잡을 수 있게 해 주었다. 두 사람에게 경의를 표한다.)

수많은 공공 문서보관소의 자원과 도움이 없었더라면 《콜트》를 쓰지 못했을 것이다. 특히 하트퍼드에 있는 코네티컷역사협회의 훌륭한 직원들에게 톡톡히 신세를 졌다. 이곳에서 콜트가 주고받은 편지를 꼼꼼히 보면서 많은 결실을 얻고 즐거운 시간을 보냈다. 시내 건너편에 있는 코네티컷주립도서관에서도 며칠 동안 큰 성과를 얻었고, 코네티컷주립박물관의 데이브 코리건과 만나는 기쁨을 누렸다. 그를 만나지 못했더라면 필시 그가 보여 준 수많은 보물들을 놓쳤을 것이다. (콜트가 "주카" 새미에게 보낸 놀라운 편지를 스캔해서 이메일로 보내 준 것도 바로 데이브다. 이메일을 받은 날은 정말 기분 좋은 하루였다.) 이 문서보관소들과 내가 출처에 관한 노트와 참고문헌에서 언급하는 모든 자료는 국가적 보물이며, 이 수집품들을 뒤적이며 시간을 보내는 특권을 누리게 되어 영광이다.

앞서 내가 펴낸 모든 책과 마찬가지로 참으로 훌륭한 크리스 달 덕분에 이 책이 나올 수 있었다. 그녀를 내 담당 에이전트를 두게 된 것은 행운이다. 스크리브너출판사의 내 담당 편집자 콜린 해리슨을 위해 책 세 권을 쓴 것도 참으로 운이 좋았다. 콜린은 작가 본인이 미처 깨닫기도 전에 그가 무엇을 표현하고자 하는지 파악하는 거의 초자연적인 능력을 지녔으며, 무엇을 말해야 하고 무엇을 말하지 않아야 하는지를 정확히 알아서 작가를 인도한다. 생짜 초고에서 완성된 책에 이르는 여러 단계를 거치며 《콜트》를 인도한 스크리브너의 부편집장 세라 골드버그와, 이 책을 최대한 멋지게 만들어 준 제작 편집자 캐슬린 리조에게도 감사한다. 《콜트》에 착오가 있다 해도, 그것은 스크리브너의 모든 이들이 내가 실수를 저지르는 걸 막으려는 노력을 하지 않아서가 아니다.

친구인 콘스턴스 로젠블럼에게 특별히 감사해야 하는 큰 빚을 졌다. 콘스턴스는 내가 쓴 모든 책의 초고를 읽고서 밝은 눈으로 오탈자와 서툰 문장, 허튼소리를 집어낸 것은 말할 것도 없고 예리한 질문과 논평으로 한 단계 질을 높여 주었다. 아내 앤 바니와 두 아들 잭슨과 윌에게도 특히 감사한다. 지난 몇 년간 나와 샘 콜트를 견뎌 주고, 온갖 도움으로 삶을 좋게 만들어 주어 고맙다. 그리고 마지막으로 호기심과 역사에 대한 사랑을 선물로 안겨 준 어머니 낸시 라센버거, 고마워요.

출처에 관해서

《콜트》에서 인용한 자료는 대부분 콜트가 주고받은 편지와 작성한 문서 컬렉션에서 가져온 것으로, 주로 코네티컷역사협회에 보관된 '새뮤얼 콜트 문서Samuel Colt Papers'에 보관된 것이다. 콜트 자료를 풍부하게 갖춘 다른 문서 자료로는 로드아일랜드대학교에 있는 '콜트 가족 문서Colt Family Papers', 예일대학교의 '자비스−로빈슨 가족 문서 Jarvis-Robinson Family Papers', 워즈워스아테나움박물관의 '새뮤얼 콜트 서한Samuel Colt Correspondence', 그리고 특히 코네티컷주립도서관에 있는 '콜트패턴트파이어암스제작사 기록Colt's Patent Fire Arms Manufacturing Company Records'과 오하이오주립박물관의 '콜트 컬렉션Colt Collection' 등이 있다.

다른 1차 자료로는 올드스터브리지마을Old Sturbridge Village 생활사박물관, 웨어청년도서관협회Young Men's Library Association of Ware, 펜실베이니아역사협회Historical Society of Pennsylvania, 장로교역사협회Presbyterian Historial Society, 뉴저지역사협회New Jersey Historical Society 등에 있는 문서 자료를 참고했다. 또한 뉴욕공립도서관, 의회도서관, Newspapers.com 등을 통해 접속한 온라인 신문 아카이브도 큰 도움이 되었다. 1차 자료와 나란히 출처 주석과 참고 문헌에서 인용한 수많은 놀라운 저자들의 작품을 비롯한, 1812년 전쟁부터 남북전쟁에 이르는 시기를 다루는 풍부한 미국사 저작에 의지했다.

이미 두툼한 책을 한 손에 들 수 있도록 하기 위해 방대한 주석과 참고 문헌을 검색 가능한 형태로 jimrasenberger.com에 올려 두었다. 독자 여러분은 이 사이트에서 추가적인 이미지와 온라인 자료 링크, 내가 알게 된 새로운 사실과 정오표, 그리고 이 책에 실리지는 않았지만 그래도 (적어도 내가 볼 때는) 흥미로운 여러 곁가지 이야기들을 발견하게 될 것이다.

웹사이트는 사람과 마찬가지로 항상 지속되는 게 아니기 때문에 1825년 창설된 코네티컷역사협회(chs.org)의 워터맨연구센터Waterman Research Center는 주석과 참고 문헌 사본을 보유하면서 요청하는 누구에게나 제공한다는 데 너그럽게 동의해 주었다.

일러스트레이션과 사진 출처

쪽: 본문

10쪽. Courtesy of the Museum of Connecticut History

24쪽. Courtesy of the Connecticut Historical Society, gift of the heirs of Morgan B. Brainard

27쪽. Courtesy of the Museum of Connecticut History.

36쪽. Photo by author, courtesy of the Young Men's Library Association of Ware, Massachusetts

52쪽. The Wadsworth Atheneum Museum of Art, Elizabeth Hart Jarvis Colt Collection, 1905.53

70쪽. Courtesy of Armsmear/Trustees of the Colt Bequest

80쪽. The Wadsworth Atheneum Museum of Art, Elizabeth Hart Jarvis Colt Collection

88쪽. © 2020 Jeffrey L. Ward

98쪽. The Wadsworth Atheneum Museum of Art, Elizabeth Hart Jarvis Colt Collection, 1905.989.

114쪽. Courtesy of the Historical Society of Washington, D.C., Kiplinger Washington Collection

128쪽. Courtesy of the Library of Congress, Prints and Photographs Division

152쪽. Courtesy of Florida Memory

184쪽. Courtesy of the New York Public Library

210쪽. Courtesy of Cornell University Law Library, Trial Pamphlets Collection

231쪽. Courtesy of the Library of Congress, Prints and Photographs Division

264쪽. Crystal Bridges Museum of American Art

286쪽. Courtesy of the Library of Congress, Prints and Photographs Division

300쪽. The Wadsworth Atheneum Museum of Art

320쪽. Courtesy of the Bancroft Library, UC Berkeley

325쪽. Courtesy of the Library of Congress, Prints and Photographs Division

350쪽. Courtesy of the Connecticut State Library, PG 460, Colt Firearms Industry Collection

380쪽. Public domain, with thanks to R. L. Wilson

389쪽. Courtesy of the Nebraska State Historical Society

405쪽. The Wadsworth Atheneum Museum of Art, Elizabeth Hart Jarvis Colt Collection, 1905.53

425쪽. Courtesy of the Library of Congress, Prints and Photographs Division

448쪽. The Autry Museum

458쪽. Courtesy of the Connecticut State Library, PG 460, Colt Firearms Industry Collection

465쪽. History Colorado, Accession #89.451.4825

508~515쪽 사이 삽입 이미지

1. Courtesy of the Museum of Connecticut History

2. Courtesy of the Connecticut State Library, PG 460, Colt Firearms Industry Collection

3. Courtesy of the New York Public Library

4. Courtesy of Greg Martin

5. The Milwaukee Art Museum

6. Courtesy of the Library of Congress, Prints and Photographs Division

7. Courtesy of the Library of Congress, Prints and Photographs Division

8. The Wadsworth Atheneum Museum of Art, Elizabeth Hart Jarvis Colt Collection, 1905.1005

9. The Wadsworth Atheneum Museum of Art, Elizabeth Hart Jarvis Colt Collection, 1905.988

10. Courtesy of the Connecticut State Library, PG 460, Colt Firearms Industry Collection

11. The Wadsworth Atheneum Museum of Art, Elizabeth Hart Jarvis Colt Collection

12. Courtesy of the Connecticut State Library, PG 460, Colt Firearms Industry Collection

13. Courtesy of Albert Brichaux

14. The Wadsworth Atheneum Museum of Art

15. The New-York Historical Society

16. The Nelson-Atkins Museum of Art

17. Courtesy of the Library of Congress, Prints and Photographs Division

18. Kansas State Historical Society

19. Courtesy of the Library of Congress, Prints and Photographs Division

20. Public domain; Wikimedia Commons

21. Courtesy of the Library of Congress, Prints and Photographs Division

22. History Colorado, Accession #75.64.1

23. Courtesy of the National Portrait Gallery, Smithsonian Institution

24. The Wadsworth Atheneum Museum of Art, Elizabeth Hart Jarvis Colt Collection, 1905.9

25. Courtesy of the Museum of Connecticut History

참고 문헌

단행본과 정기간행물

Abbott, Jacob. *Marco Paul: At the Springfield Armory*. Boston: T. H. Carter, 1843.

Adams, George Rollie. *General William S. Harney: Prince of the Dragoons*. Lincoln: University of Nebraska Press, 2001.

Adams, John Quincy. *Memoirs of John Quincy Adams: Comprising Portions of His Diary from 1795-1848*. Vol. 10. Edited by Charles Francis Adams. Philadelphia: J. B. Lippincott, 1876.

Alden, J. Deane. *Proceedings at the Dedication of Charter Oak Hall upon the South Meadow Grounds of Col. Samuel Colt*. Hartford, CT: Press of Case, Tiffany, 1856.

Alexander, James Edward. *Transatlantic Sketches*. Vol. 2. London: Richard Bentley, 1833.

Ambrose, Stephen E. *Duty, Honor, Country: A History of West Point*. Baltimore: Johns Hopkins University Press, 1999. First published 1966.

Andrist, Ralph K. *The Long Death: The Last Days of the Plains Indian*. Norman: University of Oklahoma Press, 1964.

Auerbach, Jeffrey A. *The Great Exhibition of 1851: A Nation on Display*. New Haven, CT: Yale University Press, 1999.

Bacon, Margaret Hope. *But One Race: The Life of Robert Purvis*. Albany: State University of New York Press, 2007.

Ball, Durwood. *Army Regulars on the Western Frontier, 1848-1861*. Norman: University of Oklahoma Press, 2001.

Baptist, Edward E. *The Half Has Never Been Told: Slavery and the Making of American Capitalism*. New York: Basic Books, 2014.

Barnard, Henry. *Armsmear: The Home, the Arm, and the Armory of Samuel Colt: A Memorial*. New York: 1866.

Barnum, Phineas T. *The Life of P. T. Barnum, Written by Himself.* New York: Redfield, 1855([한국어판] 피니어스 T. 바넘 지음, 정탄 옮김, 《위대한 쇼맨》, 아템포, 2017).

Barton, Henry W. "The United States Cavalry and the Texas Rangers." *Southwest Historical Quarterly* 63, no. 4 (April 1960): 495~510쪽.

Bennett, Swannee, and William B. Worthen. *Arkansas Made: A Survey of the Decorative, Mechanical, and Fine Arts Produced in Arkansas, 1819-1870*. Fayetteville: University of Arkansas Press, 1991.

Bierce, Ambrose. *The Collected Fables of Ambrose Bierce*. Edited by S. T. Joshi. Columbus: Ohio State University Press, 2000.

Boorstin, Daniel J. *The Americans: The National Experience*. New York: Vintage Books, 1965.

Brands, H. W. The Age of Gold: *The California Gold Rush and the New American Dream*. New

York: Anchor Books, 2002.

------. *Andrew Jackson: His Life and Times*. New York: Anchor Books, 2006.

Brown, James S. *Life of a Pioneer: Being the Autobiography of James S. Brown*. Salt Lake City: Geo. Q. Cannon and Sons, 1900.

Bryant, Edwin. *What I Saw in California: Being the Journal of a Tour by the Emigrant Route and South Pass of the Rocky Mountains ... in the Years 1846, 1847*. 5th ed. New York: D. Appleton, 1849.

Burlingame, Roger. *Backgrounds of Power*. New York: Charles Scribner's Sons, 1949.

------. *Machines That Built America*. New York: Signet Key/New American Library, 1955([한국어판] 로저 벌링게임 지음, 홍영백 옮김, 《미국문명과 기계》, 전파과학사, 1975).

Burrows, Edwin G., and Mike Wallace. *Gotham: A History of New York City to 1898*. New York: Oxford University Press, 1999.

Calomiris, Charles W., and Larry Schweikart. "The Panic of 1857: Origins, Transmission, and Containment." *Journal of Economic History* 51, no. 4 (1991).

Campanella, Richard. *Lincoln in New Orleans: The 1828-1831 Flatboat Voyages and Their Place in History*. Lafayette: University of Louisiana Press, 2010.

Candee, Richard M. "New Towns in the Early Nineteenth Century: The Textile Industry and Community Development in New England." Old Sturbridge Village Research Paper, May 1976.

Caro, Robert. *The Path to Power*. New York: Vintage Books, 1990.

Carpenter, Edward Wilton, and Charles Frederick Morehouse. *The History of the Town of Amherst, Massachusetts*. Amherst, MA: Press of Carpenter and Morehouse, 1896.

Carroll, Lewis. *The Selected Letters of Lewis Carroll*. Edited by Morton N. Cohen. London: Palgrave, 1989.

Carvalho, Solomon Nunes. *Incidents of Travel and Adventure in the Far West with Col. Frémont's Last Expedition*. New York: Derby and Jackson, 1859.

Castel, Albert E. *William Clark Quantrill: His Life and Times*. Norman: University of Oklahoma Press, 1999. 초판은 1962.

Chase, Arthur. *History of Ware, Massachusetts*. Cambridge, MA: University Press, 1911.

Child, Lydia Maria. *Letters from New-York*. London: Richard Bentley, 1843.

Clow, Richmond L. "General William S. Harney on the Northern Plains." *South Dakota History*, 1987.

Cohen, Patricia Cline. *The Murder of Helen Jewett: The Life and Death of a Prostitute in Nineteenth-Century New York*. New York: Knopf, 1998.

Colt, J. C. *The Science of Double Entry Book-Keeping*. New York: Lamport, Blakeman, and Law, 1853.

Colt, Samuel. *On the Application of Machinery to the Manufacture of Rotating Chambered-Breech*

Fire-Arms, and Their Peculiarities. London: William Clowes and Sons, 1855.

------. *Sam Colt's Own Record.* Prescott, AZ: Wolfe Publishing, 1992. 초판은 코네티컷역사협회에서 1949년 출간.

Connelley, William Elsey. *Quantrill and the Border Wars.* Cedar Rapids, IA: Torch Press, 1910.

Cowden, Joanna D. *Heaven Will Frown on Such a Cause as This: Six Democrats Who Opposed Lincoln's War.* Lanham, MD: University Press of America, 2001.

Cozzens, Peter. *The Earth Is Weeping: The Epic Story of the Indian Wars for the American West.* New York: Vintage Books, 2016.

Crawford, Margaret. *Building the Workingman's Paradise: The Design of American Company Towns.* New York: Verso, 1995.

Cunliffe, Marcus. "America at the Great Exhibition of 1851." *American Quarterly 3*, no. 2 (Summer 1851).

Cutler, Wayne, and Robert G. Hall II, eds. *Correspondence of James K. Polk, Vol. IX, Jan-June 1845.* Knoxville: University of Tennessee Press, 1996.

Damon, S. Foster. "Why Ishmael Went to Sea." *American Literature 2*, no. 3 (November 1930).

Damrosch, Leo. *Tocqueville's Discovery of America.* New York: Farrar, Straus and Giroux, 2011.

Dana, Richard Henry. *The Annotated Two Years before the Mast.* Lanham, MD: Sheridan House, 2013.

DeConde, Alexander. *Gun Violence in America: The Struggle for Control.* Boston: Northeastern University Press, 2001.

DeVoto, Bernard. *Across the Wide Missouri.* New York: Houghton Mifflin, 1998. 초판은 1947.

------. *The Year of Decision, 1846.* New York: St. Martin's Griffin, 2000. 초판은 1942.

Deyle, Steven. *Carry Me Back: The Domestic Slave Trade in American Life.* New York: Oxford University Press, 2005.

Dickens, Charles. *The Works of Charles Dickens: American Notes and Pictures from Italy.* New York: Charles Scribner's Sons, 1900.

Dizzard, Jan E., Robert Merrill Muth, and Stephen P. Andrews Jr., eds. *Guns in America: A Reader.* New York: New York University Press, 1999.

Dobyns, Kenneth W. *The Patent Office Pony: A History of the Early Patent Office.* Boston: Docent Press, 2016. 초판은 1994.

Dudley, N. A. M. Edited by R. Eli Paul. "Battle of Ash Hollow: The 1909-1910 Recollections of General N. A. M Dudley." *Nebraska History* 62 (Fall 1981).

Eaton, W. Clemont. "Frontier Life in Southern Arizona, 1858-1861." *Southwestern Historical Quarterly* 36, no. 3 (January 1933).

Edwards, William B. *The Story of Colt's Revolver: The Biography of Col. Samuel Colt.* New York: Castle Books, 1957.

Eldredge, Zoeth Skinner. *The Beginning of San Francisco*. Vol. 2. San Francisco: Zoeth S. Eldredge, 1912.

Ellis, John. *The Social History of the Machine Gun*. Baltimore: Johns Hopkins University Press, 1975.

Eyal, Yonatan. *The Young America Movement and the Transformation of the Democratic Party, 1828-1861*. New York: Cambridge University Press, 2007.

Faragher, John Mack. *Women & Men on the Overland Trail*. New Haven, CT: Yale Nota Bene, 2001. 초판은 1979.

Faust, Drew Gilpin. *This Republic of Suffering: Death and the American Civil War*. New York: Vintage, 2008.

Fehrenbach, T. R. *Lone Star: A History of Texas and the Texans*. New York: Tess Press, 2000. 초판은 1968.

Folpe, Emily Kies. *It Happened on Washington Square*. Baltimore: Johns Hopkins University Press, 2002.

Freeman, Joanne B. *The Field of Blood: Violence in Congress and the Road to Civil War*. New York: Farrar, Straus and Giroux, 2018.

Galignani, A. and W. *New Paris Guide*. 17th ed. Paris: Published by A. and W. Galignani, 1830.

Gibby, Darin. *Why Has America Stopped Inventing?* New York: Morgan James, 2012.

Glaser, Leah S., and Nicholas Thomas. "Sam Colt's Arizona: Investing in the West." *Journal of Arizona History* 56, no. 1 (Spring 2015).

Glenn, Myra C. Jack Tar's Story: *The Autobiographies and Memoirs of Sailors in Antebellum America*. New York: Cambridge University Press, 2010.

Goodman, Matthew. *The Sun and the Moon: The Remarkable True Account of Hoaxers, Showmen, Dueling Journalists, and Lunar Man-Bats in Nineteenth-Century New York*. New York: Basic Books, 2008.

Granston, David W. "A Story of Sunshine and Shadow: Elizabeth H. Colt and the Crafting of the Colt Legacy in Hartford." Master's thesis, University of Delaware, 2016.

Grant, Ulysses S. *Personal Memoirs of U. S. Grant*. Reprint, Old Saybrook, CT: Konecky and Konecky, 1992.

Griswold, Rufus Wilmot, ed. *The Female Poets of America*. New York: Garrett Press, 1873.

Grunwald, Michael. The Swamp: *The Everglades, Florida, and the Politics of Paradise*. New York: Simon & Schuster, 2006.

Gura, Philip F. *The Crossroads of American History and Literature*. University Park: Pennsylvania State University Press, 1996.

Guterl, Mathew Pratt. *American Mediterranean: Southern Slaveholders in the Age of Emancipation*. Cambridge, MA: Harvard University Press, 2008.

Gwynne, S. C. *Empire of the Summer Moon.* New York: Scribner, 2010.

Haag, Pamela. *The Gunning of America: Business and the Making of American Gun Culture.* New York: Basic Books, 2016.

Haight, Gordon S. *Mrs. Sigourney: The Sweet Singer of Hartford.* New Haven, CT: Yale University Press, 1930.

Hatch, Thom. *Osceola and the Great Seminole War: A Struggle for Justice and Freedom.* New York: St. Martin's Press, 2012.

Haven, Charles T., and Frank A. Belden. *A History of the Colt Revolver from 1836 to 1940.* New York: Bonanza Books, 1940.

Hawthorne, Nathaniel. *The Works of Nathaniel Hawthorne: Mosses from an Old Manse.* Denver: Tandy, Wheeler, 1902.

Hine, Robert V., and John Mack Faragher. *The American West: A New Interpretive History.* New Haven, CT: Yale University Press, 2000.

Hofstadter, Richard. "America as a Gun Culture." *American Heritage* 21, no. 6 (October 1970).

Holmes, Richard. *The Age of Wonder: The Romantic Generation and the Discovery of the Beauty and Terror of Science.* New York: Vintage, 2010([한국어판] 리처드 홈스 지음, 전대호 옮김,《경이의 시대》, 문학동네, 2013).

Hone, Philip. *The Diary of Philip Hone, 1828-1851.* Vol. 1. New York: Dodd, Mead, 1889.

Hosley, William. Colt: *The Making of an American Legend.* Amherst: University of Massachusetts Press, 1996.

Hounshell, David A. *From the American System to Mass Production, 1800-1932.* Baltimore: Johns Hopkins University Press, 1984.

Houze, Herbert G. *Samuel Colt: Arms, Art, and Invention.* New Haven, CT: Yale University Press, 2006.

Howe, Daniel Walker. *What God Hath Wrought: The Transformation of America, 1815-1848.* New York: Oxford University Press, 2007.

Hunter, Louis C. *A History of Industrial Power in the United States, 1780-1930.* Charlottesville: University Press of Virginia, 1979.

Hyde, William. *An Address, Delivered at the Opening of the New Town Hall, Ware, Mass., March 31, 1847.* Brookfield, MA: O. S. Cooke, 1851.

Ivey, Darren L. *The Ranger Ideal: Vol. 1: Texas Rangers in the Hall of Fame, 1823-1861.* Denton: University of North Texas Press, 2017.

Johnson, Paul E. *Sam Patch, the Famous Jumper.* New York: Hill and Wang, 2003.

Johnston, Johanna. *The Life, Manners, and Travels of Fanny Trollope.* New York: Hawthorne Books, 1978.

Karcher, Carolyn L. *The First Woman in the Republic: A Cultural Biography of Lydia Maria Child.*

Durham, NC: Duke University Press, 1994.

Keating, Bern. *The Flamboyant Mr. Colt and His Deadly Six-Shooter.* Garden City, NY: Doubleday and Company, 1978.

Kemble, Frances. *Fanny Kemble's Journals.* Edited by Catherine Clinton. Cambridge, MA: Harvard University Press, 2000.

Larkin, Jack. *The Reshaping of Everyday Life, 1790-1840.* New York: Harper and Row, 1988.

Lawson, John D., ed. *American State Trials.* Vol. 1: St. Louis: F. H. Thomas Law Book, 1914.

Leland, Charles Godfrey. *Memoirs of Charles Godfrey Leland.* London: William Heinemann, 1894.

Lewis, Berkeley R. *Small Arms and Ammunition in the United States Service.* Washington, DC: Smithsonian Institution, 1956.

Longfield, G. Maxwell, and David T. Basnett. *Observations on Colt's Second Contract, November 2, 1847.* Alexandria Bay, NY: Museum Restoration Services, 1998.

Lossing, Benson J. *History of New York City: Embracing an Outline Sketch of Events from 1609 to 1830.* Vol. 1. New York: Perine Engraving and Publishing, 1884.

Lundeberg, Philip K. *Samuel Colt's Submarine Battery: The Secret and the Enigma.* Washington, DC: Smithsonian Institution Press, 1974.

Macaulay, David. *Mill.* Boston: Houghton Mifflin, 1983.

Marcy, Randolph B. *The Prairie Traveler: A Hand-Book for Overland Expeditions.* New York: Harper and Brothers, 1859.

Martineau, Harriet. *Retrospect of Western Travel.* Vol. 1. New York: Harper and Brothers, 1838.

Mayer, Henry. *All on Fire: William Lloyd Garrison and the Abolition of Slavery.* New York: W. W. Norton, 1998.

McDonough, James Lee. *William Tecumseh Sherman: In the Service of My Country: A Life.* New York: W. W. Norton, 2017.

McInnes, Maurie Dee. *The Politics and Taste in Antebellum Charleston.* Chapel Hill: University of North Carolina Press, 2008.

McLynn, Frank. *Wagons West: The Epic Story of America's Overland Trails.* New York: Grove Press, 2002.

McPherson, James M. *Battle Cry of Freedom: The Civil War Era.* New York: Oxford University Press, 1988.

Meldahl, Keith Heyer. *Hard Road West: History and Geology along the Gold Rush Trail.* Chicago: University of Chicago Press, 2007.

Missouri Dental Journal: A monthly record of Science and Art 15 (1883).

Mitchell, James L. *Colt: The Man, the Arms, the Company.* Harrisburg, PA: The Stackpole Company, 1959.

Moore, William Foote, ed. *Representative Men of Connecticut, 1861-1894.* Everett, MA:

Massachusetts Publishing Company, 1894.

Morgan, Dale, ed. *Overland in 1846: Diaries and Letters of the California-Oregon Trail.* Vol. 1. Lincoln: University of Nebraska Press, 1993. 초판은 1963.

Morley, Jefferson. *Snow-Storm in August: The Struggle for American Freedom and Washington's Race Riot of 1835.* New York: Anchor Books, 2012.

Morris, Charles R. *The Dawn of Innovation: The First American Industrial Revolution.* New York: Public Affairs, 2012.

Morrison, James L. *The Best School: West Point, 1833-1866.* Kent, OH: Kent State University Press, 1998. 초판은 1986.

Motte, Jacob Rhett. *Journey into Wilderness: An Army Surgeon's Account of Life in Camp and Field during the Creek and Seminole Wars, 1836-1838.* Edited by James F. Sunderman. Gainesville: University of Florida Press, 1953.

Muir, Diana. *Reflection in Bullough's Pond: Economy and Ecosystem in New England.* Hanover, NH: University Press of New England, 2000.

Murphy, Sharon Ann. *Other People's Money: How Banking Worked in the Early American Republic.* Baltimore: Johns Hopkins University Press, 2017.

Nelson, William. *The First Presbyterian Church of Paterson, New Jersey.* Paterson, NJ: Call Printing and Publishing, 1893.

O'Connell, Robert L. *Fierce Patriot: The Tangled Lives of William Tecumseh Sherman.* New York: Random House, 2014.

------. *Of Arms and Men: A History of War, Weapons, and Aggression.* New York: Oxford University Press, 1989.

Olmsted, Frederick Law. *A Journey Through Texas; Or, A Saddle-trip on the Southwestern Frontier.* New York: Dix, Edwards, 1857.

O'Sullivan, John L. *The United States Magazine and Democratic Review* 18 (January 1846).

Parkman, Francis, Jr. *The Oregon Trail.* Mineola, NY: Dover Publications, 2002. 초판은 1883.

Parsons, Francis. *The Friendly Club and Other Portraits.* Hartford, CT: Edwin Valentine Mitchell, 1922.

Pate, Charles W. *Colt's Walker Army Revolver.* Woonsocket, RI: Mowbray, 2020.

Paul, R. Eli. *Blue Water Creek and the First Sioux War, 1854-1856.* Reprint, Norman: University of Oklahoma Press, 2012.

Pauly, Roger. Firearms: *The Life Story of a Technology.* Westport, CT: Greenwood Press, 2004.

Phelps, M. William. *The Devil's Right Hand: The Tragic Story of the Colt Family Curse.* Guilford, CT: Lyon's Press, 2012.

Phillips, Philip R., and R. L. Wilson. *Paterson Colt Pistol Variations.* Dallas: published for Woolaroc Museum by Jackson Arms, 1979.

Phillips, Ulrich Bonnell. *The Correspondence of Robert Toombs, Alexander H. Stephens, and Howell Cobb.* Washington, DC: Government Printing Office, 1913.

Powell, C. F. *An Authentic Life of John C. Colt, Now Imprisoned for Killing Samuel Adams, in New York on the Seventeenth of September, 1841.* Boston: S. N. Dickinson, 1842.

Potter, David M. *The Impending Crisis: America Before the Civil War, 1848-1861.* New York: Harper Perennial, 2011. 초판은 1976.

Reed, Augustus B. *Historical Sermon, delivered at Ware First Parish on Thanksgiving Day, Dec. 2, 1830.* Privately printed in 1889 for J. H. G. Gilbert.

Reinhardt, Richard. "To a Distant and Perilous Service." *American Heritage* 30, no. 4 (June/July 1979).

Reps, John W. Washington: *The Nation's Capital Since 1790.* Chapel Hill: University of North Carolina Press, 1991.

Reynolds, David S. Waking Giant: *America in the Age of Jackson.* New York: Harper Perennial, 2008.

Richardson, Jeffrey. *Colt: The Revolvers of the American West: The Autry Collection.* New York: Rizzoli, 2013.

Roberts, Alasdair. *America's First Great Depression: Economic Crisis and Political Disorder after the Panic of 1837.* Ithaca, NY: Cornell University Press, 2012.

Robertson, Shauna Martineau. "Anna Mary Freeman's Room: Women and Art in Antebellum America." Master's thesis, Brigham Young University, 2004.

Rohan, Jack. Yankee *Arms Maker: The Story of Sam Colt and His Six-Shot Peacemaker.* New York: Harper and Brothers, 1948. 초판은 1935.

Rosa, Joseph G. *Colonel Colt London: The History of Colt's London Firearms, 1851-1857.* London: Arms and Armour Press, 1976.

Rosenberg, Charles E. *The Cholera Years: The United States in 1832, 1849, and 1866, with a New Afterword.* Chicago: University of Chicago Press, 1987. 초판은 1962.

Royal Commission. *Official Catalogue of the Great Exhibition of the Works of Industry of All Nations, 1851.* London: W. Clowes and Sons, 1851.

Rywell, Martin. *Samuel Colt: A Man and an Epoch.* Harriman, TN: Pioneer Press, 1955. 초판은 1952.

------. *The Trial of Samuel Colt: Complete Report of the Trial of Samuel Colt vs. the Mass. Arms Company.* Harriman, TN: Pioneer Press, 1953.

Scharf, John Thomas. *The Chronicles of Baltimore: Being a Complete History of "Baltimore Town" and Baltimore City.* Baltimore: Turnbull Brothers, 1874.

Schechter, Harold. *Killer Colt: Murder, Disgrace, and the Making of an American Legend.* New York: Ballantine Books, 2010.

Seager, Robert. *And Tyler Too: A Biography of John and Julia Gardiner Tyler.* New York: McGraw-Hill, 1963.

Serven, James E., and Carl Metzger. *Paterson Pistols: First of the Famous Repeating Firearms Patented and Promoted by Sam'l Colt.* Santa Ana, CA: Foundation Press, 1946.

------. *Colt Percussion Pistols: A Pictorial Review of Model Variations; Facts about Their Manufacture and Use.* Santa Ana, CA: Foundation Press, 1947.

Seward, Frederick W. *William H. Seward: An Autobiography from 1801 to 1834 with a Memoir of His Life, and Selections from his Letters, 1831-1846.* New York: Derby and Miller, 1891.

Shriner, Charles A. *Four Chapters of Paterson History.* Paterson, NJ: Lont and Overkamp, 1919.

Sides, Hampton. *Blood and Thunder: An Epic of the American West.* New York: Doubleday, 2006([한국어판] 햄튼 사이즈 지음, 홍한별 옮김, 《피와 천둥의 시대》, 갈라파고스, 2009).

Sigourney, Lydia H. *Letters of Life.* New York: Appleton, 1867.

------. *Letters to My Pupils.* New York: Robert Carter and Brothers, 1851.

------. *Lydia Sigourney: Selected Poetry and Prose.* Edited by Gary Kelly. Peterborough, Ontario: Broadview Press, 2008.

Silverman, Kenneth. *Lightning Man: The Accursed Life of Samuel F. B. Morse.* New York: Knopf, 2003.

Smiley, Jerome Constant. *Semi-Centennial History of the State of Colorado.* Vol. 1. Chicago and New York: Lewis, 1913.

Smith, Merritt Roe, ed. *Military Enterprise and Technological Change: Perspectives on the American Experience.* Cambridge, MA: MIT Press, 1985.

Sowell, Andrew Jackson. *Early Settlers and Indian Fighters of Southwest Texas: Facts Gathered from Survivors of Frontier Days.* Austin, TX: Ben C. Jones, 1900.

Srebnick, Amy Gilman. *The Mysterious Death of Mary Rogers: Sex and Culture in Nineteenth-Century New York.* New York: Oxford University Press, 1995.

Stiles, T. J. *The First Tycoon: The Epic Life of Cornelius Vanderbilt.* New York: Vintage, 2010.

------. *Jesse James: Last Rebel of the Civil War.* New York: Vintage, 2002.

Stocqueler, J. H. *The Memoirs of a Journalist.* Bombay and London: Times of India, 1873.

Strong, George Templeton. *The Diary of George Templeton Strong: Young Man in New York, 1835-1849.* Edited by Alan Nevins and Milton Halsey Thomas. New York: Macmillan, 1952.

Thompson, Robert Luther. *Wiring a Continent: The History of the Telegraph Industry in the United States, 1832-1866.* Princeton, NJ: Princeton University Press, 1947.

Thoreau, Henry David. *The Essays of Henry D. Thoreau.* Edited by Lewis Hyde. New York: North Point Press, 2002.

Tocqueville, Alexis de. *Democracy in America.* Vol. 1. Translated by Henry Reeve. New York: George Adlard, 1839(한국어판 다수).

Travers, Len. *Celebrating the Fourth: Independence Day and the Rites of Nationalism in the Early Republic.* Amherst: University of Massachusetts Press, 1997.

Trollope, Fanny. *Domestic Manners of the Americans.* London and New York: Penguin Books, 1997. 초판은 1832.

Troutman, Phillip D. *Slave Trade and Sentiment in Antebellum Virginia.* PhD diss., University of Virginia, 2000.

Trumbull, L. R. *A History of Industrial Paterson: Being a Compendium of the Establishment, Growth and Present Status of Paterson, N.J.* Paterson, NJ: Carleton M. Herrick, 1882.

Tucher, Andie. *Froth & Scum: Truth, Beauty, Goodness, and the Ax Murder in America's First Mass Medium.* Chapel Hill: University of North Carolina Press, 1994.

Tucker, Barbara M. "Roswell Colt: Entrepreneurship in the Early Republic." *NJS: An Interdisciplinary Journal* (Winter 2016).

Tucker, Barbara M., and Kenneth H. Tucker. *Industrializing Antebellum America: The Rise of Manufacturing Entrepreneurs in the Early Republic.* New York: Palgrave MacMillan, 2008.

Tuckerman, Frederick. *Amherst Academy: A New England School of the Past, 1814-1861.* Amherst, MA: printed for the trustees, 1929.

United States Congress. *American State Papers, Class V, Military Affairs, Volume VII: Documents, Legislative and Executive, of the Congress of the United States for the Second Session of the Twenty-Fourth, and First and Second Sessions of the Twenty-Fifth Congress, Commencing March 1, 1837, and Ending March 1, 1838.* Washington, DC: Gales and Eaton, 1861.

United States House of Representatives. *Reports of Committees of the House of Representatives Made during the First Session of the Thirty-Third Congress: House Report No. 353, August 3, 1854.* Printed by order of the House of Representatives, in three volumes. Washington, DC: A. O. P. Nicholson, Printer, 1854.

United States Senate. *In the Senate of the United States, 31st Congress, 2nd Session. Rep. Com. No. 257, January 30, 1851.* Washington, DC: submitted and ordered to be printed, 1851.

United States Supreme Court. *Cases Argued and Decided in the Supreme Court of the United States, October Terms, 1883, 1884, in 100, 111, 112, 113 U.S.,* Vol. 28. Rochester, NY: Lawyers' Cooperative, 1901.

Unruh, John D. *The Plains Across.* Urbana: University of Illinois Press, 1979.

Uselding, Paul. "Elisha K. Root, Forging, and the 'American System.'" *Technology and Culture* 15 (October 1974).

Utley, Robert M. *Frontiersmen in Blue: The United States Army and the Indian, 1848-1865.* Lincoln: University of Nebraska Press, 1967.

------. *Lone Star Justice: The First Century of the Texas Rangers.* New York: Oxford University Press, 2002.

VanDeusen, Glyndon G. *The Jacksonian Era, 1828-1848*. New York: Harper and Row, 1959.

Vickers, Daniel, with Vince Walsh. *Young Men and the Sea: Yankee Seafarers in the Age of Sail*. New Haven, CT: Yale University Press, 2005.

Warren, G. K. "Explorer on the Northern Plains: Lieutenant Gouverneur K. Warren's Preliminary Report of the Explorations in Nebraska and Dakota, in the Years 1855-'56'57." *Engineer Historical Studies* no. 2. Washington, DC: Historical Division, Office of the Chief of Engineers, 1981.

Webb, Walter Prescott. *The Great Plains*. Lincoln: University of Nebraska Press, 1981. 초판은 1931.

------. *The Texas Ranger: A Century of Frontier Defense*. Austin: University of Texas Press, 1991. 초판은 1935.

Weed, Thurlow. *Selections from the Newspaper Articles of Thurlow Weed*. Albany, NY: Weed, Parsons, 1877.

Weightman, Gavin. *The Industrial Revolutionaries: The Making of the Modern World, 1776-1914*. New York: Grove Press, 2007.

West, Elliot. *The Contested Plains: Indians, Goldseekers, and the Rush to Colorado*. Lawrence: University Press of Kansas, 1998.

White, Andrew D. *The Diaries of Andrew D. White*. Edited by Robert Morris Ogden, Ithaca, NY: Cornell University Library, 1959.

Widmer, Edward L. *Young America: The Flowering of Democracy in New York City*. New York: Oxford University Press, 1999.

Wilder, S. V. S. *Records from the Life of S. V. S. Wilder*. New York: American Tract Society, 1865.

Wilson, Robert L. Colt: *An American Legend*. New York: Abbeville, 1985.

------. *Magnificent Colts: The Art of the Gun: Selections from the Robert M. Lee Collection*. Sparks, NV: Yellowstone Press, 2011.

Wineapple, Brenda. *Ecstatic Nation: Confidence, Crisis, and Compromise, 1848-1877*. New York: Harper Perennial, 2013.

Wood, Ann Douglas. "Mrs. Sigourney and the Sensibility of the Inner Space." *New England Quarterly* 45, no. 2 (June 1972).

Wood, Gordon. *Empire of Liberty: A History of the Early American Republic, 1789-1815*. New York: Oxford University Press, 2009.

Wright, Richardson. *Hawkers and Walkers in Early America*. Philadelphia: J. B. Lippincott, 1927.

Yenne, Bill. Indian Wars: *The Campaign for the American West*. Yardley, PA: Westholme, 2008. 초판은 2006.

문서보관소

Amherst College Archives and Special Collections (Amherst Academy records).

Connecticut Historical Society (Samuel Colt papers; Samuel Colt estate papers; Samuel Colt passports and political papers; William Jarvis Letters).

Connecticut State Library (Colt's Patent Fire Arms Manufacturing Company Records; Colt's Patent Fire Arms Manufacturing Company Collection).

Harvard University, Houghton Library (Bernard Raux slave trade papers).

Historical Society of Pennsylvania (Roswell L. Colt Collection).

Museum of Connecticut History (Colt Collection).

New Jersey Historical Society (John Colt letters; Edward Nicoll Dickerson record books).

New York City Municipal Archives (New York County DA—Indictment Records).

New-York Historical Society (Archives, MSS Collection).

NYU Special Collections Center, University Archives (Samuel Colt File; Rent rolls).

Old Sturbridge Village Research Library.

Presbyterian Historical Society (Ramsey family papers).

Springfield Armory National Historic Site.

Texas State Library and Archives (Samuel Hamilton Walker Papers).

University of Chicago Library (Stephen A. Douglas Papers).

University of Georgia, Hargrett Library (John Howard Payne letter books).

University of Michigan, Clements Library (Lydia Maria Child Papers).

University of Rhode Island, Special Collections and Archives (Colt Family Papers).

Wadsworth Atheneum Museum of Art (Colt materials).

Yale University, Beinecke Library (Jarvis-Robinson Family Papers).

Young Men's Library Association / Ware's Public Library.

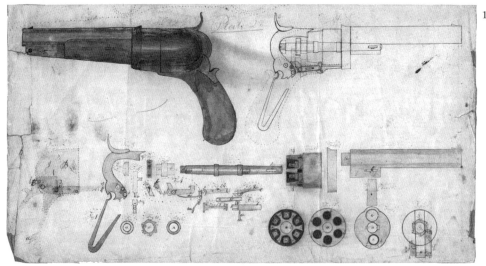

1

볼티모어의 존 피어슨이 만든 모델 중 하나를 그린 1835년 콜트 특허 도안. 콜트가 1836년에 미국 특허를 신청하면서 제출한 자료에는 포함되지 않았다. 이 자료들은 그해 말에 특허청이 화재로 전소되면서 전부 소실되었다. 리볼버의 부품에는 왼쪽부터 공이치기, 래칫, 스핀들, 실린더, 총열이 있다.

2

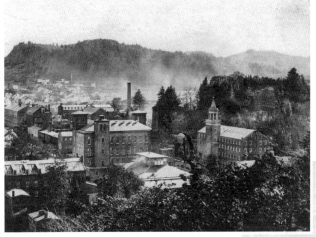

샘 콜트와 패턴트암스제작사가 자리를 잡은 지 수십 년 뒤인 뉴저지주 패터슨의 풍경. 콜트가 스물한 살이던 1836년 봄에 지어진 총기 공장이 오른쪽에 있고 종탑과 둥근 지붕이 옆에 보인다.

3

토머스 설리가 그린 초상화의 일부인 로스웰 L. 콜트의 석판화. 패터슨은 알렉산더 해밀턴의 작품이었지만, 이 산업 도시는 콜트 집안 성원들이 소유하고 운영했고 그중에서도 로스웰이 가장 중요한 인물이다. 어떤 이들에게는 "콜트 집안에서 가장 위대한 사람"이고 다른 이들에게는 "악당이자 사기꾼"이었던 로스웰은 초기에 사촌인 샘을 지원한 인물로 돈을 빌려주고, 사람들을 소개하고, 특히 도덕적 판단을 삼갔다.

4

1841년에 회사가 망하자 콜트는 수중 포대라는 새로운 계획으로 관심을 돌렸다. 원거리에서 전기를 이용해 터뜨리는 폭발물로 적함을 폭파시키는 구상을 제안한 것이다. 앙투안 기버트가 그린 이 그림은 1844년 4월 13일 콜트가 네 번째이자 마지막으로 진행한 시연을 묘사한다. 하원이 휴회하고 워싱턴 사람들이 모두 포토맥강 강둑에 운집한 가운데 콜트(아마 하류쪽 오래된 양조장 꼭대기층에 서 있었을 것이다)가 수중 케이블을 통해 스틱스호 아래에 있는 기뢰에 전류를 보냈고, 《뉴욕헤럴드》의 보도에 따르면 곧바로 스틱스호가 "산산조각이 났다."

텍사스 순찰대는 1844년 6월 코만치족 전사들을 상대로 콜트 권총을 사용하기 시작하면서 그를 다시 총기 사업에 끌어들였다. 아서 피츠윌리엄 테이트가 1855년에 그린 이 작품은 아메리카 원주민에 대한 백인의 지배를 미화하는 한편 코만치족의 놀라운 전투와 기마 기술뿐만 아니라 리볼버 덕분에 순찰대가 얼마나 큰 우위를 누리게 됐는지도 정확하게 묘사한다.

텍사스 순찰대원 새뮤얼 워커. 적어도 한 이야기에 따르면, 용맹한 워커 대위는 콜트 덕분에 살다가 멕시코인의 창에 죽었다. 콜트는 워커 덕분에 총기 제조업자로 부활할 수 있었다.

텍사스주 출신 연방 상원의원 토머스 제퍼슨 러스크. 훌륭하면서도 변덕스러운(1857년에 소총으로 자살한다) 러스크는 멕시코전쟁 이후 리볼버의 필요성을 제시한다. 인디언에 맞서 싸우려면 꼭 필요하다는 것이었다.

8

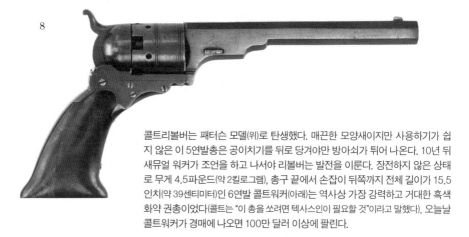

콜트리볼버는 패터슨 모델(위)로 탄생했다. 매끈한 모양새이지만 사용하기가 쉽지 않은 이 5연발총은 공이치기를 뒤로 당겨야만 방아쇠가 튀어 나온다. 10년 뒤 새뮤얼 워커가 조언을 하고 나서야 리볼버는 발전을 이룬다. 장전하지 않은 상태로 무게 4.5파운드(약 2킬로그램), 총구 끝에서 손잡이 뒤쪽까지 전체 길이가 15.5인치(약 39센티미터)인 6연발 콜트워커(아래)는 역사상 가장 강력하고 거대한 흑색화약 권총이었다(콜트는 "이 총을 쏘려면 텍사스인이 필요할 것"이라고 말했다). 오늘날 콜트워커가 경매에 나오면 100만 달러 이상에 팔린다.

9

엘리샤 킹 루트는 1829년 콜트를 흥분한 군중의 손에서 구해 주었고, 그로부터 20년 뒤 다시 콜트를 도와준다. 루트는 19세기에 손꼽히는 기계 기술자였고, 콜트의 하트퍼드 무기 공장을 미국에서 가장 발전한 공장으로 만드는 데 일조했다. 그는 1865년에 사망했지만, 그의 작업은 이후 오랫동안 미국 산업에 영향을 미쳤다.

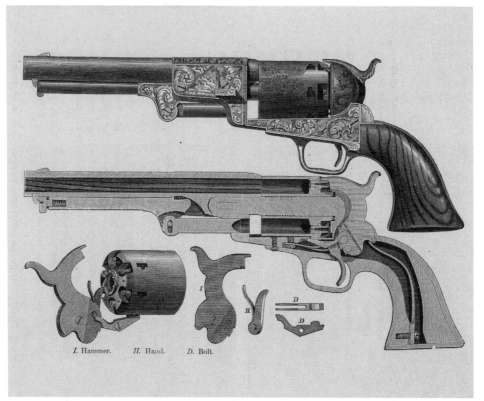

11

I. Hammer.   H. Hand.   D. Bolt.

1850년대 중반 콜트드러군. 왼쪽 아래에 있는 부품을 보면 콜트리볼버가 어떻게 작동하는지를 알 수 있다. 공이치기(I)를 뒤로 당기면 멈춤쇠(H)가 올라간다. 멈춤쇠가 실린더 뒤에 있는 래칫을 밀어 올리면, 실린더는 전체 회전의 6분의 1을 정확히 돌아간다. 그와 동시에 실린더 멈춤쇠(D)가 실린더 바깥에 있는 작은 홈 안으로 떨어져서 공이치기와 총열이 완벽하게 정렬되면서 고정된다. 격발 이후에 사수는 다시 공이치기를 당기고 이 과정이 반복된다.

12

13

콜트의 네 얼굴: 위 왼쪽은 콜트와 그의 상속자들(특히 부인)이 보여 주고자 한 그의 얼굴을 담고 있다. 잘생기고 고상하고 건실하면서도 상냥한 모습이다. 위 오른쪽은 불길하지는 않더라도 좀 더 진지한 자세를 취한 콜트다. 아래 왼쪽은 아마 1854년 러시아를 처음 방문한 뒤 찍은 사진 같은데, 권위주의적 경향을 지닌 열렬한 민주주의자라는 콜트의 도도한 측면이 드러난다. 아래 오른쪽은 보기 드문 사진으로 매슈 브래디가 찍은 이른바 '당당한 초상화'의 하나다. 날짜가 적혀 있지 않지만 콜트 생애 막바지에 찍은 것으로 보인다. 류머티즘 관절염을 앓고 있었고, 그의 표현을 빌리자면 걸핏하면 "한잔" 기울이던 때다.

14

15

1853년 7월 무법자 호아킨 무리에타를 죽이고 난 뒤 해리 러브(가운데)와 캘리포니아 순찰대 동료들. 콜트리볼버를 차고 찍은 초창기 사진 가운데 하나다.

남북전쟁 양편의 젊은이들이 전투에 나가기 전에 사진 스튜디오에 들러 리볼버를 들고 포즈를 취했다. 버지니아 제10기병연대의 윌리엄 앤서니 홀랜드 이등병이 사냥용 칼과 1860년형 콜트 아미를 들고 있다.

장교는 일반 보병보다 리볼버를 차고 다니는 경우가 훨씬 많았다. 캔자스 제1유색인지원보병대 소속 윌리엄 D. 매슈스 중위는 상아 손잡이로 된 콜트를 선호했다.

허리띠에 콜트드러군 두 정을 찬 성명 미상의 북군 기병 대원.

콜트를 손에 쥔 채로 사망한 남군의 "부시왜커(게릴라)" 윌리엄 "블러디 빌" 앤더슨. 1864년 1월 북군 손에 죽었을 때 앤더슨은 6연발 리볼버를 쥐고 있었다.

윌리엄 S. 하니는 1838년 플로리다에서 세미놀 인디언을 상대로 전투를 벌이면서 콜트 회전식 총기를 처음 사용한 육군 장교다. 1855년 그는 네브래스카의 블루워터크리크에서 소총과 콜트리볼버로 브륄르와 오글랄라족을 공격하면서 "도살자"라는 별명을 얻었다.

22

실제 사건이 벌어지고 20년 뒤 그려지긴 했지만, 1864년 샌드크리크학살 사건을 담은 이 그림은 리볼버가 인디언 천막촌에 얼마나 무시무시한 존재였는지를 생생히 보여 준다. 한 미군 장군은 기병대가 아메리카 원주민을 상대할 때 리볼버가 필요한 이유를 이렇게 설명했다. "리볼버는 인디언을 갑자기 공격하며, 불과 몇 분만 접촉해도 기대한 만큼 전부 죽일 수 있다."

23

미국의 걸출한 과학자와 발명가 19인의 집단 초상화에서 콜트는 왼쪽에서 세 번째에 있다. 주인공들이 〈진보의 인간들Men of Progress〉을 위해 함께 포즈를 취한 것은 아니다. 화가 크리스천 슈셀이 각각 따로 스케치한 뒤 이 구도에 집어넣은 그림이다. 1861년 슈셀이 그림 작업을 시작했을 때 콜트는 여기 보이는 것처럼 건강하고 잘생긴 것과는 거리가 멀었고, 1862년 그림이 완성되기 전에 사망한다. 콜트의 오른쪽에 리볼버 한 정이 희미하게 보인다. 기계식 수확기를 발명한 사이러스 H. 매코믹 바로 뒤에 있는 모형 뒤편 나무판자 위에 올려져 있다. 콜트의 친구로 풍성한 흰머리가 멋진 새뮤얼 F. B. 모스는 중앙 오른쪽에 앉아서 전경에서 사람들을 즐겁게 해 준다. 이 그림은 현재 워싱턴DC의 국립초상화갤러리에 걸려 있다. 한때 미국 특허청이 있던 건물이다.

24

샘이 세상을 떠난 뒤, 엘리자베스 콜트는 인생의 대부분을 샘을 기리는 기념물과 행사를 후원하는 식으로 그의 이미지를 개선하면서 보냈다. 엘리자베스 자신은 예술을 비롯한 시민생활 향상의 후원자이자 자녀를 맹목적으로 아끼는 어머니였다. 그녀는 콜트의 자녀 중 유일하게 성인까지 자란 콜드웰을 아낌없이 사랑해서 망나니로 만들었다. 콜드웰은 1894년에 서른다섯의 나이로 사망하는데, 플로리다에서 요트를 타다가 수상쩍은 이유로 죽었다. 엘리자베스는 1905년까지 살았는데 직계 후손을 남기지 않았다.

25

"주카(조카)" 새뮤얼 콜드웰 콜트는 법적으로 존 C. 콜트와 캐럴라인 헨쇼의 아들이었다. 하지만 그는 샘의 아들일 가능성이 높다. 이를 뒷받침하는 확실한 증거는 없지만 정황적 증거는 많이 있다. 콜트가 이 젊은이에게 엘리자베스와 콜드웰 이외에 가장 많은 유산을 남겼다는 사실도 그중 하나다. 콜트로서는 당혹스럽게도 어린 새미는 학교보다는 동물을 사랑하는 점잖은 아이였다. 콜트가 사망한 뒤, 새미는 농부가 되어 동물을 기르면서 삶을 보냈다. 그는 코네티컷에서 처음 생긴 동물학대예방협회 창립 회원이었다.

콜 트 | 산업 혁명과 서부 개척 시대를 촉발한 리볼버의 신화

1판 1쇄 인쇄 2022년 10월 6일
1판 1쇄 발행 2022년 10월 26일

지은이 짐 라센버거
옮긴이 유강은
감수 강준환
펴낸이 김영곤
펴낸곳 ㈜북이십일 레드리버

전쟁사팀 팀장 배성원
책임편집 서진교 유현기
외주편집 김세나
디자인 한성미
출판마케팅영업본부장 민안기
마케팅1팀 배상현 이보라 한경화 김신우
출판영업팀 최명열
제작팀 이영민 권경민

출판등록 2000년 5월 6일 제406-2003-061호
주소 (10881) 경기도 파주시 회동길 201(문발동)
대표전화 031-955-2100 **이메일** book21@book21.co.kr
내용문의 031-955-2746

ISBN: 978-89-509-4219-9